不再遗忘
一战西线华工

戊戌初夏 北京大学九七叟 杨辛谨题

不再遗忘：一战西线华工

张汉钧　著

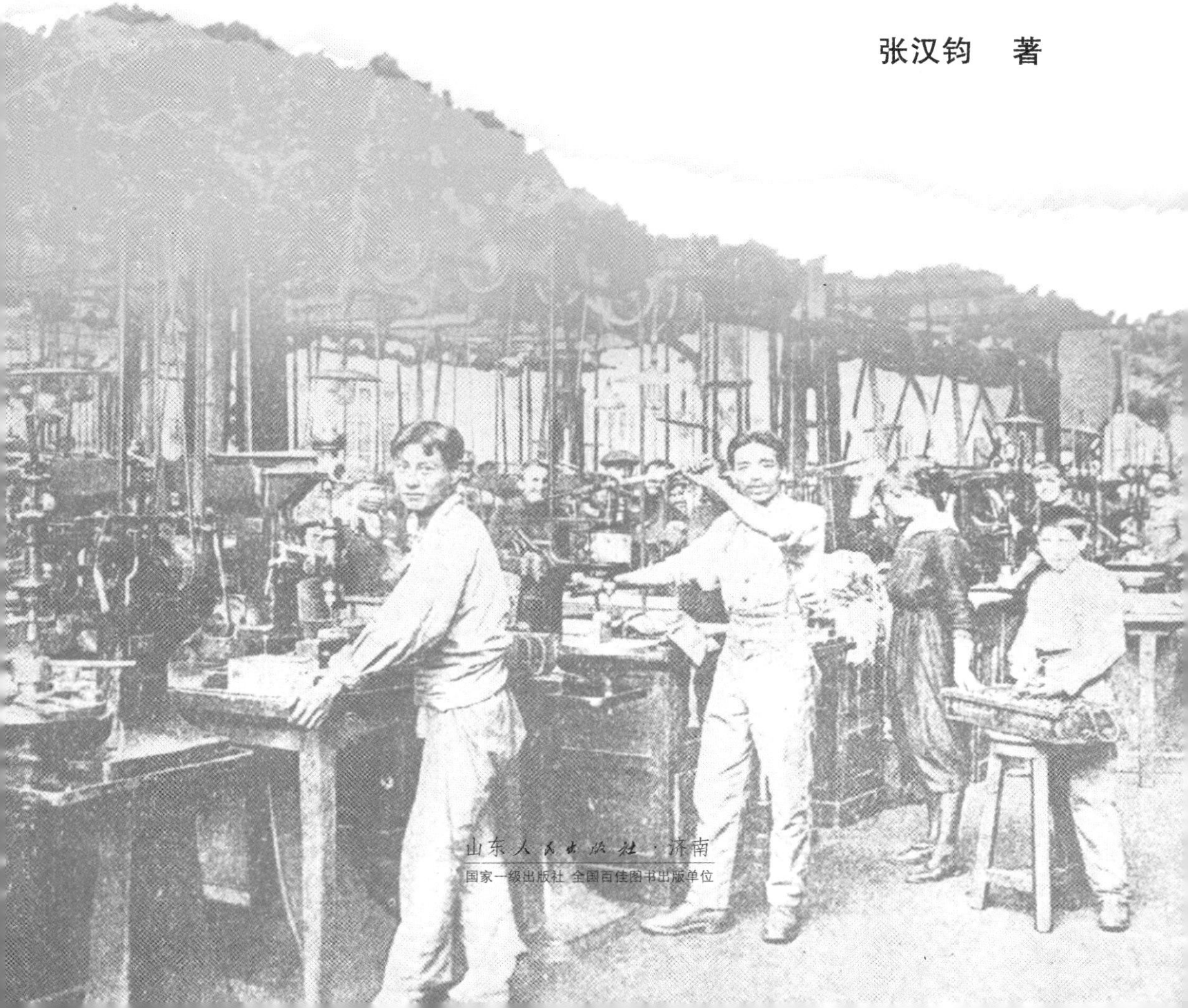

山东人民出版社·济南
国家一级出版社 全国百佳图书出版单位

图书在版编目（CIP）数据

不再遗忘：一战西线华工/张汉钧著.--济南：山东人民出版社，2021.11
ISBN 978-7-209-11890-3

Ⅰ.①不… Ⅱ.①张… Ⅲ.①华工－史料－法国－近代 Ⅳ.①D634.356.5

中国版本图书馆CIP数据核字(2020)第248368号

不再遗忘：一战西线华工
BUZAI YIWANG YIZHAN XIXIAN HUAGONG

张汉钧 著

主管单位 山东出版传媒股份有限公司
出版发行 山东人民出版社
出 版 人 胡长青
社　　址 济南市英雄山路165号
邮　　编 250002
电　　话 总编室（0531）82098914
　　　　 市场部（0531）82098027
网　　址 http://www.sd-book.com.cn
印　　装 山东华立印务有限公司
经　　销 新华书店

规　　格 16开（169mm×239mm）
印　　张 38.5
字　　数 550千字
版　　次 2021年11月第1版
印　　次 2021年11月第1次
ISBN 978-7-209-11890-3
定　　价 58.00元

PREFACE DU LIVRE

Histoire et Mémoire n'ont pas les mêmes temps de sédimentation.

L'Histoire: 140 000 travailleurs chinois sont venus sur le sol français afin de participer à la défense de la liberté et à la construction de la victoire de 1918.

La Mémoire: pendant près d'un siècle, leur participation collective ainsi que les destinés de chacun de ces hommes ont été totalement oubliées.

Monsieur Serge BARCELLINI, Le Présient général du Souvenir Français, le Contrôleur général des Armées.

Il est urgent de réconcilier les temps de l'Histoire et celui de la Mémoire! Il est urgent d'inscrire dans la mémoire collective française et chinoise ces moments d'histoire partagée. Paradoxalement, c'est en effet, dans ce temps de la guerre et de la tragédie que le peuple de France a découvert le peuple de la Chine. Il est urgent de redonner un destin à chacun de ces travailleurs pour qui le grand voyage maritime et la découverte du sol européen fut un moment charnière de son existence. Donnez à chacun des descendants de ces hommes «inconnus» la fierté de leur ancêtre est un défi qu'il est nécessaire de relever.

La Mémoire n'est pas en effet qu'une simple page de nostalgie. La Mémoire est un outil pour faire vivre les familles, les territoires et les peuples. La Mémoire est un outil pour enrichir les relations entre les nations.

La mémoire des travailleurs chinois de la Grande Guerre est un outil exceptionnel pour enraciner les relations entre la France et la Chine.

Que cet ouvrage soit le sésame qui donne une meilleure connaissance de nos deux peuples.

Qu'il soit l'outil au service d'un double défi, celui de la Mémoire et celui de l'Amitié.

Serge BARCELLINI, Président général du Souvenir Français

15 mai 2018

为《不再遗忘：一战西线华工》作序

历史与记忆各自沉淀的时间长短并不相同。

历史：为了参加保卫自由的战斗和构建1918年的胜利，14万中国劳工来到法兰西的土地上。

记忆：在几乎一个世纪中，他们的集体参与及每个人的命运被完全遗忘。

让这些历史片断和对它们的记忆重新链接起来，已成刻不容缓之事！将那些共同分担过的历史时段铭刻在法国人和中国人的集体记忆中，已为紧迫之举。实际上，法国人民是通过这场战争与悲剧时期，发现了中国人民，这不能不说悖于常理。对于那些劳工中的每个人，漫长的海上旅行和发现欧洲大地构成了生命存在的时间连接点，重新给予他们一种命运，实为紧急。让这些“默默无闻”者的每位后代能以其先人为自豪，这是我们有必要接受的一种挑战。

事实上，记忆并不是一份简单的怀旧之情。记忆是一个工具，其作用或功能，可让家族生活得有根基，使各国的领土和人民赖以长存。记忆是为了使各民族之间的关系更趋丰富的一个工具。

对于大战中华工的记忆，是从根本上牢固法中关系的一个异乎寻常的工具。

愿这本著作成为我们两国人民更好地相互了解的芝麻。[①]

愿此书成为应对双重挑战的工具，即记忆的挑战和友谊的挑战。

法兰西记忆协会总主席

塞尔日·巴尔赛里尼[②]

2018年5月15日

---

① 芝麻，此处借用世界著名民间故事《阿里巴巴和四十大盗》中的神奇咒语“芝麻，开门吧！”

② 塞尔日·巴尔赛里尼（Serge BARCELLINI），2015年4月被选为法兰西记忆协会总主席（Président Général du Souvenir Français），法国全军总督察官（Contrôleur Général des armés de la France，终身名誉职位）。法兰西记忆协会创立于1887年，自1906年起被承认具有公共性质，它是法兰西民族记忆的守护者。现拥有会员20多万名，各省均有一个省代表团。

另注：巴尔赛里尼总主席的序言由本书作者翻译。

序 言

“一战华工”，特指第一次世界大战中为英、法、俄协约国阵营提供劳力服务的中国劳工。这是中国社会在20世纪一十年代出现的大事之一，发生在袁世凯、黎元洪、冯国璋、徐世昌先后出任中华民国总统期间。第一次世界大战是一场非正义的战争，中国北洋政府不愿完全置身于外。

一战华工有“西线”与“东线”之分。本书只涉及一战“西线”华工，是指受法、英两大帝国的招募被运赴西欧战地或其后方基地，为法、英军队及其战时经济机器提供劳役的总共约17万中国劳工，时间跨度长达6年，自1916年夏起至1922年4月最后一批华工回国为止。之后有些华工留在国外，只能算作这件事儿的余波了。而协约国成员之一的俄罗斯帝国，在中国东北地区大规模地招募中国人赴俄做工，这部分华工被称为一战“东线”华工。

“华工”这个名号是国人当年就叫开的。法国人叫他们“travailleurs chinois”，英国人叫“Chinese labourer”，官方称呼，都是中国劳工的意思。实际生活中，华工被西方人称为“中国苦力”，透出洋人对中国劳工的蔑视。不过，“苦力”的叫法也并非只有洋人在用，中国人把干活卖苦力气的人也曾叫作“苦力”。直到北洋政府成立了侨工事务局，出洋谋生做工的中国人才正式被称为“侨工”，一战华工亦被政府归入侨工之列。

“一战西线华工”犹如一个庞杂的多层面的历史大卷宗，涉及中国、法国、英国和其他一些国家。这段历史的发生与进程，具有无法类比的特殊性，堪为空前绝后，仅以陆续离岸放洋而言，时间跨度长达29个月。从政府层面的谋划、涉及民众的广度与深度、对底层百姓的经济吸引力、中国与西方的社会波及面等多角度考量，确系史所罕见，值得认真总结。

然而，在一战结束后的六七十年间，这件事却被摒于公众记忆之外。笔者为此曾做过社会问卷调查，询问过不同阶层的中国人、法国人，包括一些文化界、传媒界人士，得到的反馈都可印证这一评估。原因值得人们深思。

在西方，编写欧战史的人实在不少，有时会带一笔越南劳工，但无人提及华工。一战后的中国，军阀争雄，国内战事频仍，谁都无心回望这段历史。中华人民共和国成立之后的一段时间内，偶有论及一战华工者大多片言简语，或强调某些侧面，或显示出“阶级斗争”意识形态的印记。整个一战华工群体，似乎被中国社会遗忘太久。

笔者在研考有关历史片断的过程中，渐渐萌生一愿，为一战华工写一本专著。同时亦意识到，必须将此大卷宗放在大历史观的角度下翻阅，才能获得客观的史学评判。笔者查阅了威海档案馆、青岛档案馆、中国第二历史档案馆、上海图书馆、上海档案馆等机构，很难寻觅到关于一战华工的官方记录。国民党败退台湾之前，已将数百箱中华民族历史档案中的精品运往台湾，关于一战华工的官方记录大概也在其中，自然给大陆研究者的利用造成极大不便。在法国，涉及一战华工的史料倒还有一些，但都只是一鳞半爪地散隐在一些档案机构的发黄卷册里。役使华工的英军保存了多少关于华工的档案，似乎也是一个未知数。这说明搜寻原始史料之艰难。

自20世纪80年代起，寂寥消退，凭吊复苏之象开始呈现，尤其在东西方政府层面都着意纪念第一次世界大战一百周年之际，更得时宜之便。祭奠活动首先发轫于法国的华人社团。随着纪念活动的掀起，也有多种形式的研究成果面世，但中法一战华工史的整体研究现状显示，史料的挖掘严重不足，历史事件的梳理尚很欠缺，模糊之处较多，流误甚深，以讹传讹并非罕见，某些文字或视频作品的评论给人感觉是以今日之思维去套昔日之历史。

研究一战华工史，应该阐述它的历史地位和作用，这是毫无疑义的。本书则致力于搜集各地档案中的原始资料，实地探寻华工墓园或营地遗迹，采访华工后代或有线索者，孜孜于此，唯求还原历史真实，勾勒出华工的一个整体性面貌。在梳理一战华工史脉络时，尽可能边写边求证，辨伪觅实，去模糊，勘误匡正。述介之际，对历史事件和人物的看法，只做适量评说，是否恰当，留待更多史料的发掘验证和广大读者的评判。百年逝去，当事人早已作古，有些事成了永远的谜。档案浩瀚，史料残缺，所存文字经常模糊难辨，搜寻“工程”浩大，因此，厘清事实本身需焚膏继晷，耐心加细心。

今日受信息化裹挟的社会大众，已难静下心来阅读历史。若希冀我们国民和侨居海外的中华儿女勿忘这段历史，首先要让他们有兴趣阅读一二。为此，本人又定出一个目标：努力使专著具备大众可读性。换言之，不仅要使本书具有真正的史学价值，还要让它走出书斋，进入大众视野。这迫使笔者在选材、内容配制及追索事物内在的逻辑上花了大量工夫，尝试备感艰辛，却自认为益于普及而甘于践行。

在华工被招募受管理的问题上，见到某些著作、文章或展览，常有模糊其词，给出的印象似乎是英法两国联手襄办。本书愿明告读者，法英两国在一战华工这件事上，完全是各敲各的锣、各吹各的号。既不存在联合招募，也不存在共同管理。两国各选各的招工地点，各签各的招工合同，各租各的轮船运送，各走各的海洋运输线路。到了西欧也按各自的需要使用华工，实施法兰西式或盎克罗-撒克逊式的管理。英招华工由英赴欧远征军直接统辖，准军事化管理色彩浓厚。法招华工由战争部下属的殖民地劳工署统管，既有华工营队的准军事化管理，也有直接受工厂雇用或由商会协助企业主管理的民事方式。

华工因所投门庭不同，故虽同为劳工身份，但经历不一样，待遇不一样，视野不一样，命运不一样，遗留的历史问题也不一样。因此，论及在华招工，必须分清“法招”还是“英招”；涉及在西欧役地的使用，最好明确是属于“法辖”还是“英辖”。

百年前的中国，虽进入了共和制，主权依然严重受损，在国际上缺少话语权。关心国家命运的一些政治精英，看到协约国已在使用其殖民地劳力然仍不敷用，于是谋划运筹“以工代兵”之策帮助英法，希望获得战后争国权的资格。他们的意愿与努力体现了一种正能量。

在共和新制的带动下，民众向往有自由选择权的人生。法英来华招工，隐瞒了真正的目的地是战火中的西欧，给出的报酬明显优渥于中国底层民众在国内的收入，致使无数的农民、城市贫民及工人踊跃回应。招工的主动权操于法英之手，华工被动，但不是被迫。华工是签约劳工，已初具资本主义劳资关系下被雇佣者的人格身份。

北洋政府侨工事务局在首批华工出发一年后才成立，中国的侨务管理严重滞后，国弱而交涉乏力，但对一战华工仍有所关注与保护。

以上这些，便是一战华工那段历史的背景逻辑。

华工中死于炸弹枪炮、海上遭袭和因病不治者，数量众多，除尸骨埋于异域留有墓碑者还可见其存在过的痕迹，其余则无影无踪，无从统计。生者遣返回国当为大部，回国后除一部分人或有技术或有积蓄尚可安身立命外，多数仍流离艰难。

评述一战华工，正义观和公正观都将面临挑战。笔者坚信，当今时代不再偏爱简单化的推论模式，也不再接受非白即黑的思维框架。

一方面，从事招募的管理者们的观念仍未摆脱由来已久的殖民主义时代的影响，把对殖民地人民的奴役、欺侮、武力镇压等策略和手段带进了华工营。法、英、美管理华工均带有种族歧视，英、美军官士兵尤为突出且普遍。另一方面，法国大革命以后自由、平等、博爱理念的日渐传播，国际社会主义工人运动的出现，使得一部分执政者和管理人员的思维方式产生了一些变化，诸如包容华工的生活习惯与消遣爱好，照顾他们的饮食习惯，给他们放假庆祝节日，允许他们在营盘内搭台拜菩萨等。

1919年5月，巴黎和会正在进行中，五四运动爆发了。运动起因于袁世凯与日本签订丧权辱国的二十一条，触发于日本在巴黎和会上要求国际社会给予它侵占山东的合法化标签。和会的美、英、法最高三国会议无视中国为战胜国一员，漠视十几万一战华工以血汗乃至生命作出的巨大贡献，不仅不公正裁决，反而袒护日本，拒绝了中国提出的日本应当马上归还青岛主权的正当要求，这就催化了五四运动的爆发。

华工赴欧，是中国社会大批下层民众置身于腥风血雨的一场历练，也是他们接触西方世界物质文明与社会风貌的难得机会。华工群体通过做工或提供劳役给危难中的法兰西等民族提供了巨大的帮助。其经历跌宕起伏，充满艰辛与危险，但同时开阔了视野而不无启迪。华工们以赴汤蹈火的勇气让西方人近距离地了解到中华民族的坚韧与不屈，以耐苦勤劳的实际行动改变了西方官员与民众对中国人的鄙视，又以出色的文娱表演展示了中华文明的风采。

华工的觉醒体现在积极参与华工教育运动，他们做出学文化、看报纸、拒赌嫖、节钱赡老、参加体育锻炼等健康向上的人生选择。华工多为文盲，通过学习，对祖国产生了认同感，以辛劳所得，捐款赈灾救助国内受难同胞。今日读到他们百年前的事迹，依然颇为感动。然而，他们是长期被漠视和遗忘的“无名英雄”群体。

一战华工在中法关系史中占有重要的一页。保护并传承这份遗产是中华儿女的责任。本人不揣浅陋撰写此书，只是想为这个历史大课题的研究贡献一份绵薄之力。书后设多个附录，正是为了其他研究者进一步拓深专题时或能有所参考。

写作过程中，笔者受到前辈和同时代专家学者研究成果的滋养和启发，始终心存感佩。囿于篇幅和时间，华工群体的有些面相未能涉及或展开；限于治学水准，有些论证不够清晰，史料运用有误、提法不当，抑或辨析发生错讹恐在所难免，诚望专家与各界人士不吝指教。

张汉钧

2018年1月初于法国

目　录

中篇　抵达之后

目　录

上篇　缘起

下篇　回响

上篇　缘起

第一章　中国劳工赴欧之缘起

第一节　打完“一战”看一战

“第一次世界大战”是20世纪40年代才出现的一个叫法。对于在1914年8月西欧爆发的那场战争，一直到20世纪30年代中后期，人们一直称它为“大战”，因为规模大，前所未有。既没有给它加上“世界”的指称，更没有“第一次”的限定词，战后各国所有的出版物中都把1914年爆发的这场世界性战争称为“大战”。法国官方叫它“Grande Guerre”（大战），百姓民众习惯称它为la Guerre de 14-18（1914年至1918年的战争）；英国人或英语区的人们叫它“the Great War”或者“The War of Nations”，大战或多国之战也。直到20世纪30年代后期，又爆发了一场涉及很多国家的战争，之后才把1914年爆发的大战称为“第一次世界大战”，简称“一战”。

与奥匈结盟的德意志帝国，自感地缘政治上被法国与俄罗斯组成的虎钳从两侧夹住，内心极为不甘。1914年7月、8月间，抓住奥匈帝国皇储遇刺之机会，急不可耐地投入一场准备已久的战争。怎奈对手们比它拥有更多的人力物力资源，打了四年多，德国最后以失败告终。欧战使德国丧失了两百万人，最终还要支付沉重的战争赔偿。

1914年至1918年的战争在初始阶段仅牵涉8个国家，但仗越打越大，欧洲、非洲、亚洲、北美洲、大洋洲都参加了，相继卷入的国家竟有30多个，人口多达10亿，这是人类历史上的首次世界级战争。在这场大战中，以英法为首的协约国阵营获胜，以德奥为首的同盟国战败，1918年11月11日，战败方不得不在停火协议书上签字。

现在让我们统计一下出兵参战的国家及其投入的兵力，再看看各国死于战争的军人数字与兵员丧失占其参战兵力的百分比，以便对“大战”之大产生一个比较具象的认识。

表1　　第一次世界大战参战国与兵员损失一览表

国家或地区	参战兵员人数	死亡人数	损失百分比
欧洲			
法国	7891000	1327000	16.8%
比利时	365000	38000	10.4%
德国	13200000	2037000	15.4%
奥地利—匈牙利帝国	9000000	1100000	12.2%
大不列颠和爱尔兰联合王国（简称英国）	5704000	715000	12.5%
意大利	5615000	578000	10.3%
塞尔维亚和黑山国	750000	278000	37.1%
保加利亚	400000	88000	22.0%
罗马尼亚	1000000	250000	25.0%
葡萄牙	100000	7000	7.0%
希腊	353000	26000	7.4%
跨欧亚两洲			
俄罗斯	15798000	1811000	11.5%
土耳其	2998000	804000	26.8%
美洲			
加拿大	629000	61000	9.7%
美国	4273000	114000	2.7%

（续表）

国家或地区	参战兵员人数	死亡人数	损失百分比
大洋洲			
澳大利亚	413000	60000	14.5%
新西兰	129000	16000	12.4%
非洲			
南非	136000	7000	5.1%
法属殖民地	449000	71000	15.8%
亚洲			
印度	953000	54000	5.7%
日本	50000	495	0.99%
总计	70206000	9442495	

该表数据系作者将法国佩罗纳市“大战历史纪念馆”与法国国防部史料处档案汇总而成。①一战打仗死亡总人数9442495人，占参战兵员总数70206000人的13.4%。

对此表作若干补充性说明是有必要的。交战的双方主力国家是法、英、俄与德、奥匈、奥斯曼；加拿大、新西兰、澳大利亚、南非、印度都是英联邦的自治领，它们都派出部队为协约国作战，其死亡士兵的比例较高。法国不仅本土应征参战人数庞大，达789.1万，而且从殖民地征招兵员44.9万（有些著作称60万），后者损失比例比前者少一个百分点，分别为16.8%与15.8%，均属于很高之列。法属殖民地兵主要来自北非摩洛哥、阿尔及利亚、突尼斯，加勒比海安的列斯群岛，西非塞内加尔及大洋洲一些岛的土著兵士。俄罗斯没有打到大战结束就退出了战争，但前期属于一战的东线战场，与德军屡有恶战，

① Historial de la Grande Guerre（大战历史纪念馆），Péronne；佩罗纳为法国索姆省的一个市，欧战的战场之一。SHD à Vincennes, Cote-7N708/n°564，法国国防部史料处。

俄罗斯投入兵力巨大，死亡人数也很高。日本利用西方列强无暇顾及东方之机，发重兵从德军手中夺取青岛和胶州湾，并攻占了大洋洲几个德军岛屿，也算参加过一战，然死亡数不足500人。

不管怎样，从表中可以看到，几大洲全有参战国。直到30年代后期纳粹德国发动了又一场战争，灭波兰，入侵苏联，占领比利时和法国北部，等等。在亚太地区，日本侵占中国和东南亚一些国家，发动太平洋战争。战火蔓延到欧亚非与大洋洲。于是为了区别，人们便把1914年至1918年的战争称为“第一次世界大战”，将1937年到1945年的战争称为“第二次世界大战”。

20世纪初，世界被欧洲人统治着，东方还有一个日本。虽然在19世纪，列强之间也有些顺序演变，但到20世纪初，格局已相当明显，它们像一个统治世界的俱乐部，面对弱势国家，它们奉行相同的原则：我控制你，我从你那里攫取尽可能多的利益。俱乐部共有七个成员：英国、德国、法国、俄罗斯、奥匈、奥斯曼和意大利。它们的势力已遍布地球上的大部分地区，全世界大部分的经济资源都被它们瓜分或者纳入它们的盘算之中，金融流通控制在它们的手里，国际舞台上也只有它们拥有话语权。俱乐部成员之间既有联合也有冲突。无论是经济实力和军事力量，还是对海洋的控制、拥有的殖民地面积和人力、海外势力范围，大英帝国是无可争议的霸主，无有他国能望其项背。它的英联邦自治领如加拿大、澳大利亚、新西兰等都跟它沾肉带筋，仰其鼻息，那时的大英帝国是一个真正的“日不落”帝国。

欧洲人已经知道，远在大西洋彼岸的美利坚合众国和远在太平洋彼岸的日本不可小觑，它们是这个俱乐部的竞争对手，但当时的欧洲人确实还没有把美、日看成可以与自己平起平坐的伙伴。欧洲人没想到，1914年至1918年的战争，极大地削弱了他们对世界的统治，而美、日两个非欧国家却抓住了千载难逢的历史机遇，迅速强大起来，待到一战结束之际，已强势窜至列强之前。一跃而为列强之首的美国，近百年来始终称霸全球。1913年，世界金币铸造储备大部分被欧洲资本掌握，现在已是美国资本拥控着全世界四分之三的金币铸造。日本即便已从20世纪七八十年代的盛势上跌落下来，但实力依然存在。

历史是复杂的，一战更加复杂。其主调是当时的列强为了扩大自己的势力范围和经济利益，兵戎相见，一争高低。在这场战争中，人们破天荒第一次领教了陆海空新式武器的强大杀伤力。人类首次飞速地、大规模地研发军事工业，也正是因欧战之需而为。战场上出现了如秋风扫落叶般的轻、重机枪，令人瞠目结舌的隆隆坦克，海底幽灵般的潜艇，堂而皇之狂轰滥炸的飞机，甚至连毒气弹和喷焰器也使用上了。

战事推进的过程中，谁对谁错，谁先错，谁错得多，站在不同的立场，各民族至今各有说法，互有争论。一战结束后不

坠入海中的齐伯林飞艇。一战初期，德军飞行员驾驶这种飞行器向英、法敌方投掷炸弹。来源：Album de la Guerre 1914－1918，Paris, I Illustration, 1924

浦口录取工人领取安家费。来源：惠民公司报告《华工赴法》

浦口工人聚集之盛况。来源：惠民公司报告《华工赴法》

久，那么多国家的人们在医治巨大的战争创伤时，才真正体会到战争的空前残酷性，想不到会有那么多的国家与地区卷入战争，土地、交通、建筑、设施等等遭到战火毁坏的程度那么严重，那么多的士兵和民众蒙受了难以想象的伤亡损失。直至今日，法国人依然认为，一战是最残酷的，对民族与人民造成的损害超过了其他任何时期的战争。战争过后人们才意识到，这场战争不是完全不可避免，奥匈皇储遭刺杀成为引发战争的直接原因，但刺杀事件本身可以说是无关大局的一个偶然，它完全不足以引起世界众怒。

战争打破了既有的格局，改变了已稳定近半个世纪的欧洲地缘政治版图。奥匈帝国灭亡，出现了捷克斯洛伐克共和国、塞尔维亚-克罗地亚-斯洛文尼亚王国、奥地利-德国共和国、匈牙利共和国等，中欧和东欧的国家数目增加了。奥斯曼帝国的版图在一战中已经被东削西切，随着它的垮台，巴尔干半岛上的领土纠纷在战后继续演进。[①]欧战中，包括列宁在内的一批俄罗斯革命分子成功地加速了俄国革命的进程，苏俄布尔什维克最终取代沙皇政权，并希图借助强大的德国工人阶级，将十月革命的火炬带向世界，从而引起了西方各国对共产主义思潮的恐惧和敌视。

在西欧地域上进行的一战，客观上对遥远的中国产生了不可磨灭的影响。20世纪初，正是中国新思想冲击旧传统的一个时期，思想界异常活跃，文化语言正在从古文向白话文演变，在政治、经济、文化等领域，中国人更加大胆地提出向西方学习，以组织社团的形式议论时政，探寻社会与国家的

---

① Ludwig Könemann, *Atlas Historica*, Editions Place des Victoires, 2010. 1917年12月1日，塞尔维亚-克罗地亚-斯洛文尼亚王国宣告成立，巴尔干半岛出现第一个南斯拉夫国家。1918年10月，捷克斯洛伐克共和国在布拉格宣布成立。1918年10月，匈牙利退出与奥地利的联盟，成立匈牙利共和国，1919年3月—8月，按俄国人模式，确立为匈牙利苏维埃共和国。1918年11月11日—12日，哈布斯堡皇朝结束，维也纳宣布成立共和国，要求将所有日耳曼语区都包括进来，使用“奥地利-德意志共和国”的国名。1919年5月，土耳其解放战争开始，1919年7月—9月，举行国民大会，放弃过去的帝国主义政策；1920年8月开始驱逐希腊占领军；1922年11月废除苏丹制度，成立土耳其共和国。

出路。据统计，当时全国出现的社团有400多个，一些社团的活动延伸到了海外，东南亚、日本、欧美都有，法国就有法华教育会等。1917年苏俄十月革命的成功，更增强了中国先进分子改变国家体制的信心和热情。一战停火，空前的战火之劫把它给世界带来的变革及其严重后果都展露于世人目下，使摸索中的知识分子进一步思考，中国往后的路应该怎么走？以“外争国权，内惩国贼”为口号的五四运动爆发，之后中国共产党成立，中国社会艰难的变革历程开启了新端。这一切相互关联，互有作用，而一战就是这些变革的催化剂。

一战中期开始，法、英在华招工两三年，先后被送至一战西线战地及其后方殖民地的华工总人数高达十七八万，这是中国社会大批下层民众置身于腥风血雨笼罩下的西欧战地的一次历练；他们通过做工劳役给危难中的法兰西等民族提供了巨大的帮助，这也是他们得以接触西方世界及其文明的首次尝试。这段华工史理应成为中西方交流史上的重要篇章，令人遗憾的是，百年过去了，一战华工史的研究成果与世人对它的了解与认知，与这段历史本身的广度与厚度相比仍存在着巨大的反差。

第二节　中国政府对欧战的立场

欧洲发生大战，中国远在地球的东方，但中国并没有置身局外。原因有两方面，一是外部列强已分为敌对两方，两方都早在中国划占租界拥有势力范围，对北洋政府各有影响力，在高层亦不乏利益代表者；二是中国内部从上到下，当然主要是上层，对欧洲大战相当关注，意欲将它作为中国可加以利用的一次机会，以图日后少受一些欺侮，在列强面前增加一点发言权。这个愿望是值得肯定的，若事成，将有利于中华民族的艰难前行。

1911年中国刚从君主制变成共和制，北洋政府于1912年4月成立外交部。欧战爆发后，总统府要求外交部不断地向它提供欧战信息，这对于年轻的外交职能机构确是一次大考验，外交总长责成派驻欧洲的各使领馆，努力收集战况与各方面的信息，及时报告北京。

诚然，客观上中国所处的政治环境也使中国政府不能置身局外。列强在华拥有那么多的势力范围，中日、中英、中法、中俄、中德、中美之间的关系，中国政府都得小心翼翼地处理，现在英、法、俄与德国、奥匈帝国打起来了，中国是在国际关系的夹缝里求生存。中德关系比起中英、中法、中俄、中日诸关系来说，似乎略为融洽些，日、英、俄、法对中国的胃口更大。中国应该站在哪一边呢？采取什么对策，怎么应对交战的双方，实在是一个关乎国家命运的命题。处理得恰当，中国可免受牵累，还可能有所获利；倘处理不当，可能引火烧身。凭当时的国力，哪个列强，中国都招惹不起，这一点，北洋政府的核心人物特别是大总统袁世凯心里是清楚的。

欧战爆发不到一周，中国宣布采取中立，这是中国最初公布的政府立场。当时权力圈内的一批有识之士主张中国应立即对德宣战，但精明的袁世凯比谁都更善于衡量中国能否马上参战。袁接阅各国宣战公文后，召集副总统黎元洪、国务卿徐世昌、外交总长孙宝琦及总统府秘书长梁士诒密议应付方略，最后决定采取中立大计。北洋政府便于8月6日对外公布了《中华民国中立之正式宣布》的总统令和详细条规，8月7日，外交部向各国驻京的公使发出照会，8月12日各国政府宣布承认中国中立。8月11日，北洋政府设立了中立办事处，制定出二十多条“中立条例”，详列设立中立检查处、沿海防务、海军舰队重新配置、保护海外华侨等事项，同月19日各省设立中立分处。①民国北京政府宣布中立后，很快遇到了日本与德国在中国领土上的一战。德国在西欧战场如

① 凤冈及门弟子编：《梁士诒年谱》，广东人民出版社2014年版，第193—197页，上海图书馆藏。原名《三水梁燕孙先生年谱》，1939年版。

狼似虎般地入侵比利时，直捣法国，引起法国与盟友英、俄的强烈反弹，双方接二连三大打恶仗。德国因此必须将大量军队投放到西欧战场，它在亚太或其他地区的水陆武装力量也被西调，只留下少量部队守卫它在世界各地的殖民地和势力范围，青岛与胶州湾的态势不能例外。日本早就觊觎德在中国的这块肥肉，东京军部密谋已久，伺机举兵夺之。德国也许有所风闻，估量到一旦日本动手，自己无力与之抗衡，它就向中国提出要把青岛交还中国。德国考虑到当务之急是需要巩固与中国朝野的关系，以便有官方与非官方的人士为自己的在华地位说话。德国人成立了一个中德协会，开始以此名义展开沟通活动。人称“二总统”的梁士诒受命与德国秘密洽谈交还青岛之事。这件事最后未办成，中国想暂时维持现状。1914年初秋，日本发重兵五万，经过几个阶段的战斗，最终夺取了青岛和胶州湾，把德军俘虏押往日本。中国政府只能听之任之。

从法统层面上看，在第一次世界大战发生前与进行期间，先后有多位总统执掌中国政坛。他们是袁世凯、黎元洪、冯国璋、徐世昌。①袁世凯原是1911年被推翻的清王朝的总理大臣，虽然孙中山在1912年把中华民国大总统的宝座让给了他，但他心里还挂记着自己也能做做皇帝。总统府秘书长梁士诒力主站在协约国一边，袁对他的意见比较重视，客观上受梁士诒一派的影响较大。袁与日本内阁关系不睦，身边既有德国军事顾问，也有属英法派的政治顾问，前者为德人廷凯尔曼少校，后者为苏格兰人乔治·莫里循。袁处在各种势力的影响下，但大气候似乎对英、法有利。莫里循力主中国加入协约国阵营，并四处活动，这些因素在客观上使袁更倾向英、法协约国。但袁不敢得罪日本人，日军夺取胶州湾和青岛，袁大总统没敢吱声，让中国军队预先退出所谓日德冲突区。袁世凯对于欧战的态度基本上是观望，保持中立不想得罪任何一

① 20世纪10年代是中华民国成立的第一个十年，先后出任大总统的各人任期如下：孙中山，1912年1月1日—3月上旬，就任临时大总统；袁世凯，1912年3月10日—1916年6月6日；黎元洪，1916年6月7日—1917年7月1日；冯国璋，1917年7月12日—1918年10月10日；徐世昌，1918年10月10日—1922年6月2日。

方。但他同意梁士诒提出的“以工代兵”计划，对法方来华招工暗中支持。法国陶履德招工团与中国惠民公司在1916年5月中旬签成了招工合同。这时袁世凯正陷于称帝失败后的绝望阶段，1916年6月6日忧愤而卒，死时还有点自我反省，“吾甚耻之，咎由自取，不必怨人”。认识到不听谏劝而自食其果。

黎元洪当上总统，他是各方面势力都能接受的一个人物。第一次做总统做了近13个月，到1922年中徐世昌下台后，黎又当了一次总统，这第二次做了整一年又两天，说明他还是有人望的。第一次任总统期间，出任总理的实力派军阀段祺瑞与二人的“府院之争”（总统府与国务院的明争暗斗）经常把他搞得日子不好过。黎元洪是亲美派，自然倾向于协约国，段祺瑞为亲日派，在对待第一次世界大战的“站队”问题上也使两人的矛盾更加复杂。日本与英国结盟，借机攻击青岛德军，成了协约国阵营的一员悍将，段与黎似应观点一致，然而，真到考虑自己在一战中的立场取向时，背后倚靠哪个列强的因素不会不成为各自的思路基点。中国“以工代兵”向英法等协约国提供战时劳务的策略，开始阶段日本持反对态度，段祺瑞就不可能积极支持。

中国劳工赴欧从1916年7月开始，前几批为法募华工。英募华工第一批离岸赴欧则迟至1917年1月。西线一战华工陆续离岸放洋前往目的地，前后长达29个月。法招华工接近5万人，英招华工超过13万人，总计十七八万人出洋。这场募工行动从政府层面的谋划、涉及民众的广度与深度、对底层百姓的经济吸引力、中国与西方的社会波及面等多角度考量，无疑是中华民国成立后的第一个十年里中国发生的一件大事，也是中国近现代史上罕见的一件大事。它发生在袁世凯、黎元洪、冯国璋、徐世昌四人先后任中华民国总统的时期内，可见，中国政府对欧战的关注是密切而持续的，对协约国阵营的支持是贯以始终的。

1917年7月“辫子大帅”张勋复辟失败，段祺瑞以国务总理身份重揽民国北京政府大权。中国于8月14日对德意志帝国和奥匈帝国宣战。德国驻华公使撤离，德资企业关闭，德国侨民纷纷离华。中国向全世界宣告，中国要参战了。正是在此背景下，法国希望中国派出工兵部队到欧战前线协助协约国军队。中国本来就想派兵赴欧参战，见时机来临，马上回应，1917年12月8日大总统冯国璋委任段祺瑞为参战督办。1918年3月1日中国正式成立“督办参战事务处”，该机构系专为参加第一次世界大战而设立的一个军事机构，直属大总统，综理一切国际参战事务。[①]

督办参战事务处设参谋长一人，参赞、参议若干，处内设四处（百年前中国行政序列的名称用词有限也较乱，此为一明证。处内设处，外人难分上下级。为尊重历史，本书仍照录原名称——作者注）：参谋处、外事处、军备处、机要处。各处又下设若干“股”，如，作战股、调查股、兵器股、译电股等共17个股。

督办参战事务处辖有“督理参战军训练事宜处”与相关部队，靳云鹏任训练事宜处督理。训练事宜处直接隶属于参战督办段祺瑞，该处具体负责参战军的军事训练、军事采购、军队驻防、军官任免等有关事项。其直属机关有副官处、经理处、监查处等；并下辖参战军第一师，师长曲同丰，参战军第二师，师长马良，参战军第三师，师长陈文运；以及骑兵教导团、步兵教导团、炮兵教导团，还有宪兵教练所、军需教练所、卫生教练所、交通教练所、军马调教所、军米局、被服厂、电话队、铁道队等单位。[②]

法政府要求中国派出80个工兵营参战，中国准备派出4万参战军赴法。其大背景之一是德国秘密警察幕后资助俄国革命者，让他们秘密乘火车安全

① 《督理参战（边防）军训练事宜处》，《北洋政府档案163》，档案号11-163，中国第二历史档案馆藏。

② 《督办参战（边防）事务处》，《北洋政府档案162》，档案号11-162，中国第二历史档案馆藏。

地从瑞士通过德国境内，取道芬兰返回俄罗斯，发动工人反对战争，建立苏维埃，最终成功地使苏俄执政当局与德国签订了布列斯特-立陶夫斯克休战条约（le traité de Brest-Litovsk），欧战东线终于停火获得和平，德国得以将东线战场的兵力撤回并投向西线战场。法国首当其冲，受到德国兵力迅速增加之强压，急需寻找兵员以代替承担工兵或坑道兵的部队，以便将后者抽出投入直接作战的部队。

局势的演变使法国与中国又一次不谋而合，法国一提出主意，中国立马积极回应。被西方人称之为“中国军事合作”的磋商谋划在中、法、美、英之间秘密展开，这一过程从1917年秋冬持续到1918年4月。中国参战督办段祺瑞元帅担保，如果获得首期必需的900万银圆经费，中国马上可在1918年2月底送出1万名军人登船赴法。[①]英国并不反对，但表示它无法提供运输中国军队的船只，运输与给养只能由中国或日本去解决。美国表示可以贷款，但美联邦政府应该等待驻在巴黎的协约国联军战争理事会，向其转送关于中国军事合作的实际性质和贷款用途的报告后，才能作最后决定。[②]法政府内，外交部异常积极主动，想尽办法推动计划一步步往前，譬如提出，日本为马赛海运公司建造的两艘大轮船可以少运些中国苦力，代以多运些中国工兵营；法国战争部从战事需要考虑，努力与其他有关部疏通。可是，法国进口执行委员会研究后认为，法国海运吨位总量及能力无法完成战争部要求其运输1万名中国军人来法的任务。此事唯有中国自己解决。美国贷款迟迟不开绿灯，在1918年春季，因为德国潜艇屡次攻击大西洋邮船造成多起美公民死亡事件，外加多艘美货船遭击沉，美国国内舆论反应强烈，美国继续保持中立似无以面对国民，美国政府正在考虑派兵参战，恐无意顾及为中国出兵事贷款给中方，法

---

① 法驻北京公使馆武官马戴勒（Martel）发给巴黎外交部的电报，1918年1月2日。法外交档案中心。Cote: MNESYS, 32 CPCOM/N°40, 1918–1929 Chine.

② 法驻纽约使馆武官朱斯朗（Jusserand）发给巴黎外交部的电报，1918年1月12日，法国外交部档案中心，档案号同上。

方从旁鼓动美国亦未果。法国外交部不得已，于1918年4月接到法国进口执行委员会的正式回函后，照会中国政府放弃派兵来法计划，中国派兵赴法参战一事最终流产。[①]

参战未成，中国劳工继续在西欧战地为协约国出力。中国对欧战可谓不改初心，不仅出人力，还出物力。英、法不能视而不见，应该感受到中国的真诚努力。

第三节　国内外对中国关注欧战的反应

一战结束后有一首华工写的《华工出洋歌》，歌词洋洋洒洒一长篇，我们在此摘取最后一段：

英法人，拼命拒敌，水陆共进兵，马不停蹄，因战争，无人种田地。
请我国，助一臂膀，我国大总统，有心无力，多内乱，兄弟如仇敌。
众同胞，大家尽知，欧美文明国，是我友谊，最应当，发兵来救济。
无奈何，文武官吏，爱国心不足，眼多近视，贪私利，无人顾公义。
我工人，冒险而至，一为众友邦，二为自己，中华人，最爱好名誉。

无须否认，国人对“欧美文明国”确实抱着一种羡慕的心理。不管是以前还是欧战爆发后，这种心态在国民中普遍流行。

欧战爆发后，中国迅即奉行中立。但国家采取中立，无论是官员阶层还

① 法商贸与海运部部长兼进口执行委员会主席于1918年4月6日正式致函外交部部长，C. E. I.-311，法外交档案中心，档案号同上。

1915—1916年之际，总统府秘书长、交通系首领梁士诒（右）与交通部次长叶恭绰（左）多次密议，定出“以工代兵”之方略，禀告总统袁世凯获准。

是广大民众，并没有认为中国可以真正地隔岸观火。中国国内的报刊对欧战报道相当及时，诸如《我国与世界战局》的长篇连载，《战后之日本与中国》的预测类分析文章，《议员对宣战问题之派别》《宣战问题之讨议》等等，是广大读者关注的文字信息。《战电》消息栏更是亦步亦趋地向中国民众作战况报道。[①]民众通过报纸对欧战也能多少了解一些。

居住在中国的众多外国人不可能感受不到中国社会对欧战的态度，那些身负特殊使命者更会随时将获知的信息报告给他们国内的上司。

欧战进入1917年时，战况局势已发生了明显可以感知的变化，德、奥因为海外殖民地不多，国力渐渐不支。此时美国人批评中国，认为不应该继续保持中立。美国政府中一位要人声言，“观察现在欧战的情形，世界各国未加入战事者不可再守中立。故中国将来若加入战争，利益必不鲜少”，他还称“中国今日内乱（指南北分治）跟其今日对于世界之态度大有影响，甚望早日

① 自欧战爆发，《申报》即辟版面以连载形式刊登《我国与世界战局》，绵延不断；《战电》快讯专栏，在《申报》上每隔几天就有一次。这些关于欧战的方方面面的文章，翻开欧战那几年中上海的《申报》《大公报》，几乎俯拾皆有。

终结”。[①]美国政界要人已意识到中国参战将来会有所获利。中国参战当然是像美国一样，站到协约国一边。美国向德国宣战后，要求中国与它采取相同的立场。

1917年3月14日，中国政府宣布与德国正式断绝外交关系（其时总统为黎元洪，总理段祺瑞），巴黎的报纸却自2月13日已经开始刊登一些针对性的评论文章，说明法国人在中国政府打算宣布与德国断交前就掌握了信息。实际上，中国要不要与德国断交，在北洋政府的内阁里争论是很大的，驻北京的众多外交使团不可能不闻一二。

法国的《自由报》（La Liberté）刊文称，中国人是最精细的外交家，以前很长一段时间，中国人相信德皇威廉二世会取得胜利，现在他们开始认识到了真正的事实。《费加罗》（Le Figaro）报表示，对于西欧发生的事件，中国政府的咨讯充足，对列强的财政和军事能力也是知道的。相比于世界上其他国家，北京当局比任何别的国家更了解日耳曼联盟（即同盟国）所处的不牢固状态，中国明白这个联盟在战后漫长的时期里没有能力认真地帮助它的盟友国。《费加罗》还以法国式的幽默添上一句，“尽管中国人民改变了他们的政权制度和服饰帽子，他们仍是唯一懂得将哲学引入历史实践中的一个民族”。法国人喜欢用哲学这个词儿，今天还是如此，某人对某事有一套理念，就说他“满哲学的”。这里的意思是中国人懂得审时度势，选择站到英、法、俄协约国一边。

英、法两国的驻京公使馆将中国政府的动向随时拍发电报报告本国外交部，经常能在次日收到自己外交部的回复或指令。1917年8月14日，北洋政府向协约国、中立国各驻华公使发出照会，“本国政府宣告：自中华民国六年八月十四日上午十时起，与德、奥两国同时入于战争之状态”。美、英、法、俄、日、比等各国收到中国政府的上述照会后，迅速发出回复照会，而且回复

① 《美人批评中国与世界关系》，《大公报》中华民国六年七月十三日第一张，1917年7月—9月合订本，第113页，上海图书馆藏。

的照会译成中文后都包含有这句话："特向中国政府确实表明，自必尽力替助中国在国际上享得大国当有之地位及其优待也……"[①]说明西方列强欢迎中国作出直接参战的决定。

从这次回复中国外交部宣战照会的速度来看，日本使馆最快，次日即8月15日就复照，英、美、法三国驻京使馆的复照，则是8月17日同一天内送达的。这三家驻京公使在接到中国外交部的对德奥宣战照会后，报告各自的国家，然后在京统一了回复照会的口径。相比之下，日方的回复照会的内容比英、美、法等长得多，提法也略有不同，但许诺还是与英、美、法一样的："……本公使当将照开各节逐一电达本国政府，同时确信本国政府于此际使两国之友好关系益加敦厚紧密，幸愿以相互之协助斡旋，尽力俾贵国得享有国际上大国所有之地位与尊敬，相应照复查照可也，须至照会者。"[②]

中国有的报纸紧跟时局进展，将最新动态公布于报端，目的当然是帮助社会各界了解政情。《大公报》8月20日率先以《外交团各公使复答通告宣战咨文》为题目，[③]将日本、英国、美国、法国、俄国、比利时、意大利的回复照会一一刊登出来，中国民众读了后不能不相信它们确实是欢迎中国参战的。

西方列强对中国关注欧战的反应较易理解，但日本这个"亚洲之霸"的反应可不是人们轻易捉摸得透的。欧战爆发后，中国有一批人主张参战，袁世凯决定中立。有人去跟英国人讲希望派出十万武装劳工让英国人配枪，赴西欧帮助协约国，遭到英国公使朱尔典一口拒绝。后来改成"以工代兵"的计划，法国与中国不谋而合，遂有一批批中国劳工赴法，英国人后来也接受这个主意，在中国招募劳工。日本虽心里反对，但面子上不好说，它与英国是订有互助条

---

① 《发美国、协约、中立国各公使照会，六年八月十四日》，《北洋政府·外交部档案078》，档号11-78，中国第二历史档案馆藏。

② 《收日本使馆照会，六年八月二五日》，《北洋政府·外交部档案078》，档号11-78，中国第二历史档案馆藏。

③ 《外交团各公使复答通告宣战咨文》，《大公报》中华民国六年八月二十日第一张，1917年7月—9月合订本，第497页，上海图书馆藏。

约的盟友国。日本决不愿意看到中国为欧战的协约国一方出力后，将来有机会也坐到国际会议桌旁，提要求，谈立场，争权利。在它的国策里，早把中国视为必须征服的国家，怎么会乐意看中国在国际事务中施展手脚呢？

待到中国向德、奥宣战，西方列强表示积极回应时，日本不便出头反对，英、法一直急切希望日本派军队特别是派出海军协助英、法海军对付德军的海上力量，日本当局明确表示，拒绝派军队赴西欧作战。[①]相反，派了一支医疗队去战地作了一个巡回服务，无一伤亡地回到日本，日本报纸就趁机大张旗鼓地宣传日本对欧战协约国的贡献；到了欧战后期，日本派了几条舰船替英、法的海上运输护航，如此而已。顾忌到国际舆论，日本不会公开阻拦，但日本内心的盘算，西方外交官不一定能洞察。

日本尽可能阻止中国通过有所作为提高国际话语权的对外方略是不会改变的。

中国派兵参战之计划系由法国提出，中国积极回应，组建了参战军。因种种原因，最后法国食言了，它通知中国当局，无法实施该计划。这时日本又积极起来，参战督办段祺瑞本来就亲日，既然依靠美国的贷款和法国的轮船运送中国工兵赴欧的计划最后落空，段便马上转向日本，日本支持段继续抓住这支军队。当时中国军队被派去海参崴的已有上万兵力。不去西欧，可去亚太，那里的日本军队正帮助旧沙俄军队与新苏俄的布尔什维克军队作战，亚太形势复杂，需要中国军队助一臂之力。此外，北洋政府担心苏俄布尔什维克的军队向南威胁中国边境，输入革命思想。北洋政府与日本订立了参战借款，中国参战军还接收日本的军火，接受日本教官参与编练参战军。[②]

---

① Bernard Phan, *Chronologie de la Première Guerre mondial*. Editions Points, France, septembre 2010, p.63. 日本首相加藤友三郎（KATO）于1914年12月19日声明，日本兵士永远不当“雇佣兵”。以此向协约国表明日本政府决意拒绝派军队去欧洲作战的立场。

② 《督办参战（边防）事务处》，《北洋政府档案162》，档号11－162，中国第二历史档案馆藏。

通过以上叙述与分析，人们似可感知，东西方列强随时注意着中国对欧战的态度，而且都按各自的利益和目标作出姿态，有的在当时是真实的，有的则虚与委蛇。真正要看透它们的立场，还需等到欧战结束，战胜国举行巴黎和会的时候。

第四节　法国劳力严重匮乏

一战赴欧华工绝大部分在法国的本土工作，这是由法国的战时经济需求决定的。

法国总动员令公布后，战争机器开动，大批就业人口放下手中的工作应召入伍。由此而起，工厂矿山，海港码头，乡村农田，到处都缺劳力；前线打仗激烈，更缺兵员；后方的军火生产需要量激增，还要设计生产出新武器或改良枪炮的性能，前方吃紧时发往后方的催货单纷至沓来。有个统计数字很说明问题：1914年8月大战刚爆发时，法国火药和炸药的日生产量为41吨，一年不到即1915年6月，日产量激增至255吨，是原来的6倍多；法军的75毫米口径的野战炮比较有威力，据战后约略统计，法国军队在大战4年又3个月期间仅这一种大炮共发射了2.5亿发炮弹，平均每月发射490万发；从1914到1918年，法国共生产了2万门75毫米的野战炮，它炮身长，需6匹马拉运一门。[①]我们可以想象，前方打仗需要的各种武器、大量的子弹炮弹炸药、作战用的各类装备、车辆通信器材、军服靴帽、军粮、食品、罐头等等，必须靠后方源源不断地提供，那需要多少工厂开足马力运转，需要多少工程师技术员去研制，需要多少工人去生产和运输！

---

① Bernard Phan, *Chronologie de la Première Guerre mondiale*, France, Editions Points, 2010.

1914年9月一战才开仗一个多月，法国是主战场，当局发觉军火生产能力仅为法军总司令部催要军火总量的十分之一！内阁紧急开会研究，必须让国民经济迅速完全地转入战时体制！兵力不足的问题也必须以最快速度解决。法国是一个殖民主义帝国，在海外拥有许多殖民地。战争刚爆发法国当局便开始在本土之外动员征招殖民地民众加入军队，陆续从非洲、安的列斯群岛和大洋洲征招了60万名男丁，编成部队建制后开赴西欧战场，这些士兵参加了大战的所有战役。

为了适应战时需求，首先要调整产业结构，随之调配劳力。法国把一些相关的工业单位组成制造集团，由一家大企业领头，负责协调集团内其他从属工厂企业的生产。当时法国组建了15个集团，汇集了375个企业专门生产炮弹，而仅有3个军工集团生产大炮。[①]雪铁龙汽车公司的第一座工厂建于大战中的1915年，它的第一笔大宗订单不是汽车而是炮弹。至一战停火，雪铁龙向法国军队提供了2400万枚炮弹。生产军火军需的劳力必须重组调配，现在人走了那么多，怎么调配？而且有许多技术活儿，不是随便调个替工就可顶上去的。1915年初，战争部炮兵与军火国务副秘书作出努力，从前线召回一批有技术的、兵工厂生产岗位必不可少的入伍工人。命令下达后，大约有60万名士兵迅速离开驻地回到军工企业，重新上班。

与此同时，法国雇佣协约国阵营其他成员国的劳力尤其是比利时工人，也雇一些中立国的工人进入军工企业，但小心翼翼地生怕他们的政府出面交涉。战争部还把一些战俘送进工厂，监督他们劳动，但战俘数量有限。军工生产的技术要求高，欧洲职业工人与技术工人较多，于是法国向希腊、西班牙等其他国家招技术工人。

紧接着，当局号召大批在家操持家务的妇女走出家门去工厂，下田野，接替男人们劳作。战前，法国的机械类工厂根本不用女工。现在，法国女人的

---

① Bernard Phan. *Chronologie de la Première Guerre mondiale*, France: Editions Points, 2010. p.57.

艰辛日子开始了，不过，事实证明，这一回她们的表现很出色。与战前法国妇女从事生产的人数相比，新增的女性劳力约20万人，也许比人们想象的要少些，但行业转移十分明显，大量女工从纺织厂转入了直接为战争提供弹药的兵工厂和军装被服厂。

在法国社会里，女性历来受轻视。大批妇女进入生产领域，许多人登上兵工厂、军服厂的生产平台，第一次使法国男人对女性的能力刮目相看。她们的贡献为日后法国女性争取自身的民主权利与经济利益奠定了第一块基石。

以上措施采用后，缺劳动力的问题如同被剧痛折磨的病人服了几颗止痛片，确实有所缓解，但仅片刻而已。后方的军工生产急需工人，前方的阵地战场更加吃紧，法国总司令部（G. Q. G.）不断要求尽最大可能增加战斗人员。一战爆发后，法国军队的指挥全权交予了总司令部，由总司令及其下属一整套班子负责全部打仗的事情。而战争部部长则负责前线之外的一切军火与军用装备的生产与运输、兵员补充等事务。军队急需战斗人员，此乃刻不容缓攸关国之存亡的大局，抽调60万法国军人劳动力回归生产岗位之举，只不过是暂时救急的权宜之计，他们必须重返军队去履行打仗的天职。

为了使读者了解法国劳力严重缺乏而又暂无良策的境况，让我们深入法国中部涅夫勒省的一个大企业安菲钢铁厂（Acierie d’Amphy）的历史档案里，查阅一下它当年的情况。安菲军工厂专门制造钢炮弹、火炮零部件及装甲铁皮，总动员令发布前全厂有800名工人，短短一两个月跌到380名，其余人应征上了前线。到1916年12月，前方军火量急增，安菲急招工人，员工数增至1450名，其构成为：除了大部分为法国男工外，还有110名妇女和童工，25名战俘，73名希腊人，9名葡萄牙人，4名比利时人，2名意大利人。一边急需劳力，另一边能补进去的人员非常有限。1917年4月俄罗斯军队退出东线战场后，一批俄国士兵被送到法国的勃艮第地区砍伐森林，受雇于私企。据纳韦尔省的一名专员称，1919年时还有50多名俄国

> 军人在圣阿芒镇(Saint Amand en Puisaye)工作，老板付他们工资出手很慷慨。他们也知道老家那边1917年已发生十月革命，他们不砍森林了，替老板做木材批发。不过，他们的态度被当地人认为明显带有“布尔什维克和革命式的社会主义”，在当地闹得沸沸扬扬。[①]

对于需求庞大的军火生产，以上那些努力犹如杯水车薪。劳力缺少警报继续不断地拉响。法国当局在招募数量有限的欧洲工人的同时，决定在其殖民地招募数量庞大的普通工即非技术工，好让军工生产比较正常地运转，能向前线提供所需的军火武器、食物和战争物资，以图把对抗德、奥同盟国的战争打下去。

法国政府从1915年起决定在它的殖民地及其势力范围内招募20万名劳工，计划从北非摩洛哥招3.5万人，阿尔及利亚招8万人，突尼斯招1.8万人，马达加斯加招4000人，从印度支那主要是越南招4.9万人。此外还有其他一些殖民地的劳工。

1870年普法战争法国军事失利后，本土遭到德国的严密监视，要想发展的空间很小，于是法国加紧向海外扩张，就在这三四十年间，它在海外大力扩张征服，形成了不少新殖民地和保护国。至1914年，法兰西帝国在本土之外拥有1100万平方公里的海外殖民地与保护国面积，人口达4100万，成为仅次于大英帝国的世界第二强国。这些殖民地和保护国在第一次世界大战中向法国提供了250万吨各类物资如小麦、大米、木材、咖啡、金属等等。我们通过下表对法帝国当年的气势可以有一个初步印象。

---

① Wiki58. *Immigration de* 1800 *à* 1975.文章:1914-1918: *organiser l'immigration pour une économie de guerre.-Une embauche d'étrangers encore limitée.*

表2　　法兰西帝国的殖民地、保护国一览表

地理分布	殖民地名称	保护国
北非	阿尔及利亚	
		突尼斯
		摩洛哥
法属赤道非洲	加蓬	
	中刚果	
	乌班吉河–沙里河	
	乍得	
法属西非洲	塞内加尔	
	毛里塔尼亚	
	苏丹	
	上沃尔特	
	尼日尔	
	几内亚	
	达荷美	
	象牙海岸	
	马达加斯加及属地	
东非	索马里法属海岸	
	留尼汪岛	
亚洲	印度支那	
	印度殖民地商行	
拉丁美洲	马提尼克岛	
	瓜特罗普岛	
	圭亚那	
北美洲	圣皮埃尔岛和密克隆岛	
大洋洲	法国大洋洲殖民地商行	
太平洋	新喀里多尼亚及属地	
	新赫布里底	法英共管岛区

法国控制着以上殖民地的自然资源和人力资源，支配着它们的经济运转和物产流通。解决劳力最方便的途径，就是先从它说了算的地区着手。历史情况是，战前很长时期以来，法国工业化发展迅速，本国劳力本来就不够，大批邻国工人、北非马格里布地区的工人以及人口过剩的贫穷国家的劳动力，早就经常性或季节性地来到法国充实法国的劳动力队伍。因此，法国顺理成章地先从马格里布突、阿、摩三国招募劳力。从地理距离上看，三国都位于地中海南岸，与法国仅一海之隔。

法国不可能无限制地在这些殖民地招劳工，因为它也需要征招士兵，还得顾及殖民地经济所需的起码劳动力。最后法国在阿尔及利亚招用劳工78566人，招用越南劳工48955人、摩洛哥劳工25506名。可是，现实形势不容乐观，战争损耗巨大，军火需求激增，劳力缺口仍然非常大，在这种背景下，法国内阁讨论，最后取得一致意见，决定去劳力资源十分充沛的中国去招工，时为1915年10月间。

法国人谈起欧战时的外国劳工，许多人知道印度支那劳工，却不知有我华工。为此作者要在这里略费笔墨说一下印度支那劳工，人们在资料馆或展览馆都能看到印支越南人的劳工图片。

印支人与我们中国人同为亚洲人，但情势不同，印度支那即越南、老挝（海外华人称寮国）和柬埔寨，“越寮柬”曾是法国全面统治的殖民地。虽然法国人认为印支人体力较差，不适合搬运武器，但觉得印支人驯顺听话，好管理。内阁在1915年下半年就作出决定在印度支那大规模招募劳工并让一部分劳工直接进入军队成为士兵。因此，招募印支劳工发生在招募中国劳工之前，法国派出的陶履德中校（le lieutenant-colonel Truptil）招工团1916年1月到达北京，当年7月才有首批华工赴法。印支劳工则先到法国，他们与来自非洲的劳工一样，也被派往港口、工厂和农庄田野提供劳役服务。他们的应募出发也是一批批的，同样有运输问题需要解决，有时还搭上已装载华工的轮船赴法。不过法国护送华工的警方一定把印支劳工和华工分层安置，不允许相互间有接触。法国人当时认为印度支那人的开化程度不如中国人，中国人会出现罢工等反抗行为。在海上运输和抵法国后的工作地点，都将印支人和中国人分开，是为了不让印支人受中国人的影响。法国军方档案详细记录了一战期间征招印支人的职业分类和人数，且看下表。

表3　法国欧战招募印度支那劳工表

应募人员分类	人数
士兵与军队辅助劳工	48694
翻译	309
工程工人	1960
专业技工	4898
普通工	35886
总计	91747

前方打仗，后方的劳力空缺就像填不满的无底洞，上述各类人都用上了，还不行，于是残疾军人也要出力；一批批战俘也被征用，不过碍于国际公约的规定，不能把战俘放到工业，因此许多俘虏被派往港口码头当搬运工。

法国的国民与军工生产部门的劳动力总是捉襟见肘！在这样的背景下，法国把注意力转向了中国这个优势目标。中国幅员辽阔、人口众多，人力资源丰富；法国在中国还有租界，已对它们努力经营了60多年。说它“优势”，也不是说招就可招，中国毕竟是主权国家，当时有14个国家在中国拥有单独租界或者共同国际租界或者签署租约的一块领土，它们是英、法、德、日、俄、奥匈帝国、比利时、意大利、美国、西班牙、丹麦、荷兰、瑞典、挪威。法国需妥善处理与中国及另外13个国家的关系。不过，对于使用中国人，法国人并无多少经验，这跟使用北非劳工完全不同。欧战前的欧洲劳工部门，对于中国劳动力的了解仅有几个孤立的例子可供参考，譬如法国有一家人造丝厂曾做过一次尝试，雇用了几十名中国人，后来一度曾打算扩招中国劳工，但最终放弃了计划。实际上从1915年初开始，法国当局就已经比较清醒地意识到，法国缺少的劳力中的一部分必须去人口众多的中国寻找。但同时，法国人既不能预知中国劳力在法国将会带来什么样的结果，也无法确定为了密集地雇佣他们需要拿出多少国库资财。上述背景既是法国后来肯花大力气在中国招募工人的理由，也是法国在华工问题上不断遇到问题，从而在管理系统和政策层面上不断调整的原因。

1915年6月，法国驻北京公使康悌回复法国政府的咨询，表示有可能招到大量的中国劳工，但必须获得中国政府的同意才行。中国政府为了不违背中立立场，只允许招工事务由个人经办，两国官方不参与，否则受雇工人不准出境。中国官方人士私下告知法驻京使馆里的朋友，许多德国人居住在中国，他们必定会设置种种障碍，竭尽全力阻止你们招募中国劳工送往法国。[①]

不管怎样，当法国一旦从法律程序上正式确定了使用中国劳工，政府为填补劳工空缺而产生的无尽烦恼终于可以暂时抛之脑后，随之投入的精力将用于如何招募、如何分配使用、如何管理等问题上。

第五节　招华工，法国先行一步

中国方面，大总统袁世凯的谋士，身为总统府秘书长和交通系首领的梁士诒

---

① 关于法国招募外国和殖民地劳力的种种措施，参阅B. N. & L. W. *La main d'oeuvre étrangère & coloniale pendant la Guerre*.书中第一部分作者为L. Weil中校，标题为*La main d'oeuvre coloniale et chinoise en France pendant la Guerre*. Les Presses Universitaires de France, Paris/Yale University Press, New-Haven, U. S. A.（由巴黎与纽约的两家出版社于一战后联合出版）。胶卷资料，法国密特朗国家图书馆藏。

是输出一战华工的首倡者。[1]他外审世界大势，推测欧战之胜败，内顾国中变乱，欧战开打不久他力劝袁世凯参战，未果。后向英使馆建议派武装华工助英，反遭嗤鼻。眼见日本在1915年1月提出“二十一条”后，中日间经过拉锯式谈判，迫于日本的最后通牒，5月25日中日之间的“二十一条”修正案新约已正式成立。梁士诒心怀临渊日坠般的忧患，以为中国若不利用欧战之机建立奇功，将来在国际上恐怕连现在的地位都难保。乃与交通部次长叶恭绰多次密议，图举办一可行之大事业，为将来国家发声增加底气。他们议定必须采取迂回策略，极力避参战字样，以免给德奥口实。他们与法国驻京公使亚历山大-罗伯尔·康悌（Alexandre-Robert Condy）协商，中国用私人公司名义由商人出面招募华工，法方派来招工团亦需以民间人士名义，双方政府予以担保，这样中国可以向法国提供大批劳动力承担非军事性的劳役。康悌马上向巴黎外交部禀报，详告中方的意思。法国内阁首脑当即表示欢迎这一建议，命外交部责成法国驻京公使馆研究招工条件并提出实施方案。1915年6月间，梁士诒着手筹办招工公司，起名“惠民公司”，指定交通银行经理梁汝成担任惠民公司总理即总经理，派出李兼善、王世祺为与法国招工团签订工约的主稿人。李、王两位同时亦任惠民公司经理。[2]

中国在欧战爆发后一周即宣布中立，现在如果向协约国靠拢，必定会遭到同盟国一方的指责。不过，现在中国为协约国出了力，将来德奥一方战败，中国可以向协约国要回被德国占去的山东胶州湾。胶州湾、青岛乃至胶济铁路

---

① 梁士诒（1869年3月24日—1933年4月9日），清同治八年生于广东省三水县冈头乡海天坊。字翼夫，号燕孙。光绪中进士，授翰林院编修。曾参与袁世凯胁迫清皇室退位活动。清末民初中国政坛重要人物，任袁世凯总统府秘书长，为旧交通系首领，人称“二总统”。梁是中国“一战华工”大行动的主要策划者。徐世昌当总统期间，曾受命组阁，1921年2月24日—1922年1月25日任中华民国国务总理。在军阀混战南北对峙的政治背景下，遭到直系军阀吴佩孚以胶济路案为由的倒阁潮的强力冲击。

② 凤冈及门弟子编：《梁士诒年谱》，广东人民出版社2014年版，第298—301页，上海图书馆藏。原名《三水梁燕孙先生年谱》，1939年版。

沿线自1914年11月起，已被日本用重兵从德国人手中夺走。中国光凭自身的国力根本无法向日本索回它们，只能靠为欧战出力，将来才可向战后和会提出要求。此乃中国当局在欧战爆发后的盘算，出此先予后取之方略，隐含着弱者面对强者的政治智慧。

法国战争部召回曾长期在亚太殖民地军队服役、现身为预备役少校的乔治·特律普蒂尔（Georges Truptil）并于1915年11月1日，任命他担任赴华招工团团长，以民间身份率团前往中国负责招募华工。招多少？初定5万人。两周后，招工团初步配备为11人，团员有军备与军火副国务秘书属下的两名行政军官，殖民地军队的两名二等军医和一名中尉及五名士官。12月1日，特律普蒂尔晋升为中校。12月12日他带着两名行政军官先离开马赛，1916年1月17日抵达北京。[①]中国官员见到的这位团长身高一米八五以上，西装革履，其头衔为农学技师，声称他代表法国需要劳动力的广大农业种植者来中国招工。招工团其余8人于1915年12月26日离开马赛赴华。一个月后，战争部给招工团加派的一名营长、两名中尉和一名医生启程去中国。陶履德-惠民合同签字后，准备在天津招工了，又有一名中士6月25日离法直赴天津。[②]这样法国招工团全团共16人，足见法方对在华招工之重视。

法国在华招工分两个步骤，首先通过农学技师率领的法国“民间招工团”，与中国专为此事成立的民营机构惠民公司签订一个原则合同，供中法双方共同遵守。这样似可避免德意志帝国指责中国违反中立国立场，至少在外交上有托词：此乃民间行为也。然后，惠民公司挂牌招工，介绍报名者与法国招

---

① Centre des Archives diplomatiques de la Courneuve. Cote: 32CPCOM/41，法外交档案中心。据法驻华公使康悌（Condy）1916年2月4日发给外交部的电报N°39，以及SHD-DAT 16 N 291，法国国防史料处。

② 法招工团的团员如下：隶属于军备与军火副国务秘书的行政军官Nachbaur和Risser，殖民地军队的两名二等军医Heusch和Collomb，中尉Buvelot及五名士官，后增加一名营长Grillet、两名中尉Chassigneux和Vitry，医生Victor Ségalen和一名中士Gerin。资料来源：法国报纸Le Miroir, N 237, dimanche 9 juin 1918, p.16。

工团履行体检、签雇佣合同等手续，然后由法方租订海轮将劳工送往法国。实际上，法国招工团听命于法国战争部，惠民公司则背靠北洋政府官方；惠民公司在第一线直接面向中国社会民众，按照法国招工团的指令扮演中介的角色。因此，法国国内把惠民公司视作工会。在法国，工会维护劳工的利益，与雇主谈判各种条件，惠民公司的角色恰恰与此雷同。

笔者查到，特律普蒂尔中校出生于法国瓦兹省（Oise）一个小村庄，1907年4月4日在上海与爱伦娜小姐（Mlle L. M. Hélèna）结婚。1917年3月至6月《申报》刊登法国在华招工的消息报道里，曾有如下句子："法京招工局洋员吕的而……""法国政府派委陶吕得氏来沪告明驻沪法总领事……""法国农学技师陶履德……"等等，慢慢地，在后来的中文报道里就写作"陶履德"了。由此可以确定，地道的中国名字并非他本人所起。吕的而、陶吕得、陶履德几种叫法均系Truptil的中文音译。后来中国人觉得写"陶履德"三个字更符合中文的姓名意蕴，渐渐地都用它，而致约定俗成。他的名字已成为一战华工赴法史上无法剥离的一个符号，自当沿用。

陶履德招工团与中国惠民公司在1916年上半年举行了长达三个月的招工条约的磋商谈判，至5月中旬签订了招工条款，随后在天津拉开招工大幕，1916年7月14日首批一战华工在天津大沽口登轮放洋赴法，随后陆续有一批批华工从天津、香港、浦口、上海等地启程。在以后被证明成为中国诸报刊中对一战华工关注度最强的《申报》，却直至1917年3月29日才首次刊出法国在华招工的消息。之所以如此，原因就是中国采取中立，当然不会向报界透露招工赴欧战的事。1917年3月14日中国北洋政府宣布对德国正式断绝外交关系，当局不再捂住，报界才获悉此事，于是刊出了"法技师赴华继续招工"的一则消息。

本埠各公事机关昨奉督军省长第1105号会衔训令，以准农商部电，准驻法使函称，法国农学技师陶履德现已由法启程赴华继续招工，请于前陈

法国战争部派遣乔治·特律普蒂尔中校赴华招工，即后来中国人称为的陶履德。特律普蒂尔比英国招工代表布恩尼早十个月到中国。

英国政府任命伦敦公认的中国通托马·约翰斯顿·布恩尼（Thomas Johnstone Bourne）负责赴华招工。

各条加以研究等情相应电达通令所属，嗣后继续招工参照该使原陈及已经成立之合同加以研究，以惠华工转行遵照云云。[①]

直到此时，中国社会民众才正式获悉，有许多华工要去西欧做工了，至于去了多少人，外界并不清楚。

天津有法租界，法国对“北直隶”情况熟悉。陶履德招工团与中国惠民公司一经签订了招工条款，马上确定天津为首个招工口岸。随即，天津市河北二马路的某个门面挂出了“惠民公司天津分公司”的招牌，消息不胫而走，前来报名者非常踊跃。1916年7月中下旬，最早招募的三批华工共5047人由天津登轮赴法。

此时，同样感到劳力紧缺的英国，因为看不起中国人，也因为自恃拥有广大的殖民地的人力资源，仍不屑于把目光转向中国。

① 《法技师赴华继续招工》，《申报》中华民国六年三月二十九日第（十）版，上海图书馆藏。原文无标点，系作者添加。

第六节　英国招募华工，起于无奈

英国派出欧陆远征军进入一战西线战场后，国内不断征兵，青壮男子离开工作岗位奔赴前线，国内生产缺少劳力的问题马上突显出来。特别当英军大量的战争物资源源不断地运到法国港口，却缺人卸货，因为大批的港口工人都被法国政府征兵了，英方只得派士兵承担，由此减少了作战部队的兵员。英国陷入劳力紧缺的困境，我们从法国驻伦敦大使馆武官拉帕努兹上校给法国战争部部长的绝密电文中足以联想到。自1914年7月欧战爆发至1916年6月26日为止，英国直接从英伦三岛本土运抵法国英吉利海峡诸港口的军官为80767人，士兵2042690名，军马463617匹，这些兵力与马匹的数字不包括英国从地中海港口上岸和来自殖民地的数量。自1915年8月至1916年6月26日，从英国运至法国的军火弹药为410216英吨，炸药21557英吨。①

大英帝国先在它广阔的殖民地征兵和招劳工，那比较快捷。与德奥开仗，兵力不足，当局就从殖民地调集军队前来参战。大批的印度兵从法国地中海大港马赛上岸，前来增援西欧的英军战线；印度军队为了帮助英国守住埃及派遣了10万兵力，还派兵在波斯湾的巴索拉赫登陆，为的是把石油产区替英国牢牢控制住。单就劳工来说，4.8万名印度人，2.1万名南非黑人，1.5万名埃及人在一战爆发后陆续抵达英军指定的地区。②印度劳工自1915年9月开始被用于西部战线的劳役，开始还是小批量的，尚无正式番号。后来战事发展，由速

---

① 法国国防史料处档案，SHD-DAT.法驻英使馆电文N°2298，绝密，1916年7月2日发，署名武官德·拉帕努兹（de la Panouse）上校，致法国战争部部长及法军参谋部第二室。根据收集到的情报，报告自英国军队派赴欧陆至统计之日的兵力等数量。

② Michael Summerskill. *China at the Western Front*, London: 1982. p.163.

决战的企图变成持久战的无奈，出现了“壕沟战”的胶着状态。调战斗人员去挖掘堑壕、装卸军火的应急措施无法再使用，还有沉重的运输、修筑等任务，都急需民用劳力替代士兵。伦敦当局命印度各省大力招工，正式组成印度劳工团（Indian laberer corps，简称ILC）赴西欧，首批ILC于1917年6月抵达马赛，至当年8月底，已有2万名印度劳工抵法。①

英国人的傲慢似乎根深蒂固，欧战开始不久，北洋政府的有识之士曾以口头形式向英国人提出过希望以武装劳工的方式参加欧战，中国出人英国配枪，为协约国助一臂之力，这主意被英驻京使馆嗤之以鼻。后中国当局改为“以工代兵”，被法国人爽快地接受了。英国对法国在华招工却并不看好。但法国在天津很快招到华工，英国人虽然知道，只是仍不以为然。

英国赴欧陆远征军在法国登陆后，战事一而再再而三地失利。1916年7月1日英法联军首先掀开了索姆河战役的序幕，一日之内英军阵亡19240人；不到一周英军阵亡人数高达57470人。英军在会战的第一个月就损失了18.7万人，第二个月伤亡与失踪人数增加到22万人。索姆河战役，协约国兵力减员达62万人，其中英军损失最惨重，40万人丧失战斗力，其中约20万阵亡或失踪。这场战役属于阵地攻坚战，持续到11月18日，英法联军尽管损失惨重仍未能突破德军防线。②英国再次在本土加强征兵力度，并从英联邦成员国里大量征调以补充兵员；但军火生产、弹药运输、战争物资装卸等都需要大量劳力，英远征军司令部无法再抽调大批士兵去承担，前线亦需兵员，让士兵去从事许多非战斗性的劳作，军方上下都在抱怨。从殖民地征召来的劳工还远远不够，到哪里去找呢？像法国一样，去中国招劳工。这实在是现实迫使，不得不为。

---

① 法国加来海峡省阿耶特印度劳工与华工墓园指南：*Corps des travailleurs indiens et chinois sur le front de l'Ouest*,（Ayette Indian and Chinese Cemetery）由英联邦战争墓地委员会立。

② Bernard Phan. *Chronologie de la Première Guerre mondiale*, “chapitre 1914-1917” , Editions Points, 2010.

首先提出赴华招工的是时任英国海军大臣的丘吉尔（Winston Churchill）。丘吉尔1911年出任此职后想方设法使英国皇家海军现代化，他对欧战前景的危机感比其同僚要强。他力排众议提出要在中国招劳工，1916年7月24日英国下议院举行会议对他的提案进行了辩论。丘吉尔声称“我们的目的是打仗，我在中国一字面前甚至不会犹豫”，“时间流逝，我们一点都不应畏惧那些偏见”。话虽不直白，但可以让人感到英国社会充斥着对中国人的偏见和蔑视。经过激烈争辩，招中国劳工的提案终于获得通过。战争国务秘书戴维·劳埃德·乔治（David Lloyd George）也表示他支持在法国领土上使用中国劳力。8月14日英国外交部正式照会法国总统阿里斯蒂德·布里昂（Aristide Briand），告知英国准备在中国招募劳工用于欧战。对中国劳工的称谓，英当局决定用Chinese Labour Corps，简称CLC，译成中文叫“中国劳工团”。

在使用名称上，英国人比法国人更有规划。一开始就定好，免得以后有麻烦。相比之下，法国人在中国劳工的身份定位上就显得游移不定，造成日后各有关部门之间行文或叫法的不统一。

英国内阁起初不考虑用中国劳工，除了认为中国人愚昧落后，不堪来欧效力；另一因素也左右着英国人的思维，早在1902年签署的英日联盟协议使英国与日本成为盟友，日本认为中国站在协约国一边参与欧战对日本不利，如果中国参战成为战胜国一员，将来得以参加和平会议，肯定会阻止日本继续占领胶州湾和胶济铁路，因此总是明里暗里设置障碍加以阻挠。英国在东方的舰队船运没少用日本的港口，英国人一开始很顾忌这个东方盟友的立场。如果不是英国自己遇到了大麻烦，它是不会迁就中国人的要求去得罪日本的。并非英人对中国人的看法有改变，只是战争伤亡太惨重，招中国劳工实属无奈之举。

英国政府任命伦敦公认的中国通托马·约翰斯顿·布恩尼（Thomas Johnstone Bourne）负责赴华招工，布恩尼带着两名助手于1916年10月底抵达北平。袁世凯复辟称帝未成，内外交困，四个月前已归天，当时坐在民国总统宝座上的是黎元洪。布恩尼按伦敦的意志行事，并不想让中国当局涉足其招工事务。他不去总统府，也不与北洋政府就招劳工一事作正式谈判，抵北平三天后拔脚去了山东威海卫，他把外交斡旋的任务留给英国驻北京公使团的中校军事顾问。从这一点便可看出，中国在英国人眼中的地位是何等不足为道！

英国人自认为对中国很了解，它在天津、汉口、镇江、九江，广州、厦门都有租界，在上海与美国有共管的国际租界；山东威海卫是它签了30年租约的领地，香港这一国际商港更是签了99年租借条约的英国人的天下。英国在中国派有许多帝国官员，开设众多的洋行，大批的商人和文化人士都很活跃，英国传教士渗透的地域非常广泛，英帝国的触角可谓伸向了中国社会的上下左右、四面八方。

在19世纪至20世纪的殖民大扩张时期，中国人是一场旷日持久的血腥的苦力贸易的受害者，从东南亚到大洋洲，从南非到南美、北美，从东南欧至大不列颠岛，从东印度群岛到西印度群岛，中国至少数百万人被不同国籍的殖民主义者以名为契约、实为拐掠等各种手段强行送往目的地，被迫为奴役者创造巨额利润。英国殖民主义者在这场“黄奴贸易”中充当了主力队员的角色。至欧战发生时，英国人对他们的前辈或仅年长半代的长者们，通过疯狂的“黄奴贸易”获取巨大财富的故事记忆犹新，甚至在文字记载里津津乐道。

威海卫签约租借地，包括港口及周边一大块乡村，与租界没有实质性差别，官员都是英国人，治安也由威海卫英国当局负责，只是面积较大，管理不及在大城市中的租界严密。布恩尼在威海成立了招工局，把招工任务交给威海卫的英商仁记洋行（Forbes & Foreign Company），由洋行的华人经理邵德福负责筹措具体事务。仁记洋行为此与布恩尼的招工局签订了一个合同，双方明确了各自应承担的责任。这样，仁记洋行可以动手招人，而布恩尼以为，如此便能大张旗鼓地干起来。

不料，想完全撇开中国当局，独自招工的路子遇到了障碍，尤其在最初阶段。布恩尼没想到的是，招工局开张了，冷冷清清无人光顾。原来，威海卫街头巷尾已有传闻，说是这次招了中国人要送去欧洲打仗，老百姓又不是兵，送往前线打仗那不是当炮灰？谁那么傻去送死！布恩尼还感觉到，山东的地方官也好像躲着这事，推三推四地搪塞。现实的制约迫使英国人不得不研究这个局面，他们意识到绕开中国当局的路子恐怕行不通。在此情况下，英驻京使馆开始与中国当局作正式接洽，商谈在华招工的问题。

比英国早动手十个月来华招工的法国招工团，成功地将几千名华工送去了法国，这些消息早已引起德意志帝国的严重关注，活跃在北京政坛内外的德国外交官与情报人员，在北京上层不断游说，在社会上则利用亲德派散布危言，试图阻吓中国老百姓去惠民公司挂牌的招工点报名，甚至伺机鼓动已被录取等候出发的工人夜逃。现刺探到英国人也要在华招工，德国当局怒加一等，正式向中国政府提出抗议，强烈表达德国的不满。中国政府如何应对？

问题确实棘手。第一，中国在欧战刚开始就照会列强，不得在中国本土或租借给英、俄、德、日的中国领土或中国领海内，进行敌对行动。紧接着1914年8月6日以袁世凯大总统令宣布中国中立。如果列强在中国发生敌对军事行动，中国根本无力阻止，同年9月、10月日本发重兵从德国人手里夺取青岛与胶州湾，便是一个明证。第二，中国的中立实际上是有倾向性的，并不完全不偏不倚，中国的当权者们其实还是有所希图的。他们清楚，欧战乃列强之争斗，列强在华各有利益牵扯着中国政府，中国不可能置之度外。第三，中国当局还想“谋事”，以便在欧战结束时提个要求，希图列强理睬。协约国方面有怂恿中国参战的，也有瞧不上中国军队素质的，中国虽然采取中立，但同盟国与协约国其实哪方都不支持中国真正保持中立，而是希望中国偏向于它，因此中国的中立充满了小心伺候看人脸色的滋味，不好受，但又很不甘心。中国政府采取的“明守中立，暗事参加，以工代兵”就是在夹缝中力求改善国家生存空间的举措，这个方略能否收到预期的效果，变数实在太多，中国的当权者和政治精英们都只能走一步看一步。

眼下协约国战事吃紧致使英国人主动求上门来，希望中国当局支持它在华招工，北洋政府利用这个难得的机会向英国政府提出几个条件，其要点是：

第一，将1901年英国与中国签订的“义和团和平条约”强制中国支付赔偿金的付款期，往后延50年，但不增加利息。第二，重新审定和增加中国的海关税。第三，欧战结束后如果其他中立国家参加停战和平大会，也应同意中国参加。英国政府的答复可说为自己留足了余地，却并不让中国政府吃到定心丸，外交函复表示：如果德国人入侵中国，英国将对中国提供保护；英国赞成考虑减轻中国的财经困难。第一条，德国人连青岛都保不住，两年前就给日本人抢了去，在欧洲战场上与协约国厮杀得难分难解，还有实力与计划入侵中国吗？完全是忽悠中国人。第二条只是原则表态，离具体落实还有十万八千里。中国政府明知英国人不理睬自己的要求，也只得顺竿儿爬，权当我已告知你，你知道我的要求了。“知道”与“同意”之间的距离有多远，对方不表示“同意”将来会有什么后果，中国当局似乎顾不了那么多，要紧的是顺着英国人的意愿行动起来。

北洋政府向内阁的有关行政机构和山东省府发出支持英国人在华开展招工活动的指令。山东省省长熊炳崎、济南镇守使马良指示在济南、周村、潍县和威海设点，同意英国按点招募华工。伦敦方面对中国当局中断支付赔偿金当然不乐意，但是欧洲战事急需劳工，且中国已被拉进协约国的营垒，眼前不宜再把时间耗在外交扯皮上，而必须在北平当局的支持下尽快招到大批中国劳工，送去英国需要的地方以解燃眉之急。

威海卫一开场遭挫折，使英国人意识到没有中国当局的支持，招工绩效会大打折扣，对原先天马行空的做派不得不略作调整。但从本质上来说，他们并不把中国政府放在眼里。日后去上海等地招工时，仍然只委托英资公司或英国洋行，动用中国各地的英国人传教士帮助宣传，雇佣听命于英人的中国经纪人出面招徕，招到大批工人后也没有通报中国政府就一手送去西欧或其他地区。这个做法确实与法国招工团大相径庭。

第二章　法、英两国在华招工面面观

第一节　法国在华招工模式之一

特律普蒂尔中校脱下军装换上西装便服来到北京，身份变成了农学技师，名字也变成了陶履德，不过这是中国人称呼他的，在法国人那里他没变，编制仍属法国军籍，他到中国后一直与法国战争部保持着密切联系。1916年1月26日他从北京发给法国战争部部长的信里可以清楚地证明这点。

他的信是以Truptil中校的名义写的，长达12页，末尾有他的亲笔签名。他给战争部部长的信是这样开头的："部长先生，我荣幸地向您报告，您托付我领导的（招工）使团已于本月17日抵达北京，我在1月20日已拍过电报向您报告。"他在信中汇报了与法国驻华公使康悌进行的磋商，一致认为"鉴于中国当局的思想状态和华工移民的历史情况，招工团必须完全以民间的方式开展业务，以免引起中国当局对华工赴法后在去向与使用上的担忧"。之前战争部发电报给交趾支那副总督请其转交陶履德中校，告诫招工团不要使用曾在汉口市政府任职的法国上尉布勃厄叶（Bubreuil）的工作关系网，因为此人的军人身份众所周知，完全不适合涉足招工事务。陶履德在信中报告他已采取各种措施来执行战争部部长的指示，布勃厄叶本是陶的副手，陶决定让他留在香港，听候吩咐。①

① Inventaire sommaire des Archives de la Guerre, Série N1872－1919，档号（转下）

法国在中国招募工人以解其劳力严重匮乏之急，是其在诸殖民地招工20万人之后。中国与殖民地不同，其他列强在中国也有势力范围，因此行事决不如在它的殖民帝国内那般便利。法国战争部对在华招工做了认真研究，而且始终在跟踪监督招工团的工作进展，部内专门有第八司具体负责。陶履德一直按战争部的指令工作，以民间人士的名义招工只是为了不给同盟国以寻衅的口实。

陶履德招工团一开始就走官方渠道，这与法国人的法制与行政观念有关系。他们在中国社会上有一定的关系网，只是不及英国的关系网深广，但他们更相信在中国的社会里，与官府的沟通是首要的，避开官府去做，会惹出麻烦。法国人崇信合同，也愿意遵照合同的条款办事。长期生活在法国的华人对此应有切身的体会。法国人历来对签字特别谨慎，尤其承诺性的文件，不肯随便落笔，因为一旦签字就意味着要承担法律责任。法国行政和司法认手写的签字而不认个人图章，图章是可以刻的，签字具有专一性。

陶履德招工团与惠民公司派出的李兼善和王世祺两位代表商议合同条款。中方出于维护华工利益和主权的考虑对合同的内容反复推敲，一丝不苟，反映出当时惠民公司的主事者们以及背后官方高层人士的高度责任感和维权意识，值得我们后世钦佩和借鉴。双方为此谈判了约三个月，法国国防史料处的档案里存有陶履德与战争部八司的来往电函，陶履德不断地把谈判进度向战争部殖民地军队司即八司报告，他可以提出自己的看法，但最终还是必须按战争部的指令办。如陶履德曾把华工在法每天的工作时间定为9个半小时，报到国内，得到的回复是华工获得日工资标准的每天劳作时间须为10小时。1916年5月14日陶履德以法国农学技师的身份与中国惠民公司正式签订招工合同，中方的签字人是惠民公司持牌法人梁汝成，他可能仍兼着交通银行的经理一职。

（接上）SHD.-Vincennes 5N134。Imprimerie la Renaissance-Troyes, 1975.法国国防史料处。所有海外劳工的招募均归战争部的殖民地军队司具体负责，至今出现的中文著作或文章中称华工为“法国陆军部”所招，实为谬误，因为法国从未设过陆军部。

合同的具体条款，共有二十八条。[①]详细得可谓面面俱到。随即，双方在船舶往来便利的通商口岸中选择招工地点，首选天津，第二香港，第三浦口，第四青岛。

一、天津招工

惠民公司在签订合同后的当月即中华民国五年（1916）5月就到天津成立分公司，以李兼善为天津分公司经理，地点在天津市河北二马路。前来应募者非常踊跃，至7月间陆续募足预定数。陶履德与梁汝成在合同书上签字时，佣工期写明定为五年，然而两个月后即1916年7月，法方与天津招的华工个人签订合同时，陶履德招工团根据其国内指示，将个人合同均签为三年。故天津招的华工抵法后按三年合同期执行。

惠民公司在塘沽租借招商局栈房四间，供工人暂住。第一批完成体格检查等一应手续后录取了1698名华工，在天津大沽口码头上驳船，由小火轮拖出港口，登上泊在港外的“帝国”号大轮船（注：当年中国人译成“安派”号），7月12日黎明放洋出海，开赴欧洲法国的马赛港。惠民天津分公司经理李兼善和法国招工团团长陶履德同船前往。

刊登在法国报纸的在天津招募苦力的营盘图。报名者进了营盘后，需要接受体格检查，并拍照登记在册。

---

① 见书尾附录二。

表4　　惠民天津分公司所招工人详表

出发顺序	出发工人人数（人）	所乘船的船名	轮船放洋日期
第一次	1698	帝国Empire	1916年7月12日黎明
第二次	1365	西义藏Shigisan	1916年7月17日下午
第三次	1984	阿利么Harima	1916年7月25日上午
总计	5047		

从5月开张到第三批1984人7月25日放洋，前后不过两个月，就送出5047名劳工，在如此短暂的时间里初战告捷，原因何在？直隶（当时的河北一带）农工商业不振，很多老百姓成为无业游民，那时天津属直隶省，作为渤海湾的一个大港，当地百姓深受外兵内乱之苦，越无正事可做越会养成懒惰，久之相习成风，现听说去法国打工赚头好，自然奔走相告趋之若鹜。此外，惠民公司虽然以民间公司出现，但它的官方背景必然使它在办事时左右逢源，地方官员对它的支持，为募工出洋增加了可信度，民众也会口口相传。本当再接再厉，孰料由法国驻天津领事一手挑起的“老西开事件”①彻底阻断了这种可能。

二、香港招工

民国五年（1916）7月以后，梁士诒居香港，把华北招募之事，交给交通部次长叶恭绰主持，华南招工事则由其亲自指挥。在天津招不成了，陶履德招工团立即转向南方。惠民原计划在广州设分公司，但广州政潮波动怕生变故。香港自鸦片战争后完全置于英国的管辖下。法、英同为协约国成员，招工需获得当局支持，法国人在香港不会遇到麻烦。香港居民中粤籍最多，广东一带出

① 老西开是天津墙子河以外的一片地，法国蓄谋把天津的法租界扩展到老西开地区的活动从1902年起就没停止过，北洋政府的退让妥协并没有换来对方的让步。1916年夏，法租界当局不顾天津人民的反对，在老西开地区强行插立红白兰法国三色木桩，派出军队巡逻，拘留中国警察，不准华人往来于老西开地区。这激起了天津人民的极大愤慨，老西开事件终于爆发。天津公民大会的决议中有一条是“解散惠民公司，不准招募华工”。参阅葛夫平：《中法关系史话》，社会科学文献出版社2011年版。

洋谋生几乎有上百年的传统，乡村坊间看到的例子常常是赤身出洋满载而归，贫穷之人羡慕之至却苦于不得门道，更何况近年水灾兵燹，乡间民不聊生。惠民公司相信，如果百姓一旦获悉有出洋挣钱的好机会，无烦劝谕便会奔走相告、接踵而至。

不想这时有人抢先一步，民国五年（1916）秋冬之际，香港冒出了一个“利民公司”，系由几名香港人组成，真正的幕后乃一名法国人。开出的合同削减华工利益，办理又不善，引起坊间非议，最后被政府勒令取消。香港当局以惠民公司在北方办有成效，请在港开设分局招募华工以助英法联军。这正合梁士诒之意，于是聘请香港最有名望之士绅合办成立惠民香港分公司，又吁政府派警保护。民国五年十二月（1916年12月）正式在香港云咸街挂牌开张招工；又选对海荔枝角从前港政府招工送往南非时专门建造的一个大厂房，作为工人录用后居留候船的暂住处。这工厂面海背山，足可容纳两千余人，点名厅、宿舍、浴房、查验体格处、发放安家费处、邮便处、购物处、家人话别处，一应俱全。招工进行得井然有序，合格后领取安家费，不用出门，就可在邮便处寄银回家。最后登船前，亲属可在“家人话别处”相见，互相叮咛送别。[①]

香港对海荔枝角招工场，工人出发前与家人话别。来源：惠民公司报告《华工赴法》

① 惠民公司报告：《华工赴法》，“香港分公司”，中华民国七年三月，第12页。凤冈及门弟子编：《梁士诒年谱》，广东人民出版社2014年版，第301页。

表5　　惠民香港分公司所招工人列表

出发顺序	出发工人人数（人）	所乘船的船名	轮船放洋日期
第一次	512	Dumbea	1916年12月18日
第二次	734	Athos	1917年2月7日
第三次	648	Cordilière	1917年2月24日
第四次	569	无记载	1917年4月7日
第五次	758	Paul Lecat	1917年5月28日
总计	3221		

香港招的华工五次出发的时间拉长到五个多月，总计登船放洋3221人。

惠民香港分公司招募的工人，先上驳船，再登泊于海上的大轮。

不知何故，惠民公司于1918年3月《华工赴法》报告里，与记载其他几处招工出发的详细方式相比，香港华工的出发情况最为简约，仅说明五次放洋与出发的总人数，既未写明每次出发人数，也没写出具体放洋日期和所乘船名（注：表中的轮船放洋日期和船名是作者研究而得）。令人感到其中一定有隐情。

随着研究的深入，作者发现在地中海被敌潜艇鱼雷击中的法国“阿托斯号”（ATHOS）邮轮上所载的华工，应为惠民香港分公司所募第二批。邮轮沉没，蒙难者总数为775人，其中有中国劳工543人。[①]作者认为，有些书籍文章

① “阿托斯”号邮轮于1917年2月17日在地中海马耳他岛以东的海域遭敌潜艇袭击而沉没。详情参阅本书第三章第三节。参阅法海军部调查小组的海难报告，法国防部史料处SHD藏，胶片档案。

中提到的利民公司招工2000余人送往法国之事，恐怕不实。利民公司被勒令关闭在前，惠民香港公司成立在后（1916年12月），既然港英当局发现利民合同不妥办理不善，令其停办，后者就不可能雇到轮船分批送出；再者，招募华工之事由战争部统一部署，财政部拨款，利民公司不通过法国当局，必得受私营雇主之托，由私营雇主出资，华工没有领到安家费，怎么登船？这方面至今未见任何佐证资料。有的书中称“阿托斯号”邮轮遭袭，多达五百余人的遇难华工，系利民公司所招募。“阿托斯号”遭袭沉没发生于1917年2月17日，从时间上推算，早在两个多月前利民公司已被取消，上面的说法显然无法成立。很可能是“利民”与“惠民”的一字之差，使人把一些事混淆起来，以至于长期模糊不清。

三、浦口招工

陶履德心中明白，已在香港招到的工人必须送往法国，招华工对于法国政府而言，不能中途停止。不过，香港不能久留了，虽然法方封锁了消息，但迟早会泄露出来。惠民公司按陶履德的要求，一面继续让惠民香港分公司在香港招工，一面着力筹备浦口分公司。浦口位于南京长江北岸，扼守江苏、安徽两省之通衢，有京宁铁路通过，长江中下游流贯于此，这一带劳力资源更充沛，相比于体形较矮小的粤人，苏皖一带的人长得更强壮。民国六年正月即1917年1月惠民浦口分公司正式开张。负责北方招工事务的叶恭绰提出，应于法国轮船抵达前，先招好大批工人在浦口候船，方不至于临时缺劳工等候，公司须照付船费，实负累不起。浦口一带多军界地盘，叶公聘请了精明强干，与长江南北军人皆有联络的郑洪年为浦口招工代表。另一方面，惠民公司的职员已具有相当丰富的经验，各项事务办得颇为妥帖良善。浦口分公司从1917年元月开始运作至同年11月19日为止，以业绩而论，是法国在华招工中办得最出色的一个点。

惠民浦口分公司募后送出的华工18950人这个数字是作者根据“惠民公司报告”里从浦口每批启程的人数相加而得，应该是准确数。然而就在这份报告里，在浦口14次送出华工的表格后有一句话："十四次共出发工人一万八千九百七十名。"18970这个数字显然是惠民公司的职员在撰写报告时的笔误或者14次的人数统计时的一个加法小错误，错虽微小，仍是遗憾。原始材料的错误往往造成后人引用时不可避免的讹误。

表6　　惠民浦口分公司所招华工由浦口离岸详表

出发顺序	报名工人数（人）	实际出发数（人）	所乘船的船名	轮船放洋日期
第一次	1903	1819	晏排	1917年3月10日
第二次	2286	2200	兴京	1917年3月29日
第三次	809	800	波利勒斯	1917年4月12日
第四次	671	660	澳大利	1917年5月17日
第五次	913	900	罗杜石	1917年6月5日
第六次	2053	2000	波多斯	1917年7月20日
第七次	450	409	塘柏亚	1917年7月29日
第八次	1298	1200	冈孟当多吓斯	1917年7月30日
第九次	1890	1800	晏排	1917年8月6日
第十次	2115	1800	兴京	1917年9月22日
第十一次	1546	1437	箕卜砥	1917年10月1日
第十二次	2122	2000	乐尔	1917年10月18日
第十三次	632	600	澳大利	1917年10月28日
第十四次	1409	1325	瓦利慕	1917年11月19日
总计	20097	18950		总淘汰率为5.7%

从上表中可看出，去浦口报名的人摩肩接踵，淘汰率也不低。落选原因主要是身体检查过不了关，落选者由惠民浦口分公司发给路费自行回家。其中第十次最特殊，报名应募者多达2115名，最后出发的人数为1800名，淘汰率达15%。可以想象一下，2000多人满怀希望而来，竟有315人被淘汰，入选者自然高兴，不合格者沮丧而归。淘汰率高既说明法国当局对华工体格的要求比

较严格，也显示出中国劳苦农民或城市贫民的身体素质不高。

每批出发人数是根据陶履德招工团预订到的运输轮之运力确定的，经过体检和编队等必要手续后，惠民公司发放安家费。一俟预订的轮船抵达，他们马上就得出发前往码头登船放洋。整个的运作颇像一个系统工程，很讲究效率。究其原因，一是法国战事正紧，各地工矿企业港口装卸急需劳力，战争部对招工催得很急；二是法国人办事的计划性强，讲究成本核算，不肯浪费资金和时间。

以浦口为出口离岸港的华工共14批，每批放洋均有洋员和华员同船护送直至目的地。海上旅程40余天，甚至多达两三个月，华工一路有人照料带领。每批负责护送的洋员人数在3至6名，中国职员则2或3人。惠民公司的档案材料里一一记录着每批负责护送的外国人或中国人的姓名，只是外国人仅记录中译名，而且那个年代中国人的人名地名的法译中尚未形成章法，如第三批4名洋员护送者的姓名译成：加司麦吓，巴斯徒河，威打，加尼吓活板，今人读来很不习惯。

法募华工在青岛荷行李登船赴法。来源：惠民公司报告《华工赴法》

惠民浦口分公司的招募工作正在卓有成效地在进行着，民国六年（1917）8月14日，中国北洋政府宣布对德、奥帝国宣战，正式参加到协约国一方。惠民公司上下，信心愈发大增，认为中国既与德奥宣战，凡可为协约国有助的自当尽力，输送中国工人赴法国，现在名正言顺，更宜猛进。

四、青岛招工

法国早知英国先在山东威海卫招工，后又加出一个青岛，两地的招工局同时运作。陶履德招工团决定也要在山东开展招工，并于中国宣战的当月即民国六年（1917）8月即派人前往山东筹建一家分公司，一切手续皆照惠民公司的经验办理。惠民青岛分公司聘张执中任经理，1917年8月下旬即在青岛开张，而且还在潍县坊子设立了侨工事务局，公开在潍县招募华工，并声称，华工每月在国内领现大洋10元，国外补贴10元。彼时青岛已被日本人控制，陶履德招工团向巴黎呈报计划，请法国政府与日本当局谈妥，给法方以必要的配合，使惠民公司在山东一带招到的华工也直接由青岛登船赴欧。

山东本是英国的招工主场，1916年11月英国先在威海卫，三四个月后又在青岛设立第二个招工站，人数庞大的英募华工，同时从威海卫和青岛两个口岸登轮放洋。从1917年8月起，法方也开始在山东及其邻省招工，英、法两方居然同时在青岛将各自招募的华工送往赴欧之海路，一时颇为热闹。

惠民青岛分公司开张后成绩同样斐然，截至1917年12月，共有三批华工出发赴法国，四个多月里向法国输送共4413名华工。

表7　　　　　　　　惠民青岛分公司所招工人列表

出发顺序	出发工人人数（人）	所乘船的船名	轮船放洋日期
第一次	1411		1917年8月
第二次	1002		
第三次	2000	帝国号	
总计	4413		

招工人员在紧迫的时间压力下使出浑身解数，想尽一切办法多揽中国劳力，有些华工得到消息，自愿报名；有的只是看到别人去应募，也想去看个究竟，看到报酬优厚，动了心，也就跟着报了名；还有的到了报名地点仍在迟疑不决，或者因为抛不开家人，或者害怕前景莫测，总之招工者看出

他们心存犹豫，便赶紧拿出白酒和小菜招待这批人，再给大家允诺去法国打工好处如何如何。三杯酒下肚，脸红脑热，兴头上来便想不了太多，“去不去？”“去！”有的被灌得醉醺醺，自然跟着别人一起报了名，等清醒过来想不去也不成了。这类带有怂恿性的招募手法屡试不爽，不少华工就是受到怂恿头脑一热就答应，而后很快别离故土亲人，茫茫然地或许带着一些憧憬或是几分新奇登船远赴西欧。

1916年12月一位名叫维克多·塞加伦（Victor Segalen）的法国人被任命为军医，到中国的华工集中地点监督招募华工，并在华工登船前进行一次体检。他在寄给妻子伊冯娜的信中写道：“从清晨六时到下午三时，我参与复查华工的体检一共有1800多人，并送他们上了‘帝国’号轮船。他们来自山东和江苏北部的地区，他们身体棒，属于能干重活的庄稼汉的类型。”根据此信，我们可以推断出，这批华工的集中和登船地点是青岛，因为山东各地去青岛方便，而且江苏北部地区与山东接界；这批华工的出发日期应在1917年的9月至12月间。法国人认为山东人个儿高力气大，是理想的劳工资源。

综上所述，法国在华招工的主要模式是通过惠民公司招募，在天津、香港、浦口、青岛四地送出的华工共达31631人。惠民公司尽管在法国招募华工的运作中表现出主力军的姿态，但它并没有垄断也不可能垄断招工市场。另一种模式的招工成绩也较显著，作者将在本章内另辟专节介绍。

第二节　山东——英国在华招工之主场

为什么英国会选择威海卫作为招募华工的基地？威海卫在英国政府的对华政策中是什么地位？

19世纪大英帝国在华运作主要为了商业利益，等到它在列强与中国的商业关系中占据了霸主地位的时候，其行动宗旨，绝对是阻止由各列强控制的中国市场份额发生裂变，换言之，它要维持现状，确保它的霸主地位。

到了19世纪末，形势的发展使英国觉得只追求在华商业利益，不足以巩固霸主地位，有必要在中国的领土方面获取新的权利。甲午战争中国惨败，日本占领了威海卫，日本向中国索要的战争赔款相当于日本当时七年的国民生产总值，中国支付了大部分对日赔款后，要求日本离开威海卫。但日本没那么好说话。沙俄、德国和法国为了让中国付清日本索要的战争赔款，各自延长了给中国的贷款期限，但作为低偿，俄国在辽东半岛取得某些特权，租借了旅顺港及其周边地带；法国获取了广州湾；德国利用两名德国传教士被杀一案强行占据了青岛港，紧接着到1898年3月，又向清政府强租了胶州湾。这些新的变化使英国内阁中许多人认为，列强在中国的领土诉求已经不可避免，英国决不能甘居落后，内阁应修改对华政策，调整只关注贸易利益的思路。鉴于俄国获取了战略位置十分重要的旅顺港，英方提出英国要中国考虑给英国一个海军基地，它提出了威海卫，说是英国皇家海军需要。其实，这个理由只能算一个幌子。事实上英国皇家海军极少涉足此事，后来它也从未对威海卫租借地的港口做任何扩建加固，它仅仅把威海卫作为它的海军官兵喜欢的一个休假地。威海卫在芝罘（烟台的古名）以东，同为山东半岛北缘面向渤海的港口城市，但威海卫得天独厚没像芝罘那样易受风暴袭击。在中国生活工作的英国政商界人数庞大，还有许多传教士久居山东及中国各地，威海卫在他们眼里是一个理想的避暑海滨胜地，特别对生活在上海的西方人更有吸引力，上海及南方一带天气潮湿，洋人为了避湿避闷纷纷前往威海卫度假。

多方面的史料证明，英国要租借威海卫的根本出发点是地缘政治考量的结果，而绝非它向中国表示的理由。它不能袖手旁观其他列强在中国抢租地盘，德国占青岛，它就要占威海卫。中英双方于1898年7月1日在北京签署了英国租借威海卫协议，包括刘公岛及此岛对面长50公里纵深15公里的地带，面积为745平方公里，租赁期为30年。威海卫的最高长官詹姆斯·骆克哈特

（Sir James Stewart Lockhart）在威海卫担任专员职务最长，他原在港英政府中任一名专员，从1902年接获委任状赴威海卫就职，一直干到1921年退休离职，因此，英方在威海卫招募华工的整个过程是在他的具体配合下进行的。

威海卫从未成为一个重要的商贸港口。英国政府曾向德国许诺，英国政府或者英国的任何公司都不会修筑将威海卫连接到山东半岛腹地的铁路。英国为何作出这个承诺，我们不清楚，但可以肯定的是承诺背后一定有某种利益交易。我们知道，在殖民主义时代，强国之间背着东道主国相互谈判，达成领土占领、划定商贸活动区域、界定各自势力范围等方面的书面协议是司空见惯的事。

威海卫的市中心在原来名叫“码头”的一块临海地段发展而成，1902年骆克哈特到任后将“码头”改名为爱德华港。虽然英方没有给予威海卫重要投资，也没有制订雄心勃勃的港口工程计划，它的经济与社会发展都顺其自然，是比较缓慢的。当时威海卫的基础设施只停留在休假的需要层面上，陆地交通只有供独轮车和板车走的道，连汽车公路都还没修筑，但越来越多的中国人还是到威海卫的英国人辖区里来做小生意，开小作坊。在30年的租约期内，745平方公里的租约地上原来仅有四个老镇，后来又形成了五个新的商业小镇。

英国人除了把爱德华港作为行政中心外，将租约地分成北区与南区，各派一名司法官担任区长，一战时这个英辖区的人口已达到14万，威海卫专员署将整个租借区划分成26个分区（相当于中国人概念里的乡），委派的每个乡长管9至15个村庄，负责监督收税，传达专员署的通告，维持其管区内的治安，发放财产买卖凭据，跟踪村民之间的争讼等。当然，乡长的职责范围很广，具体事还要依靠手下的村长们去做。英国军方招募劳工，首先在威海卫的英租区里开展，在现成的行政架构下，布告和信息通过乡长、村长传递下去，报名者就近去爱德华港集中应募，比起山东其他地区的人需晓行夜宿地赶路，肯定便利得多。威海卫专员署的年度报告中曾提到，据一名乡长报称，当地一些家庭由于有儿子参加了华工团（CLC），家里每月收到十块洋元的国内支付薪金，因此家境变得富裕兴旺起来。[①]

事实上，威海卫并非英国当局招募中国劳工的首选基地，当英国决定在中国招募劳力后，伦敦方面首先选择的是香港，英国人经营香港五六十年，各方面条件很优越。但来自东方第一线的意见与英国内阁的意愿不同，不同声音来自香港总督弗朗西斯·梅（Sir Francis MAY）、英国驻广州总领事、威海卫专员骆克哈特，以及英国驻华公使朱尔典。香港总督梅认为："应招北方人，南方人怕冷，北方人能适应寒冷的气候，伙食以麦面为基础，这与法国的高纬度气候和吃面包的餐食习惯相近；北方人比南方人更听话守纪律，而且不像南方人容易得疟疾。"[②]他的意见得到英国驻广州总领事的支持。他们认为可以通过在北方的一个基地招工后再运到香港集中出发。威海卫专员骆克哈特应该最有发言权，他曾在港英政府中任过职，又长期担任威海卫的首席行政官，对粤人和山东人都有一定程度的了解，近水楼台，他当然特别赞成招北方人尤其是山东人。他提出英国应在威海卫设招工基地，其理由一是威海卫是英国人管辖的地盘，可以通过有效的行政管理体系为招工提供许多便利。二是劳工集中后的接待，有现成的设施可利用（是指威海卫的一批闲置房）。三是威海卫地处山东半岛东北缘，面向渤海，人数众多的山东劳力，从各地来威海卫应募，录用后即可直接海运赴欧。

英国驻华公使约翰·朱尔典（Sir John Jordan）赞同招募北方人，支持把招募基地设在威海卫。他在发往伦敦的报告中表示："如果想要我们的计划成功，在中国招工时应尽一切努力使这件事的军事化性质处于次要地位。这就是我非常不赞成在香港汇集华工扎营并进行训练的理由。我建议以威海卫专员署的名义招工，然后直接从威海卫出发赴欧洲。如果招北方人再运去香港集中，

① Raport of the Junior district Officer, Annual reports for 1917，档号CO 873/518，威海市档案馆藏。

② 香港总督梅发给英国殖民地部国务秘书的电报，后者1916年10月9日收到，档号：WO 32-11345.

就产生中转的问题。大批劳力通过陆地和水路运往香港，第一成本太高又费时；第二，我们担心中国地方当局沿途设置障碍，因为地方当局并没有接到北洋政府的通告说我们英国在中国大规模地招工运往西欧战地。如果华工团带有军事性质，遭阻拦的风险更大，外面已有传闻说中国劳工将被送去欧洲战场打仗。”朱尔典的意见在英国外交部获得认同，后者发通函给殖民地部称“鉴于法国的冬季气候条件，我们有各种理由认定，大部分的苦力应该在中国更能御寒的北方人群里招募”。

英军方最早的思路，考虑海上运送仍然租用当年运华工去南非的同类船只，也采取当年交私人公司去招募苦力支付佣金的方式。英国战争委员会关于“组织华工非军事化”的措施咨询过朱尔典，包括运输船能不能用军舰，是否运到目的地后再发统一制服等。后来才取得一致意见，华工由招工局录取后，就进行准军事编队，组成营连单位，发统一劳工服装，应租普通商业轮将华工运赴西欧。

英国内阁最终决定在华招募劳工以威海卫英国专员署的名义进行，并在威海卫成立苦力待发所。骆克哈特作为专员，为此倾注了很多精力。他在拿到空置房使用权后，立即动工在主建筑内部铺设地板，隔成一间间宿舍，增开门窗，改善通风系统，另外还加建了几幢房屋。专员署本身的编制不大，人手紧，无法再从专员署抽人员具体主管苦力待发所的日常工作。为此英国战争委员会派来了一名代表，命其全权负责；一开始，伦敦连专门任命一位苦力待发所的专职医生都有困难，于是威海卫专员署只好在它的医生中选一名派给伦敦来的代表，去给前来报名的劳工做体格检查，也表示专员署给予战争委员会代表的合作。

从英军招募华工的接待硬件上看，威海卫已一切就绪。两个月后即1917年1月，英募第一批华工约2500人在威海卫登船启程，经香港、过马六甲海峡、穿过印度洋前往法国。这批华工几乎全是山东省内的人。他们到了欧洲后，才知道是为欧战募集到战地去当劳工的。

在山东半岛有大批英国浸礼会传教士分布在全省各地，他们长期从事传教，与当地民众的关系比较好。应英国政府的要求，他们利用传教的便利，卖

力地说服教民前去应募。他们的工作卓有成效。我们可以从传教士的一段表彰性文字中印证这个结论："在山东已经招募了大约7万名中国人，我们的传教士们在这项特殊的工作中提供的服务，不仅深受英国政府的赏识，也特别受到苦力及其家庭的感激。"英方的募工宣传触角伸得很远，那些为英国利益效劳的传教士不遗余为此游说，扮演了不可或缺的角色。

山东各地的百姓闻讯纷纷去威海卫报名应募，作者在这里举出报名人数较多的一些县：寿光、益都、潍县、临朐、沾化、临邑、昌邑、长清、长山、安邱、章邱、临淄、淄川、静海、胶州、博兴、诸城、历城、平原、利津、惠民、即墨、文登、高唐、昌乐、泰安等。在胶州铁路两侧的县去的人多，离铁路线偏远的一些县也有一些人前去应募，如费县、乐陵等地。就以潍县为例，足以看出应募之踊跃。

> 潍县是从济南府到青岛的胶州铁路穿过的一个县，潍县现在叫潍坊市。潍县也是英国招募华工人数最多的县之一。当年潍县遭大旱，庄稼枯萎，许多农民颗粒无收。听说有出洋打工赚钱的机会，各乡各镇的农民、闲工成群结队去报名应募。寒亭、郭家官庄、虞河、陈家庄和考家等村，村民奔走相告，反应特别踊跃，考家不大的一个庄子，一次即募招了40名。距县城东仅3公里的陈家庄仅有18户人家，就有崔连昭、张子美、刘丰国、徐光凯、刘清起、刘清安、刘清连等7人当了华工。比较偏远的、毗邻昌乐县的郭家官庄那一带的十几个村庄，村村都有去报名应招的青壮年。①

1916年12月30日，英国外交部写信给英国军方，建议利用一个补充基地提高招募劳工的节奏，地点选在青岛。相比于威海卫，青岛具有如下优势：它

① 《一战华工军团中的潍县人》，人民网，2009年2月1日，http://www.people.com.cn。该文使用的华工军团名称，作者认为不宜，请参阅本书第十四章第五节"若干提法之商榷"。

是横贯山东的铁路线的终点，而且这条铁路与通往河南和热河等地的铁路相连，这个铁路网已置于日本人的控制下，日本人支持大英帝国的招工，足以阻止任何来自中国方面的反对；青岛拥有现代化的码头和各类航运基础设施；青岛与始终发展迟缓滞后的威海卫相反，发展蓬勃，人口也多，完全能承担起在此设立一个“苦力”待发所的物力和人力的需要。这样，英方的第二个招募华工待发所很快在青岛设立开张。

由此，报名者有的去威海卫，有的去青岛集合。威海、青岛招工局不仅招英国人工头，还招了不少中国码头工人和浸礼会的教徒，后来也招铁路上的中国工头，它需要用工头去管理工人。

胶州铁路通到青岛，从登船启程的华工人数来看，青岛迅速超过了威海卫，青岛每月可达1万人放洋，威海卫每月仅为6000人。看到这个趋势，英方内部有人提出是否还有必要保留两处，上面的答复是威海卫的待发所必须保留，因为青岛在日本人的控制下，利用青岛作招工点要依赖日本当局的支持。所以英国一直在用威海卫和青岛两处招工登轮赴欧。直到1918年7月28日，英国战争委员会才宣布出于“节约开支”的原因，关闭威海卫华工待发所，在其中的英国人和中国人工作小组转赴青岛待发所。英国正式对外宣布停止招华工是在1918年4月，实际上它还在继续招募，关闭威海卫华工待发所的决定，正好说明它表面上宣布停止招工，实际上青岛招工局在后面几个月仍在运转。

山东成为英国人招工的主场，这就是一战华工中山东人最多的最主要原因。

第三节　威海卫华工待发所

威海卫华工待发所设在南非约翰内斯堡土著劳力有限公司早年在威海卫建造而后空置多年的两大片建筑里。骆克哈特专员经过一番周折，从英国殖民

英国当局在作出赴华招募中国劳工的决定后，把运送到西欧役地的中国劳工统一命名为Chinese labour Corps，简称CLC（中国劳工团），并铸造了金属牌（如图）作为标记。来源：In Flanders Fields Museum, Ypres, Belgium

地部拿到了这两片建筑的使用权，经过改建修缮，使它的面貌焕然一新。待发所设施齐全，成为日后十多万华工放洋前的集结之所。

英国招募华工是为了战争前线的劳役，军方从一开始就要求将中国劳工团（CLC）纳入军事管理模式。英国军方和伦敦认为，只有军事化管理华工才能获得最好的使用价值。然而，让中国的平民去欧战前线提供劳务，一讲明白就鲜有人愿去，报酬即使出得再高，也少有人肯冒丢命之险。在中国负责招工的英国官员最明白，如果强调华工团的军事化，最终将落个竹篮子打水一场空的结果。

在招募劳工避开军事化外表的问题上，英方颇费周折，相关部门之间的咨询、申述和议决相当频繁。英军总部就是否必须派部队帮助威海卫专员署，在华工待发所维持治安秩序一事，征询骆克哈特专员的意见。后者回复不想采纳这一建议，他赞成招聘组建一支华人巡捕队负责华工的治安，认为那样可弱化中国劳工团（CLC）的军事色彩。英国殖民地部和财政部之间为这件事儿扯皮“打架”长达七个月，骆克哈特是1916年10月答复英国军方的，伦敦方面英国殖民地部支持他的意见，但财政部反对。组建华人巡捕队要额外拨款，撇开现有的在编警察，另外再造预算增设一批华人警力，此类动议很难在财政部通过，也无法递交给内阁作最后裁决。有打架就有调停，在战争高于一切的时局下，英国财政部最后作出让步。威海卫苦力待发所的华人巡捕队得以于1917年4月正式建立。开始时招募了20名，由英军一名中士长及几名有经验的助手领导。随着大批华工前来应募，治安情势与初时不同了，1917年下半年华工待发所的中国巡捕已增至81名。而威海卫的警察力量，除了几名白人督察官，仅有105名英联邦警察而已。[①]

威海招工局接收应募者经过的程序如下：报名登记，体检，编号，签合同，领衣更衣，扣工号铜皮腕环，编队，训练，发安家费，启程。只要体检通过，报名者就进入待发所，不能再离开了。

英方规定的体检很严格，一开始只有专员署借调的一名医生，医生少就来不及检查，没健康结论的就不能进待发所。后来陆续调来一批军医，体检工作才正常运转起来。患有肺痨、花柳病、沙眼等都过不了关，缺牙的也不要。查验不合格的人，威海招工局发给返程川资和途中伙食费，打发回家。有一名在苦力待发所工作的加拿大军医哈里·利文斯顿，后来还随华工团出发，经加拿大赴法国，去了前线地区服务。

身体查验合格后，招工局与华工当事人签合同，一纸合同分两部分：工作性质，工价计算。工作性质写明“专从事于铁路、马路、工厂、矿务、船坞、农业、森林等项工作。订明不得从事战役”。工价计算项包括：每日劳工支领和家属每月支领、奖金、伤亡补助、附加、雇佣期限、减扣项目、工作时数。[②]合同书虽说简无可简，但规定，华工赴西欧工作吃、住、乘车船都是免费的；每日干10小时活能挣1法郎，家里每个月可得10块洋元。华工拿这个许诺与当时山东地方的收入相比，觉得英国人付的报酬要高出数倍，心里就已高兴，也不再多虑去往他国会遇到什么困难。华工大都是文盲，能签上自己名字的不多，在合同书上摁个手印算完事。

编号是给每人一个号码，既是身份号也是工号，今后英国人的管理包括发工资、领衣履就只认号不认名了，方块字西方人不认识，用阿拉伯数字方

---

① Lockhart to Secretary of State for the Colonies. Report of inspector PD Crawley, Acting Financial Assistant. 31/01/1917, CO521/18 & Report of Inspector Whittaker, Annual Reports for 1917, CO 837/518. En référence de l’article of Carol G. S. Tan. Sans Liaison ferroviaire: Weihai Wei, et le Chinese Labour Corps.

② 参阅本书附录五“威海卫招工局与华工签订的合同格式·薪金表”。

便。刻压有号码的铜皮腕环早制好了，按腕环上的号码给华工登记名册，用机器将铜皮环扣在其手腕上。从此，英国人只叫他号码就行。这是半个世纪来英殖民主义者用熟了的办法。

发衣物，每人领到一件大衣，一件雨衣，一件棉袄，长短裤，一双鞋，一条棉被，还有喝水杯与吃饭钵子等。如在一个地区招到足以编队的工人，衣着颜色统一，或蓝或灰，这是初期的做法，后来人多来源杂，也就无法以衣着颜色区分什么地方人了。华工们脱下破旧甚至褴褛的衣衫，换上新装，心情为之振奋。英国人招募华工，看到中国人还有留长辫子的，觉得不符合英人观瞻习惯，下令一律剪掉。当时清王朝垮台刚过去六年，北方民间确有不少人尚留着长辫子。华工剪掉辫子，剃了光头，戴上统一的CLC帽子，面貌焕然一新。有一名从直隶来的报名者，身怀武功，不肯剪辫子，英国人不敢强求他，他说，谁也不能剪我辫子，要剪就取消合同，给我船票和车票，我自己回老家河间县去。到了法国，英国人营长还是设法要剪他辫子，仍未奏效，他还是那句话，我不剪你们送我回国好了。无所求则无畏，英国人觉得与他较真没意思，就此作罢。

编队，按班、排、连、营准军事建制。一个班15人，相互稍熟识后选出一个人当班长，班长就是小工头。密集型工种里历来有当工头的人，他们懂得本行当的活计，一般也见多识广，英方后来又在铁路上招了不少工头。班上面设排，排长也叫副工头，管4个班60人。再往上一级是正工头，也叫连长，正工头手下有4名副工头。他有权号令240人。威海卫的华工一般以营为最大单位，由两个连组成。各级负责人的衣袖上分别缝一、二、三、四个红布条，所以华工称班排连营长们为“一道、二道、三道、四道”。后来在青岛增设招工局，编制情况大同小异。①以上是在威海卫华工待发所的编制，到了西欧战地，

① 英国人在威海卫招工一段时期后，决定在青岛增设一招工局。招工局派人到山东附近的县去招工，招得人数多的，就地以五色旗之一编队，到青岛集中后按红、黄、蓝、白、黑五色旗每旗500人为大单位，总旗2500人，也叫总队。这有点类似清朝八旗，体现出军事化募工的性质。

英募华工帽子有统一标识。图为受募后在英国军官指挥下集队，华工初具纪律性。参见张建国、张军勇编著：《万里赴戎机：第一次世界大战参战华工纪实》，山东画报出版社2009年版，第69页。

情况不可能完全按预先设想的发展，华工编制方面也进行了调整。此为后话。

招聘来的翻译也分等级，副翻译如果兼充正工头，那四名副工头得听他的。正翻译比较有权威，外语与翻译水平更要高些。240名工人和各级班排长都得听他的意见，到工作地点后他还应协助外国工程师或技术人员让工人按指令干活。每营配两名翻译，先期大都是英国传教士，在英驻华公使馆号召下，不仅许多传教士鼓动村民们前往威海卫报名，其中有一批还自己去应聘当译员，他们都是中国通，因此正合招工局需要。后来北京、天津、上海、汉口的青年学生也来应聘当翻译参加中国劳工团。

体魄强壮的华工进了待发所，换了新衣，人显得精神了。但英国人觉得还不够，必须去掉自由散漫的习气，让他们像士兵那样服从命令听指挥。不久待发所里调来一批军官军士，利用华工候船前的日子，各自带着华工连排开始了列队、操练、行走等军事化训练，谁违抗命令就要受罚。华工们年轻，训练日见长进，待到启程时，送行的人们发现他们精神昂扬，衣履齐整，行进有序，真的是“士别三日，当刮目相看”了。

英国为了多招劳工，还广为散发“英国招募华工真诚无欺之布告”，内称“英国所招之华工赴欧洲，分派铁路马路工场矿务船坞农田森林之处做工，决不派往打仗之处，及决不招募华人充兵”，“工人每名每月领工资拾贰元，工资以外另有家属养家费月付拾元”，“来回船费，食宿衣物，柴炭灯火医药费均由招工局负责”云云。

事实上，从华工抵法后的境遇来看，英国人未完全按合同布告所言执行，但也不是全部皆假。招募时肯定隐瞒了真实情况，不过，有意识地隐瞒真相是在上层，下层的招募人员未必知道战场真实需要的情况。招工是你情我愿，民众看到开出的优厚工资，为了生计，为了不失掉多挣钱的机会才主动去报名，这也是无须否认的事实。当时，一名华工去欧洲一个月的收入相当于北方4至6个劳力干一个月活，给家属每月10块大洋的养家费可籴大约1000斤高粱米，对于连年屡遭水旱虫蛹兵火之灾的山东、直隶百姓，不啻为一个千载难逢的机会。

一战期间，由威海卫华工待发所送往西欧战地的工人，总计约4.4万名。

第四节　法国在华招工模式之二

如果我们将通过惠民公司作为法国在华招工的第一种模式的话，在上海通过法资洋行招工赴法则可视作它的第二种模式。第一种模式招普通工人，第二种模式招技术工人。实施第二种模式比第一种模式晚了约两个月时间，这实际上是法国国内劳工市场需求的反馈。法国似乎是一个甘于行政手续烦琐费时的国家，地方工厂急需工匠技工，需反映给工商会或者市府，再上报内阁，最后由战争部八司发电文给陶履德，后者才能着手办理。

惠民公司招工前期，中国系中立国立场，为避免德奥从中破坏，没有利用报纸刊登招工广告。1917年3月14日，黎元洪总统“命令宣布与德外交断绝关系”。与德断交后，法国在华招工消息才开始见报，3月29日，当年在中国传媒界影响力名列前茅的《申报》第一次刊登了一条题为《法技师赴华继续招工》的消息。显示出中国官方不再回避媒体，陶履德招工局亦开始透露招工信息给报界。《申报》是一份信息量较大的每日报。1917年3月、4月期间，该报连续刊登以“中德断交”“我国与世界战局”“总商会讨论保护华工之条陈”“招募华工赴法之合同式样”“赴法华工祇任工作”“订定华人赴法之佣工章程”等为主旨的文章，有报道有分析有告示，说明招工赴法这事儿已引起社会各界的关注。

中国驻法兰西胡惟德公使回函上海总商会称：“八月间天津惠民公司经理李兼善偕法国农业技师陶履德率所招华工一千七百人（注：实为1698人）行抵巴黎，呈验招工合同，经本公使逐条披阅，纯是个人营业性质……”胡公使所言系一战中赴法的首批华工，1916年7月12日从天津启程，由陶履德亲自护送至马赛。胡公使考虑到“此后华工人数来法者日众，本公使有保护旅外人民之责不能不预事筹维，特拟条例商榷与后”。驻法公使馆拟出六项条陈发给了上海总商会，并“拟请贵部通令各省商会逐条研商办法嘱其相助”。第一，强调华工应与法国工人同工同酬；第二，华工报名须严加选择，坚决不让赌棍地痞混迹其中；第三，劝教工人商民出洋要端正品行，遵守所在国法律，注重卫生，不作有玷国体之行为；第四，严检华工行李，不准携带鸦片烟；第五，华工来法途中，外国船上水手不得虐待华工，招工公司一定要注意让华工受到平等待遇；第六，华工日众，其注册发照稽查等事手续甚繁非设专员无从办理，故应设领事划定权限以管理华工。[①]这六项条陈的内容比较切合实际，对招工具有指导意义。

招机匠，就是招某方面有一定技术的工人。纵观法国在沪招机匠的过程，可以分为三个阶段。第一阶段，带着天津首批华工还在海上赴法途中的陶履德，接到法国需招募600名机匠（钳工、车工、铜铁冷作工、铁匠等）另加12名工头的指令后，即授意上海中法实业银行买办朱麟笙，由兴业洋行出面在上海法租界内招募铜匠、铁匠等有技艺者，签好两年合同期后马上启程。当时中国仍为中立国，因此报界未能获悉此事。

① 《总商会讨论保护华工之条陈》，《申报》中华民国六年三月二十六日第（十）版，上海图书馆藏。

陶履德回法国后，获知巴黎附近各商埠之机器厂接到战争物资紧急订单甚多，缺少机匠，情势堪虑。他也接到战争部八司通知，要求速招中国工匠以解燃眉之急。在沪需招的第一批600名机匠和12名工头，由于敌方的破坏和唆使，在出发前的最后一日里，竟有172人悔约不来集中，总算还有431名机匠（钳工、车工等）和9名工头登上法国海轮赴法。兴业洋行办事出了这个大纰漏，让陶履德面对法国国内时很被动。

1917年3月陶履德返回中国到了上海，先会商法国驻沪领事纳吉亚尔（Naggiar），后者建议他聘用上海道信洋行的广东人经理梁耀卿。陶履德与梁见面后，发现梁堪当招工经理之任，又聘梁的得力朋友陈墨林为总办事员，在上海法租界内设立"道信招工事务所"，分投招工业务，开始了上海招机匠的第二阶段。

工匠与没有手艺的普通工人不一样。道信招工事务所在上海虹口东有恒路的汇昌栈专门设了考工处，置备各种器械，用以测试应募者。测试通过、身体合格的第一拨工匠100名，于1917年4月4日被送上法国公司的"亚兰得"号轮船，先行放洋。

梁耀卿又接陶履德来电，谓马赛地方的船坞近期因赶造军舰工作甚繁，速招100名华工需于4月12日由沪出发，切勿延误。可后来轮船来不了，只好推迟。4月13日、14日，大批报名者在道信招工事务所候验。法国巡捕房恐人多滋事，派出法捕一名华捕二名在招工事务所前弹压。体检合格者15日再去虹口汇昌栈内试验手艺。

合格的华工在家等候通知。一有船期的准讯儿，道信洋行办事员马上传讯给各工头，再由各工头转告其介绍的录取工匠。工匠还须找到担保的铺行具结，然后在出发前一日到道信洋行领取安家费及旅费。出发当天再来道信洋行集合，由洋行派员送上小火轮驳往停在较远的黄浦江河道中的法国邮轮。[①]

---

① 《第二批招募华工定期赴法》，《申报》中华民国六年四月十七日第（十）版，上海图书馆藏。

道信第二拨100名工匠于23日才得放洋赴法。启程前两日又接陶履德通知，称时届春令，天气日暖，华工由沪乘轮赴法需经七周之海程，深恐发生疫疠，全部合格华工一律补种牛痘，不种者不准登船。

道信招的第三拨200多名工匠听候参加体质检查，原定4月25日放洋赴法，后船到得早，提前到24日启程。接着马上继续招下一拨，招工报名的节奏之快，一是得益于上海工业基础相比外地发达，工匠人数众多，二是道信招工事务所人脉广泛，通过一批工头做中介。

1917年5月初，陶履德电告梁耀卿，招募工匠以后须逐月办理。于是梁与法租界工程司官员商定，租借卢家湾法公廨对面的一幢房屋作为考工处，安装了各种测试的器械，5月6日开始在该处测试。

第二至第六批华工都是道信洋行所为，共招募送出670名机匠。

第三阶段通过普益洋行。法国造船厂造兵船急需技工，法战争部八司命陶履德在沪急招精于车床、钳床、打铁、冷作各类工匠送往法国。陶履德不在上海，受其托的法国人办而古牛（当时报界给起的译名）找了自己认识的普益洋行，招工处设在法租界南褚家桥敏体尼林荫路295号，1917年8月4日开始挂牌招募。一开招就预定当月23日乘法邮船载送赴法，说明法国国内催得很急，后台运输事宜已由上面打了招呼。14、15两日体检，18、19两天考技术；合格者20日发安家旅费每人90法郎，须找到保人投行具领。普益所招第一拨登船华工为115名，它共送出工匠300余名。

以上便是法方在上海招募工匠的做法，其流程基本如下：代理人（洋行）出面，工头做中介，经体格检查，技术测试，具结担保，领取费用，最后才登船启程。每次放洋都由法国巡捕房派出华捕，有时还派法捕，首先前往招工事务所维持秩序，直到送上放洋的大轮船。巡捕照料的做法贯以始终，次次如此。具结担保则是防止录取工人领到安家费及旅费后变卦逃走，它是一种责任连带制，华工能让担保铺行给自己出具担保单，也需要被认为有信誉才行。

上海成为法募华工第二种模式的离岸港口。且看下表。

表8　　法方招募由上海港放洋赴法的华工一览表

沪地启程批序号	招募机构与时期	最后出发人数	从上海放洋（启航）日期	搭乘船只
总第一批	兴业洋行[①] 1916年夏末至10月	440名（其中机匠431，工头9名）	1916年10月8日	保尔-勒卡尔（Paul-Lecart）
总第二批	道信洋行（第一拨）[②] 1917年3月底	100名	1917年4月4日	法公司“亚兰得”号轮船
总第三批	道信洋行（第二拨）[③]	100名	1917年4月23日	法公司“亚地骨”号邮船
总第四批	道信洋行（第三拨）[④] 1917年4月13日、14日测试	200名	1917年4月24日	法邮船“亚马桑”号
总第五批	道信洋行（第四拨）[⑤] 1917年5月6日测试	100名	1917年5月18日	“奥大利”号邮船
总第六批	道信洋行（第五拨）[⑥]	170余名	1917年5月24日	“宝尔力司”号轮
总第七批	普益洋行（第一拨）[⑦]	115名	1917年8月23日	“亚尔梦培依”号邮轮

① Télégramme N°19, le 19 août 1916; Télégramme N°22, le 8 octobre 1916，档案卷宗：“E-110-2”（法外交部政贸司文件号），档号Cote: 32CPCOM. N°41，馆藏：Centre des Archives diplomatiques de la Courneuve, Paris.

②《赴法华工祗任工作》，《申报》中华民国六年四月十一日第（十）版，上海图书馆藏。

③《第二批赴法华工之行期》，《申报》中华民国六年四月二十日第（十）版，上海图书馆藏。

④ 需将《申报》民国六年四月十七日第（十）版的《第二批招募华工定期赴法》，与四月二十四日第（十）版的《第二批赴法华工今日放洋》对照研读。

⑤ 需将《申报》民国六年四月十七日第（十）版的《招募赴法华工之通告》，与五月六日第（十一）版的《第四批华工亦将赴法》，及五月十一日第（十版）的《第三批赴法华工改期起程》对照研判。因船期、船位变化，洋行宣布需要的工匠数与最后登船的人数经常不符。故应以登船人数为准。

⑥ 需将《申报》民国六年七月十一日第（十）版的“第五批赴法华工放洋日期”，与七月二十一日第（十）版的“第五批赴法华工今日放洋”对照研判。

⑦《法国船厂招募华工之挑选》，《申报》民国六年八月九日第（十）版；《又有华工启程赴法》，《申报》八月二十五日第（十）版。上海图书馆藏。

（续表）

沪地启程批序号	招募机构与时期	最后出发人数	从上海放洋（启航）日期	搭乘船只
总第八批	普益洋行（第二拨）①	185名	不详	不详
*总第九批	不详，1917年10月6日抵沪	1500名	1917年10月8日	法公司轮船
*总第十批	不详，1917年10月	500名	1917年10月30日	法公司轮船
*总第十一批	不详，1917年11月1日抵沪	1400名	1917年11月18日	法公司轮船
总计		4810名＝1410名技工＋3400名普工		

上表所列的总第几批是法方依次从上海送出口的批序号，例如道信洋行送走的第一拨为总第二批，依次类推。有*号者应是属于第一种招工模式但非惠民公司所招。

招工方需要履行一些手续，先由陶履德函请法国驻沪总领事转致海关税务司，请其在装载华工的邮船出发时，前去验照放行。照者，护照也。华工出洋，本应由外交部派出的交涉员验明给照，结果先由上海总商会以保护出洋华工的名义向江苏督军省长呈文，督军省长分令上海、江宁、苏州、镇江各地交涉员核议复夺。这说明民国建立七八年了，在对外事务的处理中尚未步入正轨。

总第九批从上海启程的1500名工人是法国派员在天津与山东等地招来的，“均系年力精壮验无疾病之人”，这批工人于1917年10月6日乘法公司一艘客

① 普益洋行已接受的300多名报名者，送走第一拨115人后，陶履德要求普益洋行速考核第二批以便送往法国工作，见上页注⑦与八月二十六日第（十版）《续招华工赴法》。但后来《申报》上英国招工匠的消息多起来，未出现普益洋行送走华工的后续消息。根据当时情势，普益一定会将余者考验体格与手艺并将合格者送上赴法轮船。权且以300人都合格计算，普益送走的第二拨工匠人数为185。

货混装轮船从北方抵沪，停泊于浦东洋泾港口。他们全都通过了身体检查并被录取，只等此轮在上海卸完货物即可放洋赴法。负责募务的洋人和华人工头为防止华工逃脱，商请上海海关水巡捕房派出八名探捕前往客货轮分班弹压，并派出巡江小轮一艘赴洋泾港口一带巡弋，禁止舢板装载客货轮上的华工登岸。①作者经过考证，认为这批从北方运来的工人是由法国招工团的成员或其委托人招收到的，不属于惠民公司的范畴，并已在北方某地施行体检；这批华工中有工匠的可能性不大，即使有，人数也不多，基本上应为普通工。

总第十批赴法的500名华工招募于汉口、山东、河南等地，报名者分批来沪，须在沪经过考核，合格后方能录取。洋华工头通知各华工于10月30日上午11时在杨树浦码头集合，雇驳船送至浦东洋泾港口转登法国公司轮船放洋赴法。轮船起碇时，到码头送行的一些华工家属亲友点燃鞭炮，相互挥手告别，一派热烈气氛。海关水巡捕房派出八名探捕分布于码头以作照料。至于那些未能录取者，当由招工局一方发给路费自行回家。②

没过几日，上海报界又获悉，法国还要在汉口、山东、河南等地继续招募华工，总额预定5000名。10月30日放洋的500名只是5000名募工订单中的首批。可见，法国自1916年夏季使用华工后，对华工的反映是比较好的，在极缺劳力的告急声中，法国当局不断地向陶履德招工团发出招工新指标。

总第十一批是在河南、山东等地招募的华工，可能在招收的当地就集中进行了体格检查，1400人送到上海时都是精壮无疾者，到沪后并不停留即赴洋泾港口送上法国公司的轮船。11月18日晨6时轮船起锚开驶。新关水巡捕房特派8名探捕到场照料。③

法国本拟在汉口、山东、河南等地招募总额5000名华工，上文提及的

---

① 《法国招募之大批华工抵沪》，《申报》中华民国六年十月八日第（十）版。

② 《又有华工启程赴法》，《申报》中华民国六年十月三十一日第（十）版。

③ 《又有大批华工赴法》，《申报》中华民国六年十一月十九日第（十）版。各期《申报》均为上海图书馆藏。

（离沪第八批）500名华工放洋后，就没有了后续。在1918年2月之前的两三个月里，法国内阁很可能对华工的需求有过辩论，陶履德没有再接到招募订单或是暂缓执行的通知，法国不是不需要劳工了，必定是出于某些其他原因，使政府最终作出决定：自1918年2月起正式停止在华招工。

陶履德由上海港送往法国的华工，从1916年10月首批放洋至1917年11月最后一批启程，共计4810名，较为肯定的是其中1410多名系工匠，余者3400多人大部分应该是普通的力工。

《国务院侨工事务局调查在法华工情形书》第三次披露中提到，“最初到法之上海机匠系上海兴业银行所招计有六百人……其余道信普益洋行新招之机匠一千数百名不久亦将期满……”[①]照此说法，那就至少招了2000多名工匠。然而，笔者将1916年至1918年三年间《申报》的有关版面按期梳理研读后，再结合在法国外交档案中心发现的相关史料，得出的结论是：《在法华工情形书》所提兴业洋行“计有六百人”是预定指标，它不知临时开小差逃遁了172人；道信、普益两家实际送出之机匠数总共970名，所谓“一千数百名”也是模糊夸大数。作者认为，申报的消息具有时效性，是1917年事情发生时的报道，而《在法情形书》第三次披露已到了1918年12月，误差出在《在法情形书》成书时的经办人没有去收集或无法收集到确切的数据。

李石曾代表巴黎的华法教育会（la Société franco-chinoise d'Education），受法国政府委托，于1916年6、7月间前往云南招工，但遇到重重阻力：云南省教育会不支持；云南省督军省长唐继尧担心引起其他列强阻挠，要求李秘密行事；后招工事外传，德国领事向督军省长提出抗议并在社会上散布诽谤谣言，唐继尧怕引发麻烦，秘密劝命李石曾中止招工。李在滇逗留近两月，最

① 《（七）上海机匠合同满限问题》，《国务院侨工事务局调查在法华工情形书》第三次披露，中华民国七年十二月十日，第205页，威海市档案馆藏。

终无功而返。[①]因此，有的书中说在云南招到多少华工赴法，恐怕是听到雷声，不知道没有下过雨。

法国国内急需劳力，当局想方设法扩大招工渠道。同时，招工利润可观，每招到一名最后送上船的华工，就可获取不菲的佣金。有的法国公司得到法国政府的许可或取得陶履德中校的同意后，也来中国招工。它们跟惠民或上海的道信洋行等不搭界，各干各的。法国人路易·格里耶（Louis Grillet，法招工团成员，营长军衔）后来也赴云南成立公司，在滇、川两地募工，是否招到，不得其详。

法国盖兰－德雷瓦尔公司（Gérin-Drevard）按陶履德的指令在广东和香港以半官方名义招工。原宣称可招400名，最终仅录取合格技工105名（其中47名木工，21名漆匠，7名冷作工，22名钳工，2名车工，1名泥水匠，5名机械工），均签两年合同。[②]

法国政府于1918年2月已对外宣布停止在华招工，然而，劳力缺乏的矛盾并不因为一个行政决议而消失。到4月间，战争部还有人委派曾久居上海的法国律师窦雄（D'Auxion）赴华办理招工，希图再作努力以招足原定之数，结果依然不如人意。

---

① Traduction d'une lettre de Li Koang Han à la société franco-chinoise d'éducation, le 4 août 1916, Annexe à la Dépêche N°168, Cote: 32 CPCOM. N°41，法外交档案中心藏。法外交部亚大司1916年9月29日致部长理事会主席布里昂（Briand）以及法驻华公使关于云南招工失利的公函，附呈李石曾1916年8月4日向华法教育会通报云南之行未能奏效的信件译文。

② La Chine et la Guerre，卷宗“Chine 41”，Cote: 32CPCOM/41，法外交档案中心。1916年10月14日法国外交部编号N°12的电报，称盖兰－德雷瓦尔公司原先宣布将招到400名技工，在香港试手艺后仅录取105名，于10月11日乘PAUL LECART轮启程赴法。

第五节　英国在华的第二招工区

1916年11月，英国在威海卫设立招工局，面向山东各县兼带毗邻的直隶广招劳工，那是它在华的第一个招工区域。一战期间英募华工的70%来自第一招工区域。

除了被英国人蔑称为coolie（苦力）的普通力工，英国同样需要招募大量的工匠，以缓解英国本土和英属海外殖民地区急需技术工人的困境。1916年年底，英国已悄悄地将招工触角伸向了全中国工商业最发达的上海。随后向长江中下游扩展，派人溯江而上，进入江苏、安徽，一直延伸到江西、湖北、湖南等省。自20世纪初起，长江流域逐步成为英国的势力范围。当地的社会势力亦为英国人所用，上海主要招募工匠，在苏皖赣鄂湘主要招募普通力工，也有部分技术工。每次招募的人数不一，原则上先根据英国在欧陆的远征军、英国本土及其殖民地工厂的劳力需求来确定人数。还有一个不能不遵守的限制，必须根据海上运输力的预案确定大致的人数，不能把大批录取者集中在出口港因无船而长久滞留。英方通过派出代理人分赴上述各地，甚至还有去与江苏、安徽毗邻的山东招人的。如此一来，以上海为基点兼带长江中下游流域，实际上形成了英国在华的第二个招工区。汉口与上海在这第二招工区里扮演了上、下游呼应，配合放洋的角色。

英国在上海的招工一开始通过社会上的工头进行。英国人找了虹口南门路某小工头行，让它出面招500名小工赴威海卫工作，许诺月工资10块洋元。工头们都有自己的圈子，消息传出，来报名的不少。招募方式很隐秘，熟人传熟人，上海人力资源充足，很快就能成批。1917年2月26日，第一批招得的200人被送上了某公司的轮船，上船时，给每个工人发了10元工洋和一套灰色号衣。登船出发甚为秘密，外界并不知晓。只因有几名工人怕家属反对，报名时未告知家里，不知怎的家属后来发觉了，竟有家人追至码头将其截回，引起了争执闹出一番动静，外界遂得以获悉此事。3月初还要搭某轮送走一批，以凑足订招之数。[①]

英方在上海招募的华工，先送往山东威海卫。1917年10月上旬在上海三马路招待所几日内招到250名工人，分批送去仁济医院验察体格，录取了92名，于10月9日搭奉天号轮船驶赴威海卫集中。9月从威海卫启程的华工约有5000名，分乘四艘舰轮放洋赴欧。每艘舰轮上均派有伦敦传教会的教师，每天给华工宣讲圣道，星期日还要带着华工做礼拜。[②]

我们注意到三点，第一，英国人在沪招工不通过官方渠道，而是凭借社会关系偷偷地招募。第二，工人乘商船前往英国人的招工大本营威海卫，以后将去哪里，事先并不清楚，大概只知去外国打工挣一份好工资。第三，招到人上船时临时发点钱发套衣，离沪前并没有签订合同。

英国人在上海的招工机构经过了一个演变过程，可以分为三个阶段。第一阶段通过小工头行，分头在社会上招工，没有一个正式名称。招到工人后，寄寓在浦东华通码头八号栈房内，候船放洋。第二阶段，自威海卫招工局派华人干事陈礼庭1917年8月到沪算起。陈看到原来的招待屋宇设在浦东，工人来往需乘轮渡多有不便。他禀告英公署，获准将此机构移于英租界内，他便在三马路庆和里租赁了十幢房屋，挂出“华工招待所”牌子进行招工。至9月下旬，英方在上海的招工条件有了明显改善。9月27日送仁济医院体检的94人就已入住新的华工招待所。后来又出现了新情况，1917年上半年招的华工送到英国铁厂工作一段时间后，发现有些人的手艺平平，不符合英厂生产岗位的要求，英方决定把他们遣送回国。1917年底和1918年2月下旬，两批总数达374名华工先后被遣送回国，他们乘英轮抵达上海然后再各自返回原籍。由

① 《招募华工出洋志闻》，《申报》中华民国六年二月二十八日第（十）版，上海图书馆藏。
② 《又有华工赴威》，《申报》中华民国六年十月九日第（十）版，上海图书馆藏。

于不断接到指令急需续招，工作量与复杂性都随之而增。英当局为加大工作力度以应对新情况，1918年2月间，在上海南京路33号成立“英国驻沪招募华工事务所”，此乃第三阶段的开端。1918年2月25日登轮放洋的华工（数目不详）即为该华工事务所挂牌后操办之首批。而后至1918年3月20日为止，英国驻沪招募华工事务所招的华工分批出洋达2000名，说明事务所开张操办，短短月余，绩效颇丰。

英方在上海等地招工的实际过程，我们未见有什么系统记录或报告。作者按时间顺序查阅了散见于报刊的消息报道，加以整理比较，前后核对，理出一个基本的头绪。现试将英国在沪招工的历次情况，以及在长江中下游地区招到工人后通过上海转运威海卫或香港的运作模式，罗列介绍并略作分析。

表9　　英国在沪及长江中下游流域招工一览表

承办或招募地点	需招人数、工种	体检或考试地点/备注补充	录用人数	放洋日期	启程方式/备注
上海	工匠		37人		赴英国，半年为限
	196人		152人		同上
	196人		151人		同上
上海虹口南门路	500人		约200人	1917年2月26日	转运威海卫
同上	补招		约300人	1917年3月	
上海	工匠	由英返回在香港换乘镇安轮来沪	173人	1917年4月	赴英国工作，同年10月27日返抵上海
			200余人	1917年5月27日	赴美索不达米亚
长沙	铁匠、木匠等	7月初抵沪	270人	1917年7月5日	乘绍兴轮赴威海，东海失事，人获救，又运回上海
汉口		1917年7月8日抵沪	260人	1917年7月11日	与沉船获救一批，同乘温州轮赴威海转放洋，90人逃脱
汉口		乘中华公司泰隆轮7月12日抵沪	150人	1917年7月15日至20日之间	乘何轮不详

（续表）

承办或招募地点	需招人数、工种	体检或考试地点/备注补充	录用人数	放洋日期	启程方式/备注
			190余人		赴东非
汉口、湖南		乘太古联益轮7月19日抵沪	200人	1917年7月23日	乘怡和公司景星轮放洋
湖北	有男有女	1917年7月27日抵沪	人数不详	约在7月底前	乘船，目的地不明
上海	108人	上海仁济医院	35人	1917年9月1日	乘通州轮赴威换英轮放洋
	90人	上海仁济医院	30人	1917年9月12日	乘温州轮开往威埠换轮赴英
江苏、安徽				1917年9月17日	
上海，泰昌洋行	铜铁匠3000人		实录用人数不详	何时放洋不明	申报所载
沪华工招待所	94人	仁济医院	27人	1917年9月27日	搭通州轮往威转赴英属
沪华工招待所	250人	仁济医院	92人	1917年10月9日	乘奉天轮赴威
沪华工招待所		虹口瑞镕铁厂	240人	1918年1月29日	送赴英属印度工厂
沪华工招待所	冷作、车床、翻砂、钳床、铜匠	陆家嘴英商祥生铁厂	200人	1918年2月16日	赴英工厂
英国驻沪招募华工事务所		分投考试	分批出洋已达2000人	1918年2月25日至3月20日	赴英或英属地
英国驻沪招募华工事务所	汽车司机	额定3000人	200人	1918年3月	赴小亚细亚、印度
英国驻沪招募华工事务所	浦东虹口等处	考试合格	200人	1918年4月4日	乘太古公司绥阳轮赴香港转轮往英
英国驻沪招募华工事务所	浦东虹口等处募得	考试合格	400余人	1918年5月2日	乘新疆轮赴香港转轮往英
英国驻沪招募华工事务所	浦东陆家嘴募冷作工人		200余人		

（续表）

承办或招募地点	需招人数、工种	体检或考试地点/备注补充	录用人数	放洋日期	启程方式/备注
英国驻沪招募华工事务所	机器匠		先后出洋四次，多少人不详；第五批300人	1918年5月18日	乘轮放洋，赴小亚细亚（伊朗或伊拉克）、东非
英国驻沪招募华工事务所	铜铁木三匠，钳床、车床、翻砂、冷作、汽车夫	考试合格	400余人	1918年6月13日	乘太古公司绥阳轮赴香港转轮往英
英国驻沪招募华工事务所	钳床、车床、轮船司机	华通码头轮船上考试	200余人	1918年6月22日考试	赴英属印度孟买
英国驻沪招募华工事务所	机器、冷作、苦力	华通码头新宁轮上考试	600人	1918年7月5日	太古公司邮船出洋
英国驻沪招募华工事务所	小工苦力	考验合格	1800余人	1918年7月8日	搭沙逊公司轮船出口放洋
英国驻沪招募华工事务所	铁厂小工	考验合格	200余人	1918年9月14日	搭英公司轮船出洋
英国驻沪招募华工事务所	铜匠、冷作	考验合格	220人	1918年10月21日	搭新康商轮赴香港转轮往英
驻汉招工处，汉口	工匠、译员		242人	1918年10月25日	搭新宁轮赴香港转运小亚细亚巴斯勒（伊拉克境内）
英国驻沪招募华工事务所	上海工匠及小工		271人	1918年10月26日	搭新康轮赴香港转运小亚细亚巴斯勒
驻汉招工处			200余人	1918年11月6日	待命出发
英国驻沪招募华工事务所	铜铁匠、机车、冷作		180余人		待命出发
驻汉招工处与驻沪招募华工事务所		体检合格	250人	1918年11月26日（停战后）	海特号公司轮船放洋赴小亚细亚

（续表）

承办或招募地点	需招人数、工种	体检或考试地点/备注补充	录用人数	放洋日期	启程方式/备注
英国驻沪招募华工事务所	小工、工匠、译员	体检合格	小工122人 工匠128人 译员4人	1918年12月10日	新疆商轮运香港转道出洋
总计：至少11024人（统计不详的人数不在内）					

英国在华第二招工区招得的华工，送往的目的地与威海卫启程的华工大不一样。根据订单分别送往英国本土、英属南洋诸岛、美索不达米亚（注：现今伊拉克境内）、印度、小亚细亚（注：似为西亚受英控制的伊朗南部地区和伊拉克）、东非或其他英帝国的属地。每批人数不等，二百人上下的居多。内分铜铁木三匠，冷作、钳床、车床、翻砂，汽车夫、小轮船司机、机器匠等。有照片显示，华工在伊拉克底格里斯河畔的巴斯勒英军船坞建造驳船。英国令上海英资太古洋行、英商泰昌洋行等先后参与招工，后来招工事务所公布了招工章程，似是有了成规可依，如体检合格后先领一个月工资作安家费，由驻沪英领事签字担保华工并不充作战地工役，到工作地点后在当地领一半月薪，另一半由家属向泰昌洋行支领，等等。

英方在第二招工区招得的华工，且不说放洋后的海上数周旅行十分艰辛，就是在真正放洋前的海上转运，有时也会遇上意想不到的灾难。

1917年7月5日，太古公司的一艘客货混装轮“绍兴”号在上海装载完铁板机器等货后，上了普客20多人，紧接着湖南籍270名华工也被带上船。绍兴轮起锚后出长江口驶往威海，不料下午三时，该轮在东海牛皮胶洋面触礁失事，幸有附近一艘东洋公司的外洋轮听闻求救信号后赶来，将其舢板尽行放下，华工与水手争相跳上舢板，间有落水者溺毙。不多时绍兴轮沉没于大海。7月7日傍晚该轮将获救华工运来上海。华工们暂时寄居在浦东华通码头八号栈房，行李衣包等物件损失殆尽，神情沮丧，狼狈不堪，所幸华工无一人在海难中丧命。唯落水数人呛水腹胀，被送进医院治疗。这批华工是在长沙招募来的，均操铁匠木匠手艺，承募者为英国人及其姓杨的一名广东人工头。他们深恐人众易于滋事，8日就报请新关水巡捕房梅姓捕头，梅捕头立派八名探捕前往分班日夜弹压，还将停泊在八号栈房附近江面的划船一律驱走，以防华工乘这类小划子潜逸。

在长沙招募时，工头只告知工人暂时只给饭费，没有宣布到英国工作薪水多少。现在工人虽逃过海上一劫，然已一无所有，大家商议要诘问工头如何安置，赴英国工作的薪水必须明白宣布，不然就拒绝出口。7月8日，华通码头八号栈房内人声喧闹，又来了260名华工入住，他们是在汉口招募的，乘联益轮抵达上海。这样一来，加上落水的一批，共有530名华工，真是热闹又烦恼，何日出口，也没个准讯儿。

最后英国人与太古公司的温州轮商定7月11日把530名华工送上船运往威海卫。出发那天上午工头来点人数，发现竟少了90人。逃逸者绝大多数是湖南籍华工，他们心有余悸，决以潜逃方式表示对英国人的招工失去信任。下午三时，工头只好将440名华工带上温州轮。①

绍兴轮失事，所载270名华工无人丧命，死里逃生算是不幸中的大幸。英国人在招募时只讲包伙食，到英国的工资多少只字不提。一战时英政府招华工，其财政部是准备了要支付工资的，所以在长沙等地招工时，并不算骗，然而只讲包伙食便不合理。工人当时不可能什么也不问，如工资多少，外出多少年，到外面做什么工作，等等，这些都是他们的切身问题。出面的招工头也无法装聋作哑一点不吱声。他们会说，去了以后就给你们宣布，英国人给的待遇优厚着呢，别错过机会，你们不想去我们去别地方招人云云，

① 《装载华工轮船失事纪》《装载华工轮船失事续纪》《绍兴轮船失事三志》，分别来源于《申报》中华民国七月九、十、十一日，均第（十）版，上海图书馆藏。

这些话里有真有假。

获救华工被运回浦东码头后，曾商议要向英国人和工头讨个明确的说法，不然就不出洋。可是最终还是上了去威海卫的轮船。英国人决不会现在就宣布到英国后可领多少工资，工头出面肯定又是一通好话相劝加忽悠。平民百姓心理的一根软肋，就是容易受人忽悠，总是从善的一面去吸纳别人的言辞，听着也有理那就上船吧。承募者不给签合同，他只要把人送上开往威海卫的轮船就可拿到佣金。中国人长期没有合同意识，觉得我们卖力气吃饭，挣钱养家糊口，其他恐怕不多想了。

英国在第二招工区内曾招募过女工赴欧。作者在上海搜寻资料时发现了这个令人惊讶的线索（请参阅第五章第五节“女扮男装当华工”）。

据表9的数字统计，英方在以上海为出口港的第二招工区招募送出的华工总人数至少为11024名（历次不详的均未计算在内），如果将不详数目加进去，最保守的推算也一定会超过1.2万名。招工时期自1917年2月至1918年12月，历时23个月。

1917年上半年工人的体检可能在威海卫做，之后才在上海进行。英方在第二招工区招得的华工放洋路线有两种情况，一部分送往威埠，编入在威海卫招募的华工营，随后登轮放洋，走的是“北线”（参阅本书第三章第二节“史无前例的跨洲大海运”），目的地为法国。另一部分则走“南线”，经香港，马六甲，过印度洋。这些华工的目的地主要是英国、中东、北非和印度，以及其他英属殖民地。

第六节 中国人踊跃应募及启程

英、法在华招工，首先招的不是技术性工人，而是普通力工，只要身体

法国招募华工首先在天津开张，但见报名者大多衣衫褴褛，更衣换装后面貌为之一新。来源：惠民公司报告《华工赴法》

能干得了重活，就接受报名。各地应募者类别中，贫困人群为绝大多数，尤以乡村穷苦农民为最众，城市里的无业者也不少。招工事务所的员工看到报名者大部分衣衫褴褛，面黄肌瘦，寒苦之状殊堪怜悯。

1916年5月，亦即法国派出的陶履德招工团抵北京四个月后，招工合同一经签订，天津惠民分公司在天津海河北二马路正式挂牌开始招工。人们奔走相告，踊跃报名，早晨公司一开门，外面已有一堆人等候。前来报名者络绎不绝，公司员工几乎天天从早到晚应接不暇。至7月间，已招到5000多名。惠民公司租借了在塘沽的招商局的栈房，安置录取的工人暂住等候船期。安排乘坐什么海轮赴法则由陶履德招工团办理。华工登船启程离开中国的港口，当年叫作“放洋”。

第一次发运华工的轮船“安派”号（EMPIRE，其实译为“帝国”号更好，作者注）1916年7月9日抵大沽口，定于12日黎明放洋，此船能容1700名工人。惠民分公司10日上午发放工人安家费，华工拿到钱，既可一手交给送行的亲属，也可委托惠民公司通过银行寄给家属。然后排队上驳船，满500人，就由小火轮拖着驳船送到“安派”号轮停泊处，待500人全部登上“安派”号，小火轮驶回去拉第二拨华工。这项工作一直到7月11日下午四点钟完成，共送出华工1698人。天津惠民公司经理李兼善与法国招工团负责人陶履德也上了“安派”号，李为带队，沿途照料华工；陶履德为法国招工团团长，这次亲自随队，既有护送的意思，也是带着工作成果回法国，去向派他出来的战争部述职。“安派”号可容纳1700人，1698名华工加上李、陶两人，正好1700人。

惠民公司一般都在放洋前一日发放安家费，数额为50法郎，安家费不是发给法国货币，而是按汇率折成中国货币银圆。①

发放安家费有时也会节外生枝。1916年惠民公司在天津招的第三批工人，已定于7月25日放洋，因为陶履德招工团联系的运输轮“阿利么”号于21日抵达大沽口，此船可载客2000人。24日惠民公司发放安家费，不料当天法国货币跌中国银币升，安家费是按50法郎折成中国银币发放给华工的，惠民公司照汇率折后，准备按每人减少1元执行，那样每个工人到手的银圆就略低于前两批华工所得，这下华工们觉得受克扣了。德国人伺机已久，当即闻风而动，雇人四出散布流言，搅得许多华工及其家属疑惧丛生，情绪波动。惠民公司诚恐工人误会，再起风潮，紧急研究后决定由公司垫钱，补足所有工人安家费，一律照前次之数额发放，群情方始平复。25日清早分批用驳船将华工送至“阿利么”大船，还有一些工人仍不罢休，经劝导与弹压，局面才平静下来，两名闹得最凶的滋事者被带回塘沽押交警察厅，两人的安家费由警方帮助追回。这是在天津送出的第三批也是最后一批华工，实际放洋1984人。

英国的招工重点放在山东，招工站先设在威海卫。人们听到英国招募劳

---

① 惠民公司报告《华工赴法》第6页，“故于工人启程之际给予安家费伍拾佛郎交与家属收领使居者可安行者无虑”，中华民国七年三月。建立中华民国后，在中国使用的货币是银圆，面值大小不同，全是金属硬币，没有纸币。老百姓又叫洋元、大洋，还有叫墨银的。一直到民国二十四年即1935年12月起，才将银圆币制换成了法币，用起了纸币。一战华工在国外挣的钱到国内都需兑成银圆。

力出洋赴欧打工的消息，纷纷步行前往。后来英国人又增设了青岛招工站，因可乘胶济铁路去青岛，前往报名的人更多。有独自赶去的，也有结伴前往，一个村里去好几个。去的人常常兴奋中带些忐忑，想着被录用的话可去海外赚笔大钱，因为当时招募册上写的待遇可是比在中国国内打工的收入要高出许多倍。不过心里难免十五只吊桶打水——七上八下的，听说凡是报了名都必须查验身体，而且十分严格，还听说有的人去了被外国人一查验刷掉了，甚至还有人亲眼见过被遣回的人垂头丧气。

山东各地去的人最多，毗邻省的也有，许多人是从济南府中转再沿胶济铁路去青岛的。那时胶济铁路的大权已操在日本人手里，平时很少出远门的农民，发现在车站购票，排队向前，依次上车，都有日本人指挥，秩序倒是井然不乱。

到了被唤作“待发所”的招工站，第一关先报年龄，要在20—40岁之间，接着沐浴，然后至体检室，主管医生都是外国人，后来英国人也雇中医帮助查验。法国人招募的工人同样要过体检，除了法国医生把关外，还雇请中国大夫帮忙。不管是法国人招工还是英国人招工，检查都很严格，肺痨、花柳病、沙眼、胃病、牙齿有缺损或虫蛀、中耳炎等等20多个疾症，只要查出一项就被淘汰了。中国那个年代医疗条件很差，广大农民缺乏卫生防治知识，有病靠土方子，请大仙，能花钱请土郎中就算不错，所以患沙眼的、牙口不好的很普遍。许多人就是因为沙眼被刷掉了。一旦体检不合格，外国人发给回家的路费，老百姓叫盘缠钿。查验合格者，发服装鞋帽，签订合同，配给号码，发给津贴，编入建制。以后在等待出发的日子里，英募华工每天还需在英人训督带领下集队操练。法国人倒没有这样。

英、法方对上海相当熟悉，虹口、浦东一带是其招募的重点地段。一百年前，浦西外滩一二公里的高大洋楼炫耀着西方文明的富有和强悍，而浦东沿江一带绵延十几公里全是工业区，华洋厂栈林立，洋人要占据赚钱的宝地，中国人老板也纷纷在此开办各种工厂作坊店铺堆栈，虽规模不大，但也有数万家。

自从欧洲开战，海洋航路遭受阻隔，一些轮船为了避开德国的潜艇袭击，绕道日本，再转至新加坡，然后驶来上海，中途徒增停泊站，成本加大，且颇多曲折，故来沪的外洋轮数目大为减少。无船到则无货可装卸，码头工人被迫失业；时局不济，工厂生产不景气，老板营业难，工人找活做也就难。因此浦江沿线的劳动力过剩现象十分突出，这种状态反过来给英、法招工提供了有利条件。英、法要招募技术工人，在山东、安徽等省不容易，在上海浦江沿线却相当快捷，大批的失业工人正愁没活干呢，只要一挂出牌子，需招几百人，一两日内便报名满额。

无须讳言，乡村农民和城镇贫民、工人报名踊跃的根本原因是挣钱，这与平时找工作就业并无本质上的区别。一百多年前，最现实的就是活命求生存。抛家出洋，数载在外，离别亲人顾不上孝敬父母，需要付出的代价是非常大的，如果雇主支付的报酬比在国内打工高不了多少，去报名的人必定寥寥无几。

当时背景下，英、法有无大量的劳工支撑，关乎战争能否打得下去，两国政府必须面对全国性劳力匮乏的严峻局面。它们需要大批大批的中国劳工去承担整个码头的装卸，整座工厂的运转，整段铁路的修建，整片田地的耕种收获，等等。从事各种劳务杂役的中国劳力群体，实际上成为帮助其国民经济运转的不可或缺的一股力量。因而招募必须具有吸引力。英、法当局为了解决自己的困境，完全有针对性地定下了华工的报酬，这一点应该没有异议。

我们以1916至1918年上海地区的工人工资与物价来分析，往昔中国一直是以大米一石（量器之一）值多少钱来衡量工资高低的，譬如说某人一月薪水时就计算可买多少石大米，一石合150斤。南汇县周浦镇是上海浦东地区最大的米市，取大米（中白粳）的最低月价与最高月价的平均值，每石大米的价格1916年为7.005银圆，1917年为6.685银圆，1918年为6.725银圆。①1916年至

① 《周浦镇志》，北京方志出版社2005年版，上海图书馆藏。

一战后一段时间，西方外币一直处于贬值状态，而我国因是民族资本的黄金时期，物价指数基本不动。当时的兑换价为：1法郎＝0.2381两银子＝0.3305元（银圆）。我们再以这三年该地区的大米平均价得出，每石米需6.805银圆。当时普通工人每月挣六七块，工匠七八块银圆，当警察的大约十几元。也就是说，普通工人干一个月活刚够买一石左右的大米。法国招募华工是从1916年中至1918年冬末，法募华工的衣食住行和医疗都是雇佣方包的，抵欧后，其国内家属每月可领10块银圆，能买1.47石大米，差不多是本人在国内干一个月所得的一倍半。加之华工可免衣食住的费用，华工在外所挣净获，以月入30法郎计，兑成中国银圆又接近10块银圆。国内国外所得相加，相当于上海地区工人所挣工资的四倍左右。①

若拿北方地区来分析，英国人招募华工开出的工价也很有吸引力，来回船费，食宿衣物，柴炭灯火医药费均由招工局负责，抵法后普通力工一个月领到的工资约30法郎，国内家属每月可领到10元大洋的养家费。当年10元可籴1000多斤高粱米。虽说英辖华工的奖金比较少，但国内国外的净收入合起来，一名华工抵得上家乡4至6个劳力。1917年3、4月间，青岛华工待发所开张后，出现了大批华工在威、青两个港口登船启程赴西欧的热闹场面。上船时，英方又发每人20银圆作旅途津贴。对于连年多灾、屡遭水旱虫蝻兵火的北方地区尤其山东直隶的百姓来说，这个待遇无疑是非常诱人的，这是大批老百姓踊跃应募的主要动因。

民国初期，民不聊生，做个小本生意，凭体力或凭手艺找到活干是无数中国人求生存的手段，所以有洋人来招工去外国的消息不胫而走，应者犹如滚

---

① 《申报》中华民国五年六月一日，国外汇兑一栏，标明5月31日上海汇至法国4.2法郎合1规两墨银，即1法郎兑0.2381两银子（重量）＝0.3305银圆（货币）。当时中国货币流通银圆又称墨银（即墨西哥币）。墨西哥自1820年独立后，自铸货币，因其为产银大国，故其货币流向全球。清自咸同战乱后，银荒愈发严重，导致墨银大量涌入，渐次在中国货币市场上占主导地位。《申报》钱市牌价一栏，总以墨银为首。这种情况持续到1919年一战结束后。墨币重量为七钱二分，故一块银圆并不等于一两（10钱）银子。银两则有大小，有大锭、中锭、小锭、碎银，须称重，但每两总是十钱。所以将两换成元，即是10÷0.72＝1.388，即1两银子值1.388（银）元。

雪球。至于从道义上考虑，欧洲人打仗，中国人应帮助谁，该不该去出把力，中国民众可能并不多思量。不过由于种种原因或听闻，中国民众对英法协约国的好感比较多些，英法来招工，民众认为是个好机会。

英、法在山东与上海等地的招工已广为人知，1918年4月，一则登于《申报》的消息搅得劳工界与市民心情又激荡起来。大意是美国近期需制造机器及驾驶汽车的工人，美国政府派员来华欲招3万至5万人送往美国、加拿大及非洲等地工作，美国政府派出的招工主任由美启程现已抵菲律宾，不日便可到沪，他电请上海某洋行华人经理郭、许二君先行代办招工手续。郭许二君决定先招500人学开汽车，待美国招工主任抵后再招机匠。郭许两位预订招工章程呈送美驻沪领事署查核。招工信息说得有鼻子有眼，不由你不信！登报消息还附了艺匠投考报名单，要求将履历填写清楚。考核由美招工主任抵沪后亲办，然后将合格者送乘公司轮运赴目的地。上海首招后再分往各省继续添招。4月14日、15日该洋行某洋员带同行数人去浦东各码头散发招工章程，业已招得100余名，定于17日齐集美租界四川路某洋行填写履历，听候通知参加考验体格与工艺以定去与否。

不曾想，两天后的《申报》刊出一则更正《美国并不招募华工之声明》，与前几天所刊内容南辕北辙，称上海总商会接到美驻沪总领事署陈姓交涉员的函，内称他就华文报刊登美国政府派员来中国招募华工询问美国驻沪领事，后者表示并无此事。翌日《申报》再登一则《美国不招华工之一再声明》。这回事情闹大了，前往美国驻沪总领事署问讯美国招工的人接踵而至，弄得一帮秘书与雇员穷于应付，总领事萨门斯先生于是赶紧向美国驻华公使作了汇报，同时致函江苏特派交涉员（注：那时上海属于江苏省），要求交涉员转告各报，澄清事实，希望民众不再前去领事署讯问。①这类骗子的主要伎俩是说得天花乱坠，先收报名费，等到捞了一把便溜之大吉。法、英招工开始后，上海滩上屡屡冒

① 《申报》中华民国七年四月十四日、十六日、十九日、二十日，均第（十）版，上海图书馆藏。

出伺机渔利之徒编造谎言，引得劳工趋之若鹜，以上这个例子最为典型罢了。

从这个招工骗局中我们似可洞察几点，首先是当年中国人视出洋打工为赚钱良机，只要有人出面招工，总是争先恐后，生怕错失机运。这也是英法能在短时间内招到大量劳工送往战火中的西欧的社会大气候。骗子图谋不义之财，利用国人的这种心态，编造谎言招工，设计骗局不难，相信骗局者的人也不少。像美国招华工之事，时间一长肯定要露馅，所以骗子捞一把就会溜。报纸大概只要收了钱就给刊登，不经核实搞出了“乌龙”，结果闹得很被动，内部要查责任，对外刊出“更正启事”，稍有不慎便是报纸信誉受损，此乃教训也。中国人踊跃应募赴西欧，最多者因失业乏术，谋生艰难，只要有饭吃还能挣钱，便遑论远近；有些人虽在国内勉强吃得上饭，看到英法招工出的工价比国内优渥，待遇诱人，不愿失此机会；也有少数羡慕西方文化，有此机缘，正好借机出洋开开眼界；还有的负债犯罪在身，躲避缉捕混入其中远走海外等。

尽管英、法招工得到中国当局的暗中支持或默许，民众应募也非常踊跃，但反对招工赴欧的声音还是存在，一些地方的报纸上，屡屡刊登劝诫国人不要轻易相信招工者的许诺，当心受骗上当后悔莫及之类的文章；某些地方政府内部还出现了反招工的团体。这些不利于招工的发声，基本上出于关心应募民众的安全，忧惧中国卷入欧战将引起麻烦。不过，其实质性的行动有限，不足以构成对法、英招工的大阻力。真正的威胁来自德国，那是敌方发动的阻拦，是千方百计的破坏，不惜代价的较量，是为战场对决服务的另一条非军事战线上的博弈。

第七节　德国与奥匈竭力阻拦法、英招华工

欧战爆发，武力冲突发生在欧洲大地上，敌对双方外交上的打探与较量在世界各地都同时展开。德国和奥匈帝国在中国的外交官们不仅窥视着英、法

等国驻华使馆的动向，更虎视着北洋政府的一举一动。当法国派出的陶履德中校以民间身份与惠民公司展开谈判之际，首先是奥国政府与驻北京公使馆获悉此情报。1916年3月29日奥使馆参赞奉命拜晤外交部次长曹汝霖，指称法国政府派人在中国招募华工，运往法国制造军火修筑炮垒，中国政府让其行动是违背你们中立国立场的。曹汝霖以“本部未得任何正式报告”为由，将他挡了回去。

5月14日，“陶履德－惠民合同”签字，奥使馆不久获悉，5月26日奥驻华公使罗特汉（M. A. de Rosthann）将一份照会送到中国外交部。态度由询问转为正式抗议。外交部无法否认，遂于5月29日复照表示本部将照会法国公使担保，按合同所载，工人不干预战事；并饬我驻法公使随时稽查，务使条件得完全履行。

德国的抗议比奥国晚，1916年6月德国人风闻法国人在中国南方招数千名工人，欲运往法国做工。德国看出中国要站在英、法、俄协约国一边与自己为敌，它绝对不愿意看到的事却渐次发生。7月15日，德驻京公使辛慈照会外交部，要求总长禁止此类招佣活动。

俄国为协约国之一员，在东三省招募中国工人，远早于法国来华招工，德驻华使馆已多次抗议，现在又加法国，德奥的情报人员密切跟踪中国对欧战的反应演化，德预料英国必将步法国之后尘来招中国人。所谓华工不干预战事，德国人认为，去一名华工，就可将一名为战争后勤效力的法、英、印工人解业而直接去服役战线，间接地为协约国增加了兵力。因此断断不能让法、英之企图得逞。

外交上，德奥向北洋政府提出的抗议越来越尖锐强烈。不仅要求中国政府发表一个正式声明，保证派去的中国工人属于非军事用途，而且要求中国政府向其出示协约国在此项事务上的一个正式担保书。德国与奥匈认为中国政府并未真正奉行中立国立场，举出了俄罗斯在华招工时中国官员涉足其中的例子，指责中方政府官员插手协约国的招工事务。德国与奥匈的情报系统搜集的情报表明：抵法国的中国工人在前线挖战壕，修筑军用掩体，进兵工厂工作。于是德、奥匈两国又向中国政府发出照会，抗议中国不遵守“派出劳工非军事用途”的承诺。

北洋政府复照咬定，招工和运送中国工人赴西欧均系私人公司之作为，中国政府任何情况下都未作干预，还反驳说，中国从未禁止其公民去本领土之外的地方工作。本政府外交部审查过私人公司所订的招工合同条款，合同中并没有任何岗位与战争有关联。我们已责成驻法公使胡惟德视察有否违反合同的做法。

中国当局的说辞未能使德国人信服，既然外交交涉犹如打口水仗，起不了多大作用，德奥便联手开始暗中策划，极力破坏。散布谣言是最常用的手法，谣言像长了翅膀，到处乱飞，散发出去的各种传单上以故事或民谣小曲的形式，描述欧洲大地上的战火如何可怕。德国人在对方的招工站附近、工厂区、港区与码头等处散发传单；还在中文报纸上揭露法、英的招工将使中国的中立形同虚设，招募者许诺劳工不去前线地区完全是一派谎言等等；工人去法国将身临险境，炮火连天之下性命难保。报纸上的标题“招募苦力华人以供

德军在青岛的伊尔蒂斯兵营。1897年，德国东洋舰队以“巨野教案”为借口强占青岛，次年威逼清廷签《胶澳租界条约》，强租青岛99年。1914年11月青岛被日军攻占。来源：青岛市档案馆

战场之驱使”闻之已耸人听闻，“受尽人间未有之苦，死作战场之鬼，永无归骨之时”云云更让有心去应募的人畏惧而却步。[①]

德国人做事向来效率高，他们在京、津、沪等一些据点策划于密室，预先准备好大量的传单，有些传单是在德国印制好再运来中国的。他们在社会上广布耳目，故而消息灵通，一有空子可钻立即付诸行动。甚至华工都上船准备启程了，德人的破坏行动还会跟到船上。一旦打探到哪里停泊着运送华工即将放洋赴欧的轮船，德人便迅速雇跑腿把传单偷运到船上去散发。有的成功渗透，结果闹得航途中人心惶惶；也有的被及时发现，如法方招募的华工登上“德鲁珐尔”号（Le Drufar）海轮，德人的跑腿混上轮船往华工群里塞传单，幸亏陶履德在每批华工启程时都派由法人和华人职员组成的带队组跟随，这件事当场被带队组的人发觉并阻止。

惠民公司在天津运送第二批华工的轮船“西义藏”号在第一批放洋后两天也驶抵大沽口，此船容量可装1450人，预定7月16日离港赴法。14日惠民分公司发放安家费，工人也分批上了驳船用小火轮三次运出大沽口，“西义藏”号停在港口外的海面上。没想到这次放洋没有第一批顺利。船主的酬金未谈妥，船主不干，要求先上的华工离船，后面一批又到了，驳船上的工人登不了大船，大船上的工人下不了驳船，一时秩序大乱。幸亏惠民公司总经理李达叔到场再三开导，始稍平静。陶履德本人已随第一批在海途上，李达叔就与陶的法国委托人去跟船主磋商，将船上不合适的舱位变通，改成可接待更多人的格局，同时也谈妥了运费，船主同意格外优待，工人大众获知后表示接受。只是改良舱位需要开工作业，工人得在驳船上等候。当天海面上风大浪急，李达叔担心出危险，决定将驳船带回到咸水沽停泊。

① 《招募苦力华人以供战场之驱使》，《时报》中华民国五年七月二十八日，上海图书馆藏。该报在上海出版。

半夜后退潮了，驳船泊处水深不及两尺，不知德国人怎么得到这个消息，竟派人上船唆使工人逃走。本来华工中有不少人对这次赴西欧的前途心存疑虑，现在驳船拉出去又驶回来，今后的路恐怕凶多吉少，一些工人经不住恐吓与鼓动，伺机涉水逃走。17日早上清点人数时，发现80多名华工在夜间逃遁离去。余者上午即送大船，下午“西义藏”号轮放洋时，原计划运送的1450人，实际只有1365名工人离岸赴法。①

法国在华占领军情报处的一份报告《德国在华阴谋》中列举了大量的德国在中国的活动，其中包括建立由土耳其经阿富汗，再进入新疆，连接喀什、莎车、兰州的陆上通道，策动新疆穆斯林独立，谋求战后德国在华利益。德国人除到处散发小册子，抨击协约国，登载许多离奇的新闻恫吓中国人外，还出版了一张战争图片报Kriegs Bilder。德国人支持辫子大帅张勋搞复辟政变，张勋复辟失败后躲进德国兵营。

在中国北方异常活跃的一名德国牧师兼医生紫亚珂（自起的中文名，原名Ziegler）从德驻华公使辛慈（Von Hintze）处领到20万洋元的活动经费，他善于在中国北方的穆斯林群体中活动；天津爆发老西开事件后，又不遗余力地散发反对法国招募华工的小册子和快报，许多当地的德侨帮助他散发反法宣传品，他们挑唆中国民众，使天津市民本来正当的反法情绪越发沸腾。②惠民公司无法继续在天津招工，德国人的破坏起到了火上浇油的作用。

法国外交部政务商贸司的一份文件披露，一名在瑞士的消息灵通的情报员从奥地利可靠渠道获悉，德国人力图在中国策动一个反英反法的运动，配以派出军队进攻满洲里和印度支那。为此目的，德国已在1917年1月中旬初从美

---

① 惠民公司报告：《华工赴法》，“各地工人之募集及出发”，第11页。原文中称“是夜逃去者有百余人”，经笔者参照相关史料后核实，逃去者应为85名。

② Intrigues allemandes en Chine，档号：32 CPCOM，馆藏：Centre des Archives diplomatiques de la Courneuve, Paris。此系法国驻华占领军情报处1918年3月4日自天津发往国内的报告《德国在华的阴谋》。

洲调了2000万马克进入中国作为经费。[①]

德、奥匈对法招募华工的抗议和破坏在开始阶段的势头颇为强劲，但随着局势的演变，未能持续下去。1917年3月14日，黎元洪总统在北京发布命令，“宣布与德外交断绝关系，保护在留德人及他事，宜着各官长据国际法迅速筹办”。德国公使馆接到外交部断交通牒后，馆内各员纷纷整理打点行装，该馆的警备也不能再用其本国兵，改由荷兰兵充任。[②]德国人转入支持中国革命党人，亚洲德意志银行通过在沪的德国人，向孙中山及其党人提供了100万银圆的资金。大批宣传资料从德国运来，以红十字会的名义，通过它在中国享受的邮政免费便利，进入中国各地。德国人甚至在中国的法租界内利用私人的电影放映机和留声机播映攻击协约国和反对中国参战的音像资料。德国人在中国南方扮演革命者的角色，在中国北方却实行帝国主义的行动，只要能把水搅浑，他们什么都干。

两国一旦断绝邦交，则一切外交关系一应停止。双方公使皆应下旗归国。中国驻德公使颜惠庆接北京电后预备绕道回国，德国驻华公使辛慈接获北京外交部通知后即于15日赴总统府辞行，黎总统礼仪接待并馈赠丰厚礼物，询其出境后将赴何地，德公使答将赴荷属之爪哇，德政府已备专轮送往。[③]

> 获知中国与德断交后，德国人方面自是手忙脚乱，中国方面也忙不迭地处理无数事项，收回德租界首先要交涉磋议租界会审权，海关检查所的归复，中国海军收管德国商轮，关闭德国邮局，各机关对德国人进行调查等等。据某机关人员透露，当时旅居上海的德国人有八百八十余人，警察厅对德人多名居住地段加派士兵严加监视。停泊在广州港的四艘德国军舰和汕头的四艘德国船只均由中国迅速收管，海军部派出永祥舰前往广州收

---

① Allemagne-Chine 43, Compte-rendu, 19 janvier 1917.档号：Série E, Carton 25, Dossier I.馆藏：Centre des Archives diplomatiques de la Courneuve, Paris.

② 《申报》，中华民国六年三月十五日第（三）版，上海图书馆藏。

③ 《申报》，中华民国六年三月十六日第（三）版，上海图书馆藏。

管，谁知其中一艘德舰"青岛"号被4名德水兵在舰内暗置炸弹，永祥舰驶到不过两分钟，突然青岛号自行炸沉。[①]

凡此种种，说明在这一局势急变之下，中国方面要接管，要收回德国人强占去的权利，防止德国人报复。而德国人首先要为自身的撤走谋划，就如丧家之犬，手头所有的工作都不得不丢下，哪里还顾得上原来的任务。

1917年3月中旬是一个转折节点，从这时起，英、法招募华工不再遭遇德国人的阻挠，惠民公司可以专心于招募。惠民公司在江苏浦口设立的招工处，正是借这一局势发展之利，取得了辉煌的成绩。从1917年3月至同年11月，在浦口录取了共18950名来自长江流域的中国青壮年劳工，先后启程14批，出长江口放洋前往法国马赛。

第八节　英、法招工合同之剖析

通过细细研读法国在华招募华工的合同，我们首先会发现，合同内容十分详尽，章程与合同框架的设定很周全。[②]

代陶履德招工团出面向社会招工的中国惠民公司，在与前者商讨佣工章程条陈时，逐条推敲，非常认真，有时还相当强硬。这一情状，法国外交档案中心所存的陶履德向巴黎请示，法国驻华公使康悌向内阁理事会主席、外交部

① 《申报》，中华民国六年三月二十日第（三）版，上海图书馆藏。

② 详见本书附录二，《惠民公司与法国陶履德招工团签订的合同》。

部长的汇报报告中都可以证明。[①]稍后，陶履德委托上海道信、普益等洋行在沪招工，同样根据他与惠民公司签订的招工章程执行。法方根据实际佣工的需要和法国劳工条例，强调华工应尽的职责。惠民公司则本着保护中国劳工的初心，强调华工的待遇，这待遇包括的内容之广，百年前恐独一无二。如赴法与回国途中的供食和补贴，抵达目的地后的工资，华工应领换的衣履，工人每日应领之粮食菜蔬荤腥，住所、卧具，工作时间、加班费、休息与节日，生病、工伤、赔偿金、死亡，华工在外的法律保护，厂内惩罚、厂方义务、工头管理，配备翻译等等，若非细读合同条款，实不足以感受。原始文本的合同条款共二十八条，所载确实面面俱到。[②]

陶履德招工团与惠民公司关于合同条款的谈判开始于1916年1月下旬。法驻华公使电告法外交部，陶1月17日抵京，并很快开始接触中方公司。法国的工会力量不可小觑，法方套用法国工会的性质，视中国惠民公司为工会。法公使康悌2月4日发电文表示，双方谈判进行得很积极，工会人员中有政府人士。[③]

在开招之前拟订条款，双方需预测未来可能遇到的各种情况，光凭已有的经验是不够的，中国劳工在战争局势下，需进入外国人的地域，面对完全陌生的人和事，将去承担不断变动的劳役，站到见所未见的工业生产岗位上，去执行外国人的指令，完成雇主规定的任务，工作的期限不是短时间，而是三年甚

① Recrutement de travailleurs chinois pour l'agriculture et l'industrie pendant la guerre 1914－1918，档案卷宗：Chine 41, la Chine et la Guerre，档号Cote: 32CPCOM/41，馆藏：Centre des Archives diplomatiques de la Courneuve, Paris。

② 参照凤冈及门弟子编：《梁士诒年谱》，广东人民出版社2014年版，第303—318页。此书第一版原名《三水梁燕孙先生年谱》，上海商务印书馆1939年版。流传于世的陶履德与惠民公司签署的招工合同似有两三个版本，据笔者考证，多有删改。故现将该原始合同，不作改动地置于书尾作为附录。

③ Télégramme, Pékin, le 4 février 1916. N°39, le Ministère des Affaires étrangères，档号：32CPCOM/41. 馆藏：Centre des Archives diplomatiques de la Courneuve. Paris. 此系法驻华公使康悌发回巴黎外交部的电文，其中称："1月17日陶履德招工团抵京"，"与一个工会的谈判进行得非常积极，其成员组成甚至有中国政府人员"。

至五年，其间会遇到多少问题、多少艰险、多少挑战、多少冲突，作为惠民公司的谈判人员，不仅需要极大的责任感，而且需要丰富的想象力和前瞻眼光。

陶履德以农学技师的身份为法国农业种植者和工矿企业老板来华招工，但在谈判中不断地请示战争部八司。惠民公司名为民间中介，实际代表政府意愿，它始终与北洋政府沟通有致，总统府秘书长梁士诒直接过问谈判之进展。中方视陶履德为不穿军服的军方代表，法方认为惠民公司是秉承政府意志的工会组织，虽然表面为中、法民间的经济行为，实质却是双方政府在背后运作。双方为了各自的目标和利益，谈判进行得非常艰难，我们从康悌1916年2月5日发回外交部的电文中可以洞见。谈判开始，法方马上提出招工人数目标，然后就是工资，法方提出每日付给每位工人1法郎50生丁，中方断然拒绝，最后升到2法郎一天，中方勉强接受。康悌预测，法国计算招工报酬又都以法郎核算，“由于中国银圆升值，往后谈判时的讨价还价将比任何时候更艰难”。[①]

我们可以设想，如果惠民公司不一条一条地争取，法方就会按法国法律许可的常规做法来签合同，决不会主动地把华工的特殊情况考虑进去而做出通例之外的让步。在惠民公司的坚持下，中方有不少要求获得了法当局的认可，特别是在劳工保护方面的条款。谈判如拉锯战似的进行了三个多月，最终双方于1916年5月14日在招工合同上签字。

应该说，法国人具有愿意与中方好好谈判的诚意，即使当时带有迫不得已的成分在内。法国人喜欢按章办事，这是他们在处理国内外事务时的一个突出表现。惠民公司及其背后的政府支持者，则表现出为应得利益不惧强权的先觉意识，勇于为同胞争待遇，善于审时度势，敢于直面洋人坚持立场，逼迫法国当局不得不作出一定的妥协。

我们审视英国人的招工合同，与法国人的招工合同相比，显出巨大的差

---

① Télégramme, Pékin, le 5 février 1916. Duplicata bis 3，档号：32CPCOM/41，馆藏：Centre des Archives diplomatiques de la Courneuve. Paris。法驻华公使康悌在电文中提出，看来对中国劳工不得不需要执行特别的工资标准。其意即不能按通常对付殖民地劳工的成例去做。

距。法方的陶履德-惠民合同作为一个原则与框架合约，共28条，内容详尽备至。英国方面，由伦敦派来的布恩尼到威海卫后，委托威海卫仁记洋行招工，后者自然要与他成立的威海卫招工局签订一个框架合约，方可着手办理招工事务，双方签订的招工合同共23条，内容比之法方的合同简单得多。[①]

陶履德-惠民合同规定，工人合同为期五年，但只需届满三年，法方随时可选择终止合同。[②]英招工局-仁记合同规定，工人订三年工作期，一年之后英招工局有权随时取消合同，但须提前六个月通知，否则，赔偿六个月的工钱。合同期限只是在最初的合同里有这样的规定，其实，法方后来有所改动，英方与工人订半年、一年、二年合同的都有。

英、法招工合同内的基本相同点表现为：第一，两方面均声明招去的中国劳工不用于战事。法国人的合同载明："中国工人决不用于何项战事职务。"第二，工资都分两部分，一半在国外直接支付给工人，另一半由其家属在国内领取，这就使家属得到生活保障，工人远行无后顾之忧。应该说，此乃妥善之法。第三，合同中写明工人的食、宿、交通都全免，生了病免费治疗。当然，在具体执行中，因为合同的详略不同，真正的结果也不尽相同，甚至相差颇大。最为明显的是英国人违背合同所言"订明不得从事战役"，将一部分华工营队派在前线作战部队之身后，从事挖战壕筑、掩体等危险工作，根本无视"华工做工之处最少须在炮火线十英里之后"的合同条款承诺。

关于生病无法工作的工人，法、英两方各订的合同都规定，病假期间，负责给生病的工人免费治疗；食宿用品照给；工人每日在国外的工资都停发，但法方每天给半法郎的偿金，家属留支照发。久病不愈超过六星期，英方给病者家属每月的留支减半发给（即工价的四分之一），一直发到工人病愈重新工作，其家属恢复每月领工价的一半，或者到工人遣送回国在威海卫

① 参见本书附录四《英威海卫招工局与仁记洋行签订的招工合同》。

② 陶履德在合同中写进工人赴法劳役订期五年，是惠民公司竭力要求的结果。但首期天津招工，法方在与每个工人订合同时，又将合同期改为三年。

登岸后即停发。法招华工，如病过六周，雇主停发病者家属每月领的一半工钱，病人每日的偿金也不再给予。关于久病遣送回国，法方得走程序，先报告中国领事，另派医生验明等；英方直接由英招工局决定送回威海卫，没有程序须依。①

法方合同第25条关于翻译的内容长达三页之多。英方合同第18条讲雇佣翻译，共四行字。关于代招工人的中介服务费，法方合同第24条写明，惠民公司每代招一名工人，直至登船放洋抵达法国，法方支付100法郎代招费。英方合同第20条曰：工局允付包工头仲用费若干元。合同条款不写明具体数字，而写若干元，这显得很不严肃，明显不愿把事情放上桌面谈妥，而只想把主动权留给自己。有材料称，代招者拉来一人，经体检合格，就可领到一元大洋。这是仁记洋行付的，英国人付给仁记多少代招费，不得其详。

英国人与华工签订雇佣合同，分两部分，一是工作性质，二是工价计算。工价计算再分每日工资、奖金、伤亡补助、附加（指食住行全免）、雇佣期限、减扣时数、工作时数等七项。每条两三句话，最长的一条“减扣项目”100个字左右。法方与所招工人签订的合同，不会罗列陶履德-惠民合同的全部条款，但原则是必须遵守的。故而也比较详细。

英国人的合同暴露出的明显缺点是，有的条款不写明确，而且在谈到同一个内容时，与工人签的合同，不再完全按英招工局-仁记合同的条款。与工人签的合同里的“工作时数”这样规定：“工作时刻，计一昼夜以十点钟为限；在此正常基准之上，凡需延长或缩减时刻，皆听工局指令。每星期作工七日，但会据中国的节期给工人放假，具体安排由工局决定。”可是在与仁记签的框架合同里第十二条写着：“每日工作十小时，再额外工作，每一点钟加给2便士，工人不愿做者，工局不得强迫，遇中国节期，每期放假一天（每年

---

① 参阅本书附录二《惠民公司与法国陶履德招工团签订的招工合同》第十条；附录四《英威海卫招工局与仁记洋行签订的招工合同》第八条（丙），第十三条（乙）。

六天），仍给工资……”这些内容在订个人合同时都不写了，以“皆听工局指令”一句话替代，将来怎么做，当然由工局说了算。

关于工作时间、工价、加班费等同一内容，法国陶履德-惠民合同的第九条用了12行文字分别情形给以规定，以便日后执行有章可循。[①]如雇主要求，工人也同意，节令日需上班的话，做10小时，工资1法郎；若平时上班10小时后还要加班，每加1小时应多支付工人25生丁。还有如工厂因法律限制，不准工作10小时，雇主不能扣中国工人工资。如有罢工令中国工人不能工作，应照发工资。

陶履德-惠民合同，签订双方基本上处在对等的地位，是一份商业合同。法方与工人直接签的合同每条也都写得明白，倘雇主方违背合同，中国人可参照条款所载提出申诉。英方虽与仁记洋行签了一份合同，待到仁记招来工人后，英国人与工人直接签的合同就大大地“偷工减料”，所订几条只能说像主仆之间的一纸契约。

到了西欧后，法辖华工可以凭合同条款，向中国派去的侨工委员反映他们认为法方违背合同的问题。英辖华工方在合同中找不到可申辩性的法理依据，发生问题后无以投诉，矛盾往往激化，以至于酿成大的甚至流血的冲突。这是英辖华工营队暴力事件频发的深层原因之一。

① 参阅本书附录二《惠民合同与法国陶履德招工团签订的招工合同》第九条。

第三章　生死漂洋赴西欧

第一节　横渡大洋第一关

中国劳工团（CLC）一位编号为107548的华工解绳业回忆，1917年1月30日，他和三四千名英募华工在青岛二号码头启程。轮船先经日本某个港口停留了两天，然后驶往加拿大，他也不知在哪里下了船就直接被送上火车，火车跑了六七天，横穿加拿大至其东海岸的一个城市换乘轮船，到了英国，再换乘装备大炮的舰船，驶过英吉利海峡至法国勒阿弗尔港，上岸后前往努瓦耶勒华工总集所报到。解绳业1919年秋离法乘船经南线回到青岛。

编号为60105的华工王朋先回忆到，1918年5月，有人来即墨招工赴西欧，许多即墨老乡报了名，很快被组成了全是即墨人的一个大队，编为第86大队，去青岛集中，办完手续后和另两个大队共约1500名华工，搭英国轮船由青岛启程，走的线路也是日本—加拿大—英国—法国，到努瓦耶勒华工总集所才算抵达目的地。他说他们这批人停战后提前回国，提前的原因不清楚，于1920年3月他与其他华工离开法国，经南洋回到青岛。在华工局取下了刻号码的"手镯"，结算了工钱，返回了家乡。[①]

解绳业是即墨牛齐埠乡柳沟村人，1893年生。王朋先是即墨县城人，

① 叶星球、江敬世:《法国一战老华工纪实》，巴黎太平洋通2010年版，第42页。

1894年出生。他们都是英招华工，那时英国已在青岛开设了第二个招工站。类似的例子，华工回忆时往往只罗列离家远赴西欧及怎么回国的过程。但我们从中清楚地看到一点，华工赴西欧的海路都很漫长。海路的艰辛，回忆者都是三言两语略过，对他们而言，如何被选上和到了西欧后的岁月，留给他们的印象更深。

报名应招者过了体检关后终于松了一口气，然后接受基本的规章告诫和训练，在招工合同上签字或按手指印，再领取衣帽等必需品，在启程前一日领到安家费，最后排队登船。上船也不是人们今天习惯的那样，直接到轮船码头登轮。百年前中国海港的码头十分简陋，大轮船根本无法直接停靠，只能泊于海面。乘客登轮都是先乘驳船，由小火轮拖至海面再上大轮船。天津是从大沽港拖往海面再上大轮。香港的华工需在对海荔枝角上驳船，然后拖至海面的大轮。上海情况亦好不了多少，譬如华工在杨树浦码头集合，雇用驳船装运到浦东洋泾港口转登法公司轮船放洋赴法。只有青岛，德国人原先把码头修好了，大轮船可以直接泊进来。

以1917年9月为例，约5000名华工从威海卫分乘四艘英邮轮转放外洋。英国人将华工送上海轮，马上向华工规定了严格的纪律，譬如，华工不能进船员工作的区域，不准上一、二等舱位甲板层等。英方还向各邮轮派了随船的英国教会的传道师，启航后每日向华工宣讲圣道，劝导华工相信上帝的安排，每个星期日要做礼拜。这件事英国在上海招工的第三批开始就做了。1917年9月1日，在沪招到的108名工人被送到上海仁济医院进行身体检查，早上8时半先入医院之讲道堂，由传道部主任庞子贤宣讲圣道，题为“天国之希望”，据反映，听者“如饥若渴”。讲道毕，再把工人带进医院的检查室，经医官详加察验体格，最后录取了35人，送上商船通州轮运往威海卫集合。说明英国人招华工很重视思想教化，首先让传道师给华工灌输信仰上帝的意识。华工都是底层百姓，中国民众对西方宗教往往带有好奇的心态，传道师的言辞和最近经历目睹的一切，真是闻所未闻，一旦接触，极易感到“如饥若渴”。一方面，英国人自己信上帝，对异教徒总是难以信任，希望招去的工人也信上帝。另一方面，以上帝的感召作为华工赴欧提供战时劳役的指引明灯，不能不说是出于英当局在管理役使大批华工方面的现实考虑，在未来的役地，英国人需要用基督教义教化中国劳工，作为他们施于纪律管束的辅助手段。

华工们登上了远赴重洋的海轮，放洋之时即是他们离开祖国之日。初时他们很兴奋，站在甲板上眺望渐渐淡去的故国，面对浩瀚的大海，心头憧憬着未来挣到钱与家人团圆的画面，脸上荡漾着发自内心的笑容。他们只知道自己被录取后，将奔赴远隔千山万水的欧洲，去干重活累活，这不怕，咱们有的是力气，在家种地还不是一样要干重活累活儿吗！他们心里好奇，听人说那边是文明社会，正好趁此机会去看看洋人们怎么生活。可是，他们不知道将去的那个国家已经陷于战火之灾，去那里可能有生命危险；他们已初步尝到滋味，在洋人的规章下，再也没有在家时那般自由自在。他们更意识不到，海路漫漫，他们的轮船可能会被敌人的潜艇盯上，甚至未到目的地就沉尸大海！他们是陆地上的农民和城镇里的居民，大多数还是平生第一回看到大海，根本不知道大海的脾性，眼前的蓝湛湛似乎挺招人喜爱。这恐怕是绝大部分华工启程头几日的内心世界。说起来，体检那一关算不上什么关，过不了就回家，该干什么干什么。可如今，身在船上，命在海洋，漂洋过海说不上哪天是头，谁都不知大海大洋何时暴怒，船外全是望不到边的水，只能听天由命，这才是华工们真正的第一关！根据招募方的势力范围，天津、威海卫、浦口、上海、青岛、香港等成为华工赴欧的六个离岸港。不管从哪个港口启程，共同的考验是必须横渡浩瀚的大洋，印度洋，太平洋、大西洋，无不凶险环生。对这一关，华工在登上外轮离开祖国前根本没有思想准备，大部分人可说一无所知。

那时，从中国港至西欧的海运线上没有纯粹的客轮，大部分都需要客货混装，客多货少的称为邮轮，货多客少的属于货轮。不管哪种，安排给华工的都是大舱，床铺密如沙丁鱼罐，拥挤肮脏与空气浑浊是必须忍受的常态，暴风恶浪、晕船呕吐，是无法避免的煎熬。冬季海上寒冷，华工们只得蜷缩在舱内。夏季天气酷热，舱内闷热得憋不住，全都拥到甲板上透气，可甲板已被骄阳烤得烫脚，人们只得用海水浇甲板，可一会儿水就干了！

最为痛苦的是晕船。海洋旅程短则三十几天，长则两三个月甚至更久，如此漫长，没哪艘海轮躲得过暴风雨的淫威。洋面上掀起巨浪，大轮船渺小犹如扁舟一叶，船体不是上冲下滑颠簸晃动，就是左右转侧让人目眩头晕肠胃如翻江倒海。不到一会儿，华工们此起彼伏地呕吐起来，第一波先吐胃里食物，第二波往往“嚎嚎”地干呕，第三波就开始吐胃酸，平时不知它为何物，这会儿大口大口地吐出透明的黏液；有些人还要经受第四波，吐胆汁，呕出绿色液体，满口苦味。每一波之间间隔多久因人而异，有的一二分钟，有的八九分钟，得视个人体质与适应能力。天生不晕船的人极少。这三四波下来，已成废人，除了平躺着，连抬头的劲都没。如果暴风雨持续几个小时，反复多次，真是生不如死。

上百人的大舱间通风本来就差，现在满舱充斥着呕吐物的秽味，不能动弹的可怜人横七竖八躺满一地，渴无法喝，食莫能进，干挺着只盼轮船别再摇撼。作者曾在3000吨的客货轮上经历过八级大风的晕船，那滋味永生难忘。想象当年华工们的遭遇，真好比一次次地跌入炼狱。船上卫生差，缺医少药，饮食不足又单调，黄疸病、腹泻等最易发生，坏血症也是经常大面积出现的疾病，其原因是长时期没有绿色菜蔬可食，轮船停靠某些港口时上的新鲜菜蔬很快吃完，华工严重缺少

华工经过海洋长途旅行，在埃及的塞得港上岸。患严重瘫痪性脚气病的华工被送进塞得港医院。法方军医要求他们进行操练疗法，患者内心充满痛苦和无奈。来源：14.18 A 1290 ECPAD/FRANCE/Extraits de：Chinois et Arméniens en Egypte/摄影师未知/1918

维生素C。有的疾病传染迅速，甚至有华工发疯投海。自由散漫惯了的农民，尽管受纪律约束，打架相骂仍频频发生，海轮有时还要遭遇德国敌机的轰炸。种种病痛与煎熬使许多人扛不过而病倒，还有华工患上了极难治愈的神经抑郁症。在海途中丧命的亦绝非个别。能熬到目的地港的，其中不少还需要别人搀扶才能下船。作者查阅几种档案时惊惧地发现，一船船华工的抵法上岸人数往往比其在中国的登船启程人数少了一些。对这个差数，中国方面要么不知要么不敢较真，法、英方面则讳莫如深，这里仅举三例：

1916年7月14日天津塘沽离岸1365名华工，船名Shigisan，9月23日抵岸马赛1352人，减员13人。1916年7月24日天津离岸1984人，船名Harima-Maru，10月10日抵岸马赛1975人，减员9人。1917年10月18日浦口离岸2000人，船名La Loire，1918年2月19日抵岸马赛1967名，减员33人。[①]海运途中减员有两种可能，一是死亡，二是病重并有机会在途中上岸治疗。作者看到过法国国防部影像档案中心的纪录片资料，无法继续行程的华工在苏伊士运河口外的塞得港上岸留治。画面上法国的军士长招呼患病的华工到医官面前做检查，以便确定是否留治。由于缺少维生素，大部分患病华工需拄拐棍方可前行，有个小伙子只能屁股着地用手往前蹭，海途的营养不良已使他的双腿完全站不起来。[②]

英国海轮一旦离开日本进入北太平洋，经白令海，前往北美洲的温哥华，途中无停靠点。途中减员的原因，死亡者恐为多，中途留治者为少，受航线所囿，病者须熬得到停靠站才有运气获留治。法、英当局不愿公布海运华工减员数，北洋政府侨工事务局停战后的调查报告只列抵岸人数，致使这一层面的情况始终模糊不清。船上拥挤，人死后决不会存尸于船，只能将尸体投入海洋。

---

① 《国务院侨工事务局调查在法华工情形书》第五次披露，中华民国八年四月，第268—269页，参考法文附表“Mouvements des travailleurs chinois”。威海市档案馆藏。

② Chinois et Arméniens en Egypte，档号：14.18A1290, SCA-SPCA，馆藏：ECPAD（法国国防影像档案中心，无声电影“中国人和亚美尼亚人在埃及”）。

海葬虽是不得已为之，但有违中国丧葬习俗，华工目睹此种情状无不感到恐怖惊悚，病重者受不了刺激则不治而亡。

读者千万不要拿今日的海上旅轮设备与条件去想象一百年前的海运。十四五万华工被越洋海运，那不叫海上旅行，那是真正的苦难之行。

法国招募的华工，海运赴马赛，很自然地走南线，通过马六甲海峡，进入印度洋，再穿过亚洲和非洲大陆之间的苏伊士运河进入地中海，这是从中国通往法国的最快最直接的航线。英国在华招募华工后，租用远洋客货轮输送去西欧，主要目的地是法国，也有一些被送往印度和中东。英国一开始确定赴欧的路线，从山东威海卫出发，驶过黄海东海南海，经香港、新加坡，以后也与法国线路相同，不过它的西欧抵岸站不是马赛，而是勒阿弗尔。可是，德国开展无限制潜艇战后，这条航线变得十分凶险。1917年2月17日，法国邮轮“阿托斯”号在地中海被德国潜艇击沉，罹难者达775人，其中华工543名。这是一战期间民用轮遭袭击最为严重的事件，也是华工一次性死亡人数最多的海难。如果说其他轮船上的华工没能过得了远程海洋运输第一关，死亡还都是零散的，这次“阿托斯”号邮轮沉没，那是数以百计的中国人瞬间葬身大海，惨烈之状超出了人的想象力，543名华工未到目的地就沉尸地中海，华工横渡大洋第一关之凶险实难预料。

第二节　史无前例的跨洲大海运

在整个招工期间，报名人数庞大，录取后登轮远赴西欧的人数约为报名数的92%，英募和法募的华工加起来的总人数达到十七八万。一次次的海轮装载运送，如此大规模、持续的运输操作，在当时唯有英、法这样一流的强国才有能力做到。

英、法两个西方强国在欧战的恶劣环境中，将这么多的中国人从东半球运到西半球，而且这样复杂的跨洲大海运持续了两年多，堪称人类海洋运输活动的一个壮举，也是中国大批底层民众走向世界的一次被动性的大演练。观其规模、涉及人数及损害程度，无疑为一战华工史的一个重大环节。百年纪念之际盘点它，可让今人更清楚地感受它的轰轰烈烈，感受中国平民百姓谋求走出去的悲壮情怀。

初始阶段，运送华工的航线完全循常规而行，都走“南线”，因为南线距离最短，运输成本最低，是从中国驶往西欧最快最直接的海运线。线路如下：经香港，过马六甲海峡，入印度洋，再穿过亚非大陆之间的红海与苏伊士运河进入地中海。法、英各自招的头几批华工均走南线，法国运轮抵马赛上岸，英国直接驶往法国的勒阿弗尔港（le Havre），我们确知英国人的第一批华工就是在勒阿弗尔上岸的。

法国轮船一出苏伊士运河，进入地中海前先停靠埃及的塞得港（Port-Saïd），这个港口为英国人所统治。塞得港是协约国军队和海外劳工前往法国战地前的一个临时驻营地。轮船在此加水上煤添给养，还有各地来的以塞得港为中转站的普客在此上下船，有去中东的普客，更有去马赛的各国来的乘客。法方从中国运来的劳工，不一定直接一条轮船乘到目的地，有的先到塞得港上岸临时驻扎，等候另一档船期再赴马赛。海运特别讲究成本计算，经停哪个港口和走什么线路全都以此为前提。协约国与同盟国在海上开展博弈后，相互攻击对方的舰只，海上运输变得险象环生，海上航运

从中国港至西欧的海运线上大部分轮船需要客货混装。安排给华工的都是拥挤的大舱。来源：惠民公司报告《华工赴法》

安全更成为经停口岸与航线选择的首要考虑。

孰料，1917年2月17日，跨洲海运线上风云突变，法国万吨级邮轮“阿托斯”号（ATHOS）在地中海被德国潜艇击沉。沉没一日，是在德国宣布“无限制潜艇战”后的第17天，对于协约国阵营实乃晴天霹雳！南线一下变得万分凶险，运送华工的轮船不可再按常规走了，不得不另选他路，从此，打破了因循固定航线的做法。

英国人毫不犹豫地立即作出决定，放弃南线，很快选择走“北环线”运送华工：威海卫（后加上青岛），日本的长崎、横滨，向东环地球北半部，穿越太平洋、白令海，在加拿大温哥华（Vancouver）上岸，改乘火车至东岸哈利法克斯（Halifax），再乘轮船穿过大西洋，抵达英国利物浦（Liverpool）上岸，乘车赴福克斯登（Folkestone），再乘船穿过英吉利海峡，抵达法国滨海布洛涅（Boulogne-sur-Mer）。

英国人选择这条线路有赖于它的先决条件，第一，英国与日本早在1902年签订了联盟互惠协议，英国运输轮可在日本港口上煤上水添补给养；第二，德国潜艇尚无力远航至北太平洋，并对协约国船只构成威胁；第三，加拿大是英联邦自治领，同操英语，文化相近，有事好商量。但走北线的距离比南线长得多。

北环线不仅时间冗长，还必须水陆交替，需要三次乘轮，两次乘火车，才能抵达法国。英国欧陆远征军在英国本土的福克斯登设立了华工休息营，挑选几百名华工留下担任一切杂役。每批华工暂住休息营期间，一组英医官立即对其进行普查体检，凡查出不宜赴法者，一律留营治疗。穿过大西洋和横渡英吉利海峡的时候，躲在这些海域搜寻猎物的德国潜艇出没频繁，华工的行途仍相当危险。

走怎样的海运线路往往受制于多种因素，英国运华工在走北环线的过程中，还走过更远的线路，1917—1918年冬，由青岛启程的一船4000名华工，船主的线路直到加拿大都不离总谱，轮船在加拿大停了数周后，前往中美洲穿过巴拿马运河，经牙买加，去纽约，然后再横渡遭受德国潜艇不断骚扰的大西洋，最终到达法国。这线路比横贯加拿大内陆的路线更远，选择它肯定事出有因。

法国不具备英国的这些条件，法国虽说与日本也有往来和合作，但规模和密切程度远不及英国。加拿大的魁北克是三百多年前由法国移民去创立的殖民地，但在加拿大联邦内只能算一个少数民族区，地处东南隅，人口也少，法国要与加拿大打交道必须面对主讲英语的政府。法国仍然需要走南边，但决不能马上再走传统线路去马赛，它不得不绕过非洲大陆南端的好望角，再沿着非洲西海岸向北进入大西洋，至直布罗陀海峡驶往马赛大港。从直布罗陀海峡到马赛的距离，比由苏伊士运河到马赛近很多，风险自然小些。

四次远绕好望角共运送华工8000余人，走此路线从中国启程至法国目的地，每次海上旅途约需三个月之久！船上青菜不足，伙食单调之极，华工中很多人患上黄瘦病，抵达目的地后无法较快地去做工。这时候，中国国务院侨工事务局已派有一名侨工委员驻在法国，该侨工委员获知情况后旋即与法政府交涉，商妥运送华工之船不再走非洲南端好望角之线路。[①]

黄瘦病这词我们当代人已经听不到了，患肥胖症的倒不少，哪见谁得什么黄病瘦病！凡是闹大灾荒，就会出现大量的瘦病患者，长期吃不饱，营养严重不良，人没有元气，就会渐渐消瘦，面黄肌瘦，脸上瘦得没肉，蜡黄蜡黄，接下来又变成浮肿。浮肿不是单一的病症，它是消瘦到一定程度的体状表现，人体内血浆蛋白胶体渗透压降低，新陈代谢快速减弱，血液里的水分渗透到组织间隙并滞留不散，形成浮肿症状。在船上时间太长，华工有的经历消瘦—浮肿—消瘦—浮肿的反复，扛不过去的会出现低血糖性昏迷、心肌衰竭而死亡。患病的华工抵达目的地后无法去做工，需要留在马赛华工总驻所接受治疗。

① 《国务院侨工事务局调查在法华工情形书》第一次披露，“（三）赴法路程”，中华民国七年十一月，第188页，威海市档案馆藏。

法募华工的抵岸港是马赛，离船后马上进入法国政府设在马赛的华工总驻所。英募华工的抵岸港主要是勒阿弗尔，英国在索姆省设立了一个华工大本营——努瓦耶勒华工总集所，无论是英募或法募，抵岸后都必须先进入各自的华工大本营。

英国确定走“北环线”运送华工后，走法比较稳定。但因线路长，陆海交替，情况复杂，颇费周折，华工也备尝艰辛。法国后来的华工运输线路，按海军部搜索的敌情报告来随时调整，运输成本大增，华工则历尽磨难。作者看到一个影像材料，一艘装载华工的海轮抵泊马赛港码头后，华工依次下船，大部分人步履蹒跚，行路不便。不知为何，有的华工还光着脚板。三四名法国军士站在舷梯下端的地上，手拿六七十厘米长的木棍驱赶他们眼中的中国苦力，甚至露出戏谑的神态。①

十几万华工跨洲大海运的过程显示了英、法的海洋运输实力。英军方租用各类海轮运送华工，其中有创立于1872年的英资太古轮船公司，太古外文为“Taikoo”，在亚太地区这名字至今广为人知。1914年欧战爆发后的十年中，太古公司的船务获得迅速发展，其中也得益于运送华工赴西欧。法国的远洋运力也很雄厚，大西洋上来往于法国与北美之间的邮轮在圣纳泽尔建造，前往中东和东亚地区的主要是马赛海运公司的船只，遭袭遇难的“阿托斯”号邮船就属于马赛海运公司。

华工虽然因此感受了大海大洋的壮观，稍稍领略了沿途停泊港的异国风情，但留给他们永生难忘的是，海上漫长运程的寂寞单调，生不如死的晕船磨难，患病者无药无医的煎熬，还有目睹一些同行者未抵目的地就病殁于船而被投入大海的惶悚。

---

① La Coopération chinoise，档号：14.18A1241, SCA-SPCA，馆藏：ECPAD（法国国防影像档案中心，“中国的合作”）。

第三节 “阿托斯”号邮轮被击沉，丧命华工五百四十三

1917年2月17日，法国邮轮“阿托斯”号（ATHOS）在地中海赴马赛途中，不幸被敌方潜艇的鱼雷击中，沉没于马耳他以东220海里海域。邮轮上乘客加船员总计2164人，超过三分之一的人罹难。这是一战中法国最惨烈的民用海轮遭袭事件。

“阿托斯”号是马赛邮船公司的一艘大客轮，总吨位达12529吨，越洋运输是它的主要业务。这次它执行第4号海运任务，由日本横滨启航，在香港载来了法国陶履德招工团招募的七百余名中国劳工。邮轮在越南亦做了停靠，法国殖民地的一些印度支那士兵和越南人上了船。在扼守红海之口的吉布提停靠时，又有塞内加尔土著步兵第77营的769名士兵登船，其中上百名被马上抽出组成邮船警队，由一名法军上尉担任警队队长。邮轮离开苏伊士运河北端的塞得港（Port-Saïd）时，登记册上注明的乘客总数为1844人，除了华工和黑人步兵，还有其他好几个国籍的乘客341人，包括一些妇女儿童和若干名德国俘虏；大邮轮需要很多专业技术人员和杂役工，此时在册的全体船员数为320人，其中小部分属军队编制，因此邮轮总载员为2164人。[①]

马赛游轮公司下令在塞得港给“阿托斯”号运上了47个救生筏，每个筏可容纳30人。船艏安放了24个筏子，供住在前部统舱的734名华工以应对不测，如何使用救生筏的中文说明张贴在最下甲板处。船艉安放了23个筏子，

---

① Enquête sur le torpillage du paquebot ATHOS par un sous-marin ennemi le 17 février 1917 à 220 milles dans l’est de Malte. SHDMV-SSYA012, N°3448. SHD. Vincennes.（法国防史料处，《关于1917年2月17日“阿托斯”号邮轮在马耳他以东220海里遭敌鱼雷攻击的调查》）

船尾舱住着769名塞内加尔步兵。船方一无例外地给每位乘客发了救生衣，给每个儿童发了一个救生软木串。

2月14日，星期三，16时，邮轮离开塞得港驶入地中海。最初它由一艘英国的武装单桅帆船护送（一战中，许多商船被装备了大炮），德国刚在两周前正式向世界公众宣布实施“无限制潜艇战”，不管是兵船商船，想袭击就袭击，企图以此摧毁协约国的海洋运输。它的潜艇在地中海、大西洋出没无常，变本加厉地寻找猎物。法国军方觉得单桅帆船不够保险，与英方联系后，英国皇家海军很快派出两艘鱼雷艇“亨利旗标”号（ENSEIGNE HENRY）和“马赫吕克”号（MAHELUK）接替武装单桅帆船，为“阿托斯”号邮轮护航至马赛。

2月15日、16日，船员和军官教乘客如何使用救生艇，并让翻译告诫华工，一旦船临险境，务当镇静行事，听从指挥，切不可心乱鼓噪。塞内加尔步兵警力也作了必要的布防。2月17日中午船至西西里岛以南、马耳他岛以东220海里处，事前毫无迹象，12时37分，突然邮船左舷被敌方一枚鱼雷击中，鱼雷穿透食品储藏室，并洞开与之相邻的机器房，炸开4米深的大洞，海水顿时汹涌而入。

机械师军官冬塞尔（Donzel）和第一司炉西普里昂（Cipriant）为了抢时间，冲进中锅炉舱关掉了蒸汽筏，两人却因此失去了及时逃生的时间，被通往甲板的密封门关在里面。正是由于他们的职业忠诚，为人们将甲板上的救生艇放下海赢得了宝贵的时间。

船长多里兹（Dorise）听到爆炸声三分钟后，接获轮机长米尼亚尔（Mignard Auguste）当面报告，知情况十分严重，他果断下令关闭所有机器以防爆炸，全体进入撤退位置，并命无线电报务员发出求救信号。船长、大副、二副、警务专员、客运主任、船员总管、二级机械师等一大批船上工作人员，临危不惧，忠于职守，有序地指挥着旅客的撤离。左右两舷的救生艇全部下了水，妇女和儿童优先下艇，大部分旅客都能听从指挥，刚开始华工有些惊慌出现混乱，但很快被船警队制止。轮船中弹10分钟后，船艉的救生筏全部下了水，船艉则开始下沉。

所有的救生艇救援都进行得有条不紊，只有两只例外。第11号艇过度超载，监管他们的二级机械师霍斯坦因（Holstein）要他们退回来几个人，阿拉伯司机和华工都不服从命令，艇上还有2名妇女和她们的孩子。小艇驶出不远就翻了，人们再也无法把它重新翻转。第10号救生艇，因操作失误导致突然偏驶，造成倾覆，令人痛惜！2月的海水冰冷彻骨，落水者不用多久就会冻僵，穿救生衣也挡不住寒水夺命，全艇人瞬间落入海水里，在一片混乱和惊慌中能有几个人不被大海吞没！船艄的24个救生筏是分配给救援华工的。管带华工的上尉西尔韦斯特（Sylvestre）和军士巴什都（Poagetoux）竭尽全力，无奈仍有一些救生筏未能迅速解索下海。在这生死攸关的时刻，海难调查报告称“挤着等候上筏的一些华工表情呆滞毫无主动性”，也许他们被突如其来的灾难吓蒙了。另一些看到不能立即上筏，“竟四散回奔到乘客舱里去抢劫”，“还有成群的华工奔向船头，为了争上救生筏相互打架”。情况非常混乱，分秒需争的当口，因为这类行为，又使救生失掉极为宝贵的几分钟，致使更多的中国人在大船沉没前未能及时逃生。

等到船上最后一艘救生艇放下海后，二副霍索尔（Hosoor Edmond，曾任远洋轮船长）也登上了驾驶台来见多里兹船长。三分钟后，船长眼见阿托斯号的后半部下沉得很快，高声喊道：“孩子们，现在没有事可做了，谢谢，应该走了！”他自己拒绝离船，决意要与船共存亡。这恐是西方人当邮轮船长的信条：“遇到海难，乘客撤走，船长与船共沉。”二副、轮机长、岗位监督员莫雷尔（Maurel）、电报员几个人坚决不同意放弃船长。[①]

此时，77营少校指挥官科洛纳·第斯特里亚（Colonna d’Istria）站在上甲

① Rapport de l’officier enquêteur, SHDMV−SSYA012, SHD. Vincennes.（法国防史料处，《调查军官的报告》）

板前右手扶着栏杆，船警队员们站在各自的位置手握上了刺刀的步枪，值勤上尉奥特（Hot）向坐上救生艇的妻子挥手诀别，三名中尉接到的指令是将甲板上最后一批人和科洛纳少校撤到返回的小艇上。轮船还在下沉，任何人对自己的命运都不存幻想，从普通士兵到指挥官，人人忠于军人职守，坚持在自己的岗位上。

一分钟不到，船艏竟像桅杆一样往上竖起来，在轮船即将沉没前的一两分钟，二副、轮机长、报务员先后跳海，岗位监督员推着船长也从左舷跳入大海，二副霍索尔从右舷跳海。霍索尔从水底下冒出水面时，听到一声爆炸，他看见庞大的邮船直立起来，船的前半部出水约50米，然后直直地往下沉去，激起的旋涡并不如想象的那般大；此时，他的手表指针指在12时41分。来不及离船或者没有跳海的几百人就这样跟船一起沉入了海底。[①]

轮机长在海水中失去了知觉，被一艘小艇打捞到，送上马赫吕克号逐雷舰才苏醒过来。二副和电报员在海水里浸漂了半个多小时后，成功地爬上了一只筏子。

莫雷尔从海里冒上水面时看到船长就在旁边，身体充血已失去知觉。他勇敢地一边游一边拽着船长，盼望有人来施救。幸运的是，“亨利旗标”号逐雷舰发现了他们，海军少尉韦尔戴罕（Verdelhan des Molles）抓起舰上一个浮筒跳入大海，推着浮筒向远处的他们游过去。舰长用传声筒呼唤附近的一只小艇前去搭救，小艇闻讯掉头赶去，终于把多里兹船长、莫雷尔及海军少尉都拉上小艇，尽快送往逐雷舰。拉上舰后，人们马上对多里兹船长施行抢救，可是回天无力，几分钟后，持续昏迷的船长停止了呼吸。

二级机械师霍斯坦因跳海后，游向一个载着华工的筏子，但中国人没有拉他，反而把他推开了。当时的状况肯定混乱之极，有些人已经堕入海底，有

① Rapport de M. Rossor Edmond, capitaine de Long-cours, second à Athos, à M. l’Administrateur en Chef de l’Inscription Maritime de Marseille, SHDMV-SSYA012, SHD. Vincennes.（法国防史料处，《远洋轮上尉、阿托斯号邮轮二副霍索尔呈交马赛海军军籍局局长的报告》）

些还在水面上浮沉挣扎。可能那时的筏子已不堪重负，也可能在筏子上的人怕人多筏子会顶不住，就顾不得他人死活了。霍斯坦因只得在海水里漂游，后来他有幸抓到一个漂浮的箱子，老天为他送来了坚持下去必需的浮力。直到16时许他才被一艘小艇救起，送到马赫吕克号逐雷舰上。事后，海军部派出的海难调查军官向幸存者们调查“阿托斯”号被击沉的全过程，霍斯坦因讲述了他跳海后的经历。

护航的两艘逐雷舰不断地将在海水里漂泊挣扎的人救上舰，39名中国劳工被救上了“亨利旗标”号，157名中国劳工和1名翻译被救上了“马赫吕克”号。搜救工作紧张地进行了两三个小时，至15时许，“马赫吕克”号捞救的人数650人左右，载量较小的“亨利旗标”号捞救了614人，舰上已经人满为患，船体严重不稳。幸亏此时大海平静，否则后果不堪设想。直到20时至22时之间，接到求救告急的鱼雷艇“弩炮”号（Baliste）和炮舰“嘲弄者”号（Moqueuse）从遥远的海域赶到，打开探照灯搜索海面，终于将尚在海面上随波漂流的小艇及救生筏里的那些绝望者们救到各自舰上，活着的计约100人。后来又从“亨利旗标”号上转移了255人到“嘲弄者”炮舰上，以防止风浪大起来再遭不测。①

军官二副霍索尔非常了不起，他跳海后与海水搏击了半个多小时才被一只救生筏捞起，然后筏子遇到一只空漂小艇，他又独个儿爬上小艇，划去救那些还在水中挣扎的人，一次次把获救者送到逐雷舰上，又一次次地再驾小艇去寻找打捞。他极为冷静，堪称顽强、忠诚的典范。直到21时，“弩炮号”终于把还在海上漂划的霍索尔救上舰。

2月18日下午，惊魂未定的1389名海难幸存者被上述三艘逐雷艇和一艘炮舰送至马耳他岛。法国海军部紧急组成的“2·17海难”调查组很快赶到了马耳他。调查组宣布，原远洋轮船长、阿托斯号邮轮二副霍索尔·爱德蒙在多

① SHD. Vincennes. SHDMV-SSYA012。

里兹船长遇难后，担任阿托斯号邮轮船长，协助调查组处理后事。调查组一方面处理幸存者的治疗与遣返，另一方面核实罹难者的人数及其身份。最终清点核实的结果是，763人失踪，其构成如下：中国劳工543人，塞内加尔土著步兵109名，欧洲人73名（身份为军官、船员、乘客与德俘），还有38人为阿拉伯司机、马达加斯加步兵、印度支那步兵，以及无身份号的若干越南人；打捞到的海上尸体11具还有加上被人救起后咽气在驱逐舰上的船长；因此罹难者共计775人。"阿托斯"号罹难者人数，占全船载员总数的35.81%。

调查组和马耳他接待中心确定，全部幸存者中有173人需要送进马耳他医院住院治疗。登上马耳他岛的中国人幸存者为197名，其中64人需住院治疗，2月18日住进了马耳他比吉医院（Bighi），登记簿页上注着他们来自香港。他们当中的9人职业标为司机，其余都注为"苦力"。入院治疗的中国人经过短期治疗，除11名确定为重病号，其他人陆续出院。①

还有一些住院者为幸存的欧洲乘客、阿拉伯司机、塞内加尔土著步兵、越南服务生等。

2月20日上午，当局在比吉医院为多里兹船长举行了隆重的葬礼，然后将他的遗体送回法国。打捞到的11具尸体则被安葬在马耳他阿尔戈斯托利（Argostoli）墓地，死者的身份已被确认，他们是一名兽医，一名法国殖民地军队政务军官，一名英国海军部军官，两名塞内加尔步兵，五名越南人，一名30岁左右的欧洲妇女。

由于经停马耳他的船只无法随意改动日期，每批离开马耳他的人数也得根据经过船只的舱位数来确定。马耳他岛上一时难以安排那么多的不速之客住宿，海军部专门调来"卡那利斯"号（Kanaris）运兵船，以供大部分幸存者暂住。华工们大难不死，惊魂未定，按预定计划仍将被送往马赛。可以想象，当

---

① Vincennes. SHDMV-SSYA012. 1917年2月18日马耳他岛比吉医院（Bighi）中国人入院登记名单有两页，第一页31人，第二页33人。上面注着"Venant de Hong Kong"（来自香港）。

他们登上卡那利斯号的时候，触景生情，心里的感受该是多么复杂，也可能脑中一片空白，听天由命吧！现举几例说明华工陆续离开马耳他的情况：

根据海军第一军马耳他中心第49号令，3月6日，住在卡那利斯号上的一批幸存乘客（包括20名中国工人）乘墨苏尔号（Mousoul）邮轮离开马耳他前往马赛。

接马耳他中心第70号令，7名住在卡那利斯号上的中国工人3月30日乘利亚莫纳（Liamone）军邮班船离开马耳他前往土伦（Toulon），再转往马赛。

接马耳他中心第85号令，4名中国工人与若干其他幸存者4月17日乘墨苏尔号邮轮离开马耳他前往马赛。[①]

每次送走的人除了华工还有塞内加尔土著步兵及其他人，根据人员情况与海上运输的船期，随时安排遣送。去马赛的华工抵达后向海军部海军准将报到，由其安排前往工作地点。去土伦的向兼任土伦海洋局局长的海军少将报到，由其安排将他们转送马赛。

那些发送令，由海军第一军少将司令官代表兼第一军驻马耳他中心的海军上校下达。这位海军上校2月22日向海军部发出一份电报，报告了军船“卡那利斯”号为幸存华工在当地商铺购买蓝布衣服的事，声明军船与华工只是给养关系即船上供给他们吃住，购布料衣服所费不属于军船开支，暂时记入财务预算第17条（衣服穿着项）。这些细节说明，海军部派往马耳他的海难善后处理小组与巴黎海军部及有关部门随时沟通，协调救难，但“亲兄弟明算账”。

马赛殖民地待发所指挥官4月份两次发函，向法国驻马耳他领事询问关于劳工的情况。后者将函件转给军方马耳他中心，海军上校于5月1日回复该领

---

① 所举华工与其他幸存者离开马耳他前往法国的例子，源自法国海军第一军马耳他中心的海军上校兼海军第一军少将司令官之代表发出的电报，如：1ère ARMEE NAVALE, CENTRE DE MALTE, ORDRE N°70.然后是电文内容，最后署名le Capitaine de Vaisseau Délégué du Vice-Amirale Commandant en chef l’Armée Navale。幸存者每出发一次，该海军上校都要向巴黎海军部报告，同时向马赛或土伦方面通报。档案号同上。

事，告知仅有两名华工于2月28日因伤重死亡，并已安葬于马耳他当地，一人为TRAN HAI VA，工号1832，另一人为VA VIN，工号2049。另有5名华工目前尚住在卡那利斯号军船上，一有船期，就会送去马赛。还有6名中国工人在比吉医院快出院了，一俟出院后也尽快送他们去马赛。[①]

病情最严重的华工在比吉医院住了70多天。5月4日，海军马耳他中心海军上校签发的第104号令显示，在马耳他比吉医院的最后6名华工可以出院了，不日他们将乘卡“卡特琳娜二世”号邮船（Catherine II）前往马赛。由于法国人在招工后的华工身份纸张里都把华工的中文姓名译成了当时西方人使用的音标注音，我们今天已无法再把它们返译为正确的原文，只好照录档案所记。[②]

阿托斯号邮船763名各国籍失踪者里，华工达543名，占罹难总数的71%，比例相当高；船上总共载有740名华工，[③]海难中丧生华工占这批华工总数的73.38%，比例同样非常高。几乎每四个人就有三人丧生。这也是一战中华工一次性丧命人数最多的一个惨剧。

惠民香港分公司成立于1916年12月，应募后成行者共3221人，分五次出发。经对照梳理几方面的材料，沉船遇难这批应为香港启程的第二批。令人生疑的是，惠民公司的报告《华工赴法》叙述“各地工人之募集及出发”一章里，天津、浦口、青岛三处每次出发的华工人数都一一可阅，唯独香港出发

① 5月1日第一军马耳他中心致法领事函，文中已列2名伤重不治身亡后葬在马耳他当地的华工姓名；5名尚在卡那利斯号军船上的华工姓名与工号为：WANG WING CHAN N°1358, CHING KAN N°1948, FOU KA N°2163, TRAN SAN N°2222, POUG KEA。6名尚在比吉医院接受治疗的华工工号与姓名为：N°1669 LA SI QUA, N°1995 TRUN SU, N°1796 LOU VA, N°1621 TRI KOM, LUM POM, NAI SAN。

② 1917年5月4日海军马耳他中心104号令，他们的姓名是：PON-KA, XRUN-DA, CHING-KONG, YRAM-BAM, BUON VI PON, SON GON。这些幸存者大部分在海难中丢失了身份证件，故调查组纪录的姓名与工号可能不完全准确。资料出处同上。

③ 阿托斯号邮轮装载740名中国人的数据，是根据调查报告里中国人失踪人数543名，亨利旗标号救起39名中国人，马赫吕克号救起了157名中国劳工和1名翻译，三个数字相加得出的。但同一调查报告又写到，“住在船首前舱的中国人为734人”。本书采取740人的说法，因为组成它的三个数字都是调查后的结果，应更准确。

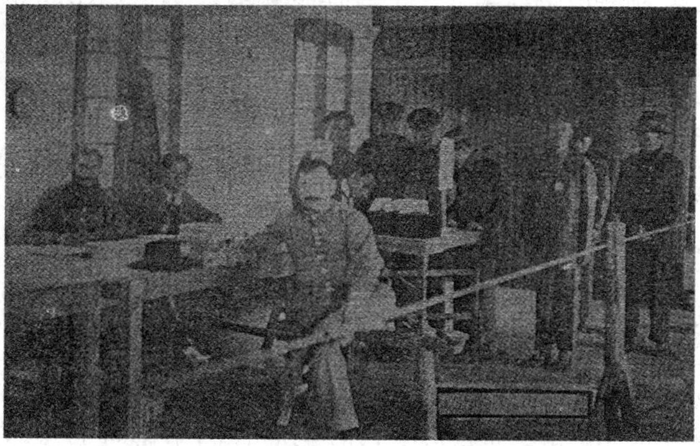

惠民香港分公司在港招工，按部就班进行，工人录取后与法国招工团签合同。“阿托斯”号遭袭沉没，因消息被封锁，中国人浑然不知。来源：惠民公司报告《华工赴法》

的，仅有五次加起来的总数，没有每次出发的人数记录和启程日期。然而，不管历史资料怎样支离残缺，地中海遇难及死里逃生的这批华工是从香港登上邮船放洋，这一点应该没有疑问。海难幸存者华工作为当事人，后来有否留下任何形式的记录，至今尚未发现，这对于研究这次海难事件不能不说是一个遗憾。

惠民公司的《华工赴法》报告写于民国七年三月即1918年3月，阿托斯号海难已过了一年，报告里只字未提这批海上遇难华工。由此可以推定，法国战争部、海军部对“阿托斯”号遭袭事件进行了消息封锁；护航的两艘逐雷舰属英国皇家海军，英国方面配合法国封锁消息，使社会上未起哗然，如果消息走漏，人们得知五百多名香港劳工已丧命于地中海，还会有工人肯登船赴法吗？事实上，“阿托斯”号邮轮沉没地中海之后的第七天，第三批在香港招募的华工648人又照常在对海荔枝角与亲朋话别，放洋赴法。香港招工现场法国人与惠民职工一起工作，前者心知肚明，却声色不露，后者浑然不知，仍照常卖力。对于海难内情，中国当局一直无法与闻，更不要说惠民公司了。

第四节　八万华工秘密横穿加拿大

英国招募的华工乘船离开威海卫或青岛后，经“环北线”之第一程二十几天的海运，在加拿大西海岸的温哥华上岸，然后是第一程长达六天的陆运：乘火车由西向东横穿广袤的加拿大，直抵东海岸的哈利法克斯（Halifax），再从该港候船进入第二程海运。

华工横穿加拿大的行动，是在高度秘密的状态下实施的。为什么不能让外界知道？原因出于几个方面，第一，那个时代加拿大正实行历史上留下恶名的“入境税”政策，为了阻止中国人移民加拿大，规定任何中国人入境加拿大，必须交纳“入境税”500加元，华人称之为“人头税”。须知，500加元在当时是十分高昂的金额，中国苦力无钱上交。华工是英国人招募的，英国人也不愿出，于是英与加达成秘密协议，免收入境税。加国的条件是中国苦力不得在加拿大国土上自由行动，一上岸须由武装人员押送直接去火车站登上专车，开赴东岸，沿途不准随便下车。输送华工的信息不得外泄于社会，以免引起加拿大政坛反对派和新闻媒体的指控，避免引起社会哗然和民众责难。

第二，英国人担心亲德情绪在中国增加。尤其孙中山一派里，对英国公开赞同日本从德国人手里夺取山东控制权并派兵协助日本军队攻打青岛一事，许多人表示愤慨。英国人的担心不无道理，德国人处心积虑地反对中国的力量加入协约国一方，孙中山同盟会在全加拿大拥有8000多名成员，颇有影响。他们反对英国招募华工的立场，可能使中国劳工团穿过加拿大陆路的计划遭到破坏。1916年，英国要求加政府，必须对孙中山同盟会美洲地区总会在加拿大的各分支机构和北京政府驻加拿大使领馆系统加强监视。1917年监视范围扩大到针对留居加拿大的所有华人信件和电报通信。1918年，在英国要求下，加拿大颁布通令，禁止在加拿大的孙中山同盟会开展活动。

第三，英军方担心，英国运送华工去欧洲，如果横越加拿大的事泄露出去，将招致德国人的报复，德国潜艇很可能在大西洋与英吉利海峡两域的海运线上对中国劳工团的轮船进行伏击。

对华工来说，这一路线亦艰辛异常。据渥太华移民局的一份史料，第一艘装运中国劳工团的轮船是英国租用的前俄罗斯皇后号，载有2000至2500名中国苦力，1917年4月3日抵达温哥华。秘密转运华工的序幕就此拉开。这艘轮船在海上时，3名华工因出天花死于途中。轮船一靠上温哥华岛南端的威廉角（William Head），检疫隔离所的医生就登船对全体乘员实施检疫，这场检查进行了一天一夜。

而后，轮船驶进温哥华港口，至市中心的布拉德码头（quai de Burrad）停靠。码头几乎与一个火车站相连，华工下船，鱼贯而行，不作停留地登上站台边的一节节车厢，前面等着他们的是5000公里的漫长铁路行程，那不是人们想象中的旅行，因为他们的行程是在加拿大武装人员的看押下进行的。

车厢里的座位是两用的木长椅，白天可坐，晚上作床铺，每铺都得睡两人。加拿大春秋季的夜间温度低，更不用说寒冷的冬天了。冬季里横穿加拿大的华工们，为了暖和些，常常一张铺挤三个人甚至四个人。每个列车部段配备了翻译和几名医生，大部分医生是在中国生活多年的加拿大基督教传教士，可算得上中国通，讲一口中文。他们每晚都去各车厢巡视，询问了解华工的身体状况，有的华工生了疥疮，那就得及时用药，人多拥挤，这类皮肤病很容易传染。第36华工营军医在列车离开蒙特利尔后发现3名苦力患有疥疮，但因为行程延误得不到必需的药物，致使疥疮在华工中迅速蔓延。翻译基本上都是读过书的中国年轻人，有的是大学生，他们在中国学过英语，看到传教士组织的招贴后，自愿去招工局应聘当翻译，他们与华工同去西欧战地，一直需待到合同期满。列车分一等车厢和普通车厢。一等车厢里地板铺了地毯，座席全是丝绒面，专供军官、医生和翻译。英方认为翻译是受过教育的“文明人”，所以他们有权享受好的待遇，翻译跟外国人一样，可去餐车用餐。

华工只能在普通车厢即本车厢简单用餐。每节车厢的两端安放着炉子，用来煮饭和烧开水。每天下午到了规定时间，车厢的工头去领本车厢一昼夜的定量食物，拿回交给擅长炊事的华工烹煮。华工随身带着在启程时领到的饭碗和铝罐，一如轮船上天天使用那样用以盛饭或装热水。他们吃饭时有的坐有的蹲，端着吃。那些守住车厢的加拿大警卫们从未见过样的场景，常常惊讶得侧目张嘴，眼神中流露出鄙夷或者困惑。从太平洋之岸到大西洋之滨，火车需行驶六昼夜，人要吃饭，火车也要加水加煤，途中列车停靠，加方不准华工离开车厢到月台上活动。华工日夜蜷缩在狭窄逼仄的小小空间里，这与囚犯的待遇有多大差别呢？

据加拿大出入境管理部门档案资料显示，自1917年4月至1918年3月，总共有82215名中国劳工团的苦力从温哥华乘火车被运至哈利法克斯。高峰期几乎每周都有一艘海轮抵达温哥华。每次抵岸的华工人数有多有少，1918年1月10日抵港的一次数量最少，仅有328名华工；1917年6月30日抵港的一艘载运量最为庞大，船上共有3302名华工。可以想象，这么多的人一下子要从轮船转移到火车上，需要多少节车厢，发多少次车，车辆调度复杂而冗长，要将此事保密该多么艰难。

为了确保华工转运在规定时间内完成，加拿大政府调动了三大系统共同参与了这场空前的秘密大行动：首先是联邦政府移民部，负责办理每批华工在加拿大的出入境手续。华工轮尚未抵达温哥华前，移民部就收到最高当局转来的一份华工名单，这是威海卫华工待发所提供的，上面记有华工的身份号码、姓名、年龄。第二系统为负责运输的加拿大太平洋铁路公司（私营），它与联邦政府签订了合同，保证把“数量特别庞大的中国苦力”由加国西海岸的温哥华承运至东海岸的哈利法克斯；第三为武装部，由武装部向每列运输华工的火车提供警力。该部专门建立起一套铁路运“客”的警卫系统，组建一支由19名军官和600名士兵组成的铁路专项警卫武装力量。每节车厢各派4名警卫，负责两端出入口的把守。车门关闭，确保没有任何苦力逃跑。每列运送中国苦力的火车开出，都有1名上尉、2名中尉、2名士官和2名机动警卫随车。警卫接到的指令是看住华工，不让任何一名华工在任何时候离开车厢，如果华工生病确需下车治疗，必须有军医同意签字，并由一名卫兵陪同下车送达指定地点交接。[①]

加拿大为了确保运送华工消息不外泄，成立了新闻审查办公室，任命老资格的检察官欧内斯特·钱伯斯中校（lieutenant-colonel Ernest J. Chambers）为首席新闻稽查官。此人曾当过记者，写了十几本书，之前担任加拿大军队有线电报检察官。他接到新任命后对此事不遗余力，他向加拿大所有报刊发布新闻禁令，命令加拿大电报公司密切监视留居加国的华人的电报通信，命令分布在各处的特工，严密监视居加国华人有否对外的异常联系。军方与钱伯斯频繁沟通，军方告诉他，已发出命令告诫有关方面应特别防止华工苦力以任何方式与当地华人联系，并称“已有证据表明，某些加拿大华人正在散布虚假消息，恐吓过境华工，以图诱使他们逃跑”；[②]钱伯斯则把截留到的居住在加拿大的、他蔑称为“中国佬”的信件以最快速度发送给军方，双方配合得很默契。铁路运输线上的蒙特利尔港位于劳伦斯河畔，遇到冬季该港关闭时，火车只能通过美国缅因州才能将华工送往哈利法克斯或圣约翰上船。因此加拿大当局还须向美国移民局提交一份华工的名单以作通关之用。美国人要求列车过境时锁死全部车门。钱伯斯也与美国当局联系，要求美国的媒体对于运送华工不作任何报道，不过，这一点比起在本国内运作可没有那么得心应手。[③]

那个时期，加拿大当局和民众都对“东方人”抱着害怕和敌视的情绪，西

---

① 参阅Glen Peterson: *Sans nom, sans visage et top-secret: le transport de travailleurs du Chinese labour Corps à travers le Canada. Dans le livre: Les travailleurs chinois en France dans la Première Guerre mondiale*, sous la direction de LI Ma, Paris, CNRS Editions, 2012.

② 参阅徐国琦：《一战中的华工》，上海人民出版社2014年版，第73页。

③ Gwatkin to Chambers. Aprril 20, 1917, NA, Canada, RG 6–E/620, folder 331, part.转引自徐国琦：《一战中的华工》，上海人民出版社2014年版，第76页。

方人的种族主义思想盛行。加拿大人对东方很不了解，许多白种人把中国人和日本人混为一谈，钱伯斯本人刚开始也是如此。在这种社会背景里，收到禁令的各方都愿意与审查机构密切合作，钱伯斯手下有一批特工，甚至连教会的牧师也乐于为他效力。他们怀疑某些华人受敌特利用收集华工过境情报，故十分卖力地暗中监控当地华人社区，检查信件，拦截来往电报。有位行人经过温哥华布拉德街高架桥头，随意拍了几张下面港口里停靠着的苦力轮船，这些照片和胶卷都被没收了。又如钱伯斯一次接到温哥华特工马尔科姆·里德（Malcolm Reid）的密报，说他们小组截获了一封从大西北电讯公司发往中国威海卫的电报，内容涉及运送华工，发报人署名坎南（Cannan），收报人为布恩尼（Bourne），他怀疑华工经运加拿大的事有所外泄。这位特工不知道布恩尼就是英政府派出的代表，驻在威海卫总揽在华招工事宜，也不知坎南是第32和第38两个华工团的指挥官。检查与监视严密之情状从此例可见一斑。[①]有些远在国内的中国人收到加拿大华人亲友的信件，只要被怀疑上，就有人去旁敲侧击地追查信的内容。在加拿大为华工营做翻译的也遭到调查，结果证实人家并无相悖于英、加方的意图。总之，保密工作做得相当到位，军方与铁路部门往来电报全都经过加密才发出，参与新闻检查的所有人员都竖起耳朵瞪大眼睛，稍有蛛丝马迹便穷追不舍。捕风捉影的行动难免屡屡发生，他们并不为此感到无聊过分，而始终乐在其中。

华工轮船抵达温哥华后由火车转运，火车送达哈利法克斯港口后再登上第二程海轮，这两处的衔接很难恰到好处，华工除了有六天铁路的运输时间，往往为了待车待船需要好几日，最长的甚至达4周。而等待期间，要么华工须

① Department of the Secretary of State, Office of the Chief Censor. Subject: *Passage of Chinese Coolies Through Canada*. File N° C. P. C. 331. National Archives of Canada, RG 6, E, vol.620 File 331. Malcolm Reid. *Dominion Immigration Inspector for B.C. to Chambers*. September 19, 1917. NA. Canada, RG 6-E/620, folder 331, part 2.参阅徐国琦：《一战中的华工》，上海人民出版社2014年版，第73页。

留在船上，要么在港口等待轮船，英、加两方都认为这种状况是很大的浪费。加方根据英国人的建议，在加拿大东部安大略省的佩塔瓦瓦（Petawawa）设立了临时华工营，围以装有倒刺的铁丝网。如果预知哪批华工待船时间较长，就被送到佩塔瓦瓦华工营，任务是收割庄稼或者去采石场。1917年9月底前，由坎南指挥的32营和38营就有2288名华工在佩塔瓦瓦华工营劳动。原本希冀有所产出，事实上由于管理糟糕，物资供应缺少计划性，指挥者不了解实际情况，造成了大量的人力物力被浪费。[①]比起在佩塔瓦瓦华工营干活的华工，有一批2000名的幸运儿在等待船期的一段时间里，正碰上加拿大的海军需要劳力而被雇佣，华工每人每天得到了加元一毛钱的报酬。[②]佩塔瓦瓦华工营存在了一段时期，后终因得不偿失而解散。

大而言之，加拿大从它的西海岸把八万多名华工运送到东海岸，行动保密事实上成了公开的秘密，但由于它的严苛措施和可说是殚精竭虑的实施，如期完成了宗主国大英帝国的委托，为接力运输欧洲战场急需的劳动力作出了贡献。诚然，加拿大对华工的歧视和非人道苛待难以洗刷责任，理应受到谴责。不过我们也应看到，那是时代的恶果，其形成是“冰冻三尺非一日之寒”也。

第五节　英、法两国在华招工之比较

我们先来了解一下英、法招募的华工各自派赴的目的地。

法国将招得的华工一批批用轮船运往法国，在马赛港到岸，然后再分赴法国各地，法募华工都在法国境内使用。

---

① Petawawa camp. A. M. Cannan. NA Canada, RG 24/2553, HQC 2115. Idem.

② Chinese Coolies-Great War, NA, Canada, RG 24/2553, HQC 2115. Idem.

英国招的华工大部分被运到法国，承担法国主战场的劳务，其中一小部分转派比利时，担当同类任务。英国的军火与战争物资一部分在英国本土制造生产，也有很多是在殖民地生产的。英国在华招的工匠和技术工人，多被送往它的殖民地工厂或英国本土。

法国陶履德招工团与惠民公司签订的招工合同第一条，就写明了华工派往的目的地为法国、摩洛哥及阿尔及利亚的各工厂及农务之用。[①]法辖华工在法国被分配至110个左右的城镇地点，进入各种兵工厂或建筑、搬运、生产等各色工矿企业。后来可能情况发生了变化，法国未能按预期人数招足华工，本国各地都不够用，是否还有可能抽调部分华工去其殖民地阿尔及利亚或摩洛哥工作成为疑问，或者曾派去过，因为法国本土急需，又调回本土，目前这方面的史料难以觅到。

英国招募的一部分华工，则被直接送往中东，印度等地。那些地方的工人被英国征召或进军队或当劳工赴欧，工厂乏人，需要华工进入指定的工厂替英军从事军火或军用物资生产。[②]现举一例，英国属地印度各工厂缺少工人，1918年1月英方派员来上海设立机构招募华工，在虹口浦东等处开招后，于1月28日在虹口的瑞镕铁厂考试，取240名合格者（第一批的定额），一俟船期确定，就须放洋送往印度。接着再招第二批。[③]

现在让我们来对比英、法在华招工的时间表。

就启动时间而言，法国比英国开始得早。法国内阁提出赴华招工议案，然后由众议院审议，约发生于1915年夏秋之际。英国人准备使用中国人为英军提供劳役的动议，直到1916年入夏才正式提交给国会，7月24日英国下议院把赴华招工提案列入国会议事日程，经过激烈辩论，提案最终获得通过。从国家层面的启动来说，法国比英国早了一年。法国派出的陶履德招工团

---

① 参阅本书附录二合同第一条。

② 参阅本书第二章第五节“英国在华的第二招工区”。

③《印度工厂招募华工》，《申报》中华民国七年一月二十九日第（十）版，上海图书馆藏。

1916年1月17日抵北平，英国派出的招工代表布恩尼一行1916年10月底抵北平，以招工主管官员到达招工目标地的时间而论，英国比法国晚了整整九个月还多。

再以招工的动作快捷度作比较，英国人比法国人麻利。两方面都去中国招工，陶履德到中国后六个月才送出第一批华工，那是1916年7月12日由天津放洋赴法的1698人。布恩尼到中国后三个月就送出第一批华工，那是1917年1月由威海卫出发赴西欧的2500多名华工。英国人的动作快捷度是法国人的一倍。这些数据已经让人感到，英国人与法国人的行事方式很不一样。

以招工地点来分析，法、英具有共同点，一开始就把招工处设在自己的势力范围内。法国最早是在天津招工，天津有法租界。英国招工代表到北京都不跟中国当局打招呼，转身就去了威海卫，威海卫是英国的租借地，那里就是英国人的天下。很快，威海卫挂出了招工局的牌子。与此相辅，法、英双方都不放弃可借用的码头。法国陶履德招工团与惠民公司去香港招工，就是借英国势力范围内的码头。英国人在青岛开辟第二个招工基地，也是借码头，不过借的是日本势力范围内的码头。其时青岛已被日本人从德国人手里夺过去。法国陶履德招工团最后也在青岛借码头设立招工处，从青岛送出了三批华工共4413人赴法。法、英招工的另一个共同点是都在工业基础相对雄厚的上海招工匠和技工。又都沿着长江中下游流域广招劳工及技术工人。这也基于一条，法国和英国都在长江中下游流域有势力影响地区或租界。法国在浦口设招工点，在它几处华工出口离岸地中，成绩最佳；英国在武汉及两湖地区也招了一批又一批，经由上海放洋。

现有的外文史料里称英国正式停止在中国招募华工是1918年4月，法国是1918年2月。英国比法国晚两个月。1918年2月10日，法国政府正式终止在中国境内的劳工招募，战争部在1月中旬就已指令在华法国招工团停止在中国的招工活动。英国政府称于1918年4月召回在华招工团。英国对外宣布是一回事，实际又是一回事。英国在它的第二招工区即长江流域中下游地区的招工活动并没有停止，而且干得很有力度。

作者在查阅上海《申报》时发现，从英国宣布正式停止招工后算起，即1918年5月，至真正停止招运华工，共计招了13批，总数在6500至6800人之间。如果说，在4月时，已经招好的需有始有终，继续将他们送出，那也只可能是有限的一两批，招工的客观可行性根据订单需要，招到一批就得安排启程，因而绝不可能存在这样的情况，即在英政府召回招工团的指令公布于世时，英方已储备了许多批华工待运放洋。只能是当局对外宣布召回招工团后，仍有一帮人在现场继续招工。送出的13批中，大部分都有确知放洋人数，也有少数因英方保密，外界无法获悉。而且华工启程放洋的频率相当高，1918年7月5日一次606人，两天后8日又放洋1800名。①

可见，说英方在华招工于1918年4月停止的提法是不准确的。它甚至在11月11日第一次世界大战停火协议签署后还送出了两批华工，送往小亚细亚等地。其中一批是由英驻武汉招工处与驻沪事务处共同招的250名华工，经体验合格后乘“海特”号公司的轮船放洋赴小亚细亚。另一批由英驻沪招募事务处招的也是最后一批华工共254人，其中工匠128名、小工122名、译员4人，于1918年12月10日乘“新疆”号商轮离沪，运往香港转道出洋。②他们被运往何地？当年外界不详，今人亦难查知。不过，肯定不是运赴法国。停火后，在

---

① 《考验赴英华工》，《申报》中华民国七年七月三日第（十）版，上海图书馆藏。由英国驻沪招募华工事务所于7月1日招来的工匠及小工数百人，在华通码头新宁轮上考试，工匠分机器、冷作等项手艺，录取人数未获悉；苦力小工以江北人为多，考其身体臂力，赴英用于轮埠码头用与各种杂工，小工录取者200余人。加上六月份招集的200多名机器、工匠因无轮尚未出洋。7月2日又在某医所验查一批。共招验合格606人，定于7月5日乘英资太古公司邮轮出洋。合格者即签志愿书，然后由事务所颁给个人倖折，凭折支取安家费。这批人被编为10个班，60人一班，每班派一首领负责。

《英国招募华工今日放洋》，《申报》中华民国七年七月八日第（十）版，上海图书馆藏。这批1800余人是在浦东沿浦江各码头招的，考验合格后先发一个月工资，定于7月8日在公和祥码头搭沙逊公司轮船出口放洋。

② 《又有一批华工出洋》，《申报》中华民国七年十二月十一日第（十）版，上海图书馆藏。因原订的英资外洋轮迟迟未到，只好让这批254人改乘新疆轮赴香港，再换其他轮船前往目的地。

法的华工渐近合同届满，不断被遣送回国。故乘“新疆”轮的那批，多半是被送往英国的某些殖民地工厂做工。

法国正式宣布停止在华招工之前的三个月即1917年11月19日，从上海放洋了1325名华工，这该是法国招募的最后一批华工，基本上可以推定为惠民浦口分公司招的第14批劳工，招入1409名，淘汰84名，原因就是运抵上海后体检通不过，最后合格的1325人乘法国公司“瓦利慕”号商轮放洋赴法。派出护送该批华工的洋员为5人，华员3人。[①]

自法国宣布停招华工后，没有发现惠民公司或其他承揽人为陶履德招工团继续招工。

法国招的华工人数比英国少，英国政府称共招了93474人，法国政府称招华工不到5万人。按作者考查，英国政府公布的数字与实际情况出入较大，是统计方式造成的？还是未把送往西欧之外的华工人数计算在内？有证据显示，英募华工总数在13万人以上，作者将在后面具体说明这个问题。法国则未达到最初提出的招工人数目标。

法募华工的数量，与法国募用来自其殖民地的劳工总数相比，前者约为后者的四分之一。这里还有一个情况，法国在欧战前就雇用了许多殖民地劳工，尤其是北非劳工。英募华工的情况相反，其数量大大高于英国招募的其他殖民地劳工的总数。

英国人一旦行动起来，其工作力度胜过法国。英国人表面绅士风度十足，但行事比法国人强悍，往往不顾及规章合同之约束，无视起码的人道，只求目的、不忌手段。

---

① 惠民公司报告《华工赴法》，中华民国七年三月，第23—24页，上海图书馆藏。护送该批华工赴法的华人职员为龚士松、黄道迩、高廷荣，五名洋员为砥塞杭、巴赛来、赛孟达、拉巴得尔、拨舜（无外文名，译名照抄原文，作者注）。

第六节　中国侨工管理严重滞后

日历翻过1918年的元旦，又过了农历春节，进入了春季，被英、法各自招去的华工不知走了多少批，好几万精壮汉子乘着一艘艘外国公司的轮船由威海卫、香港、上海、青岛启程放洋，有的取道印度洋前往地中海，有的被迫绕过非洲的好望角再由大西洋北上，有的沿着北太平洋由东向西、穿过白令海、赴加拿大温哥华的航线，继续着漫漫的海上旅途。他们要赴西欧及其他地区为协约国的战事提供劳役，也盼望去异国他乡干活挣一笔血汗钱。中国通商口岸代外国人招募华工出洋的机构不断冒出来，它们中有做实事的，也有骗人骗钱的。穷苦百姓一获消息便跃跃欲试，生怕逮不住出洋挣大钱的好机会。这一切似乎都各行其是，无人管理。这桩招募华工去西欧的事已经闹腾了近一年半，官厅不可能一点不知道中国社会上正发生着这么大的动静，唯一的解释就是充耳不闻，没事找到头上就不管。

华工就是侨工，理应归口于中国侨工管理机构，可是，中国侨工管理机构迟迟没有诞生。民国政府直到1917年9月才设立“侨工事务局”，直属国务院管辖，任命张弧为首任局长。中国侨工的无序状态直到1918年4月上旬才出现了转机。国务院增设了侨工事务局〔开办费10000元（银圆），每月办公费4473元〕，下面相关的一些省共添设九个侨工事务分局（开办费1000元/个，每月经费1411元/个），它们业务上受国务院侨工事务局管，地方行政还得听命于省督军。同时设立驻外侨工委员三处（每月经费600元/处）。根据需要，侨工事务分局下面还设了4处经理员（开办费600元/处，月经费508元/处）。后来国务院侨工事务局还设立调查员机制，共委任了9名华工损害特派员，其中2人在局办事，其余7人有的在国内调查，有的在国外调查，给他们除了拨外出调查的食宿车船费，还有邮电费等。现在，上下的管理构架搭起来了，财政经费与人员已落实，中国的侨工管理开始认真地办事了。[①]

1918年是中国侨工管理逐步走上轨道的一年。国务院侨工事务局下设专门科，负责拟定外国人招募华工应守之章程和条款。把前清时代各国来华招募华工的条约、对华工的保护条款与限制规定等文书抄录颁行，发到江苏、山东等沿海各省，以资参考。

江苏侨工事务局向各机关发出一封函件称，奉国务院侨工事务局令，要开始调查有哪些机构在招募华工去西欧战地服务。

江苏有了尚方宝剑，决定先查，查出不合法的招工机关就取缔。查下来，从事招募工作经官府批准的只有惠民公司一家。社会上其他形形色色的招募华工出洋的“机构”，均无面向社会的办公地点，都是靠口说传递消息；招工以何名称，什么性质，具体办法与条款怎样……全都漫无稽考。于是备文上报国务院侨工事务局，同时咨文分致各省，要求务在所辖之地查清有无招募华工的机关及其情况。对江苏所辖的上海，特别要求上海侨工事务分局切实查明后回复报告。[②]

接着国务院侨工事务局开始制定“侨工合同纲要”（三十五条附件三条）、“侨工出洋条例暨募工取缔规则”，并以大总统令通告全国，当时的大总统是袁世凯的心腹大将冯国璋。要求侨工出洋必须与雇主订立合同，强调承揽招工与外人订立合同必须遵照侨工合同纲要并呈经该省侨工事务分局核发准许方为有效。[③]

细看“侨工合同纲要”三十五条的内容，并将惠民公司与法国陶履德招工团订立的“招工合同”二十八条比照，发现大部分内容相同。惠民公司的招工条款于1916年夏开始实施，国务院侨工事务局的“侨工合同纲要”1918年才

---

① 《国务院侨工事务局调查在法华工情形书》第二次披露，第194页，威海卫档案馆藏。

② 《调查招募侨工机关》，《申报》中华民国七年四月十一日第（十）版，上海图书馆藏。文称：“江苏侨工事务局昨致各机关函云案，接国务院侨工事务局令，开查欧战发生以来，外人之向我国招募华工者接踵而起，我国政府鉴于生齿日繁，贫民日众，遂有乘此时机以移民为救民之举……现在本局对于应募各种机关在严重取缔，根本改革以求办法之统一。”

③ 《颁发侨工合同纲要》，《申报》中华民国七年九月十八日第（十）版，上海图书馆藏。

出台，可见后者参照了前者，这方面，惠民公司做事规范，拟订条款细致臻密，多为华工利益考虑，与陶履德招工团反复磋商。它的许多条款开了中国侨工管理与保护之先河，“以工代兵”的首倡者梁士诒与惠民公司几位负责人功不可没，值得后人感佩。当然我们也应看到，法国人的法制及合同意识是比较强的，他们能够接受那么多对华工具有保护作用的条件，除了法兰西社会具备的劳工地位意识，也是基于法国国内的法规与通行做法。

作为代表国家的侨工事务局，它的合同纲要当然需要从国家层面上显示主权，且看第三十三条：“合同中各条之规定，应由招工国之驻京公使担保实行。”第三十五条：“合同应载明须经北京国务院侨工事务局批准后方为有效。”前者体现了主权意识，后者乃彰显职权意识。前者表明招工国要承担监督作用，要对招去你国的劳工负责；后者明确在中国，招工合同必须经过国家的侨工事务局批准。这样就把侨工出国的事管起来了，做到心中有数，有案可查。以往大批的中国劳工流往国外做苦工，政府稀里糊涂，人民任人摆布，相比之下，而今真是一大进步。过去外国殖民者与国内奸徒勾结，诱骗或强掳中国人去外洋做工为奴，国家冷漠无为，当事劳工们的命运极为悲惨。通过一战华工出洋这个历史性契机，从此，国家关注侨工出洋，建立了规章依据。之所以能如此，既是仰仗时代的进步，亦不可否认，乃北洋政府官员努力之结果，使人民开始觉得作为中国人也能得到国家的顾念与保护。

侨工合同纲要还列了三条附件，不妨照录于下：“一、侨工不得用于战争上之各项工作。二、侨工做工地点如逼近火线，侨工委员得商令雇主迅速迁移；如迁移后至无他项工程可作，或侨工委员认为人地不宜者，雇主应给予工人三个月工资，并另给全部旅费运送回国至原起程口岸。三、侨工做工地点如距战线不甚远，为预防危险起见，侨工委员得会同雇主商筹防御方法。”①

从附件三条的内容来看，其要旨是不允许外国雇主将中国侨工用于战事，

① 《颁发侨工合同纲要》之附件，《申报》中华民国七年九月十八日第（十）版，上海图书馆藏。

不能让侨工身处战争的危险地域。另一点是决定派出侨工委员前往使用中国劳工的地方，为华工免遭战争损害与外国雇主作必要的交涉，从而向国际上展示了中国政府的一种姿态，即保护出洋工作的中国国民的人身安全。

时任国务院侨工事务局局长的张弧函告各省督军省长，我国在南洋各埠工作者多系受人诱掠前往，常遭雇主方虐待，困苦万状。国务院侨工事务局派出的驻爪哇侨工委员为保护该埠侨工展开了实地调查。另中国驻爪哇总领事欧阳祺函告，发现时有不经该领事馆核准而私募的中国劳工运至该埠；若不从严查禁，流弊将越发严重，故恳请国务院严令沿海各督军省长转饬所属地方官及关监督警务厅，务必严密查拿诱惑拐骗人口出洋的奸徒，尽法惩办，并由督军省长通告人民：凡未经侨工事务局核准并转呈督军省长允认备案，无准令而擅自开招者，如招多人预备出洋即视为诱拐之举，准地方人民扭控官厅，从严惩治以儆奸顽。1918年10月、11月间，国务院侨工事务局接获这类报告，面对随处都出现奸徒藉外人募工之名诱贩人口出洋的现象，当局对侨工出洋的诸多问题确实引起了重视，如马上对已在该局注册领取了执照的募工承揽人作出补充规定，“虽准其凭牌开招，但只准办理内部之事，若实行开招之时，仍须经职局将合同核准咨商该省督军省长允认，方可开募，以杜流弊而昭慎重”，“愚民无知极易受骗上当，故需通行布告”。这个国务院的职能机构认识到它之前对侨工问题的规章粗疏欠密，现在看到了事态发展的严重性，一方面它要求沿海各地的督军省长加强执法力度，查禁未获准许的私募者，严惩诱拐人口出洋的奸徒；另一方面要求督军省长贴出布告：“如遇有外洋招工情事以官厅公告为准。”同时告饬地方官吏须配合侨工事务局遵照国家规定办理侨工事务。以上海为例，上海道县交涉各公署及江海关监督淞沪警察厅接到督军省长令后，都有所部署，道县警厅对侨工问题的重视与工作力度亦有所提升。①

① 《私募华工出洋之查禁》，《申报》中华民国七年十一月十日第（十）版，上海图书馆藏。贩卖人口出洋尤以沿海各省为甚，当局要求各地警厅和水关严拿私募奸徒按法惩治。

自英、法派人来上海招工匠以后，消息传出，不时风闻上海滩有私人招工出洋挣大钱，那些骗子等骗到一些报名费或押金之后就不见影踪了，奸诈之徒骗人钱财的手法多种多样。下面的故事仅是上海滩上发生的趁欧战需要华工的骗案之一。

1918年2月间，居住在上海新北门内安平路57号屋内的一名木匠，名杨荣记，私印北京路祥泰洋行卡片，四出招人出洋做工，他向报名者收取报名费若干，然后给一张该洋行的卡片，说一俟招齐，以卡片为凭登记领取一笔钱安家，然后放洋。前去交报名费的人已经不少，到2月16日，有一个叫张顺福的，拿了洋行卡片有点半信半疑，就去祥泰洋行诘问，洋行一看卡片，并非本行所印，遂将张福顺带到公共租界总巡捕房，录得口供，知事主杨荣记的机关设于本城福佑路劝业场附近，乃派华探目王松涛和一名西探，带着张顺福协同一区二分驻所长警按址将杨荣记等人拘获，抄出祥泰洋行卡片一叠和招工薄据图章等物件，押送分驻所取录申报，然后送往警察厅，经徐厅长发交司法科提讯，判收押。17日又将杨荣记连同抄获之所有证据交公共租界捕探带回，由公共租界的公堂讯办。

中国政府认识到“自欧战以来我国侨工所受直接间接之损害甚巨，亟应详细调查登记以备战后要求赔偿”，准许国务院侨工事务局咨开调查，外交部亦训令其驻各地交涉员配合进行。国务院侨工事务局拟出了“战时华工损害的调查办法”九条，经呈报国务院批准后令各自执行。调查事项在国内者由国务院侨工事务局派调查员调查，或令各省区侨工事务分局调查，便利时可委托地方官调查；调查事项在国外者，由侨工事务局委托驻外使馆或领馆人员调查，如有重要事件，侨工事务局遣特派员前往国外当地调查。侨工事务局还致函南北两商会，要求它们在华工损害调查过程中提供信息，说明侨工事务局已经认识到商会社团的作用。各地侨工事务分局需将调查结果汇总后报告国务院侨工事务局，并转报财政部附设战时会计处登记备案，同时，也应禀报本省官厅知晓。侨工事务局拟出“战时华工损害之款目”，交调查员参照执行，并交报纸刊登，让社会各界民众知晓。其内容详周，可见下表。①

表10　　战时华工损害调查款目

第一款	因战事出洋华工所受之影响：（1）遣散费（2）旅费（3）招募费（4）调查费（5）其他一切损失
第二款	华工出洋中途遇敌其生命财产之损害：（1）被击之船名（2）被击之地点（3）被击之时日（4）被击之情形（5）被击之船由何埠出口开往何处（6）死亡人数（7）伤病人数（8）伤病后之情形（9）残废人数（10）医伤费（11）救济费（12）被救人之如何安顿（13）被害人之姓名年龄籍贯（14）被害者系由某公司招募而来或自行出洋者（15）被害有无见证（16）被害后曾否报案（17）被害者财产之损失（18）其他一切损失
第三款	华工于所在国其生命财产所受直接间接之损害：（1）被害华工工作地点及工价（2）死亡人数（3）伤病人数（4）残废人数（5）埋葬人数（6）医药费（7）财产之损失（8）工价之损失（9）因停工所受之损失（10）被害人之姓名年龄籍贯（11）被害者由某公司招募或自行出洋者（12）被害者到工之年月（13）被害之时日（14）被害之情形（15）有无见证（16）有无亲属在彼国之情形（17）被害者有无存款（18）被害华工合同上权利之损失（19）归国之旅费（20）其他一切损失
第四款	华工因战事危及生命或伤或死，其家属所蒙之损失：（1）被害华工有遗族何人（2）其遗族情形（3）其遗族之间接直接损失（4）伤废华工之家属所蒙之损失（5）其他一切损失

我们可以看到，一战期间中国对侨工问题的管理从无为到作为，从无序到有序，虽然滞后，也还是在一步步地向立规矩、建制度、重保护的侨工管理体系迈进。

日本驻济南领事在北京政府颁布了侨工出洋的合同纲要后，向中国外交部函询这个纲要对于在中国领土上的外国人雇用中国人是否也适用。外交部训令称，“在我国领土而为我国法权所不及者，仍应按照此项条例办理”。实际上就是外国人在租界内招中国劳力，外交部认为“与出洋工作实无分别”，应援用侨工出洋条例。至于外人雇佣华人在我国法权所及之地工作，那就必须先呈报招工的人数、工作地点、工种等等，经该地的官署核准后始可开招。所在

① 《调查战时华工损害之款目》，《申报》中华民国七年十月二日第（十）版，上海图书馆藏。

地方官署应随时对之稽查，有无虐待，有无运往中国法权非所及之地点工作。可见，当局不放任，外国人就不得不守你规矩。

那时中国政府对国籍管理还处在初级层面，其特征是没有统一规定，各地自行其是。国籍的概念，不用说社会平民不清楚，就是为官阶层里亦相当模糊。有的地方当局发一张工照，贴上印花税票，就算出境者的身份证件了；有的发一张佣工票，让要求出境打工者买印花税票贴上，就算出国护照。惠民公司因为有大量华工出国，持的是“集体护照”，出洋的工人没有单人的身份证明，一张集体护照纸上填写工头1名、工人25名，共载有26个人的姓名，填完贴印花2元，就能出关，外国海关也认它。身份纸由工头保管，这就意味着25个工人必须到哪儿都跟这名工头在一起，否则就没了身份。

到了1918年10月，北洋政府财政部发出训令，从今之后，出洋护照的印花一律定为2元，取消集体护照。印花者就是国家收的税。新规定无论何种情况必须每人一份护照，商旅之人护照印花一律贴2元，唯学生出洋护照印花得减半即1元便可。欧战发生后，东北去俄罗斯的华工人数众多，新疆也有劳力从喀什出国，黑龙江前巡按使与新疆特派交涉员向财政部禀报，鉴于华工出境工作情形困苦，黑龙江黑河道尹所发工照和新疆喀什交涉局所发的佣工票请求印花核减为3角，财政部据此报告，为体恤侨工，暂准作为特别办法变通执行，但必须是侨工事务局核发的护照，方能享受这一待遇，即每人的护照上只贴3角钱的印花。这算是财政部视实际情况的通融之举。这个训令通过各省的印花税分处知照各侨工事务局及商会，从1918年10月接到训令之日起执行。

说句公道话，管理滞后是由时代造成的，管理意识属于上层建筑，取决于经济基础的需要，中国国家孱弱，广大人民贫困，官员阶层不思进取，经济不济，政治难治，如何能具备应对国际局势的管理意识！不过，有胜于无，“亡羊补牢，未为晚矣！”

中篇　抵达之后

第四章　法辖华工营

第一节　法国募用华工的法律程序与管理体系

法国凡作出一个重大的决策，必须按照法律程序进行，政府首脑或某个部长是无权擅作决定的。当年，首先由相关的部门向政府首脑即部长理事会主席提交计划，由部长理事会研究可否提交给众议院，如认为可以，交上去的就叫“法案”了。众议院接到后将其纳入某个议事日程，举行议会会议交议员们辩论审议，最后表决，通过了才有可能转到参议院去审议。两个议会机构都点了头，政府才可以付诸执行。当时，法国需要招募中国劳动力来法为其战时经济和军事需要服务，这一提案在议会没有多大阻力。然而，招募劳工是需要法国花钱的，法国的国库究竟能拿出多少来办这件事，议员们心中不太有谱，国家处在战争中，到处都要用钱，打仗归根结底是拼经济实力，这个道理大家都明白，所以议会最后决定：去中国招五万劳工来法工作，都需签好合同，合同期满全部遣送回国。

有些资料或文章中讲法国想招十万、二十万华工云云，可能是某个法国要人的说辞或者是某个机构的议题外传，若视为法国在华招募人数则不足为凭，因为没有通过法律程序的计划不具备法律效力，在法国不可能进入操作层面。

招募华工的任务交给了战争部，我们简单地了解一下当时战争部的组织机构是很有必要的。1915年时，政府给战争部部长配了四位国务副秘书，协助其分管炮兵与弹药、给养与后勤、军队医疗与军事航空四个领域，其中的炮兵与弹药国务副秘书负责炮兵司、火车运输司、装备司、炸药与弹药司等四个司。战争部长直接管着两个方面，一方面为总参谋长，总参谋长属下设有很多局、科；另一方面是稽查、诉讼与军法、内政、步兵、骑兵、工兵、殖民地军队等七个司。[①]

殖民地军队司是法国海外殖民地远征军在国内的行政领导机构，内部称为战争部第八司，在海外殖民地招募劳力由该司办理。显而易见，关于招募对象的选择、方式、对当地人的了解等等，殖民地远征军最有发言权。殖民地远征军司令兼任战争部第八司司长，此两职初属贝尔蒂纳斯特将军（Général Beletinest），欧战爆发后，由皮埃尔·法曼将军（Général Pierre Famin）接任（自1914年10月3日至1917年9月20离任）。法国当局派出陶履德中校以法国农学技师的身份前往中国招募华工就是启动于法曼将军任内。虽然中国并不是法国的殖民地，法国政府在行政处理上还是把招募华工的事归于殖民地范畴内的招工，因此战争部就把此事派给殖民地军队司。陶履德招工团向第八司请示，第八司向他发出各项指令。关于招募与使用华工，身兼战争部第八司司长的法曼将军于1916年9月26日签发了长达六页的指示文件，法国国内的各级军队管理机构或地方商会均将他的指示奉为圭臬。

从1917年年初起，根据战争进展情况，法国内阁决定将战争部的一些司、局分离出来，成立军械部（le Ministère de l’Armement），专管军械制造与战争物资生产。从中国招来的大批劳工就是在军械部所属的工厂里工作。战争部的机构也因此作出调整。分管军事航空与军队医疗的两名国务副秘书的职权范围不变；总行政国务副秘书的职权大大加强，因为战事越来越凶险，战争部部长

① Le ministère de la guerre et l’EMA en 1915, Guide des sources, p.77, SHD-Salle des inventaires.（法国防史料处）

把原来直接管的六个司都划给"总行政"，自己专管总参谋长的一摊战事，原来的炮兵司和后勤司纳入"总行政"序列，由此"总行政"国务副秘书属下就有稽查、内政、步兵、骑兵、炮兵、工兵、后勤、殖民地军队八个司。原来由战争部部长直接管理的诉讼与军法司，随着战争的延续，兵员丧亡人数庞大，违法违纪的诉讼也越来越频繁，致使业务量大增，因此变成了"诉讼、军法与抚恤金"一摊子，划给一名国务副秘书专管。①

有一点我们可以明确，不管是1915年前后还是1917年机构调整后，法国的步兵、炮兵、骑兵及工兵仍然都是在战争部的管辖下，并没有出现统辖地面部队的陆军兵种概念。以前那些中文著述中提到的"法国陆军部"名称没有史实依据，因而是一个百年流误。

法国为了管理从北非、印度支那、马达加斯加等法帝国殖民地招来的劳工，于1916年元旦成立了"殖民地劳工组织与监督署"(Service d'Organisation et de Surveillance des travailleurs coloniaux en France)。②后来法国人在行文中省略了"监督"与"法国"两个词，简缩为SOTC，本书也就简译，称其为"殖民地劳工署"。战争部派去中国的招工团正在启程前的当口，八司就面临一个难题：去中国招的数万劳工运来法国后，应由哪个机构具体管理？中国不是法国的殖民地，那是否就像对欧洲劳工那样，将中国劳工也交给法国劳工部去管呢？法国另一个管理外国劳工的机构叫作"外国劳力署"(SMOE)，隶属于法国劳工部，主要管理来自西班牙、意大利、比利时、波兰等欧洲国家的白人劳

---

① Le ministère de la guerre en 1917. Annexe V.6, Guide des sources, p.80. SHD-Salle des inventaires.(法国防史料处)

② Création du Service d'Organisation et de Surveillance des travailleurs coloniaux en France. NOTIFICATION, Cabinet du Ministère de la Guerre, N°1 D. 1 janvier 1916.档号：SHD-GR 7N.161.(法国防史料处，战争部办公室关于成立"法国殖民地劳工组织与监督署"的通知。)通知规定了它的职权范围，诸如与赴海外招工团的沟通，管理募佣劳工的编制、工资、衣履、卫生、纪律等事项，并与各雇佣单位联系，决定派遣劳工数量与监督执行规定情况等。通知规定该署由一名署长和来自战争部、殖民地部、雇主机构管理部门等的一批人员组成。并明确该署自1916年1月1日起开始正式工作。为行文方便，本书简称其为"殖民地劳工署"。

工。人们似可设问，为什么法国不把中国劳工交给外国劳力署管理？中国对于法国也是外国啊，因为华工不是白人吗？

法国内阁把海外招工交给殖民地远征军司令部去办，招来后主要用于填补军工生产的劳力大缺口，军工厂又都是按战争部的订单在生产军火和军需物资。法国行政系统对于如何定位中国劳力招来后的管辖问题，到头来也没找出一个既简洁又准确的名称，最终将中国劳工交由殖民地劳工署具体负责。从理论和实际情况来看，中国虽然被列强拿去了很多利益，但中国还是一个主权国家，不能视为法国的殖民地，法国当局却把中国劳工归由殖民地劳工署管理，执行的政策基本与北非等殖民地劳工相同，这就决定了华工受军方雇佣和管理的性质。法国对华工的行政称谓用“中国劳工”（中国人译为“华工”），殖民地劳工署在发函行文时，经常使用“la main d'oeuvre coloniale et les travailleurs chinois”（殖民地劳力和中国劳工），既放在同一类里，又算有所区别，但实际的性质还是归入与外国劳工有别的殖民地劳工一类。这就说明，法国管理意识里，认为中国人完全不同于欧洲的劳工，与其殖民地民众则相差无几。

法募华工抵法后由殖民地劳工署总揽统管。华工营、队管理人员的配备、劳力的调度与使用、华工的工薪待遇与供给都由殖民地劳工署负责经办。战争部第八司第五科是管理殖民地劳工的具体职能部门，中国劳工由五科里面的一个组专管。五科科长博斯盖蒂（Boschetti）兼任殖民地劳工署署长，此人调入战争部前曾是殖民地部的资深官员。这样，对外的牌子叫法国殖民地劳工署，对内就是战争部第八司五科。法国上层官员的更换比较频繁，但下层官员任职相对稳定。如博斯盖蒂调进战争部任第八司五科科长，不久即兼任法国殖民地劳工署署长，一直到欧战结束他都在任。这也是法国行政体制让主管官员熟悉业务范围的一种基本保证。如果主管官员调动频繁，势必不会有长期的工作计划，极易滋生急功近利的思想而把事情办糟，这在行政生态中已被反复证明。

上面的管理框架确定后，为了接纳通过海路运抵法国的中国劳工，法国政府在“马赛殖民地劳工储备所”（Dépôt des travailleurs coloniaux）内增设了华工营盘，将其交给马赛殖民地劳工储备所指挥官统辖。为了便于理解，我们把这个华工营盘称作“马赛华工总驻所”，以区别于半年后出现在法国索姆省的英辖“努瓦耶勒华工总集所”。这两个叫法也是一战后期中国侨工事务局曾使用的名称。

马赛殖民地劳工储备所由法国第十五军区派出的一批军官管辖，最高指挥官为一名上校，各个营盘由若干名少校协助他管理。劳工派往何处必须根据法国殖民地劳工署发来的通知单，储备所接单后照数调往。也就是说，殖民地劳工及华工派往何地工作全由法国军方的专门机构确定，法国劳工部或省一级的用工管理部门均无权过问。不过，殖民地劳工署也需要进行横向协调，为了使它的纵向架构能良好运转，只要有事，它就会与军械部、内政部、各省省长、警察局、劳工部或商会等机构进行联系沟通。①

让我们来看看管理华工的纵向架构。战争部任命了两名军官分别稽查法国南北两方的华工事务。法国北部华工总稽查官为德丰泰纳少校（Commandant Defontaine），此人曾任法国驻北京公使团武随员。那时法驻华使团为公使馆，未设武官一职，武随员为军方派出，为公使馆处理涉军事务。法国北部的华工如发生问题，由德丰泰纳少校前往巡察，提出建议，供八司五科研究解决办法。他本人就任八司五科专理华工事务的小组长，是博斯盖蒂科座的助手，平时还在战争部八司五科坐班，需要出巡就离开巴黎前往外地。博斯盖蒂属下好几十号人分别打理各殖民地招来的劳工事务。法国南方的华工总稽查官则为勒巴热少校（Commandant Lepage），此人曾久居中国，不仅通中文，连古文也能读懂。他常驻马赛，以马赛华工总驻所为其出巡的根据地。德丰泰纳是兼职，勒巴热为专职，因为马赛华工总驻所作为数

① 根据法国河口－罗讷省档案馆史料。Documents conservés aux Archives départementales des Bouches-du-Rhône, sous les cotes: 1M694, 4M939, 4M2354.

万华工抵达与集结再出发的一个基地，加上许多弹药厂也在法国南部，需应对的华工事务繁重，工作量很大。[①]

随着一船船法募华工抵达马赛，被派赴的工作点越来越多，其特点一是星散法国各地，二是多为支撑战争的军工军火企业。华工营队的驻点如此散广，法方在每个华工较多的地区又设了一名调控监督官（surveillant régulateur），一般由到过中国的法国军官充任，中国人称其为“总办”。总办可直接向巴黎马赛两处总稽查官反映情况。可是自1918年开始，情况发生了变化，可能是中国向德奥宣战后，战争部有所考虑并订出新条例，一方面增派了一批军阶较高的军官充任巴黎、马赛两处机关和各驻点总办之间的中间人，等于多了一层管理；另一方面有些军阶偏低的驻地总办被调任翻译或书记，他们的职务由资格比其高的军人取代，当局不考虑新任者是否到过中国。调整后的驻地总办如要向上递报情况，必须通过其上级军官代递，不得越级。此举实在是因人设事，或许战争部出于其他考虑，我们不得而知。笔者觉得这是法国人的行政毛病，历来如此。不过我们可以作出一个判断：随着战事的延长，法国战争部对于华工的管理方式更趋于军事化了。

各华工驻点的管理班子都由军人组成，指挥官为上尉或中尉，文书、军邮员、警务等则由士兵充任。翻译大都为法国天主教在中国的传教士，也有一部分是中国天主教会学校的高年级学生。教会学校课程采用法语教学，学生几年学下来能够初通法语，但水平仍有限。然而，因为驻点太多，并非每一处的华工都限于军营式管理。如1917年5月到机器城（La Machine）煤矿工作的50名华工，带队管辖者不是军人，而是一名做翻译的法国传教士。华工住在一所女子学校的三个宿舍里，营地实为一个宿舍区，大门敞开华工可以自由出入。总体而言，华工营队越往东则离前线越近，华工营队的管理就越严格，规定华工只有休息天才可外出。实际上，华工营队管理的松紧程度，主要根据营队指

① 《国务院侨工事务局调查在法华工情形书》，第201页，威海市档案馆藏。

挥官的意志而定。中国有句老话，县官不如现管，可谓至理名言。

法辖华工行政管理上的一大特点是，华工的所在工作单位分属多个系统。军械枪炮及火药等工厂属于法国军械部管辖，各军区粮台及军衣、工程等企业属战争部管辖，造船厂、船坞等属于海军部管辖。华工还被派往一些与法国国防有直接或间接关系的私人商办工厂做工，这些民营企业根据国防部订单为军队生产钢铁、飞艇、船只、炮弹等，承担代筑军用房舍或代运军需等各项业务。据中国国务院侨工事务局1918年3月的一份调查统计，法募华工的工作地点多达110个，几乎遍及法国全境。大部分被分派去上述领域的华工相对比较稳定。还有一部分华工队往来无定，经常为完成殖民地劳工署下达的临时性任务而被调来调去。作者在一份档案材料里看到，一个华工营驻在巴黎西南部约60公里的埃唐普（Etampes），被调去拉罗谢尔港口（La Rochelle）装卸货物，干完了这批活又被调往塞堡（Cherbourg）港，那里的货轮到了。打开地图便可发现，这三个点相距不是几十公里，而是数百公里。

华工一旦触犯了法国的重罪刑法条例，如同法国公民或士兵一样，就得接受军事法庭的审判。笔者已发现一批入狱华工的档案，分别犯有反叛、偷盗、暴力侵害、谋杀等罪，被军事法庭判处五年至二十年苦役甚至无期徒刑。①

法方利用纵向管理、横向协调的机制管理数万华工，总体上的运作比较顺畅。不过，法国军队与地方之间不协作或调遣劳工失当的混乱现象时有发生，后文将有详细介绍。

---

① Archives départementales des Yvelines, la cote: 2Y1 80.法国伊夫林省档案馆藏。

第二节　马赛华工总驻所

濒临地中海北岸的马赛为法国第二大城市，更是法兰西第一大港。第一次世界大战期间，马赛是协约国军队的后方基地，法国第十五军区指挥部也设在此。马赛拥有面向大海的襟怀，迎来了许多国家的军舰，见证过不同军容服饰与装备的军队抵此登陆，或战舰经停进出的壮观场面。1914年8月欧战刚爆发，法国当局便不失时机地迅速征招殖民地土著加入军队，马赛人看到摩洛哥兵团、塞内加尔土著步兵团等在此登岸；也看到俄罗斯军队、英国军队在马赛港登陆后转往他处；还见到大批的英联邦军队抵达马赛，如南非士兵等在此短期驻扎。马赛是游弋在地中海的英国海军舰队的中转与停靠站。英国皇家海军控制着地中海的制海权，它决不让德国海军染指，亦在地中海东部虎视着奥斯曼土耳其海军的一举一动。

不仅如此，马赛也见证了不同肤色的各式海外殖民地劳工被运抵它的港口，然后登岸前往马赛的布拉多大道一带的"殖民地劳工储备所"，经过短暂"储存"后，再被一批批地送往法国各地，为一战中的法国军需生产与国民经济注入不可缺少的劳动活力。

1916年8月24日，马赛迎来了来自中国的第一船劳工共1365人。这批华工于7月17日放洋离开天津，经过38天的海上旅程，在这一天终于踏上了法兰西的坚实土地。他们是天津放洋赴法的第二批华工。而第一批华工1698人比他们早五天在天津塘沽上了"安派"号大海轮。谁知，"安派"号此时仍在茫茫大洋上航行，途中不知遭遇什么情况。一直到9月23日才驶抵马赛港，它在海上整整走了73天！天津一共出发了三批，第三批1984名华工搭乘"阿利么"号（Harima）大海轮于7月25日塘沽放洋，直至10月10日抵达马赛，海途费时77天！看来德国人获知法国在天津招募华工，妄图实施海上袭击，两条船发现有情况，只得改道，因此都耗了七十几天。[①]

法国在行政管理上，把从海上来的殖民地劳工归为一类，与欧洲经陆地入境的劳工采取了不同的方式。“马赛殖民地劳工储备所”由不同的营盘组成，它们分布在马赛老港以东约数公里的布拉多（Prado）一带。以所存史料推测，中国劳工的营盘应是其中之一，因为它也归于马赛殖民地劳工储备所的上校指挥官所治辖。各营盘之间相互隔断，不得逾越。一战时也有一些法国的殖民地军队驻扎在布拉多海滩边，骑兵常在这一带溜达和洗马。

华工进入总驻所后必须再次核登身份，注册编号。名册单的填写由法国人执笔，同船来的翻译协助，籍贯一项里还得注明哪个省哪个专区哪个村庄，注明由何处何日登船，何日抵马赛，然后把一块写着劳工身份编号的小牌子放在胸前拍照。[②]今天档案中能找到的名册单寥寥无几，基本上是“有事”留在警察局档案里才得以保存下来。名册单上无中文字，姓名地名都按当年法国人使用的EFEO注音法拼写（法国人当年使用“远东法兰西学校”的汉字拉丁文拼

法募华工抵马赛后，必须履行注册手续，其中一项是把写有身份编号的小牌举在胸前拍一张图片。图中为来自天津、香港、浦口、青岛的华工。

① 惠民公司报告《华工赴法》，中华民国七年三月，第10—12页，上海图书馆藏。结合参照：Archives départementales des Bouches-du-Rhône, cote 4M939.（马赛的河口罗讷省档案馆档案）

② 留作华工进入马赛华工总驻所后的注册照片。Archives départementales des Bouches-du-Rhône, cote: 4M939.

写法，作者注），如今要想准确地解读它们已非易事。

为了预防海外病毒渗入法国，第十五军区医疗处奉命于1916年年底前后制订出一整套措施，针对抵达马赛的海外劳工进行疾病检测与治疗。然后开始在马赛殖民地劳工储备所内执行。所有抵达马赛的劳工，不管来自非洲亚洲大洋洲，一无例外地必须再次进行疾病检测，检测着重于以下几种疾病：

1.由跳蚤、臭虫等寄生虫引发的疾病。抵达储备所后人人必须在澡池泡浴然后冲澡，衣裤一律经过蒸箱消毒。

2.预防天花，在劳工编队时每人予以牛痘接种。

3.专科医生对进入储备所至分配出发前的工人定期检查沙眼（严重者会导致视觉缺失）。活跃期沙眼患者将被遣送回国；原沙眼患者编入专门队组，去做专门的工作。

4.有一个专家委员会专查梅毒。一经查出，梅毒携带者就被淘汰，即等待遣返回原出发港。

5.还有一个专家委员会专查麻风病，查到也遣送回原出发港。

6.阿米巴病和钩虫病，劳工营化验室对具有明显症状或可疑症状的劳工进行化验，查出的患者留下治疗。医生给有寄生虫病的工人都建了档页，工人派到哪里，档页跟到哪里。①

在中国招募工人时，法国招工团已对报名者进行过体检，抵达法国后又重检一次，说明法方在医疗预防方面非常严格。

法国还在里昂、南特（Nantes）、佩皮尼昂（Perpignan）、巴约讷（Bayonne）等地设了外国劳工储备所，主要接纳欧洲劳工，作为派赴工作地点前的过渡基地，论规模它们均没有马赛殖民地劳工储备所大。后者跟过境的军队驻地不一样，它有固定的营地，棚屋也并非临时性的，宿舍、伙房、浴室，

---

① Archives départementales des Bouches-du-Rhône, 13/04/1917. Cote-1M694, Marseille.（马赛：河口罗讷省档案馆档案，第十五军区医疗卫生处处长兼监察医生Dr Landouzy呈罗讷河口省省长4月10日询问函的报告。）

厕所、一应俱全，还设了医务室和化验室，管理人员有专门的办公房。

每批华工抵达马赛，人数总是很多，少则数百，多则两三千，上岸进入华工总驻所营盘后需要安置，人声嘈杂，他们在总驻所逗留的时间长短不一。作者从马赛市内的罗讷河口省档案馆的历史宗卷里，查到一些华工在总驻所的抵离日期，颇能帮助我们模拟构建当时的实况。经过衣物消毒、点名登记、编号拍照、体检查病一整套程序，总驻所已把华工情况掌握清楚，于是身体合格的被重新编队，等待法国殖地劳工署的订单。因此，华工在马赛总驻所的逗留时间，短者仅四五天，长者有的从十来天到三十几天，甚至更久。

直隶籍华工，编号3258，1916年10月10日抵马赛，10月14日即被派赴里昂附近的圣峰（Saint-Fons）火药厂，在总驻所才待了4天就前往工厂。安徽籍华工，编号27132，1918年3月5日抵马赛，3月19日被派往蒂耶（Tillé），逗留总驻所14日。

河南籍华工，编号15170，1917年11月2日抵马赛，逗留26天后于该月28日被派赴勒普赞（le Pouzin，法国东南部阿尔代什省的一个镇）。

湖北华工，编号27856，1918年1月2日抵马赛，2月10日才被派赴（C. de Mencan），逗留39天。[①]

有的例子比较特殊，江苏籍一名华工，编号23212号，25岁，1917年10月18日在浦口登船出发，他是浦口第十二批出发的2000名华工之一，装运这批华工的轮船于1918年2月19日终于抵达马赛，旅途用了124天！可是这名华工在马赛总驻所一直待到5月5日才被派往勒普赞做工。他留居总驻所长达76天！换言之，此人从中国启程到法国的第一处工作点开始正式上班，经过了200天，即六个半月还多。透过这些例子，我们可以解析出若干点，战争期间海上旅途凶险难测，轮船与华工都随时有可能遭到敌方的袭击，因此选择远而安全的航线，或者中途避险暂泊某处，等待险情过后再行驶。上述行程124天

① Archives départementales des Bouches-du-Rhône, 13/04/1917. Cote-4M939, Marseille.

的轮船“乐尔”号，到底是由上海向东驶进北太平洋，直抵中美洲，穿过巴拿马运河，再横贯大西洋，通过布罗陀海峡进入地中海，最后抵达马赛港；还是经由南洋、印度洋、非洲好望角，然后沿非洲西海岸北上，进地中海抵马赛？目前未找到史料，故无法确定。

华工进入马赛总驻所后逗留时间长的，八成是身体查出疾病，除了那些被定为必须遣返回国的人，有的病号还可以治疗，就被留所医治，等候身体指标正常，才可派赴工作地点。总之，法方不让带着疾病的华工去工作地点。至于留居总驻所时间较长，需要服药但又能做些事的华工，总驻所安排他们干什么事，目前作者没找到有关资料。不过可以推断，法国人不会让华工一点事不干。那些沙眼患者，法国人就有专门的工作让他们去干。在劳力极缺的当时，凡可利用的人力资源，法国人决不会任其闲置。

马赛殖民地劳工待发所由法国第十五军区派出的一批军官管辖，最高指挥官为布伦上校（le colonel BRUN）。手下军阶较低的军官协助分管各个不同的营盘，有一个军人班子协助他管理全所事务，还有负责安全的士兵听他调遣。如发生严重冲突，宪兵与驻军会迅速赶到。

华工抵法后的编制问题，在中国宣布参战的前后有所不同，中国宣布参战后，法方为了将华工派往战场前线地区，以战斗部队的形式编成几个团，每千人为一团，由一名上尉担任团长；团以下设五个连，每连以下设五个排，等等。绝大部分的华工被派往工厂码头，马赛总驻所则对华工进行编队，根据殖民地劳工署发来的劳力需要和工作地点的通知，临时决定华工队的规模，配以相应数量的军官和士兵，把编好的华工营队派往工作驻地。通常，一二百人的一个队由一名陆军上尉带领，辅以警务官、炊事班长、军邮员、书记、监督员各一名加上几名士兵，所有军官和士兵都是从第十五军区的各支部队里抽调来。翻译大都为法国天主教在中国的传教士，或者在中国招来的教会学堂学生。法国档案里称华工编制单位为groupement（队），也许就是根据当时的实际需要，用“队”为单位比较灵活，省去许多因循的不便，因为工矿企业需要劳力多少不一样，派去的华工不能总以营为单位，所以作者在文章中用华工营队的称谓，即是回应实际情况的叫法。法方将华工编成compagnie（连）是在1917年8月中国正式宣战后。

运抵马赛的华工究竟有多少批，完全权威的数据很难找到。中国国务院侨工事务局的一份材料显示，扣除在巴黎及土伦两处所招的三批工人，至1918年8月29日最后一批13名华工抵达，先后共有50多艘海轮共68个航次装运过法募华工送抵马赛港，人数少可若干，多则几十数百乃至一二千，有因故滞留某地后又搭船来法的，还有自由华工即从南洋或香港等地上船，未与法方签订合同，上岸后自觅工作的中国工人，海运情况十分复杂。[①]法文的一份史料提供的数据，共有82个船次运送华工抵达马赛，资料上记有船名、离岸与抵岸日期、启程港口和运载华工人数。这可能是法方研究或统计人员根据船运公司的纪录综合而成，大部分记录了离、抵岸日期，但约有12%的船次或者没有出发和抵达日期，或者没有启程港口，或者没有运载华工数。可见战争时期海运情况的复杂多变。[②]总之，无论是外方或中方的统计资料，虽都不够完整，但具有很大的参考价值，在作其他相关研究时往往可以从中找到佐证或依据。

法募华工抵马赛后，一次列队集合的情景，左前是两名翻译。来源：14.18 A 1241 ECPAD/FRANCE/Extraits de：la Coopération chinoise/摄影师未知/1918

① 《国务院侨工事务局调查在法华工情形书》第五次披露，民国八年四月，第261—267页。

② 法文列表："Mouvement des travailleurs chinois"（16 octobre 1918）。此表出处不详，被收于《国务院侨工事务局调查在法华工情形书》作为其第268—269页，威海市档案馆藏。

马赛作为协约国军队的后方大基地，不同国籍的军队来往不断，大批的伤兵在此治疗，我们只需提供几个数据，读者便可想象这座城市在欧战期间如何热闹庞杂。马赛原有5个公立大医院和15个私人诊所，随着战事发展，需求剧增，共增加了60多座大小不一的医院，每家的床位从20多个到好几百个不等，马赛的医务人员超过1万名。

有一件事让马赛殖民地劳工储备所的指挥官们颇感头疼，那就是进入储备所后，不少劳工千方百计开小差，尤以北非人最多，他们的同胞中以前就有人来法国打工，他们的语言障碍和对陌生地域的畏惧感都不大。北非劳工一到马赛，其中许多人马上伺机开小差，目的就是脱离战争部的军队管理，北上首都或游走法国其他各地去寻找一份报酬好又自由的活儿干。马赛殖民地劳工储备所指挥官布伦上校发函要求省警察局配合制止潜逃现象蔓延。宪兵和警察忙不迭地追寻抓逮。可是在流动人口如此庞杂、各色人种穿梭般来往的港口大城市，要想堵住潜逃者，谈何容易！战争部长给第十五军区司令发函，强调禁止北非劳工潜逃，要求给所有的殖民地劳工和中国劳工颁发身份证，无身份证者不准随便流动或乘坐车船，抓获的潜逃者必须送回马赛殖民地劳工储备所。① 而后，北非劳工和华工领到了一张由马赛中心警察局局长或边防警察局局长签发的通行证，规定若走出所在的营盘，必须随身携带通行证。

法国军方对初来乍到的华工倒很放心。可令其预料不到的是，进入合同快要到期的1920年，频频接到各地华工潜逃的报告，有的从马赛华工总驻所开小差，有的则在工作地点不辞而别。此是后话，暂且不表。

① Archives départementales des Bouches-du-Rhône. Cote: 1 M694, Marseille.（马赛：河口罗讷省档案馆档案。参阅：1917年3月23日战争部长给第十五军区司令的公函，以及1917年3月30日马赛殖民地劳工储备所指挥官布伦上校给河口－罗讷省省长的信。布伦上校请求省长加派宪兵等警力，在火车站、列车内、邮船上加强检查，拦捕潜逃劳工。）

第三节　惠民公司募助华工有方

读者也许还记得，当时北洋政府国务院侨工事务局在全国范围内展开调查，想搞清楚有多少机构在做招募中国人出洋当劳工的生意，调查的结果是，从事招募工作经官府批准的仅有惠民公司一家，也就是说，其他都是不合法的自行其是。

惠民公司具有超前的管理意识。他们怀着对所募华工也是他们的炎黄同胞的怜惜、体恤、负责之心，不辞劳辛，做了大量的工作。面对那个时代开始讲人道、各方面比东方先进的西方人，树立了中国觉醒的企业家以及具有良知的知识分子的正面形象，令人感佩，值得我们后人铭记。

惠民公司在天津招募了三批工人，共放洋5047人。第一批录取的1698名华工，是第一次世界大战中启程赴欧的首批华工，他们乘“帝国”号大轮船，7月12日黎明由天津港放洋出海，前往法国。与这批华工同船的有两个重要人物，一位是法国政府派赴中国的招工团负责人陶履德中校，当然他是脱下军装来中国的，当时的中国人并不晓得他的真实身份，只知是法国当局派来的农学技师；另一位便是惠民公司的总经理李兼善先生。可见，法国招工团很重视第一批华工赴法，惠民公司也绝无大意之心，派了一名总经理带领首批劳工赴法。

在天津华工出发前，惠民公司与陶履德招工团谈判了三个月，就招工条款反复磋商，双方站在各自的立场上，来回讨价还价，逐条争论。

惠民公司与陶履德招工团谈判的内容涉及华工之权利义务、待遇保障、医疗安全、违章处罚及争讼仲裁等等一切可能发生的情形，订出的合同就是合作的依据。这个关乎数万中国劳工命运的合同上报给了外交部，随后是一系列

外交部视察员李骏与惠民公司总理李兼善，在天津监督发放启程华工的安家费后，与工人家属合影。来源：惠民公司报告《华工赴法》

的官方照会等，之后获得了中法双方政府的认可和官方的担保。[①]报名工人的体检则完全由陶履德招工团负责。工人被录取后，由其个人与陶履德招工团直接订立雇佣合约。惠民公司代招工人，直至送上放洋的轮船，每送走一名，向陶履德招工团收取商定的介绍费，这属于合理的收益，无可非议。惠民公司为报名的工人先期预备食宿处所，一切均由公司供给，不取工人分文，惠民公司也不经手工人赴法运输费和工资。该公司的工作体现了扶植华工，间接为国，以尽社会天职的精神。

特别在与法方磋商招工条款时，惠民公司坚持参照法国工人的工资来确定华工的工资收入，法方勉强同意。在当时能做到这一点实属难能可贵，体现出敢于在洋人面前为本国劳工争取平等权益的意识觉醒。惠民公司还注意到有

① 惠民公司报告《华工赴法》，中华民国七年三月，第39—41页。《上外交部存案禀及批》，附呈华洋合同二份。中华民国五年五月初六日具禀人惠民公司商人梁汝成、李兼善、王世祺，中华民国五年五月十三日奉。外交部实字第四八号批据禀已悉，所订合同，尚属妥协，应即准予立案，此批。上海图书馆藏。

专门手艺者的工资应比普通力工高些，并将此载于合同，体现了惠民公司尊重技术的观念。

更值得称道的是，惠民公司并不是像许多中介公司介绍了就完事，而是继续关注华工，公司领导亲自到法国了解华工实情，发现有违背所订合同条款的，向陶履德与工厂主交涉。这样做固然是为了落实招工条款，但不能否定他们心中有华工，更应看到，他们勇敢地打破了中国人历来不重视合同的习惯思维，敢于向洋人据理力争。等到天津的三批工人先后出发之后，天津因发生了“老西开事件”，招工受阻，天津停止招工。惠民公司的“总理”李达叔亲自赴法，目的是体查华工赴法后的实情。他先到巴黎拜见中国驻法使馆胡惟德公使，禀报招募华工和华工抵法之事，然后前往华工抵达港马赛，了解华工被分发各厂的情况。李达叔还到各工厂实地查询，获悉这些工厂离前线甚远；在同一工厂里做工的还有其他中立国如瑞典和西班牙工人；华工的饮食住房等待遇，与法国及其他中立国工人平等；初来乍到的华工，对雇主均表满意，法国雇主方面对华工的做工情况亦表示欢迎，认为中国人干活卖力；厂里有华人工头与翻译负责管理工人并与雇主方沟通；李还获知，法国使用华工的每个工厂在巴黎设立了办理华工事务的机构，相当于一种联络站的性质。

李达叔了解到法方工厂的管理情况后，决定马上在巴黎设立一个惠民公司办事处，地址选在巴黎侣华路31号，亦称华工事务所，派一名公司委员常驻巴黎，其职责需亲巡华工所在的工厂，与华工接触；与中国驻法公使馆接洽，如华工发生问题，以便寻求外交相助；与法方所设的华工事务机构所接洽，以求照料华工。事务所担任转递工人来往书信，在中国所有工人家属等寄给工人之书信，由国内的惠民公司代收，再寄由巴黎的华工事务所转递收信人。易之，该事务所将中国工人寄给家属之书信，寄往国内惠民公司转递收信人。[①]

① 惠民公司报告《华工赴法》，中华民国七年三月，第25—26页。参阅“工人到法之情形”之章节。

惠民公司在巴黎设立办事处，是一项非常及时的措施。在还没有来得及选派得力代表来法担任常驻公司委员前，暂由已在法国的惠民公司总经理李兼善代行此职。李兼善与天津第一批华工同船到达马赛，李达叔抵法实地考察华工情形时，李兼善仍在法国，因此委托他暂时代行惠民公司驻巴黎办事处的工作，确是顺理成章的决定。后来，惠民公司选派了王如玖来巴黎担任常驻法国办事员，把侣华路31号办事处的工作正常开展起来，使之成为一个以保护华工为宗旨和维护工人利益的服务机构。凡此种种努力，使法国官方把惠民公司视为一种工会组织，在法国，只有工会才能代表工人跟雇主谈判条件，争取权益。在法国人眼里，惠民公司所为，与工会性质无异。

李达叔抵法后与中国驻法公使馆接洽是非常有必要的，尽管惠民公司与法人陶履德所订的招工合同业经外交部批准，驻法公使接到外交部咨文后，代北京政府亦予以承认保证，但招工合同纯系商业私人性质，并不代表国家。所以公使馆表示，今后关于合同方面发生的问题，其在法律范围内，应归公司负责的，完全由公司承责。事实上，天津华工5000多人到法，使馆向李达叔表示“未奉北京政府训示，于事前毫无接洽”。

随同第一批华工同船来法的陶履德和李兼善，前者抵法后奔战争部述职，他认为那是法国人的事，当然不会去中国驻法公使馆。后者带着1698名华工，哪里顾得上其他事。使馆不知情可以理解。现在使馆获得了报告，便有保护本国人民之责，故发函希望惠民公司从速将华工姓名籍贯年岁造册提交，并将现在被分配于法国各厂洋文厂名与地址，详细列单呈送使馆备案，如遇事以便使馆随时出面保护。

惠民公司对所招到法的华工，工作做得细致，人人都有合同册籍。册籍内载明工人姓名、籍贯、年岁、号码。现使馆要求提供，惠民公司正可造册呈报。所以凡事先备详于前，后面当有需要就能应付自如，这也是亘古不变的行事智慧。惠民公司与陶履德所签招工合同中规定，华工在法分配工作情形应由陶履德及其机构随时报告，呈送中国驻法使馆存案。试想如果法人不及时呈送材料，华工又出了某事，需使馆出面时，使馆还没有华工的花名册，所谓外交保护，定必陷入尴尬与被动。因此惠民公司与使馆沟通接洽这一环节，双方都配合有致，为保护在法华工尽了各自的责任。

留法学界先驱之一蔡元培先生于1916年6月与李石曾等人创立了华法教育会，自任会长。他与李石曾、汪精卫等听闻法国正在招中国工人，来西欧为欧战中的法国工厂提供劳动力。他们提出应设工人教育。惠民公司来到巴黎后获知学界精英提出的这个主张，马上积极回应。总经理李兼善在马赛和巴黎分别同法国战争部迎接华工的官员和法国议员商办华工教育，与陶履德沟通，获得了殖民地劳工署的支持，决定在华工所集各地设立教室，先选年轻可教者，于每日应当工作时间内，匀出一小时，学习法语及普通科学知识，不扣工资，不取分文，期于华工教育日益进步。

惠民公司办事可圈可点之处不限以上所列，当听闻中国驻法使馆转告，有巴黎学界议论对惠民公司的招工合同不满意时，惠民公司并没有只顾自己，不理外界反应，而是致函中国驻法使馆胡惟德公使，解释原委，申述立场，表明态度。“惠民公司之创办此事，一出于惠民本旨，慈善精神，藉彼需人，广吾生计，步步踏实，未敢慕远而好高，处处范围。先求有利而无害，为之储蓄，使其他日归国，藉以营生，为之养家，在外工作，忧无内顾。”在与法方签订的招工条款里，就定下工人一半工资在国内由家属按月领取，这一点考虑值得称赞与推广。“恐其流落，而预备盘川，恐受欺凌，而保持平等，寻工觅主，有人负担，饱食暖衣，无须自计”……惠民公司办事“不尚高论，求实益，不慕虚名，惟知竭力尽心于自己范围，从不攻击他人，冀形我善”。确有不少事例可以印证他们奉行的守则，在实施华工教育之前，惠民公司特别围绕以下三条宗旨努力：工价待遇力求与法人平等；所招华工，须选择良好者，以免贻羞外人；招工之人不经手工人的旅费与工价。

对于他人之责备，惠民公司能表示欢迎，“凡事当局者迷，旁观者清，古之人所以爱闻己过而集思广益也。彼之责我者，爱我也，教我也，孺子而

惠民公司以严谨负责的工作态度赢得了华工及其家属的信任。此为天津华工启程后家属们自发赠送给惠民公司的“惠我众民”匾额。来源：惠民公司报告《华工赴法》

不可教，则责者不屑矣……”待别人的指责，即使不尽符合实际，惠民公司诚恳表示，“此间学界诸君不吝教诲，虚心默会，颇多领益之处，拟将所得转告同人，务求所以仰副教我诸君之嘉言美意，彼此之唯一目的，皆求所以直接增益华工，间接且关国计诚如”，“仍望（使馆）随时指导，责备求全，福被众生功德无量”云云。面对外界的责疑批评，持此态度应该说是诚恳的，其言也善，能令人信服。[①]事实上，惠民公司派出的几位负责人犹恐虑事不周，与胡惟德公使及馆员以及久留法国深谙法国工党情形的蔡元培、李石曾、汪精卫等学界有名望之人交相研究，集思广益，以期将华工之事办得尽善。

惠民公司与陶履德招工团订的合同第十条预见到了华工因病不能工作的情况，送回中国船费食用，载明皆由雇主承担。有二三十名华工抵法不久就因病不能做工而被遣返，他们到惠民公司销号时均叹倒霉，如入宝山却空手而归，一人抱病殃及全家生计。惠民公司见他们情状可悯，兹决定对送回染病工人酌量给予恤资，多者数十元大洋，少者10洋元不等。受恤者如刘茂堂20元，张义荣20元，李善湖20元，毕玉昆20元，王起顺20元，李庆祥62元，聂德荣60元，尤玉琪16元，黄二20元，宋锡仙20元等。

惠民公司的管理层向外具有向洋人谋华工权益的意识，对内则展现出饱受儒家律己求教的精神熏陶之果，应被视为中国商界的先进者。

惠民公司在招募帮助赴欧华工方面的实践赢得了外交部、驻法使馆的赞同，华工及其家属的反应也普遍较好。天津华工家属还特意做了一块匾额赠送

① 惠民公司报告《华工赴法》，中华民国七年三月，第51—54页。

给惠民公司，上书“惠我众民”，具名“五千工人等家属”，这是人心所向的体现，工人与家属不感到满意是绝不可能送此匾额的。

惠民公司的雇佣介绍是一种商业活动，在那个时代，其做法确实具有前瞻性和开创性。10多年前也就是20世纪头几年里大批华工被招送往南非开采金矿，其悲惨遭遇与非人的生活条件，在中国政府高层官员中并非没有人耳闻。惠民总经理李兼善在法国处理完一行事宜后取道英伦、俄罗斯返回中国，他在伦敦拜晤了中国驻英公使施肇基，施公使对照从前的出洋华工的待遇，对这次来法的华工能享受这样的待遇，深表满意。他提到拟帮助目前流落在英国的数千无业华人寻找工作，李向施公使详细介绍了惠民公司招募帮助华工的一切做法。经过俄国首都彼得堡时，李兼善也去拜访了中国驻俄罗斯公使刘镜人，双方作了多次详谈。

早在1891年，横跨欧亚、具有极其重要的军事战略与经济政治意义的西伯利亚大铁路的东段动工了（车里雅宾斯克—海参崴）。中国人成为主要的劳力来源，在长达7000公里的东段铁道线上，活跃着10万华工的身影。有一个统计，仅从1906年至1910年，从烟台（时称芝罘）出境赴海参崴的华工达197879人，选择此线路赴俄国找工的以山东人为最多。

一战爆发后，俄国作为协约国一员，承担着欧战东线的战事，军队需要大量兵员，农工士庶多被征赴前线，工厂矿山极乏佣役，与法国一样，劳力短缺的压力十分严峻。俄罗斯厂矿委托中俄包工头在中国东北地区大量招募华工前往俄国，因而旅俄华工激增。中国驻俄使馆面对华工困难亦感助之力薄。听李兼善一番介绍，深佩惠民公司办事有方，刘公使详细询问募与助的具体做法。李告之，所招工人须有根底，出发须有详细册簿，所有衣食住所、觅工安置须由招募方负担，待遇工价须与彼国工人平等，代外方招工的中国公司，须于中国与对口国均设有常驻机关，以便有案可查，得施保护。李并将合同手续与处理方法等细节一一解释于驻俄使馆专办华工事务所的朱绍阳委员。驻俄使馆上下都认为此事如办理得宜，华工受益，于国家也有裨助，就是将来中国人去国外发展金融实业，也不无借鉴作用。[①]但旅俄华工的情况不容乐观，招募之初就相当混乱，要想改变现状，可谓“蜀道之难，难于上青天”。

综上所述，惠民公司的“雇佣介绍”实践，于民于国都有大益，按理应由政府加以总结推广，逐渐变为中国输出劳工的参照模式。遗憾的是，一百年前出现的一种商业运作的好形式，连推崇契约讲究合同的法国人也都认可并基本遵守，在日后中国相当长的时期内，仍然只能以个例的名义束于历史之高阁，没有发展成输出劳工的通例或者规范，作为中华民族在对外交流活动中发挥作用及保护国民的一种手段。

第四节　法辖华工的人数及其工作地域

国务院侨工事务局派出的调查员，在法国调查到的数据往往出现前后不一的现象，一方面当时华工营队调动变化大，使得调查相当困难，另一方面，战争时期多有涉军涉密的限制，统计出的数据不易准确。

民国七年（1918）12月10日北京当局公布：截至1918年5月为止，所有与法方订有合同后到了法国的华工共计35109人；

民国八年（1919）4月又公布：截至1918年10月16日为止，法募华工的总数为36925人。

这次同时公布了在法身故华工413人。根据调查结果，来后废约者1219人，患病无法再留下的262人，这两部分人加起来为1481人，占法募华工总数的4%，这两部分人均在合同未满期前被陆续送回中国；触犯法国法律被判刑的华工有200名，占统计总人数的0.54%；违犯法方管理条例被罚，送工人惩

① 惠民公司报告《华工赴法》，中华民国七年三月，第44—50页。

戒团的华工达950名，占统计总人数的2.57%。[①]

作者认为，36925人这个总数，除了法国陶履德招工团通过惠民公司在四地代招的31631人（其中天津5047人，香港3221人，浦口18950人，青岛4413人）[②]，还包括陶履德招工团在上海送出的工匠及劳工4982人（不完全统计数）[③]，以及法国盖兰-德雷瓦尔公司在广东和香港招募的105名技术工人。[④]后者已向巴黎报告过招了400名技术工人，但在香港考核后只送出105人，未走成的大概是技术考核没过关。

"阿托斯"号邮轮在抵达法国之前遇难于海上，丧命华工543人（还需加上最后死在马耳他岛医院里的2名海难幸存者），还有其他来法华工海途中病殁于船上的，不在上述此数内，因为这些人没有抵达法国。另外，自由工人估计也不计在内，所谓自由工人系指由香港、南洋各地以及加拿大等地通过自己的渠道来到法国打工的华人，自由工人完全自觅雇主，属于单纯的就业形式，而且人数不多，数百或数千，客观上无从统计。我们现在研究一战华工，应该把法募与英募作为两个系统，否则许多问题永远理不清。被运送来法国的法募华工，先进入马赛法辖华工总驻所，然后根据殖民地劳工署的调配，分派到各地的工矿企业工作。英国招募的华工将专章别论。

---

① 《国务院侨工事务局调查在法华工情形书》第三次披露，中华民国七年十二月十日，第199页。第五次披露，民国八年四月，第261页。威海博物馆藏。第五次披露时，还提到至1919年4月统计时已有1425名法辖华工回归中国，尚有35087名华工仍在法国工作。

② 惠民公司报告《华工赴法》，中华民国七年三月，第9—25页，上海图书馆藏。

③ 参阅本书第二章第四节"法国在华招工模式之二"。其统计数字为陶履德在沪通过兴业、道信、普益等洋行招的工匠以及由外地转沪放洋的工人数相加所得。

④ La Chine et la Guerre，"Chine 41"，cote: 32CPCOM/41. 14/10/1916, Centre des Archives diplomatiques de la Courneuve, Paris.（署名CREKER者从香港发给法国外交部、编号为N°12的电报，称原先宣布的400名技工，仅105名于10月11日登上PAUL LECART轮启程放洋。105人的组成如下：木工47人，油漆工21名，冷作工7名，钳工22名，镟工2名，泥工1名，机械修配工5名。）

一张法国报纸上刊登的中国苦力图。大批中国劳工来到法国，媒体和民众称其为苦力。

法国政府在使用华工的理念和方式上并非一成不变，根据陶履德招工团与中国惠民公司签订的合同第一条的限定：“佐治陶履德君，言明担任此次招得之工人，一经公司交付与彼之后，决不干预现下各交战国之何项战事职务，仅系为在法国或摩洛哥及亚劳智理（即阿尔及利亚，为当时人将Algérie翻译成中文的写法，作者注）各工厂及农务之使用。此项工人，不干预战事一节，当由法国驻北京公使担保其严加遵守。”中国工人是不能派往战区的。因此在第一阶段即中国保持中立期间，华工都被法方分配于欧战后方的军事工厂或普通工矿。

但随着战事吃紧，劳力紧缺，法方也将部分华工派赴战区，进入战区内的军事工厂或与军工有密切关联的民营工厂。1917年8月14日中国对德奥宣战，中国成为协约国阵营的一员，法政府使用华工的方式亦随之而变，主要表现在名正言顺地派遣华工前往战区内的北方铁路公司、子弹工厂和煤矿等处工作，而且人数逐渐增加，这些华工全部服务于军事工程。当然，在内地依然保留着大批的华工，国家的战争经济需要战区和内地的军工和民营企业同时运转，而运转的一部分动力就来自于华工。华工方面则很愿意效力于军事，自认为既然中国宣战，就当尽协约国之国民的一份义务。在战区内，华工常遇敌人飞机侦探，扫射或扔炸弹，交火甚烈，华工仍能奋勇做工，表现出中国劳工颇具勇敢精神。

1918年6月间，中国驻法侨工委员李骏在法军大本营派出的马加尔中校（lieutenant-colonel Maguard）陪同下前往战区内的华工工作地点调查考察，发现沿途的旷野上排着无数绿色的军用房屋，军火仓库极多，法、美、英各军的军车运兵繁忙，华工也在紧张地做着各种工作。华工的编制按军队方式，每千人为一团，由一名上尉担任团长；团以下设五个队，每队200名华工，队长由一名中尉担任；队以下设五个排，每排40人，由一名排长管理，排长手下有一名士兵辅助。当然，实际上每个队的华工人数多少会有些上下，这也很正常，如同军队里一样。粗算一下，一个1000名华工的团，法国军方给配备了56名军人，军阶自上尉以下，组织清晰，职责分明。有的团被分派到第八军工程队，工作内容庞杂，包括修筑国道、建造军用铁路、砍伐树林等。这些华工的工作地点在南锡（Nancy）、贝尔福（Belfort）一带，距前线不足二三十公里。

当时法军大本营所辖的华工共编成了三个团，现试将各团编制与工作地点列表于下：[①]

表11　　　　法军大本营所辖华工团情况

团编制	队编制	华工人数（人）	工作地点
第一团	第一队	202	Salines, *Basseville*
	第二队	203	*Girardonrt*
	第三队	207	Frouard
	第四队	207	*Taondis*
	第五队	199	**Moreuil**

① 《国务院侨工事务局调查在法华工情形书》第三次披露，中华民国七年十二月十日，第200—201页，威海市档案馆藏。

（续表）

团编制	队编制	华工人数（人）	工作地点
第二团	第六队	200	**Neufchâteau, Badouviller**
	第七队	200	Hymont
	第八队	203	Belfort
	第九队	200	*Glondons*
	第十队	191	*Mon Repos*
第三团	第五十一队	296	*Gondreuille*
	第五十二队	257	*Pieue, Latiache*
	第五十三队	262	**Xirocourt**
	第五十四队	276	**Bayonne**
总计		3103	

作者研判这三个团各队工作地点时，发现三种情况，一是原材料中写的地点有四处是正确的，上表中以正体表示；二是原来写的法文地点不存在，八成是读者自己拼写出来的，现经作者破解更正，故用黑体字母表示；第三有八处无法查核其真实地名，只好保留原样照录，表中以斜体字母表示。

国务院侨工事务局的调查报告里，列举了一些华工工作的企业名称，但没有注法文，故而令人颇费猜量。华工所在的工矿企业的名字，因为当年中国人的法译尚无规范化的规则，译成中文比较随心所欲。作者通过分析、对比、印证等各种办法将接触到的地名中的大部分还原成了法文，譬如，修冷飞艇制造厂（应为Saulaines），克里搜炮工厂（应是Creusot），阿雷昂军衣局（疑为Orléans），仆论尼艾美飞空队（应是西海岸的Boulogne-sur-Mer），山峡马火药厂（应为St-Chamas），格朗古聋钢铁厂（似为Grand-Couronne）等等。有了法文，我们才能知道华工的确切工作点。但少数地名仍不知所云，只好原文照抄。有感于此，作者在搜集到的各式史料线索的基础上，尽量将法辖华工营队的工作地点汇总，并收于本书，以便后人研究时参考。我们在本节只能列举部

1916年9月至1918年年底，平均每月都有300多名华工受雇于沙泰勒罗（Châtellerault）兵工厂。图为兵工厂老板、华工营法军指挥官、翻译（在华传教士）和10来名华工在华工营一个工棚宿舍前的合影。来源：Collection J-F. MILLET

分法辖华工的工作地点或工作单位名称，其余均放入书后的附录“法辖华工在法工作地点汇集”。[①]由于法辖华工的工作地点多达110个，附录中收集汇总的地点尚无法完整，此为憾事矣。

由于年代久远，有的华工工作点仅存历史资料中出现的名称，即使去询问当地的市镇机构，已无人能提供任何材料。所幸尚有若干华工工作地点给今天留下了可资研究的珍贵材料。

在法国西南部的维埃纳省（Vienne）内的沙泰勒罗市（Châtellerault），1916年8月至12月，沙泰勒罗兵工厂雇用了第一拨华工先后计295名，以取代原来在厂的阿尔及利亚的卡比利亚劳工。1917年8月又雇了第二拨华工400名。因此曾有近700名华工自1616年8月至1919年3月先后在这家兵工厂工作

① 参阅本书附录七“法募华工工作地点汇集”。作者尽可能列出华工工作地所在的省名，如有可陈之处，亦略作补充。

过，不过并不是同时有700人，在主要用工期内，在厂华工平均保持330人左右。1918年11月11日一战停火，因形势发生变化，本国工人返回者众多，兵工厂不再需要华工，需要寻找理由解雇他们，12月16日兵工厂下达了遣散令。但是，法国政府出于与华工签有三年合同的考虑，指令兵工厂妥善处理，厂方采取华工分批失业之法，华工得以获取失业救济金和伙食费，一直到1919年3月5日合同期满。合同结束后，绝大部分华工遣送回国，只有极少数几个人留在法国，去里昂或者巴黎谋生，无人留在沙泰勒罗当地。有一件华工翻译的趣事不妨录于下面：

波兰伯爵为华工营当翻译

有一位法国女士诺艾拉·科尔宛·兹米若弗斯基①，科西嘉岛人，跟作者及其夫人学中文十几载，而今已至耄耋之年，作者第一次听说沙泰勒罗有华工营就是她告知的。她的公公亚历山大·科尔宛·兹米若弗斯基（Alexandre Korwin Zmijowski，波兰裔法国人）1909年被法国的印度支那银行派去中国工作，学会了讲广东话和北京官话。欧战爆发后应法国政府之召回国，1916至1918年被派去沙泰勒罗兵工厂为华工营当翻译。亚历山大承袭祖上波兰伯爵的称号。他与华工相处融洽，华工并不知他是波兰伯爵。调走时华工们送他一面织品锦幅以作感谢。战后亚历山大重返中国工作，1931年出任法国印支云南银行行长。他前后在中国工作24年，还娶了一位云南姑娘为妻，1936年携中国妻子回法国定居巴黎。在朋友圈内，大家称其妻为伯爵夫人。

① 诺艾拉·科尔宛·兹米若弗斯基（Noëla Korwin Zmijowski），是法全国教育总互助机构巴黎分部（la Section de Paris de la M. G. E. N.）创办的退休教师中文班的学生，其老师为作者妻子章燕平（自2003年至2012年一直为诺艾拉班老师，同时长期兼任巴黎中国文化中心和欧洲时报中文学校的中文老师，荣获国务院侨务办公室2011年颁发的“海外华文教师优秀奖”证书）。诺艾拉自2005年秋起又在欧洲时报文化中心的中法双语班注册学习，该班由作者创办且亲自任教至2013年夏。

波兰伯爵夫妇生下欧亚混血的四个儿子，老二名斯坦，娶诺艾拉为妻。那面锦幅亚历山大颇为珍视，一直交由妻子保存。1960年亚历山大去世，四个儿子都已结婚外住，遗孀云南女子“伯爵夫人”一人住着一大套房子，60年代末，因故搬家。诺艾拉帮婆婆整理东西时，见过那面锦幅，大约宽0.5米、长1.5米，上面写着一些中文，她颇好奇锦幅上的字什么意思。搬家混乱，一些散物当时谁也没特别注意。三四十年后诺艾拉开始学中文，想起此事，再找时，早已散失不见。此乃历史实物，存世不易而复失，作者闻之颇觉可惜。

也有许多华工被派到法国一些大公司的所属各工厂工作，如地中海沿岸电能公司（Société d'Energie electrique du Littoral méditerranéen），雷诺公司的各家工厂（les usines Renault）等。雷诺公司在欧战爆发后很快接到军火和军用车辆的订单，劳动力的需求也随之大增。举1915至1917年为例，雷诺装配了2000多台FT-17的装甲车，生产了850万枚炮弹。[①]

第五节　法辖华工的工薪待遇

一战华工在西欧的工资待遇，由于招募与管辖方的不同，标准并非只有一个。在法方管辖下的华工，工作条件比英方管辖的华工要好些，大部分可说好得多，自由度也大一点，收入方面也要高些。有些国营军工企业和私企还因通货膨胀，后来按战争部军械部的要求增加了华工的工资。

① Yu Sion Live. *Chinois de France: un siècle de présence de* 1900 *à nos jours*. Paris: Mémoires Collective, 1994.

法国招的华工，虽然在中国启程前，与陶履德招工团依照其与惠民公司签订的原则条款，签下了合同，但到法后的工资待遇也无法一概而论。合同第四条规定，普通工人做工一日得领工资法币1法郎，由雇主直接付给工人，每星期或15天一付。除此以外，雇主每月应付给每位工人法币30法郎，这项支出不交给工人而是交由惠民公司指定的银行，作为工人在中国的家属收用，无家属则存储起来归其本人回国后所有。对有手艺的工人也作了规定，但分类比较简单：每日工资，泥工1.25法郎，给其家属每月35法郎；木工、铁工每日1.50法郎，给其家属每月40法郎。[①]执行时，给国内家属的钱折成了洋元，据启程前的兑换率普通工家属每月可得约10块大洋。

然而，华工抵法国分配到各工作地点后，其收入情况参差不齐，各企业支付给华工的工资是参照合同条款，但法国工厂普遍都实行赏金制度，即干得好，老板就给赏金。至于给多少赏金，它不是固定的，因时而异，因人而异，因工种而异，由此产生华工收入的差异性成为普遍现象，华工之间，收入悬殊的例子也不在少数。我们先来看一下殖民地劳工署规定的华工工资标准：[②]

表12　　　　华工工资标准

华工类别	合同毛工资（法郎）	扣除部分（法郎）	实际收入（赏金及多少，完全因厂因人而异）
工人	5	伙食费　1.75 疾病保险　0.25 衣履费　0.25 住宿费　0.25	2.50（另加赏金）
工匠	5.50	同上	3（另加赏金）
工头	8.25	同上	5.75（另加赏金）

① 凤冈及门弟子编：《梁燕孙先生年谱》，上海商务印书馆1939年版，第304—305页，上海图书馆藏。

② 《国务院侨工事务局调查在法华工情形书》第一次披露，第189—190页，威海市档案馆藏。

与华工同一工厂的法国工人，工资比华工高。当时普通法国工人工资为7法郎，法国技工为8.25法郎，法国工头是11法郎，均为每日的毛薪，法国的受薪者必须交纳所得税和各种保险金，因此毛工资并非他们的净收入。

工资给付乃业主之权限，战争部给出的只是一个参照标准。不同的地区，物价指数有差异，这类差异性即体现在工人的待遇上，这也是造成华工收入不一的原因。但总体而言，哪怕都是无技术的普通工，法辖华工的工资收入比英辖华工也要优厚。

华工工资在第一个阶段实施后，报酬的支付方式还有所调整，国内家属领的10元大洋改由在法国计入华工工资内，由华工自行处理；自1918年夏天开始，法国战争部与军械部要求使用华工的企业或机构给华工涨工资，各地出现了执行不一的种种情况。

涨工资的原因是华工来法已两年，法国在欧战中百物昂贵，法国当局已对本国工人和欧洲籍工人采取了“昂贵生活补助金”的措施。战争造成物价上涨尤其是最基本的粮食肉类与菜蔬价格升高，给国民生活造成困难，政府按地区不同与工薪者的工资高低制定出一套标准，要求雇主参照，发给工人补贴。昂贵生活补助金的数额分成多个档次，按规定，由雇主包了食宿的工人不能领取该补助金。在此背景下，中国驻法侨工委员李骏屡次向法国战争部要求增加华工的工资待遇。战争部与军械部（大批华工被分配在与军械部订有生产合同的工矿企业里工作）于1918年的5月、6月间出台了一项措施，向凡雇佣华工的各工厂企业和机关发出通函，告知修订的华工新合同条规，声明华工应获得与法国工人同工种同报酬的待遇。从1918年7月1日起雇主方应该开始实行华工新合同条款（如具体单位认为需要对合同条规作某些修改，战争部或军械部同意与之协商）。[①]

国有企业收到通函后，一般不会拖拉，厂方根据本企业的实际，研究出

① 《国务院侨工事务局调查在法华工情形书》第三次披露，第204—205页，威海市档案馆藏。

方案，并很快付诸实行。让我们举圣峰新火药厂为例。

圣峰新火药厂（La Poudrerie Nouvelle de Saint-Fons）在里昂附近，是华工到了法国以后参与建立的一个新军工企业，为军械部直属。有一个华工队常驻该厂工作，殖民地劳工署派出一名华工驻所总办在当地具体主管。该厂能认真体会上峰的意图，并迅速落实工资调整的方案，从1918年7月1日起就开始执行新的工资标准，现列两个表予以说明在该厂的华工的收入与伙食待遇。

表13　　圣峰新火药厂的华工工资标准与各项津贴费率表

工种与类别		原合同规定日工资（法郎）	1918年7月1日起日工资标准（法郎）	休息日做工工资标准（法郎）	受罚扣工资（法郎）
普通工		3	3.70	7.70/全天	1.90/日
制造火药工			4.00	8/全天	2/日
专门技艺工			4.20	8.20/全天	2.10/日
食堂伙夫长			4.20		
食堂普通伙夫			3.95		
伙食费			2.75/人		
工资外酬金	冒险酬金		0.20/每日		
	制造酬金		0.50/每日		
	酸蚀酬金		0.10/小时		
	尘污酬金		0.12/小时		
维持厂务酬金	能充翻译者		1/每日		
	能尽队长职者		1/每日，须由华工驻所总办保荐		
	工头		0.50/每日		
	头号工人		0.25/每日　有无当日评定		

从上表中看出，有技艺的工种其报酬根据技术含量有所差异，这是尊重技术的体现。对于风险津贴，圣峰新火药厂也一一列明，使从事这类有风险工作的工人心里得到平衡。有的华工营，雇主发现能讲一点外语的工人，就让

他承担简单的日常翻译工作，并给予相应报酬。这种情况下，厂方就不需要专职翻译，以图节约成本。我们看过此表大致会有个印象，该厂的管理比较有水平，华工一般在工资报酬上不会有多大意见。现在再来看看该厂的华工伙食。

表14　　圣峰新火药厂的华工伙食表

启程前所订伙食每日至少供应数量/人			到法后每日供应数量/人		
食品类别	机匠	普通工	食品类别	机匠	普通工
麦面、菽米、稻米各种食粮	供应吃饱	供应吃饱	米	机匠700克	100克
			面包	无	1000克
肉或鲜鱼	230克	230克	肥肉或鲜鱼	200克	180克
干鱼	100克	100克	干鱼	100克	100克
新鲜蔬菜	230克	230克	新鲜蔬菜	230克	230克
干菜	100克	100克	干豆	60克	60克
猪油	15克	15克	油	15克	15克
盐	15克	15克	盐	15克	15克
茶叶	15克	15克	茶叶	15克	15克

此表显示，华工启程前订的合同，是要“供足工人之饱食”，到了法国后，可能物资供应已不如原先想象的那么充裕，对主食米或面包进行了定量，肥肉或鲜鱼略有减少，干菜类由100克变为60克，其他各项定量在华工抵法后的实际生活中与合同初订没有多大变化，华工的伙食配制是比较稳定的。作者曾看到华工开饭的一个无声纪录片，华工的饭钵里盛满了白米饭，看不出有限制。[1]

---

① 凤冈及门弟子编：《梁燕孙先生年谱》，上海商务印书馆1939年版，第307页，上海图书馆藏。

《国务院侨工事务局调查在法华工情形书》第一次披露，第190页，威海市档案馆藏。

la coopération chinoise, SCA−SPCA, Cote: 14.18A1241, ECPAD.（法国防影像档案中心，无声电影《中国合作》。）

这类企业的劳资关系一般不会因为工资标准引发太大的冲突，华工看到了厂方办事公正的态度，在完成生产任务时也一定肯出力，效率较高。

然而并不是所有的企业都能按照国家的意图，给华工增加工资，主要是在私营企业阻力较大。不过，同为私营业主，也不能一概而论，有的行事尚算端正，有的则绞尽脑汁只谋私利，尽量多剥削工人，尤其对华工更低看一眼，对来自国家方面的要求与责问以种种借口予以抵制、拖延、打折扣。目的就是少付出多牟利。私营业主与法国军方订有生产合同，使用国家招募来的外国劳动力，最初的规定是要向国家交纳每个劳力每天1法郎的“特许权享受费”。

同一个庞大的私营集团里，不同的下属公司，面对国家要求提高殖民地劳工和华工的工资待遇，也会出现不同的表现，这就取决于下属公司决策层的人品与职业理念了。法国著名的施奈德公司德西兹煤矿公司1918年6月11日回复军械部的一封信有一定的代表性。它在信中对军械部的要求既有认可之处，也有不同意之点，并提出了方案。

施奈德公司对军械部的新合同要求作出了回应，主要有以下三点：

1.新合同要求计算华工工资按全天和半天单位，我们认为那样华工会产生优越感，对本地人不公平，厂方的建议是以天计算，加班以小时计算发加班费，井下加班费为每小时日工资的六分之一，井上加班费为每小时日工资的十分之一。

2.矿业受1914年2月25日法令管制。以前本公司为比利时工人向自助保险金库支付了雇主分摊金，额度为特别基金的2%，为战俘支付的额度为3%。现同意也为华工向自助保险金库支付雇主分摊金，额度为特别基金的2%或3%。

3.国家招募华工提供给企业使用，企业须向国家交纳特许权使用费一项，贵部要求交纳每人每天1.50F（法郎，下同），半天1F。本公司同意

1.5F/天，但不足一天的也需以加班费计算，按上述井下井上之比例，折算出特许权使用费后上交国家。①

笔者认为，这样的交涉还是有诚意的，既表达了愿意考虑国家方面的新要求，也根据本公司的情况提出具体方案，希望得到当局的理解，同意后就可执行。

然而，同样隶属于施奈德公司的勒克厄佐冶金厂（le Creusot métallurgique）的表现却令人大跌眼镜。作者梳理出了一份时间表加以研判，足以佐证我们的论点。

1917年11月12日，殖民地劳工署转发战争部总行政国务副秘书的通函，要求华工也享受“昂贵生活补助金”，如果雇佣华工的企业不执行，国家就要保留向用工单位预提一定金额用于改善华工伙食的权利。施奈德公司收到了通函。当时，施奈德冶金厂除法国工人外还雇佣着大量的欧洲籍工人、北非劳工及2000多名华工。由于它对华工的工资政策带有明显的歧视性，引起了华工的强烈不满。这件事反映到了殖民地劳工署。该厂接到殖民地劳工署“关于要扩大昂贵生活补助金的享受范围”的公函，并没有主动对照本公司的做法，改进对华工薪酬的歧视政策，而是寻找种种似是而非的理由为自己的不合理制度作辩解。它在账面上做了一些手脚，向华工营的翻译和工人作的解释却冠冕堂皇，后者很难反驳，因为不熟悉法国的社会情况和财务制度。华工们只是心里明白，老板要我们吃亏。真正对它的酬薪制度的不合理提出质疑并要求它改正的，还只能是法国官方的代表，双方都是法国人，容易明白对方在搞什么名堂，而且代表官方的机构和个人手握权力，在这场较量中占据着有利的态势。

1918年6月19日，法国第八军区殖民地劳工勃艮第地区总办巴利厄中校

① Houillères de Decize/division du Travail/Main d'oeuvre chinoise. Cote: 26J 8853. 馆藏：Archives du musée de la Mine de la Machine.（机器城煤矿博物馆档案，施奈德属下德西兹煤矿公司1918年6月11日回复军械部5月31日关于按新合同使用华工的复函。）

（le lieutenant-colonel Ballieu）受命前往该厂视察。厂方对他说，华工的工资是与欧洲籍工人同工同酬的。可是这与华工营指挥官汇报给他的情况并不相符。面对勒克厄佐冶金厂的搪塞，中校口头向厂方提出了要求。可是一个月过去了，厂方置若罔闻。

1918年7月13日，勒克厄佐冶金厂向军方当局发出一封信函，长长五页，采取的敷衍、搪塞、似是而非的“据理力争”颇具迷惑性。它在信中居然说假话，声称“中国工人毛工资与其他同工种的工人是相同的”。“华工日薪6法郎，扣除伙食1.75法郎，住宿0.25法郎，工作服履0.25法郎，医药费与死亡保险费0.25法郎后，华工实得3.5法郎”。勒克厄佐冶金厂不仅口头上说假话，而且不惜编造谎言于白纸黑字。想不到留在了档案中，让今人一窥其意。[①]

殖地劳工署收到它的函件后，当局的回应分两方面：

1918年7月23日，地区总办巴利厄中校从其驻地布尔日发信给施奈德公司总经理与勒克厄佐冶金厂方，信写得很不客气。信中点明该厂给欧洲籍工人的毛工资每天8.25法郎；华工每天毛工资仅为5.25法郎，扣除伙食费1.75法郎，住宿0.25法郎，工作服履0.25法郎，医药费与死亡保险费0.25法郎后，华工实际仅得2.75法郎。并表示厂方曾向他解释说欧洲籍工人的日薪高，是把昂贵生活补助金加在一起了，他表示：“这种说法貌似有理而已，欧洲籍工人是把它作为正常工资领的，并没有觉得里面包含了昂贵生活补助金。更不可理解的是同厂工作的北非劳工，同样以劳工营方式集中管理，厂里也负责他们食宿，每人实际收入至少3.75法郎/天，比华工多1法郎。这是明摆着的不平等嘛！”

勃艮第地区（Bourgogne）有不少华工被分配在好几处的工业或军工企业里，巴利厄中校发现同为华工，工资标准不一，他把这一调查结果也告知了施奈德公司，如下表所列，他要让公司的领导层明白他们的勒克厄佐做得最不合理。

---

① Main d’oeuvre chinoise/Nouveau contrat proposé par l’Etat/salaires. Archives du musée de la Mine de la Machine, Cote: 26J 8853.（机器城煤矿博物馆档案，施奈德公司勒克厄佐冶金厂1918年7月13日回复殖民地劳工署的信函。）

表15　　华工工资对照表

华工工作的城镇名或机构企业名称	1918年6月前 华工日薪（法郎）	参照比较
安菲（Imphy）	超过5	
机器城（La Machine）	4.95	
美国工兵营和F. O公司	4	
蒙梭煤矿镇（Montceau-les-Mines）	3.925	
布尔日（Bourges）	3.25	
勒克厄佐冶金厂（Creusot）	2.75	同工种北非工人3.75

巴利厄中校在信函中告知施奈德一方："你们别以为中国工人粗野，笨拙迟钝。他们不缺洞察力，他们在认真地观察着他们周围的事，他们会与邻近的华工营通气，他们了解到在这个地区几乎所有的华工报酬都比他们高。尽管你们搞了一些计件奖、出勤奖之类的东西，他们心里很明白。我获悉，华工的情绪很不稳定，你们公司以罕见的比例辞退华工，工人队伍不固定。"

他还指出："华工的伙食预留1.75法郎/天只是一个虚构数，实际开支是根本不够的，你们就在每买进一公斤肉上贴补0.30法郎，六月份的上半个月，你们账面上给每个华工每天的伙食费贴补0.0526法郎。为什么搞得如此复杂呢，把毛工资提高到与欧洲籍工人一样8.25法郎/天，伙食预留提高到2.75法郎，其他三种预留不变，这样华工每日可收入4.75法郎，根本不用再在伙食费账上费心思；再说，有好的方法为何不采用呢？把伙食费拨给华工营，食物原材料由华工营负责进货，华工自己操办食堂，施奈德公司对其他殖民地劳工这么做了，为何不在华工营照办呢？你们应该把伙食的事作为突破口，我深信问题解决后，华工的工作效率提高，你们是第一受益者。"①

① Lettre N°2.662, Archives du musée de la Mine de la Machine, Cote: 26J 8853.（机器城煤矿博物馆藏，殖民地劳工署勃艮第地区总办巴利厄中校1918年7月23日发给施奈德公司总经理和勒克厄佐冶金厂方的信，抄呈殖民地劳工署）

1918年7月24日，施奈德公司巴黎总部写信给战争部总行政国务副秘书并转呈战争部长，声称“本公司使用殖民地劳工手续合乎国家规定，关于中国劳工和北非劳工工资问题我们的意见前已呈上。如果你们同意我们的意见，我们会遵照贵部指定的日期即自本年度5月6日和9日分别给华工和北非工人补发补充工资部分”。[①]虽然态度有所转变，但仍在为自己辩护。信仅一页，像是官样文章的告知。

1918年7月28日，殖民地劳工署署长博斯盖蒂亲自签名发出一封公函，致施奈德公司巴黎总部，抄呈战争部总行政国务副秘书。他在信中告知施奈德公司一方，来信中列举的额外贴钱的a-e项，除伙食费超支一项，其他都是企业雇佣殖民地劳工时必须承担的，在以前的规定中早已列明。那几项不是额外贴钱，是本应支出的。关于伙食费超支，因为你给华工工资定低了，如把工资标准提高，伙食费预留也提一点，那就不用贴钱了嘛！公函提到了殖民地劳工地区总办巴利厄中校致施奈德公司总经理的信里提出的方案，认为你们有必要赶紧采纳：你把殖民地劳工的工资至少从每天6法郎提到跟同工种同等级的欧洲工人一样的7.5法郎，将伙食预留提到2.75法郎/日，那样，其他几项预扣不变，即$7.5-2.75-(0.25\times3)=4$（法郎），问题就解决了。你既不需要另外贴伙食费，殖民地劳工的收入也有所提高。公函强调，你们必须赶紧实行，如此才可平息殖民地劳工的不满。[②]如前所述，法官方是将华工与殖民地劳工归在同一个管理范畴内的。

1918年8月6日，施奈德公司派人赴战争部与殖民地劳工署当面商谈，向署长表示准备给勒克厄佐和沙隆工地（Châlon-sur-Saône）两地的华工发“特别津贴”。署长表示华工的日净收入不能低于3.5法郎。

① Archives du musée de la Mine de la Machine, Cote:26J 8853.（机器城煤矿博物馆藏，施奈德公司巴黎总部负责人Devies 1918年7月24日致战争部总行政国务副秘书的信。）

② Salaires des travailleurs coloniaux. N°32377-5/8, Archives du musée de la Mine de la Machine, Cote: 26J 8853.（战争部殖民地劳工署致施奈德公司巴黎总部公函，1918年7月28日）

1918年8月14日，施奈德公司函告殖民地劳工署并请呈报战争部总行政国务副秘书，本公司已决定给以上两处的华工发“特别津贴”，并自1918年5月1日起补发。北非工人与华工同样对待。等候贵署确认后本公司将在新合同上签字。特别津贴的标准如下：

每小时工资低于或等于0.60法郎者，补助0.75法郎/天；每小时工资在0.61法郎至0.70法郎之间者，补助0.50法郎/天；每小时工资在0.71法郎至0.80法郎之间者，补助0.25法郎/天；每小时工资高于0.80法郎者不给补助。现在普通力工日收入为2.75法郎（5.25法郎毛工资减去各项预扣2.5法郎），今后他们就能每天挣到现金2.75法郎＋0.75法郎＝3.50法郎，符合了贵署商谈中对我们提出的要求。①

至此，这桩施奈德公司有关工厂的华工加工资的“公案”总算尘埃落定。实际上殖民地劳工署也未能完全按预定目标迫使施奈德公司就范，而后者在军方当局接二连三的催办与责询下亦不得不默认对华工有失公允，并作出了相应的补赎措施，即给勒克厄佐、沙隆两处华工发放“特别津贴”。它在勒阿弗尔的企业里也雇有大批华工，但它强调勒阿弗尔（le Havre）的生活环境比勒克厄佐有利，那儿华工的工资比这里的高些，因此不给勒阿弗尔本企业的华工这项津贴。

作者之所以不厌其烦地剖析这件事的过程，就是想告诉读者，一方面，在那个特定的时代，身在异国他乡的华工，受到歧视与不公待遇时，即使通过寻求合法途径提出诉求，而且得到法国官方的支持，但解决问题的过程依然充满曲折和艰难。另一方面，需要明白华工的工资待遇在各地各企业是参差不齐

① Salaires des travailleurs coloniaux. Archives du muséede la Mine de la Machine, Cote: 26J 8853.（施奈德公司巴黎总部负责人Devies 1918年8月14日致殖民地劳工署并呈战争部总行政国务副秘书的信）

的，本节所述，只能视为参照系数，尚难作为法辖华工收入的一个统一尺度。

大战结束后，许多华工的合同尚未到期，期满后的人中有一小部分人没有回国，留下来进入工矿企业打工，他们这时与法国战争部或军械部已没有多大关联，工资待遇完全由雇主决定。举涅夫勒省机器城煤矿为例，1920年夏季在该矿场工作的118名华工的收入情况应该说不错的，大部分人的月净进账可达180至230法郎，净日收入水平达到了6.9至8.8法郎之间。等到华工遣送回国基本完毕后，留下来的华工的工薪待遇已成为另一个研究范围，本节就不作探究了。

第六节　拉罗谢尔-帕利斯华工营

一战后期，法国当局在布列塔尼半岛以南濒临大西洋的海港城市拉罗谢尔（La Rochelle）的帕利斯港区建立了一个华工营地。在法国军方管辖的众多华工营里，它的规模不算大，英国人Michael Summerskill 1982年出版的一本著作里，列了一份一战期间由法国当局管辖的华工营的清单，其中没有拉罗谢尔-帕利斯（La Rochelle-Pallice）华工营。[①]这至少说明西方学者或史学家在一战华工的资料收集方面同样存在疏漏。拉罗谢尔-帕利斯华工营“麻雀虽小，五脏俱全”，因此，作者认为解剖这只“麻雀”，可较清晰地洞察法方管理华工营诸形式中的一个模式。解剖的方法是研究拉罗谢尔-帕利斯华工营宏观的管辖关系和微观的管理程序，以及华工的日常劳作和生活待遇。

---

① Michael Summerskill. China, *on the Western Front Britain's Chinese Work Force, the First World War*, London: 1982.

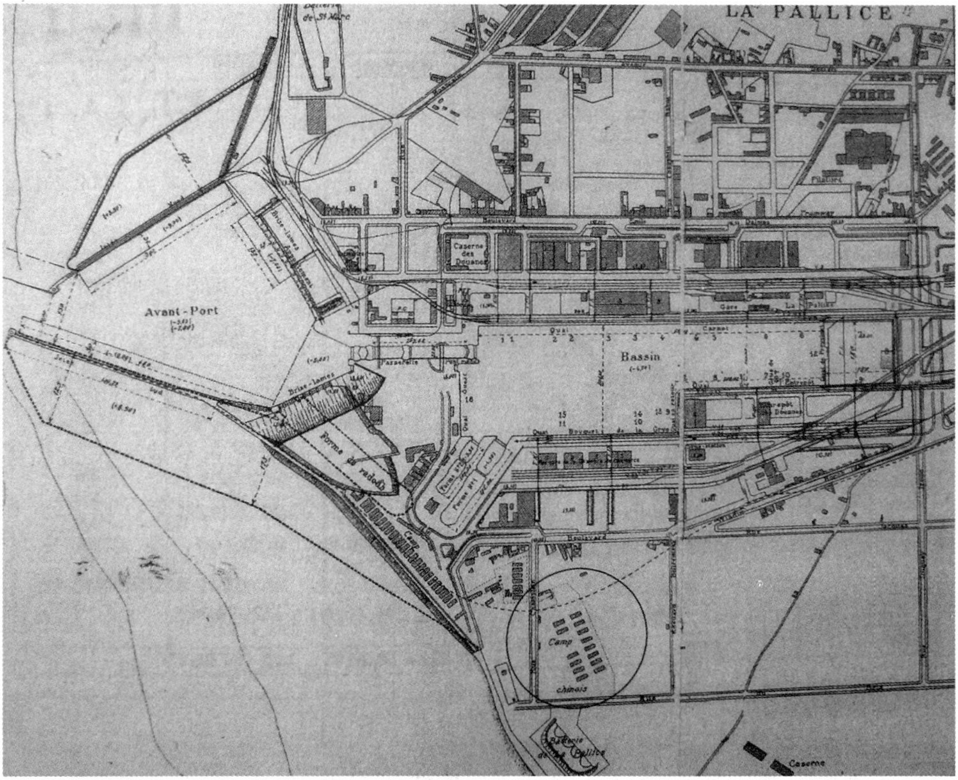

法方派赴海港城市拉罗谢尔（La Rochelle）的华工营，由该市商会协助管理，当地专门为华工营建造了设施俱全的宿舍，堪为英、法所辖十几万华工营盘里条件设备之上乘。图中的圆圈是华工营盘在该市帕利斯港区的位置示意图，其左侧即为大西洋。来源：夏郎德滨海省档案馆

拉罗谢尔-帕利斯华工营是怎么形成的？法国军方通过什么方式管理它？华工营是如何运转的？华工们的情况如何？华工营何时终止，最后一批华工哪里去了？要回答这一系列问题，还需从拉罗谢尔的帕利斯港区说起。

早在19世纪末，拉罗谢尔已成为一个重要的海陆物流站，帕利斯开港于1890年。大量的南美木材、粮食、煤运到这里进入法国内陆，法国西南地区知名的“太平洋蒸汽机航海公司”经营拉罗谢尔与英国利物浦之间的航线。“磷酸盐-鸟粪层公司”从北非进口磷酸盐，从南美进口鸟粪层再生产磷肥等销往各地。约有20多家工厂或运输公司在该港落户，其中好几家化工企业生产炸药，纺织工业在此相当活跃，几家造船厂也具有相当规模。这一带海域盛

产鳕鱼，捕渔业很发达，海军鱼雷艇频现港湾。

海洋航运和工业生产如此兴旺的一个海港城市，其就业人口遭到了战争的巨大冲击。就拿帕利斯港区的码头工人来说，1914年大战爆发前多达1500名，法国宣布总动员后锐减至300名。码头工人和工厂的大批工人应征入伍，拉罗谢尔等大西洋沿岸的港口城市与法国其他城市相比，服务于国防需要的劳力缺口更大更紧急，大批的军用物资包括炸药源源不断地由海路抵达，前线对战争物资的需要迫使多家企业增加装卸量。两组统计数字至少可让我们想象一下帕利斯港的繁忙：大战爆发后，帕利斯港的货运量从1914年的955861吨急增至1918年的1688645吨。1917年春，美国宣布参战后，自当年11月至1919年底的26个月内，该港卸运了来自美国的80万吨物资和17.5万匹马和骡子。

面对劳力严重匮乏的困境，拉罗谢尔商会自1915年起就提出要招募外国劳力。1916年当局先调来2000名德国与捷克俘虏应急，基本保证了港口码头的运转。捷克是奥地利的北邻，成为奥匈帝国的追随者后亦派兵参战。德捷俘虏在帕利斯码头被强制干活。在拉罗谢尔避难的一些比利时工人也受到招募。

随着战事进展，1918年11月，同盟国战败，与协约国签署了大战停战协议。停战时还有2800名俘虏，其中德国兵占三分之二，他们将很快分批遣返走人。人们对前景各有各的猜测，帕利斯港口主任在1919年1月就预见到德国俘虏一旦被遣返，港区必定会闹劳力荒。他要求拉罗谢尔商会担起管理的责任并协助设立一个殖民地劳工营。这个建议得到帕利斯各家装卸公司与工厂企业的支持，拉罗谢尔商会表示同意并着手实施。自1917年起，有殖民地劳工署介绍来的124名华工，受雇于帕利斯港区的“德洛内-美丽城”（Delaunay-Belleville）造船厂，中国人在当地留下非常好的口碑。商会认为雇佣华工是最明智的选择，于是1919年3月4日与法国殖民地劳工署签了雇佣500名中国劳工的合同。凡事预则立。由于华工在预期内抵达帕利斯港，终于避过了一场后果严重的“劳力荒”冲击。[①]

战争物资抵岸急需卸运，在前期即尚未修建正式的华工营房之前，殖民地劳工署从某地拨调一定数量的华工来完成任务，这一方式具有临时性与流动性较大的特点，根据需要在拉罗谢尔、洛里昂（Lorient）、埃唐普（Etampes）南特（Nantes）、瑟堡（Cherbourg）等几个城市之间调来调去，每次的人数不等。进入战后重建阶段后，情况有了变化，华工营的人员相对固定，出现了修建专用劳工营盘的客观需要和可能。

解决华工住房已成燃眉之急。当局要求拉罗谢尔市修建一个固定地点的华工营。商会出面在离战俘营不远的船坞内港“帕利斯锚地”的南侧租了一片地，公开招标建造华工营。鉴于历次调来拉罗谢尔的华工人数同一时间内从未超过434人，设计规模就定为最多可容纳455人。我在档案里找到一张建筑示意图，它包括行政楼、伙房淋浴楼、医务盥洗厕所楼，华工食堂楼和两座宿舍楼。墙壁都用水泥砌砖，屋顶以法国常见的黑色板岩片覆盖。1919年3月开始动工修建。不久，拉罗谢尔商会主席收到殖民地军队总部的一封公函，签发日期是1919年4月3日。公函提醒商会必须在华工营里修建专门的华工禁闭室，过去借用德国俘虏的惩戒所关押受罚华工的做法应该结束。华工如违犯规定，情节严重是要关禁闭的，各个华工营均如此。

到了8月，新营房尚未建成，在帕利斯港区干活的华工约有200人，他们被临时安置在破旧的工棚里，一下雨里面就漏。9月秋雨更多，营房还没竣工，里面暖气设备来不及安装，就让华工先入住了。世上事常算不准，商会预测的需要数量是500名华工，但后来由于各种原因，在帕利斯的华工人数从

---

① Hu Xinyu et Martine Raibaud. *le camp chinois de la Rochelle-pallice*（1919–1921）. *les travailleurs chinois en France dans la Première Guerre mondiale–Sous la direction de Li Ma*. Paris: CNRS Editions, 2012. Christophe Bertaud. Les Chinois de la Rochelle: *le Camp de la Pallice*（1919–1921）, dans la revue *Ecrits d'Ouest*, pp.29–40, *la société Rochelaise d'histoire moderne et comtenporaine*, mai 2009. 法国滨海夏朗德省档案馆藏。

四五百人递减到200人左右，10月后入住新营房的华工不足150人了，他们是从萨尔特省（Sarthe）的苏士（Suze）、埃松省（Essone）的埃唐普（Etampes）、上塞纳省（Haut-de-Seine）的南泰尔（Nanterre）、芒什省（Manche）的瑟堡（Cherbourg）调过来的。当各地调来的华工住进新营房，跟原来住过的地方相比，心里甭提有多高兴。拉罗谢尔市里还组织人到其他地方考察华工住地，发现帕利斯的华工营为华工提供了较为体面的居住条件。别处的法辖华工住宿条件都比不上这里，英军管辖的华工营更差，譬如在加来海峡省的华工，大部分华工队搭帐篷而宿，因战事、时间、距离诸多因素不允许去寻找合适的营地，往往在糟糕或危险的地带将就着搭建帐房；有一些住在村民堆放麦捆或干草的大棚屋仓，还有的把炸塌的民房废墟当作夜宿栖身之处。

如何使华工服从调配，干活肯卖力气，以让企业获得使用华工的高效益；如何协调好华工营营部与商会，华工营与企业主，商会与用工企业之间的关系；如何防止华工闹事，如何缓解华工与当地民众或第三国劳工之间的紧张关系……这些都是作为管理中枢的商会和担当直接管理者角色的华工营营部需要面对的命题。华工营的用工模式和对相关事务的处理颇能反映法国人的行事规范。

先说企业怎么雇佣华工。役使华工是严格按规章办的，事实上它涉及企业、商会、“港口公共劳力处”和华工营等四方面。港口公共劳力处将华工劳力分配给海洋运输业单位用以装卸战争物资，也分配给那些与战争部或者农业部签有生产合同的工厂。当年有30多个企业雇佣华工营的劳力，其中包括14家卸货公司和5家化工厂。港口公共劳力处必须将分配情况通报拉罗谢尔商会，商会备案并通知华工营。企业的用工费标准为每人每日10法郎，是付给商会而并不是直接付给华工营。后因食品价格上涨和劳工住房特许费率提高，从1920年3月起，用工费标准提到11法郎，1920年11月再涨至12法郎/日。

再说华工与华工营。华工营由十几名军人负责管辖和安全。一名法国陆军上尉担任“营长”，手下有几个军人作为干部编制（法国的公司企业里至今都有干部与普通职工两种编制，这“干部”实际上就是高级职员的意思，与“公务员”是不同的两个概念）协助营长，他们是警务官、炊事班长、军邮员、秘书、监工；再加由商会派驻的会计马斯卡雷罗先生（M. Mascarello），共同组成一个管理班子。其他就是一般士兵。这批军人都是普罗旺斯–阿尔卑斯–蓝色海岸地区的人，由马赛那边的军队派来，他们在写给家人的信里也流露出思家之情，希望能早日结束任务回家与亲人团聚。也许，他们因此而能多少体察到这批中国人的艰辛悲苦，从万里之遥来到一个完全不了解的国度，面对陌生、隔膜、歧视甚至敌视的无奈。

拉罗舍尔–帕利斯华工营也是封闭式的，建有围栅并岗哨守卫，但华工仍可自由出入。华工们过的是集体生活，外部世界对他们并不亲善，他们在营盘内感到安全，与其说营盘围栅把他们困在里面，还不如说靠它挡住了不怀好意的外人欺生捣鬼。华工被分编成若干个小队，每个小队设小队长一名。翻译直接隶属于营长管，在营部和小队之间上传下达。实际上华工里存在着三个等级：翻译、小队长、劳工。各个等级的工资标准也不一样。有的工厂雇得的一批华工，小队长会说法语，商会知道后为了减少华工营的开支，就拒绝派翻译给这个厂。

华工每天应工作10小时，前往分配的企业劳动，劳动条件因为不同工种而不一样，华工一般都是按日按任务计酬，简单说就是“计件工”。那些经常换企业，没有技术专干笨重脏累活儿的华工最辛苦；有专长的工人工作条件就要好一些，在帕利斯港区前后共有50多名有技术的华工，他们很受企业欢迎，得到的报酬也高些。企业如在工作地点发现华工违犯操作规章，有责任当场予以纠正；如发现华工不愿干活或不守纪律等行为，由企业报告华工营营长，涉事华工将受到严厉责罚。华工营按派出劳力数和工时数向商会报账领钱，各项费用标准按招标合同执行，营部无权自行更改。如企业和华工营发生纠纷，由商会出面协调。商会虽然同意担任华工营的管理者角色，但不得干涉华工营的内部事务。这个流程显示，商会是一个枢纽，上通下达。每一方面都有自己的职责和义务，没有哪一方可以凌驾于其他方之上，相互间按章办事，协商沟通。港口公共劳力处没有财务小组，由商会负责监管华工营的财务运转，它不能让华工营出现亏空赤字。商会熟悉当地市场，为了买到“性价比”高的货，它帮华工营定点联系了购买大米、面包、鲜鱼、猪肉、蔬菜等大宗食物的商家，选的就是一家军队的供货商。应该说拉罗谢尔-帕利斯华工营运转良好，拉罗谢尔商会功不可没。

华工营必须按招标细则里规定的伙食标准办理伙食，伙房按每人每天的定量下料，不允许随意增减，因为华工营的餐费不可以超支。

表16　　　　　　　　华工伙食日定量表（据夏朗德滨海省档案馆资料）

品名	数量（人/天）	备注
大米	100克	120法郎/100公斤，全营一月约需3吨
粗麦面和高粱混合粉	1000克	做馒头用
面包	600克	如吃面包一天全营需300公斤
肉类或鲜鱼	180克	当时鲜猪肉价4法郎/公斤， 鲜鱼价1.4—2法郎/公斤
鲜蔬菜	230克	
咸菜	60克	无鲜菜时吃咸菜
油脂	15克	包括植物油和动物油
盐	15克	
茶叶	15克	

战争期间肉价太贵，伙房就少买肉。按日定量肉或鱼每人180克，折成中国10两制就是3.6两。我从档案里看到一份华工营会计做的1919年12月与1920年3月各项开支比较表，看出大米、面包、煤涨了价，肉还是4法郎一公斤，这两个月每人每天肉都吃到220克，即4.4两。

有个阶段肉价涨得厉害，华工营伙房就去采买便宜的鲜鱼，当地鲜猪肉4法郎/公斤，鲜鱼1.4—2法郎/公斤，华工们一周可吃到两次鱼。通常放在周三周五。伙房常买灰火鱼，大家也还喜欢，一次需要买90公斤。尽管如此，很多华工还抱怨吃不饱，他们干的是重体力活，伙食的定量不足以补充他们的体耗。怎么办？几百人的伙房常年的泔脚水是资源呐！营部在1918年的年底搞了一个“泔水换肥猪”的招标，中标的是当地一名家里有母猪下仔的农民。他自1919年3月1日起每天来运泔水喂他的一窝小猪，六个月后他送来两头肥猪交给华工营。这叫各有所得，双赢。从1919年9月1日起华工营固定把泔水包给一个叫莫里斯·布勒东的养殖户，交换条件是他应在1920年2月中国农历春节前交给华工营伙房两头大肥猪，每头至少重80公斤。[①]宰猪加餐的日子华工营里好不热闹，工人们大快朵颐之时，自然减少了过节期间远离亲人者最易萌生的乡愁。

企业向商会交纳雇佣华工的费用每人每天10法郎。华工营按这个额度安排各项开支，会计分门别类地做账，他既向商会负责，也要向营长负责。那么华工营怎么用这10法郎呢？请看下表。

表17　　华工营“10法郎/人·天”开支细分表[②]

项目	金额（法郎）	备注
工资	3.00	必须出勤10小时/天
伙食	3.30	华工营规定伙房开支标准
住宿	0.25	由华工营提供的住房宿舍
物资使用费	0.20	华工衣服被褥床椅等一应使用的衣物用具设备
失业保险	0.50	没有分配到工作的日子，华工可领失业金
事故保险费或加薪预备金	0.50	事故保险费付给保险公司，发生事故后由华工营向保险公司索赔。加薪预备金由华工营掌握。

① 法国夏朗德滨海省档案馆档案。1919年4月29日帕利斯华工营向拉罗谢尔商会主席的汇报信。信函长达10页，详列了华工营的伙食定量与供应，各项财务开支及如何按规定运作的情况。

② 同上。

（续表）

项目	金额（法郎）	备注
死亡保险	0.25	平时交付给保险公司，华工死亡，向保险公司领取死亡保险费后寄给家属
行政管理费	0.35	以供华工营管理层办公运转之用
特许权使用费	1.50	由华工营统一上交给法国国家税务局
储备金	0.15	华工营营部掌握以作机动调配之用

华工日工资标准为3法郎。从表面看，如果做满26天，一个月可挣78法郎，那应该说很不错。实际上不可能，因为经常分不到活，那就只能按失业一天领0.5法郎。企业指派华工的工种多为缺少培训的临时性的重活，华工的工伤事故频发。一旦受伤，由法国医生来治疗，伤重一点的往往一两周无法出工，当然没有工资，只能领取事故保险费了。华工的实际收入不太高，但能得到最起码的保证，这有赖于殖民地劳工署与殖民地军队总部签订的合同条款规定。

华工营的管理层都拿月薪，“营长”每月薪水不详，其他几位干部的工资标准：警务官100法郎，炊事班长60法郎，另外3位均拿50法郎。警察、炊事兵、护士、清洁扫地工等被归入华工营职员一类，他们的工资取自上表里的“失业保险”账（每个栏目都有独立的账，不能相互挪用）。一般士兵就领津贴费。法国当时的生活水平由此可窥一斑。会计每月200法郎的薪水由商会支付。商会里的两名财会员科尔迪埃（M. Cordier）和加雷（M. Caré）利用业余时间帮着派驻会计打理华工营的烦琐的财务收支账，营部从行政管理费里支付一点津贴费，作为他们额外工作的补偿。这也应该算是公正的做法。①

法国人的合同条款订得相当详尽，就连华工干活出色如何奖励也作出规定。帕利斯港的许多企业希望奖励干得出色的华工，不过招标细则禁止企业直接奖励劳工，规定企业主奖励华工的金额在0.5至1法郎之间，但只能给筹码

① Christophe Bertaud: Les Chinois de la Rochelle, le Camp de la Pallice（1919–1921）. Archives départementales de Charente–Maritim.

或奖券，不准给现金。华工回营房定期向会计凭券或码子领取奖金。华工营向商会报奖励总账，商会向有关企业收取奖励费。如此流程便于有序管理，可避混乱。总体来说，拿到奖金的华工并不罕见，只要干得好，就可得到码子或奖券。应该说，企业为了提高效益，实行激励机制是符合市场经济的。

表中的“特许权使用费”是雇主按每日分配到的实际劳役人数计算，上交国家税务局作为国家招募华工的开支补偿。国家用这笔钱来支付战争部发给华工的服装费开销。说透一点，殖民地劳工署是由国家成立的机构，并非免费为私人老板服务。所以使用劳力就得向国家支付“特许权使用费”。这项费用占了华工营支出总金额的15%。

1919年3月，在帕利斯港区的华工有四百几十人。某日，在磷酸盐-鸟粪层公司工作的华工无意中获知自己所得的日工资不到公司付给商会的三分之一，不由得十分气愤，认为商会或什么机构贪污了他们的钱，于是决定罢工，要求给出解释。华工营只得拿出细账向华工说明10法郎的各种用途，开支里除了工资、伙食、住宿外，还有那么多项目，如电费、暖气费、医生就诊费、药品费，像特许权使用费这类名堂，华工们从未听说过。通过翻译向大家说明商会在使用华工这件事上没有任何赢利，华工营也必须认真努力才能做到收支持平。华工明白了财务上的做法后，事态即告平息。

如果说法方管理层对华工还能基本执行合同条款给予人道对待的话，部分民众的仇外情绪却使华工屡遭欺侮与暴力伤害，闹去警局也无有改变。1919年7月20日，一名34岁的华工翁振波（音译）被割喉丢弃在沟堑内，送医院后不治身亡。他上有父母下有两孩子，平时很节俭，定期寄钱回中国，孝顺父母顾念子女，在华工营里素享口碑。他安葬于拉罗谢尔Saint-Eloi公墓时，许多人参加了他的葬礼。[①]类似的华工受害案件曾在法国多处发生，闻之令人感到

---

① 参阅Christophe Bertaud. *Les Chinois de la Rochelle*: *le Camp de la Pallice*（1919-1921）。这名华工在登记簿上的姓名为Oueng Tcheng Pong，江苏籍。

愤慨又辛酸！

战后，美军撤离，抵岸货量锐减，外流居民回来了，应征入伍且没在战争中丧命的战士复员回来了，他们看到竟然那么多的外国劳工在自己的城市就业，自己反而没有工作，自然心生嫉妒。企业雇佣华工，必然引起本民族人的不满；帕利斯的华工们多次经受了失业，地方当局也认为没活干还要发给华工失业金，徒增成本；华工中思归心切，干活松懈，被雇主认为偷懒者日众……各种因素导致对华工的需求量大大减少。让我们看一下拉罗谢尔-帕利斯华工营历年的人数统计，从中可悟出形势变化和社会因素对华工需求的影响。

表18　　拉罗谢尔-帕利斯华工营人数统计表

统计日期	华工营实际人数（人）	统计日期	华工营实际人数（人）
1919年2月15日	325	1919年10月1日	135
1919年3月1日	383	1919年12月1日	132
1919年3月13日	431	1920年3月1日	130
1919年4月1日	424	1920年4月1日	128
1919年5月1日	434	1920年5月1日	127
1919年5月13日	367	1920年5月21日	95
1919年6月1日	353	1920年6月20日	93
1919年6月19日	200	1920年11月19日	70
1919年7月1日	201	1921年1月28日	68
1919年8月1日	200	1921年3月4日	68

1921年3月4日上午，拉罗谢尔-帕利斯华工营的最后68名华工，离开当地，被送往马赛华工总驻所，给拉罗谢尔-帕利斯华工营的历史画上了一个永远的句号。①

① 法国夏朗德滨海省档案馆档案。1921年5月2日，华工营善后小组向拉罗谢尔商会主席递交的善后报告，汇报了最后一批华工的离开日期，详细分列华工营各项账目及财产物资清理情况。

第七节 受雇于美军的华工

欧战进行到1917年的胶着状态之际，世界上发生的几件大事中，至少有两件事，将对战争格局产生决定性的影响，但当时一般人并未意识到。

刚入春，英国的新首相在伦敦作出决定，吸收南非、澳大利亚、加拿大、新西兰、印度等英联邦自治领加入欧战。由此，英国远征军的兵力得到大大加强。

鉴于德国潜艇在大西洋上袭击商船邮轮，造成不少美国人丧命的行为如1915年5月7日英国邮轮卢西塔尼亚（Lusitania）被击沉，1200人遇难，其中美国人128名，1917年3月19日美国货轮Vigilantia被击沉等，美国总统威尔逊提出“战争状态已存在于美国与德国之间”的提案，4月2日要求国会进行投票表决。美国参众两院支持总统，4月6日同意向德国宣战，但不与英、法、俄结盟，只作为合作伙伴。这个法律定位使美国跟合作伙伴国之间，不与以前签署的承诺协议发生任何关联。

美国决定正式派兵赴欧作战，作为战争职能部门的国防部当时却未能进入情况。1917年4月美国军队只有10.8万人，即使算上联邦政府属下的13万国民卫队非全日制服役的士兵，美国的兵力也实在无法应对参战之决定，当时美国最精锐的武装力量是两支海军部队，仅1.5万人。全国为参战必需的机构设置、运输能力的安排、兵员组成与调遣、粮食军需的供给等等各类机制，要不尚未建立无法运作，要不情况非常混乱。在此情况下，美国政府依然决定，由一个步兵师和两个海军旅组成一支远征军立即派赴法国。同时，开始征募100万新兵，完成第一期目标后接着再征召100万人入伍。威尔逊总统希望，到1918年，在法国战场上将投入200万美国兵力。1917年6月28日，美国远征军（American Expeditionary Forces，简称AEF）的第一个师在法国大西洋海港圣-纳泽尔

（Saint-Nazaire）登陆。之后每个月，美军都以数千或上万兵力抵达欧洲战场。[①]

美国人很快感到，他们的军队主要由新兵组成，军事素质差，工作效率低，不仅如此，还必须抽调大批士兵去承担本应由劳工做的军事辅助工程，如筑工事、造营房等，因而部队的作战兵力大受影响。输送美军人员与战争物资的海洋运力本来非常紧张，不可能采用从美国本土运劳工去西欧的方案。这个局面拖到1918年2月1日，美国成立了远征军劳工局，约翰·普赖斯·杰克逊中校（Lieutenant-colonel John Price Jackson）出任局长，美国远征军两次恳求法国政府立即给美军提供5万名劳工，以取代正在从事劳役的美军士兵。杰克逊向法国战争部表示，美国远征军目前已有2.6万士兵在做劳工的事，希望法国先紧急提供3万名劳工，用于装卸物资、搬运军火、建造军用房、修筑道路与挖战壕工事等。

美军向法国求助之际，自己还雇用了数万名来自不同国家的劳工。法国政府无法拒绝美国的求助，同意立即借出1万名中国劳工给美国远征军。接着，殖民地劳工署根据美军的急需，从各地的华工营队中抽调人员组成新的华工营团，在法国军官的带领下奔赴美军在法驻地。

若把美国远征军雇佣华工的全部单位和驻地一一展示，显然超出了本书的范围设定。已知与华工有关的地点为28个，华工主要被派赴美军的总服务基地、工程服务站、飞航队基地、工程局、堆栈库、美军地面部队基地以及几家公司，如地中海熔铸公司、巴黎奥尔良公司等。它们多分布在大西洋海岸附近的几个省内及阿尔萨斯-洛林的前线一带。[②]美军的总服务基地、工程

① John Keegan. *La première Guerre Mondiale*. Traduction de l'anglais, pp.430-432. Perrin et agnès viénot éditions, 2003.

② 华工被派赴美国赴欧远征军的在法基地工作，地点的法文名字按字母先后顺序排列如下：Aigrefeuille, Aulnat, Avion, Bazoville-sur-Meuse（军备供应站）, Bazoville-sur-Meuse（第八军大本营）, Beau Désert, Beaune, Bourges, Gièvres, Issoudun, La Rochelle, La Seyne, Latrecey, le Mans（堆栈库）, le Mans（美军基地）, Liffol-le-Grand, Mehun-sur-Yèvre, Mérignac, Montoir de Bretagne, Montoire-sur-Loire, Nantes, Notre-Dame-d'Oé, Pruniers-en-Sologne, Rimancourt, Romorantin-Lanthenay, Saint-Maxent-l'Ecole, Saint-Nazaire, Tours.

服务站、飞航队基地、机场、仓储等基本都位于后方，派去法国东部地区的华工团则已到了与德军对峙的前线地区。据初步考证，美军工程给养基地有三个，南特（Nantes）、杰弗尔（Gièvres）、默恩（Mehun-sur-Yèvre）；美军飞航队服务站有四个，圣迈克桑（Saint-Maixent-l'Ecole）、图尔（Tours）、伊苏敦（Issoudun）、罗莫朗坦（Romorantin-Lanthena）和普吕涅（Pruniers-en-Sologne）；美军作战部队驻地有蒙图瓦尔（Montoir de Bretagne）、巴佐维尔（Bazoville-sur-Meuse）、大利福勒（Liffol-le-Grand）、里莫库尔（Rimaucourt）等。

受美军雇佣的华工从一个比较好的管理体系转入一个来自美洲、应对仓促、不明合同条规、缺少称职管理人员的新体系。随同华工团前往的译员人数又极少，如800人的华工团里仅两名翻译（可能是法辖华工营队中的中国人翻译很少有人会讲英语），与美国人的沟通极为困难。

华工接触到的美国人，一部分是中层管理者军官，负责分配工作，检查质量等，另一部分是由军士或一、二等兵充任的直接带队者。中层管理者对华工的物质供应漠不关心，却惯于使用惩罚手段，而且随心所欲，他们动以责罚，还不作任何解释，显得十分蛮横。

有800名华工被派给设在圣迈克桑（Saint Maixent-l'Ecole）的美军飞航队服务站，它位处历史名城普瓦提埃（Poitiers）西南约55公里。[①]华工营盘的设施相当糟糕，华工还备受美方中层管理者的欺凌。华工干完活回营地前，每次都会遭到美军搜查，美方可能怕华工夹带什么，有几次查到什么东西，美国人认为华工有欺骗行为，竟然将全团800人通通关在营地内不准外出，长达12天。有过错，也是少数人所犯，硬让全体受罚，显然是欺凌中国苦力。这个华工团

① 圣迈克桑属双塞夫勒省（Deux-Sèvres），法国自1881年在该市创办军校，历经步兵学校、步兵与战车军校等，现为国立下级在职军官学校所在地。也许因为该市拥有历史悠久的军校，以至于市的名字里也有学校一词。一战中美国一支飞航队驻扎于此。一个华工团被调去为飞航队服务站服务。

得到的安置条件本来已很差劣，营地内连盥洗间、淋浴间都没有，无医务室，厕所极简陋，伙房太小，食物供应也少，住宿的房子不通风；现在白天也得闷在里面，不工作美国人不发工资，等于集体扣工资，华工当然不满，营地内开始出现骚动。美军官见状，马上调动150名全副武装的美国兵士进驻华工营地，大兵们一手持左轮手枪一手举盾牌，如临大敌，只要当官一声令下，就会毫不犹豫地开枪镇压。①

派到法国中西部卢瓦尔—歇尔省内的杰弗尔镇（Gièvres）美军工程给养基地的华工营团，遭受美国人的欺凌特别令人发指。如1918年5月某日，一名华工竟然被主管美国人用棍棒打死。美国人频繁地无缘无故地惩罚华工，次数之多简直不胜枚举。还是在这个给养基地，同年8月，也许是沟通发生误解，一名美国军官下令将40名华工拘押关禁闭。

美国人暴躁无耐心，用手势给华工下命令，稍不如意，则挥拳揍人或者体罚，他们体格比欧洲人更加身高马大，使华工对美国人心生恐惧。1918年7月的一天，为一家美国公司工作的160名华工实在不愿再当虎狼利爪下的羔羊，全部逃离工作区。美国人当然不会轻易放过这些华工。

中层管理者根本没有管理外国劳工的经验，也不想改进自己的工作。充当华工营团直接带队者的士官，素质更差。有些人品行不端，擅长以权谋私，如将华工的贵重物品例如戒指之类据为己有；或向华工勒索钱，许以分配较轻松的活儿作为交换条件。有的违犯规定，把美军旧制服以三四十法郎的价钱卖给华工，当华工把制服带出工作区时，被美国军官发现没收，华工钱物两空，只能吃哑巴亏。还有一些手握武器的美国兵，本性凶野，视劳工生命如草芥。1918年5月间，杰弗尔给养基地的一名美国哨兵看见一个华工在厕所外面小便，认为他不遵守规定，居然开枪将其射杀。这类极端行为在美军高层眼里无

① Lieutenant Colonel Mouries to commanding general, 9th region, Tours: Correspondance of the Labor Burean May 15, 1918, NA, RG 120, entry 1758, box 112, folder 97. 参阅徐国琦：《一战中的华工》，上海人民出版社2014年版，第163页。

足轻重，哨兵并未因此受到处罚。

美国军方严厉管制华工，对华工生活必需品的供应却很不上心。有的华工营队抵达新营地后，发现做饭缺炊具，没有足够的盆盘可发给华工用餐，有的缺食用油，有的没新鲜蔬菜。驻地迟迟不给华工提供合适的冬衣，短缺毛毯、鞋子、袜子、雨衣是不少华工营团遇到过的事。

1912年法国已在罗莫朗坦（Romorantin）建了一个军用机场。1917年8月起，美军在罗莫朗坦开始修建大型军用储库，建筑面积铺开几乎等于四个村镇，储库系统的对角线最长达10公里，每天平均转运战争物资320多吨。这个计划的实施需要大批劳力，大概有两个华工团被派来罗莫朗坦为美军工作，其中1400名华工承担排水工程。中国人习惯于喝热开水或茶，美国人却不提供开水，引起华工不满，造成许多人生病，美军基地的医生又不懂中文，结果华工的疾病未能得到及时有效的治疗。①

另一些华工营团被派往美军作战部队驻地，那是前线地区，如孚日省的大利福勒（Liffol-le-Grand）、巴佐维尔（Bazoville-sur-Meuse）两地，上马恩省的里莫库尔镇（Rimaucourt），华工为美军挖掘战壕，修筑掩体，搬运军火等。华工炊事员埋锅造饭时发现他们的伙房里食用油太少，根本不够做菜。幸有法军方管理者在，法国人迅即与美军供需处接洽后，问题方得到解决。

为美军服务的华工都已在法方管理下工作了一两年，他们来到美军基地工作，发现美国人不像法国人那样对待自己，他们抱怨美国人小气，不讲道理，营地内经常弥漫着不满情绪。法方军官也觉得美国人做得过分，往上反映给法国殖民地劳工署，署长博斯盖蒂虑及罢工和暴动的隐患，多次致函美远征

---

① 罗莫朗坦（Romorantin-Lanthenay）位于奥尔良以南70公里，属卢瓦尔一歇尔省（Loire-et-Cher），美国远征军在法国军用机场的基础上扩建了一个面积为170公顷的航空基地，附带一批机修与换件工厂。至1919年5月，仍有约4000名美军驻扎在该航空基地。停战后，200多架外国飞机、619台DH.4型发动机和198台战斗机马达在罗莫朗坦航空站修理后全部运往美国。在该基地工作的华工也陆续撤离。

军劳工局局长杰克逊。

法当局要求美军“按照法国与中国工会惠民公司订的合同规定对待中国劳工”，坚称借给美军的外国劳工不属于美国人执行纪律的权限，要求美劳工局制止对华工的随意惩罚和虐杀。华工触犯法律时，美方应将其移交最近的法国警察局而不得自行处罚。杰克逊有时回函辩解，有时也告诫属下中层管理者。可一些美方中层管理者反而认为，是法国人把华工惯坏了。如果法国人不插手，把华工全交给他们，他们一定能把中国人管得服服帖帖。

按照陶履德－惠民合同第二十三条，“法方有权将全数或一部分工人择让于可靠之工厂或厂主之权，此项让渡后，使用华工的让受方应代为执行合同的一切规定，并担当合同所载之义务”。法国将华工择让于美军使用，美方没有另与华工签订新的合同，理应执行“陶履德－惠民合同”之条款。这一点法方一开始就告知过，法方派带队者同去就是为了监督执行状况。法美双方当局商定，凡是提供给美军的华工，工作由美国人分配，华工进入美军基地后服从美方管理，美国人支付工资，提供食物、寝具等生活物资及营房集体住所。华工下班后回营房，仍由带队去的法国军官管辖，负责纪律与生活安排。简言之，美方管干活，法方管生活。可是，实际操作中麻烦与问题还是不断出现。

每天上班前，法国军官把华工送去交给美国人。一进美军或美国公司的大门，华工便置于美国人管理之下。在美方的管辖范围里发生什么情况，法国军官当场无法知道。美国人未经法方事先允许，擅自将华工调往他地工作。华工星期天工作受工伤，在法方雇主手下可得到补助金，但美方不给，称美国的薪酬制度规定星期天不付薪水给劳工。华工看病治疗费和住院费因美法之间事先没有协议，法方称按与中方订的合同应由雇主承担，美方称只管工作与支付工资，双方争执不下。华工工作三个月后，照例应得到30法郎津贴，美国人不愿支付，反而常要求华工超时工作。这种种因素，加上美国人对华工粗暴野蛮，致使华工最不乐意在美军手下工作。

美国军方要求法国军方撤出法方管理人员，把华工交给美军单方面管理。

法方坚持不放手，为此的扯皮在美军使用华工期间贯以始终。作者认为，法方向美方提供华工但仍不放弃管理是遵守合同条款的表现，如果撤出法方管理人员，全部交由美军管理，华工的际遇将更差。在勃艮第地区的美军工兵营雇佣的华工，得到的报酬是每天4法郎，与该地区的各工矿企业中的华工工资相比，属于中间水平，比上不足比下有余。但在美军手下工作，显然所受约束要多得多，合同之外劳动表现再好也得不到奖励，这方面还比不上英辖华工营的待遇。

美方强调他们的士兵目前吃住等条件都差，称连军队的供给都不能保证，没有理由先照顾劳工的要求。这正是华工不满之处，也是法方不能苟同的观点。美国远征军是美国自己的，帮助协约国打仗，胜利后美国有利益分享，华工替美军工作，至少应履行合同，不应视作军队之附庸。战后胜利者一定利益多多，美国人会让华工分享吗？陶履德－惠民合同第二十三条里有说明，“陶履德君或其受权人仍应担保让受人实行合同”。法国人需要美军参战，帮助协约国军队打德奥同盟，法方只能提醒美国人应实行合同，却无法也无力强制美方履行合同，对方如不履行，更不敢对之采取断然措施，“仍应担保”，有些事就只是空头支票落不到实处。以上种种原因，使双重管理制无法从根本上获得改善，华工蒙受的不公与欺负，得不到根本性扭转。

华工自1918年初春开始受雇于美军，以截止于同年8月20日的统计，法国政府借给美国远征军的华工人数达11539名。这种双重管理状态持续到1919年5月华工离开美军役地，也就是一战停火半年后，华工才重新回归由法国政府单方面管辖。①

华工在驻地外遇到美国大兵，屡遭包括黑人在内的美国兵丁的肆意讥笑甚至寻衅斗殴，华工们不堪受辱，群起反抗，与美国大兵们打过几次狠架，双方各有胜负。为美军提供劳役的华工们，即使受到美国人的种种恶劣对待，心

---

① 参考徐国琦：《一战中的华工》，上海人民出版社2014年版。

存不满，但看到美军队伍要去跟德国人打仗，在大热天开往前线，士兵们身背重负走得又累又渴时，却不计前仇地表现出中国人固有的同情心和热乎劲儿。一大群正在休息的华工纷纷跑去装水挑桶，然后一边跟随队伍走，一边递水给士兵喝。这样的事不止出现一次，因为部队行军不停步，有些华工挑桶送水跟着走出半英里多。美国人想不到，平时他们鄙视的黄皮肤中国苦力会这样善待自己，许多士兵在酷暑中满怀感激地接过水杯仰脖一饮而干，还掏出1法郎作为买水的钱付给华工，但没有一个中国人收他们的钱。美国大兵们第一次见识了中国苦力的尊严与善良。①

第八节　法国人管理华工述评

法募华工抵达马赛后，在华工总驻所编队分配去各个目的地。华工前往工作的工矿企业，规模大小不一，需要的工人数也千差万别，所以华工以groupement的形式前往，法语的这个词就是团组的意思，没有一定的人数限定，可以一个营三四百人，或者半个营一个连一二百人或者几十人，因此作者称其为营队，可为华工营，也可为华工队。法辖华工营队最多时曾达100多个，其管理层几乎全都由军人组成，军人数目则根据华工人数多少而定。带队者军衔最高为上尉，也有很多是中尉、少尉或者军士，并根据情况由上士、中士、下士、一等兵等数人作为辅助。

法国人按照陶履德招工团与惠民公司签订的合同条款管理所辖华工。陶履德-惠民合同的正式文本由惠民公司于民国五年，即1916年5月14日呈奉

① R. M. Hersey to the International Committee of the YMCA, *Annual report letter*, 1919. Yale University Divinity School library Special Collections, John Hersey Papers, RG 145.源自在华工营工作的一名基督教青年会的一名加拿大干事，递交给基督教国际总会的1919年度报告。

中国政府外交部批准，并由外交部照会法国驻京公使康悌（Condy），康悌复允以法国政府名义担保实施。

陶履德－惠民合同属于民间契约，名义上是代表法国农业种植者的陶履德招工团，与中国一民营公司签订的一个招募劳动力的合同，但背后却完全体现了各自官方的要求。惠民公司作为签字之一方，也是华工与法国人之间的中介方，有责任监督合同的实施状况。法国当局在其官方通函中，经常把惠民公司称为工会，法国的工会就是站在工人的利益立场上与业主资方谈判交涉，甚至采取抗争行动，已经成为一种社会政治力量。事实上惠民公司也确实因为合同的某些条款得不到履行，而不断与法方交涉。

关于订明中国工人不参与战务。现在有些中外文章对这一条的介绍不尽清晰，作者认为有必要在此细述一番。合同第一条："佐治陶履德君，言明担任此次招得之工人，一经公司交付与彼之后，决不干预现下各交战国之何项战事职务，仅系为在法国或摩洛哥及亚劳智理各工厂及农务之使用。此项工人，不干预战事一节，当由法国驻北京公使担保其严加遵守。"1918年一战停火20天后《中国国务院侨工事务局调查在法华工情形书》的第二次披露（中华民国七年12月1日）中是这么表述的："订立此项合同时，我国对于欧战尚处在中立国时代，故有此条之订明。且所谓不参预战务，系指不赴前敌直接临阵而言。至在各工厂尽力于种种备战之工作，则在所不问。及加入战团以后，则此条已无问题矣。"也就是说，中国政府方面认为，只要不是将华工直接派赴战场去打仗就行。华工被大批分配在兵工厂工作，就不能说法方违背合同。有些文章的作者把华工被送往军械弹药厂做工指为法国违反了合同，这一点恐怕有失公允，不能成立。

1917年8月14日中国对德奥宣战后，有三个华工团共3103人进入前线地区，虽然没有拿武器直接参加战斗，但常遇敌机轰炸扫射与法军开炮，华工置身于交火甚烈之地做工，无疑已属"赴前敌直接临阵"，但这些华工团是法方在中国宣战后派去前沿地区的，因此能不能定义为违背了"不参与战务"的规定，恐怕还有待于进一步作论证。北洋政府当时认为"加入战团以后，则此条已无问题矣”，即认可这三个华工团进入前线地区。

我们从主管招募华工的战争部八司到实施直接管理的全国性机构——殖民地劳工署（SOTC），亦即政府层面来看，对于华工管理是在努力地做到公平，法主管部门在客观上是为了法国用好异族劳动力，作者看到下达的指令都相当具体，涉及面很广，因此承认其主观上是具有善意的。战争部殖民地军队司（内部称第八司）司长兼殖民地远征军司令法曼将军在1917年8月31日由巴黎发出的指示公函指出，因食物价格上涨厉害，目前用于“食品补贴”一项从劳工工资里的预留已不能保证劳工获得足够与卫生健康的伙食，为弥补此状况，军械部已做出决定在各地区的军工企业里提高工人的工资；但应将提高工资部分的四分之三划入食品补贴项，以使劳工食堂能正常运转避免亏损。使用殖民地劳工和中国工人的私营雇主，如果劳工食堂由其办理的话，应以补充工资的方式充入伙食费里，以保证劳工伙食不缩水。各劳工营指挥官应关注这条措施是否得到严格执行，如发现同一企业或同一地区内（白人）工人和殖民地劳工的工资有差别，应及时报告，以使国家与雇主签订的合同条款得到切实执行。[①]

正因为有了这一系列的运作，使法辖华工获得了比较好的境遇。下面的一封电文公函，是由法国殖民地劳工署起草，以战争部总行政国务副秘书的名义发给马赛华工总驻所指挥官及各华工营队指挥官，主题是元旦节庆的“中国人食品”。

华工营队节庆时期的食品点心由英军后勤部供货，英方将节庆食品库储的营销权让于一位商家，后者有意携带各种食点的样品前往华工营队推销。这类特别制作的食品主要用于节庆日消费，国家已作预算发给华工营

① Le Général P. Famin, A Messieurs les Commandants de Groupements de travailleurs nord-africains et chinois, SHD-GR, 7N161.（法国防史料处档案。此函由战争部殖民地军队司司长法曼将军签署，致马赛殖民地劳工总储备所指挥官、各地区稽查官及各北非劳工营与华工营队的指挥官，并呈战争部总行政国务副秘书，主题为“殖民地劳工的食品补贴”。）

队节庆专用食品补贴。请各华工营队指挥官注意，可用华工食堂的伙食账支钱购买，一般来说，华工营队食堂的盈余都很少，因此只可购买价格不超出“伙食津贴”的食品。华工也可以用自己的钱购买合品味的食品。[①]

节庆食品点心是一个细节，法方高层也没放过，适逢元旦之前，故而发公函给出了原则。一方面说明法辖华工在节庆日除了享受放假，还可品尝精美的点心食物，增加过节的气氛，此举无疑比较人性化；另一方面，法方高层也乐意向包括华工在内的海外来法劳工，展示法兰西节庆文化的丰富，使他们在繁重的工作之隙，减少一点乡思，获得些许心灵的宽慰与略享口福。当然，关心善待海外劳动力使之肯出大力为法国的经济与战争效劳，此乃法国高层贯以始终的用心。但客观上对于被关注对象，不能不说是好事。

10月10日是中华民国的国庆节，又称“双十节”，法国政府下令给华工放一天假。双十节那天，每人领到3法郎的赏金。在巴黎附近工作的华工们，还被组织去巴黎游玩一天，当日出游大家高兴，把3法郎都花掉了。[②]

法辖华工分散在建于100多个市镇村落的各类工矿企业，其中有许多工作单位属于军工性质，由于法国对华工总体性的政策，华工享有的活动自由远比英辖华工大。在工余时间，华工可以看电影，可以进咖啡酒吧，可以外出溜达。如派往机器城（la Machine，法国中部涅夫勒省内）煤矿工作的华工住的营房，大门一直是开启的，中国工人跟法国工人或其他国籍的矿工一样，不上班的时间可以自由支配时间。去镇上的酒吧喝喝酒聊聊天，打打麻将玩玩塔罗纸牌是华工最喜欢的消遣。正是由于法辖华工的工作性质和法方的政策，使有些人在上班或工余时间，有机会与法国妇女相遇接触，极少数华工有幸得到法国

① SHD-GR7N161.此电函以战争部总行政副国务秘书的名义，于1917年12月31日由巴黎发出，是为华工过元旦的节庆食品作出的具体指示。

② Hugues le Roux, chapitre 38. *la Chine en France, dans La France et le monde*, pp.287-306. Edition Plon, 1917-1918.

姑娘的青睐，在合同未期满前得以建立了男女之情，双方产生了感情。

华工与法国人发生纠纷诉诸法院时，法国司法部门尚能秉公审理，不偏袒本国人。一次，几名华工去酒吧喝酒，有两名妇女可能为了某种目的，主动上来搭讪，华工难免也趁机逗逗，出现了旁人眼里在打情骂俏的样子，实情大致如此。邻桌一名法国男子见状，妒火冲心，觉得苦力竟敢来勾引法国女人，他站起来恶言骂人，双方动粗扭打中，他挥拳击伤了一名华工的头部。华工气愤，回驻地后找翻译帮忙写状子，告到当地法院。法院受理了投诉，开庭审理结果，这名肇事法国人获判蹲数月牢房。①

法国当局规定，为了做到有规律和准时上班，华工营队从驻地去工作地点应整队前往，下班回来也须集体行动有人带队，要求对华工实施经常而审慎的监督。这项任务由营队负责军官和翻译承担，并应与雇主取得一致。监督的内容包括：第一，工人中有闹纠纷者，应及时发现并点名斥责，如不改正，予以辞退。第二，应严密监视以前替欧洲人当过仆佣、现在进了华工队伍的华人（因为这些人知道欧洲人的行事方式，欧洲人认为他们往往善于表面顺从主人，背后自行其是，作者注）。第三，严禁赌钱。赌徒、撒谎者、偷盗者有害于维持华工营队的良好纪律，翻译与工头如隐瞒不报，应追究其责任。但营队指挥官在完全相信他们的说法之前，应该确认他们的揭发并非出于报复心。第四，中国民间结社抱团普遍，中国人喜欢罢工，要小心华工营队里这类苗头。第五，在营队食堂宿舍区竖立中文牌子，写明翻译应该免费为工人服务如收寄信件，代陈要求等；写明工头除工资外还有职务补贴，因此工人不欠他们。营队指挥官须审慎地监督手下的翻译和工头，以确信他们不滥用职权向同胞勒索金钱。②

① 参阅1920年12月26日的《时事新报》。

② Le général P. Famin, Directeur des Troupes Coloniales: L'instruction relative à l'emploi de la main d'oeuvre chinoise, 1916. Annexe 1 de "les Chinois de la Rochelles: le camp de la Pallice (1919-1921)". Les Archives départementales de la Charente-Maritime.（夏朗德滨海省档案馆藏。法国殖民地军队司令兼战争部第八司司长皮埃尔·法曼将军发出的“关于使用中国劳动力的训令”）

法国当局对华工的处罚规则参照外国工人的罚规，在每个工团中均设单独拘离所一处，专为收禁违犯纪律之工人。处罚的规则分成若干等级，轻者诘问训斥，重则幽闭，或被遣送回国或被罚送工人惩戒团。对他人实施武力伤害、聚众扰乱、偷窃等为法律所不容，轻者拘押一两个月，重者判数年徒刑。如若撬门入室盗窃、谋财害命、斗殴致伤残死亡、凶杀等，警宪立捕，法院审理判刑，情节特严重者可致20多年或为无期徒刑。不过，法政府对华工有一定的宽待，认为华工不知法国法律，不受管理和约束的情况，在法国人是大过或为罪行必遭惩治，在华工宜算小过，应先查明是否知法犯法，然后方予酌情处理。[①]

华工严重违纪被关禁闭，华工驻区总办（surveilleant régulateur，负责协调某个区域的众多华工营队）应将其错误对照管理限制条例，作出禁闭多长时间然后开释的决定，或者因案情重大，移交审判厅候理。法当局认为，实际上这是保护不通法国风俗习惯的外国工人身犯重咎而并不自知者，因属于误犯性质，宜通过收禁一段时间迫其醒悟错在哪里，再施宽宥，对其个人和工团纪律都有好处。[②]

法辖华工中的严重不守纪律者被调出原在营队，编入专由“不良分子”组成的惩戒连，由于人数相当多，最后成立的惩戒连多达六个。1918年6月，编号为52的惩戒连在工地上造反，该连连长法军中尉在事后写报告说：“我只能把这些人的叛乱行动归结于他们对我们的仇恨。他们是一群真正的暴乱者，原

① 1917年6月9日法国战争部致各军区司令函，转引自《国务院侨工事务局调查在法华工情形书》第一次披露，第191页，1918年11月。

② 《国务院侨工事务局调查在法华工情形书》附录，第285页。1917年9月25日法国殖民地劳工署署长博斯盖蒂回复中国驻法侨工委员李骏函。函称：“至所询详示拘离罚章一项，谨陈其详如下，每工团中均设单独拘离所一处，专为收禁违犯纪律之工人……”究竟是每个华工工作地点都设有拘离所，还是在一名总办的一个工团辖区内设一处，暂时无法确定。华工营队分布点上百个，每个工作点的人数少则几十人多则几百人，因作者尚未找到博斯盖蒂的复函法文原始文件，故作为存疑记下。

本就是中国民众里的渣滓，却被我们法国招募来了。他们身上个个都有以前落下的刀伤疤痕，所作所为尽是惯犯做派，他们都是被内地的工厂企业开除的。”[①]这个惩戒连驻在法国东北部的前线地区，故称后方为“内地”，这是法国东部与德国接壤地区的居民对法国其他地区的叫法，至今如此。

华工若触犯法国刑法犯了罪，就要受到惩办。简而言之，法国的法律将违法分成两大类，一类是不法行为，处以拘留，做笔录、罚款等处罚，另一类是犯罪，受刑法处置，要判刑坐牢。华工中有劣行的那些人到了法国，照样做坏事，犯了法被捕入狱。作者在伊夫林省档案馆查到一批犯罪华工被移送到普瓦西中心监狱（Poissy）的入狱名单，共有51名。所犯罪行分别为偷窃，撬盗、煽动反叛、凶殴致人伤亡、杀人同谋、谋杀等罪行，被判处监禁强迫劳役，刑期5年占多数，也有10年、15年、20年的，甚至两三人被判无期徒刑，有几个，还没有等到服刑期满就死在狱中或服刑地点。[②]

据《国务院侨工事务局调查在法情形书》所载，一战华工中犯罪被判刑者有200名，因此关押华工罪犯的监狱肯定不止普瓦西一处。若能进一步调查，获知当年这部分华工获刑的前因后果，从而了解一战华工的一个侧面，将有助于我们全面评介这段华工史。

法国当局比较顾虑华工受到责罚拷打之事，发现华工营队的一些军官为了让华工俯首帖耳，服从命令，对不听话者施暴，用马鞭抽，持木棍殴打华工。部长理事会主席于1918年3月1日向地区总办及各华工营队的指挥官发出的禁令通函，清楚地证明华工营队中存在着滥用职权的现象，他表示，“我接

① Archives SHD Vincennes. Cote: SHD-DAT，19 N1397.（法国国防部史料处档案。第52连是华工惩戒连之一，驻在法国东部Meurthe-Moselle省一个名叫Pierre-la-Treiche的地方，全部成员均为“不守纪律分子”。这些人来法后先分配在各地工业单位，后被厂方开除，法国殖民地劳工署将他们送进惩戒连从事劳役。）

② Registre d'Ecrous. Archives départementales des Yvelines. Répertoire N°1, 1914-1928. Cote: 2Y1 80.（伊夫林省档案馆藏，“囚犯入狱登记簿”。伊夫林省为巴黎大区的一个省，邮政编号78，故又称78省。）

到报告，华工成为营队管带人员施暴的受害者，这种性质的行为是不能容许的，它们将造成严重的后果”。中国在1917年还派遣调查员来法国，核实华工受到恶待的问题，可中国的利益考虑使这些调查员往往不敢对辩解的法国军官严词责询，在法国高层面前说话底气不足。①

综上所述，法国政府对华工的管理还是愿意力求公平，尽量做到人道。效果如何，各个时期各个地区都有差别。实际上华工的境遇好坏，很大程度上也取决于华工营队的直接管理者。如果指挥官善于沟通，懂得协调，在与华工的接触中能调整自己，比较尊重华工的人格，那么华工的境遇就较好，日常也乐于听命。如果管理军官本身素质低下，对华工的疾苦和诉求漠视无睹，怀有严重的种族歧视心态，带着对中国人的偏见，发生冲突只知采取高压手段，华工在别无可求的情况下就会采取罢工或暴力对抗的方式。遗憾的是，由于华工人数庞大，许多不称职的法国下层军官被派往华工营队充当管理者角色，致一些本来不算太大的矛盾，未能化解而演变成恶性事件。这样的例子屡见不鲜。作者将在第七章第七节再作介绍。

① Céline Regnard. *Un quotidient violent? Réflexion sur les conditions de vie des travailleurs chinois en France pendant la Première Guerre mondiale*, issue de: *Les travailleurs chinois en France dans la Première Guerre mondiale*, Paris: CRNS Editions, 2012, pp.291–292.

第五章　英辖华工营

第一节　努瓦耶勒华工总集所

以英法为首的协约国与以德国为首的同盟国交手的陆上主战场是在法国的北部与比利时境内，英国军队的枪炮辎重、弹药给养及各类军用物资源源不断从英国本土用船只运到法国的加莱（Calais）、滨海布洛涅（Boulogne-sur-Mer）、埃塔普勒（Etable）、索姆河口的圣瓦莱里（Saint-Valéry）等港口。英国招募的一船船中国劳工历尽艰辛被送到法国后，大部分就被派往法国的西北部和比利时。华工抵达法国后必须有一个集散基地，或者说一个总调拨站，然后才能奔赴工作地点。这个集散基地便设在庇卡底大区的索姆省（la Somme）内，英国人根据地理上的便利或驻军布局的需要，选择了该省一个离海岸线不足10公里、靠近索姆河口的村庄努瓦耶勒（Noyelles-sur-Mer）。①

努瓦耶勒在第一次世界大战时期，全村人口900人左右。按现在行政划分它算一个“市镇”（Commune），“市镇”是法国基层行政单位的名称，管着下

① 努瓦耶勒，全称滨海努瓦耶勒（Noyelles-sur-Mer），是法国位于索姆河口以南的一个村庄，属庇加底大区索姆省。现在它在行政上称为“市镇”（Commune），其管理机构法语也叫Mairie，我们叫它村公所，似乎更易理解些，它还管着几个小寨。现该市镇共有居民780人。一战时英辖华工总集所设在该村，战后建在该村地界上的一战华工墓园是西欧最大的一战华工墓地，葬有842名华工。从首都巴黎往西北方向取道A16高速公路，车程约210公里可抵。

努瓦耶勒华工总集所一角。总集所占地30公顷，英募华工抵西欧后先在此集中，然后重新编队派赴各地。来源：mairie de Noyelles-sur-Mer

面几个比它小的村庄或寨子。这与我们平时概念里的镇或市不能混为一谈。尽管它的管理机构也叫Mairie（市府），法国人仍然称它为村（Village）。这个村距索姆河口南岸的圣瓦莱里港口（Sainte-Valéry）不过6公里，英国就在彼岸。努瓦耶勒早就存在一个小火车站，由巴黎通往滨海布洛涅和敦刻尔克的铁路打这儿经过，因此它具有一定的战略位置。大战的战幕拉开才一年，法国前线吃紧，法军驻在努瓦耶勒的最后一个团也于1915年调去了前线。于是英军马上开过来接手，英国远征军第五军司令部设在阿布维尔（Abbeville），努瓦耶勒与之相距仅10多公里。英军将努瓦耶勒定为华工大本营所在地，是从军需转运的地理布局及劳力抵达和调拨的便利来考虑的。

1916年年初，一支英国建筑队住进了努瓦耶勒村的居民家里，他们开始在距离努瓦耶勒火车站1200米外的一处地块上修建一座劳工营。英军通过法国当局的帮助，预先向农民租下了地块，它位于村外沿着努瓦耶勒公路通往萨伊一费博古尔镇的旷野上。上司下达的命令是1916年的年底前要接纳第一批中国劳工。我们知道，英国议会下院迟至1916年7月才举行会议，审议时任海军大臣的丘吉尔关于必须去中国招募劳动力的议案。而英国军方料定此事非办不可，故早在半年多前开始了实际操作，在法国领土上选点建立它的华工集散营盘。

努瓦耶勒华工营盘最初占地5公顷，随着到来的华工越来越多，营地也越修越大，最后面积达30公顷，并筑以坚固的铁丝网。华工营大门口有英军兵士持枪守卫。华工不准随便出入，集体出工均由英军带领。英军先搭建了一排排整齐的军用幕帐作为华工的住宿之处，大幕帐约3米宽，七八米长，约可宿15人，小幕帐住大工头和翻译等，后来又增建了许多棚屋。华工以一定人数配置为开伙单位，营地内建有很多个伙房。英国人的指挥部、餐厅、驻兵营房、旅馆、弥撒堂等都在华工营盘之外。华工进驻不久，英国人在华工营地内约五分之一的面积上，建起了庞大的华工综合医院，从而使该营盘的系统更加完整。本书将此华工营盘叫作“努瓦耶勒华工总集所”，“总集所”之称谓也是百年前国务院侨工事务局使用过的名字。英国送达法国的第一批华工共1083人，经过长途海运，于1917年4月从勒阿弗尔港（le Havre）上岸，然后被送进了努瓦耶勒华工总集所。之后所有抵达欧陆的英募华工都要在努瓦耶勒稍作停留，按照军事用语叫作“储备”，因此这里成为名副其实的英辖华工中转站。直至1919年年初，此处一直是欧战西线战地规模最大的华工大本营，也是英辖华工调配、管理及财务、医疗、邮件处理等的一个总事务所，努瓦耶勒华工总集所最多时曾容纳了约12000名华工。①

法国招募的华工在马赛抵岸，然后在马赛华工总驻所集中。英国招募的华工则在法国西北部的一些港口抵岸，然后到努瓦耶勒华工总集所作临时停留。这是法、英两国招募的华工在欧战西线战场的两个大本营。互不干扰，各自管理。

---

① Commune de Noyelles-sur-Mer, *Cimetière chinois de Nolette*.（滨海-努瓦耶勒镇汇编，《诺莱特的中国公墓》，无页码。）

每支华工队伍不管多少人抵岸，都要到达英兵持枪守卫的努瓦耶勒华工总集所大门前，先由所里出来的英军官叫号点名，然后鱼贯入内。与华工一路同来的英人领队，把所带华工交给总集所的华工督办处后，即与华工分手。这些领队，在海途中与翻译及华工相处既久，有的人在道别时显出怅然之情，双方都有人眼潮泪盈。可能在战争环境中共度了数周数月，同有患难人之感，也是人之天性矣。

英人领队们一旦移交，须马上渡英吉利海峡前往伦敦，向英陆军总部报到述职。后者考核其带队业绩，量才并根据履历委以陆军军官衔，命其改穿军装再返法国努瓦耶勒，向华工督办处报到听候差遣。多数又被派去已成立的华工营队充任队长或副手之职。

编队后，华工眼见带队管理层都为军人，一时生出多少惊异！大家记得报名被录取后，在华工待发所里见过的英国军官，他们只是来带操，带队登轮放洋的是非军人的英国平民呀！现在换成了被军人管辖，内心如堕五里雾，日后将去何地干何事？难免心中惴惴不安起来。

抵岸华工在总集所逗留约一两周，总集所天天都会接到装卸或其他任务，英国人一面抽调部分华工前去劳作，一面要给华工重新做一次体检，验一次护照，再根据实际情况调整编队。英国招募的华工是在威海卫或青岛离岸放洋的，威海卫乃英国租借地，青岛被日本人从德国人手里夺走，两地的海关，中国政府根本无权置喙，全由英、日自行决定，所以英募华工有没有护照，或持什么证件出关，目前尚未弄清楚。不过英国人自已有一套章程，验照就是看华工是否仍为放洋时的本人，有无逃逸、调包顶替或海途死亡等情况。

待到各项程序完成，华工们被编成500人的一个大队或称一个营，大队长或营长由一名陆军少校或上尉担任，原则上4名军官及士官20人辅之，英国军官军士任营、连、排正职，华工称为“英国四道、三道、二道”，道的标记缝在军装左袖上。军人一律戎装，只不佩枪。每大队配置翻译1或2名，翻译人数不够，也无法完全照原先设想的方案配备。中国工头分成班头、总头、监工三个等级，大小工头20余名。然后以大队为单位，奔赴工作地点。

华工从事的劳役门类繁多：有些被派往港口做码头搬运工，有些被派去筑铁路、修公路，装配车厢，修理坦克，转运军火军粮、砍伐林木，有些被派到乡村田野春种庄稼、秋收马铃薯和甜菜，很多华工营被派往前线交火区域挖掘战壕、修筑掩体、运送炮弹、搬运掩埋尸体，等等。哪里缺劳力就往哪里派，战事频繁，到处劳力奇缺，于是中国劳工就一营营地奔赴法国西北部和比利时各地，将自己的力气和汗水贡献给协约国，甚至把年轻的生命永远地留在了异国他乡。

华工综合医院为患病或受伤的华工提供医疗服务。战事激烈，华工被击伤炸伤的事经常发生，伤者能送者一律送至该医院治疗，伤情严重无法转送的，只能先在附近医院救治，以后再转去努瓦耶勒华工综合医院。英国人办华工医院是努力的，确立的宗旨是必须使华工得到与英军士兵相同的治疗，病房的所有设施应符合英国医院的标准。医院设有外科、内科、眼科、手术室、放射科、花柳科等，配备了先进的X光机，按不同科建立各自的病房区，花柳科有专门病室，为传染病人设了专用的隔离房，配药室、验尸所等亦一应俱全。

再看医务人员队伍的构成，华工综合医院的主任格雷中校（lieutenant-colonel G. D. Gray）原为英驻华公使馆医官。他医识渊博，心地慈善，克尽厥职，颇为众人称道。各科主管的卫生官员绝大部分在中国当过医学传教士，曾在中国行医亦通华语。医院聘用了近20名外国医生、300多名护士与护工。华工综合医院里还设有一个精神病收容所，当时人们称之为疯人病院，内有患者上百人，大多数因受炮火惊骇失去理智后，从工作地点送来努瓦耶勒，也有的华工思家过度变成神经错乱。另有一个较小的病区，收治华工中少数麻风病患者。每个病区都有专门的英国护士负责。这座医院最多时共收治约3000名华工病人，可以想见其规模之大！①

---

① 顾杏卿：《欧战工作回忆录》，商务印书馆1937年版，第16—20页，上海图书馆藏。

总集所不仅建有医院，还设有一个禁闭所，用以关押英方认为严重触犯英军规定纪律和条例的华工。英军制定出一整套严厉的规章制度，有些根据战时需要可以说还是必要的，有的明显带有歧视加蔑视的意味，华工违犯，轻者遭鞭笞，重者送禁闭所，关押时间根据总集所指挥官的决定。

一战结束后，英国政府决定，由英联邦战争墓地委员会（CWGC）负责，在世界上一战各战役的发生地修建死亡军人墓园。当时还在法国工作的许多华工曾向英、法当局呼吁，要求给死去的华工修建墓园。英国当局做出了正面回应。1921年11月，英联邦战争墓地委员会把最大的一座华工墓园地址选在努瓦耶勒村的诺莱特（le hameau Nolette）寨子边，原华工综合医院的地界上，并获得法国索姆省省府提供的3795平方英码的永久性墓园地皮转让权，使那些草埋于原华工总集所周边乱坟岗的华工得以移骸重葬，842名中国人终于长眠在努瓦耶勒一战华工墓园里。

相比于法方的马赛华工总驻所早已踪迹无寻，英方的努瓦耶勒华工总集所，选地在空旷的原野上，虽然欧战后华工营地的建筑全部拆除，但在昔日的地块上修建的这座一战华工墓园，成了努瓦耶勒华工总集所的永久性地标。努瓦耶勒这个一向默默无闻的法国小村庄，也因此得以名留史册。①

第二节　努瓦耶勒当地人眼中的华工

如今亲眼看到过一战华工的法国当地人都已离世。现在有些六七十岁的老年人依稀记得十几岁时听祖父母讲过这里曾有中国苦力来过的事。中国在地

① *Les fils du ciel en terre picarde, à Noyelles-sur-Mer*（在庇加底的滨海努瓦耶勒的天朝之子们）。据努瓦耶勒村公所提供的书面材料*Cimetière Chinois de Nolette*。

球的东方，离西半球的法国那么遥远，他们为什么会来到这里呢？小孩子们不懂又有些好奇。正是这种童年的好奇心，使其中几位，在成年后把从前听到过的有关中国苦力的故事记下来并登在地方报刊上。

中国人抵达劳工营盘时的情景还留在努瓦耶勒的村民记忆里。当地人并不了解内情，瞧着从火车站出来的长长一溜子队伍，不是高鼻子的欧洲人，也不是阿拉伯人，一打听才知道是亚洲人，是从中国来的“苦力”。队伍一路朝劳工营行去，英国士官和大兵紧紧押着，生怕这些苦力找机会逃跑似的。英国人手里握着短粗木棍，如牧羊狗一般在中国苦力队伍两侧朝前朝后地顾盼着。这支漫长的队伍需要穿过努瓦耶勒村庄，才能走到为他们修筑的营地。村民们挤在路边看稀奇，他们从前没见过中国人，看到苦力们上身着棉袄，像蓝色的司炉工作服，下面肥大的裤子从脚踝骨起绑着裤腿，鞋子像妇女高跟拖鞋似的，但里面好像垫着棉花呢，头上戴着一种无边圆帽，个别的人帽子后露出一根长辫子。随身带的工具也特别，竹木杠棒，好像用植物茎条编的绳子，三角形的独轮车更惹人注目，中间一个大轮子，两边各有一个无盖的大匣子放着杂物。有的苦力走过一座房子觉得好奇，突然跑出队伍把鼻子贴在人家住宅的玻璃窗上朝里张望，想瞅瞅屋子里有些什么呀。这个举动在观看的人群里引起了一阵骚动和不安，押送的英国士兵很快将他们吆喝回到队伍里去。①

劳工营盘面积很大，四周用铁丝网围着，英国人不准村民进去。里面有一顶顶帐篷，还搭建了许许多多棚屋，一排一排很整齐。华工们被编成一个个大队，就按类似营连排班的准军事编制在指定的区域居住。村民们看到，中国苦力一队队出营房去干活，每次总有英国军官带着。晚上收了工，营盘大门关闭。晴天无风时，村民看得到有炊烟从营盘里袅袅升起，那是中国人自己办的伙房在做饭。村民们知道，英国人不和华工一起吃饭。中国人里好像也有管事

---

① Dominique DELANNOY, *Les Chinois vus par les habitants dans l'ombre*. Commune de Noyelles-sur-Mer, *Cimetière chinois de Nolette*.（滨海-努瓦耶勒镇汇编，《居民所见生活于阴影里的中国人》，无页码。）

的，不过他们都得听命于英国军官，看得出这个华工营的总指挥官和各级主管都是英国人。

中国人初来乍到喜欢打听有啥东西好买。村里有一家杂货铺，来人多了，老板得以把积压了20年的杂货统统卖光，直乐得合不拢嘴，老板要价倒还公道。可有的村民不地道，他们料到中国人不懂用法郎买东西的行情，见他们特别愿买苹果，遇上偷偷来买的中国人，就狠命地要高价。

中国人到了努瓦耶勒，语言不通，也不知行情，好不容易有机会到村子里买点水果，就挺高兴了。倒是当地村民邻里之间有人看不惯，忍不住背后议论指摘一番。

努瓦耶勒是英国欧陆远征军第五军战时物资的接收基地之一，努瓦耶勒火车站日日有运货列车经停，然后从车皮里卸下各种各样的军需物资。村民看到中国苦力用杠棒两人抬，用扁担一个人挑，还有一个人推独轮车，两边的匣子（其实就是中国农村常用的柳条筐）里装得满满的，英国军士照样在一旁押送。人工运输的队伍望不到头，一个原本僻静的村庄，一下子喧闹起来。

中国人只有在搬运物资时才从村庄里走过，平时英国人不准他们来村里逛。也有个别华工比较幸运，退了休的雷韦雍先生（M. Réveillon）曾回忆说，华工来到这里时他才13岁，父亲在村里开了一个打铁铺，他还记得，有两名中国人被派来做村里的道路清洁工，他们把路扫得干干净净，居民都很满意。天气特冷时他们还溜进父亲的铁匠铺里取取暖。英国军官征用老百姓的房子住在村子里，把农庄的院子当马厩。有几个华工被派来给英国军官打扫院子，他们一手拿根竹叉，另一手提个畚箕，把马粪运到野外去，他们行动有点儿自由，不过算是例外。就这么几个人与当地居民有些接触，可是他们不会讲法语，用点头或摇头来代替Oui ou non（是或不是），笑起来有副憨厚相。雷韦雍太太是同村人，那时才12岁的小姑娘，她说中国苦力“走路没声音”，不过她更喜欢“印度骑兵，他们要比中国苦力优雅多了！”那时有一支印度兵的队伍驻扎在附近，印度兵身着军装骑着马，中国人着布衣干苦力活，外表上当然无法相提并论。[①]

历史档案记载，法国在它的殖民地征调了60万士兵，法国人称之为土著兵，其中8%被派往前线直接参与作战。英国征调的殖民地士兵多达150万名，其中三分之一是从印度征来的。

当地村民还发现，一批批中国劳工抵达努瓦耶勒后没过一两周，就又转到其他地方去了，然后，新的劳工又会来到。英国军方在法国和比利时的领土上建了许多华工营，仅索姆省（le département de la Somme）就有6个华工营。努瓦耶勒华工总集所就在索姆省内，华工调遣频繁，当地人看到华工的机会自然比较多。

当地居民后来得知，劳工营里建了一个医院，甚至还有一个精神病收容所和一个监狱，英方称禁闭所。英军管辖华工的纪律非常严厉，华工若违犯，轻者受罚被英国工头或中国工头殴打鞭笞，重者送禁闭所。当地人目睹英国军士和看守像打狗一样棒殴华工。他们令华工脱掉鞋，扒光了衣服伏在条桌上，把他鞭笞得血肉模糊，打够了用热水、刷子冲刷掉血迹，然后再将他送往劳工营的医院里。医院负责人格雷中校（Dr. Gray），是一名苏格兰医官，人较正直，他能够替华工治伤。努瓦耶勒一位老太太，当年十来岁时曾亲眼看到一个中国苦力被绑在一棵树干上，英国人用牛筋鞭子野蛮地抽打他，那个苦力后来被松绑时，扑通倒地，已经断了气。[②]这些苦力本来就因为劳动繁重又吃不饱而极易患病，身体状况已经很差，还要再受折磨，其惨状真是惨不忍睹，扛不住就当场丧命。

---

① M. Réveillon, *Ces droles de petits hommes jaunes enterrés à Noyelles-sur-Mer*. Commune de Noyelles-sur-Mer, *Cimetière chinois de Nolette*.（滨海－努瓦耶勒镇汇编，《这些葬在诺瓦耶勒的古怪的黄皮肤小个子们》）作者是努瓦耶勒村一个铁匠的儿子，后来在加来海峡省做过几任小学校长。他对少年时听父辈讲华工故事留有比较清晰的印象。

② Roger PRUVOS, *Des traitements inhumains*. Extrait du Courrier Picard. Commune de Noyelles-sur-Mer, *Cimetière chinois de Nolette*.（滨海－努瓦耶勒镇汇编，《非人的对待》，均无页码）

中国劳工变疯是常有的事，什么原因？战争创伤所致？敌机轰炸吓疯的？受了刑神经错乱？无人说得清。不过当地村民听说，中国劳工中许多人从来没有见过飞机。1918年5月23日夜晚发生的恐怖事件仍留在努瓦耶勒村民的记忆里，虽然亲历者早已作古，但他们的后代还记得老辈人的叙述。

> 那夜德军飞机滥炸附近塞涅维尔（Saigneville）的英军军火库，引发剧烈爆炸，火光冲天，睡梦中的中国苦力被这突如其来的炸雷惊醒，眼见夜幕下火光冲天，人人惊悚万状，许多人不顾一切地冲出木板屋，劳工营一到晚上就大门紧锁，他们纷纷扒着有倒刺的铁丝网翻出去逃命，外面时而漆黑一片，时而被大炮发射的曳光照亮，炮弹的爆炸声震耳欲聋，他们逃向野外躲进森林。第二天英国人外出寻找，搜寻了几天才陆续找到；许多人在野外扛了几天几夜，被找着时，虚弱得奄奄一息；有些已经饿毙冻死。①

德军飞机常来袭击英军的后方基地，华工营的目标大，敌机飞过来投炸弹又用机关炮扫射，华工常有伤亡；有时飞机低空呼啸掠过，气浪把木板房的房顶都掀翻了，华工们从来没见过这么可怕的场景，他们狂呼着往外逃命，或扑倒在地，嘴里号叫着“Sani-Mama, Sani-Mama”（法国人不懂中国话，更不懂咒骂人的中国话，只能让音符留在记忆里，作者注）。他们逃出铁丝网围住的营地，没头苍蝇似的东奔西突。过后英国人得费老鼻子劲才把他们找回，村民看到在铁丝网后面的那些华工变得呆滞迟钝，英国人就说他们吓疯了，把他们送到精神病收容所。②

---

① Philippe LACOCHE, *Morts dans les bois*. Commune de Noyelles-sur-Mer, *Cimetière chinois de Nolette*.（滨海-努瓦耶勒镇汇编，《死在树林里》，无页码）

② Roger PRUVOS, *Sani-Mama, Sani-Mama*. Extrait du Courrier Picard. Commune de Noyelles-sur-Mer.（滨海-努瓦耶勒镇汇编，无页码）。源自曾在战后守护努瓦耶勒华工墓园十五年的村民Valéry CREPIN之陈述。Sani-Mama，可能是华工骂的“操你妈妈”，后传入法国人耳里，法人不知所意，便拟音拼写。

华工平时的生活条件差，吃不饱，活儿又很重，体质大不如前，遇到突发事件，很难扛得住。生了病就更糟糕，霍乱病在劳工营里蔓延，虽然总集所里有华工医院，但送去得太晚，已经无力回天！还有不少人得了肺结核，许多人就这样死于病魔。

据巴斯德研究所估计，从1918年到1919年发端于美国很快蔓延到欧洲的“西班牙流感”夺去了欧洲2500万人的生命。在西欧的华工也遭遇了这场人类史上罕见的大灾难。努瓦耶勒华工总集所里因西班牙流感而丧命的人数与日俱增。当地人看到，华工营里出现了一个小佛塔，华工们在此跪拜焚香，祈求菩萨保佑能让自己早日返回中国老家，可残酷的现实没有带给他们一丝一毫实质性的希望。

太可怕了，这样的日子实在难熬。听说营盘里的中国人经常赌钱，是以此麻痹灵魂还是他们历来爱玩这东西？当地人不清楚。还有当地人传说的华工营的“女人问题”。战争把村子里的青壮年男子都送上前线，留下的多为童叟妇孺，法国社会历来没有严格的贞节观教育，天下每块地方也总有想靠肉体赚钱的女人。英国人对华工限制得再紧，也没有不透风的墙；再说，华工都是青壮年，长期在外，未婚者生理冲动肯定少不了，已婚男子没老婆的日子更难熬，私下里的传闻对他们会产生诱惑，就看有无克制的定力。有的趁夜色偷偷地翻越铁丝网溜出去找女人，天亮前悄悄赶回来，没有被工头发现，心里暗自庆幸。有的却只顾一时快活错过了溜回营地的时候，天色渐亮，知道回去准被发现，不被打死也得脱层皮，宁愿落荒而走，往远处树林子里找藏身之处。有这样的华工躲出去后看到地里有麦草垛，就在垛里刨个洞躲藏进去，渺无希望地挨着，冻饿的煎熬别人无法知道但可以想象。几周后他们的尸体才被人发现。

一战停火后，人们开始拆除或清理劳工营的木板房，在那些成堆的木板杂物下居然发现中国劳工的尸骨。有些人感到与其在这样的地狱里受煎熬，还不如早点结束这种苦难，据说有华工病得无法挪动，一息尚存就被埋了。[①]

如果没有当年的村民们那些零星但足以汇成黑暗扉页的历史记忆，后代人大概只看到英方定期派人来，把一战华工墓园维护得洁净又整齐。然而，一本“联邦战争墓穴委员会公墓花名册”的发现让人们不得不重新审视第一次世界大战后期华工遭遇的那段阴暗的岁月。

这本因年代久远而发黄破损的文件藏在华工墓门柱的一个龛窟里，想必一定是墓地修好后放进去再封起来的，后来被人发现交给了努瓦耶勒村公所。花名册用英文书写，它确切地指出努耶勒华工营最多时储备着12000名华工，他们均置于英军军官的管辖之下，葬在这个公墓里的八百几十名华工，都是在努瓦耶勒华工营做工，“由于战争原因”而死于此地的，时间在1917年4月至1920年3月之间。

“由于战争原因”之说，当然是概括又笼统。葬在这块墓地里的华工，除了病死者，也一定包括那些被炸死，被拷打致死，或者逃亡而毙命被找到者，原先这些人都被葬在华工总集所附近的一块乱坟岗。当地一个村民回忆道，“中国人的尸体运到乱坟岗后，就像埋牲口一样，挖个坑，把死人放进去，把死人斜靠上坑壁，就命令铲土填坑；有时埋完走人，死者的半个脑袋还露在泥土外”，“只是到了后来才建墓园，移葬立碑，加以保养，那是为了抹去可怕的记忆。”[②]

---

① Roger PRUVOS, *Des traitements inhumains*. Extrait du Courrier Picard. Commune de Noyelles-sur-Mer, *Cimetière chinois de Nolette*.（滨海－努瓦耶勒镇汇编，《非人的对待》。）

② Roger PRUVOS, *Des traitements inhumains*. Extrait du Courrier Picard. Commune de Noyelles-sur-Mer, *Cimetière chinois de Nolette*.（滨海－努瓦耶勒镇汇编，《非人的对待》。）

第三节　英辖华工的人数及其工作地域

我们先来看看英辖华工的工作地域。英国军方招募的华工抵法后，在努瓦耶勒华工总集所被重新编成一个个单位，英国人编制华工以“团”“连”为常见，英军的连兵员多，中国的连一百五六十人，英联邦军队的一个连有四五百人。从华工大本营派出时，一般也是四五百人一个单位。由此，留下的中文资料往往说成“营”或者“大队”。他们按军方的指令开赴各地，从事战时劳役。后来因各种情况发生，难免编制缺员，营队连的人数恐就参差不齐了。作者见到一张英辖第52连全体成员的合影照，照片上17名军人，翻译3人，华工恐有四百人上下，排得密密麻麻，服装整齐，一律戴一种圆边硬工作

一组英辖华工在比利时波普林格市（Poperinge）附近的布思本村（Busseboom）铁道交汇站附近的轻车轨场，与带领他们工作的澳大利亚轻轨线技术人员合影，摄于1917年10月。来源：In Flanders Fields Museum, Ypres, Belgium

帽，这给我们提供了英辖华工编制状况的一个实证。

营、队、连的管理者大部分为英军官，也有小部分从加拿大等英联邦自治领里挑选出来的入伍军人，或者是在中国的传教士，应召入伍来当华工连连长，后者的优势是会讲中文，熟悉中国人的习性。

大部分英辖华工营队连以准军事形制驻扎于法国西北部地区和比利时各处，为协约国军队提供各种战时需要的劳役。那时的法国与比利时边境，并没有一条十分明确的国界线，因此华工根据战况劳役所需在边境地区调来调去，不一定知道是在法国还是在比利时。

比利时是德军最先侵入之地，后来协约国军队反攻逼压，使德军无法独占比国，双方形成攻守交替的态势。法国西北部地区是1914年秋季敌对双方的军队“赛跑奔大海”的终点区，英法联军成功地阻拦了企图抢占英吉利海岸线的德军，结果，形成了双方近距离对峙的筑壕固守局面。固守需要源源不断的军火供应，需要保证前线部队的给养，重中之重，先得把既能隐身又能射敌的战壕挖出来。最初全是英军士兵自己挖，从1917年春季起，英军开始拥有华工营队这支力量。这会儿，英国欧陆远征军司令官们觉得，去年夏天伦敦国会辩论，他们的海军大臣丘吉尔力主去中国招劳工，真是太英明了。

中国劳工参与挖掘战壕，修筑掩体，进度大大加快。战壕需要挖一人多深，为了应对下雨，还在壕沟底铺设板条，雨水通过板条缝隙从地下排往别处，士兵们可避双脚立于泥泞之苦。读者不要想象战壕都有这样的铺设，很多没有木板条，排水不畅的壕沟，逢到秋冬多雨雪，士兵们只好整天脚踏泥浆守着阵地。德军经常炮击或飞机过来扔炸弹，前沿阵地上被炸得土石飞起20米高，炮火一停，华工队就被调上去修复战壕掩体，这也是工作最紧张的时刻。华工营队驻扎在稍后地方，日日有装卸输送军火与战争物资的任务，这部分华工实质上成为作战部队的辅助力量。

加来海峡省的奥德瑞克镇（Audruicq）及距其约六七公里的泽内盖姆（Zéneghem）曾是英辖华工营的驻地，人数多，驻扎时间较长，工作任务既有共性，又具特殊性，当地镇村在过了八九十年后搜寻历史记忆时，尚能挖掘出某些关于中国人的片段。

奥德瑞克的地理位置处于法国最西北角地块、加来（Calais）—阿拉斯（Arras）铁道线的中段一带，这是加来运河（le canal de Calais）、拉阿河（la rivière l'Aa）和上科尔姆运河（le canal de la Haute-Colme）三条水道流经的三角区域，离德军一直企图夺取的加来港市不太远，战略位置非常重要。1915年英军在奥德瑞克租赁下大面积土地，建起一个庞大的军用物资库和军火库，作为协约国军队在欧战西线最重要的军火与后勤基地，一份奥德瑞克英军基地的档案地图显示，从火车站通向基地内各个军火分仓的铁路支线密如蛛网。[①]1917年，驻于奥德瑞克基地的英军人数达到4000名。基地处于良好繁忙的运转状态。

奥德瑞克基地1916年7月20日半夜遭到德军摧毁性燃烧弹轰炸后，引起军火库连续不断的爆炸，事后估计，足有1.2万吨各种军火被摧毁。英军当局迅速决定在名叫泽内盖姆（Zéneghem）的地方，重建仓储基地，这次改变过去集中的做法，将之铺建于极为宽阔的旷野上，由于目标分散，敌机的轰炸收效甚微。英方在泽内盖普也设立一个华工营盘，调了2000名华工入驻，这批华工直到1919年年底前后离开当地，移驻加来。华工先在外茨桥（pont de Wetz，在吕曼盖姆村（Ruminghem）约一公里处，作者注）一带修建了长约1100米的码头。从英国来的军火，横渡英吉利海峡后卸入内河驳船，进入加来运河，再转拉阿河，抵达外茨桥。华工将船上一应物资起运到码头上，再搬至规定地点分门别类码堆，以便英军卡车将它们一批批运往前线。也就是说，泽内盖姆华

① 加来（Calais）是欧战西线极为重要的兵员与军火转运港，以1917年为例，抵达加来港的运输船达4500艘，运来200万吨军用物资；有70万名士兵在加来登陆，并在加来周边400多座大棚房内临时住宿，再奔赴前线。从海上运来的军火与战争物资抵加来后，再通过加来运河等水道，运至奥德瑞克储库或泽内盖姆仓储基地，然后再转运前线各地。可见这里需要大量劳力给以支撑。

工营负责水路至陆地的货物转运。[①]

在奥德瑞克镇的近郊Zutkerque、Polincove、Ostove几个村落的边缘上，英军为自己的驻军搭建了大批的军用棚屋，英国人夜以继日地工作。1917年年底前，为了接纳400名中国工人，英国人在聚盖尔克（Zutkerque）辟出一块地方，造好了许多木板棚屋。曾经的聚盖尔克华工营坐落在现名霍克韦尔特马路（rue Hocquevelt）之侧。

作者曾两度赴奥德瑞克镇一带探寻一战华工驻地的遗迹。第二次和拉维埃先生夫妇同去，[②]在当地一战史研究者昂比斯（Jean Paul Empisse）先生的陪同下，终于寻觅到聚盖尔克华工营的遗址。[③]

拜敦刻尔克一位地下探测业余爱好者之发现，使奥德瑞克镇确认了百年前一个华工营的确切驻扎地点。这位法国男子在此用仪器探测到一个生活垃圾掩埋坑，其中有玻璃瓶、茶缸等一些中国人使用的炊具物品。作者本人还在公路以外60多米处寻找到一条约1.5米深、不到2米宽的溪沟，沟内的浅水缓缓地淌着，两岸伸出的荆棘条与长茅草把溪沟盖得幽幽的，相机难拍到它的真容。当年华工营在此溪汲水，可能百年前生态不一样，水量应较充沛。

据考证，华工1917年年底前来到奥德瑞克，他们主要被用于装配车厢和修理铁道器材。英军向加拿大两家公司订购了2500个车厢，以散件装箱运至奥德瑞克，在这里组装后，运往战区各地使用。设在聚盖尔克的列车装配、检修车间一字儿排开，足有数百米长，离英军军火库并不太远。昂比斯先生带我

---

① 英军泽内盖姆仓储基地的位置从Holque延伸至Saint Broucq，占地40平方公里。华工营盘建在外茨桥附近。这一带是低洼地区，战后几十年中，水系改进乃经常性工程，运河被拓宽，河道屡经整治。而今，外茨桥地名犹存，其桥梁建筑与当年的漫长码头早已荡然无踪。

② 让-诺埃勒·拉维埃先生（M. Jean-Noël Lavier）是注册欧洲时报文化中心“中法双语班”的学生，该班由作者本人创办，他年届六十好几开始学习中文，实系出于对中华文化与文明的爱好。当作者投入一战华工史的研究时，他表现出浓厚的兴趣；后来他当医生的夫人玛丽·艾丽莎白·戴曼尔（Marie-Elisabeth Dermer）也对此课题发生兴趣，两夫妇不带任何功利性，随作者多次一起外出采访或探查一战华工的墓园，均为自费。感其精神，特记一笔。

③ 昂比斯先生为奥德瑞克记忆协会（Mémoire d'Audruicq）主席。

们来到装配检修线的遗址。这片地儿荒废了七八十年，直到21世纪初，奥德瑞克镇府决定开发它，招房地产公司建造住房出售。当年的检修车间都是挖地而造，如今倒省下不少费用，变成了小洋楼的地下室，用作汽车库或住房的存物地窖。眼前所见便是建在遗址上的一长溜两层小洋楼。华工适应力强，肯动脑子，在英国技师指导下很快学会了装配与检修，英国人称中国人是“好工人”“优良分子”。德国人在轰炸泽内盖姆仓储基地的同时，仍不放过奥德瑞克的目标，有一次英军的铁道列车检修线遭敌机袭击轰炸。据人们相传，华工吓得有的钻在车厢下，有的爬到大树上躲避。

在昂比斯先生的指点下，我们到一块地里去捡炮弹珠。敌机的燃烧弹引爆了英军大量的炮弹，一百年过去了，这周边田野里还有不少弹珠留在土壤里，以致除了玉米，其他农作物都长不成。作者捡到了10来颗炮弹珠，它们呈圆形，每颗有两粒黄豆般大，拉维埃先生已有79岁，眼力不济，她夫人倒捡到几颗，我们手托炮弹珠一时感慨良多。

1918年11月欧战停火后，泽内盖姆由仓储变成汇集与拆卸军用物资的基地，英国人命华工拆除炮弹引信，销毁炸药，收集一切金属物件、木材器具、电器物资，全部装上驳船，通过拉阿河运往加来港，再转运出海去英国。泽内盖姆的华工后来赴加来集结，约在1920年年底登船遣返中国。

在法国北部地区的华工，停战后转入重建和清理战场，有些被派去清理农庄废墟，修复道路，还有被大量地派去以前的交战区，任务是拆除铁丝网，跟在专业兵士后排除地雷，捡寻散落于野外的枪支弹药，将未爆炸的炮弹收集堆放在规定地点，填平壕沟，掩埋人畜尸体等。有些活暗藏危险，有些活不忍卒睹，但必须一天天地去干。这些地点无法一一查清，只要是最前沿的交战区，恐怕便掩藏有华工的足迹。

英辖华工营团曾达200多个，因为年代久远，资料缺失，派赴的具体地点很难收集到。作者日积月累，仅集到五六十个，现作为本书“附录八”列于书后。但愿日后其他中外研究者不断地补充，以求渐臻完整。

“赛跑奔大海”后，英、法军和德军在各自挖建的战壕前构筑铁丝网隔离区。双方长期对峙，不时发动突袭，试图迫使对方后撤。战斗过后，来不及搬运回去的士兵尸体只能遗留在荒野。图中可见一具被抛弃的德兵尸体。来源：Album de la guerre 1914–1918, Paris 1923

现在我们再来总结一下英辖华工的人数。英国在华招工实际上有两个招工区，一个在北方，以山东为基地；另一个在南方，以上海和长江中下游为招工区。北方区招的占英招华工的90%左右，均被送往法国；南方区招的，被送往多个目的地。为了搞清英国在上海及武汉等地的第二招工区招了多少工人，作者不知跑了多少次上海图书馆，对1917年2月至1918年12月的《申报》逐期爬梳剔辨，终于理出以下基本头绪：英国在第二招工区所招的工人（包括技术工和普通力工），以报界获悉数字为统计依据，最保守的累计数一定超过了1.2万名。其中近半数被送往威海，与北方招募的工人一起经加拿大送抵法国。其余半数以上被送往多个目的地，包括英国本土、中东地区、东非、印度，以及历史资料未给我们留下线索的其他英属领地。

1921年6月10日，英国在青岛的招工局工作即将结束，在一些翻译与工人的要求下，招工局举行了一个仪式，中国劳工团（CLC）的财务官兼颁发纪念章事务官、英军上尉布尔（le capitaine Bull）在仪式上宣布，中国劳工团93357名成员有资格获得英国政府颁发的纪念奖章，他满意地宣称，仅有一小部分华工因行为不端不能获颁奖章。[①]没有资格得到奖章的人数是多少他没有透露。布尔上尉指的华工应是被分配在法国和比利时的华工，属于中国劳工团（CLC）。那么，在第二招工区招的华工，除送往威海的这部分外，其余究竟被视作中国劳工团的一部分，还是未被列入，目前尚未获肯定结论。但从英国人的管辖模式推测，似乎不在英国颁发纪念奖章之列。

中国北洋政府披露的数字是，“由威海各口岸自由赴法者约10万人”。[②]这句话比较模糊，约10万人是一个大致估计。英国人招华工，出发口岸有三个，威海卫、青岛和上海。“自由”两字加在这里很不妥当，因为自由华工是指从香港、南洋各处及加拿大等地转赴法国的华人。

一些外国作者称英国招募华工96000人。作者认为，英国招募的一战华工数字大大超过这个流行于世的说法。作者在法国的一战华工墓园里发现一些华工墓碑上的工号，已超出到目前为止被广泛引用的最高数字。如果英国只招了不足10万名华工，那就不可能出现十万以上的工号，这个道理是显而易见的。在法国丁古尔英联邦一战士兵公墓的华工墓地里，共葬有58名华工，其中工号超过10万数字的就有6位。[③]

作者对努瓦耶勒华工墓园的842名华工的资料进行梳理后，发现工号超过10万数字的不在少数。尤其重要的发现是，有二三十人的工号已超过13万的数字，最高数字的工号为134014。据概略估算，英辖华工中活着返回祖国的

---

① Archer, Vice-Consul, Tsingtao, to Alston Pékin, 13/06/1921. FO 371/6602. Référant à la page 108 du *Les travailleurs chinois en France dans la Première Guerre mondiale*, CRNS Editions, Paris 2012.

② 《国务院侨工事务局调查在法华工情形书》第一次披露，1918年11月，第188页，威海市档案馆藏。

③ 丁古尔一战墓园（Cimetière britannique de Tincourt）位于佩罗纳（Péronne）以东约10公里，葬有2000多名一战英联邦士兵，还有58名中国劳工（请参阅本书第十三章第四节）。其中工号大于10万的占10%，除常双喜为直隶肥乡县，工号100246，余者皆为山东籍：沂水县尹子和工号为109692，德县王顺芝工号107011，平度县刘瑞庆102854，滋阳县李庆祥102626，馆陶县刘喜春102645。

华工人数，应至少是在法国、比利时死亡或失踪的华工人数的六七倍以上，那么按比例，他们之中工号超过13万这个阿拉伯数字的人一定会更多，其中也应该有一些人的工号超过了13.4万，只是我们已无法查知。因此作者得出一个推论，除非英国当局对其招募华工采用的编号制度另有不为人知的方式，否则我们可以认定，英国在中国招募的华工超过了13.4万人。[①]

第四节　英辖华工与翻译的工薪待遇

华工在威海、青岛出发时，英方对他们作了初步编队，同时签订了合同，但合同非常简单。这是英国人有意简单化，在文字方面则将变更与解释修改的主动权留给自己。在与仁记洋行订的招工合同里的第八条里规定：[②]

每日劳工本人领取	每月家属领取
普通劳工：10便士	10元英洋
工头：1先令3便士	15元英洋

华工抵达西欧后，在原来编队的基础上作了适当调整，以营（约500人）为单位，派赴各地工作。还有各种工匠，被分散到各处从事技术性工种，对他们的工资定出的标准是不一样的，而且分门别类，颇为详细，现列表说明。

① 努瓦耶勒（Noyelles-sur-Mer）华工墓园是西欧最大的一战华工墓（请参阅本书第十三章第一节）。葬于该墓园里的工号数字大于13万的这些华工，来自山东昌乐、齐河、寿光、益都、临邑、安邱、陵县、临朐、广饶、太安等县，说明这些人报名已在最后时期，因此得到的身份编号数字就在最大的一档。

② 陈三井：《华工与欧战》，岳麓书社2013年版，第186页。原文国内“家属每月领取英元十元”似应为中国的银圆或称洋元。因当年英国币制中没有英元一称，只有英镑、先令、便士。

表19　　不同工种的华工工资

工种或职务	在欧洲的日工资（法郎）	国内家属按月领取（洋元）	备注
普通工人	1	10	指无技术的劳力工
班长	1.25	10	15人为一班，包括班长在内
总头	1.50	15	一名总头管四个班的事务
监工	2	20	一名监工管理四总头，须懂英语
初级技工	1.50	12	造船木工，装配机器工匠，锻工，打铁匠
二级技工	2	20	熟练冶工，钉匠，小汽船司机，客轮机械师
三级技工	2.5	30	熟练之机器装配匠

大概在法国使用英国货币不方便，华工收到的工资，改为法国货币法郎，原来合同规定按星期支领，也改为每月发一次。若愿意存钱可存于自己的工资本上，随时可提取。国内家属每月由包工头向威海卫招工局代为支领转给各家属，如有错误，由包工头负责。领的是国内的银圆或称大洋。华工的衣履、食物、住宿、医疗，都由英方包了。华工的伙食待遇，一般还不错，都是华工自己开伙仓。据有华工回忆，“吃的是大米、白面、蔬菜、牛肉、羊肉，有时还发点茶叶，每人有定量的一份。有人吃不饱，就到码头上悄悄拿罐头吃，若被英国人看见，就要受罚”。如果工人患病不能工作，其按日之工资即行停给，饭食照常供应。家属仍可照常领取留支。病情严重者，送华工医院治疗，超过六个星期未愈，国内的家属赡养费减半发给，直至病愈能工作或至送回威海卫登岸之日为止。[①]华工违犯纪律，就要受到惩处，惩处的方式各个英辖华工营不一定相同。有的华工营规定，违犯纪律挨鞭子，或者扣工钱。努瓦耶勒华工

① 陈三井：《华工与欧战》，岳麓书社2013年版，第186页。关于英辖华工患病后多久停发工资，几种材料说法不一。作者现参照英威海卫招工局与仁记洋行签订的招工合同的条款，详见本书附录四。

总集所的英军官询问一名大工头，扣工钱与挨鞭子，两种惩罚手段里使用哪种更好？大工头肯定地回答说，华工宁选挨鞭子不要扣钱。曾有某军官处罚犯错的一个华工时，拒绝使用鞭子，硬要扣他工钱，引起了这个华工及其伙伴们的愤怒，一群人竟然追逼这名军官，吓得他赶紧逃走。①

英辖华工的基本单位，当年中国人有称营也有称大队的，营指挥官和手下的秘书、士兵一般情况下共10人，都为英国或英联邦军人；全营设两名监工（即大工头），每位监工负责240人；每个监工管4名总头，每名总头管4个班，每班15人。这样就有8个总头，32名班头，实际干活的全营有四百八十几人。

英募翻译的来源主要来自两方面，一是通晓中文的英联邦人即英国人或其他以英语为母语者，其中有在中国传教的宗教人士，也有从事其他行业的英人，他们中大部分响应英国政府的号召，自愿报名参加中国劳工团（CLC）担任翻译，这部分有多少人，现尚未见到可信的统计。二是懂英语的中国青年学生，二十几岁的年轻人，共约400余人，来自中国各大学校，如清华、北大、金陵、南洋、沪江、约翰等。有的学生认为参加欧战是难遇之机，甘愿冒战地之险赴西欧充任华工译员。

英国人在招聘中国翻译员时经过谈话测试，按其水平定为头等翻译或二、三等翻译。翻译拿月薪，不像工人按日计算。规定头等翻译每月薪水120先令，二等翻译90先令，三等翻译60先令。这是启程前英方定下的标准。到了法国发工资改成给法郎，英国人招的翻译在外领一半薪水，另一半由国内的家属领取，按当时汇率折算成银圆。英方与翻译签订了中英文对照的合同，合同期限为三年。奇怪的是，按通例合同必须一式两份，双方各执一份，但中国人翻译只给签一份。测试官说这是中国政府同意了的，条款由英中双方政府担

① Brian C. Fawcett, *le CLC vue par une petite fille; lettres de Mme C.M GIBB, 80 ans plus tard*. Article recueilli par *Les travailleurs chinois en France dans la Première Guerre mondiale*, Paris: CNRS Editions, 2012.

保，尔等不必多虑。翻译进入华工营服务，其级别相当于英国的尉官，但不给委任状，只是一个参照数。合同上载明翻译不参加作战，翻译必须服从英国军官的指挥。

英国不同意中国政府派出官员随华工赴欧并协助管理华工，招募来的华工只能服从英国单方面的管束和使用，这是英方招募华工的两项标准。华工营都由英国军官担任管理者，他们不会说中文，往往对中国人的习惯、思维方式或者中国的文化一无所知。因此，翻译应该起到非常重要的作用，上传下达，及时沟通，消解误会，代表华工申述正当要求，劝导华工不要采取负面的行动等等。翻译实际上在代替中方当局承担一部分管理与保护的职责，然而却没有与之对应的正式资格。英方让翻译享受尉级军官的薪金，但不给委任状，这样就使翻译处于相对尴尬的境地，受雇于英方，拿着英国人给的薪水，得替英国人办事。翻译必须听命于英国军官，这是不容讨价还价的规定。然而与华工，毕竟均为同胞，他们不能不关注并申述华工的诉求，体恤华工的艰辛与苦闷。翻译需要与华工搞好关系，如果他不这样做，必将被华工视为与英国人完全一鼻孔出气，华工就会抵制他，他的工作做不好，必然受到英国军官的责备，他的日子就不好过。在华工营，工人们对翻译一般还是比较尊重的，华工在日常生活中也需要获得翻译的帮助。

有些翻译在启程前曾计划，到西欧战地后一面工作一面求学进修。然而进入华工营地后，工作烦琐，无法安排自学，且住在旷野远离城市，工余想觅求老师指导也不可能。时间一长，纷纷提出离职要求。华工营队那么多，译员本来就不敷用，英方肯定不愿放人。为了安抚情绪，英军总部研究对策，最后送翻译去伦敦休假游历两星期的方案获得英军战争委员会的批准。消息传出，中国英语译员异常兴奋，伦敦乃名胜荟萃之都城，学习纯正英语的最佳课堂，对中国英语译员该有多大的吸引力！英军方规定，凡在法、比工作满一年者，可轮流赴游伦敦两周，每批以10人至12人为限，在伦敦由基督教伦敦青年会接待安排生活，并派导游带领参观游览名胜古迹。据估计，这项大受翻译欢迎的活动先后惠及241人。可以想见，翻译们的工作情绪之后定有好转。[①]

英辖华工营里出现工人潜逃现象，因次数多，以至于困扰过法国战争部与马赛华工总驻所及一些法辖华工营队的指挥官。潜逃原因不外乎畏惧德国飞艇炸弹，或谓饮食不足，或谓英人待遇苛刻，听闻法辖华工收入高等，但私逃华工被抓时一般不愿启齿自己赌博逃债，或因恶行不为众人所容等动因。

第五节　女扮男装当华工

英国在上海及长江中下游流域开辟第二个招工区。英国人在上海的招工机构经过了一个演变过程，先自1917年1月、2月开始，不事声张地通过小工头行，分头在社会上招人，没有正式名称，这样操作了近半年，可称为其招工的第一阶段。在这半年里，上海散居在黄浦江沿江码头一带的老百姓，屡屡见到一批批年轻的精壮汉子被洋行职员领着来到码头，由租界的华员巡捕间或洋人巡捕“弹压护送”登上驳船，再驶往停在吴淞口的外国大轮船。

作者查到了1917年夏天的几次工人抵离沪的记录：

1917年7月8日，英资太古公司“联益”号轮船运自汉口的260名华工抵沪；[②]

在汉口等处招募的530名华工分批乘轮来沪已转轮出口。后又募得150名，7月12日乘中华公司泰隆轮来沪，泊于南市码头，随即用驳船装运浦东华通码头寄寓八号栈房，等候外洋轮船出口；[③]

7月19日太古公司“联益”轮又装来华工200名，寄寓八号栈房，至23

① 陈三井：《华工与欧战》，岳麓书社2013年版，第123页。

② 《又有赴英华工过沪》，《申报》中华民国六年七月九日第（十）版，上海图书馆藏。

③ 《英国续募华工来沪》，《申报》中华民国六年七月十四日第（十）版，上海图书馆藏。这批工人仍寄寓浦东华通码头八号栈内。

日，登怡和公司景星轮放洋赴欧。[①]

正是在订单纷至的招工节奏下，英国人做出了一件令人吃惊的事。

7月27日，一艘江轮驶抵上海某公司码头，从船上下来的队伍里有很多男女工人模样的旅客，皆年轻力壮之辈。有人诧异上前询问，答称我们是湖北人。原来，上海某公司这次在汉口招工时表示也要女工，人们遂相告于乡邻，有一些年轻妇女就跟着兄弟或者老公去应募。

小东门十六铺一带的茶馆及老城隍庙各家照相馆里，一时涌进许多操着湖北口音的男女壮客。他们或者喝茶打听，或者在这一带上街盘桓看新鲜。茶馆老板见来客都很年轻，男客多带一个女客相伴，颇觉新奇。上前攀谈，才知他们或是兄妹或是夫妻，家在湖北湖南，湖北来者居多，被英人的代理人录用送来上海再出洋去欧洲。这些人纷纷进照相馆拍照，照片规格均相同，半身，四寸，每人三张。唯年轻女人拍摄时身穿一件宽大的黑洋纱男衫，向照相馆借一顶白通草帽戴于头上。据照相馆人透露，这类照片连日来已拍了不少。为什么要三张？一张交给公司，一张自己保存，一张带往外洋入境时使用。

男人中有铜铁工匠，余者皆为力工，女人出去剪纸花或当洗衣工。许给的工资每月50洋元，放洋登船时给零用钱5元，扣经手费1元；启程后再给工洋20元，扣2元经手费；到目的地再给25元，算第一个月的工薪。如华工有家属，公司给一张手折，每月由家属凭此折向公司领半薪，另一半则在国外发给华工本人。据称这类劳工陆续来沪，但尚未到齐，一俟到齐，即须启行。[②]

为何连女工也要招去，作者分析，实在是英军方面劳力紧缺，订单催急。小工头行接到英国人的任务，为了多招些人，提出是否也可招些女工，这主意获英方同意；或者，说不定还是英国人直接下指令招女工。

---

① 《第四批赴英华工起程》，《申报》中华民国六年七月二十五日第（十）版，上海图书馆藏。

② 《招募男女工人志闻》，《申报》中华民国六年七月二十八日第（十一）版，上海图书馆藏。

待到大海轮确定了启碇日期，华工也都到齐，启程在即。准备远行的两湖籍劳工，谁也不知去的地方在打仗。其中心情最为复杂的还是女工，她们虽有老公或兄弟陪伴同行，但那么多妇女混在男人中间，茫茫他国在何方？以前从未听说过。英国人把衣履装备发下来了，从上船起，她们必须穿男装，胸部的曲线被宽大的男装盖住了，还需把头发拢进帽子里，近看一张女人脸蛋，远看除了身材苗条些，跟男人们倒也没多大差别。

代代至今，未有谁提起一战华工中曾出现过一群中国妇女。

笔者在上海图书馆搜寻数据时发现了这个线索，当时几乎不敢相信自己的眼睛！这批女华工去了哪里？法国史料中从未见到这件事的蛛丝马迹。不想英国陆军准将勒德洛（Brigadier General W. R. Ludlow）的一段日记使我茅塞顿开。他在1917年11月6日的日记中写道，“在华工营地不断传出嬉笑的声音，据传言，华工中有女扮男装的中国妇女”。[①]11月上旬正是女华工们启程离沪四个月后。他的日记恰好被笔者用来印证女华工的去向。

按逻辑推测，所谓出国去剪纸花，只是虚拟的招工理由，实际上女华工们被送到了法国。在汉口时没有单独无依靠的女子应募，均有老公或兄弟相伴。八成在报名时她们提出要求必须与老公或兄弟在一起，并得到了许诺。经过努瓦耶勒华工总集所，她们随同老公或兄弟分往几个华工营，男女都穿一样的服装，外人不易觉察。但传言会渐渐地扩散出去。

可以断定，经过实际使用后，英方觉得还是不招女工为宜。就在女华工们启程不久，英国在中国第二招工区里的招募，进入了第二阶段。1917年8月间，威海卫招工局派出的华人干事陈礼庭到了上海，陈看到工人被招后暂住在浦东华通码头八号栈房，工人来往需乘黄浦江摆渡船多有不便。他禀告英公署，获准在英租界内的三马路庆和里租赁了十幢房屋，挂出“华工招待所”牌

① W. R. Ludlow, Brigadier General W. R. Ludlow Diary, entry of november 16, 1917. LC, Leeds, GS 0984.（英军勒德洛准将日记，转引自徐国琦：《一战中的华工》，上海人民出版社2014年版，第151页。）

子，作为工人报名处及临时寄寓地。不到一个月，英方的招工就此进入较为有序的阶段。后面的史料中再也搜寻不到女华工的任何信息。

这段招女工的插曲，实系欧战时局下的应急偶为，大约仅此一回。不过，一群年轻的中国妇女置身于劳工队伍，不失为波澜迭起的一战华工赴欧过程中一朵罕见的浪花。

第六节 “不受欢迎的人”

我们必须强调一战华工的贡献，赞扬他们吃苦耐劳，直面艰难，勇于应对凶险，努力完成任务，在业余时间不忘娱乐怡情。但我们也不能不正视这个群体暴露出来的缺陷与毛病，以及其中某些人犯下的罪行。他们把国内固有的陋习带到国外，如随地吐痰，在营地附近随处大小便，光膀子不避女性等；喜好掷骰斗牌，相聚赌钱，酗酒相骂，动粗凶殴，打得皮破血流不以为然；寻机嫖娼；还有的为一事不遂心竟杀同胞，为谋他人之积蓄谋夺其性命，抛尸荒野；甚至结伙外出抢劫，杀死当地居民，等等。

华工经常会因某些事情不满意而举行罢工或者引发骚乱，一些西方学者设问，华工是否比其他殖民地劳工或外国劳工更好闹事？有的持肯定意见，有的相反，也有的觉得这个问题不好回答。不管观点如何，有一点似乎相同，他们在史料中比较多地发现华工闹事的案例，也乐于加以引证。

总体而言，在大战进行的中期，华工中虽然有这样那样的问题，但仍是瑕不掩瑜。无论是法国当局、战争部、军备部、殖民地劳工署及各地的工商会或市镇议会，一般都是好评的多，詈病指责的少。然而，到了大战后期与停火后，情况发生了变化。法国当局与社会人士曾寄予厚望的华工劳动力，在一些地区变成了不受欢迎的群体。

华工驻地的民众对华工营队产生排斥情绪，认为华工不讲卫生，动作不雅。一些民意代表不满：村庄小，男人们被动员应征上了前线，村里没有任何防卫手段，如今一下来了那么多异国人，为什么不让他们住得远远的呢？地方官员也指责华工“失礼”，蒙塞尔－莱吕内维勒镇（Moncel-les-Lunéville）（位于法国东部，属默尔特－摩泽尔省）的镇长抱怨华工“他们很脏，把营地当作马厩和大便槽。他们也不怕当着别人的面裸露身体”。镇长写信给附近驻军的一位将军，要求将华工迁离村庄。将军回复他称：“不可能把你提到的华工队安置到森林里住，但我们已下达了要求中国人遵守卫生和体面的规定。”数日后，华工队总办接到通知，凡中国工人住地必须用石灰和臭药水消毒；禁止工人在室外洗澡，每个星期日让他们洗淋浴；严格规定野营茅坑的使用方式，夜间也不准随地大小便。[①]公允地说，这些中国人固然有不讲卫生、行为不雅等毛病，但法方的责任也不能推得一干二净。招募中国劳工的时候，要求他们必须强壮，是把他们当作一种劳动机器，而对于他们作为一个个活生生的生物体所需要的东西所虑极少。洗澡与如厕设施，往往预先不去修好，华工队一支人马到了某地，放下被褥行囊就要去干活，伙房马上埋锅做饭。华工干活一身臭汗，回来无处洗澡，人都要吃喝拉撒睡，没有厕所，华工自然自找地方解决，结果可想而知。雇佣方难辞其咎，在接到民众投诉后，只一味指责华工，丝毫不承担本身应尽而未尽的责任，显然这也不公正。

同一个省内的博尔维勒（Borville）村也驻有一支华工队，一名宪兵在一份报告里写道：有些华工在田野里脱了衣裤捉身上的虱子，根本不在乎附近有村民主要是年轻姑娘；布兰小姐（Mlle Boulay）跑来向我报告，她在地里干活，有个中国人经过她那边，上前来纠缠，说些让她觉得下流不堪的话，她挥动手

① 蒙塞尔－莱吕内维勒（Moncel-les-Lunéville）是法国东北部默尔特－摩泽尔省（le département Meurthe-Moselle）内的一个镇，欧战初该镇人口不足三四百，后有一支华工队驻于此。法国防史料处档案，SHD-DAT, 19 N1397.

中的农具才得以摆脱。[①]

华工团体成为民众与当地行政机构投诉的对象，在法国北部与西北部也相当普遍。索姆省的佩罗纳商会一次开会时表示英辖中国苦力已形成本地区真正的恐怖，迫切要求当局将他们遣送回亚洲以使本地区回归安宁。[②]大量英军驻扎在法国西北部几个省，众多的英辖华工营队也在这些地区工作，特别是停战后，纪律松弛，管理不善，以致一些令人遗憾的事件接连出现。不仅华工群体受到当地民众与地方官吏的指控，这些地区的英驻军也感受到法国民众对自己的排斥与厌恶。下层的冲突与不满回溯到上层，使英、法当局之间一度关系紧张。

被派往比利时的华工营队都是在英军管辖下。大战结束，弗拉芒地区的居民对华工的态度发生了大逆转，由相对宽容变成了完全反对，华工变成了当地民众提防、讨厌、害怕、仇恨的对象，人们公然指称华工为“不受欢迎的人”。这一严重负面的评价也出现在法国西北部与东部。其形成既有主观原因也有客观因素。原先法辖华工营队和英辖华工营队相距在很远的省区内，分属法军或英军管理。停火后，一批法辖华工营队被调到西北部的索姆省、加来海峡省、诺尔省，参与战场清理与战后重建，英辖华工营队本来就驻在这些省区内。两种不同管理体制的华工营队，经常调迁地方，驻地靠得较近是必然会出现的情况。华工听说哪个华工营伙食好，工价高，出入方便，就去哪里，华工的流动性明显增加。一些歹心复萌者便趁机逃避监管，溜出去打家劫舍。

在法国和比利时的一些交战地区，避难外流的居民回来了，家园破烂，生活艰难。当地人看出华工有钱，巴不得多找出些东西卖给他们好赚些钱，西装、礼帽、饮料、色情画等都有销路，职业妓女卖淫也不消说。少数居民对华

---

① 博尔维勒村（Borville）同属默尔特-摩泽尔省，驻有一小队宪兵。源自姓马丁（Martin）的宪兵1918年6月29日的证词。法国防史料处档案，SHD-DAT, 19 N1397。

② 佩罗纳，Péronne，巴黎以北200多公里的一个专区级城市，属索姆省。SHD-DAT, 7 N 2289。

工表示好感，但总体上普遍怀着赚钱谋利之目的。这些地区出现了犯罪与暴力致人死的一股恐怖浪潮，引起民众惧怕。暴力事件呈现出多样性与多发性，华工营队内广东人与北方人打架相骂，中国劳工与阿尔及利亚劳工之间集体打群架，华工与欧洲管理者之间发生冲突。当地民众敌视华工，有的故意挑起事端。华工营队的问题只要捅到社会上，当地居民马上齐声抗议，司法调查也并不懈怠，华工犯罪分子被地方法院判刑，法、比当地报刊卖力地登载案情与社会反响，有记者采访录，有地方官员的呼吁，有民意代表的激烈谴责。军队指挥官们也产生担忧，形成了一边倒的意见：华工留在这里没有好处，更何况中国劳工在排雷和拆卸炮弹的工作方面很低效。

1919年9月，贝当元帅（maréchal Pétain）视察法国东部朗斯（Lens）等地区后，于1919年9月25日就华工问题致信内阁首脑克列孟梭（Georges Clemenceau），他表示："在朗斯地区驻扎的华工已造成严重的麻烦，他们成为该地区不安全和民众不舒服的持续性原因。民众一致要求把他们调走。"他还指出，在东部特别是庞佩和布拉蒙（Pompey, Blamont）地区，也存在同样的情况。他在信中说得直截了当：这个劳动力没有工作效率，再则，是持续产生事端的一个源头。不光在阿图瓦省（Artois），东部地区也一样，民众一致要求他们离开……短期内必须要遣返他们回国。我知道，对此，重建部部长持相同的意见。①

1919年10月18日，法国"解放区部"部长勒布伦（Lebrun）在巴黎主持召开法、英联席会议，预定的议题即为"全部遣返不受欢迎的劳力团体"。吉布将军（le général Gibb）代表英国赴法、比远征军出席会议，会上对于各地对华

---

① 国防史料处档案，7 N 2289。1919年9月25日贝当致信内阁首脑克列孟梭，要求解决华工问题。菲利普·贝当（Phillipe Pétain，1856—1951），习惯上被称为贝当元帅。参加第一次世界大战，因指挥凡尔登战役获胜，扭转战局有功被视为一战的英雄，而获步步高升，1918年11月晋升为法国元帅。第二次世界大战期间，为维希政权最高首脑，他采取与德国纳粹合作的立场，战后被法国司法判处死罪，戴高乐总统赦改为无期，1951年死于狱中。

工的反映，英、法两方各持己见。吉布将军称，法国人“对华工监管不力，太宠他们，大部分偷盗与重罪是你们管辖的华工所为”。其实英国人在推诿责任，在比利时的华工均在英军管辖下，出的问题他就避开不谈。法国军官们反驳说，你们叫华工“清理战场，专收集可利用的军火，而不是销毁危险的炮弹”。英国人辩解，德国战俘遣返了，只能叫中国人去干，但他们不会，我们只好回收运走。殖民地劳工署署长博斯盖蒂竭力为华工辩护，他说华工日常工作业绩出色，目前在内地工作的中国劳工大约有18000名，没有谁抱怨他们不好；现有2000名中国人在勒克厄佐（Creusot）工作，还有厂向我们申请要华工呐。他认为没有必要中断合同提前遣送他们回国。无奈地方议员或市镇行政长官递给会议的投诉材料太多，会议最终作出的结论意见是：将英辖与法辖华工营队的驻扎地严格分开，不能就近相邻，不准互串流动，加速华工撤离的步伐。[①]

这次会议后，英军以每月15000人的节奏遣返英募华工。至1919年11月20日，在加来海峡省工作的所有法辖华工，除了在该省煤矿和工厂工作的544名，其余全部撤离当地，回到马赛总驻所，候船遣返回国。[②]被这一决定涉及的遣返回国华工，其中肯定有许多人的合同期限尚未届满。

第七节　华工在比利时

比利时西佛兰德省（Flandre occidentale）是第一次世界大战西线战场的前线地区之一。一战爆发，比利时立即被德军突破，但后来协约国集团的英、

① SHD-DAT, 7 N 1297, 7 N 2289.（法国防史料处档案，《解放区部会议总结》）。阿尔贝·勒布伦（Albert Lebrun, 1871-1950），法国国务活动家，1917年11月23日至1919年12月24日先后在克列孟梭内阁任封锁部部长和解放区部部长，于1932至1940年为法国总统。

② 法国国防史料处档案，SHD-DAT, 7 N 1297。

法、比三国军队使德军无法独占比国领土，从而陆上主战场形成于法国，次战场便落在了比利时。英募华工在抵达法国努瓦耶勒总集所后，英方抽调了两万人，组建成一个个华工连，陆续派赴比利时战区，为英军提供战事服务。英军的连编制人员多，一个华工连常有四五百人。不少华工在比利时丧命于敌机的轰炸和敌人的炮击，大部分人一直工作到停战后，参与了比利时的重建。有比利时研究者发现，“在波普林格市（Poperinge）周围驻扎过不少于一万两千名中国劳工”。华工在比利时的工作、生活与产生的影响，理应成为我们一战华工课题研究的一个部分。本节就比利时公众舆论对华工的态度变化，作一个初步的探究与分析。

比利时国家小，社会舆论不太会五花八门。总体而言，我们可以把公众舆论对华工的态度分为两个阶段：一战进行中与一战结束前后。第一阶段由神秘不解，渐至抱有好感，不乏正面评价；后阶段持反感情绪，甚至由惧怕演变为恶感、敌视，最后形成当地的共同情绪即视华工为“不受欢迎的人”，强烈要求当局立即让华工离去。

华工营连抵达后，语言藩篱阻隔着与当地民众的任何沟通，当地居民对中国人的生活习性举止行为完全不理解，因而产生的蔑视就已经表露出来，当地人把华工称为“中国佬”[①]；英方不准华工去乡间的小酒馆，当地居民曾看到中国人受到严厉管束；华工劳作运货时有英国士官在一旁押着；有人看到英军中士手拿一根细铁棍殴打华工；也有人看到一名华工脖子戴着枷锁，另一名华工的颈脖子被一根铁链子锁住，在监工的看管下挖坑道。种种所见所闻使当地民众相信，华工是低人一等的苦力。

华工人数众多，大都与当地人鲜有接触。日久月长，比利时人看到华工干活很棒，对人有同情心；有华工听闻附近有居民生病，主动前去看望，语言不通，提些水果去；见到老弱乞丐，肯施舍食物；平时出手大方，很愿意送

① 作者注：“中国佬”，Tchings，此字在他们的语言里是对中国人轻侮性的叫法。

糕点水果给儿童和妇女；逢有节日，开心地表演节目，既为自娱，亦乐意让当地居民观看；华工喜欢买东西，正合商人之意，当地商店和摄影社经常有华工光顾，华工买了很多手表和戒指；比利时咖啡吧主不顾当局禁止华工进入小酒馆、咖啡吧的规定，仍不事声张地让华工消费，等等。

双方渐渐熟悉起来，有时还可交流，譬如双方曾议论共同组织个什么节日，后来这个计划还真的实现了。1918年2月11日中国农历春节，驻在波普林格市的华工团英国军官允许华工庆祝自己的传统节日，华工把节目演到了市里，街坊里的孩子们高兴得欢蹦乱跳，还拉着华工跳起了舞，家长们也都来看热闹。当地弗拉芒人从未见过中国人表演，有照相机的忙着摄下欢乐的场景，他们鼓掌助兴，显示出对中国人的好感和友善，有的当地人与中国人一起拍照留念，场面感人。[①]众多华工难得地感受到了异族人的友好与善意。虽然华工本身存在一些问题，西方的歧视在比利时人中也颇为流行，但总体上比利时民众对华工的印象，开始朝着比较正面的方向演化。

可是，后阶段比利时公众对华工的舆论态度却完全改变了，这个令人遗憾的转折几乎与两大敌对阵营之间军事冲突的终止发生在同一时间段，表面上看是一种巧合，实际上有其深层原因，是事态发展的必然结果。

战争结束，英军本身军心懈怠，管理华工松弛无度，食品供应时有时缺。华工在战后马上被派去清除战场，掩埋尸体，清理废墟。工作性质变了，华工得以捡搜到各种枪支弹药，一部分人劣心复萌，利用手中的武器作案，干出橇窃、抢劫，杀人越货等犯罪勾当。停战前后，比利时的警察宪兵的社会治安力量严重不足，当局来不及按需布点，警所常常距离其辖区的村庄十几公里，弗拉芒地区事实上没有多少法律保障，这种治安状态使作案者无所忌惮，一些不明国籍的犯罪团伙在该地区活动猖獗，抢劫、谋杀案子频频发生。治安问题严

---

① 波普林格（Poperinge）市位于比利时西佛兰德省南部的韦斯图克专区（Westhoek），为驻比英军的后方基地之一。该地区的中心即为伊珀尔市（Ypres），战前人口约17000人。韦斯图克是一个农业区，人口较少。当时驻有多个华工连。

重，其中混杂有无良华工作案，这是不得不正视的事实。

第101华工连曾有5名工人于1919年9月27日夜间在伊珀尔（Ypres）东南7公里的霍勒贝克村对一个小旅馆实施抢劫，这个小旅馆设在一座板屋内，店主听到砸门声，抓起一支德国步枪朝几名入侵者连开三枪，一名当场中弹倒毙，另一名受伤逃逸，几天后在某处树丛里被人发现了尸体，这两人的工号前者46564，后者62638；另三人回到沃尔梅兹勒（Voormezele）的华工营盘就被逮捕了。不出一周，这个华工连被英军上司调往法国。

在Houtem，两名中国人夜间撬窃一间切烟草的木头棚子，被切烟工隔门开枪击毙一名，另一名逃脱。

在伊珀尔南部有一个叫“白房子”的寨子，当地一个农民（Gaston Boudry，1981年去世）叙述，“战后他们从避难地回到家乡，在伊珀尔第一个安葬的人是一名十六岁的姑娘，她在一条小公路上遭到几个中国佬的追逐，姑娘逃到家里关上门，他们想破门而入未成，隔门开枪打死了她。以前中国佬从来不会使枪，清理战场找到各种东西，他们学会了怎样扔手雷和开枪射击。”①

比利时警宪弄不清楚，在该地区到底有多少个打家劫舍谋财害命的犯罪团伙，只知这些团伙人数不一，多时八九人一伙。他们涂黑了脸，作案时偶尔身穿英兵制服，经常化装成中国人或者越南人，因此受害者家属常常一口咬定是中国人干的。中国人袭击弗拉芒居民的事确有发生，此时即使不是事实，只要警察局抓不到嫌犯，无法定案，这个指控就被传下去。那些居心叵测的异族奸诈团伙，

① Dominiek Dendooven, *Les "Tchings" : mythe et réalité à propos du Chinese Labour Corps dans la région du front en Flandre occidentale*. Musee In Flanders Fields, Belgique.

利用犯罪华工造成的恶劣影响掩护自己作案，转移社会注意力。华工因此成为在弗拉芒地区所有坏事的替罪羊。遗憾的是，不全是无辜的羊，几粒老鼠屎坏了一锅粥，使华工总体形象雪上加霜，令人痛心。据分析，犯罪案例中约三分之一系中国歹徒所为，但这恰恰成为其他犯罪团伙栽赃和推卸罪责的有利条件。

大批在战争期间逃离家乡的居民陆续返回故里，外国劳工为这片土地所做出的努力他们没见着，看到的是一群群完全陌生的外国人在他们的村庄里早出晚归，或者东晃西溜，有的放枪当玩耍，拿着武器乱摆弄。他们从心理上对这些异国人心存疑惧，反感迭生，当一些犯罪案子传开时，他们的仇外情绪变得非常强烈。在外国劳工里中国人的人数最多，本来那部分蔑视华工的当地人，因为后来渐渐和华工有了接触开始理解并持友善态度，但是在所有这些因素的作用下，他们又退转回从前对中国苦力的认知，从而形成了比利时社会对于华工一边倒的负面评价。

停战几个月后就有介绍比利时战场的一些小册子出版，其中一本，开页就警告比利时民众要提防华工："别单独旅行，在西佛兰德省南部，晚上别出门，因为你可能遇见许多中国苦力，这个偏僻的地区被他们搞得相当危险了。如果碰上，别表露出你害怕，切勿做任何鲁莽挑衅之举。"①

类似的见证存在于当地家庭保存的文字记录中，今天它们并没有散失掉。一战期间，弗拉芒人在未被德军占领的弗拉芒地区反而成了少数民族，数量众多的难民从更为危险的地方涌进来，各式各样的军人数以千万计。有研究显示，一战中与刚停战后的一段时期内，弗拉芒地区存在着55种不同的文化，除了一部分为欧洲文化，其余绝大部分来自世界各地，军队士兵原籍呈现的多元化尤为明显。在地方的集体记忆里，由华工营带来的中国文化是人们印象最深的文化之一。

从1919年4月29日至8月19日，比利时议会曾就中国劳工团的问题讨论

① Gids door de Vlaamsche slagvelden van Leie-zee-Yzer, De Wit J. S. l. 1919.

过六次，西佛兰德省参议员向议会提交了一份他们认为是华工犯的轻罪和重罪的单子，介绍了报纸的报道，要求迅速撤离全部“殖民地军队或团体”。议会要求比利时战争部作出处理，战争部部长马松（Fulgence Masson）在回复信函里表示他的运作余地有限，比利时无法对英国远征军作出什么决定，唯一能做的事就是要求英方加派军官到中国劳工团，强化纪律，强制华工的行动不得越出华工营盘两三百米。到8月，凡尔赛和平条约已签过，比利时又一波疑似华工犯罪的案例提到了议会，马松部长再一次正式回复，宣称目前仍在西佛兰德地区的一万两千名中国工人从事着清理战场这项有益但危险的工作，如果将华工营队立即撤离，任务就会落到比利时人身上。因此对于比利时来说，让他们做完这件事更有好处。马松在这两次复信中都提到，他个人认为，中国工人在比利时所犯的轻罪和重罪的案子数被报纸和公众舆论大大夸大了。[①]

作者列举比利时方方面面的反应，试图给读者呈现一个比较客观的历史面貌。后来华工完成了任务，离开了西佛兰德地区。随着时光流逝，当地人关于中国人的记忆早已消退无形，但华工不自觉地遗留在比利时土地上的痕迹并没有散佚殆尽。研究一战华工的外国学者们，从比利时的历史档案和民间的文字与口头说辞中，获知华工在当地活动与工作的点点滴滴，汇集成了当地民众对华工的反映和看法。

尤其值得注意的是，它们存留于比利时官方的档案馆和警察局的案卷；在一些华工驻扎过的地区，民众之间仍在代代相传；当地有的家庭保存着前辈的日记本、回忆录；出版社在战后陆续出版了人们目睹的一些故事；另有一些已成文的故事集本等着出版。据说有的原稿仍在私人家庭里保管着，有的人则将手稿交托给比利时专门的资料机构，如佛兰德博物馆资料中心（le Centre de documentation du Musée la Flandre à Ypres）。这类资料中仅有少数用法语写成，

① Dominiek Dendooven, *Les "Tchings" : mythe et réalité à propos du Chinese Labour Corps dans la région du front en Flandre occidentale*. Musee In Flanders Fields, Belgique.

写作者系比利时法语地区人，或弗拉芒地区上流社会中能以法语为其文学语言的个别作者。比利时分成瓦隆地区和弗拉芒地区两大部分，其行政、语言和文化上的分野十分根深蒂固，前者为法语区，后者为与荷兰语相近的弗拉芒语区。

那些尚处于手稿状态的记事都是用西佛兰德的方言写的。弗拉芒地区的方言非常奇特，就连那些讲荷兰语的人都看不明白，更甭说讲法语的人。因此关于一战华工在该地区如此丰富的纪实史料信息，基本上仍局限于方言地域内。可是，岁月流逝，年久日远，仍有一些资料透露出来。现在是信息化时代，也许有人认为方言区里的材料无甚影响，我等中国人不必去关注它。然而，一战华工的历史除了涉及中国人，还涉及许多欧洲人甚至其他洲的外国人，因而研究它的人总是会有的，随着时间的推移，无论正面还是负面的史料，都将会传播得越来越广。我们没有理由漠然置之，至少我们应加以了解。这就是作者专辟一节予以述评的初衷。

该地区内对华工的文字记载，因为各人的观点差异，有的带着很强的主观臆断，有的则表现出浓烈的好奇心。不管记录者的文化水平高低，不管其属于哪一个社会文化阶层，有一点几乎相同，那便是对华工这个群体都感到十分惊愕，如果还不完全是敌视排斥的话。

> 大批中国人来到我们地区为英国人干活，我不知道他们从哪里来怎么来的，他们大部分都很年轻，他们是古怪的来访者，举止非常幼稚，不比我们十岁、十一岁的男孩强多少，他们喜欢看商店的橱窗，如果看到有他们喜爱的东西，就八个十个一起拥进去，他们什么东西的价都要问，如果想买某样东西，他们很会起疑心，生怕被人骗。许多店主烦透了他们的举动，有时故意装出生气的样子，他们一看店主那表情与手势就像一群老鼠似的跑了。黄皮肤，扁鼻梁，斜眼睛，他们几乎总带着一副傻笑，任何时候都在看他的周围，在这里拥挤的公路上，他们居然从未发生过车祸。这倒是令我们很惊奇的一件事儿。

> 中国人发疯般地迷恋我们的服饰，要是他们拿到我们的礼帽或鸭舌帽，就不肯松手了。我们的皮鞋对他们来说很重，他们不习惯，穿起来有点笨拙。他们不懒惰，肯干活，至少不比我们工人和英国士兵差。一群中国人从你身旁经过时，那个嘈杂劲简直不得了，他们说话像喊叫，好似比赛谁的嗓门儿高。我更愿听他们唱，他们的歌曲蛮好听的，他们几乎人人都会说几个英语词，可是没一个人能用英语说话。
>
> 英军颁发一个命令，禁止中国人进入商店，谁都不明白为什么。总之，禁令初期，老百姓的店铺不可能再卖东西给中国人。可实际上禁令还是被悄悄逾越，商人想赚钱嘛。中国人爱买手表和戒指，为了吸引他们进商店，有些弗拉芒商人还学会几个中国字，发现很管用。中国人看上去一点不精明，但想骗他们很难，他们懂得东西的价值，很少买蹩脚货，总是挑最好的最漂亮的，付钱之前经常跟老板讨价还价。他们非常喜欢逛当地最好的商店，去了总会买些东西。比利时人不知道他们一月挣多少，但看到有些中国人身上带着许多钱。[①]

停火后，管辖华工营队的英军方，要他们去完成清理战场、帮助比国重建等诸项任务，但没有像从前那样出于自身需要而严格管理他们。一个纪律松弛的团体，必然会问题成堆。因战争而外出避难的村民们纷纷回归故里，身无分文，家园成了废墟，唯一遇到的非西方人的异国群体就是中国劳工。以前从无接触，只觉得他们神秘令人不解，现在看到华工的举止行为漫无约束、口袋里有钱、乱玩武器，当地村民必然心惧生厌，双方不可能建立正常的关系。一些交口相传、真假难辨但都归咎于中国人的案例，越发强化了当地集体记忆里对中国劳工团的最后印象。

---

① Achiel Van Walleghem, *De Oorlog te Dickebusch en omstreken*. Tome 3, pp.16–17, Bruges, 1967. 摘引自比利时天主教神父范·瓦列格汉的见闻录。一战时他在伊珀尔以西5公里的第凯比契堂区任教职，附近驻有华工营连，使他得以近距离观察到中国人。

第八节　英国人管理华工略评

英国派遣远征军渡过英吉利海峡在欧陆作战，招来的十几万华工，其任务不是充实法国的工矿企业，而是在役地帮助英军解决军火和后勤军需物资的装卸、运输问题，承担阵地掘壕沟、筑掩体等等种类繁多有时很危险的劳役。英国在西欧战地，没有地方行政机构作军队的依托，因此，英国人按准军事方式管理华工，看来是别无选择，是由当时客观环境所决定的。这一点，似可理解。与法国人管理华工相比，英国人简单得多，靠老办法，这老办法就是殖民主义役使劳工的办法。英国人19世纪80年代修筑北美太平洋大铁路时，就役使过大批中国劳工。

加拿大太平洋铁路1880年4月动工兴建，1885年修成，从英属哥伦比亚地区的海港城市温哥华到新苏格兰的哈利法克斯，主持修筑铁路的是英国公司在加拿大注册的子公司。太平洋铁路全长3800公里，最为艰巨的工程是在雷夫斯托克至温哥华的400公里路段上。在一年多时间里，参加铁路工程的华工建造了100多个涵洞、数十座桥梁，开凿隧道几十公里。华工死于疫病流行、积劳成疾和饥饿者不计其数。1891年，维多利亚中华会馆从弗雷泽河谷收集到300具华工尸骨，运回中国安葬。一战中英国招募的大部分华工，又通过这条大铁路转运至加拿大东海岸，再乘船去英国转赴法国。

1903—1904年间英殖民主义者在中国直隶（今河北）和山东招募华工去南非开采金矿；1906年时，南非仅德兰斯瓦尔一地金矿里的中国苦力已达5万人，他们受到奴隶般的对待，命运极为悲惨。尽管英国率先于1807年宣布废除奴隶贸易，但资本主义的发展和广大殖民地的经济开发依然需要大量的劳动力。中国人口众多，贫弱受欺，成为殖民主义强盗瞄准的一个苦力源地。英国人认为华工性格温和，驯顺甘命。19世纪中，“拐掠成行”成了中国劳工出洋的一个基本特点。

招赴南非苦力这一页翻过仅十来年后，英国人为欧战之需要又来招募华工，他们初时打算，仍租用当年运华工去南非的同类船只；还考虑采取当年的方式交由私人公司去招募华工，佣金价码也不变，每招到一名华工，付给私人公司佣金1英镑17先令6便士（注：20先令为1镑，12便士合一先令）。由此证明，英国人从招到管，并未摆脱以前役使中国劳工的思路。英国人招工没有像法国人那样注重签订佣工合同。

一战期间，按最保守的统计，英方在上海口岸送出的华工绝对超过1.2万名。1917年4月英国某公司在上海招募了173名技术工人送往英国，至同年9月底“工事已毕”，遣送回来，10月27日返抵出发口岸上海。其大半系浦东人，“据称此次出洋待遇甚优，惟中间因病死亡者三人，不得同返祖国深为惋惜。”[①]招工得签合同，而后执行合同，英国人是否与这批人签合同很难说，即使签，肯定是非常简单的几句话。在上海送出的上万华工恐怕都是这种情况。1917年1月，英募第一批华工约2500人在山东威海卫登船启程，他们大概画了押，合同条款尽量简单，可参照书后附录四英国威海卫招工局的合同书。从使用华工的期限来看，英国人根据需要，合同长短不一。总之，英国人完全把主动权握在自己手中。

英国人管理华工表现出的特点，既有务实的一面，又有固守偏见的一面，这是长期形成的大英帝国高效传统与高傲意识的产物。华工营里会组成炊事班、卫生队、巡警队，选出剃头、修鞋匠，保证华工营队的良好运转，使华工

① 《华工由英返沪》，《申报》中华民国六年十月二十九日第（十）版，上海图书馆藏。

逐渐养成讲卫生、有条理的习惯。有些英军官对华工营盘的整洁要求非常严格，如遇战场紧急情况必须连夜转移，营队指挥官临撤离前，命令卫生队将营房打扫干净后再追赶大部队。或许以后还要回来住，即使留给他队，也要求整齐清洁。①

从管理角度来看，英军对华工待之严苛。从上到下，一以贯之，强制加压制。英辖华工遭受的歧视和蔑视，相比于法辖华工，更为严重。英国当局不允许招募的中国劳工与任何欧洲军人或西方平民接触，华工营队每到一地驻扎，必以铁丝网或栅栏相围，大门口派士兵站岗，在铁丝网上安置了警铃，有的华工营外的地面上还布埋了绊网，禁止中国劳工在非工作时间走到铁丝网外面自由活动。如果说为了便于管理和纪律之需是一种考虑因素，出发点却是英国人根深蒂固的殖民主义观念，他们从来不认为华工与英国人在人格上是平等的，英国人只强调手下的人必须尊重与服从上司，却无视被管理者的人格。英国欧陆远征军公布的若干条规定足以证明：英国军官不能与中国人过分熟悉，以免丧失威信和降低效率；不准中国人在英军食堂用餐；禁止中国劳工进入咖啡馆、酒吧。在法国比利时的华工营，张贴着英军第2745号禁令：禁止各有色工人进入比利时人、法国人开设的咖啡店。②英军士兵的厕所禁止中国工人进入。英远征军总部还在比利时华工营驻地附近的大路上竖牌子写上通告，明令下面的军队“不要和中国人说话”。这些规定，与殖民主义体制下主子与奴仆的关系准则是一脉相承的。英国管理华工的过程，殖民主义时代的烙印依然明显。

英国在华招募华工，没有经过中间环节，英国人的所谓合同只有八条，每条仅两三句话，完全不像商业活动的合同，倒像是一个军事性的契约。他们按准军事性质管理华工营队，英募华工的工资也低于法募华工。

---

① 傅增湘：《侨工须知》，第13页，上海图书馆藏。傅增湘在民国前期曾三次出任北京政府教育总长。

② 顾杏卿：《欧战工作回忆录》，商务印书馆1936年版，第48页。

被派到华工营工作的军官或士兵，带着从小就被灌输的信念：中国人是二等族群。他们长期以来受到殖民主义思想的影响，已养成对中国人的歧视和偏见，他们认为华工幼稚、无能、肮脏、卑鄙。军方高层不准他们与手下的华工相熟，他们本身也不屑与之沟通，出现问题就采取强制手段，他们认为这是英军纪律的保证。他们不会对华工表现出任何信任或诚意，不愿听他们的抱怨，谁要敢违反他们的指令，就要遭到惩罚。惩罚方式多种多样，轻者扣工资或鞭打，重者捆绑暴晒用钢丝刷刷背；有的将手脚绑在铁丝网上，脖子上挂牌子，还有的罚背上负重，在华工营盘内顺着通道跑圈。如果出现了闹事反抗，英军指挥官就会毫不犹豫地下令开枪镇压。1917年10月10日，中华民国的国庆节，一个英辖华工营队拒绝去工地上班，按理华工有权在国庆节放一天假。但英国人见出工命令遭到拒绝，立即调动兵士，并下令开枪镇压，当场射杀5名华工，打伤14人。一时间营盘内犹如屠场。①

英方在法国设置了一个特别的营，编制号为第93华工营。华工被判刑后，将送进军事监狱，从入狱之日起，他们即被原在的华工营队除名，登记到第93华工营的名册上。出狱后归该营管辖。

大批不称职的管理军官是从英军前线部队淘汰下来的。除了从军队奉调来的，也有本在中国传教的牧师当华工营连排长，另一些是在中国做生意的商人，他们响应英政府的号召，来欧洲为英军利益效力，他们并不一定具备管理几十数百人的能力。

英国人长期以来对中国人积累了轻视或者蔑视的意识。尽管如此，在与华工一起相处时，每个指挥官或负责人呈现出的面貌还是各有不同的。这主要取决于各人的经历、文明修养、对中国人的认知度。素质好一些的军官待人和善讲道理；有些则声色俱厉，粗暴成性，令人厌恶。

---

① 法国防史料处档案：*Proclamation by Furdon to All Chinese Labourers Under British Armies in France*, 16/06/19. SHD-DAT, 7 N 1297.

驻于比利时的一个华工队受一名英国军官马修斯（Matthews）管辖，此人因打仗多次受伤，上司免其前线军役，派到华工队任指挥官。马修斯待人温厚，对我华工毫无疾言骄色，若有华工因身体不适无力工作，他从不为难，马上给假，以让生病者歇养一下。因此群情感之，尊称其为“马大人”。[①]管理人能体恤下情，中国人讲知恩图报，绝大部分人不会利用其良善来偷奸躲懒，反而工作起来心情舒坦，成绩也自然好，马大人所在的华工队就是如此。

① 顾杏卿：《欧战工作回忆录》，商务印书馆1936年版，第35页。

第六章　华工的工作与境遇

第一节　华工工作概况

勤劳苦干、吃苦耐劳，这是中国人的一个基本素质。一百年前大批华工被送往欧洲战地从事艰巨危险的工作，他们把中华儿女的这一基本素质展现给了西方世界。西方人由此初步认识了中国人的能耐，英、法军队管理者或私营雇主们对中国人多少有点儿刮目相看。

法方招募的华工最早一批于1916年8月下旬抵法，法殖民地劳工署陆续将所辖华工分配到全国各地的军工企业和与战事关系密切的私营工厂。

法辖华工工作的地域之广令人吃惊，经常是在名不见经传的小村庄，因为战时许多军备军火厂都设在偏僻的乡野。在役使华工高峰时期，华工工作地点达到110个。根据任务需要，有的华工队调动频繁，每月多次改变工作地点也并非罕见。

华工从事的工种之杂和分布的地域之广足以证明，中国劳动力在法国战时工业与经济体系的运转中扮演着重要角色。华工参与的工种，按大类分，有火药制造，兵器制造，煤炭煤气工厂，下矿挖煤，建筑，造船，军用粮食和衣履局，军用车辆修理和房屋工程，钢铁生产，造纸，化学品生产，海军制造军器，飞艇，河运装卸货物，海港装卸，铁路修筑，公路车道，开山伐树等种类。

大量法国工人应征入伍，造成机器无人操作，很多法辖华工营队被派赴各地军工厂。图为华工在某兵工厂配运炮弹帽。华工常与法国女工在同一车间工作。来源：上海图书馆

英辖华工的工作地域，主要集中在法国西北部、东部和比利时西部。拿工种来说，装卸搬运是大宗，不管在海港码头还是内河码头，都有大量的英辖华工在工作。在铁路沿线站，或铁道转公路运输枢纽站，或在英军的仓储基地，都有华工营队驻扎，随时接受繁重又紧急的任务，例如修铁路，开道路，挖战壕，修掩体，砍林木，建坑道，做铁路车厢装配工、起重机吊车工、坦克修理工等。而华工总能出色地完成任务。

美军进入欧洲战场后，向法国政府借用华工，法方予以支持，故自1918年初春开始陆续派出华工营为美军服务，华工为美军一直工作到1919年5月，即一战停火半年后才重新回到法国政府的管辖下。法国政府借给美国远征军的华工人数达11539名。华工也为美军承担军需物资的装卸搬运，还参与美军的机场修建工作。

华工使用的工具中独轮车和扁担引起了当地居民的好奇。中国的独轮车对道路要求低，在运土方、运物资、运碎石时显示出它的灵活与快捷。使用它当然需要驾驭技术，而这正是华工的长处之一。华工经常还使用扁担，法国人看到华工的扁担，也觉得很好奇。

战事停止后，英辖华工较多的营队和法辖少数华工营队被派去打扫战场、填平壕沟、拾取遗弃弹药。捡弹药的过程相当危险，有的摆弄不慎，引起突然爆炸，以至血肉横飞。惨烈的交战过后，经常尸横遍野，掩埋尸体就成为华工的工作项目之一。这项任务对于常人而言殊难胜任，但对于华工却是一件不得不去干的事。第一阶段是在战争期间，主要涉及英辖华工；第二阶段在战后重建初期，除了英辖华工营队，还有一些法辖华工也被派往索姆省、加来海峡省和诺尔省那些曾发生激战的区域参加清理战场。

法辖华工被派到镟床厂工作，下图为把生产出来的军需物资装运上火车。来源：上海图书馆

那是1918年春季，协约国英法联军与德军在法比战场上鏖战正烈，一场战役打下来，死于大炮、炸弹、地雷、子弹的作战人员不计其数。驻在附近的华工营队这时就接到埋尸任务。战场上横七竖八到处是士兵和军官的遗体，血迹斑斑，姿势各异，面容难辨，场景惨不忍睹。华工分成不同的组，在现场选地挖穴。军方运来大批毛毯，华工用一条毛毯将一个军人尸体裹好后再放入地穴，然后根据死者花名册上所注宗教信仰，由天主教神父或新教牧师在地穴边主持简单的宗教葬仪，几分钟仪式毕，华工铲土覆盖，将一枚十字形木架深

插土中，木架上英人已写上死者姓名、死亡日期。这套程序一日中不知要做多少次，华工初干时为之惊悚神伤，时间一长，多变得无语木然，人变得茫然麻木，只是机械地干活。置身于此种情景，人的心理所受的冲击外人难以想象。华工不仅在战场上埋葬兵士，当有的华工被敌人炮弹杀伤不治而亡时，华工又要去埋葬自己的同伴。中方一开始就跟英法方提出，中国人入葬应按中国习俗给以棺木，英法当局予以遵照，故华工死亡都能入棺安葬。①

除了在陆上，英国人还抽派华工“参与水上巡逻警戒，据中国驻英国外交机构的报告，战争期间有几千名华工作为水手为英国服务，其中有863名在英国兵舰上服役的中国水手战死。”②

国务院侨工事务局在大战停火后不到一个月公布的材料中称，“本局迭经派员随时调查详细登录，兹将战时华工被害人数及其所乘船名、被害年月、被击地点逐项列表如左”，根据其列表，25艘有中国人在上面工作或乘坐的船只遭到袭击，共计水手219人、侨工543名丧命于海上。遭德潜艇战舰攻击的水域在北海、英吉利海峡、地中海、爱尔兰海岸附近等处，543名侨工即系本书已介绍的法国邮轮“阿托斯”号在地中海被击沉惨剧中的华工。其他人多是在商轮上工作的华人水手，英国、法国商轮都有，但应以英国占多数，因为英国海上贸易运输在全球占的份额最大、船只最多，上海、香港等地早有中国人在英商轮上充当水手。这个材料显示，海上丧命的中国人总计为762人。③

---

① 顾杏卿：《欧战工作回忆录》，商务印书馆1936年版，第47页。

② 源自张建国、张军勇编著：《万里赴戎机》，山东画报出版社2009年版，第90页。“据中国驻英国外交机构的报告，战争期间脸几千名华工作为水手为英国服务，其中有863名在英国兵舰上服役的中国水手战死。”这个报告材料中有多少是英军方招的华工中派去的，有多少是原来的华人水手，似无从知道。中国水手一般都被派往商船上做水手、厨师、司炉，作者对“在英国兵舰上服役”的说法质疑。照录于此，留为辨析。

③《国务院侨工事务局调查在法华工情形书》第二次披露，中华民国七年十二月一日，第192—193页，威海市档案馆藏。

必须指出，应招华工病死在来西欧的海途中的，肯定不在此统计数内。国务院侨工局的统计将英、法两边丧命于海上遭袭的中国人都统计在内，而且有船名，有每次丧命的人数，每次列出遇难中国人的一个代表的姓名，史料可信度高。作者比较相信侨工局的统计数，尽管它还不完整。而华工参与“水上巡逻警戒”，“863名在英国兵舰上服役的中国水手战死”的说法既不符合历史大背景，也不符合历史的逻辑性。华工不会说英语，未受过海上军事训练；英国兵舰上编制严格，专业要求高，不可能让非军籍的英国平民与闻，更不可能雇佣英国人看不起的招自殖民地半殖民地的中国劳工充任战舰上的水手。

华工在西欧役地，不仅从事了原本就会干的活，如装卸、农活、木工、泥工，还接触到某些未曾见过的新东西，那是工业生产时代的产物，凡是能被派去干这类工作的华工，不啻是一个学习新工艺新技术的机遇。华工中很多人学会开起重机的吊车。战争结束时和战后很长一段时间，在加来、泽内盖姆、勒阿弗尔、迪埃普、鲁昂等地的装卸工地上，驾驶起重机吊车的几乎全是华工。英辖华工中有一些人被派去英军的坦克修理站，他们还学会修理坦克。坦克是一战中出现的新式武器。

英军方从华工营抽调工匠充当坦克修理站的助手兼役工。华工参与修理坦克的时间段大约从1917年秋到1918年8月。有的华工不仅会修理，还能驾驶坦克，给英国人留下了难忘的印象。

第二节　华工营队的内部生活及其管理

法国殖民地劳工署管辖下的中国劳工，除了有称华工营或工团的，更多的叫华工队（groupement chinois）。华工被派到各地的工矿企业。雇主的劳力需要量有多有少，要人多的就获得营团为单位的队伍，要人少的可能就有不到百人的队伍，带队人员的配置按实际情况进行调整。华工营队驻在工厂附近，日日去厂里上班，回到营盘仍是准军事管理。虽然叫法有异，但实质相同，即有决定权的管理者为军人，按军阶高低任职。法辖华工营队若按标准配备，其组成大致如下：1名法军官担任队长，配以辅助他的1名军士（相当于队长助理）、1名士官（会计员）、5名中士（担任排长）、5名下士（排长助理）及1名书记员。一个营队辖有1名翻译、10名工头、200名工人，另有1名鞋匠、1名裁缝、1名护士。这样一个华工队约为230人。根据用人单位的规模与劳力需要，实际派出的人员配置会有差别。

英军管辖的华工总称为CLC（中国劳工团），被编成班、排、连、营、团，或者称为小队、中队、大队，也有叫工团的。英辖华工营一般配备十六七名军官及军士。翻译分正副，工头分三等。英国人很讲究整洁，管理得好的华工营抽12人组成一个卫生队，专司营内环境清洁；抽12人组成一个巡警队，维持营中秩序；12人当厨师；指定一人为理发匠，一人为补鞋匠。如此一来，各任专职，营队就可有序运转。

住所情况，英法两方的华工也大不一样。法辖华工大都为砖屋木棚，砖屋主要是租赁的普通民居，为数不多。大部分为临时搭建的木棚。有的住地冬季寒冷，故加以夹板以御寒，有的扎营点地势低，则铺上地板防潮。离战地较近的工厂，常遭敌国飞机与敌方阵地重炮昼夜轰击，因此筑有地下隐蔽所或称地窖，听到警报声，全体工人包括华工可急奔入内躲避危险。

英辖华工许多营队住大帐篷。紧挨着前线交战区的，为不让敌机发现目标，多采用覆盖式的半穴居形式，先挖出一个一人多高的大坑，再用篷布覆盖作屋面，人就住在地坑里。这种情势下，带队的英军官也一样住地坑。关于居住人数，需根据实际情况，大棚屋几十人，帐篷一般则以班或小队为单位。床位以单人床架排列，垫上草褥，铺上毛毡，每床配一个塞草的枕头。

民以食为天，华工吃饭是集体开伙。一日三餐，最常见的主食为米饭、

北方人有蹲着聊天或吃饭的习惯。此为一个英辖华工班开饭用餐的情景。来源：mairie de Noyelles-sur-Mer

馒头或烙大饼，菜的荤素数量、品种都有规定。英、法方最初给华工发干乳酪及麦片，华工在家习惯于面食或米饭，吃不惯面包。英、法方知道这一情况后，很快改成让华工自己领粮做饭，华工自选出会做饭菜者充任食堂伙夫，炊事班在营内自砌炉灶，烹煮大家喜欢的家乡饮食，如馒头、烙饼、米饭等。

法辖华工营队的餐食情况较稳定，惠民公司与陶履德招工团在签订招工协议书时，对餐食作了具体规定，每日应有一定数量的米、面包、肥肉或鲜鱼、干或咸鱼、鲜菜或咸菜、干豆类，油脂、盐、茶叶等。法辖华工大都被分配去工矿企业，华工的食堂既有雇主包给外面人来办的，也有厂方把应负担的伙食费支付给管理华工的总办，由华工自己去开伙等多种形式。战争部八司五科，为使用华工的法国工矿企业给出了一个可供参照执行的华工伙食标准，试以下表说明之。[1]

① 《国务院侨工事务局调查在法华工情形书》，第190页，威海市档案馆藏。

表20　　华工伙食标准

食物种类	普通工人应获分量（克）	机匠应获分量（克）
大米	100	700
面包	1000	无
肥肉或鲜鱼	180	200
干鱼	100	100
鲜菜	230	230
干豆	60	60
茶	15	15
油	15	15
盐	15	15

英募华工餐食情况的差别较大。首先签订合同时英方对于餐食供应的具体规定回避不写；抵西欧后华工营队被派赴离战区较近地域，调动频繁，客观上食品供应时而得不到保障，有时华工反映吃得不错，有些时候食物供应严重不足，致使华工们干活时不得不忍受饥肠辘辘之苦。华工营队办伙房的形式则与法辖华工大致相同。每在一地驻扎，队长定期派人向大粮栈领来食材交与厨司，食粮与素、荤菜均有定额，厨司必须每顿按定量下锅。情况好的时候，每人每日羊或牛肉4盎司，米10盎司，面包10盎司，麦粉6盎司，以土豆和大葱为主的蔬菜8盎司，糖1盎司，火腿2盎司，硬壳油1.5盎司，乳酪1盎司，茶3/8盎司，盐1/4钱，牛油1盎司。肉食牛羊缺乏时常以兔肉代替。除配额军粮外，每人每周得领烟草及纸烟若干。[①]

英国是一个工业大国，军队与在前线地区服务的各国劳工的食物给养多运自海外。有时未能及时运到，出现食物短缺，活儿是照常要干的，华

① 顾杏卿：《欧战工作回忆录》，商务印书馆1936年版，第25—26页。

工饥饿难熬，人群中怨言迭出，此乃不可避免。好在翻译与总工头比工人知道的信息多些，向大家作些解释，工人们听了后，明白英方购运食物不易，表现出体恤之情，也就不再发怨恨之言。

无论英辖或法辖华工营，管理华工的军人班子均不在华工食堂用餐，他们有各自的军人食堂，绝大部分管理层军人不住在华工营内，或者宿于附近的农庄，或者另支帐篷。

早晨华工按规定时间起床，早餐后由管带军官带出去前往工作地点。大小工头向管带军官或工厂雇主经理领受任务，然后开始工作。中午一般在工地吃简单的饭食，晚上七时收工回华工营驻地。

在前方与敌人接近的地区，敌方已开始使用毒气弹，华工外出工作，还要采取更严格的措施，每个小队的带队军官必命华工各人携带防毒面具，以备不测。在法国西部地区，有时给华工营队分配的工作任务不集中，工作点很散，甚至在一两公里长的地段上，一两个翻译很难顾得过来，因此主要是班头和总头负责监带工人们的劳作进展。

华工享受的休息日，法募华工与同工厂的法国工人一视同仁，中国国庆节（双十节）亦得放假一天，这是合同中规定的。战争开始后，法国的法律颁布了新规定，星期日亦变成工作日，全国一律如此。但按军方要求，在工厂里的工人，包括华工或其他殖民地工人，为卫生起见，每两星期给休息一日。此因时势使然，法律不得不作通融。法国人讲文明讲卫生，认为在工厂里做工，每两周有一日休整打扫卫生是必要的。

华工违犯纪律或规定，无论英方或法方，必对其进行惩罚，这是管理华工的一种手段。不服管者轻则被斥责、罚款，重则关禁闭或遣送回国。情节严重者要受军法惩处，比如说，屯集炮弹的隐藏所和要塞内，各种大小炮弹运输繁忙，车辆进出频繁，为避免引起爆炸禁止在内吸烟，违者必定军法处置。聚众扰乱、动武打架、偷窃、撬门入盗等为法律所不容，轻者一两个月监禁，严重的送军事法庭判刑。

英方惩罚华工花样繁多，且手段残忍。最轻者罚扣工资或罚扣食粮，重者两臂张开系在铁丝网上示众，或绑在树上用皮鞭抽打，还有的让受罚华工在营地内跑，外国军士骑自行车在后面追赶，撵上就挥鞭抽打，华工边躲边跑，军士蹬车再撵，如猫逮老鼠，直至这名华工实在跑不动为止。还有强迫受罚人光膀子卧在木板上，命军士用铁丝刷子刷其背，直刷得他背上鲜血淋漓，再把他送去医务室涂药。

> 有的英辖华工营还规定，在扣工资或鞭笞中华工可自选其一。比利时弗拉芒有的华工营，如果被军官认为犯错严重，则失去自选权，直接遭拷打。令英国军官们难以理解的是，华工宁吃鞭子不愿被罚扣钱，选择挨鞭子的人比接受罚款的人多。努瓦耶勒华工总集所一位大工头回答了英军官的疑问，称华工是来西欧挣钱的，扣掉的钱拿不回来，鞭打的伤痛过些日子就好了。①

相对而言，法方管理下的华工，受惩罚时较能按章法执行，关禁闭者有，如拉罗谢尔华工营，开始时犯错华工被关在德国捷克战俘的禁闭室里，后殖民地劳工署知道后要求当地商会另辟华工禁闭室，不能使用战俘禁闭室。另外，一般法辖华工犯错者，未见到受严刑拷打的记载。而且法当局还要求对华工的小过要具体分析，如兵工厂的规定森严，本来不管何国劳工，犯法与法国士兵一样惩处，但1917年6月9日法国战争部致函各军区司令，告知在兵工厂对华人执法不能与法人同视，应先查明是否知法犯法，然后再治罪。拿“不受管束”为例，法国人犯此乃大罪，于华工则视为小过。之所以格外从宽，一方面

---

① Brian C. Fawecett, *Le CLC vue par une petite fille*: *lettres de Mme C.M. Gibb*, 80 *ans plus tard*, article paru dans *Les travailleurs chinois en Frace dans la Première guerre mondiale*, Paris: CRNS Editions, 2012.

考虑到许多违犯规定的事之所以发生，乃是华工不明白法国的法律，且华工来法毕竟是协助法国；另一方面德国人在中国到处找机会散布诽语谣言，竭力阻拦法、英招中国工人，如果在法华工因小事受到严惩，正好为德国人提供口实。战争部要求各地总办，凡华工犯法请通融办理，同时也强调勿与法律发生抵触，需切实训教，重在加强疏导。华工犯了重罪，也是一样受到惩处，将被送交法院按法律程序处理。作者查阅到一批几十名华工被判刑的档案，根据所犯罪行，少则五年强制劳役，也有十年、十五年、二十年以至无期徒刑，犯的是撬盗、谋叛罪、故意杀人罪等。[①]法辖华工营里也一度出现军官用马鞭或棍棒殴打华工，战争部主管机构及内阁首脑获悉后发出通函禁止这类行为。英辖华工营里苛责华工的事司空见惯，英军方并不加以制止，这就是法、英两方在管理华工方面的一大区别。

华工与国内亲属通信，无须贴邮票，但须经英军官严密检查，英辖华工的信件必须先送至努瓦耶勒华工总集所，经检查许可后再统一由英方寄往“山东省威海卫大英政府招募华工局”转发。翻译写的英文信，须先经本营军官检查，方可送当地邮局。寄信人的驻地名称、战情所闻、营队内情、管理调遣、所见军队人数等，一概禁止写入信中，也不准附寄照片。英军官兵的信件也要经过检查方准寄发，军方要求人人严守战地消息，事实上敌人的情报刺探活动一直不断。这是战时保密的必需，无可非议。法辖华工营队的邮件也必须经过严格检查。法国通信审查制度在战时同样相当严格。

华工营队内部，也有一定的娱乐生活，华工喜欢组织一些小型的节目表演，如踩高跷，他们中不少人都很擅长玩，他们还会穿上一些戏剧服装表演地方戏。驻法国北部加来海峡省的泽内盖姆（Zéneghem）华工营，许多华工去当地的外茨教堂做弥撒。很多华工信佛教，平时无法烧香拜佛，到中国农历春节

① Le Registre d’Ecrous. Archives departementales des Yvelines, Repertoire Numero 1, cote 2Y1 80.（法国Yveline省档案馆，《Poissy监狱囚犯入狱登记册》）

华工营队派赴工厂，搭建临时大棚作宿舍。图为里昂附近的圣峰镇美星新火药厂（La nouvelle poudrerie de Belle-Etoile de Saint-Fons）的法辖华工队宿舍。来源：SPA S W 383 Jacques RIDEL/ECPAD/DEFENSE

时，英、法管理方也通融，允许华工举行佛教祭祀仪式，有的华工在营盘内搭起一人高的庙宇，跪拜佛祖，祈求菩萨保佑。更多的华工兴奋地参与节庆杂务，会表演的华工为了一展艺术风采而忙于排练和准备。演出那日，如同庙会般热闹，让华工营的军官们和居民们也大饱眼福，英军甚至让驻在附近的兵士也来观看。扭秧歌，荡湖船，踩高跷，武功，摔跤，都是大受欢迎的节目。华工通过节庆活动，舒解了思亲思乡之情。

法募华工并不像英募华工那样在手腕上套编号铜圈，而是在抵达马赛时法方核发一页花名册，给以编号，雇主用工和华工营的生活管理都需凭此编号。华工营队是一种集体生活，与当地老百姓接触甚少。作者前几年去拉罗舍尔，就连省档案馆的某些馆员，都是第一次从作者口中听说一战时他们的城市里还来过那么多的中国劳工，可叹史实淹没于岁月！

法辖华工营房虽也有兵士岗哨把门，但华工并非囚在里面，去上班或逛街还是相对自由的。他们还可去看电影。被分配在工厂的华工，有机会与法国女工同在一个车间甚至同一个工作台干活，正是这有限的一点自由让个别青年华工有机会发展与法国姑娘的感情。

集体生活的形式下，华工的盥洗、浴身、如厕也是管理的内容。法国殖民地军队总司令兼战争部第八司司长法曼将军，在他关于使用中国劳动力的指示里要求每个华工营队辟出一间房供华工晾干衣服，应在靠近营盘处建造一个粗简的热水澡堂供华工洗浴。[①]也有些华工营队管理不善，引起驻地附近居民的意见。华工营队到了驻地后，砌灶造伙房，建木板大棚或支帐篷作宿舍，挖坑搭茅厕，必须同时进行。在西方人的管辖下，营房内的厕所不允许太马虎。但是在频繁调动的时候，临时驻扎某地，如厕就出现了问题。华工不文明如厕的习惯已引起了当地居民和市镇官员的反感，以至于最后法国当局为此专门发过通函。[②]

第三节　身处险境

英辖华工常被派往离前线很近的地区提供劳役，工作内容均与打仗有直接关联：挖战壕，搬运作战部队的军需物资，往前方运弹药与食品，从前线抬运伤兵到安全地带再交军方用汽车或火车送走，抢修被炸毁的公路与桥梁，为调防部队搭建宿营地，等等。由于战事变幻莫测，华工营、队也就不能常驻一地，频繁调动是常态，在法、比前方地区的华工营队，工作三年期间，大部分都被调动过七八次、十来次。迁调原因不外乎四种，一是这里工作完成，调往他处接受新任务；二是遇到敌人猛进，英兵后退，在英军后面的华工队也不得不后迁；三是华工营队常驻扎在离前线仅数英里之处，随时可能遭到敌炮射击和敌机的轰炸，一旦遇上，未受伤者无法顾及被炸死的同伴，必须马上撤离，撤往何地，只能在仓促中由带队军官决定；四是工人进入驻地不久即发现处境危险，自己强烈要求迁往他处。除了第一、第四种情况，其余每次迁营命令无

① Général Pierre Famin, Directeur des troupes Coloniale, *L'instruction relative de la main d'oeuvre chinoise*, 1916. 法曼将军在这个指示中列出了使用中国劳动力时应注意的各个方面，他的指示对军队各级与企业主管理法募华工起了很重要的指导作用。

② SHD-DAT, 19 N 1397, 29/06/1918.（法国防部史料处档案）

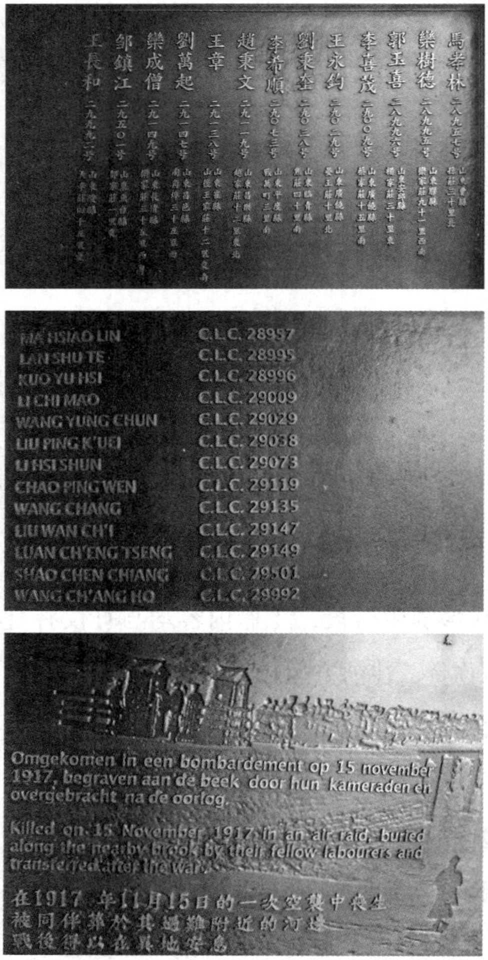

遭炸丧命华工纪念青铜牌由波普林格市立于中国劳工纪念园的华工青铜雕像座之一侧。一块青铜牌上用弗拉芒语、英语、汉语三种文字刻写铭文。（ZHJ摄）

不突然而至，而且不分昼夜，军令一到，立即行动，列队迁移。有时步行十来公里，有时行至车站乘军用小火车退向后方几十公里。

敌机常在夜间轰炸，一支华工队驻扎在距比利时边境不远的法国一个火车站附近，华工白日劳作累了一天，半夜后正酣睡，凌晨两时许，帐幕后落下一颗炸弹，爆炸声响如炸雷，顿时帐幕炸出桌面大一个洞，华工们惊醒只见自己身体盖满震塌的泥土。所幸这个华工队搭建营地时掘出一个个深坑，上面覆以帐幕以避风雨，人睡在坑里，虽然炸弹碎片飞散全营，但无一伤亡。华工队队长麦克法伦（MacFarlane）与侍从睡一个小坑，其侍从事后透露，这位队长是一名虔诚的天主教徒，闻炸弹爆裂声后即起身跪地画十字做祷告，然后奔出去查看其他幕坑的华工，发现他的一队华工均无伤亡，他一定在心中万分感谢上帝的保佑了。

各种历史档案里，即使偶尔发现有华工的丧亡材料，要想核实它们也是极为困难的。1918年5月内，驻在比利时波普林格市（Poperinghe）的华工第48队和驻在布思本村（Busseboom）的华工第40队，有46名华工死伤于敌人炮火。夜间危险，白天也不太平，某日，华工第48队吃过午饭，正在列队准备出发前往工地，突闻炮弹呼啸声至，刹那间炮弹直落队伍中，当场炸死工人多名，翻译也受了重伤。一时，全队笼罩在极度悲痛之中，料理后事过程中全队的沉痛心情可想而知。翌日，驻在附近的华工队翻译闻讯前往探询，只见工人们及英国人队长的双眼都还是红肿的。1918年6月至10月，布思本村与波普林格市两地又有65名华工被炸死或炸伤。[①]

敌对两军的“赛跑奔大海”结束后，敦刻尔克、加来、布洛涅(Boulogne-sur-Mer)成为英军重要的给养抵达港。德国人力图摧毁英军的给养运输系统，频繁出动飞艇[②]袭击这些地区。

敦刻尔克作为英军的一个货运基地，有几千名华工在那里工作，敌方飞艇过来轰炸是轻而易举之事。它们经常在白日前来侦察和拍摄地面目标，那时的军事科技还没有生产出像样的防空武器，不像后来有了高射炮，可以击落来犯的敌机。因此，敌军飞艇嚣张得很，似入无人之境，甚至白日也扔炸弹，不过大部分还是夜间出动。

据中国国务院侨工事务局的统计，从1917年8月初至1918年4月底，德军飞艇在对敦刻尔克、加来、奥德瑞克、益兰、贺坡地等11处共28次的轰炸都有华工被炸毙。1918年3月21日轰炸加来，一日内19名华工遭难丧命。上述时间段的9个月内，共有94名华工被敌人的炸弹夺去了生命。这批人都有名有姓有籍贯，墓葬地点在加来(Calais)、圣堡(Saint-Pol)、兰凝、奥德瑞克(Audruicq)、巴拉克(les Baraques)、砖桥(Pont-de-Briques)、门庭汉、福嗣、坡伯来、丹宜汉、努瓦耶勒(Noyelles-sur-Mer)、普耳维等公墓坟园。[③]

敦刻尔克及加来地区既有英辖华工营，也有法辖华工营，因此英、法各

---

① 顾杏卿：《欧战工作回忆录》，商务印书馆1936年版，第41—42、44—45页。

② 作者注：飞艇，飞机出现初期人们的叫法。

③《中国国务院侨工事务局调查在法华工情形书》第四次披露，中华民国八年一月，第217—220页。作者将已可确定具体地点的墓园在括号里用法文注出，其他只能照录当年留下的中文叫法。

有统计。法方档案显示，1917年9月3日，敌机空袭加来海峡省的小镇莱扎塔克（les Attatques），伤亡者除当地居民外，有12名华工被炸死，18名华工受伤。1918年3月20日，敌机轰炸加来，20名华工中弹丧命，30名华工受伤。

华工身处险境，尤其是英辖华工，因为在英国军方与被雇佣者之间没有中介机构，当年的中国政府无力对英国人施加影响，华工在英辖机制下迭履险境，真是呼天不应，叫地不灵，只能听天由命。德国人的飞机经常在夜间飞来轰炸，并用水陆大炮轰击，造成华工的死伤甚多。第26华工队驻于敦刻尔克一带，该队遭到敌机轰炸后的次日，翻译跑去与驻在附近另一个队的译员见面，叙述当时的可怕场景，工人们都围绕来听，说者不忍言，听者眼潮泪盈，唏嘘不止。

法辖华工罩在"陶履德-惠民合同"之下，境遇就要好多了。一开始，法国工厂也没有避险所之类的设施，后由中国驻法侨工委员向法军方提出，要求为有华工的工厂修筑避险所，以使厂内华工有所护卫。法军方采纳了意见，转嘱凡易遭敌机袭击的各有关厂企单位，务必修筑防空避弹所，让所雇工人可躲避敌机轰炸。因此，自1918年2月起，敌国飞机及新发明的巨炮朝夕攻击巴黎附近的工厂时，华工均未受殃。

协约国控制着敦刻尔克港、加来港至奥德瑞克镇（Audruicq）以南一大块三角形的战略要冲地带，为了给西线北部战场提供军火，英军在奥德瑞克设立了一个庞大的军火弹药仓库群，4000名英国士兵驻扎在此。奥德瑞克作为一个重要的铁路中转站，平均每天有100列火车在此通过。英军在奥德瑞克建了一条列车装配线，一座座大车棚连绵不断，有六七百米长。列车部件从加拿大运来后，在此装配成车厢。有一个四百多人的华工营驻在奥德瑞克镇郊聚盖尔克（Zukerque）。当地的历史学家昂比斯先生告诉作者，他小时候听老人们讲，那年头奥德瑞克可遭了大灾，军火爆炸持续一两天，华工和居民一样，惊恐逃命，次日清晨，早起的村民看到华工躲在车厢下，有的不懂怎样避险，竟然爬上了枝叶浓密的大树，他们满脸恐慌不知所措，有的人还在索索发抖。被炸死的华工被安葬在小镇八公里外的吕曼盖姆村的华工墓内。

海上的凶险同样威胁着华工的生命。上千名华工被英、法方派到协约国货运船上当水手。中方统计到有华工水手货船的遭袭事件共24次，沉船或伤船伤人的发生地在西西里岛附近，爱尔兰附近，地中海、英吉利海峡及北海等水域，共有219名华人水手因此葬身大海。[①]还有法国“阿托斯”号邮轮遭袭沉没，543名华工丧命的惨剧，以及英军中漏出的有关几艘装运着华工的轮船遭袭遇难的消息（至今未见详情披露），无一不昭示着华工在欧战中经常身处险境。

第四节　异族人的敌视

中国人踊跃地去各个招工点报名应募，知道要远渡重洋去西欧做工辛苦挣钱，但全然不知将面临战地的危险，更不会想到在异域将要遭受那么多的歧视和敌视。

在中国人根本不知道英、法要在中国招募劳力的时候，以全法劳工联合会（Confédération générale du Travail，简称CGT）为首的法国工人阶层，对当局招募大批华工的计划已持怀疑态度甚至公开表示反对。海外殖民地劳工进入法国的劳动市场，短期也好，长期也罢，必会成为本国工人的竞争对手，眼见大批的中国劳工又将涌入，他们心中自不乐意。

① 《中国国务院侨工事务局调查在法华工情形书》第二次披露，中华民国七年十二月一日，第192—193页。

法国政府基于国家面临欧战严峻局面的考量，一方面不得不引进包括华工在内的国外劳工，另一方面又力图避免法国社会受到损害，结果证明这只能是一种幻想。工人阶层有排斥心态，尽管许多工人被征入伍上了前线，机器无人操作，可工人不管，认为那是国家的事，外国人来了，就是占了他们的位置。所以中国劳工到了受雇单位，总是被派去承担最苦最累的活。欧战停火后，从前线返回的士兵脱下军装重新找工时，看到工厂里那么多的外国人占了岗位，心中马上升起一股不满与敌意。应该说，在与华工多少有些接触的民众里，人们对中国人怀有的看法带着二重性，有的见到华工劳动卖力，颇为称许；有的看到华工远离家人来到异域辛苦劳作，心生怜悯，“可怜的中国人”是他们常挂在嘴边的一句话。有些民众的种族主义情绪很严重，反感、排斥甚至憎恶中国人的言语行为屡见不鲜，认为华工举止粗暴，态度生硬，还有在法国犯轻罪与重罪的。在市镇居民眼里，中国劳工和印度劳工是制造骚乱的人。成年人的厌恶，感染到儿童，有一伙华工经过小学，往院子里张望正在玩耍的儿童们，孩子们一见华工，竟怕得躲开，嘴里还叫着“他们好丑啊”。大部分法国老百姓对华工不理解和排斥，体现在行动上，好几处法辖华工营队驻扎的地方，烟店老板拒绝售香烟或烟丝给中国人，实际上法国当局并未禁止中国人进烟草店和咖啡酒吧。有些私人老板经常不愿雇佣华工。这类态度，反过来也加深了华工对当地人的憎恶。瑟堡市（Cherbourg）商港调度中心主任曾于1918年9月表示：我发觉中国劳力被派往的某些公司，雇主表现出对华工无可排除的反感。在这样的敌视氛围里，很容易导致雇主方面的不良对待；而在劳工与平民之间，稍有一点争执就会引发暴力。

法国南部滨海的塞纳市（Seyne-sur-Mer），地中海锻造工场与堆栈公司所雇佣的华工与当地法国人发生冲突。上午8时多，一个法国人在奥什码头（quai de Hoche）边的华工棚屋旁与一名华工发生争吵，翻译及时赶到，事情得以平息。就在同一时间，另一个码头上几个华工与一群年轻人不知什么原因又吵起来了。其他华工闻讯赶来助威，法国人亦越聚越多，冲突急剧升级，开始出现暴力行为，幸有一队警察及时赶到，华工得以撤退到自己的营盘内，避免了一场屠杀。滨海塞纳市警察分局局长第二天的报告里无法确定暴力起于何方，他的结论是，"一大部分民众对中国人相当敌视，也就不奇怪只要发生一点摩擦，就可能引发这些土著与欧洲人之间的暴力冲突。"①

警察分局局长的报告还算客观，不过他把中国人自觉不自觉地称为"土著"，说明在那年代，欧洲人认为只有他们才是文明人，其他落后贫困地区的人民都是土著。

1917年3月1日，法国殖民地劳工署的一份通告提到，第七军区里一些获准休假外出的法国军人在某些民众分子的怂恿下，居然拔出随身佩带的武器向一些华工开枪射击。②

1917年4月30日，圣沙马（Saint-Chamas）警局特派员向罗讷河口省（Bouches-du-Rhône）省长报告，4月26日国立圣沙马火药厂的6名中国劳工与5名法国人之间发生暴力冲突，5名法国人是应征入伍后又被派到该厂来的。当地这类事端已发生多起，这是他所知道的最为暴烈的一次。现在厂内已恢复正常。他发现华工身上有某种神经质，警方已在华工队营盘周围布置了审慎的监督哨。③

同年5月，在法国东北部默尔特-摩泽尔省的拉龙克斯村（Laronxe），

① ADV, 2 R20, 04/05/1918. Archives départepmentales de Var.（法国Var省档案，《警察分局局长致省长的报告》）

② Rapports entre la population civile et les travailleurs coloniaux, SHD-DAT, 7N 161.（法国防史料处档案，1918年3月1日，殖民地劳工署8011号通报《平民与殖民地劳工之间的关系》）

③ Les travailleurs coloniaux et agitations ouvrières. Cote: 1 M 694, 1916-1617.（法国罗讷河口省档案馆档案，《殖民地劳工与工人骚乱》）

华工营指挥官努阿扬（le capitaine Nouaillan）上尉在报告中指出：一队华工经过一块法国炮兵和小汽车司机的地方，法国人顽固而放肆地开玩笑嘲弄中国人，他们的队长呵斥他们，仍制止不住。华工受不了，与那些炮兵与司机发生一场摩擦，这是令人遗憾的事件。①

华工在法国受到普遍的敌视，其中一个重要原因是天津发生了老西开事件，天津民众举行反法游行，召开大会谴责法国天津领事馆霸占土地的狂妄行径，消息传到法国，在民众中引起对中国人的仇视。华工来到他们的国土上，民众根本不理会华工替法军承担后勤劳役、为法国工厂企业补充劳力不足是在帮助他们，反而把华工当作宣泄仇恨的对象。对此现象，法国社会各界人尽皆知。

某些法辖华工营队的带队军官，经常用所谓执行纪律的理由鞭笞、棒殴华工。只要掺杂着对华工的殖民主义心态，蔑视之心明显，惩罚就带有明显的人格侮辱。殖民地劳工署发觉了这些军官体罚华工，意识到问题若蔓延必对法国不利，实有必要严禁滥用职权的行为，于是向各使用华工的工厂单位和各华工营队发出通告，明令“禁止在任何情况下殴打中国劳工与殖民地劳工”，“禁止使用马鞭和棍棒，如果违犯禁令将予以严惩。”②内阁首脑也于1918年3月1日向各地区华工营队总办和营队管理军人发出通函，强调指出：“我获得报告，殖民地劳工和中国劳工成为他们团队单位管理人员粗暴行为的受害者，这类行为是不能容许的，其性质与严重性及可能产生的后果，应该引起他们的注意。”

英辖华工遭受的歧视和蔑视比在法国人手下工作的华工更严重，英国人认为他们雇佣中国劳工来从事军事劳役，理所当然必须获得华工的尊敬和服

① SHD-DAT, 19 N 1397, Service Historique de la Défense-Département Armée de Terre.（法国防史料处陆军司档案）

② Circulaire 7.939-5/8. SHD-DAT, 6N 149.（法国防史料处档案，《殖民地劳工署7.939号通告》。

从。既没有“工会”性质的中介，合同又签得简单，英国人自然认为劳工是没有话语权的。由于殖民主义思想长期主宰着英国社会，民众早已养成对中国人的歧视和偏见，被派到华工营工作的军官或士兵，怀有从小就被灌输的信念：中国人是二等族群。他们认为华工幼稚、无能、肮脏、卑鄙，因此他们不会对华工表现出任何信任或诚意，不想与之沟通，讨厌他们的抱怨；如果华工违反命令，就以苛律惩罚，胆敢闹事反抗，即以武力镇压。

英军官惩罚华工十分严苛，美国军官处罚华工手段野蛮，全都植根于内心的蔑视，军队里的士兵也经常欺负华工。某日驻比利时的两个英国兵将一名华工带到一个小酒馆，还带来了长绳和铁链，他们把华工绑在椅子上，得意地对围观的人群喊道，看我们把这家伙绑紧了，他还能挣脱出来。同时拿下军帽一圈圈向观者收钱。[①]简直如同耍猴！

1917年11月22日下午，两个加拿大士兵逮住从华工营出来的一名华工，将他打翻在地，扔进排水沟，还把他的脑袋按在泥浆里。受欺侮的华工尖声喊叫，加拿大兵见有其他中国人跑来，便放手扬长而去。不知为何中国人当时认定这是澳大利亚人干的，当晚，华工拿着铁棍、木棒、铁锹等工具，向澳大利亚兵营进攻，一部分澳大利亚人与华工对峙，另一部分冲向华工营盘，向里扔手雷，澳大利亚人在夜间也损失了部分人员，华工则死亡惨重，营盘遭到严重破坏。第二天，英方调来骑兵进村维持秩序。事后，澳大利亚人全部被调往他处。

华工与其他外族劳工也时有冲突，与马格里布劳工（北非阿拉伯人）之间的关系最为紧张。法当局认为中国北方华工与阿尔及利亚劳工的体力状况相似，在下达任务时，特别是码头运货等重活，可以相互替换，调度方便，因此常把阿劳工营与华工营安排在邻近，客观上双方容易有所接触。华工因有

---

① Proclamation by Furdon to All Chinese Labourers Under British Armies in France, SHD-DAT, 7 N 1297.（法国防史料处档案）

“陶履德-惠民”合同，自视在法各外族劳工中，地位比较优越，现让他们与殖民地劳工身份的马格利布人置于同一档次相互竞争时，华工难于忍受。阿尔及利亚劳工则惯于寻找报酬高的工作，对华工妒忌又欺负华工不会法语，经常无故寻衅，与华工动辄发生冲突。

卢瓦尔省的于尼厄镇（Unieux）驻有华工队和阿尔及利亚劳工队，1917年5月1日，一个阿尔及利亚劳工把装有热灰的一辆独轮车掀翻在华工脚上，结果引发一场大动干戈的群架，2名阿尔及利亚人受重伤，1名华工死亡，25名华工受伤。次日法军械部部长获知后，即通报第十三军区司令官，后者下令采取紧急措施，立即让华工营迁离，今后华工营与其他外国劳工营必须远距离分开驻扎。①

1917年1月，在法国东南部萨瓦省内的巴森市（Bassens）火药厂，华工与阿拉伯劳工发生相骂事件，引发暴力行为，造成2名华工死亡。数天后，在贝尔热拉克（Bergerac）火药厂，500名华工与250名阿尔及利亚劳工对峙干仗，造成1名中国人死亡，双方受伤者约60人。经查，这两起事件中国人也有责任，但另外许多事件却是对华工的频繁敌视造成的，如1916年11月，在勒克厄佐（Creusot）的施奈德工厂里爆发了一场激烈的争吵，2名华工受重伤，其中一人被左轮手枪的一颗子弹击伤头部，另一名被尖刀刺穿肺部。②

华工对外抱团，一人受欺，众人赶来相助，如果不这样，华工还要蒙受外族更多更令人无法忍受的欺侮和屈辱。

经常遭受异族人的侮辱或嘲笑，心理上产生的仇恨亦越积越深，一有机

① 1917年4月30日和5月1日法第13军区致军械部的信函。AN, 94 AP 348.

② Rapports entre la population civile et les travailleurs coloniaux, SHD-DAT, 7N 161.（法国防史料处档案，1918年3月1日，殖民地劳工署8011号通报《平民与殖民地劳工之间的关系》）

会就要爆发。某日，一群华工在一个铁丝网营地外经过，里面囚圈着刚从前线押来的德军俘虏。德国人知道有中国苦力在帮英军卖命，趁机大声地叽里咕噜嘲笑中国人，华工们虽然听不懂，但对方的眼神与手势隐含的轻侮却能感觉到。他们当时没吭声。次日，他们向爱赚外快的英国士兵买了几个米尔斯手雷，每个付10法郎。等在英国人带领下再次经过德国俘虏囚圈地时，冷不丁地拿出手雷往俘虏堆里扔去，却没有顶上撞针，他们不懂不顶撞针就不会爆炸。德国俘虏都是军人，毫不犹豫地捡起一个个手雷，顶上撞针挥臂抛回到华工队伍中，几声爆炸后，只见中国人被炸倒一片，现场血肉横飞！这是一名西方目击者的叙述，战后，“中国人扔手雷炸德国人”的故事在英国广为流传，英国作家安格斯·威尔逊（Angus Wilson，）把这个真实的事件作为素材写进了他的长篇小说*Late Call*（《迟到的来电》）里。

我们举的例子只是人们查阅到的一些，不知还有多少掩藏在法国各省和英、美浩如烟海的档案里尚未被发现，或者当时根本就没有人记录其中一二。

第五节　患病与治疗

离开久居的家园，去往陌生之地生活，适应能力弱的人身体极易出现问题，轻者水土不服，重者患上这样那样的疾病。华工久居乡里，一旦远涉重洋赴异国他乡，难免遭遇种种不适应甚或风险。本节只就身体角度而言，第一关便是晕船。前文已详细论述，在此不再展开。

总体而言，华工抵西欧战地后，水土尚为相宜。华工中北方人为多，法国的高纬度气候与中国北方较相近，南方人对法国天气适应性差些，出现的病种从医学角度讲多系常见病，与法国民众中出现的疾病差不多。有些人治疗数日便愈；有些需治疗很长时间，便按合同条款执行，遣送回国。

只是华工生活条件艰苦，工作负荷重，集中食宿，这些都使得华工患病的概率比法国人高得多。中国侨工事务局派出的调查员从法方和英方的医务报告或陈述中获悉华工在西欧患的各种疾病，现将主要的列出以供一窥。

胃与肝部：胃不适，吐血，肝疸。

心肺部：急死之肺结核，肺肿，肺支管炎，二肺发炎，肺结核，肺结核痨，肺痨及肺炎，B种伤寒及肺肿，肺热及肺膜炎，伤风，伤风及肺膜炎；心病，心衣炎，因白浊而得心病。

肠部：肠炎，伤寒致肠断，肠结核，肠出血，赤痢，有期痢疾，赤痢大泻，肠炎及痢，结核病及痢赤，结核病及肠膜炎。

腹部：腹膜炎，腹结核，阑尾炎后腹膜发炎。

肾和泌尿系统：肾炎，小便不通，花柳病；尿质毒血，因梅毒得尿蛋白质病。

脑部：脑膜炎，脑疮，脑亏，结核病及脑膜炎。

眼科五官部：沙眼，耳下腺肿，中耳炎，耳下腺发肿后脑出血。

还有一些病症，如伤寒，疟疾，膝饰炎（附脓），黄病，下肢肿痛，羊角风，半身不遂，延长热病，衰老病，麻风病等。[①]

陶履德-惠民招工合同第十条规定，“工人患病时，应给予需要之医治，毋用工人出资”，“如工人患病过于六星期，倘其病症经医生视为须回中国者，则雇主应将此情告知陶履德君或其授权人，并由其通知驻法中国领事，该领事可于接此通知之八日内，有权另选派一医生验明工人病症。如两医生之意见相同，则工人当运回其原出发之中国通商口岸，而合同所载权利义务，作为无效，彼此不任赔偿。倘两位医生意见不同，则将此问题送至工人所在地之法庭裁决之”。

在实际操作中，无论是法募或英募，华工患了病，都应得到治疗，且不

① 源自《国务院侨工事务局调查在法华工情形书》第三次披露，中华民国七年十二月十日，第206页，威海市档案馆藏。

交医疗费用。然而，在具体做法上，还是很有差别的。

英国人在努瓦耶勒华工总集所内办了一所规模相当大的华工综合医院，设备先进，分科明确，在两年多的时期内，收受治疗了上万名患病的英辖华工。英辖华工营遍布法国东北部和西北部，华工受伤被送往附近的军队医院治疗，在某些军医院里专门辟有华工病区，如英军设在加来（Calais）的军医院有300张床位留给中国人，在圣-奥梅尔（Saint-Omer）附近，一座军医院设在阿尔克（Arques），另一座设在穆勒（Moule），华工病区的床位分别为300张和140张。如果病人的病情一时难治愈，就转往努瓦耶勒华工综合医院。

不少华工患病于1918—1919年的西班牙型流行性感冒爆发时期。这场人类史上可怕的灾难曾造成全世界约10亿人被感染，当时全世界人口才17亿，按最保守的估计它夺去了2000余万人的生命。肆虐于法国1918年秋季的第二波流感是死亡率最高的一波，而且在20—35岁的青壮年中死亡率特别高。很不幸，华工那时正在法国，还都是青壮年，英辖华工多从事战地劳役，以营团为单位，处于密集型生态空间中，因而遭西班牙流感的侵袭相当严重，能治好的算幸运，治不好接二连三死亡的事频频发生。

法辖华工患病后接受治疗，大部分情况下，由医生到华工营来出诊；如病情较重，需将患者送往驻地附近的医诊所。病者不能工作的时期内，照得免费的定量伙食，做工时每日工资按合同规定1法郎，生病不上班则领0.5法郎，作为雇主给的偿金。这个数与在休息及节日工人不上班也得领0.5法郎的偿金一样。如患病超过6周，则雇主停止支付给患者的国内领取部分，即每月30法郎，在法国每日0.5法郎的偿金也停发，但仍须给予免费饭食。如工人染患花柳病，在其不能工作时期内雇主无须给予偿金，国内部分的工资也停发，只给以饭食及住所。①

① 凤冈及门弟子：《梁士诒年谱》（上），广东人民出版社2014年版，第304—309页，上海图书馆藏。该书原名《三水梁燕孙先生年谱》。

那些患病久治不愈超过6周必须遣送回国的法辖华工是不幸的。他们无法继续留在华工营与同伴们一起挣钱，又要在遣送回国的途中饱受海轮颠簸之苦，而且大都没几个钱揣回家，反而带着难愈之疾，心情之郁闷沮丧可想而知。国务院侨工事务局曾派员赴法国调查，截止到1918年5月底，在法患病后经过医生鉴定必须遣送回国的有262人。这些人是陆续归入遣返名单的，一次遣返多少人也需根据船运的可能性作安排。

1918年5月17日上午，一艘法国邮轮驶进上海黄浦江，船上载着一批之前应募出洋的华工，共123名。他们都是法辖华工，上海法租界日前已接通知，船到码头时，法租界巡捕房派出数名探捕前往监视上岸。其中97名家住长江中下游流域，故需转乘长江轮船回家，还有26人原籍北方，于当日夜间搭赴天津的轮船回原籍遣散。[①]这123名华工应为必须遣送的262人里的一部分，此例透露了不能继续留治于法国的华工被遣返回国抵达上海港的情况。

第六节　死亡与赔偿

华工在欧战中的死亡情况究竟如何，至今未见英、法当局有翔实材料公布。北洋政府虽然有过几次披露，但没有一个较为完整的总结性报告。现在我们只能像挖地一样，东一畦西一垅，一锹一锄地收集挖掘，希图我们收集的结果尽量接近历史的真实情况。

若按死因分类，有患病死亡，海上死于敌方潜艇或炮艇攻击，陆上死于敌机轰炸、大炮攻击或预埋地雷，遭受管理军方拷打、枪杀、镇压致死，死于与异族人的冲突，华工间斗殴致死，遭外国人或中国人谋杀，被法庭判处死

① 《法国遣回华工》，《申报》中华民国七年五月十八日第（十）版，上海图书馆藏。

刑，及自杀身亡等九大类。每一类里情况复杂，非三言两语可说清。本节只能择其中一二，以作管中窥豹。

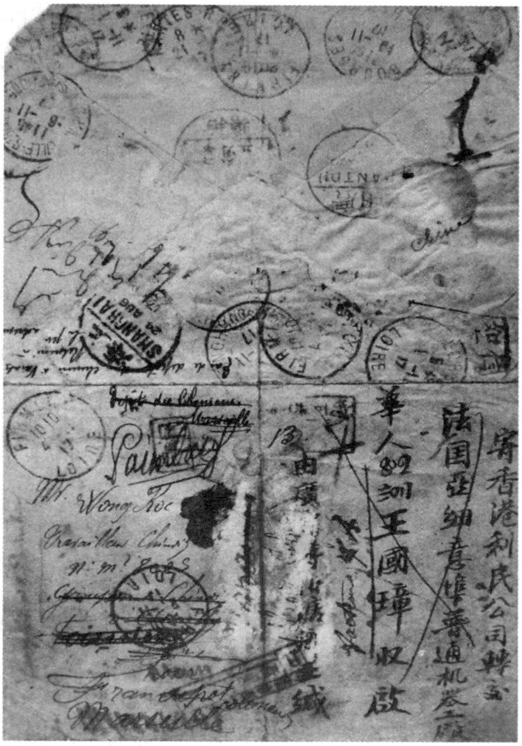

法辖华工的家书往往需经过许多邮局中转。图为广东籍华工王国璋的家人1917年间由广东博罗县柏塘镇给他寄出的家信信封，上面盖了21个邮戳。信寄到卢瓦尔地区王国璋所在的工厂时，收信人已不幸亡故。引自《大型资料图文集：一战华工在欧洲》，山东省人民政府侨务办公室编印，2013年，第79页。

海运途中死亡，有极少数个案留下了记载，如英国租用SS俄罗斯皇后号运送华工二千几百人取道加拿大，于1917年4月3日抵达温哥华，轮船在海上时，3名华工出天花死于途中。轮船一靠上温哥华岛南端的威廉角，检疫隔离所的医生就登船对全体乘员实施检疫。[1]

英募华工经太平洋、大西洋两次海程后在英国利物浦登岸，被查验出患某些病症者被悉数送进利物浦西总院（Western General Hospital）等五六家医院治疗，治疗痊愈后再随后来的华工队一起赴法。据中国驻英侨务委员潘连茹报告，有7名华工在英国死在医院，英军方登报声明，以军礼埋葬并建墓碑，碑上刻着工人中英文姓名及去世年月日以作纪念。还有一个记载，也是中国侨工事务局披露的，“惟船上有山东人二名，一则患疯症身故，一则失踪无从查寻。”[2]

① *Held full Day at Quarantine*, THE PROVINCE, 03/04/1917 in Secretary of State RG 6, E, vol.620, File 331.

② 《国务院侨工事务局调查在法华工情形书》第四次披露，中华民国八年一月，“（一）华工在英国患病身故”，“（二）华工赴英中途病故及失踪”，第217页，威海市档案馆藏。

另有一种情形，华工尚未到达真正的目的地法国，在旅程中转的陆地上因病死亡。“阿托斯”号邮轮沉没，幸存者均被送到马耳他岛，有2名华工在海难中逃生，仍伤重不治死于医院，葬在了马耳他。

途中病殁华工究竟有多少，恐怕很难得到确切的总数了。

华工死于敌方潜艇或炮艇攻击这一类的人数，是中国侨工事务局特派多名调查员多方调查后才获得的数据。一战停火的第二个月即1918年12月1日，北洋政府就以《国务院侨工事务局调查在法华工情形书》的形式作第二次披露，英辖华工当水手的至少有219人丧命于海上。每批单次遭袭事件中丧命华工数1人至几人不等，这可能是遇敌方炮击，船受创虽未沉没，但有人员伤亡。而一次死亡华工十几至三十名的，那就是船被击沉，华工或他国海员都葬身海底，几次遭袭遇难均有所在的船名和具体日期。中国人的名字往往带有明显的地域习惯特点，笔者据此分析，其中大部分可能招自上海、香港等地。[①]作者认为这个数据是比较可靠的。法招华工543人一次性葬身地中海，是根据“阿托斯”号邮轮遭袭沉没后，法国海军部派出的海难调查小组的报告，作者认为其数据应比较准确。

英辖第86华工营在前方工作一段时间后调回加来，营长英军官奈森，有一次在交给本营监工（即大工头）赵山林（身份工号34481）的一封家信时透露，英军方租用的一艘邮轮“电箭”号运送华工来法，不幸被德国潜水艇击沉。全船华工与船员命丧大海。他没透露华工死亡人数，估计他也不一定清楚。战时英军严防泄漏敏感消息，但想滴水不漏也不可能做到。美国中央华盛顿大学的一位教授在他的一篇文章中就提道：“中国劳工团（CLC）的成员丧生于他们赴欧洲的旅途中。好几艘运送中国劳工营的轮船被摧毁……”[②]透过

① 《国务院侨工事务局调查在法华工情形书》第二次披露，中华民国七年十二月一日，第192—193页。可参阅本书附录九“潜艇战遭袭丧命溺毙华工统计表”。

② Marilyn Levine, professor in Central Washington University, USA. *Le Chinese Labour Corps pendant la Première Guerre mondiale: prélude à l'activisme politique et culturel*. article issu de: Sous la direction de Li Ma, *Les travailleurs chinois en France dans la Première Guerre mondiale*, CNRS EDITIONS. Paris 2012. p.305.

这类片言只语可以肯定，华工死于海上的人数肯定大于我们已知的数字，只是我们至今尚未掌握。

华工在陆地上因病死亡的人数肯定比在海上要多得多。英联邦战争墓地委员会在法国土地上修建了大量的协约国军人墓地，其中有五十几个墓地葬有华工，埋葬的人数不一，少则几个，多则几十、上百至数百，他们有的死于炮火，但死于疾病的恐为多数。索姆省努瓦耶勒华工墓园葬有842名华工，绝大部分都是病死的，这个清一色中国人墓园对于死于陆地上的一战华工具有提示性的象征意义。墓碑上的死亡时间似可佐证，其中不少华工死于1918—1919年的西班牙型流行性感冒。我们在努瓦耶勒华工墓地勘查时，发现有的两块墓碑紧挨着，墓主们的死亡日期相同，实属患西班牙流感而致同日死亡。死于敌方飞机轰炸、大炮攻击或预埋炸弹这一类留下来的记录非常有限。

1917年8月初至1918年4月底，法国北部敦刻尔克、加来一带遭敌机频繁轰炸。驻扎在此地区的华工有数千人。敌机狂轰滥炸造成英军与民众伤亡惨重，华工也同样遭受严重伤亡。据中国驻法侨工委员的统计，总共94或95名华工因敌机轰炸而丧命，有的当场炸死，有的炸伤后被送医院治疗，终因伤势过重而身亡。他们死后被安葬在加来（Calais）、圣堡（Saint-Pol）、巴拉克（les Baraques de Sangatte）等十一二个墓地。[①]由于统计得较及时，这批死于敌机轰炸的华工都在史料记录中有名有姓、有工号，还知道他们的籍贯，其中山东64人，直隶26人，湖北、河南、山西、盛京各1人。当时仅仅加来海峡省就有20多个劳工营，不少华工营被派驻海港与内陆的河运港口、铁路线交接枢纽区，这些地点是敌机严密侦察和频频偷袭的目标。此种情势下，中方的调查统计事实上很难做到准确。

① 《国务院侨工事务局调查在法华工情形书》第四次披露，中华民国八年一月，“（三）华工在法国北部被敌击毙”，第217—220页。威海市档案馆藏。

山东省广饶县华工蒋鉴秋曾是一名华工营的厨师，他们的驻所营地曾被德军占领，等到后来德军撤走时，该华工连队又返回原驻所，炊事班的一大帮人挑着炊具行李，匆匆赶到原先的厨房，收拾锅台，准备做饭，突然，厨房内外连着几声爆炸，顿时炸倒一片，满地都是血肉模糊的尸体，巨大的气浪把棚屋掀得四处飞散。这是德国兵预埋的地雷炸弹，20多名华工瞬间被炸身亡。蒋鉴秋命大得以幸免。[①]

外国人的史料里，因这类原因被夺去生命的华工人数更多，现略举几例：

1917年9月3日，加来海峡省奥德瑞克地区敌机的一次空袭导致12名华工被炸死、18名被炸伤（在中方调查数据里，同一天在奥德瑞克有2名华工被炸死，按常理推断，应该是两起不同地点的空袭）。

英辖华工第52队驻在比利时布察帕（Boeschepes）小镇一带，某晚深夜，一颗炮弹突然飞落在52队的一个帐幕中，睡在帐内一个班14名工人全部被炸死，仅有一人去外面如厕得以幸免。

1918年3月20日，在加来的敌机空袭中，20名华工被炸死，另30名受伤。中方调查数据记录3月20日在坡伯来有2名华工被炸死，但记录中3月21日在加来有评君德、孙义田等19名华工被炸死，这件事与外国人资料所载3月20日“加来空袭20名华工丧命”疑为同一件事，误差为前后一日和一人。

这一带频遭机炸炮轰，华工与英军后勤基地守卫部队及广大民众一样，不知何日炸弹将落在身边。据中国驻英公使馆1918年11月1日发出的报告，从1917年8月至1918年4月，仅敦刻尔克及加来地区就有131名华工死于敌机轰炸。

然而，许多其他情况下遇敌机轰炸或大炮攻击而受害的华工，往往仅有见证者或听闻者的寥寥数言遗于历史扉页，没有给后人留下关于个体的任何信

① 叶星球、江敬世:《法国一战老华工纪实》，巴黎太平洋通出版社2010年版。

息。还有连被见证或被听闻的可能都没有的丧命者们，后人研究者就更无以置喙了。

丧命华工有的得以安葬于墓地，有的身体被炸得残缺不全甚至成了碎块，若能收集起来草草找个野地掩埋，还算得到幸存者们照应，更多时候队伍紧急奔撤，事后再也无法顾及。华工营队调动频繁，人员伤亡仅在花名册上注上一句就算有了交代。就总体而言，英辖华工的驻地更接近战场前沿地带，因此死于战火的人数要比法辖华工多得多，而且许多失踪的无从统计。

关于华工死亡的赔偿，陶履德-惠民合同的第十一条中有几种情况：中国工人的工伤身故引起死亡发生在合同签字六个月内，赔偿金为135法郎；如在合同签字超过六个月直至合同期满者，则其赔偿金为270法郎；华工在赴法或返国途中因海上战事遇险死亡，其家属可得135法郎赔偿金；在合同期满回国的途中发生死亡，其原因若不是死于非命，则无赔偿金。本来法国人强调法国的法律不愿给赔偿金，因为当时法国的法律条文规定，外国劳工在法国因伤身故，不给赔偿金，理由是其家属不居住在法国境内。惠民公司据理力争，终于与法方达成上述的特行协定。①

英国人的华工死亡赔偿按照它的合同就是几个字“死亡或完全伤残赔偿150银圆”。英国人一刀切，简单化。在银圆升值的年代，英方的赔偿金应比法国的高。

因为国务院侨工事务局成立得晚，在国内首先关注华工死亡赔偿的是北洋政府外交部，它向国务会议提交了死亡侨工的赔偿方案，这是在获知乘坐“阿托斯”号邮轮的543名法募华工葬身地中海之后发生的事。国务会议议决华工出洋在外毙命，由国家给予死者家属1000元抚恤金。②至于外交部或侨工

① 凤冈及门弟子编：《梁士诒年谱》，广东人民出版社2014年版，第309—310页，上海图书馆藏。参阅本书附录二。

② 《国务院侨工事务局调查在法华工情形书》第二次披露，中华民国七年十二月一日，第195页，威海市档案馆藏。

事务局何时获悉“阿托斯号”海难惨案，至今不清，因为法、英两方在事发后采取了严密封锁消息的措施。而对于543名葬身地中海的华工的死亡赔偿，法方究竟执行得怎样、详情如何，至今未见可信材料。法国海军部派出的海难调查小组的报告仅限于海难本身的处理，并未涉及死者的赔偿问题。

第七节　思乡与赡养家庭

一百年前的华工虽然大部分是文盲，但丝毫不影响他们对故土的牵挂，万水千山的阻隔更加剧了对家庭亲人的思念。化解满怀乡愁最好的行动也许莫过于写家信和寄钱回家。

写家信，请翻译代笔，或请华工中略通文墨的同伴代劳。英、法方都规定，信写完后必须交华工营、队的军邮官检查签押后才可付邮，“信内禁止言论关于军务各种消息，禁止附相片等”，既有规定，华工都能遵守。华工要告知家里的是他在法国平安，他关心的是家里人的生活身体怎样，汇去的钱是否悉数收到，说说想念家人等亲情话。据1919年统计，英辖华工寄回中国的家信平均每月达5万封，由国内寄给在西欧的亲人家信平均每月有1.5万余封。

我们从一封华工的家书中可以窥见他们思念亲人的心情：“丽卿青睐，尔夫自离安金到法以来，更事多矣，然甚平安。吾已寄三书但未接到尔之只字，故日夜盼尔之回音也。今日来信三封已收到矣，我现寄回五百佛郎尔，不过净得一百余银圆而已。驻巴黎之中国使者，近日亦来慰劳吾侪，且待遇极仁厚，法国人美国人之待遇亦如此……当尔收到银信之时，尔夫虽到外国跋涉千山万水，而此心终舍汝莫属也。尔若贻家书，不啻惠我

万万金，幸我无恙，勿以为念。”[①]

信中“不啻惠我万万金”一句，是借唐代大诗人杜甫的千古名句“烽火连三月，家书抵万金”。[②]游子在外，等待家书的心情，唯有身临其境者才有切肤体验。一封家信带来的喜悦、快乐与慰藉，是万千金钱都无法取代的。华工到了西欧战火之域，想念远隔万重水山的亲人，渴望得到父母妻儿的音讯，正是当年十几万华工经常萦绕心头的情愫。而当国内父母或妻子收到华工发去的平安信，心中同样得到莫大的安慰。当妻子收到上述这样的信札，感受到丈夫的深情吐露，那就是最大的心灵慰藉。

华工的思乡之情经常表现在他们的歌声里，许多华工喜欢哼小曲、唱山歌，有的是情歌，有的是伴随着劳动的带有节奏性的曲调，有的人还能即兴唱出一些排解思念、驱除寂寞的词句。他们唱歌的时候，不需要特定的场子，随兴放喉、自娱自乐，这一现象令西方人感到吃惊和好奇。他们发现，中国人在艰辛的生活与工作条件下仍然保留着乐观的性格，这与西方人真的非常不同。

中国人以孝悌为上，在外挣了钱就要往家寄去赡养父母；成家后抚养妻女的重任压肩，更需为家操心。华工到西欧后，如何寄钱回国成为管理方必须考虑的问题。华工无法自己到邮局去汇款，需要通过一个可靠的银行把钱汇往中国家里。当年巴黎有中国工业银行，华工通过企业把要汇的钱转给工行，由后者与中国国内的相关银行沟通，最后折成中国货币洋元或称墨银汇给华工指定的国内收款人。

---

① 此信载于《新中国》杂志，1919年某期第242页，引自上海图书馆收藏的电脑存档。

② 唐杜甫诗《春望》：“国破山河在，城春草木深。感时花溅泪，恨别鸟惊心。烽火连三月，家书抵万金。白头搔更短，浑欲不胜簪。”杜甫在“安史之乱”中与家人乱世别离，家信不通，心中充满了对亲人的思念之情。此诗写于公元757年，抒发了诗人忧国伤时、思家悲己的情感。人们离家日久，思念亲人而得不到亲人音讯时，“家书抵万金”最能引起在外游子的共鸣，故而成为千古名句。

我们以德西兹煤矿公司（Houillères Decize）的华工汇钱为例，来说明这一并非简单的流程。就华工本人而言，必须在巴黎的中国工行先开个储蓄账户，如果账户内有足够的钱，只需告知要汇出的数额，如果账里钱不够，就得把准备汇出的钱交给煤矿公司有关人员，并写明收款人及其准确地址，其余的工作由企业和银行业务部门操作。

德西兹煤矿公司下属的矿工，不管是中国人劳工营的还是摩洛哥劳工营的，提出申请汇款，煤矿公司应备好两种材料即汇款人的银行存折和一式两份的汇款人单子，送交其设在巴黎的施奈德公司总部，单子里需注明每个汇款人的工号与姓名及每人要求汇出的金额。施奈德公司总部内的“财务与财政检查科”（Service de la Trésorerie et du Contrôle Financier）具体经办，汇款事项由该财务科与巴黎中国工业银行联系。

作者在档案里发现了“财务与财政检查科”向中国工行汇出钱款后给德西兹煤矿公司的上百封通知函[①]，现选若干列表于后，以资分析。

表21　　华工汇款通知函

汇款人工号	汇款人姓名	申请汇款金额（法郎）	收到汇款申请日期	汇入巴黎中国工行日期
未载明	多人，未载明	3300	1919年9月17日	1919年9月20日
未载明	多人，未载明	2300	1919年10月11日	1919年10月14日
未载明	多人，未载明	4850	1919年10月28日	1919年10月30日
未载明	多人，未载明	1950	1919年11月13日	1919年11月17日
未载明	多人，未载明	1300	1919年11月28日	1919年12月3日
N°4710	Ngan Jui Tchang	800	1919年10月22日	1919年10月25日
N°7106	LY Fong Ming	200	1919年11月4日	1919年11月7日

① Archives du musée de la Mine de la Machine, Cote: 26J.8853.机器城煤矿博物馆档案。机器城煤矿属于设在涅夫勒省德西兹镇（Decize）的德西兹煤矿公司（Houillères Decize）管辖，后者为施奈德公司的一家子公司。

（续表）

汇款人工号	汇款人姓名	申请汇款金额（法郎）	收到汇款申请日期	汇入巴黎中国工行日期
N°4028	Tchang Tsuin	500	1919年12月11日	1919年12月15日
N°28996	Ly Si Cheng	1300	1919年12月16日	1919年12月19日
N°25086	Liou Tch'ang Jon	400	1920年1月16日	1920年1月20日
N°29004	Tien Sion Chan	700	1920年1月19日	1920年1月21日
N°7148	Wang Tao Sin	200	1920年2月6日	1920年2月8日
N°7148	同上	1800	1920年2月13日	1920年2月16日
N°29009	Suen Yu Tchang	900	1920年12月8日	1920年12月9日
未载明	多人，未载明	7300	1920年12月29—31日	1921年1月6日

每汇出一次，施奈德公司的“财务与财政检查科”就向德西兹煤矿公司发出一封告知信，信中列出几号收到申请，本科几号汇的钱，汇出多少金额，注明申请汇款者的工号、姓名，并向华工营指挥官随信寄去上述银行开出的收据副本。言下之意华工营指挥官已有凭据，汇款人可向其指挥官查询。

协助华人矿工汇钱给中国家里，是从1919年3月开始的。作者在机器城煤矿博物馆的档案里收集到，施奈德公司财务科寄给德西兹煤矿公司的“汇款已办告知信”，从1919年3月至1921年，共有95封，其中单人一封的43次，多人一封的52次。涉及多人汇款的告知信仅有一个汇出总额，详细人数及其每人汇出的金额我们无以了解，不过，当时的华工营队管理者一定是核实过的，不会有问题。

德西兹煤矿公司管辖的二三百名华人矿工中这么多人汇钱给中国家里，足以体现华工普遍具有赡养家庭的责任感，这一点在机器城蔚然成风。而且，在年底至一二月间，申请汇钱给国内家庭的人比平时多得多，反映出年关、春节将临，身在海外的华工们更思念亲人，转化为行动就是赶紧汇钱回国让家里过个好年。工号为7148的王涛新（音译），一个月中两次汇钱给家里，第一次

200法郎，第二次1800法郎，为何分两次汇出，人们无从知道，但可以肯定这名华工心系亲人，把家庭的需要视为最重要的事。此外，我们从上表中看到，施奈德公司财务科从收到申请至办完汇款再发出告知信，前后一般都是三天，说明施奈德公司对协助华工汇钱赡养家庭这件事是很重视的，职能部门的工作人员办事认真，工作有序，讲究效率。

第八节　合同未届遣送回国

华工到了法国又被遣返，其中的原因较为复杂，故宜专辟一节予以述介分析。

1917年9月20日晚上，一艘法国公司邮轮停泊黄浦滩公司码头，因为船上有从法国运回的110名华工，故法租界巡捕房派探员前往照料。其中65名是本地人，当即自行回家；余下的45名系北方人，由探员领去旅馆暂住，供给饮食；至23日巡捕房捕头派出沈姓探目与姚姓包探，护送他们登上开赴北方的盛京商轮遣回原籍。①

他们是否合同期满了呢？法募华工首批为天津所发，时于1916年7月，即使是首批，到1917年9月，仅一年零两个月就被送回中国，显然不属于合同期满。法国劳力那么紧缺，如无情况，不满合同期就这么送回来不合逻辑。那么他们是因为什么被遣返的呢？

1916年夏在天津招募的5000多名工人（实为5047人）签的合同期为三年，抵法后，分配去巴黎等地的炮弹厂及铁路线做工。各厂对华工分别考核，发现

① 《华工由法遣回》，《申报》中华民国六年九月二十二日第（十）版；《华工由法遣回续志》，《申报》中华民国六年九月二十四日第（十）版。上海图书馆藏。这是《申报》上第一次登出华工被遣返的消息。

“其中粗笨及强横不驯之徒计有300余人”。绝大部分华工以前没有在机械化程度较高的工业生产线上工作过，有些人既不愿学习机械知识，也不守纪律、不服管束，厂方肯定不接受他们。法方与惠民公司签订的招工合同第十八条规定，“工人在工厂或船厂内做工有偷懒不遵命令，不受约束，行为不正，及不守章程各情，当由陶履德君或其授权人及雇主商定，并报告中国驻巴黎领事后，即行开除”；“此项工人开除后，即由最近开行船只遣送回中国，如遣回之工人系在合同期第一年内，则惠民公司除可径向工人追缴外，应担负一部分之路费，其数为300法郎”。被雇主开除者就归入必须遣送回国的名单。

合同未满却提前被遣返的原因基本上有三种，前两种如上所述，不外乎强横不驯和实在愚笨无法胜任工作；第三种为患病6周经医生确认需回国治疗，或少量抵达马赛后未能通过体格复验者，譬如被查出患有活跃期沙眼、梅毒、麻风病的人。

1917年11月16日晚，一艘法国公司的轮船抵达上海港，运回来150余名华工，其中124人籍贯为长江中下游一带，大概是江苏、安徽、两湖的，由巡捕房包探当即购好长江轮船票，一一核对工号发给船票，当天换乘长江轮赴南京、汉口遣回老家。另有北方人26名由捕房派包探领往旅馆住宿并安排饮食，一边等候船期。一两天后，购得开往天津之船票28张，分发各人外，两名包探陪同乘船送回故里，而且恐船上饭菜不敷供应，包探另购牛肉等菜带上船分发华工。所用开销与旅馆食宿费用以细账向法租界工部局悉数报销。[①]这批人应是在法患病超过6周后被遣送回国的，因此法租界工部局给予的照顾较为周到。

英招华工也有被提前遣送回国的，理由相仿。1917年上半年在上海匆忙招募的工人送到英国铁厂工作一段时间后，被发现手艺平常，不符合生产线上

① 《法国遣回华工》，《申报》中华民国六年十一月十八日第（十）版；《再志遣送由法归来之华工》，《申报》中华民国六年十一月二十三日第（十）版。上海图书馆藏。

的要求，第一批的194人在当年年底乘轮抵沪再各自返回原籍，第二批不合格的180名又搭英资太古公司轮船于1918年2月21日抵沪，在浦东码头登岸，第三批（人数不详）“亦将不日抵沪”。这些人都是合同未届就被送回。英国不是不缺技术工人，但不愿培训生手，因而一方面遣返不合格者，另一方面则由上海南京路33号英国驻沪招募华工事务所加紧考核报名者，录取后定于2月25日登轮放洋。①

英国人将患病的华工遣送回国，做得很不人道。这些华工的合同都没到期，但英军方认为他们没有利用价值了。1918年11月1日，365名患病华工被送上轮船启程回国。1919年3月，大战停火四个月后，所有在医院住院治疗的，以及尚处于恢复期也就是无法劳动的英辖华工，都被提前送回中国。人们可以设身处地想一下，抱着病躯，还要承受漫长的海上旅程，遭遇风暴与晕海的折磨，该有多么艰难！结果有25人病殁于途中，另两人彻底绝望跳海自杀。②

国务院侨工事务局派员赴法国调查，民国七年（1918）5月统计到的一组数字如下：至1918年5月为止，法国战争部所招的到法华工共计35109人。合同未满期被送回中国的共1481名，其中废约者1219名，在法患病6周未愈、经过医生鉴定应予遣送回国的262人。③废约与因病送回中国的这两部分人数，占了到法总人数的4.22%。每百人就有四人被送回，比例应该说比较高。废约者包括哪几种类别暂时还没有发现完整的史料，作者认为不服管束或无法胜任工作的两种被辞退类型，无疑属于废约者的范围。

---

① 《英国招募华工之去取》，《申报》中华民国七年二月二十三日第（十）版，上海图书馆藏。

② James Hamilton-Paterson, *Chinese Dig Britain's Trenches*. London, Sunday Times, April 30 1972. 参阅徐国琦：《一战中的华工》，上海人民出版社2014年版，第124页。

③ 《国务院侨工事务局调查在法华工情形书》第三次披露，中华民国七年十二月十日，第199页。威海市档案馆藏。

第七章　华工的表现与贡献

第一节　华工的工作态度与效率

一战中，华工在西欧的表现是西方人当时评论的一大内容，也是历史档案里留下许多记载的一个方面。我们先来说修筑维养铁路，这是华工从事的各类工作之一项，每次投入的人数众多。有一条东西方向的铁路，由上法兰西地区通往诺曼底地区，因为战时运输量大增，原来的铁道线太窄，需要加宽后增铺铁轨。1917年间，在上法兰西地区瓦兹省（Oise）的安吉镇（Angy）与西部塞纳滨海省（Seine-Maritime）的欧马勒镇（Aumale）之间的铁路拓宽工程，殖民地劳工署调遣了大批法辖华工进入工地，华工们的工作成效获得了工程指挥部的肯定。当时一家法国报纸《镜报》（*le Miroir*）还拍摄到一支华工队在布雷勒河畔布朗基

一支法辖华工大队被派往法国东部孚日山脉之麓的上索恩省（Haute-Saône）吕尔镇（Lure）修建公路，华工使用的独轮车是他们从中国带来的。来源：SPA 42 IS 1610 Gustave ALAUX/ECPAD/DEFENSE

（Blangy-sur-Bresle）车站附近工作的情景。照片作为实证保留下来了，弥足珍贵。

修路方面影响最大的莫过于参与修建“百日铁路线”。

1918年年初，德国人抢在美军未进入西欧战场之前，企图在索姆省战线上发动一场攻势，巴黎—滨海布洛涅的铁路线受到德军的严重威胁，此线经过亚眠（Amiens），前线的协约国军队能靠它获得必要的增援，堪为协约国军队的兵力与补给生命线之一。面对这个威胁，北方铁路网委员会被军方要求提供多种备用线方案。一开始制订的几个计划都不理想，最后提出修建一条从Feuquière至Ponthoile的新线，正常轨距，复线，作为一条战略铁路，全长89公里，再加34公里的服务线，全部修建在瓦兹省和索姆省内。建成后可将加来（Calais）、布洛涅（Boulogne-sur-Mer）与阿班古尔-圣奥梅尔（Abancourt-St-Omer）连接起来，其运输能力每日每个方向可通过144次列车，通过的列车将处于德军大炮射程之外。

1918年5月1日，多特利被任命为这项工程的总指挥，5月15日正式开工，投入两万人修筑工地。

据史料记载，参加此项工程的有法国北方铁路公司和法军两个工兵连，由法国后备役军人组成的本土保卫军的一个营，共1万人，3000名从诺尔与加来海峡两个省撤下的矿工，还有5000名意大利人。工程分六段，同时开工。一两年来，法国人已耳闻中国人肯干活会干活，正好英辖华工总集所就在努瓦耶勒，铁路施工指挥部向总集所指挥官提出请求，希望派出一支华工队伍参与修建铁路。后者积极回应，迅速抽调得力人员组成四个华工营前往，每个华工营500人，努瓦耶勒-吕镇（Noyelles-Rue）一段约8—10公里的铁路修筑任务就由华工承担。华工营带队军官接受北方铁路公司技术人员的指令，2000名华工早出夜归，热情高涨，辟路平地筑道基，运石子搬枕木，铺铁轨打铆钉，干活肯卖力气还懂巧劲，表现非常出色。

法方对华工营的工作深感满意。8月1日，全线工程完毕，8月15日在一个名叫小马赛的镇上举行揭幕典礼，法国部长理事会主席乔治·克列孟梭出席并剪彩。工程大约100天竣工，俗称百日铁路线。百日铁路线的成功修建是一个真实的科技果实，也是不同种族的人们齐心协力按期完成目标的壮举，中国人的努力和效率给法国当局、工程技术人员和当地民众留下了良好的印象。

1918年夏末和入秋后，协约国军队向德军发动强大攻势，每天有上百组列车通过百日铁路线支援前线，保证了协约国联军投入决定性战役的部队的军需给养。战争打到11月11日停火，百日线改作客运，运行了一两个月，商业价值甚微，至1919年元月便不再使用。长期闲置是浪费，1920年初当局决定拆除百日铁路线，路基复原各归其主。①

战时物资军火大量抵达西欧的港口，装卸的任务极其繁重，当初英军就是因为物资运到了缺少大量搬运工才不得不去中国招工。华工表现出的装卸能力之强、装卸效率之高，为其他种族的劳工所望尘莫及，这在战时欧洲协约国军队中有口皆碑。修筑军用铁道线和汽车路，在船坞码头装卸，搬子弹箱，扛炮弹，搬军粮包，填装沙袋，锯木板，建野战医院，挖战壕、搭前线部队的宿营木板房，等等，干起活来，华工一点不含糊，个个勤奋，有些华工还善使干活的巧劲儿，对提高效率大有帮助。据英国军队机构的档案记载，曾有十几名华工只用了近20分钟就把一卡车20吨的货物卸了下来。②这样的高效自然令他们的带队英国军官又惊又喜！

有些非机匠出身的华工也聪明好学，能较快地学会操作机械，有的经过外国工程师的指导，学会使用碎石机将石块粉碎，供铺筑铁路路基使用。英军在奥德瑞克（Audruicq）设立了巨大的后勤储库，其中有一条长长的火车厢装配线，车厢散件从加拿大运来后在此组装成列车，发往各地使用。1917年12月底，华工营开始驻在奥德瑞克，工匠们被派去干相关的工作，有的做火车厢装配工，有的当铁路设备维修工，一般非技术工派去森林砍伐木材。华工们不

---

① Le colonel le Hénaff et le capitaine Bornecque, *les Chemins de Fer français et la guerre*. Paris: Edition Librairie Chapelot, 1922. Documentation fournie par la mairie de Noyelles-sur-Mer.

② 张建国、张军勇编著：《万里赴戎机》，山东画报出版社2009年版，第88页。

怕吃苦，工作认真，很快能胜任工作，令英国人刮目相看。华工因此在奥德瑞克英军仓储基地享有“好工人，军队好帮手”的赞誉。[①]

华工工作效率高、任务完成出色的例子在各个工种都有表现。现举木工的一个实例。自1917年的年中起，英军在奥德瑞克不远的吕曼盖姆（Ruminghem）和泽内盖姆（Zéneghem）各设立了一个华工营。泽内盖姆华工营有两千多名华工，规模很大。泽内盖姆毗邻森林，英国人在此建了一个木工厂，专门制造便携型拆卸板房及配套的简易木器用具，供前线地区军队所需。华工18大队被派进泽内盖姆华工营后，营里的普通工人多被派往森林里砍伐木材，再运回木工厂。会做木匠活的华工都留在厂里，一名叫陈宝宝的华工，天津人，会干木匠活，就去了木工厂，领了新工作服，衣袖上缝着他的身份号码43138。中国木工月薪45法郎，比普通劳力多15法郎，厂里的英国木工月薪七八十英镑，两者同工不同酬！中国人气不过提出搞比赛，厂里也同意了。比赛分小组和个人，陈宝宝自告奋勇参加中国木工第一组。比赛结果是华工大获全胜。众目睽睽之下，英方军官也不得不夸奖华工。[②]

英辖华工中有些人被抽调去英军设在法国特纳尔（Teneur）等地的坦克修理站工作，中国人在英国技师的指导下，学会了修理坦克，颇受技师们的器重。

1918年3月，德军在法国西北部发动总攻击，布洛涅与加来一带形势极其严峻，英法联军防守的阵线颇有朝不保夕之势，这时后方的支援成为关键之一。华工在阵地的内侧夜以继日地挖战壕，使联军有壕堑可凭。华工不畏敌人炮火，把一箱箱弹药送往前沿阵地，使联军士兵有充足的弹药打退敌人的进攻。英军士兵一日掘战壕40米，华工能掘80米，令英军官大加称赞。当前线交火十分激烈时，需要的军火与食品可谓十万火急，华工分成日夜两班工作，晚班工人下

① Jean Paul Empisse, *Le Camp britannique d'Audruicq*. pp.105–108. France: Editions Citoyenneté en actes 2014/Association Mémoires d'Audruicq.

② 参阅叶星球、江敬世：《法国一战老华工纪实》，巴黎太平洋通出版社2010年版，第100页。

午六时列队出发，直干到次日清晨五时才停。情势危险活儿又重，艰辛异常，不少华工病倒。鉴此情况，英军总部特许每日轮流让百分之十的华工留营休息，以保持体力；还准许下午二时至四时，留在营里的华工由工头率领在华工营地四周一英里半的范围内散步运动，以增强体质。需知以前华工如果不是去干活，一出大门就必受罚。相比之下，华工感觉受到很大优待。[1]当然，从英国人角度，如果华工病倒的人越多，英军前线的支撑就变得越小，于战事必将大不利。

法辖华工的工种与地点都非常广泛，最多时分散在百十多个工作点。他们不仅同样需要承担装卸搬运等粗重活，与英辖华工相比，他们还有更多机会接触现代工作的机械设备和生产方式。除了极少数不服管束被遣送回国者外，绝大多数华工都服从分配，工作认真，其效率总能受到雇主方、商会以及来视察的议员或官员的肯定。

第二节　西方世界对华工的反应

西线华工主要在法国、比利时等地为英、法两国提供劳力服务，以准军事编制接受分配，完成指定的任务，经常频频调换工作地点，平时与西方社会接触甚少。法方管辖的华工，由于大多被分配在工厂企业工作，还能与一起上班的法国工人有些接触。英方所辖华工则基本上与当地民众互不搭界。但十几万的华工，毕竟会牵动法、比社会的某些神经。

英、法方对华工的反应首先源于华工本身的表现与贡献，也就是完成交付任务的情况；其次来自英、法方自身，对华工的看法是否公正，是否带有习惯性的偏见或歧视，是否以己度彼，拿自己的思维模式与行为准则去审视这

① 顾杏卿：《欧战工作回忆录》，商务印书馆1936年版，第46页。

些来自东方的天朝子民，也就是说是否具有客观的看待事物的眼光和一颗能包容他人的平常心。从反应的层面来看，最重要的是英、法各自的高层，这高层包括法国战争部、法军总参谋部、法国殖民地远征军司令部、法国殖民地劳工署、法国劳工部、法国的某些国会议员和一些相关地区的市政官员和民选代表；还有英国战争委员会，英国欧陆远征军总司令部，甚至美国总统等国家领导人，他们对华工的衡量一般多从其国家利益出发，或从协约国军队的需要出发，他们的意见最后决定华工的使用和去留。

法国殖民地军队司令皮埃尔·法曼将军对华工的评介，实际上为法国国内的各级军队管理机构或地方商会提供了一个指导性意见。法曼将军自1914年10月3日至1917年9月20日出任法国殖民军队司令兼战争部第八司司长。法国在其海外殖民地招劳力由第八司统执牛耳，在中国招募劳力也被归入该司的职权范围。自然，法曼将军的看法便具有了相当的权威性，他在一份报告中对法国即将大批雇佣的中国劳力作了具体而生动的介绍。

> 中国的北方人好摆布，他们聪明，有耐心，灵巧细心又耐劳。他们在一个很寒冷的气候环境里过冬季，因此能够适应我法国一些地区的气候。只要让他们居住得合适，提供给他们的食物和他们家乡明显相像就够了。这些条件一旦满足，他们就能保持健壮，给你一个出色的工作效率。
>
> 中国人自尊心很强，也很骄傲，所以合着得用软工夫对付他们，随便哪一回只要他卖力把工作做好，不要犹豫给他们奖赏，哪怕很少一点儿。一个粗暴的行为导致与你追求的目标背道而驰，谁要那么做，就将失去中国人对你的尊重。如果一个中国工人犯了某个过失，譬如工作时间他溜去一旁闲逛被人撞见，最好让别人叫他回来，然后再以严肃而有节制的口气批评他，不要找证人出面，避免他在伙伴眼里丢面子。你这么做，他会心中有数的。如果队长们、翻译们、华工队指挥官能感觉到这样做有用，中国工人所犯的错误，一般都是轻微的过失，将不会多。

> 我们的雇主、工头、监工们应该懂得，在中国人头脑里，你怒气毕露是不懂得克制，所以，觉得你还是一个野蛮人。
>
> 不要看不到，亚洲人特别是中国人没有像我们那样守时或办事精准，他们说到数字时或者被问到情况时，口头禅“差不多”是他们最常用的词。让他们随我们的习惯，只能慢慢来。要想中国工人给我们最好的工作效率，并改掉习以为常的一些轻微的错误，是需要耐心的。总而言之，与中国人处事，必须既具大耐心又要有威严但不能生硬粗暴。必须待之以礼，关心其福利。善于使用这支劳动力的雇主将获得最好的效果。①

到1917年8月初，法国按预定招募5万华工的目标已完成了近三分之一。基于对在法华工的良好印象，法国高层中产生了新的考虑，8月11日法军总参谋长福熙（Foch）将军写信给内阁理事会主席，提出要求中国派出由军人组成的工兵团来欧洲战区服务。他在信中写道：“我们已经有15000名中国工人在法国，他们提供了巨大的服务。中国进入竞技将可停止招募劳工，代之以中国派出的军队来法国，他们将被放在我军队驻扎区域内使用。”“我们应该向中国提出为我们组建1200—1500人的工兵营。这些营应配备中国干部，从中国的常规部队里抽调，仅辅以若干名法国军官和士官，并配备翻译。”中国方面“再派出若干高级军官，以督察各中国工兵营”。福熙作为法军总参谋长，他的计划是相当具体的，他提出从现在起要求中国政府着手组派70至80个工兵营，为法军每个军派1至2个工兵营。工兵的任务是修筑掩蔽所，挖战壕与交通壕，工兵部队是保证前沿阵地有效与安全的强大支撑。福熙将军认为有了中国工兵就可以辞退一定数量的本土保卫军（系由后备役军人组成）。他甚至提

① Rapport du Général Famin 1916, l’instruction relative à l’emploi de la main d’oeuvre chinoise. Cité dans Revue d’histoire Consulaire, Bertaud C. N°27, 2005, et AD 17.（法国夏朗德滨海省档案馆藏，法国殖民地军队司令皮埃尔·法曼将军《关于使用中国劳动力的指示》）

出，除了工兵营，今后还可由中国派一个步兵师直接参加作战。[①]我们完全可以作出推论，正是华工们在法国的出色表现，使福熙将军酝酿出如此大胆的设想。兵来自民，民能干肯干，其兵必定更棒。民成为兵后，纪律观念更强，服从命令乃军人之天职。既为军队，放在欧洲战场的前沿区域就不会带来合同、司法上的麻烦。福熙将军发出此信后的三天即8月14日，中国北洋政府正式向德国宣战。在福熙眼里，中国已进入竞技，法国可以停止在华招募民工，而以工兵代之。但因种种考虑，法内阁似乎没有将福熙将军的信提交议会审议。福熙更多地从军事角度考虑问题，内阁则需要从国际、外交、协约国内部利害关系特别是国家财政的承担能力诸方面统筹谋划。福熙将军后来担任了协约国军队的最高指挥官，被晋升为法国元帅。

英国首相劳合·乔治（David Lloyd Georges）评价华工时不能不说带有几份惊讶和赞赏："他们个个强壮如牛，你会吃惊地发现些华工夹起重达三四百磅的一大块木料或一捆铁皮卷仍能健步如飞，好像这些重物轻如普通的石块一般！"[②]英国远征军司令海格元帅（Douglas Haig）曾表示：中国劳工在欧虽饮食起居远不如欧人丰富舒适，仍能精神奋发，刻苦耐劳，工作效率胜过最优之白人。若中国人皆能如此勤勉，加之中国地大物博，资源丰富，势必有一日与我白人竞争于世界。[③]

1920年夏，法国前任战争部部长潘勒韦（Painlevé）在法中经济协会（Association économique franco-chinoise）的一次招待会上发表讲话，他说："正是在我担任战争部长时，大批中国工人到达法国，他们艰苦耐劳、灵巧能干、坚忍顽强，为我们的工业生产作出了贡献。借此机会，我愉快地以法兰西

---

① 法学博士吴本中，*Les Travailleurs Chinois et la Grande Guerre*, Premier chapitre, introduction. Paris: Editions A. PEDONE, 1939。

② David Lloyd Georges, *War Memoirs of David Lloyd*. London: Odhams Press, 1942.（乔治·劳合著《战争回忆录》，参阅徐国琦：《一战中的华工》，上海人民出版社2014年版。）

③ 道格拉斯·海格（Douglas Haig，1861—1928），1915年至1918年欧战停火担任英国欧陆远征军司令，1917年晋升为元帅。其间指挥过多个战役，其中1916年的索姆战役，英军损失40万人。他是一战中最受争议的协约国指挥官之一。

的名义，向这些默默无闻的英雄们致敬。”①

然而，直接管辖华工的英国军官们对华工少有赞赏，多有歧视加蔑视，他们对华工的恶劣态度常常引起华工怠工、罢工、甚至反抗，而他们只会用鞭子、棍棒、机关枪进行镇压，事实上这类事件只会使任务完不成，影响军方的部署。为此军方上层出于战事全局需要考虑，给管辖华工的英国军官们制定了一份“须知”，告知他们应如何对待与管理华工：

> 中国人不愚昧，他们聪明有头脑，能在短时间内弄明白上司的意图。你们必须避免随心所欲地发号施令，分配工作如果预先不计划好拟出实施措施，就会造成华工在执行任务时消极对待，工作混乱。他们心里会认为我们英国人蠢，那就必然降低工作效率。②

中下层管理人员的反应亦至关重要，他们是与华工直接接触的阶层。这个阶层包括马赛华工总驻所、努瓦耶勒华工总集所的指挥官们，各华工营的营长，华工的连级带队军官或士官，华工团总办，以及一些地区的商会；他们行使着具体的管理职能，与华工有日常的接触，他们的看法和获得的印象不管是好是坏都会很快传递到高层，对高层的决策产生一定的影响。还有一些民意代表即省议员市议员等，他们也会视察华工所在的工厂，把他们的观察拿到议会会议上去。一个名叫吉洛德（le lieutenant-colonel Girod）的法军中校曾在1918年5月时断言，雇用华工你即便使用得当，管得足够严紧，一般而言还是比一名好的法国工人的产量要低三分之一。③然

① Revue d’histoire consulaire.法国夏朗德滨海省档案馆资料。

② Notes on Chinese Labour, August 2, 1918, NA, Kew, WO 107/37, 2.

③ Laurent Dornel, *Les travailleurs chinois vus par l’administration militaire français* (1914–1918), *assignation, identification et représentation*. Issu de, Sous la direction de Li Ma, *Les travailleurs chinois en France dans la Première Guerre mondiale*, CNRS EDITIONS. Paris 2012. p.281.

而，国民议会议员塞卡尔第（Ceccaldi）于1917年1月参观法国南方罗讷-河口省的圣沙马火药厂（la poudrerie Saint-Chamas）后，在他的视察报告中对厂内400名华工的工作业绩感到满意，他在报告里写道："以车间里的工作效率之高低来排名，顺序为中国工人，越南人，卡比利人①，塞内加尔人。"②

法国西南部重要港口拉罗谢尔的商会和许多企业对华工的印象非常好，商会认为雇佣华工乃最佳选择，当年有30多个企业雇佣华工营的劳力，其中包括14家卸货公司和5家化工厂。停战时拉罗谢尔-帕利斯港区还有2800名战俘在码头充当劳力，他们将很快被分批遣返。而船只依然来往频繁，码头上的货物堆积如山，港务局预感到必须赶紧作预案。他们记得1915年通过商会曾从阿尔及利亚的卡比利亚山区招过300多名工人，卡比利亚人嫌工资低不愿久干，仅做两三个月便流往别处去了。所幸从1917年起受雇于帕利斯港区的"德洛内-美丽城"（Delaunay-Belleville）造船厂的124名华工在当地留下良好的口碑。商会认识到雇佣华工应是最明智的选择，于是1919年3月即与法国殖民地劳工署签署了雇佣500名中国劳工的合同。凡事预则立，由于华工在预期内抵达帕利斯港，终于避免了码头与工厂的一场"劳力荒"冲击。华工在拉罗谢尔仅工作了两年，但保障了港口及其工业继续进行正常的经济活动，直到大战结束。③

在法国中层管理阶层对华工的反应也是仁者见仁，智者见智，当然以点概面不可取，我们认为，总体而言持正面评介的占大多数。

至于不同种族的劳工表现出不同的劳动态度和效率，这是客观存在的事

---

① 作者注：卡比利是阿尔及利亚的一个丘陵区域，人们习惯于把阿尔及利亚人称作卡比利人。

② Note pour le cabinet de M. le Ministre de l'Armement, 23 janvier 1917. SHD-DAT, 10 N 63.（法国防部史料处藏）

③ Archives départementales Charente-Maritimes.（法国夏朗德滨海省档案馆藏）

实。法国有家《信息》报（L'Information），在1918年6月一期里的一篇关于“在法华工”的文章以总结性的笔触写道：在法国受雇佣的全部外国劳工中，所有雇主的报告都显示黄种人最令人满意。中国人有耐心，注意力集中，工作时不知疲倦，而且，北方的人更强壮。

在法辖华工和英辖华工的工作区域内，西方民众对华工的了解是不同的。因为工作性质不同和英、法管理理念的差别，人们对华工的反应也往往大相径庭。法辖华工都在法国工作，而且绝大多数被分配在工矿企业，虽然吃住还是集中管理，以华工营队工团为单位，但工作是参与了法国的生产部门里，许多华工与法国男女工人在一个车间工作，使法国的工人阶层对华工产生了初步的、具体的印象。

英辖华工大部分在法国西北部地区和东部地区工作，一部分在比利时，他们与民众的接触比法辖华工少得多。民众对华工产生印象是在华工举行节庆活动时，平时只看到他们被英军士官带着去劳作，或受惩罚时的场景。民众对华工的接触是在一定的场景下，其感受就更具有个性化，许多个性化的感受如涓涓细流汇集成河，就成了民众阶层对华工的总体印象。

1918年春至1919年夏末在法国努瓦耶勒华工总集所第8华工团工作的苏格兰轻步兵约翰·莫里森（John M. Morrison）中尉认为，中国人的体力和智力都在其他欧洲或非欧劳工之上，与他相熟的其他英国军官也持同样看法。上海来的冯姓翻译能讲英语和法语，第8华工团的指挥官格林黑尔（Greenhill）上尉通过冯翻译不仅与华工沟通，还与法国人打交道。团里有一名华工在擦拭炮弹时好奇地把销子拔了出来，被炸成重伤，几周后伤愈又回来干活了，英国人很惊奇，觉得中国人硬气。有位华工将自个儿刻了龙纹等装饰的一枚德国炮弹筒送给莫里森中尉，莫里森称赞华工富有创造性，并把炮弹筒带回了英国。

1919年夏天，莫里森中尉的妻子带着女儿吉布（Gibb）来法国探亲，吉布到了耄耋之年依然记得小时候在努瓦耶勒见到华工的一些场景，也还记得父亲怎么说中国工人。她的信件给当代人留下了宝贵的第一手资料。[①]

法国人和比利时民众发现，中国人似乎很喜欢小孩，平时对小孩子和气可亲，看到小孩会流露出一种慈爱的目光。战后逃难在外的居民开始返回家园，他们生活在饥馑中，华工经常从自己口粮食物里留出一点送给遇到的孩子。

无论从哪方面看，在大战中，赴法华工的工作表现总体评价应属优良，工作效率比其他法属殖民地的劳工高。华工吃苦耐劳，能忍受西方人无法接受的生活条件，承担西方士兵或劳工不愿从事的累活、重活、苦活，为协约国获得一战的最终胜利作出了不可替代的贡献。

第三节　华工营团的翻译

法、英在招募华工的同时，也开始招聘翻译，以图解决与华工的沟通问题。法国人招华工，对配备翻译的比例有所计划，从天津首批招工就制定了预案。驻京法国公使馆曾就一艘船上的2500名工人，10名翻译及4名欧洲人护送者的海运费用作了预算，共计需要50500英镑。说明从一开始法方就预设每招250名工人就得配备一名翻译。[②]

一战在西欧的华工十几万，英、法两方面加起来需要给华工营队配备的翻译人数总共应有约六七百名，其中英方需五百名左右，法方约需一百七八十名。但事实上没有能够招到预定数，因此翻译力量不足始终是华工营团的问题。

① Brian C. Fawcett, *Le CLC vue par une petite fille–lettres de Mme C. M. GIBB, 80 ans plus tard*. Issu de: Sous la direction de Li Ma, *Les travailleurs chinois en France dans la Première Guerre mondiale*, CNRS EDITIONS. Paris 2012. p.475.

② Télégramme de Conty, n°203, le 11 juin 1916. Cote：32 CPCOM/41.（法国外交档案中心档案，法国驻北京公使康悌致法外交部电报，请示其为天津招五千名工人赴法所造的各项预算方案。）

法辖华工的翻译来自三个渠道，一是在华的法国天主教神职人员，这些人长年在中国从事教会活动，与中国民众广有接触，会讲中国话。他们首先被动员充任华工队翻译，是法国军方在华工营队中的依靠力量。[①]二是法国传教士在华办的天主教教会学校中的高年级学生。教会学校的课程多用法语授课，学生进校两三年后，应该能掌握日常法语。天主教教义劝勉信徒服从天主召唤，勇于服务他人，培养献身精神。校方只要向学生发出号召，运用所学语言与文化赴欧参加战地服务，学生中跃跃欲试者大有人在。三是在中国工作、会讲汉语的法国人，这类人员也具有与中国人打交道的经验，由于对中国文化习俗有一定的了解，回法在华工营队担任翻译时往往能与华工建立友善的关系，只是这部分人数较少。[②]法国工厂雇佣的翻译，绝大部分也是由军方招募后提供的，薪水由雇主支付。法方工厂雇翻译人数不等，有的只雇聘一人，有的需用数名。

英辖华工营队的翻译基本也由三部分人构成，一部分是在华的传教士，他们属于英语系国家的一些教会组织，这些人通汉语，熟悉中国人的习俗，他们响应英国政府的号召，自愿报名来为华工营队做翻译，这部分人有多少，现尚未见到可信的统计。还有一部分英国人来应招做中文翻译，有从中国而来，也有的曾经在中国待过，根本一条是他们会讲中国话，如亨利·瓦戴（Henri Watthé），曾在离前线很近的地方在华工营里做翻译，此人留下很多文字记录。另一部分为中国二三十岁的年轻人，共约数百人，来自中国各大学校，如清华、北大、金陵、南洋、沪江、圣约翰等。[③]还有一些留美、英、法学生，认为参加欧战是难遇之机，宁愿停掉一段在国外的学习，甘愿冒战地之险充任

---

① 参见本书第十三章第九节“追忆机器城的华工们”中的传教士担任华工队队长的例子。

② 参见本书第四章第四节“波兰伯爵为华工营当翻译”。

③ 今天还能从史料里找到英辖华工营中的一批翻译的姓名，如夏奇峰、蔡善身、杨永经、戴步云、吴泽湘、沈向高、余光超、毛华棵、陈俊德、何事耕、魏光徵、古伟青、赵卓甫、刘国光、王琢芝、陈安慈、宋文奎、林逸仁、张荣森等。参见顾杏卿：《欧战工作回忆录》，商务印书馆1937年版，第38页，上海图书馆藏。

华工译员或开展华工教育，其中大部分都在基督教青年会的框架下从事服务。

法、英两方招募中国劳工是与中国之间的合作项目，只是出钱雇佣中国劳动力到欧洲战区为各自缓解劳力匮乏之需，其共同点是都不愿中国官方派人员进入华工群体充任华工领导者的角色。在这种情况下，能以语言与外方沟通的中国译员，不可避免地要代表华工扮演向英、法直接管理者交涉的角色，变相处于中国官员之地位。然而遗憾的是，他们既无名分又无权力。面对华工，他们是翻译，要把指挥官的命令与指示迅速用汉语告知华工；同理他们还必须把华工的情况报告给指挥官。但从劳资关系看，他们同样是受雇佣者，必须替雇主方办事，不过在英法官方的眼里，他们是受过教育的文明人，外方待之有别于苦力。如赴欧途中轮船停靠日本、加拿大，华工是不准上岸的，翻译却被准许可以上岸看看市容。①

法辖中国的翻译所订合同期限为两年，英国人招募的翻译合同期限为三年。法辖翻译的合同规定，月薪150法郎，月底发工资；翻译跟工人不一样，工资全部直接支付给本人，不分国内国外两半。②英国人招聘的中国人译员也拿月薪，头等翻译120先令、二等90先令、三等60先令，在外领一半薪水支付先令，另一半由威海卫招工局按当时的汇率折算成银圆发给其家属。

翻译工作考验一个译员的业务水平与协调能力，他们面临的挑战来自多方面。譬如最日常的译与听，将工人方面的意见翻译给华工营队指挥官或雇主听，这还比较简单些；反方向的翻译，首先要听懂外国人的说话就不一定容易。如英方军官原籍英国各处，有的来自苏格兰，有的来自爱尔兰，有的来自威尔士，都说英语，口音却不一样。口齿清楚与否，措辞句子合不合章法，全

---

① 《欧战工作回忆录》，第8页。英募八万华工赴法经由加拿大，乘火车从西海岸温哥华至东海岸哈利法克斯，行程六昼夜，翻译与医生、军官等乘一等车厢，享受同样的饮食起居待遇，一等车厢配有黑人仆役，晨间翻译的寝具，也由黑人仆役整理，可见翻译享受优渥待遇。

② 凤冈及门弟子编：《梁士诒年谱》，广东人民出版社2014年版，第316页，上海图书馆藏。

都因人而异。再说要听清楚华工说话也不是百分之百容易，一个营队里几百号人，山东、河南、奉天、直隶、苏浙皖粤湘鄂晋，各地的方言都有。北方的方言不好懂，南方“十里不同音”，差别更大。翻译起着中方代言人的作用，担负着对华工的指导与保护之职。“指导”是在中国人之间，可以慢慢来；“保护”则不同，华工犯条例被审问，即使他有理由也必须要翻译在旁替他申辩。可以想象，翻译在这种场合下压力有多大。如果翻译做得好，受屈者经过有力的申辩可以免除处罚，就是确有错，由于申辩得力也可望得到公平裁判或减轻处罚。反之，只好由着判者的意志，觉得判过了头也无可奈何。翻译帮助工人代看家信代写回信，这是翻译的职责之一，且不可拒绝。翻译与华工生活在同一个营地内，一样承受战争的危险。

> 一个华工营初抵比利时，被派驻在波普林格（Poperinge）附近。夜半全在酣睡，突被汽笛声惊醒，天空中传来嗡嗡的轰鸣声，隐约可辨好几架飞机在波普林格上空盘绕，地面上英军的侦敌电光一束束在夜空中划动，高射炮连珠似的轰击，但均未击中。华工们蜂拥而出，混乱中都想逃去营门外躲避，可营地被坚固的铁丝网围着，唯一的大铁门紧闭而无法打开，大家呼叫着要翻译设法找钥匙。可翻译也不知管钥匙的士兵在哪里。这时飞机投下的炸弹爆炸声震耳欲聋，地面为之颤动。大家惊惧万分，只能四散回逃，在恐怖中听天由命。敌机既去，众人极倦，复又入棚屋倒头睡觉。下半夜敌机再次来袭，大家又是一阵慌乱，奔到屋外尽量伏地躲藏，所幸炸弹未落营内。直到清晨东方发白，才平静下来。身处这般险境，翻译除了与工人一样的恐惧，内心似乎还生出另一种愧疚，又充满着无奈。

有的翻译业务水平高，虽身在英辖华工营工作，还懂法语，可协助营团英人指挥官与法方交涉。一位在努瓦耶勒华工总驻所工作的冯姓翻译就是一个例子，他是上海人，在国内就通英、法两门外语，应聘到西欧战地工作，自然比一般翻译得心应手。

自有华工到法国后，潜逃现象时有发生。潜逃者大部分为工人，但也有极少数翻译。翻译虽受过教育，照例有敬业与敷衍的不同类型。有的翻译面对挑战和凶险，采取逃避走极端的办法，选择潜逃。1918年7月6日，英招翻译夏勷臣（工号7082）与华工吴梓祥（工号13846）、梁守一（工号55666）三人结伙潜逃。在外溜了几天被抓获送到法国警察局，涉事者是英国招募来的人，最终还需交由英国军队去处理。法国警方登记了他们的工号，通知英方来带人。他们被送至英军驻巴黎的A. P. M. C. P.，一个类似军人收容所的机关。夏居然编了个理由向收容所借款，得手后再度伺机逃匿，这事令英使馆颇为恼火，甚至照会中国方面派人协助调查。中方派出一人，即周永治上尉，到法国会同英军驻巴黎机关详细调查，忙了好一阵子，仍无结果。翻译夏勷臣从此再无下落。两名工人则被送回原工团，自然少不了挨一顿严厉的惩罚。[①]

还有的翻译，因与营队里的某人结了梁子而遭到报复，甚至身遭不测。人们在马赛警方保存下来的殖民地劳工中断合同的档案中发现了有关实例。1920年5月，一名华工在对其营队的翻译实施谋杀后逃离营地，这名受伤的翻译终因伤重不治而死亡。[②]

华工营缺少翻译的情况相当严重，致使华工营队的上下沟通阻塞，运转不畅。鲁昂驻有一个法辖华工营，500名华工，仅有2名翻译，后来这个华工团增加到上千人，翻译增加到4名。华工执行任务分布在10公里长的地段上，可还是仅派出两名翻译在现场承担他们的沟通作用，管带华工营的法国军人数量也不足，也使有出逃倾向的华工容易觅伺机会。被军事法庭判刑送进普瓦西（Poissy）监狱的华工中，有一部分就是来自鲁昂华工营，虽然，犯罪的主因是不良分子的素质使然，但缺少翻译无疑也是使有犯事心态者有机可乘的一个外

---

① 《国务院侨工事务局调查在法华工情形书》，第282页，威海市档案馆藏。

② Archives départementales des Bouches-du-Rhône. Cote: AD BDR, 4M 939, Marseille.（罗讷–河口省档案，“1920年搜寻殖民地劳工与中国劳工中断合同体貌特征卡”）

在因素。

英法两方发现翻译数量不足，感到很多翻译的业务水平较低，无法及时传译管理层的意思。事实上，英法方在华开始招募时对翻译数量的要求估计不足，使用翻译更是赶鸭子上架。那时代中国无像样的翻译学校，英、法方事前没有举办翻译培训班，报名做翻译的一经录取就要与华工一起启程，到了西欧，进入战地或后方的服务环节，只有在实践中靠自己边学边干，基础好的，工作学习勤奋者，进步就快，相反，就只能勉为其难了。

英方曾想多招在华的传教士充任翻译，这部分人懂中文，在华工营承担翻译最令英方称心。但由于传教士翻译的待遇得不到提高，或是出于其他方面的原因，后期英国的教会团禁止在华传教士离开原来的传教岗位去为英军服务。英军设想增加传教士翻译的计划也就搁浅。

法方对缺乏好的翻译导致的不良后果同样有所认识。1917年间，法方决定在北京开办翻译培训班，招了120名男生学习法语，打算强化培训一段时间后充实到法辖华工营队任翻译。可是到1918年2月，法国停招华工，当局没把这个消息告诉这批培训生，仍让他们继续学习，他们学期结束，不见启程赴法的丝毫动静，生出疑窦时，才被告知计划已取消。这下犹如一块石头投进一个平静的池塘，不满之情在这批学生中轰然爆发，后来有些学生参加了正在兴起的赴法勤工俭学运动。

华人翻译合同至1918年10月已期满，有的愿留下继续工作，有的要求回国。前者与法政府续订合同，后者按原合同由法政府送归中国，这都无甚问题。另一类情况显得特殊，有些翻译期满后，既不续约又不回国，向法政府呈请取消其将来返中国时由法方负责旅费的权利，一面自寻机会找厂主订合同，条款其实与前合同无异，仅要求提高薪水。从法律层面上看，主客双方自愿，第三方不能干预。但从涉外管理、国体、侨工保护诸角度考量，中国侨工事务局认为利少害多，譬如翻译将来不能履行自订的合约，必然发生与厂方的冲突。有的翻译不知节俭，多得薪金后更加浪吃浪用，到头来无钱为生，流落异域，又不能得到法政府给以回国川资之助，那就必然会累及中国使馆并有碍国体等等，因此当时就提出应注意这种动向，并设法加以牵制。

有位年轻的英募翻译名顾杏卿，随华工团在比利时工作，回国后写成了《欧战工作回忆录》，1937年由商务印书馆出版。作为亲历者，他的回忆给我们留下了宝贵的第一手资料。令人遗憾的是华工营队翻译达数百人之多，至今能见到的出自中国人翻译的日记或文章寥若晨星，否则后人一定能透过这些至少懂得两种文字的译员留下的记载，多侧面地了解一战华工的史实。

第四节　华工营里的工头

法、英两国在华招募为欧战服务的工人，虽然做法各显神通，但有一个共同点，都不想让中国官方派代表进入华工队伍。为了解决语言沟通问题，需要招聘翻译，为了带领工人干活，必须招一批中国人当工头。法、英在华招工时便同步招募三种人：工人，翻译，工头。要让华工营队有效运转，三种人缺一不可。

法辖华工营队，每25人为一班，由一名工头管领。在委派工头这一点上，英国人比法国人更注重军事化和等级。英国人在威海、青岛两地录取华工后，将工人编为15人一班，自选其中一人为班头；临时性的排、连、营的负责人也是中国人，由英国人指定。工人们称班长、排长、连长、营长为“一道、二道、三道、四道”，其右衣袖上缝上布条以示区分。到了西欧后，重新编队，派了英国军官或军士任排、连、营正职，华工称其“英国二道、三道、四道”，道的标记缝在军装左袖上。中国工头则分成班头、总头、监工三个等级。英、法在工作任务较复杂的时候，也向某些华工营团派去本国的工头。法国人把管工地的工头称作“工地长”。在有中外工头的华工营里，中国工头必须服从外国工头的支配。

法国每招一批工人，同时预算应招多少名工头。一名工头管24名普通力工，如果是管工匠的工头，因工匠工艺技术的独立性大，工头照看的人数几乎翻倍。如1916年8月已着手在上海招工匠，陶履德向驻沪领事馆要求，第一批600名工匠（钳工、镟工、铜铁冷作工、铁匠）需配12名工头。

驻沪法领馆向其外交部请示电报中列出给予工头的工资待遇主要如下：工头实际工作1日10小时得毛工资8.25法郎（机匠为5.50法郎）；休息日与节假日偿金1.25法郎/日；平时加班工头可获1法郎/时（机匠加班费75生丁/时）；逢休息日或节日雇主要求加班10小时，除本人日工资，工头再加3法郎即毛工资11.25法郎/日，机匠加2法郎则7.5法郎/天。工作时间、领工资的方式、医疗免费等规定都与惠民公司与法方签的工人合同条款相同。外交部批复后，实际签的合同条款为“每日工作10小时外，倘有肯加工者，则每小时应得一天之工值十分之一”。[①]这样工头若加班3小时，加上当日工资可得10.73法郎；工匠加班3小时，则共得7.15法郎。

上面是法招工头的待遇，显而易见，当工头的好处首先是收入高。英辖工头拿“职务津贴”。普通工人日工资1法郎，英辖班头每日可得1法郎加职务津贴25生丁。第二个等级总头每日基本工资1法郎外多得50生丁，他的职责是管四个班。监工（俗称大工头）每日收入为普通工人的2倍即2法郎一天。不过，对监工要求也更高，必须懂英语，手下管四个总头。

法辖班头从中国启程赴法途中，如能带好他的一个班，抵法上岸时，他可领到10法郎的酬金。到目的地开始工作后，每带领一名工人做一天工，可领法币2生丁半的酬金（注：100生丁合1法郎）。若班头带足全班24人工作一

① Télégramme de Naggiar, le 19 août 1916, E-110-2, Cote: 32CPCOM/41, Centre des Archives diplomatiques de la Courneuve, Paris.（法国外交档案中心档案，《在上海招募工匠的合同条件与待遇预算》）另可参照本书附录三“法募机匠与工头之合同及佣工章程”第三、第六节。

日，可得60生丁，是英辖班头包价式带工费25生丁的2倍多。[①]

仅以英辖华工营估计，若按标准化配置，一个华工营500人，除去十七八名英方军官军士，尚有480名左右的中国人。往少里算，一个营需要大小工头25至30名，实际情况参差不齐。整个英募中国劳工团在法国、比利时有十几万华工，华人工头阶层约占总数百分之五，则有五六千人之多，加上法辖华工营的工头人数，这个工头群体不能不成为一战华工史研究中不容忽略的一个阶层。

什么样的人能当工头呢？首先得懂活计，懂干活的门道，方能压住阵脚。法方比较讲礼数，高层管理的文件中称他们为“班组长”“领班”，这词儿也明白地告诉人们，他得熟识业务，能组织指挥工人们干活。其次，须具备管人的经验，让手下的人听话才能齐心协力地完成各种任务。做工头还需具备一定的协调能力，与上面的英、法管理者说得上话，与其他班组的工头处好关系，因此，通常能说会道、眼观四路者容易当上工头。

工头的职责是替雇佣方管理华工，替外国人管中国人，内容兼有工作与生活两方面，譬如登船启程，工头必须带领好手下的工人依序入舱，每天出工，工头须带领工人完成任务。工头应该排解工人之间的纠纷，向营队指挥官报告工人违纪情况。工头阶层处在外国人与中国工人中间，因为语言上的劣势，他还得听翻译的解释，形成了一种与工人与翻译均不同的身份特殊性。工头绝不敢领着工人跟法、英当局闹。但若完全站在外国人立场上，不把同胞当人，最终也可能引火烧身。人们平时的惯性思维认为工头坏的多。的确，工头盘剥工人的现象不管在中国还是在外国，都相当普遍。不过，我们也应承认，工头既是大生产体系所需的一个社会阶层，也是人们谋生的一个行当，如同其他职业一样，从业者也有优劣之分。

原籍河北盐山县的赵山林，年少从军，后成为南洋陆军某师某连连长，

① 工头分级别在英辖华工营里很明确，这跟英国社会里强烈的等级观念是一脉相承的。在法辖华工营则没有那么强调。

驻守沪宁铁路沿线，他会说一点英语，执勤日子一长，与沪宁铁路上的英人稽查员混熟了。英国人在上海与长江中下游地区招工人赴西欧，赵山林经铁路上英人稽查员介绍，进华工营当了工头，到法国重新编队时获晋升一级，成为英辖第86营的监工，是中国工头中最高的一级。他随86营赴驻加来市一带。华工干的是重活，常因吃不饱闹事，一个面包还要三四个人分着吃，赵山林去向英国人交涉要求增加伙食量，未果。他就利用身份之便去联系其他华工营，请那些食物较充足的伙房偷着送些面包过来，由自己营的伙夫偷偷地接应，他明知英国人的纪律不允许这样做但仍敢为之。大伙儿悄悄匀着吃，补充餐顿之不足，活还照干且不发牢骚，英国人看到华工不闹事了，认为工头们管得好。[①]工头擅长运作，做得多方满意，是很有才具的类型。相反，有些坏工头只知媚上欺下，结果物极必反，下场可悲。

英辖华工第87营监工崔元标，能说一口流利的英语，他完全与英国人一个鼻孔出气。对工人总是冷漠地端着监工架子，不关心工人疾苦，对犯错的工人毫不留情，动辄拉来审讯、罚款甚至鞭笞，华工对他又恨又惧，只是不敢当面顶撞，日复一日积怨结仇。某日清晨，崔监工没按时起床，英国人来到他睡的帐篷里察看，发现他死在床上。英国人叫来医生检查，系被锤子砸死。英人怀疑这是一起谋财凶杀案，但又奇怪崔某身边的钱没被掠走。87营指挥官遂派86营监工赵山林等几位大小工头协助英国人一起侦查此案，他们在87营和44营、42营等四五个临近的华工营走访调查，未获有用线索，反而在每处听到异口同声的谴责声说“这个崔元标活该！”[②]英方分析崔氏民愤积久，是中国人太恨他了。既然找不到凶手，也就作罢不再追查，另调来一名监工取代其职位了事。

---

① 素材源自叶星球、江敬世：《法国一战老华工纪实》，巴黎太平洋通出版社2010年版，第105页。

② 叶星球、江敬世：《法国一战老华工纪实》，巴黎太平洋通出版社2010年版，第106页。

英辖华工第13营，大队长冉振海帮着英国人工头欺侮中国人。所谓大队长，是中国人的叫法，实际就是英军方设置的“监工”即大工头。一名华工使用了英国人的厕所，让英国工头撞见，罚他立正五分钟，理由是英人厕所禁止苦力进入。这本是很侮辱人的事，所谓规定带有强烈的种族歧视。中国大工头得说几句息事宁人的话才能服人，冉某却站在英国工头一边说事。英国工头因此更张狂放出狠话：违犯规定，轻则罚站，重则禁闭，罚劳役，两次不改，就送英雄营。他叫翻译向大家当众宣布。“英雄营”就是专门的惩戒营。华工听后心中十分气愤。平时饭吃不饱华工们意见就很大。一日华工干完上午的活返回营房，只见铁丝网外站着一排手持步枪的英国兵，不知发生何事。进营房后走近棚屋，看见昨日刚从医院回来的一名工人正在被凶神恶煞般的冉监工殴打，已经打得身上青一块紫一块，口里还呵斥“叫你造谣！”大家见状，一下子怒火中烧，不知谁喊了一声“大家打！”人们一拥而上把冉振海拖到空旷地，拳打脚踢，有人捡过刚才他打人的棍子，在他身上乱揍。大家一边打一边高声列举他的罪行。冉某在一顿暴打之下，只得央求众人饶命，伏在地上磕头，保证永不再犯。英国人听到动静，窥这架势，都不敢或不想露面。直到吃饭时才有两三个英国工头一声不吭地把冉振海和那位被他打的工人扶去医院。华工饭后开始罢工，要求立即撤兵，还提出不加食粮不上工。这时营长赶来说前线有紧急任务，司令部同意了华工的条件，这样第13营华工马上出工，还按时完成了任务。华工做得有理有节，教训了坏工头，冲击了英人的管理观念。[①]

工头们因职业特点成为华工营团里的一个阶层，他们注重跟管理层搞好关系发展友谊。1919年的中国农历春节，在努瓦耶勒华工总集所第8华工团工作的一名苏格兰轻步兵中尉约翰·莫里森收到一张精致的丝织贺卡，上绣

① 素材来源同上，第121—124页。

"勿忘我"三个中文字与一只衔花小鸟，卡上用英文写着"敬请莫里森先生接受我们最美好的新年祝愿——监工与众工头谨上"。莫里森为人温厚，辖下的华工们称他"莫大人"。中国老百姓过去见到当官的就叫大人。莫里森看到华工是真心实意，心里很高兴，回英国时将此贺卡带回家里。英军方准许军官家属来法探视之后，莫里森的女儿，七八岁的吉布随母亲来到努瓦耶勒探亲，小女孩见到过华工并留下印象，2002年当她90岁高龄时，家中还珍藏着父亲留下的那张贺卡。①

法国军方雇佣工头，如同对翻译一样，也规定了具体的要求。法方严禁华工赌钱，因为赌徒、撒谎者、偷盗者有害于华工营队的良好纪律，工头如隐瞒不报，必须追究其责任。法方要求在营队食堂、宿舍区、车间竖立中文牌子，写明工头、领班、工地长，除工资外还有职务补贴，因此工人什么都不亏欠他们。上方要求营队指挥官，必须审慎地监督手下的工头，以确信他们不滥用职权向其同胞勒索金钱。②

第五节　华工的娱乐活动

华工在为法国的工矿企业和协约国军队提供劳力服务的几年中，工作之余的娱乐消遣是他们在西欧异国他乡生活内容的一个部分。

华工中不乏各种艺术或体育人才，有会弹奏乐器的，有会唱戏的，有会

① Brian C. Fawcett, *le CLC vue par une petite fille*; *lettres de Mme C.M. GIBB*, 80 *ans plus tard*, figurant dans *Les travailleurs chinois en France dans la Première Guerre mondiale, sous la direction de Li Ma*, Paris: CNRS Editions, 2012.

② Général P. Famin, Directeur des Troupes Coloniales, L'instruction relative de la main d'oeuvre chinoise, 1916.摘自战争部殖民地军队司司长法曼将军下达的"有关中国劳动力的指示"。法国夏朗德滨海省档案馆藏。

说书的，有的会打拳玩武术，有的会骑马。平时中国乡村小镇中流行的各种娱乐滋养了中国底层民众，农闲季节或逢年过节或红白喜事，锣鼓唢呐的气氛烘托既是一种风俗习惯，说书弹唱也是人们的一种文化享受。报名当华工，有此特长的人在登船启程时不忘带上自己心爱的乐器。在漫漫海途中，他们就在拥挤的舱内拉起二胡，吹响短笛，抒发乡思，打发时间，随着乐声憧憬朦胧的未来。到了工作地点，最初的适应期过后，他们又拿出携来的乐器，在工余自娱自乐。有的华工被派赴某地需要乘坐火车，他们在火车厢里拉起二胡，被法国摄影师抓拍到，留在档案里让今人还能一见华工轻松快乐的时刻。

到了中国的农历春节，中国人的思乡情尤其浓郁，英、法方同意华工营队组织庆祝活动。华工们以极大的热情准备节目，是日表演时，除西方官兵外，驻地周围的居民扶老携幼，成群结队前来观看。他们从未见过来自地球东方的“天朝人”的表演，平时偶见他们，完全是苦力干活的情景，想不到他们竟如此富有才情。英辖华工在努瓦耶勒村庄里庆祝中国农历春节的照片，给了我们巨大的想象空间，村子里一个空旷处已是人山人海，场中央正在表演中国民间喜闻乐见的“荡湖船”，演员男扮女装，穿着花衣服，呈划船状。[①]荡湖船由女人掌舵，她站在布围的船形架子内，一边唱着民间小调，一边以舞蹈动作划船状。演员边唱边表演，神态滑稽，十分逗人。荡湖船还有卷梢船、渔婆船、彩灯船等表演种类，都是我国民间一代代的艺人们，在人们日常劳动中汲取灵感，将那些生产活动予以艺术化而流传于中国的广阔大地上，尤其在水乡更为根深叶茂。

法辖华工营队同样在中国的传统节日让华工展现他们的娱乐天赋。屯驻马赛的一个不过二百多人的华工队，在国庆纪念日，决定演二黄梆子。同胞工友们兴高采烈地分头准备，不到十天，一应道具服饰行头全都备妥。华工青

① 努瓦耶勒华工总集所（le camp de travailleurs chinois à Noyelles-sur-Mer）的华工庆祝中国农历春节，地点选在努瓦耶勒村子里一个空旷处。

年会的干事帮助搭戏台、贴对子、排座位，后台的事全由华工自己打理，不用别人操心。国庆节那日，台上悬灯结彩，跟中国戏园子的戏台没多大差别，观众席上坐满，没位的站后面，前面几排坐着华工营的法国总办与其他军官等当地有头有脸的人。开场锣鼓一响，接着二黄梆子的音乐开始，各样音乐都合拍调，各种身着戏剧服装的角色上台，一出一出地演唱起来。[①]台下的中国人看得如痴如醉，外国人却惊奇惊叹，这些平时被我等西方人瞧不起的中国苦力竟如此有才艺！他们不由得从心里承认中华文明的古老悠久。

法辖华工营团还举行骑骡比赛。一战中协约国军队大量使用骡子，它力比马大，会骑马的华工报名参赛，他们骑的都是光背骡，没有鞍子，然后进行奔跑比赛，或者让骡子跳过障碍物。场子周围观众云集，华工营团的指挥官们坐在观众席中央前面，士兵成方排在后，参赛华工们英姿勃发，显示出中国人的雄健与灵巧。接下来还有很抓眼球的摔跤比赛，每对选手上场先拱拳作揖向观众席施礼，然后相互博弈，将一人摔倒在地为止。还有华工踢足球比赛，虽然初次接触这项运动，但华工们踢得很卖力。[②]

逢节庆表演，扭秧歌、踩高跷都是使观众开怀的节目。平时仪表粗犷的华工，这会儿变成了身穿花花绿绿表演服装、脸上涂妆的俊男俏女，扭起了秧歌表达丰收的喜悦或节日的欢乐，勾起人们渴望战争结束的思绪。高跷演员们双脚各踩一根安有脚踏装置的木棍，那棍儿至少一米多高，木棍就是双腿的延长，长腿人在场子上边走边表演，自由的双手做出各种动作，配着鼓乐还可唱出民歌小调。踩高跷是我国流传很广的一种民间娱乐，上溯到公元4世纪下半叶至6世纪上半叶的北魏时期，其百戏中已有“长跷伎”，千百年流传不断，演变成老百姓喜闻乐见且容易亲身体验的形式。凡富有生命力的艺术形式必然

---

① 傅葆琛：《华工教育的追忆》，1931年，源自《晏阳初全集》第一卷（1919—1936）之附录，天津教育出版社2013年版。上海图书馆藏。

② Fête dans un cantonnement de travailleurs，1918. Cote：14.18 B 260. ECPAD.（法国防影像档案中心无声纪录片《华工驻地内的节日》）

心灵手巧的华工在捡到的炮弹筒上雕刻花卉、龙凤、仕女等民族传统图案，偷偷出售给当地居民或外来游客，颇有销路。上图实为一枚弹筒，系多角度拍摄排列。来源：Collection privée James Brazier, Angleterre, fourni par Dominiek Dendooven

永远扎根于民间。赴西欧的华工中有一些人擅长踩高跷，他们自己身在异国他乡，通过表演，回想起在故国家园的热闹气氛，同时让法国、比利时民众大开眼界，无限好奇地瞪大双眼，为之兴奋，为之赞叹。

从未去过东方的法国人、比利时人有幸见到中国武术，是从一战中来到他们土地上的华工开始。当然能有机会见到者，也只是在华工营附近的居民。华工中那些会武术者，在家乡常习武，来到西欧后，条件许可情况下也会夜间或黎明前练上几套拳脚。有英国拳手瞧不上中国人，认为你们“东亚病夫”不堪一击，曾摆起擂台叫板，华工中会武术的吃不下这口气，跳上台与之较量。别看白人拳手人高马大，中国人个子小，却精干灵活，几个回合下来，猛地击中洋人要害将他打趴下，全场喝彩！英国军士们不得不对平时被他们管束的华工刮目相看，从此留意，自己管带的华工队里有否擅长武术者，有则需小心应对，免得吃亏。在节庆活动时的武术表演，更令观看的西人居民惊奇赞叹。他们想不到东方的中国人竟如此刚强有力，弹跳自如，攻似猛虎下山，守如坚盾挡箭，令人眼花缭乱。眼前的勇士健儿与他们脑子里的东亚病夫怎么也联系不上啊！

华工的消遣虽受战时环境与规定的限制，但只要有可能，他们还是乐于想办法。譬如，有人在国内喜欢养鸟，到了西欧战地，工余时间就设法买来鸟笼，饲养百灵鸟，乌鸫、山雀、鹦鹉等会鸣唱或学舌的鸟儿，若饲养了鸣叫悦耳的小鸟，不仅主人很享受满足，给一个班队的伙伴们也增加乐趣。在比利时的一个华工营，当地居民看到有个华工工余时喜欢一个人躺草地上，嘴里吹出美妙的口哨，一些鸟儿闻声飞到他近处的树上，啁啾婉转地与他的口哨音互动，这一情景传开后，村民们常以好奇的目光投向华工们，觉得他们之中不知谁还身怀什么绝技。

1919年夏初，英国欧陆远征军的英国军官获准让家属来探亲，努瓦耶勒华工总集所的莫里森中尉也让妻子带着7岁的女儿小吉布从苏格兰的格拉斯哥来努瓦耶勒度暑假，80年后，已成耄耋老妪的吉布夫人，还记得她儿时在父亲那里度假时经常看到中国工人拎着一只硕大的金黄色鸟笼从前面的路上走过。此例显示，在常驻上万华工的努瓦耶勒华工总集所，饲鸟消遣的华工恐怕不是一个两个，既然英方管理者不禁止这种工余活动，在业余生活枯燥单调的华工营里，笼中小鸟带给人们的愉悦就颇受欢迎了。①

来到华工营队的基督教青年会的干事们都是接受了西方高等教育的年轻人，他们积极地把体育活动与健康的娱乐形式带进了华工队伍，在开展体育锻炼和以娱乐调剂生活时给予技术指导，给华工群体注入了朝气。

有些华工自己制作娱乐器具，譬如纸球，将一团纸用细绳层层缠紧，直缠至网球那么大就可用了。下班后，趁着黄昏天色未暗，多人围成一圈踢纸球玩，纸球被踢来踢去不着地，踢时还可以做出漂亮的动作。有的华工能玩棒球，还

① Brian C. Fawcett, *Le CLC vue par une petite fille*: *Lette de Mme C.M. GIBB*, 80 *ans plus tard*. 出处同前面多次出现的注。

有的练习拳击，练摔跤，踩高跷，打乒乓球、排球、篮球，踢足球，下象棋、跳棋，还有一种带图片的谜棋。读者需明白，这当然不是在一个华工驻地就有那么多的娱乐种类。娱乐器具不够，基督教青年会呼吁其在中国的同类机构支持。基督教上海青年会给西线华工捐赠了一千支笛子，两千枚毽子，一千个风筝以及其他许多东西包括一批唱片，因为他们听说有些华工喜欢听戏剧。[①]

邮来许多毽子确是一个好主意，昔日国内青少年踢毽子很普遍，这个活动并不需要多大的场地，根据腿脚的动作，可以踢出许多花样，如“单踢”“一侧拐”“左右双拐”“跪式”“踏式”等，华工年轻，工余几人一起玩玩毽子，既为娱乐也是锻炼。上海寄风筝给华工显然是不了解身在西欧战地的华工境况，华工过着准军事式的生活，军方断然不可能准许他们自由地去野外放风筝。

当华工们根据各自的爱好，在工余时间投身于丰富多彩的各色娱乐或体育竞技活动时，华工营盘内很自然地洋溢出健康文明向上的热烈氛围，华工的精神面貌为之一振，连一些华工营队的法、英管理军官们也受到了感染。

第六节　华工的觉醒

一战中华工来到欧洲为协约国效力，是他们历经磨难的人生体验，也是他们逐渐打开视野的过程。时代的冲击与亲身的经历，使他们的思想出现了新的变化，他们中有许多人表现出良好的意识觉醒，除了传统的价值观，脑子里开始装进国家的命运和个人与祖国的关系这类以往根本不会考虑的问题。

他们过去只看到自己与家庭，而今，他们能想到国家和同胞。在国外生活，

① 陈三井：《华工与欧战》，岳麓书社2013年版，第122页。

更懂得祖国的重要，这一点时至今日，在绝大多数海外华侨心目中依然如此。

1917年京畿一带闹水灾，灾情严重，百姓凄惨。驻法侨工委员李骏前往华工营驻地，向华工们介绍灾情，劝励华工募捐救助国内受灾同胞。广大华工热烈回应，争先恐后地解囊相助，汇成数额不菲的赈灾善款，捧出关心同胞的一腔热情。

现将民国六年十二月至民国七年七月（1917年12月—1918年7月）驻法侨工委员收到并转寄国内救灾机构的捐款列表以资纪念。①

表22　　华工捐款明细

序号	华工工作单位	地名或厂名的法文名称（经作者破译）	华工捐款人数（人）	捐款金额合计（法郎）
1	克里梭炮工厂华工第1次捐	Creusot	不详	557
2	修冷飞艇制造厂	Soulaines	56	1643.85
3	翁日火药厂	Vonges	不详	2070
4	马心维工厂 3306号华工		1	100
5	巨赛钢铁厂	Cusset	47	100
6	六山桥钢铁厂		46	180
7	克里芒飞机制造厂	Clermont	不详	881
8	三马落船厂	Saint-Malo	55	446.6
9	拉腥造船厂		61	250
10	魏建章巴三司火药厂3286号华工		1	5
11	不朗必庸火炮厂		33	100.25
12	利威工厂	Livet-et-Gavet	53	260
13	巴煤气工厂	Paris	不详	193

①《国务院侨工事务局调查在法华工情形书》第三次披露，1918年12月10日，“（十三）华工捐助祖国灾赈之踊跃”，第215—216页。第五次披露，1919年4月，“（三）华工捐款”，第279页。

（续表）

序号	华工工作单位	地名或厂名的法文名称（经作者破译）	华工捐款人数（人）	捐款金额合计（法郎）
14	格拉威造船厂	Granville	45	245
15	都尔军事建筑所	Tours	163	454.65
16	三讲半化学品制造厂	Saint-Gobain	21	100
17	白米司特造船厂	Brest	41	204
18	沙特劳枪炮厂	Chatellerault	283	1853
19	飞眠工厂	fumelle	36	113
20	山峰火药厂	Saint-Fons	24	350
21	圣路易火药厂	Saint-Louis	125	536.80
22	波尔铎河运公司	Bordeaux	152	355
23	格朗古聋钢铁厂	Grande-Couronne	107	330
24	阿朗松工程局	Alençon	189	688
26	安非铁工厂	Amphy	91	360
27	巴黎银行存款利息	Paris		8.8
28	巴黎中法实业银行	Paris		191.80
29	克里梭炮工厂华工第2次捐	Creusot	216	539
30	三得尖工厂华工第1次捐	Saint-Etienne	120	507.05
31	三得尖工厂华工第2次捐	Saint-Etienne	85	537.05
32	三得尖工厂华工第3次捐	Saint-Etienne	1	10
33	山冈埠铁厂华工第1次捐		102	312
34	山冈埠铁厂华工第2次捐		130	128
35	山冈埠铁厂华工第3次捐		12	61
36	山峡马火药厂	Saint-Chamas	2	25
37	越南人由蒙别立医院寄来	Montpellier	1	7
总计			2409	14906.35

表中的地名厂名，由于当年中国人这么叫的，史料上就这么留下而没有注法文原名，当年还谈不上外译中的翻译规则，因此译出的名字有时也颇为怪诞，致使今日想搞清这批华工在哪个地方工作，成为一件难事。作者破译了一些，另一些尚不知所指，只能留待日后再说。

华工捐款赈灾的统计在1918年7月做完，向国内报告了，钱款也通过银行转回中国赈灾机构。可能有的华工在本营本队募捐时正轮到有工作没在场，回来一听说，表示也要捐一点，这样又出现了第二拨捐款的举动。这次的统计从1918年8月至10月16日，相当于接受各地的华工补捐，据驻法侨工委员李骏报称，第二拨的捐助赈款共计1324法郎。我们在史料中找不到第二拨参加捐助人数的记载，甚为遗憾。

京畿一带水灾，在法华工热心捐助，第一拨历时七个多月，第二拨历时两个半月。两拨共计捐助赈灾金16230.35法郎。民国前期曾三度出任北洋政府教育总长的傅增湘先生，为赴海外打工的中国人编了一本《侨工须知》，他在此书上编的第二章“侨工应当不忘祖国”里写道：“诸君身在外国，本就是用力气挣钱，这钱的来路也就是甚为辛苦的了。况且所得工资，并非十分宽裕，凡是关于钱财的事，现在的国家并不愿强迫诸君帮忙的，却是民国六年的时候天津有了水灾，诸君远隔万里，一听此信都争先恐后，竭力捐输。据侨工事务局的调查报告，从民国六年十二月起，到七年七月为止，这八个月中间，诸君居然凑成一万六千二百三十多法郎的巨款寄回国来，作为拯济的费用。这件事情，全国的人没有不称赞佩服诸君的。这就是诸君现在不忘祖国的凭证。”①一战华工以自己辛劳所得，捐款救援万里之外的受灾同胞，得到了政府和祖国社会各界的高度好评。他们的一腔爱祖国爱同胞之情永留史册！

上表为第一拨捐款的记录，虽然有四次没有留下捐款人数的记录，但大

① 傅增湘：《侨工须知》，中华民国八年四月印发，第7页。上海图书馆藏。傅增湘为大收藏家、大学问家。民国前期曾三次出任北洋政府教育总长，首次于1917年12月上任。

部分的募捐单位都有捐钱的具体人数，光记录下来的人数就有2400多人，给后人保存了一些信息。

国无民不立，民无国不存，这个大道理，也许华工并不太明白，但当华工们知道北京设立了侨工事务局后，他们在欧洲有什么问题可以向侨工委员诉说，感到有国家在背后保护自己。个人与国家的距离拉近了，现在国内有难，自己在国外，心甘情愿要表达一份心意。捐助出于自愿，捐多捐少不论，各人情况不一，只要有助灾之心，捧出去的就是一团温暖。

作者细研这份史料时，不免生出些感触。我们须知，那时华工在法辛苦工作，每天净收入：普通工1法郎，泥工1.25法郎，木工铁工1.50法郎。那位工号为3306的华工，一人捐出100法郎！大而言之，赈助祖国同胞的灾民，他深明大义；从其个人性格层面来看，一定是位古道热肠的汉子，心热心善，富有强烈的同情心，更具超出常人的慷慨气度。再看在“克里梭炮厂（Creusot，宜译为勒克厄佐炮厂）工作的华工捐了2次，“三得尖”工厂（宜译为圣艾蒂安）华工捐了3次，“山冈埠”铁厂的华工了也捐了3次，他们的热情感动了彼时人，就是我们后世人读到他们的事迹时，也依然会感动。

华工的觉醒过程并不能一蹴而就，而是在欧洲的亲身经历、所见所闻与自身的体悟不断撞击中一点一点萌生积累的，当华工教育这把火炬照亮了他们的内心世界时，觉醒便产生了升华与加速。基督教青年会创办的《华工周报》起了很大的推进作用；它辟出专版刊登华工的来稿，也是一种互动措施。华工喜欢这份刊物，盼望每期杂志的到来，不少华工认为它卖得太便宜，希望它不要遇到财务困难，还主动捐款给它。

华工在工作与生活中渐渐明白了一些他们在国内不曾想过的道理，他们是中国人，在中国如同一粒沙子，别人看不到你，你也意识不到自己的作用。到了国外，外国人只说你是中国人，不说你是中国的张三李四，华工们开始意识到面子上虽然替人家做工，骨子里是在替祖国出力，感受到个人的名声若不好，自己国家的名誉也遭到污损。有一次，一个法国家庭丢失了500法郎，主人怀疑是附近工作的中国人偷了他的钱。华工们听说后感到如果让这种指控传开来，中国人的名誉将受到玷污，以后中国人在这些法国人面前没有一点面子。他们行动起来，大伙儿掏口袋凑足了500法郎送到这户失主手上，让翻译对他说，听说你丢了钱，数目不小，我们大家凑起来弥补你的损失。此举令失主大为感动。[①]自然这法国人要把此事告诉亲朋好友左邻右舍，华工的善举无疑给中国人争得了好名声。

还有一个十分感人的故事。驻在索姆省佩罗讷地区（Péronne，专区级的城市）的一个华工营，一些华工受基督教青年会的教育后，认识到赌博的危害性，自发地组织起了反赌团，全营416名华工，参加反赌团的超过100人，声势之盛令基督教青年会的干事们感到兴奋，连华工营的英国军官也感到惊讶。而发起成立反赌团的华工部魁义（Tai Kuiyi）既不是"一道""二道"，也没有什么文化，他就是从来不赌。为了表明他的反赌决心，也有感于国家的侨工事务局派人来调查华工情况，关心华工的境遇，他拿出自己两年来的全部积蓄550法郎，托付给参加巴黎和会的中国代表王正廷，请他带回去交予中国政府，捐给国内最需要的地方。[②]这种觉醒意识充分展示了华工的爱国心，既含有回应国家保护的感恩心情，也是他极度厌恶华工赌博现象的毅然宣示，真是难能可贵。

华工经过在西欧两三年的工作实践，虽然是受人雇佣，但已懂得自己的行动与祖国的荣誉休戚相关。1918年11月11日一战停火之后，驻比利时的英军举办一个国际大运动会以共同庆祝协约国胜利，在比利时的华工营队人数庞大，运动会主办者也邀请华工队参加。华工热烈响应，组织了12个队约6000人去参加国际运动会，当华工各队到达运动会场时，发现竖起的一排旗杆上协约国阵营其他国家的国旗迎风飘扬，唯独没有中国的国旗，华工们非常奇怪，告诉当时在场的译员夏奇峰和杨永经。夏杨两君前去诘问，运动会组织者觉得

① 《旅法华工之爱惜名誉》，《益世主日报》第335期第9版，天津天主教会出版。

② Report of Conference of Workers held at Peronne, 23-24 juillet 1919. 基督教青年会档案资料。

并无不妥，自然也不想纠正。华工获知交涉结果后非常愤怒，原来英人还是不把中国当成一战胜利者之一看待，就这么赤裸裸地侮辱中国的国家尊严。12支队伍一致决定立即退出运动会现场表示抗议，在场的许多西方人看到6000名中国人怒气冲冲却井然有序地撤出会场，都瞠目结舌不知所措。[①]12支华工队各自踅返回营，这是一次震动英军上下的事件，宣示了华工看重祖国尊严为国争气并且进退一致的团结精神。

中国参加协约国阵营成为一战的胜利者，理所当然地应收回战败方德意志帝国先前强占的胶州湾青岛以及在山东的一切权利。巴黎和会期间，日本逼迫中国代表团承认它从德国手里强占的山东诸特权，而主宰大会的美、英、法三国有放任日本之意。华工们闻之大为愤怒，他们以自己的能力与方式表达抗议，他们派出代表将一封书函送达出席巴黎和会的中国代表团团长陆徵祥（时任北京政府外交总长），并赠其一支手枪，书函云："苟签字承诺日本之要求，请即以此枪自裁，否则吾辈必置尔于死地……"[②]最终，陆徵祥的确没在巴黎和约上签字，当然，他受到的压力与制约来自多方面，国内政坛，急风暴雨的五四运动已演变成全国性的抗议浪潮，中国代表团内部也存在关于签不签字的激烈争论，但华工大义凛然的爱国热忱又带真格儿的威胁，无疑是一个令其不能不顾虑的因素。

华工觉醒在行动上的具体表现不胜枚举，上述的若干例子发生在大战中与大战后在西欧期间。合同结束后返回祖国家乡，不少华工不图私利愿意无偿助人，能把目光从小我转向社会，重视知识、喜爱技术等等的举动都令亲朋邻里以及周围的百姓刮目相看，感叹他们当初报名赴欧，真是去对了！囿于篇幅，不再赘述。我们完全可以认为，觉醒华工于精神面貌上的变化，以及国民意识初步形成，正是中国底层民众跨出国门奔赴欧战役地取得的一个硕果。

---

① 顾杏卿：《欧战工作回忆录》，商务印书馆中华民国二十六年版，第50页，上海图书馆藏。

② 顾杏卿：《欧战工作回忆录》，商务印书馆中华民国二十六年版，第51页，上海图书馆藏。

第七节　华工“滋事”考

西欧大战背景下的恶劣困苦的生存条件，连生于斯长于斯的西方人都无法忍受，华工来自地球东方，却必须置身于同样的危险境地，他们遭遇的心灵撞击和身体磨难不知要比西方人强烈多少。语言与种族的隔阂，杂有歧视的严苛惩罚、不公正的报酬待遇、侮辱人格的嘲笑谩骂，都可能引发华工的反抗。华工完全不懂得法国的法制和权力运作体系，不明白在法国应通过交涉谈判达到改善自身境况的目的，只以看似别无选择的手段即歇工、罢工、造反、逃散等方式进行抗争，其结果，轻则被罚扣工资、责打，或送禁闭室关押，严重的在对峙中遭枪杀。这类情况在法辖华工与英辖华工中均存在，而尤以后者为更严重，甚至发生因大量华工逃出华工营，英方兵士在围堵逼迫他们返回营地时用机枪扫射驱赶这种骇人听闻的事件。

当时，外国官方将这类事件归于罢工、骚动、反叛、哗变等性质。北洋政府官方将华工的这类行为统称为滋事。《国务院侨工事务局调查在法华工情形书》专门为此情况辟出一节名曰“华工在法滋事问题”。可见我们研究一战华工的历史，不能绕开这个问题。但细察各宗事件，并非总由单方面引起，因由多种，情况复杂。为简洁起见，本节标题借用滋事一词，加以引号，以表此意。作者经过挖掘梳理，现将法辖华工各“滋事”单位、性质与处理方式按日期顺序列于下表，以便研析。

此表尚不完整。作者给破译出的单位名称注出其法文名，并根据中国地名委员会编、商务印书馆2006年北京出版的《外国地名译名手册》重新译出中文名，如手册中未列入者，则按法译中的规则重译，以求规范化。有些单位名称尚未能破译，只好照录原史料。

表23　　法辖华工“滋事”一览表①

日期	事件发生单位或地点	破译出的法、中文名称	事件性质	处理结果
1916年11月8日	瓦赛路火药工厂	Oissel，瓦塞勒	华工全体扰乱	调停
1916年11月	冷内兵工厂		罢工	解散华工团
1916年11月13日	拜尔热拉克火药厂	Bergerac，贝尔热拉克	械斗	减少工团人数
1917年1月	山峰火药工厂	Saint-Fons，圣峰	滋事	调停
1917年1月	瓦赛路火药工厂	Oissel，瓦塞勒	罢工	调停
1917年4月13日	飞尔民泥及余牛钢铁工厂	Firminy，菲尔米尼	械斗	调停
1917年7月	山峰新火药工厂	Saint-Fons，圣峰	罢工	调停
1917年7月12日	山峰新火药工厂	Saint-Fons，圣峰	叛乱	解散华工团
1917年8月	阿勿利欧工厂		罢工	调停
1917年9月9日	登盖而克钢铁工厂	Dunkerque，敦刻尔克	罢工	调停
1917年9月	格朗古龙钢铁工厂	Grand-Couronne，大库罗讷	滋事	调停
1917年10月与12日	巨赛三桥钢铁工厂	Cusset，屈塞	扰乱	调停
1917年11月17日	格朗古龙钢铁工厂	Grand-Couronne，大库罗讷	罢工	调停
1917年11月19日	都龙船厂	Toulon，土伦	罢工	调停
1917年12月1日	禄布山钢铁厂		滋事	调停
1917年12月28日	巨赛三桥钢铁工厂	Cusset，屈塞	工人闹事	调停
1918年1月22日	鲁昂河运局	Rouen，鲁昂	械斗	华工团解散
1918年2月19日	白来司脱海运局	Brest，布雷斯特	叛乱	调停
1918年2月	山狭马火药工厂	St.-Chamas，圣-沙马	滋事	解散
1918年2月18日	沙兰工程局		滋事	调停

① 参阅《国务院侨工事务局调查在法华工情形书》第五次披露，1919年4月，“（九）华工在法滋事问题”，第282—284页，威海市档案馆藏。

（续表）

日期	事件发生单位或地点	破译出的法、中文名称	事件性质	处理结果
1918年2月21日	莫弓工程局		争斗	调停
1918年3月2日	禄布山钢铁厂		闹事	调停
1918年3月6日	安不来内军需局		闹事	调停
1918年3月28日	波尔巴河工所		罢工	调停
1918年3月30日	欢南兵工厂		械斗	调停
1918年4月13—20日	芒梭煤矿厂	Montceau-les-Mines，蒙索煤矿	罢工、叛乱	调停，善后
1918年4月28日	波蒙孟多铁厂	Beaumont-Monteux，博蒙蒙特铁厂	闹事	调停
1918年5月	沙而不利工程局		罢工	调停
1918年5月	昂古拉姆军需局	Angoulême，昂古莱姆	械斗	华工团解散
1918年5月18日	格拉畏而船厂	Grandville，格朗维尔	罢工	调解
1918年5月21日	鸦雷威船厂		罢工	调停

上表仅涉及法辖华工，英辖华工的资料当时是否认真统计，无从知道。表中显示“滋事”比较频繁，其形式表现为罢工、械斗、闹事等，起因多种多样。法方华工事务官员与中国驻法侨工委员及时赶赴现场进行疏解、沟通、调停，而不是不问情由的严厉镇压，应是比较妥善有效的办法。

1914年9月经过马恩河战役，紧接着是一场史称“赛跑奔大海”的角力，到11月7日形成最终定局，英、法联军守住了滨海布洛涅（Boulogne-sur-Mer）—加来（Calais）—敦刻尔克（Dukerque）一线，但里尔（Lille）及周边地区却落入德军手里。日后数以万计的华工将被派往上述法英控制区内，其大部分为英方招募，小部分的法招华工主要被分配在冶炼等重工业企业。进入该地区的华工命途多舛，在全部工作地域里这些地区可排于最为激荡危险之列。

1917年9月2日，星期日，德国飞机又来轰炸敦刻尔克目标，数枚炮弹直接坠落在一个法辖华工工团的住所近旁，该工团被派在敦刻尔克一家钢铁厂里工作。鉴于驻地危险，华工向工团总管即指挥官要求移居他处，但上面不予理会。于是3日星期一，全工团举行罢工，持续到午后时，华工并无激烈行为，秩序也还不错。工团指挥官洛尼松（Lonison）不是认真谋划妥善处理的办法，而是向敦刻尔克宪兵队打电话，要求派宪兵来厂。据华工陈述，9月4日清晨六时许，一组宪兵抵达厂门口，径直进到华工住所，手持棍杖驱逐华工去复工，洛尼松亦赶到现场，众华工见状，纷纷找棍棒砖头石块以自御，人多嘴杂群情激愤，渐与宪兵相向对峙。突然有宪兵拔出手枪朝华工发射，有人倒地淌血，华工怒而投掷砖块，现场大乱，有人冒险硬顶，有人奔逐。最终2名华工被子弹打中要害身亡，8名华工受伤，混乱中一名宪兵和洛尼松本人也受了伤。

次日，中国驻法侨工委员李骏偕法国北方华工事务稽查官德丰泰纳少校赶抵敦刻尔克钢铁厂和华工工团。群情沸腾的工人仍啸聚于驻地，李骏召集训话。他从法国此时极需军械，停工实不利前线战事，冲突滋事有伤法华两国人的感情切入，讲了一番道理，苦劝华工复工。随后李又去晤厂主，炼钢炉熄火，老板恼火。厂主拿出一份已列好的150个中国人名单，声言要予以辞退。李疑名单上均属厂方厌恶之工人，李告诉厂主，采取决绝办法会惹出其他华工团之纷议，可能引出激变，一旦爆发，尔厂遭受大损失也未可知。如有不良工人，宜好言相劝晓之以理，相信会有所革面，厂方亦可调整其工作岗位。所幸，厂主接受了忠告，工人方面听李劝说后颇有触动，6日虽然仍停工，但工人间相互争议讨论，立场与情绪已有所缓和。9月7日午后一时半，全体华工回厂复工如常。

随后的半个月中，李骏为此事件与殖民地劳工署署长博斯盖蒂进行了信函交涉。李表示“当此变乱之际，两造猜疑，互有戒心，交哄遂起，既无指挥，复不知两造谁为祸首”，他调查后不能断定惨遭击毙的两名华工是这次恶性冲突事件的领头者，也不能肯定他们完全无辜，现只能安抚惨遭毙命两人的家属，期望署长按合同所定发放家属抚恤金。博斯盖蒂回复称，本署须派人查明是否死者为9月4日冲突事件的滋事首脑，如确属误毙，可援引因工遇险事故者给予抚恤金。言下之意，如属前者情况就不给。

李称，难保其他同情的工团不效尤。为防患于未然，需回应华工的诉求。李举证在前线地区工作的法国铁路公司职工都领取特别津贴，在前线的法军官兵亦然。华工本无军事上的义务，现在以身冒险，为何华工身临危险而未获这类待遇？以至华工认为自己与内地华工处于不平等的地位。

李还提出，华工决意罢工，厂方即召军警直闯华工住所，诚不可取，当宜多方劝勉告诫，使华工重新工作。如果今后出现类似情况，只要贵方能及时通知我，本人愿效力火速赶往出事地点进行劝勉，以避事态扩大。

博斯盖蒂回复，同意向所在工厂常遭敌飞艇攻击的华工发放危险津贴，称敦刻尔克钢铁厂已采纳本署意见，自本年9月1日起凡在该厂之华工，每做工一日增加25生丁，每月底支付。

但博斯盖蒂辩解，受敌机惊恐不只限于前线地区，远离的地点亦有。华工所签合同的要旨是华工永不分担现在战争中之军事行动，并非说该工人不该用于被轰击之地点。所以派他们去敦刻尔克钢铁厂工作，我方并未违约。据我方调查，“尚有大多数工人甚愿工作，不敢前往工厂之因，恐受少数为首者之虐待，警察中皆年长更事，尚有镇静忍耐之力，并无激动之举。首先发难者谓来自若干为首之华人也”。法方调查的结果是宪警没有持棍杖。真是公说公的理，婆说婆的理，反正不肯承认自己错在先。他又强调，我国的军力首先要保护公共秩序及工作与产业之自由，华工初来多昧于此。当时工团指挥官叫来警察，实在是别无他法，亦无可指摘。①

敦刻尔克“九四”惨案，大概是法辖华工第一次与军警对峙并发生流血有人遭枪杀的事件，事出有因，罢工在先。有的文章称其为华工营“哗变”，作者以为不妥，似宜定性为一次恶性冲突。事后华工听了劝告，雇主接受忠告，

① 参阅《国务院侨工事务局调查在法华工情形书》第五次披露，1919年4月，“（九）华工在法滋事问题”，第282—287页，威海市档案馆藏。

事态得到平息。之后驻法侨工委员与法方殖民地劳工署署长的交涉，循着平和礼貌讲道理的轨道进行。华工通过一个由罢工而至流血死人的过程获得了与法国军民两方同样的前线地区危险津贴；厂方、华工营总办、上层管理机构亦通过这一事件意识到不可对华工的诉求漠然置之。我们透过这一冲突的过程，感受到当年中方侨工委员良善的护侨意识，也洞见法方高层官员处理此类事件时老道娴熟的手段。这一过程给出的启示也许还有，国人需要认真领会自己签的合同要旨，在西方国家应学会理性交涉。

上述事例的处理给出了一个启示，只要双方加强沟通，是可以朝着好的结局化解事态的，哪怕它已呈现出严重的程度。然而，遗憾的是，许多对抗与冲突因为缺少有效的沟通，而在事情突发的短暂时间里，外方掺杂着蔑视苦力，坚持唯铁腕才能驯服的统治者思维；中国人一方以仇恨心为思想基础，抱团意识强烈，受制于唯有强悍才不受欺的心理驱动等诸多因子，犹如几种分子的强化学反应一样，瞬间在特定时空下碰撞而至爆发，最后的结局往往造成流血与死人。

到法的华工数目庞大，良莠不齐，其中循良者为大多数，但不良分子亦不少，这是当时中国官方派员在法实地调查后得出的一个总体评价。那些不良分子，有的粗暴成性，有的蛮横不讲道理，将滋事争斗视为儿戏，动辄拔拳相见，还有的为人凶狠，谋财害命，种种劣质品类，给华工营队埋下了隐患与动荡的种子。被罚款、拘禁的事几乎日有所闻。有的极大风潮，往往只因一小小事故而生。如巴三斯火药厂、格朗维尔造船厂发生的罢工、械斗案件，在各地华工营队的滋事中为最烈，导致一人被判无期徒刑，三人被判20年有期徒刑。[①]

1916年11月，国立瓦塞勒火药厂（La poudrerie nationale d'Oissel）发生一次华工骚乱，他们是从天津招来的华工，而后1917年、1918年又多次发动罢

① 参阅《国务院侨工事务局调查在法华工情形书》第五次披露，1919年4月，“（九）华工在法滋事问题”，第282页，威海市档案馆藏。

工，有的演变为骚乱。1918年7月，在罗讷–圣路易火药厂（la poudrerie de St-Louis-du-Rhône）工作的184名华工中，74人参加罢工，原因是当局未发衣履补贴。1918年3月在昂布罗奈（Ambronay），同年4月在博蒙–蒙特（Beaumont-Monteux）的马赛大工程公司等，冲突事件接二连三。①1917年1月，在菲尔米尼（Firminy）爆发的一次对峙相当严重，最终导致9名华工以“反叛攻击武装宪警人员”的罪名被敦刻尔克轻罪法庭判处18个月至3年的徒刑。②

1918年6月，在54省皮埃尔—拉特艾什（Pierre-la-Treiche）的一个工地上，第52华工连爆发一起反叛事件。指挥这支华工连的中尉在事件发生后向上级写报告：我不能将由这批人所犯下的行为仅仅归结于他们对我们的仇恨。这些人是货真价实的暴乱者，他们是中国民众里的渣滓，却被招募来了。他们身体上全有昔日的老伤疤。事实上这些人都犯有前科，因为他们是被内地的工厂除名的。③华工是否比其他外国劳工或殖民地劳工更喜欢闹事？法国人也很难回答这个问题，因为战时法国使用的外劳太多了，20多万人，情况太复杂，无法得出一个结论。但不管怎样，法方认为中国人闹事够多，于是设立了六个惩戒连，将不服管束不守纪律的中国人送到这里，加强管教。第52华工连是其中之一。惩戒连一般都派往靠近前线地区。

> 1918年1月，在鲁昂市港区发生一起冲突，事情起因是这样的：当时人们正在装卸一箱箱货物，一名华工（工号11355）想躲在一节车厢里睡觉，被负责装卸的四名法军士兵发现，便派一人强迫他下来继续去工作。那名士兵拉扯他，不想大腿上反被踹了一脚。其他三个士兵一见同伴受侵

---

① SHD-DAT, 6 N 149. Paris Vincennes.（法国防史料处档案）

② Note au sujet des travailleurs coloniaux et des bataillons d'étapes. 16/01/1917. 94 AP 134. Archives nationales.

③ SHD-DAT, 19 N 1397.（法国防史料处档案）。“内地”是法国东部的人对法国中西部的叫法。

犯，赶紧过来帮他。队里十个中国人见状也急奔来救援他们的伙伴……最后大家还是散了。几分钟后，11355号操着一根粗木棍踅回，冲向一个正在工作的士兵劈头盖脸打下去，士兵一边叫唤同伴来救命，一边逃向海关警所躲避。本来事情到此可结束了，可是华工们却去邻近的一个华工队里搬援兵，一群人手持棍棒，冲向海关警所。这个动静太大，一些法国平民闻讯也手拿家什，奔过来加入混战，法国人帮法国人。情势紧急，警所内打出电话告急，很快一支全副武装的宪兵赶到，步枪对准了华工群，如不退下，就要开枪。华工们这时总算脑子清醒过来，这是在人家的天下！①

英辖华工营队的骚动更频繁，似乎每周都有所闻，英军所辖的华工营超过200个，遍布法国北部和比利时协约国军队的战区。然而，管理10多万华工的英赴欧陆远征军1921年前从未与自己国家驻北京公使馆，就西欧的华工事务进行有效和及时的沟通，华工的死亡人数也是到1921年才通知英国驻华公使馆。在此情况下，中国政府在大战中或战后第一时间，试图从英国官方获知其所辖华工的死伤人数或其他重要信息，只能是徒有空想。英军管理华工的总部机构力量单薄，由费尔法克斯中校负责全部华工事务，一名少校协助他，另配备了一些工作人员，但没有建立如法国战争部管理华工的上下机构设置。后来实在穷于应付，才从在华英军里调来7名少尉，均为中国通专家，帮助费尔法克斯中校处理棘手问题。②英军管理华工的架构缺失，上下沟通阻塞、不及时，以致发生冲突时，除了镇压，别无他策。

英国人特别强调纪律，如华工抗命，侮辱长官，轻者罚钱，重者受军法裁判。

---

① AN, F14-11331，鲁昂海运港华工队指挥官都雷少尉（sous-lieutenant Tourret）关于1918年1月21日14时30分在Jean Béthancourt码头爆发的华工与军人及平民之间的冲突事件的报告。

② *Draft telegram from British legation to Foreign Office, May* 23, 1921, NA, Kew, FO 228/2896.参阅徐国琦：《一战中的华工》，上海人民出版社2014年版，第111—112页。

驻在比利时维潘乌克（Wippenhoek）的第49华工队里，工号为24232的工人大概与管带军官海特莱中尉（Lieutenant Hadley）积怨甚深，这英国军官仅20多岁，生于中国，说一口中文。某日两人又起争执，这名华工一时性起，以手中铁铲击打海特莱。袭击长官，在英军中可以当场枪毙。英国军法裁判条例规定，如要求军法审理，须由出事单位长官先禀告其上校，提出审判要求，再由上校呈英军总部。总部派军中法官三人赴出事单位组成审判庭。审判之前，法官及证人须起立手持圣经宣誓，表示诚实不欺公正无私，然后再行裁判。结果这名华工被英军事法庭判处死刑。幸亏案件反映到英军总司令，获其特赦，减为五年徒刑强制劳役。[①]此事可能发生在1917年间，待五年服刑期满，英辖华工的遣返回国业已结束，这名华工后来命运如何，无人知道了。

英军为华工设立了一个特殊的惩罚性质的单位，名第93华工营。华工因犯罪被判刑，从服刑之日起被原华工营队除名。服刑期满后不准再回原单位，即被送往并注册于第93华工营，类似刑满释放安置，当然仍是军事管制，必须继续为英军提供劳役。[②]

两年前，法国西北部奥德瑞克镇（Audruicq）一位当地一战史研究者昂比斯先生（Jean Paul Empisse），将他收集到的被英军事法庭处决的一份华工名单复印给了作者。这名单来自一份英军方的报告，列出了11名被处决华工的姓名、工号、罪由、执行死刑日期及埋葬地点。他们均在法国西北地区工作，所列罪由，十人系谋杀，一人系逃逸。中国人嗜好赌博，极有可能由赌博失和及酗酒，引起打架或至谋财泄愤而杀人。执行死刑日期从1918年6月至1920年2

① 顾杏卿：《欧战工作回忆录》，商务印书馆1937年版，第27页。上海图书馆藏。

② *General routine orders, N°*166, July 21, 1918. NA, CANADA, RG 24/1833, G.A.Q.8−36.参阅徐国琦：《一战中的华工》，上海人民出版社2014年版，第122页。

月，其中1918年内有6人，1919年内2人，1920年2月有3人。[①]

为了争取正当的权益而“滋事”，与为了私利而“滋事”，有本质的区别。前者可探讨采取何种方式才能达到目的把事情办好。后者则应完全摒弃。出于私欲恶性膨胀，演化的结果终为法律所不容，无论在国内或在国外，到头来必受惩罚。

第八节　华工中的两大流弊

赌博和嫖娼两大恶习，一直是中国社会的痼习，进入20世纪后，国内各地依然普遍存在。华工来自社会之中，自然无法超然于外。来到西欧后，赌博和嫖娼也成为华工群体中的两大流弊。

赌博，似乎是人类共有的兴趣；赌钱，是败坏人类文明生活的顽疾。

华工赌博的方式有好几种，如玩纸牌，扔骰子，搓麻将牌，有的学会西方的塔罗牌等。

在赌嫖问题上，华工基本上可以分为三种类型，第一类不赌不嫖，珍惜辛苦劳动所得，或者顾念国内家人，或者自己想攒些钱回国后图发展，心理或生理上对此类消遣作乐没有兴趣，这一类型做人比较规矩，且意志相对坚定。第二类，好赌喜嫖，这些人本来就沾染上了此类不良习惯。现在，工余消遣的首选便是过一把赌瘾，或者想方设法找女人。这类人多是走到哪里，玩到哪里。第三类，原本在国内没有这类嗜好或基本不沾染，到了西欧，工余时间被置于营区内不得外出，缺乏别的合适他们的娱乐活动，本不能赌的，经不起诱

① 作者保存着这份名单，被处决者的姓名均为韦氏拼写法，即使译出亦无法准确，不过都有工号：10299，10272，53497，46090，454610（此人工号不知为何如此大数，可能另有原因），42476，5884，44735，16174，97170，44340。

惑，被人一怂恿，便就随波逐流。这类人性格游移不定，而且看到别人赢钱玩得开心，自己也跃跃欲试。

赌博的人，都是想赢不愿输，不过，有赢家就一定有输家。赢了钱，觉得这钱来得容易，花钱挥霍不心疼；输钱的，总想翻本，若赢到一次把本钱捞了回来，便觉得只要赢次大的就不怕输小的。就这样一来二去，赌胆越来越大，下赌注也越来越猛。可是没手气的人还是一而再再而三地输，越输越多，脑子也越来越失控。卖地典房，倾家荡产，随后成为穷光蛋，这样的例子古今常有。

英辖华工营队里，一开始英军官们不清楚华工们工余时间在做些什么，对他们来说，只要把中国苦力圈在铁丝网相围的营盘里就行了，因此没有阻止华工赌钱。可是日复一日，问题越来越严重，因赌博引起争吵、相打、斗殴的事件时有所闻。有些华工把辛苦挣来的钱输了个精光，有的因此绝望自杀，有的输红了眼就报复谋杀。参赌人数和频率都非同小可。到1919年英国人发现华工营的秩序和纪律越来越成问题，为此军方颁布一批新的条例，其中包括禁止赌博。然而，禁而不疏，污水仍会到处流动。

总体而言，法募华工中赌博没有像英辖华工那么严重，战争部第八司司长法曼将军在开始招工时就发布了关于使用中国劳动力的指示，在“纪律”一项里明确指出：“赌徒跟撒谎者或顺手牵羊的小偷对于我们的纪律是同样危险的。翻译和工头如发现而不向营队指挥官和雇主报告，应当承担责任。”①但事实上，赌博还是禁而不止。1919年11月《巴黎杂志》的一篇文章披露鲁昂附近的一个法辖华工营里，一些好赌的华工没有节制，动不动下大赌注，输光了便举债，有的欠钱不还，赖账，引起争吵打架。

法国东部翁日（Vonges）火药厂，曾有华工930名，赌博成风。自华工翻

① Le général P. Famin, Directeur des Troupes Coloniales, L’instruction relative à l’emploi de la main d’oeuvre chinoise. Chapitre Discipline, 1916. Les Archives départementales de la Charente-Maritime.（夏朗德滨海省档案馆藏）

译从1917年初夏开办义校后，情况出现变化，根据统计，7月份每100人中有50人参加赌博。工人进了补习班，开始识字懂道理，赌钱的人数急剧减少，8月底统计，参赌者每百人下降为2人，9月为1人，以后几个月均只有0.5%至0.7%的人赌钱。[①]工人的不良爱好向求知欲转移。这个了不起的变化印证了只禁止还不够，必须疏导有方。

一战后期法方在华工营队里设置了劳工巡警员（travailleur-policier du groupement）一职，物色厉害的华工担任。其本意是加强管束，因为营队的指挥官不懂中文，虽有翻译，管理上总隔着一层，工头们主要是在劳动中发挥作用，不能也不善于进行纪律检查，所以让劳工巡警在日常监管华工。劳工巡警规劝华工戒赌，有的听，有的不听，解决赌博引起的纠纷成了劳工巡警员的主要任务。糟糕的是，有的巡警员本身也好赌，其责效肯定大打折扣。品行不端的巡警员在赌博时还做手脚，甚至利用身份敲诈其他伙伴，别人惧怕其报复，只得忍气吞声。[②]

华工赌博名谓消遣，心理驱动力实为不肯放过赢一把钱的机会，赢了钱手头宽裕，日常开销变滋润，或者可寄更多的钱给家人。有一名英军官发现，他手下的一名华工身上带着1万法郎，都是赌博赚来的钱。[③]无专门技能的普通工人，做工一日工资才1法郎，1万法郎简直是天文数字，会惹得多少人眼红！有些华工把辛苦挣来的钱输了个精光，有的因此绝望而自杀，有的输红了眼就报复谋杀。发展到极端，欠债人还不出钱，甚至出现债主逼迫他砍自己的手算作抵偿赌债，否则不放他过门。出人命、进监狱等恶性事件时有所闻。一名英军官约翰·哈里森中尉（Second Lieutenant John Harrison）的日志里记道，在他

① 《国务院侨工事务局调查在法华工情形书》第三次披露，1918年12月10日，“（九）华工教育问题”，第207—208页。

② Dupouy A, *Un camp de Chinois*, article dans la Revue de Paris, novembre 1919.

③ YMCA Archives. April 13–may 11, 1918. Box 204, folder: report 1919.

所在的华工队里，因为赌博引发的斗殴，有时竟用上了米尔斯手雷。[1]

华工置于法人和英人两种不同管辖模式下，与社会的接触度大不一样。法辖华工虽然也是以营队方式集中居住，但工余时间多分散在各个工矿企业的车间里，白天受厂方雇主支配，业余时间还可外出逛商店，甚至看电影。英辖华工以营队集中管理，准军事色彩比法辖华工营强烈，营盘驻扎地以铁丝网相围，有些网上布满警铃，网外地面甚至安设绊网。英军上层的将军认为，华工头脑灵活，放出去会胡作非为。华工营队门口岗哨的把守很严格，出工分成小组，由英国军官带领。下班回营后不准华工走出铁丝网去自由活动。

前者的行动自由度大，有机会与法国男女工人在同一空间内工作。后者几乎没有个人自由度，劳作和生活，始终处于单一的男性世界。工余时间，前者可以自由逛逛，买买东西，后者只能在营区内消磨时间。种种客观因素的作用，造成法辖华工中的嫖娼问题更严重，英辖华工中的赌博现象更普遍。实际上，两大流弊在两方面的华工中都存在，只是各自的严重程度不同而已。

嫖的害处与赌不相上下。好嫖者易得花柳病，患上杨梅疮，轻者损害身体，失去生育能力，重者断送性命。据基督教青年会干事估计，华工中患花柳病者约占20%。[2]努瓦耶勒华工综合医院里设有专门的花柳病科，收治英辖华工。20%的比例是指法辖华工还是英辖，抑或是笼统的估计，不得而知，总之，比例应该是相当高。

法国男子上前线，致使法国男性人口大量损失，开战一两年，法国社会就男少女多，在两性需求方面男性变得供不应求。本来法兰西就是性开放的民族，现在后方的法国女子更加没有了约束。大战之后没多少年，法文的书籍文章中就抱怨法国妇女在欧战期间过分浪漫，众多外国军队在法作战，女子为本国或异国军人们提供性服务无须动员或强迫。那些年巴黎妓院如雨后春笋般地

---

① Second Lieutenant John M. Harrison, *The Great War*: *Private Harrison and the Chineses*, IWM, 06/92/1.转引自徐国琦：《一战中的华工》，上海人民出版社2014年版。

② Judith Blick, *The Chinese Labor Corps in World War I.*

冒出，生意非常兴隆。英军官兵们和英联邦军队的士兵们，一到晚上，在驻地就近寻找“流莺”或去妓院排队等候，早已不是什么新闻。欧战结束前后，纪律松弛，那些华工营队的指挥官对此眼开眼闭，更有个别索性放开。1917年11月，驻在诺曼底海港迪耶普（Dieppe）的一个英辖华工营的指挥官准许手下的中国工人出入妓院，让迪耶普那些妓院的生意更火爆。一些华工出营房，加入排队等候的行列，这时已无须避讳。像努瓦耶勒华工基地有华工半夜溜出找女人错过回营时间，宁肯在外躲藏以至饿死冻毙那类惨事，不会再出现了。

一些军方与村镇民意代表的报告反映，许多居民抱怨华工动作不雅，对年轻女人举止轻浮等等，当局认为这类事无法检查核实，因为很多是由性冲动引起的。1917年，众议员帕斯卡·塞加尔第（Pascal Ceccaldi）受命检查法国南部地区殖民地劳工的工作条件，视察圣-沙马火药厂（la poudrerie de Saint-Chamas）后，他在考察报告中提道：“该厂雇用了401名中国劳工，卫生状况，极好。气候对中国人非常合适。他们之中患有几种因性病引起的疾病。中国人好像没有太被剥夺性嗜好。”①

这类事已非个例，在法国流传广泛，以至战后10多年的中国人文章里就有这样的说辞：“华工生活上感到乐趣的就是找女人很容易，华工在此播下的种子数当不少。”②

这类种子在法国出生、长大，不知生父是谁。作者五六年前曾带着一组对一战华工课题感兴趣的法国人与华人，前往索姆省努瓦耶勒与村里几位负责人座谈。村长勒托加尔先生（Michel Letocart）在会上捎带谈到华工营的“女人问题”时说，欧战后在亚眠（Amiens）附近有一个华工与法国女人私生的男孩出生。人们叫他“Chinois”（中国人）。此人一直在当地生

① SHD-DAT, 10 N 63. Paris, Vincennes.（法国防史料处档案）

② 长星：《旅法中国工人状况》，法国通讯第八十期。上海图书馆藏。

活到老，大概活到80多岁去世。作者去北部奥德瑞克（Audruicq）采访时获知，欧战期间，奥德瑞克镇郊一个法国女人先后与法国人与英国兵各生一个孩子后，仍然单过，又与一名华工有染。华工们被英国人遣返走了后，那女人才生下一个男孩，邻居们倒也不感到惊讶，只是用别样的目光看她。这个欧亚混血儿就在当地长大，多年前已终老去世。

当时的青年精英们，对华工营里的流弊和一些恶习多加劝导，他们通过创造健康的娱乐活动来转化华工的不良兴趣，以识字和读报改良华工风气。日后成为世界著名的平民教育家的晏阳初，1918年初，在美国耶鲁大学毕业后，即以基督教青年会干事的身份来法投身华工教育，他在创办《华工周报》的恭贺新年文章里，告诫华工，“要益家兴家，所有的一切亡家败家的嗜好，都应该勉力全行断绝，多积存几个富人的法郎，多学些有益的技艺，期到归乡，可以发家，可以自立。”①

政府方面，也有所行动。民国政府教育总长傅增湘在他亲自编的《侨工须知》里，告知侨工应当戒除的毛病，“一是赌，二是嫖，希望侨工想到家中的父母妻子，盼望人身体强健，手中有几年的积蓄，将来回家，可以做一番事业。若把有用的金钱和精神，都断送在花柳之中，何以上对父母下对妻子呢。……嫖这件事是万分危险，纵有极浓的情欲，也应化为一片冰凉。”②

---

① 晏阳初：《恭贺新年，三喜三思》，《晏阳初全集》（第一卷）1919—1936。此文原刊于《华工周报》第一、二期，1919年1月15日、19日。上海图书馆藏。

② 傅增湘：《侨工须知》，第19页。《侨工须知》分上下两编。上海图书馆藏。

第八章　华工教育

第一节　华工教育机构与华工书刊综述

华工应募来西欧，其中识字断文者不足十分之一，绝大部分是文盲。来到法国，见识了当时走在世界前列的西欧文明，大开了眼界。不必说听不懂带队的英国或法国军官下达的命令，事事需要仰仗翻译沟通，绝大部分人给国内的家人写信也得找人代笔，这种种境况使得华工在内心对自己的目不识丁不可能毫无遗憾。因此当蔡元培等教育先驱提出的“华工教育”议题影响渐大时，华工听闻要让他们学识字，可能还要学说几句洋人话，有点兴奋和怀疑。兴奋自己将来也能识字给家人写几句话；怀疑自己不是小孩子了，还能学得进？若说他们听闻此消息如有久旱逢甘露之感觉，那也许太夸张，但至少可以说，点亮了一部分华工沉睡在内心的朦胧愿望。华工每日工作至少十小时，休息天总有些个人事务，要坐下来学习不是一件容易事。华工教育议题由几位中国留法知识精英首先发起，得到了法国有识之士的支持，法国战争部也给予关注。随后，华工教育这一新生事物渐渐形成，其间呈现出多元化状态。

一、华法教育会主张设立工人教育

华法教育会为中法学界所创设，是在法的中法学界的一个文化教育团体，其宗旨是汇通欧西之学术，交流东西方之知识。1915年6月间，蔡元培、李石曾、吴玉章等发起组织华法教育会，在法国注册并倡导勤工俭学，于1916年

6月22日正式在巴黎成立，蔡元培亲任会长。在其存在的近10年时间中，主要工作是组织中国国内青年赴法勤工俭学。华法教育会成立不久，大批华工开始来到法国为协约国提供劳役，蔡元培、李石曾等文化教育精英即不失时机地提出主张“必须设工人教育”。华法教育会本身也打算派教师赴华工驻所授课，已函询各华工驻地的总管，后者均表欢迎，“惟费用浩大，踌躇至今尚未实行耳”。[①]

蔡元培1916年12月出任北京大学校长。百忙中亲自动手编写了《华工学校讲义》一册，作为专授华工的准备，并于民国八年（1919）9月由法国图尔（Tours）中华印字局印行。此时许多华工已开始离法返回祖国。华法教育会在巴黎设立华工学校，聘请了20多位教师，意欲为华工教育培养师资。蔡元培亲自对华工学校的师资生讲课的史实，有待找到确实的资料以佐证。因经费太大，该会未能筹措到运转所必需的资金，导致师资培训班开过课但未能持久。然而，其富有理想的主张与开始阶段的努力起到了华工教育运动在思想准备上的先导作用。

二、法国官方劝令在驻地设课

天津华工5000多人出发后，为体查华工实情，惠民公司的经理李达叔于1916年秋亲赴法国，他在巴黎受到华法教育会提出的华工教育理念的影响。

李达叔趁机与法国战争部接洽，协商工人教育办法。法国战争部主管华工事务的官员闻之，从管理的角度考虑予以采纳。遂通过行政手段劝令在华工所集各地设立教室，让华工在每天工作时间内抽出一小时来学习法文（也有的材料称每周三次每次一小时），学员不扣工资。让谁来学呢？预做挑选，先选年少可教者。教员由传教士兼翻译充任，科目除了法文还增加了普通科学知

---

① 《国务院侨工事务局调查在法华工情形书》第三次披露，1918年12月10日，（丁）第209页。“在法华工情形书”第三次披露时为1918年12月，情形书中“惟费用浩大，踌躇至今尚未实行耳”此句显示，至是年年底，华工课堂计划“尚未实行”。而1918年冬基督教青年会已在法国华工中设立80多个课堂，且声势较大。据此分析，华法教育会的华工学校事实上恐怕未能正式开课。

华工在西欧役地学识字与接受启蒙教育，是中国平民教育运动的前奏。来源：上海图书馆

识。惠民公司认为这是华工在法受到优待的又一个体现。《国务院侨工事务局调查在法华工情形书》谈到华工教育问题时，把由法国官方推动的华工教育措施列为首要一条。①

公允地说，这个决定出于法方当局，很带些法兰西色彩，是一项文明与宽容的举措。其办法在理论上合乎逻辑，上面指令，下面得照办。但是，上课的学员人数不多，什么原因呢，"情形书"没有给出解释。恐怕是教师不热心，学生亦多敷衍，也许雇主不一定乐意，毕竟被选去当学员的华工每日少干一小时活却照拿工资。华工驻地设课在众多华工营队里占多大比例，史料方面也不清楚。

三、华工翻译开办义校

有的华工翻译热心公益，乐于发挥自己的长处，主动提出采取义校补习班的形式，利用休息时间来教华工一些功课，教授内容为中文和法文。但他们的想法必须得到雇佣华工的工厂主的同意，如果是华工营队集中管理的，需要获得驻地华工营队总管的许可。总管是军方派来的军官，一般而言，比工厂主更愿支持翻译的这个创意。如果雇主方不同意，这事儿还真不好办。华工翻译开办义校曾在少数几个工团里展开，从1917年7月开始实施，办了10多个月，成绩可嘉。

在法国东部的翁日（Vonges）火药厂，当时有930名华工，义校补习班办得比较好。6月开班，很多华工报名参加学习后，误工情况有所好转，平均每人全

① 惠民公司报告《华工赴法》，1918年3月，第26页。上海图书馆藏。

月误工日数7月为2.09%天，以后逐月下降，至12月的统计仅为0.77%天；全月请假平均数由7月的1.76%天降至12月的0.63%天。特别是工人进补习班后，开始识字懂道理，赌钱的人数急剧减少，7月每100人中有50人参加赌博，8月下降为2人，9月为1人，以后几个月只有0.5%至0.7%的人赌钱。这实在是了不起的变化，说明华工通过学习，明白了赌钱的危害性，求知欲战胜了不良兴趣。

仍以翁日火药厂为例。以平均每月百人计，有十几二十人进义校学习；其中进中文补习班的5至9人，进法语班的2至5人，科学班的3至6人，说明能以上课形式坚持的人还不多。但工余自修者就要多一些，如每日自修3小时以上到1918年头几个月100人中就有25人，每日自修超过1小时者从一开始的三四个人增加到后来的50人，已达半数；能阅读《华工杂志》的人数，平均每月从5%递增至后期的30%。华工参加学习后，精神面貌为之一改，华工营内出现了新气象。[①]

四、留法学生会举办“星期演讲班”

当时有一批负笈求学的中国青年在法国组织了留法学生会。获知大批华工为战时法国在各地提供劳役后，学生会中热心华工教育的一些青年学子常于课余之暇，为华工担任义务教学，教授中法文的基础知识等；他们还自发地组织起“星期演讲班”，奔赴图卢兹（Toulouse）、里昂（Lyon）、波尔多（Bordeaux）等地的工厂或华工营队，为华工举行演讲，内容包括教法语，讲法国的风俗习惯，讲应该怎样注意卫生，引导大家进行自修等方面。这项活动的费用均由学生会负担，不取华工分文。

然而，兴许法国社会上的演讲常暗含某种当局需要提防的目的，法国战争部的官员一听说中国学生要去工人中搞演讲，就起了疑心，认为学生思想激进，深恐华工受之煽动，以后更易发生罢工或不守命令之事。事实上华工来

① 《国务院侨工事务局调查在法华工情形书》，“（九）华工教育问题”，第207—208页，威海市档案馆藏。

法后，确已发生许多起罢工事件甚至冲突，当局对此甚为警惕。幸得驻法侨工委员李骏获知法国当局有否定意图时，当即前往面秉详情，战争部主管官员听后要求预先申报演讲章程、演讲题目与演讲人名单，待研究准许后方可举行演讲。虽然这项活动受到军方约束，但计划报上去后尚获准许，“星期演讲”得以开展。华工听之甚感新鲜，会场人数众多，听后，他们开启心智大受裨益。不想没办多久，星期演讲却突然停止。原因出在留法学生会方面，具体为何史料不详。华工都觉得停了可惜，希望日后还能重办。①作者分析，演讲留学生虽为义务，但外出乘火车、食宿都是一笔开支，时间一长，学生会无力承担，活动便难以为继。

五、华工青年会

华工青年会系总部设在美国的基督教青年总会（又称万国青年会）的一部分。

华工受到大西洋彼岸的基督教青年总会的关注，应缘于加拿大人瓦勒斯·吉姆斯（James Wallace）。瓦君早先曾在中国及日本办理基督教青年会事业，1916年任加拿大参战军的青年会干事，他看到赴法华工数量巨大，向总部提议创设华工青年会。总部认为欧战华工是参战部队的重要支撑，为了提高和保持他们的斗志，赞成为他们做一些有意义的事情。于是向英、法政府申请成立“基督教华工青年会”，英国政府很快同意了。法国战争部接到联系函，开始并不愿意开绿灯，认为这是一个耶稣教机构，法国是天主教国家，让不同宗教的机构派它的活跃信徒来法国进入华工中间，生怕他们搞异教宣传；后来一了解，美国基督教青年总会势力很大，在欧亚都有分会。更让它动心的是，这个基督教青年会经费充足，似乎办什么事都能成。最终法国亦同意成立华工青年后。

事实上，第一次世界大战爆发后，基督教青年会总部就拟出计划要在欧

① 均同上，第208—209页。

战前线开展各种体育和福利活动，以支持协约国的战事。他们决定先在中国留美青年会里选派数人赴法考察。美国基督教青年会办事雷厉风行，史桂陆等一帮青年亦自告奋勇，很快来到了法国。总部确实财大气粗，去者发薪金，每月美金100元，办事人员均身着美国军服，只是肩章和领章换成美国青年会的字样YMCAUSA，统称为Chinese Secretary（中国秘书，中国人称为干事）。青年会也不用向华工的雇主借房借地，青年会出资在华工驻地近旁或者筑木栅搭简易屋，或者就近租房，开设课堂，利用工余时间教华工识字，开设算术、地理、历史、英语、法语等科目，建立了图书室、游戏室，附设食品小卖部以方便工人生活，青年会干事们还给华工代写家信，举措富有吸引力，参与活动和投入学习的工人明显多起来。[①]青年会成立了演讲部，能说会道的干事们经常为华工演讲。天天劳作的工人听着觉得新鲜，打开了视野，明白了许多道理。

华工青年会卓有成效的服务受到华工的欢迎，也获得英、法当局的赞许。英国军方表示非常满意，1918年2月，英远征军司令部鉴于华工青年会的工作帮助了华工营的军方管理，决定请华工青年会向更多的英辖华工营团派遣基督教青年会的干事。英军官处理华工事务时表现出的无能与强硬蛮横频频导致冲突升级，沟通困难，压而不服，造成纪律松弛，华工对英军官不满而采取怠工甚至罢工。华工青年会的干事闻之，用汉语与华工友善交谈，华工听后同意复工，化解了遭武力镇压的危险。对这种效果，英军方是感知的。不过，由于干事人员不够，华工营团太多，青年会未能全部满足英军司令部的期待。

法国军方的将官同样欢迎基督教华工青年会在一些华工集中的大型军工企业建立活动中心，经过了几处试点后，法国军方在1917年秋决定邀请基督青年会在指定的部分华工团开展服务与教育工作。然而，与情理相悖的是，直

① 均同上，第208—209页。

到1918年12月，也就是战争停止后一个月，法国军方才正式批准基督教青年会可在所有法辖华工营团中开展工作，之前一直是在“基督教青年会试验计划”的名义下展开工作。这里也可看出法国人办事瞻前顾后的特点。

六、办刊物与著书编讲义

华工教育问题归根到底是一个工人教育，是劳工阶级的教育，它在社会上以及在知识阶层中引起的重视程度是前所未有的。以文字形式的刊物是华工教育一个有效的传播工具。由此出现了多种致力于此事的期刊。当时法国官方有新闻审查制度，尤其对外国人在法办的出版物审查更严，规定无论哪个杂志社，在付印前都必须将全部稿件送交法国当局的审查官，如果审查过不了关，就不允许刊发。同理，如果审查官工作拖沓，延误答复，那也会使杂志无法按预定日期付印发行。

（一）《华工杂志》

1917年1月，《华工杂志》问世于巴黎，由李石曾创办，勤工俭学会负责编辑，是当时法国最早出现的华文刊物。李石曾1905年进入蒙达尔纪（Montargis）一所农艺学校学习，在法国生活工作10余年，对法国社会、政界和在法华界都有较深的了解。他把杂志的宗旨定为服务于华工教育。杂志载有中外时事新闻、旅法华工新闻、劝勉工人论说、中法英会话等类。驻法侨工委员所发之通告亦登于该杂志，以周知各处华工。蔡元培（1912年1月已出任中华民国南京临时政府教育总长，1916年12月26日受命担任北京大学校长）、李石曾等知识界精英都曾为《华工杂志》撰写过多篇文章。

華工雜誌
第壹期
民國六年正月初十日出版
本期要目
華工雜誌說明
近事紀要
工說
衛生
與華工人談話
西文
法英中文對照表及會話

《华工杂志》借大批华工来到欧战之际，创办于巴黎，乃最早出现在法国的中文期刊。来源：上海图书馆

该杂志的出版周期定为半月一期，但遇到资金不足的困扰，有时候每月只能发行一期，

“有时竟一期亦不得发行也”。[1]至1918年7月，《华工杂志》出版了24期，其实际发行率大约为原定计划的三分之二。

（二）《华工周报》

基督教华工青年会于1919年1月15日在巴黎为华工创办了一份周报，全名为《驻法华工青年会周报》，即后来人们简称的《华工周报》。晏阳初1918年下半年来法投身华工教育，日久便产生了用中文办一份新闻简报在华工中发行的念头，他认为那样可让更多的华工了解时事，因为时事关系到华工本身和中国命运的一些走向。

当时一战停火刚过去三个月，法国百废待兴，华工也进入了一个特殊的时间段，或继续在原地工作，或被调往他处参加重建，也有的集结等候回国等情景不一，更重要的事件是战胜方协约国正准备召开巴黎和会。《华工周报》就在这样的背景下酝酿诞生。

《华工周报》每周都开辟“华工近况”“欧美近闻”“祖国消息”“简字教本”等栏目，还配发“编辑论说”，编辑们注意使用华工容易理解的语言。从今天的眼光来看，办刊者们的立论在100年前是相当先进的，而且很接地气：劝导华工抛弃动辄骂人好打斗的坏习气，要戒赌戒嫖戒偷，要懂得爱家庭。《华工周报》栏目活泼多样，转载国内的一些要文，鼓励华工投稿，选些轻松而无邪的八卦放入“笑谈”，让人读之一笑，个中自有评判。它在众多选题中将提高华工的爱国意识和思想素质放在重要的位置。譬如，告知华工，人在国外，个人的举止言行是与国家的脸面相关联的，勉励大家要爱国。告知大家劳动神圣，干活不是光为了挣钱，“劳动为人身所需，劳动为国脉所寄，劳动为世运所系”，外国人称你们为苦力，自己要学会自尊自爱，好好做工，多攒钱，多长学识，学些本领，将来回国可以做更多的事，过上比现在好得多的日子。这些话都说到华工的心坎上，很受华工欢迎。这本杂志在华工中的影响最大。

---

① 均同上，第208—209页。

发行量最大时，一期销售出15000份。几乎平均每10名华工就有1人买《华工周报》。

晏阳初从创刊起自任主编一直工作到1919年6月返回美国继续求学，接手的是毕业于密苏里大学的傅若愚，傅君工作至1919年11月，因要攻读更高学位而返回美国芝加哥大学。接替傅若愚的是陆士寅。后陆士寅又离法，总部遂委托在马赛华工青年会办理会务的傅葆琛北上巴黎负责《华工周报》。后因经费困难，《华工周报》改为每两周出版一期，更名为《醒报》。直至1921年1月，傅葆琛辞职返美续学，该报无人主持，因而停刊。[①]

（三）《华工旬刊》

《华工旬刊》是“巴黎华工会”的刊物，1920年10月15日出版首期。在发刊词中公开宣称以团结劳工并帮助他们争取更好的待遇和生活条件为目标。[②]该刊物以工联主义为指导精神，超越了识字的阶段，倾向于世界劳工运动，侧重对时事的关注。

除了以上三种刊物，华法教育会在巴黎编辑出版了它的会刊《旅欧周刊》（*Journal chinois Hebdomadaire*），创刊号于1919年11月15日即一战停火一年以后面世。当时在法国还有很多华工参加战后重建，而许多参加勤工俭学运动的中国青年也在此时开始来到法国。《旅欧周刊》主要是为俭学生服务，周刊上多登载“学校入学指导”“觅工厂”“学校或工厂种种交涉”“新生招待”“俭学生思想引导”等内容。[③]该杂志宣传斗争，把国际歌译成中文刊登出来，显得比较激进，引起了当局的注意。严格意

---

① 傅葆琛：《华工教育的追忆》，民国二十年（1931），收于《晏阳初全集》（第一卷1919—1936），上海图书馆藏。

② “巴黎华工会”成立于民国九年即1920年1月，预先向巴黎警察局注册并获批准。分会发展至36处，会员6000多名。

③ *Asie*, 1918–1928, *Chine* 49. Série E–Carton 27–4. Centre des Archives diplomatiques de la Courneuve.（法国外交档案中心）

义上它不能算华工教育的杂志，但曾偶尔刊登与华工有关的文章，鼓励华工采取行动，希望他们为国内的工人树立一种好的榜样。因此，作者也将它列此一提。

（四）蔡元培编写《华工学校讲义》[①]

蔡元培先生亲自动手为教师们编写《华工学校讲义》。讲义以德育三十篇和智育十篇组成。“注意公众卫生”“尽力与公益”“勿畏强而侮弱”等，都是针对国人长期以来存在的缺点或者痼习。至今读来，仍觉其具有现实意义。蔡元培为华工编撰此讲义的精神所注，一为保全华工固有之美德并发挥而光大之，二为修补华工历来所存在的缺点。

（五）傅葆琛编《通俗六百字韵言》《通俗新知识课本》[②]

基督教青年会教华工识字，一开始把董京安编的《六百字编》作为教材，用了一段时间后，教与学两方面都感到它文言太多，对于还处在扫盲阶段的华工不太适用。获得美国康奈尔大学“乡村博士”学位的傅葆琛也是基督教青年会成员，1918年秋来到法国，与晏阳初相聚长谈，一致感到平民教育从华工做起的紧迫性，他欣然同意为华工编一本新教材。傅君在原有基础上重新选择增补，把600个常用字分门别类，组成五字一句押韵句子，编成《通俗六百字韵言》，可以朗朗上口，易懂易记。接着，傅葆琛又编出一本后续教材《通俗新知识课本》，就像读了一年级可以上二年级一样，使愿意继续学下去的华工有教材可循。这两册教材在各地开设的课堂上很受欢迎。

① 蔡孑民（蔡元培之号）：《华工学校讲义》，法国图尔（Tours）中华印字局印刷发行，1919年9月。上海图书馆藏。

② 傅葆琛（1893—1984），四川华阳人，也是中国热衷于乡村平民教育的一位教育家，一战中来到法国，参加基督教青年会的华工教育，致力于编写适合华工实际情况的教材。

（六）教育总长傅增湘撰著《侨工须知》[①]

傅增湘1917年12月出任北洋政府教育总长，有机会关注欧战中的中国侨工，专门撰写成《侨工须知》一书。这说明华工教育这一命题在当时确实引起知识界的广泛关注。此书分上下两编，上编六章，下编四章，用通俗的文字向侨工阐明了许多道理。他在书中写道，“国家与人民，是两相连贯，一刻不能脱离的，一个人无论走到哪里，十年八年，也不会忘了自己的本国。自己国家也是想方设法保护自己的人民，必须如此，这一个国家，才算是一个好国家，这一种人民，才称得是一种好国民，所以说国无民不立，民无国不存”。这是对侨工的国民意识教育，很有启蒙作用。他在上编中分章论述了侨工为什么赴欧洲，侨工应该不忘祖国，应当注重的道德，应当戒除的毛病，应当注意的事件，应当预备回国后所做的事业。其所述分析入情入理，行文使用白话文，更显通俗；虽无标点符号，但句与句之间均空一格，便于阅读。如果读者有向上之心，读之定有旱土沐甘露之感。对于华工的教育与心智启迪，《侨工须知》堪如一场难得的及时雨。

20世纪初期出现的这一工人教育的形式与规模，在中国历史上无疑是前所未有的。劳苦大众的心智启蒙，发端于中国国门之外的欧战战地，是一种历史的巧合，其中亦带有时代脚步的必然性，故而成为后来出现的中国平民教育的前奏。经过两年多的基本教育，华工识字人数由最初的10%左右增加至38%，成绩斐然。它对增进华工的智识，培育其爱国心与道德心，戒除不良习性，提升他们的人生志趣都起到了不可低估的推动作用。

---

① 傅增湘：《侨工须知》，中华民国八年印发。上海图书馆藏。傅增湘（1872—1949）原是前清进士，1919年五四运动时，傅增湘身为教育总长，极力抵制政府追究北大校长蔡元培所谓包庇学生，欲逼其离职之举，最终不得不辞去教育总长之职。傅是现代赫赫有名的一位大藏书家，无论在藏书、校书方面，还是在目录学、版本学方面都堪称一代宗主。

第二节 基督教青年会强力参与华工教育

美国基督教青年会在法国参与华工教育和服务的机构名曰“基督教华工青年会”，简称华工青年会。该会在华工驻地兴办学校，开辟游戏场、运动场、图书室，设立浴堂、酒吧等，吸引了大批华工参与其活动。广大华工对青年会的做法极表赞同，可从一名华工在给家属的信中得到印证：“……或曰在法国之华民不止十万人。青年会设一学校教授吾侪，日间散工以后吾侪即往该学校学习翻译，吾侪有一运动场，有一浴室，有一酒肆，各种物件皆备，夜间则优游于图书陈列所及音乐会也。”这名华工还写到参加音乐会的情况：“5月28号美国青年会招来一般音乐会男女合唱……6月11日演剧甚好，一出演华妇思夫，一出演华民思妇，曲中文字不甚了了。”青年会干事李君给华工观众解释，此两人所唱之曲乃妻子在家相思夫君，大家听罢鼓掌而笑。[①]

1909年、1910年和1911年，清廷在北京三次面向全国招考庚款留学生。第二批、三批各录取了70人和63人，与1872年到1875年间清政府派出的四批共120名少年留学生不同，这些青年学生较为成熟，一到美国，就直接入读一流大学，其中不少人读到了硕士、博士，1917年正是他们结束学业开始大批回国的一年，有一些人受聘于清华、北大等高等学府，中国此时发端的新文化运动亦得益于这批回国学子的参与。[②]恰在这个时期，开展华工教育的建议受

① 《新中国》杂志，第242页。期号不详。

② 1900年，北京爆发“庚子之乱”，1901年即光绪二十七年，清廷被迫与各国签订了耻辱的《辛丑条约》，向11个国家赔偿白银4.5亿两，分39年还清。1908年，美国国会通过法案，授权总统罗斯福退还“庚子赔款”中超出美方实际损失的部分，用这笔钱帮助中国办学，并资助中国学生赴美留学。1909年起三次面向全国招考，庚款留学生由此而起。

到美国基督教青年总会的关注，得到一些留美学生的积极响应，他们没有回国而是前往法国战地，客观上与大批留美学生结束学业的时间相吻合。1917年11月，在哈佛大学结束学业的史义瑄作为第一位来到法国的基督教青年会干事，进入法国里昂地区的华工营，办理初建教育服务的事宜。

华工青年会在巴黎设立了总办事处，接着调查各华工营队的人数，决定200人以上的驻地设一分会，至1918年春季，华工青年会的工作人员已有100多名。总办事处给每个分会派出的干事，开始阶段都是在英、美、法留学的青年，后来一些外国传教士也参加进来。至1918年冬，在法华工青年会的会所达80个，随着志愿者不断加入，干事总数增加到一百五六十人，其中留美学生五六十名，占三分之一强。在法华工中，乐观估计，有三分之二的华工可能参加过该会的活动，内容包括课堂学习、借书阅览、听讲演，读《华工周报》，或者游戏体育等。

基督教青年会的一份档案材料记载，140多个华工团享受到华工青年会的服务，其中约100个是英辖华工团（据称英辖华工团一共有260多个，有一些驻在比利时；也有称共有194个华工团，可能是对规模不一的团营队的统计方式上造成的差别，作者注）。由基督教青年会国际委员会派给英辖华工团的干事共计61名，其中39名中国人和22名美国人或英国人，这些外国人都是传教士，会讲汉语。英国的基督教青年会从中国调派了40名志愿者，作为中国国内的基督教青年会的代表来法参加华工教育，但他们大部分为兼职人员。

在法国的美军雇佣华工，是向法国战争部借用的。1918年春，美国基督教青年会向在法美军派出的第一批青年会书记仅三名，其中一名是广州南方政府要员王正廷之弟王正序，他肄业于耶鲁大学。1918年7月内，三人到达法国开始为美雇华工服务。1918年7月7日《申报》刊出一则新闻称，“据《字林报》顷获美国消息，美国招募的一个大队留美学生即将赴法充实青年会工作，供中国工队之所需，并已筹得捐款七万英镑。上海方面接到美国基督教青年会的函电，请求购买中国乐器、游戏品，特别是中国食品运往法国，由青年会转供华工营队。沪上经办者7月初已发运出一批，价值合一万五千洋元。还有一些待购齐后稍迟即可续运。”①

中国大陆知识界以及某些外国人也有关注赴欧华工者。1918年10月，在大陆的7名中国人、4名英国人和1名美国人自告奋勇要去法国为一战华工做些文化教育方面的事。他们决定10月10日启程先去美国，在纽约接受美国青年会的特别训练，然后再渡大西洋赴法国充任设立在华工团中的青年会书记。②

华工青年会看到华工开始回国，勒阿弗尔（le Havre）每月有上万华工登轮离法，立即动手在该港城设立了一个极大的会所，办理各项德智体事业，华工均备感暖心，受益至大至众。

过去有一些英辖华工羡慕法辖华工的待遇，现在很多法募华工因为没有获得基督教青年会的服务，而深深羡慕英募华工之幸福。这部分约有3万人，被分配在70余处做工，食品不宜，颇为困苦，特别是冬季来临后，所居者皆布棚土窑及破败小屋。1918年12月，法国军方才正式批准基督教青年会可在所有法辖华工营团中开展工作。

可实际上基督教青年会无力“全面开花”，最终为法辖华工设立了总共五六十个青年会活动中心，如马赛、勒克厄佐、波尔多、奥尔良、勒芒、布雷斯特等华工营队驻地（注：具体数字说法不一）。工作人员三分之二是中国人，三分之一美国人。③需知法辖华工分布在大约110个工作地点，半数以

---

① 《留美学生参与军务之消息》，《申报》中华民国七年七月七日第（十）版，上海图书馆藏。“广州南方政府要员”王正廷，即是代表南方政府参加巴黎和会的中国代表团正式代表之一。

② 《服务华工青年会之踊跃》，《申报》中华民国七年十月十日第（十）版，上海图书馆藏。

③ 徐国琦：《一战中的华工》，上海人民出版社2014年版，第183页。文中称“基督教青年会总计为法属华工设立了38个中心，工作人员包括23名华人干事和12名美国干事，他们的服务对象涵盖了超过70%的为法国工作的华工”，第186页文中称“法属华工团中总共设立了54个基督教青年会的活动中心”。两个数据的误差达16个华工团，可能是统计不完整所致，也可能是统计方法与标准设定的问题，故一并列出以供参考。

上接触不到基督教青年会的服务，不过，有一些地方的法辖华工获得了其他机构的帮助，如前文曾提到过的翁日、图卢兹、里昂、波尔多等地。还有三分之一华工从未与闻，他们对此很有意见。某一军事区内有多个华工团驻扎，华工青年会派干事进驻，最后一个营未分配到人，因而无从开展同类服务，该营华工十分气愤，居然举行全体罢工。这从反面印证了基督教青年会大受华工欢迎的实情。

华工青年会在法辖营队开设的中心，房屋皆宽敞洁净，门首标红色三角为青年会标志。晚间有电灯，置备了许多食用各物，专门卖给工人，不图取利，甚至有的还赔本。智育方面设有汉语班、英语班、法语班、查经班，还有放电影等活动。工人遇到忧苦、艰难之事，基督教青年会的干事善于倾听沟通，给以宽慰解释，以朋友之情谊帮助他。因此工人工作之余，皆乐于前往青年会，不啻视为第二家庭。①

华工青年会的活动能获得广大华工的赞许与响应，有赖于直接面对华工的青年会干事们的勤勉工作与满腔热情，他们付出的心血起了决定性的作用。干事们来自英、美、法、丹麦、瑞典、中国等国家（中国干事大半为在英、美的留学生）。②美国与中国两地的基督教青年会不断派出人员并积极筹措资金，亦使在前台的工作人员感到来自背后的有力支持，还有一些社会组织的热心相助，都产生了众人拾柴火焰高的效应。

基督教华工青年会强力参与华工教育运动，最为引人瞩目，亦最具成效。

① 《青年进步》杂志第32期，1920年4月出版。威海市档案馆藏，档号：229-1-2233。

② 基督教青年会在法为华工服务的干事，作者收集到一部分中国籍干事的名单如：史义瑄、晏阳初、蒋廷黻、李权时、全绍文、陈湘涛、陈立廷、王正序、程其保、王志仁、梅景周、吴维德、全绍武、傅葆琛、温万庆、郑道儒、邝光林、林凤歧、钟宝璇、舒鸿、桂质廷、傅若愚、陆士寅、陈曾、范H. F.（牧师）、陈之逵、林语堂等。

第三节　华工教育热血人物

一战西线华工教育的形式多种多样，参与其中的志士仁人不下两百，各人的努力，均值得肯定。囿于篇幅，仅以数人为例，略作评述，他们是投身中国基层民众教育的先驱，为中国随后出现的平民教育扮演了先行实践者的重要角色，历史应该记住他们。

蔡元培

蔡元培（1868—1940）是中国近代教育史上公认的泰斗。

民国四年（1915）6月间，蔡元培与李石曾、吴玉章等在国内发起组织华法教育会，一年后该会在巴黎正式成立（1916年6月22日）。他们首先关注在法开展勤工俭学。蔡元培注重高层次的人才培养，这方面的建树历史已留有大量的记载与评论。[①]同样难能可贵的是，他并不忽略社会底层的劳工阶层的教育与启蒙。他既具携领大众向文明、文化、道德、理性之目标进取的热望，又富博爱之心，是中华民族的名垂青史的教育大家。当第一批法募华工抵达巴黎地区进入工厂之际，正在法国考察的蔡元培与华法教育会马上就把教育目光投向了华工，提出必须设工人教育。华法教育会拟出计划雇请教师，准备派往华工驻地授课，并先期向各华工驻地的军方总管发函征询意见，总管们回复表示欢迎（请参阅本章第一节“华工教育机构与华工书刊综述”）。

蔡元培1916年12月出任北京大学校长，百忙中亲自动手编写了《华工学

① 蔡元培（1868年1月11日—1940年3月5日），浙江绍兴人，字鹤卿，别号孑民，出身于科举制度，却成为中国现代教育的奠基人。蔡元培是近代中国杰出的教育家、思想家、民主主义革命家。他曾任中华民国首任教育总长，在受命出任北京大学校长期间，对北京大学进行全面改革，开“学术研究不拘一格”与“思想自由，兼容并包”之风，从而奠定了中国新式教育的基础。

校讲义》，于民国八年（1919）九月交法国图尔（Tours）中华印字局印行。此时虽有部分华工期满离法返回祖国，但大部分仍在法国继续工作。

《华工学校讲义》对于教师向华工施教时抓住纲目具有显著的指导作用。德育部分凡三十篇：合群，舍己为群，注意公共卫生，爱护公共之建筑及器物，尽力于公益，己所不欲勿施于人，责己重而责人轻，勿畏强而侮弱，爱护弱者，爱物，戒失信，戒狎侮，戒谤毁，戒骂詈，文明与奢侈，理性与迷信，循理与畏威，坚忍与顽固，自由与放纵，镇定与冷淡，热心与野心，英锐与浮躁，果敢与鲁莽，精细与多疑，尚洁与太洁，互助与依赖，爱情与淫欲，方正与拘泥，谨慎与畏葸，有恒与保守。显然，有些标准对华工而言是光辉而高远的，而很多也是每个公民都应该做到的，其中多篇可作为优秀公民努力的目标，它们已可归于造就具有理性思维、文明习惯、良好品格的公民的范畴。但有一些确是有的放矢，针对目前华工中存在的问题，体现了蔡公改善华工形象的殷殷期许之心。智育十篇见下注。①

李石曾

李石曾（1881—1973），1902年8月以钦差大臣孙宝琦随员身份来法国，欲学军事因体重不足而改入蒙达尔纪（Montargis）农艺学校。②毕业后专攻大豆研究，1908年在巴黎西郊创建“中国豆腐工厂”。并从家乡河南高阳先后招募共30余名工人来巴黎豆腐厂工作。后在巴黎万国博览会上向世界推介中国的豆腐，引起西方世界关注。他内心以工兼学的想法，即发端于此豆腐厂。1916年6月与蔡元培等创立华法教育会，该会设中、法会长与中、法副会长各一名，蔡为中国会长，李为中国副会长。李石曾是发起赴法勤工俭学运动的第一

---

① 《华工学校讲义》，分德育与智育两大部分。智育凡十篇：文字，图书，音乐，戏剧，诗歌，历史，地理，建筑，雕刻，装饰。此讲义藏于上海图书馆。

② 李石曾（1881年5月29日—1973年9月30日），河北高阳人，原名煜瀛，字石曾，晚清同治帝师李鸿藻之子。赴法勤工俭学运动的首倡者。在法国蒙塔尔纪（Montargis）为开展中国留学生的勤工俭学活动多次与市政要员进行卓有成效的沟通。蒙塔尔纪市内他曾居住过的小楼仍留有标识，小楼的院子可供参观。

人。有感于豆腐厂的工人状况，在首批华工抵达法国后，李石曾会同蔡元培等人提出“必须设工人教育”。

1917年1月，李石曾在巴黎创办《华工杂志》，交由勤工俭学会负责编辑，图尔中华印字局印刷发行。该杂志是法国最早出现的华文刊物。杂志开辟的栏目有“中外时事新闻”“旅法华工新闻”“劝勉工人论说”“中法英会话”等。

李石曾是中国近现代史上的重要人物，一生极富传奇色彩，是国民党四大元老之一，故宫博物院的创建人之一。

晏阳初

晏阳初（1890—1990），[①]在国际上被誉为“世界平民教育运动之父”，一个世纪后，获得“二十世纪最具世界影响的中国教育家”这个桂冠式的评价。

1928年6月20日，晏阳初在美国耶鲁大学毕业典礼上领受“文学硕士”的荣誉学位时，他的导师菲利浦教授宣读评介辞道：“晏君自1918年在耶鲁膺学士学位，今已届十周年。极少的毕业生在十年间的成就，可与这位具进取心、富有才能，而且又不自私的人相提并论。他是中国平民教育计划的主要负责人。他对东方的贡献可能比战后任何一人都伟大。当他在法国以青年会干事与中国劳工相处时，设想出对中国文盲的教育观念。他在中国雅理会所在的长沙，开始作平民教育大运动，迅速地扩张为全国性事业，他自繁多的中国文字中简要选取一千字，在这平民教育制度下，二百万中国人民已经学会读和写本国文字，晏君实在是世界文化中一有效能的力量。”[②]

晏阳初在美国耶鲁大学求学时，出色的文艺体育才华使他成为耶鲁学生

---

① 晏阳初（1890—1990），1890年10月30日生于四川巴中，名兴复，字阳初。父亲是私塾先生兼乡村郎中。少年阳初即被有眼光的父亲送进基督教内地会创办的西学堂接受新学的教育。1913年23岁时赴香港圣士提反书院深造，后转赴美国耶鲁大学，主修政治经济。一战中受美国基督教青年会派遣赴法进行华工教育，创办《华工周报》。而后终身从事平民教育，为国际公认的著名平民教育家。

② 参阅《晏阳初传》“晏阳初年谱简编”。

“华工青年会”的干事均身着美式军服，肩章和领章换成美国青年会的字样YMCAUSA。图为后来成为世界著名平民教育家的青年晏阳初（右）和他的同伴。来源：上海图书馆

中的明星人物。1918年初夏毕业获耶鲁学士学位，旋即被美国基督教青年会吸收为会员，并于不久被派往西欧。他乘军舰抵达布洛涅海港（Boulogne-sur-Mer）后，即与一个英辖华工营挂上钩，开始晚上给华工上课，兼顾指导华工班的教务。下课后甚至在他用餐时，华工们常来找他询问当下的新闻和时事，他深切感受到华工们的资讯闭塞，他也完全理解华工的心情，渴望弄明白外部世界正在发生的大变化。他乐于给他们讲述英、法报纸上的新闻。

晏阳初精心选择了600个常用汉字教华工识字和手写。经过几周学习，原来一字不认的华工就能基本掌握读写。通过这些接触，晏阳初决定创办一份为华工服务的刊物，1919年1月15日创办《驻法华工青年会周报》，简称《华工周报》，自任主编。他在创刊号上撰写“创刊特告”，适逢新年来临，又写发刊词《恭贺新年，三喜三思》，告诫华工：“你们既这样的贵家爱家，你们就应当求益家兴家的事，所有的一切亡家败家的嗜好，或是从中国带来的，或是到法国才学的，都应该勉力全行断绝……”此后，《中国的主权》《和平议会》《革心》等重要文章都出自他手。学了600个常用字的工人有的还能读懂报上的意思，大受鼓舞。半年后到了6月，晏阳初为入普林斯顿大学主修历史学，与蒋廷黻一同离法返美。离开前，晏君安排人接手编报的事，《华工周报》先后由傅若愚、陆士寅、傅葆琛一棒棒地接力任主编，直至1921年1月停刊，历经24个月。《华工周报》在一战华工中历时最久，影响最大，华工阅读它的人数也最多。

晏阳初倡导的平民教育，发端于法国战场的华工营内，他自己也在华工教育的实践中获得了新的精神启迪，他的视野与抱负使他转向平民教育。他在耶鲁母校领受硕士学位的翌年，撰文“为中国作新民”刊登于《耶鲁评论》，文中写道：“中国平民教育的最终目的，既不是只使文盲能读书，也不是在使质朴的农民成为科学化的农民，实在使他们成为有才智又进取的中华民国公民。一旦定县实验成功，即可作为基本，将有四千年历史的老大帝国转变成为一现代民国。”从20年代至40年代，他的“平教总会”“定县实验”等行动声势巨大，识字教育、生计教育、卫生保健教育在华北、华西、华中、华东、华南省区内的选点县进行实践，别开生面地给古老的中国农村带来了新鲜知识与改善生存的科学方法。美国最负盛名的中国问题观察家费正清（J. K. Fairbank，1907—1991）曾评论：“晏阳初20世纪20年代深入中国北方乡村，开展识字教育、公共卫生以及农业科学的乡村运动，取得了巨大成功。”①

宴阳初1950年移居美国后，向世界推行并实践他的乡村教育理念。1950年受聘担任国际平民教育会主席。他深入一些不发达国家的底层，开展乡村教育，后又担任联合国教科文组织的顾问。从20世纪20年代起，国际社会对晏阳初的实践与事业成就，就给予高度评价。可以说，他广受尊敬，誉满海外。

傅葆琛

傅葆琛（1893—1984），1916年毕业于清华大学，同年赴美留学。1918年秋至1921年，傅葆琛赴法先在马赛担任基督教华工青年会干事，后应总部之邀，到巴黎接任《华工周报》主编。②

---

① 费正清（John King Fairbank），美国著名历史学家，哈佛大学终身教授，1932年来中国执教于清华大学，与梁思成、林徽因夫妇成亲密朋友。费正清这个中国名字就是梁替他取的，意为费氏正直清廉。费氏为美国中国的近、现代史研究领域的“泰斗”，一生许多著作都与中国有关。

② 傅葆琛（1893—1984），字毅生，出生于成都双流县华阳镇永安乡傅家坝。1916年清华大学毕业后即赴美留学。六年间先后读过美国俄利岗农科大学、耶鲁大学、康奈尔三所大学，攻读森林学和农学，获森林学硕士和乡村博士学位。傅葆琛民国二十一年撰回忆文章《华工教育的追忆》，收于《晏阳初全集》（第一卷1919—1936），上海图书馆藏。

傅葆琛从事华工教育的另一出色成就是为华工编写新教材。很多华工目不识丁，华工青年会最初采用沪江大学董景安先生所编的《六百字编》，但此教材用文言编写，初学者很难学进去，华工青年会总部请傅葆琛另编。傅君根据华工比较欢迎带韵的书，如《三字经》《百家姓》《千字文》等，参照董氏的《六百字编》，选用比较常用的、与生活关系密切的六百个字，分门别类，联成五字一句的韵言，如“一二三四五，金木水火土”，“天地日月星，雷电雨风云”，“墙壁门户窗，桌椅板凳床”等等。《通俗六百字韵言》提供给各地开设的课堂后，发现若每天能教学十个字，两个月便可教完这本书。许多华工学完它后，感到很有收获，希望继续学下去。傅葆琛又编出一本阶梯性教材《通俗新知识课本》，全书共分一百课，前五十课每课一百字，后五十课每课二百字，每课至多十个生字，它以《通俗六百字韵言》为基础，就像小学生读完一年级接着上二年级一样，华工们学得津津有味。其内容包括各种常识，如地理、历史、天象，实业、科学，公民、卫生，尺牍（书信）、故事等，每篇课文后附设问题若干，以便课后温习。书中还插入了一些图表，帮助华工理解课文。[①]这两本教材在华工中很受欢迎，读起来朗朗上口，学的东西可触可摸可感，于华工的识字及文化启蒙大有裨益。

傅葆琛在清华大学时就对平民教育感兴趣，曾和同学试办过农民子弟学校。他从美国康奈尔大学博士毕业后，赴美国南方各州考察乡村教育，在田纳西州的山区里参观了为失学男女开办的月光学校，并在其他地区参观了好几处为黑人文盲开设的扫盲学校。通过求学与考察，他开阔了社会视野，坚信平民教育是帮助失学青年和文盲成人学到最实用、最急需知识的一条捷径，可以用最短的时间，花最少的经费来达到这个目标。

在法华工教育是傅葆琛将自己崇信的平民教育理念付诸实施的一次富有成效的尝试。回国后他改变专业方向，以极大的热情投身于中国的平民教育，

① 吴绍芬：《致力于乡村平民教育的傅葆琛》，《中国教师报》电子版，2015年1月21日。

成为中国近代教育史上以乡村教育著称的平民教育家之一。

还有一大批以赤诚之心投身一战华工教育的青年学子，如蒋廷黻、史义瑄、桂质廷、傅若愚、陆士寅、王正序、全邵武、陈立廷……都为华工教育和华工服务贡献了才智与热情，历史记住了他们的名字。

第四节　华工教育运动获多方支持

华工教育实质上是劳动大众的一种智识兼文化启蒙。它没发生于中国国内，而是出现在国门之外的法兰西，这是它的特殊性。其实施的初始阶段，法国依然置身于第一次世界大战的惨烈战火，因此，这场运动必然牵动到法国的有关机构和人员。

华工是法国战争部从中国招来的，战争部的官员对华工教育表现出两个阶段性的态度，首先以行政手段劝令在华工所集各地设立教室，挑选年轻可学之人，每日在工作时间内拿一小时来学习法文，学员不扣工资。这第一个态度无疑是支持华工教育的。后来美国基督教青年会派人来法，进入英辖华工营开始教华工识字，不久也与法国战争部联系，要进入法辖华工营进行华工教育。战争部主管部门有些犹豫，认为一个宗教性质的组织到华工营里，会对法方的管理带来负面作用。后来看到这帮年轻干事在英辖华工营里的行动与办事的架势，渐由犹豫变为不反对，对基督教华工青年会提出的申请，虽然一直拖延不予正式批准，但采取默认的态度，不予干涉实质上也是一种无声的支持。说到底，法方管理高层认为华工教育对法国使用中国劳力完成战争时期的任务是有好处的，是一件会产生正面效果的事业。

法辖华工营队的指挥官是由战争部从各军区抽调派遣的，军区的将军们对之有间接的领导权，遇事也会对华工营指挥官发号施令，他们支持基督教华工青年会进入华工营队。

华法教育会（Société Franco-Chinoise d'Education）提出设立华工学校，招收教师进行培训，初心是为今后的华工教育准备师资。这个倡议乃华法教育会的正副会长蔡元培、李石曾提出。华法教育会成立于1916年6月间，在巴黎召开了成立大会。为了便于开展活动和扩大影响，华法教育会设中国正副会长和法国正副会长。蔡元培、李石曾出任中国正副会长，法国正会长是巴黎大学史学教授奥拉尔（Professeur Aulard），担任过法国内阁殖民部长、时任法国众议院议员的马利尤斯·穆岱（Marius Mudet）出任法国副会长。中法两位秘书长分别是李麟玉和贝尔纳先生（M. Bernard）。当时该会的会所设在巴黎的Bugeaud街八号。[①]奥拉尔、穆岱、贝尔纳这些法国人都支持华工教育。蔡元培等人提出的劳工教育理念成为在法华工教育运动的一个先导思想。中法人士的联手，对华工教育活动产生的促进作用不可低估。

华工中缺乏正当的娱乐活动，反过来为赌博和外出寻花觅柳提供了土壤。中国驻法使馆、华工营管理层、军方高层与基督教法国华工青年会都希望改变这种现象。

华工教育事务所需的资金来自多方面，除美国基督教青年总会的投入，最大的一部分来自中国政府和国内的机构以及私人捐助，北京中央政府拨出合5万美元的款项，有若干个省的财政厅也拿出数目可观的捐款，总数超过了中央的拨款数额。长期担任基督教青年会管理人员的洛克伍德先生（W. W. Lockwood）在提交的一份备忘录里表示，在中国募集到的资金三倍于先前任何同类募捐得到的数额。但他发现，这笔资金里有相当部分没有用于华工教育与服务项目。他对此表示忧虑并提出警告。那部分钱款是被人贪污还是被挪作他用，人们不得其详。[②]

---

① 陈三井：《华工与欧战》，岳麓书社2013年版，第115页。

② 参阅徐国琦：《一战中的华工》，上海人民出版社2014年版，第189—190页。

华工在法工作，艰辛困苦，人生地不熟，备受思乡之苦。华工青年会的干事们发现华工大部分是文盲，听听歌看看幻灯片还容易引起兴趣。他们意识到，在华工营里开展启蒙教育，让华工识字是非常迫切的任务。他们向美国总部发出信息，求助外界寄来幻灯片、图画与歌曲和初级书刊，助华工抒心绪而慰离思。

美国基督教青年会获悉后，便广为动员，请分布在各有关国家的基督教青年会机构关注和支持法国的华工教育与服务。基督教上海青年会尤为积极，活跃会众们以募捐之款分头为华工购置物品，计有上百套书籍，文具笔画共百箱，教育图片数千张，中国歌曲唱片一千张，报刊若干份，风筝一千个，毽子两千枚。随着沟通越深，又获知华工缺少乐器，又采购了二千支笛子，二胡等其他乐器六十件，演戏化妆用的假发一百零一打。华工中有爱听地方戏，如平剧的《斩黄袍》《独木关》[①]或扬州小调等，这边就去购买留声机与戏剧唱片。这么多的教育、文化、娱乐用品，需分多批寄运法国。华工喜爱家乡食品，上海青年会运去八十箱罐头食品。[②]所有的物品都只能靠海运，由于路途遥远，有些食品分到华工手里，也有已经变质的。不过，如此给力的支持，确也令华工感到同胞的一片温暖。

不仅上海青年会行动起来，上海的一些民间组织也以实际行动给予支持。上海新天安堂文学交际会为了筹款收买中国幻灯影片、留声机唱片及中国书报等物，以寄法国华工之用，于1918年3月22日晚间，在上海基督教青年会会址举办了一场别开生面的演讲收购会，由英国驻沪总领事法磊斯亲自主持，演讲人为英国霍金斯大尉，他讲述自己与华工团同行的经过，并辅以幻灯，展现华工在法工作之情状。出席演讲会的听众人数众多。大会自22日起发售入场

---

① 《独木关》，京剧传统剧目，因彼时北京名北平，故叫平剧。该剧又名《枪挑安殿宝》，以武生戏为主。表现唐代薛仁贵从军受压，在独木关抱病上阵，枪挑敌将安殿宝，破关救人的故事。《斩黄袍》故事曲折，大意为赵匡胤“黄袍加身”当上皇帝后，宠幸女色，醉后怒斩北平王郑恩，另一将领陶三春对此不满，寻机愤斩赵匡胤的黄袍以泄心头之愤。

② 参阅陈三井：《华工与欧战》，岳麓书社2013年版，第119—122页。

券，每券一元，所收之款作为购备各物之经费，凡有中国幻灯影片、留声机唱片、中国书籍等，愿捐赠华工的，都可上交到指定地点，待收得一定数量后即汇寄法国转交华工青年会供华工营使用。[①]上海滩上乐善好施者比较多，文化书刊充沛，响应此倡议的人颇为踊跃。

中国基督教青年会全国委员会，在支持华工教育和服务方面很有力度，不仅为在法华工运去了数百吨各类物资，并决定在中国以“必须不求名利服役于人”的宗旨，招募100名办事员，派赴法国充实在法的华工青年会的工作队伍。具体做法，在上海昆山路4号青年会办事处设一办公室；在上海组织董事会，由会讲官话、免除军役之英美人士（其中有曾在法国逗留过六星期的美国人爱德华）和一些贤达知名华人如邝富灼先生[②]等出任董事；报名者可向上海、天津、济南、开封、汉口、南京、奉天、成都、吉林、保定、北京等地的青年会索要志愿书，报名参加。董事会拟定了派赴办事员的条件与待遇：

（1）来回法国的川资及途中必要经费由中国基督教青年会承担。

（2）办事员抵法后为华工服务期间，可获每月60美元的薪金。

（3）视办事员家庭经济状况，在办事员赴法服务期间，其家属每月可领取养家费若干，具体数额按需要商定。

（4）办事员在法工作期间，免费获得制服与服装，以及一应食宿之需。

（5）给办事员购买人身保险，每月付保险公司25元/人，最高赔偿以5000美元为限。

在华的英国教会答应派遣40名办事员，直接赴伦敦向英国基督教青年会履行报到手续后，再分配去法国华工青年会。

---

① 《赴法华工之明灯》，《申报》中华民国七年三月二十日第（十）版，上海图书馆藏。报上登出了捐赠物送交地址：圆明园路25号达文德教，黄浦滩1号亚细亚火油公司黎斯氏，黄浦滩4号天祥洋行佛尔尼氏。

② 邝富灼（1869—1938），1908年4月应商务印书馆张元济之邀，由国外回沪，主持商务印书馆英文部的编辑事宜。自此定居上海三十年。邝氏身处上海华洋混杂的社会，在中西方文化介绍方面扮演了重要的角色。

中国基督教青年会全国委员会要求报名者为基督教徒，应品行良好具有才干，并从事过基督教事业，且具一定经验。[①]

还有其他一些个人或组织，通过各自的渠道与方式，也向华工教育与服务运动提供了实际的支持。1918年9月间，在中国的17位中美传教士接受基督教青年会国际委员会的邀请和资助，前往法国参与这项工作。其中美国传教士栾马丁牧师，在山东莱州地区传教多年，除了英语外还懂法语，在中国生活久了，说一口中国话，又熟谙山东的风俗习惯。栾马丁抵法后找到一个有许多华工的工厂，美国基督教青年会派来的留学生陆士寅已在那里当干事，编了些讲义，正缺人，于是两人配合，在华工青年会搭起的大幕帐内办起了夜校，开设中文、法文和英文三门课，供华工选学，还有历史、算术、地理等科目，华工报名颇为踊跃。[②]到了10月，大陆又有7名中国人、4名英国人、1名美国人启程赴美国，先在纽约接受美国青年会特别训练，然后再渡大西洋赴法国充任华工团中的青年会干事。[③]

中国驻法公使馆逢年过节，派人去华工营慰问，馈赠许多食品以资关怀，也不忘带去文化娱乐性物品如识字牌、象棋、大皮球等。

基督教华工青年会制订计划要在每个华工营队设立阅报兼消遣室，让华工下班后可以休息消遣与熏陶文化知识。这个房间不是向雇主老板要，而是自己盖搭。由于经费不足，计划受阻，伦敦基督教青年会获悉后发动慈善捐款，将所得2万英镑善款汇至法国华工青年会，使之在90多个华工驻地完成了每处一个华工俱乐部（Club de Bienvenue aux Volontaires chinois）的设置，显著地扩大了华工教育运动的硬件规模。[④]

---

① 《法境华工青年会之罗致》，《申报》中华民国七年八月十日第（十）版，上海图书馆藏。

② 《时报》，上海出版，民国七年九月十日。

③ 《服务华工青年会之踊跃》，《申报》中华民国七年十月十日第（十）版，上海图书馆藏。

④ 参阅P. Wou, *Les travailleurs chinois*, pp.24–25。陈三井：《华工与欧战》，岳麓书社2013年版，第122页。

第九章　华工情形官方调查披露

第一节　调查的广度与深度

调查在法的一战华工是中华民国侨工管理部门完成的一件大事。赴法调查人员深入法国各地的华工工作地点诸如工厂、矿山、港口、船坞、军需供应局、物资转运枢纽站等地，与华工有了直接接触，向管理华工的法国有关机构或使用华工的企业雇主等作了具体的了解，也与管理华工的英国方面有一定的接触。得到的材料是第一手的，之后将各次调查结果汇集成册，名为《国务院侨工事务局调查在法华工情形书》（下文均简称“情形书”）。此书比较客观地反映了一战华工在法国的面貌，对后人研究一战华工史具有相当的权威性。

了解调查的内容之前，我们应该知道情形书的产生背景。中国侨工管理曾严重滞后，北洋政府于1917年9月设立了直属国务院管辖的侨工事务局后，侨工事务在国家层面上开始有专人负责，先在侨工事务局下设专局，负责拟定外国人招募华工应守之章程和条款。进入1918年，中国侨工管理逐步走上了轨道。专局科员们把前清时代各国来华招募华工的条约、当年朝廷对华工的保护条款与限制规定等文书抄录颁行，发到出洋华工较多的江苏、山东等沿海各省，让省侨工事务局参考。

国务院侨工事务局命江苏侨工事务局调查社会上的招募侨工机关（注：

当时上海属于江苏省所辖），江苏省一边查一边上报，查下来，从事招募工作的经官府批准的仅惠民公司一家，其他形形色色的招募机构全无合法手续，其中骗子打着招工旗号骗人交报名费的最多。遂决定取缔不合法的招人公司。不过，江苏调查不可能不知道外国洋行在代英国人招工，法国也通过它的洋行在上海招工，这是不敢得罪的，只能开只眼闭只眼了。既然国内展开调查，不去调查已在国外工作的华工显然不合逻辑。侨工事务局已设立调查员机制，共委任了9名华工损害特派员，除2人在局办事，余者皆赴实地作调查，其中有派往国外的。尤其数万中国人已被英、法招去烽火连天的西欧做工，工作地点分布既广且散，华工们的命运如何，必须派人前往实地详调，方能获得可靠的真实情况。更何况英、法还在中国继续招工。国家要维护华工的权益不能心中无数，一旦出现问题，外交上的交涉更需拿出真凭实据。调查员赴法详细调查的计划便在这样的时势下得以实施。情形书共分五次披露了调查结果，第一次披露时间为1918年11月，第二次是在1918年12月1日，第三次是在1918年12月10日，第四次是在1919年1月，第五次披露是在1919年4月，前后跨度为6个月。

决策者将调查的范围确定在法国。大而言之，似可分为华工群体的规模与构成，工作种类与工作地点，生活与工资待遇，华工患病、死亡统计与善后处理，华工表现优劣情况，英法对待华工的良善、中庸与恶劣等几大方面，还涉及战时华工损害赔偿、华工教育、华工滋事与惩罚、华工投诉处理情况等颇有特殊性的领域。应该说，调查涵盖的面相当广泛，报告确实具有广度。下面我们分类略加评述。

工作种类与工作地点的调查，这项内容在情形书里略嫌简略，如工种，华工分机匠及普通工两大类。机匠包括机械、配造，旋工、冷作等，大都曾在上海高昌庙制造厂、汉阳枪炮厂、铁路机修部门以及各洋行公司的机器房里干过。从上海《申报》当年登载的许多招工消息看，机匠承担的工种很多，实际情况相当复杂。普通工虽无技术，主要承担装卸运输等非专业性的工作，但涉及的劳役类别也很多。情形书提到了一大批华工的工作单位：兵工厂，子弹厂，炮厂，飞机厂，煤气厂，造纸厂，炼钢厂，铁路枕木厂，造船厂，火药厂，河运公司，军区粮台、军衣局，建筑公司，军事建筑所，军事工程局，煤矿，铁工厂，化学品厂，美军飞航队，军需局等。调查报告统计到华工被分配去法国各地的工厂，多达110处，它们遍布在法国各地。侨工调查员走访了半数，可以说马不停蹄，工作做得很细。英募华工的人数是法募的两倍多，英辖华工的工作地点却披露得不够，是没调查到，还是英国人不让调查，我们不得而知。

华工生活与待遇这一项，调查细致，分门别类，一一介绍，如工资与赏金，饮食标准及工人反映，衣履发放是否及时等。人每天晚上都需栖息，这么多的华工住在哪里？调查对象为法辖华工为多，发现住所多在工厂附近，仅少数华工队被安排租住普通的民房，最常见的住房是大木棚，里面可住几十人。墙壁辅以夹板，冬季尚可御寒；有的棚屋铺了地板，以防潮湿；也有的大木棚选址不佳，地面潮湿，对华工健康不利。有些工厂地处战地附近，华工经常面临敌机袭击；因面临前线，敌人的重炮昼夜轰击，法方通知华工营须离战线二三十公里，侨工委员恳请法国战争部转嘱各厂修建足够大的避险地窖，以便遇到空袭或炮轰时全体华工可赴匿避险。华工见到国内代表来调查，知是中国政府之意，远离家园一二载，亦很想知道国内情况。驻法侨工委员李骏不失时机地向华工介绍了去年即1917年京畿一带大闹水灾，灾民无数，极需各界救助。华工听闻，联想到自己在家时的困苦生活，纷纷争先恐后地捐钱。情形书第三次披露的报告一一详列了捐款的具体单位、人数和金额。从1917年12月起至1918年7月底，侨工事务局驻法代表收到的赈灾捐款共计14906.35法郎，来自大约三千五六百名华工的慷慨解囊，在法国各地33家工厂企业里工作的华工参加了赈灾募捐。参与人数最多的是沙泰勒罗枪炮厂，283名华工捐出1853法郎；修冷飞艇制造厂56名华工捐了1643.85法郎，三得尖工厂和山冈埠铁厂两家的华工各先后捐了三次款。情形书所载数据确实为我们的研究提供了不少线索。[①]

读者须知华工与法方签订的合同，“受供给饭食及住宿之工人，每作工日之工资定为法币3法郎。此外工人于每日所得之工资内，应交下列费用：衣履费法币25生丁，疾病死亡保险费法币25生丁”。就是说，普通工人一天工作10小时，净收入为2.5法郎；工匠视技艺水平其工资略高于普通工。捐多捐少都是一片心意，二三法郎到30法郎不等，捐款是从他们的血汗辛苦钱里拿出来的。身在异国他乡，为祖国的同胞灾民踊跃捐赈，显示出华工们爱祖国念同胞的一份深厚情意，也体现了中国人固有的善心与同情心。

华工调查既能反映出华工良好及其优秀的一面，亦不可避免地接触到华工中存在的严重问题，对此，情形书同样作了披露。到法国的华工人数过众，品类不齐，能循良守规矩者固为多数，但粗暴不良分子亦不少。后者往往将一件极小的事故，恣意弄大，以至酿成极大风潮。兹据情形书1919年4月第五次披露的“华工在法滋事”的内容作简要的介绍与评析。

调查到的事端截至1919年4月材料披露前共有26次，发生地点为法国各地的火药厂、兵工厂、钢铁厂、河运局、海运局、工程局、煤矿、军需局、船厂等。涉及23个厂矿企业，有3家各发生了2次。上报国务院侨工事务局的事端性质认定，分为罢工（7次）、滋事或闹事（8次）、扰乱（2次）、争斗（1次）、械斗（5次）、叛乱（3次）等6种。法方处理事端的方式也各不相同，以罢工为例，有6次采取调停解决问题，1次将华工团解散。滋事或闹事基本上调停成功，仅一次调停未成最终把华工队解散了。扰乱、争斗都通过调停得以解决。械斗，是华工营与异族械斗，还是中国人内部，没有记载，处理方式2

① 厂名三得尖（原记录如此），该厂华工第一次120人捐507.05法郎，第二次85人捐537.05法郎，第三次又有一名捐了10法郎。山冈埠铁厂的华工，第一次102人捐312法郎，第二次130人捐128法郎，第三次12人捐61法郎。情形书记录的华工第二波捐款，时间从1918年8月至10月16日，由侨工委员转汇国内救助京畿灾民的第二笔善款，计为1324法郎。但具体有哪些工厂有多少名华工，情形书未列出。

次以调停平息，1次减少工团人数，2次把华工营队解散。最严重的性质当属叛乱，其处理方式只有1次解散华工营队，2次都通过调停把严重事端淡化处理了。平时，华工营里因工人违规课以罚金或者拘禁的惩戒性处置时有所闻。侨工事务局调查员认为，无论管理方法如何严厉，华工在法闹事都难以禁止，主要原因是华工里面有些人“知识薄弱，粗鄙成性，滋闹争斗，视为寻常”。这恐怕也是实情，愚昧再加上蛮横，一旦有冲突，就会演化为恶性行动。如中国劳工在巴三斯火药厂和格拉畏而船厂的两次罢工引起的械斗情形最烈，最终竟至有1人被法庭判决无期徒刑，3人获判有期徒刑20年。

要搞清楚这些事件的真实原因和产生过程恐怕非常困难，也许唯有在中外散乱的档案里或当年与此相关的亲历者的个人日记里，尚可略寻端倪，而且一旦发现，拟需将有关片段加以串联、印证、分析，始可获得一些较客观的解读。发生这类事端或风潮，究竟是出于劳资双方沟通不畅，或是由于雇主亏待华工引起不满，还是法方管理军官或华工团总办的无理压制，或者华工面对异族欺凌得不到公正处理，还是华工内部有人自己犯事不认账，或者为了私利故意煽风肇事等等，由于缺少详细记载，后人往往无法确知，这也是作者只能引用侨工事务局披露之事端性质的理由。

我们通过归类分析，可得出几点结论。首先，事端调查似乎只反映了法辖华工的范围，关于英辖华工营和替美军服务的华工营曾发生过的冲突事件，“华工在法滋事”一节里没有提及。都是在法华工里发生的事，缺了一翼，使这项内容少了一大块。法、英在华招募华工，基本思路乃我出钱雇人，不要中国官方派人协助管理。招来的华工不能没有人照管日常，那就交给工头和翻译去承担没有名分的责任，最高决定权掌握在法、英各方的军队部门，法国比较明确，由战争部下属的殖民地劳工署执掌大权。这样的结果必然造成事端迭起，冲突不易化解。当驻法侨工委员李骏赴各地华工营队调查时，不少地方的华工已积怨甚深，地火暗流，稍遇突破口或导火索就会酿成地火喷发，引起大乱，然而，经李骏劝解，与法方的总办或管理军官、工厂雇主沟通，问题迅即迎刃而解，皆大安宁了事。这说明权威的中国管理人员协助对于华工营的正常运转是何等重要，正因为缺失了它，才在现实中酿成本来可以避免的许多极端事件。最后一点我们看到，不管从最轻到最严重的，26次事端的处理方式，有19次采用了调停，占全部方式手段的73%。说明调停是解决冲突最得宜的措施。

就在法华工调查的深度而言，调查报告确有可圈可点之处。在当时的历史条件下，招募华工的英、法政府正在与德奥同盟国打仗，两个政府的主要精力都集中于战争，而战争的指挥机关必然将许多东西归于机密范畴。正在被法、英、美三方使用的华工团、营、连、队，工作地点频繁变动，管理层次比较复杂，外国的特派调查员要去调查，客观地说，难度非常大，只要被调查单位的指挥官随便找一个理由，诸如指挥官军务繁忙，华工正在执行紧急任务，你要问的情况属于军事秘密，上峰有令不得外泄等，便可把你拒之门外或令你无法得悉详情。然而，中国特派调查员坚韧不拔，在调查中渐次深入而为，还是获得了不少外界无法知晓的内情，给中国的侨工史留下了一份宝贵的史料。

情形书第二次披露日期为1918年12月1日，这次的调查内容涉及“战时华工被害情形”。除了英、法在华招募的大批劳工赴法提供战时劳务，还有不少华人应招出洋充当各国轮船水手。这部分水上华工的命运如何，在其他史料中亦不多见，情形书则给我们提供了一份确切的较为详细的报告。作者按日期顺序列于下表。

表24　　华工遇难情形

亡者姓名	身份类别	遇难人数（人）	所在船名	被害日期	遭击海域
严得贵	水手	1	洛得特里	1916年9月17日	地中海
王文山等	水手	19	肯察	1916年12月7日	英吉利海峡
董得胜等	水手	6	西敏寺	1916年12月14日	地中海
高有财等	水手	2	奥察克拉	1917年1月12日	犹圣特附近

（续表）

亡者姓名	身份类别	遇难人数（人）	所在船名	被害日期	遭击海域
胡凤鸣	水手	1	纳雪里	1917年2月11日	爱里斯海
刘荣富	水手	1	斯郭亚	1917年2月13日	特里埠斯附近
王兴发等	侨工	543	阿托斯号（ATHOS，法邮轮）	1917年2月17日	地中海
霍库等	水手	12	波苏斯	1917年2月21日	哥伦布
韩连财等	水手	12	加里得哥鲁夫	1917年3月6日	爱尔兰
唐阿东等	水手	2	毛脱步阿利	1917年3月18日	不详
温仔才等	水手	4	奥哥斯克斯乐（荷兰船）	1917年3月23日	不详
李得胜等	水手	7	赫斯夏	1917年3月31日	不详
程万兴等	水手	3	加里奥善	1917年4月	西西里岛附近
周荣山等	水手	3	加里窝泼	1917年4月5日	地中海
徐世永等	水手	8	玛丽皇后	1917年4月16日	爱尔兰海岸附近
李有太等	水手	7	英国船	1917年6月15日	不详
张福林等	水手	27	英国船	1917年8月	不详
窦树立等	水手	20	不详	1917年10月	不详
廖庆山等	副司机伙夫	2	诺维银号（丹麦商轮）	1917年10月22日	北海
王勤等	水手	30	不详	1917年11月	不详
李和三等	水手	4	不详	1917年12月	不详
潘达仁等	水手	6	不详	1918年1月	不详
赵阿四	水手	1	不详	1918年2月	不详
陈阿铭等	水手	29	不详	1918年3月	不详
杜阿毛等	水手	12	不详	1918年5月	不详
遇难者共计		762			

我们研读上表便可获得若干认识。[①]第一，一战中为协约国服务遭遇不测命丧大海的中国人，国务院侨工事务局披露的数字为762人，还有些葬身鱼腹的华工肯定未能统计到，总数应相当惊人！特别是英招华工的运输轮遭到袭击沉没的不止一次，由于英方保密，中方当局未能知晓。上表一次性543人丧命是一战期间华工溺毙人数最多的一次海难。第二，在海上为协约国一方船只服务的中国侨工人数应不下数百人。统计表中因船只遭袭而丧命的华人水手有219名，还有命大幸存的或者所在商船未遭到袭击的，服务总人数虽无从考查，但应大大超过219人。第三，调查披露的华工海上受害日期从1916年9月17日至1918年5月，时间跨度为21个月，共有25次华工所在的轮船遭到袭击。1918年6月至11月11日一战停火前，就没有统计是否有海上遭袭和华工水手死伤。因此，披露的数据是不完整的，信息来源的时间段存在缺失。

情形书1919年1月第四次披露，“法国北部华工在敦刻尔克及加来一带工作时遭击毙先后计95人”，全都死于敌机的频繁轰炸。报告把遭敌机轰炸丧命的华工按姓名、工号、籍贯、伤毙日期与埋葬地点一一列出。笔者作了反复统计，发现总共为94人，大概95人的数字是人们传闻的，待到具体一一统计落实时，实为94人，笔者认为调查员既已细致到这个份上，不可能漏掉一人。我们以此史料得以获知：94名遇难华工中，山东籍为64人，占总数的68%。还有直隶籍26人，盛京（即长春）、湖北、山西、河南籍各1名。从1917年8月4日至1918年4月30日之间，敌机向英军与华工的10多个工作地点狂轰滥炸，这些地方是敦刻尔克、加来、奥德瑞克、贺坡地、白逊、普尔维、阿特陆、坡伯来、盖兰、汉塞布罗克、布恩本等地（注：大部分地名是当年留下的中译名，除前三个外，余者暂无从确知其法文），造成华工伤毙的轰炸袭击达22次。下面为德军袭击轰炸致华工丧命人数最多的几次，按日期先后排列：

① 《国务院侨工事务局调查在法华工情形书》第二次披露，中华民国七年十二月一日，第192—193页。上海图书馆藏。

1917年8月4日在敦刻尔克，炸死华工16人。

1917年9月4日在加来炸死华工12人。

1917年11月15日，在贺坡地，12名华工被炸身亡。

1918年3月21日加来市遭轰炸，19名华工亡；其他18次轰炸袭击造成的华工伤毙人数从1名至数名不等。

94名华工的埋葬地点分布在加来海峡省的加来、圣堡（Saint-Pol-sur-Mer）、巴拉克（Les Baraques de Sangatte）、砖桥墓园（Pont-de-Briques）、索姆省的努瓦耶勒（Noyelles），还有作者暂未破译出只好在此照抄原文字的一批墓地：白荷墓园，兰凝坟园，福嗣坟园，门庭汉坟园，坡伯来，丹宜汉，普耳维，六十ces坟，四园，中华坟园等。[①]

数字统计是枯燥的，但我们稍加想象，这么多的华工同胞在敌机或大炮的呼啸空袭下瞬间成为血肉糊模或肢体残缺的尸体，他们身处的环境是多么险恶！幸存的华工看到刚才鲜活的同伴说没就没了，他们该是何等的惊悚，何等的恐惧，何等的愤怒，又何等的无奈！

第二节　调查报告的局限与缺憾

在法华工情形书的调查广度与深度，在当时的历史条件下应该说尽了很大的努力，特别是法辖华工的情况比较翔实。但综览五次披露内容后，作者发现了这份调查报告尚存在几大局限性。

第一，情形书中的许多中译名没有注原文。我们在研究史料时，如果一

① 《国务院侨工事务局调查在法华工情形书》第四次披露，中华民国八年一月，第217—220页。威海市档案馆藏。

个中译名不能让人知道它的外文原名是什么，那就容易产生模糊感；若需深入一步寻找此地点或作相关研究，其障碍是显而易见的。百年前，翻译还没有在中国成为一门专业，外国姓名或地名的翻译远未步入规范化，但在中译名后注上原外文名，是完全可以做到的。今日用到它的话，也能将原译名改为规范译法。如情形书中有这样的句子：华工被派往“索谋（Somme）口之脑耶（Noyelles）验病检照”，派往工作地点有“普蓝（Boulogne）”“杯而贺（Belfort）”等，因为当初注了外文，根据中国地名委员会编的《外国地名译名手册》，我们现在很容易采用规范译法，将上述几个地名分别译为“索姆河”“努瓦耶勒”“滨海布洛涅”“贝尔福”。

但如果中译名未注外文，想搞清就颇费精力和时间。作者解读出了一大批华工工作的单位或地名，现举例子作比较：①

表25　　华工工作的地名或厂名

情形书里法译中的名称	破解出的法文地名或厂名	规范译法（或约定俗成）
南带煤气厂	Nanterre	南泰尔
格朗古聋钢铁厂	Grand-Couronne	大库罗讷
三泰田子弹厂	Saint-Etienne	圣艾蒂安
山峯火药厂	Saint-Fons	圣峰
阿雷昂军衣局	Orléans	奥尔良
仆论尼艾美飞空队	Boulogne-sur-Mer	滨海布洛涅
三沟半工厂，三讲半化工厂	Saint-Gobain	圣-戈班
沙特劳枪炮厂，沙得列路硝炮厂	Châtellerault	沙泰勒罗
白米斯特造船厂，白来司脱河运局	Brest	布雷斯特

① 《国务院侨工事务局调查在法华工情形书》，第210—212页，215—216页，281—284页，威海市档案馆藏。

（续表）

情形书里法译中的名称	破解出的法文地名或厂名	规范译法（或约定俗成）
修冷飞机厂	Saulaines	索莱纳
霞佛船厂，哈佛来子弹厂	Le Havre	勒阿弗尔
克里搜炮工厂	Creusot	勒克厄佐

还有许多仅有中文的地名或厂名，一则华工的工作地点分布在法国各地城镇乡村，很多地名，英文或法文翻译从未听到过。再则当年译成中文的方法多据口头发音，而中国地广人多，各地方言口音之庞杂堪为奇观，故华工在法国叫成的中文名称常常使后人摸不着头脑，现举若干例子说明这一现象：拉目须炮工厂，齐艾句而美飞航空队，徐而东铁路枕木厂，巴二斯火药厂，欢南兵工厂，门庭汉坟园，兰凝坟园，六十ces四坟园，勒梭不雷军需局，波尔巴河工所，华工曾经捐款赈灾最踊跃的三得尖厂和山冈埠铁厂等等，它们是在什么地方呢？真的叫人一头雾水！

这便是在法华工调查的第一大缺憾，在情形书中，只有极少数几个地方在地名后注了法文，后面的大量的地名或厂名列举以及华工海上遇难的船名却只写中译名而未注原外文名。笔者相信调查者是懂外文的，即使不太懂法文，也一定懂英文。由驻法公使馆寻找的主调查员李骏被国务院侨工事务局委任为驻法侨工委员，这名出色的外交官原是留欧学生，他负责调查法辖华工，可能也兼顾借给美军使用的华工情况。由驻英公使馆聘请来调查英辖华工营的潘连茹曾是一位留学瑞士的留学生。不管是谁在调查，涉及外国的地名厂名，注上它的外文名称不是一件难事，而他们却疏漏了这件事，或者说开始做了，后来怕麻烦放弃了，仅满足于华工口头的叫法留于书面，给华工史料研究造成遗憾，有些可能会永久地留梗于探究之道。作者在写作本书时破译了相当大部分，有些仍无法解读。希望今后的研究者能逐渐破译它们。

第二大遗憾是重要名称的错误译法。《国务院侨工事务局调查在法华工情形书》，成书时间从1918年11月至1919年4月，前后长达半年，按理说，对于法国的招工机构名称应该有足够的时间搞清楚，这是开展调查工作的基础。可是，情形书里大量使用“法陆军部”的称谓。由于它是一个官方文件，顺理成章地给人们留下此乃官方正式叫法的认知。从此，只要论及一战华工，各类文章、书籍里都出现“法国陆军部”的字样。历史的事实是，法国并未设过陆军部。①

这个错误的责任应归于三方面，首先是国务院侨工事务局的有关主管者，作为官方机构里此项调查的策划经管人，不能不说是工作态度太过马虎，一旦白纸变黑字后流向社会，再要勘误就难了，把关者负有领导责任。第二是中国驻法公使馆的外交官，对驻在国这个涉及大批中国劳工的招募单位连名称都不能正确地译成中文供国内作为依据，这叫不敬业，实在该打板子！责任的第三方面是情形书的具体起草执笔者。这是源头工作，非严谨慎重不可，涉及的名称必须对着客观事实翻译，数据应反复核对。李骏是一名很出色的侨工委员，在处理华工问题和调解华工与法方上下管理层的冲突方面卓有成效。如在写调查报告时，把法国管华工事务的le ministère de la Guerre（战争部），译成“陆军部”，实在是匪夷所思。当然，作者无法断定他是这一错误中译名的始作俑者。假如在他抵达法国履职之前，有翻译已经在使用“法陆军部”的叫法，他作为在第一线与法方接触频繁的中国官方代表，完全有权力在当时就把人们误称的所谓“法陆军部”，在报告函件与书信往来的文字表述中勘误改正过来，但他却没有。因此，不能不说是这位驻法侨工委员铸成的一个难以令人释怀的失误。

中国官方机构里上上下下的马虎大意导致了这一重大失误，造成了关乎一段华工史的一个特别重要的外国机构的中译名错了一百年。

第三个问题是这项调查的范围设定上，带有明显的局限性。英辖华工的

① 法国军方档案里没有“陆军部”建制的记录。一战期间，地面部队分成步兵、骑兵、炮兵和工兵，全都是战争部（le ministère de la Guerre）下属的各个司。

人数达十三四万人，是法辖华工人数的两倍多，绝大部分在法国工作，一部分在比利时。调查计划设定为“在法华工情形书”，没有比利时华工的情况，尚有情可原。可是在法国的英辖华工营的内容较之法辖华工明显少得多，英辖华工营的调查流于空泛。是英国人阻止调查，还是调查人员没有深入华工营？1918年春季后，有1万多名法辖华工，被法战争部借给陆续抵达法国参战的美军部队，为后者提供劳役与服务。这部分华工的状况在情形书里仅寥寥几笔带过。英辖华工营发生过很多起华工违犯法律、谋财害命被判处徒刑甚至被处决的案子，也发生过很多例华工受虐甚至遭枪杀的事件。在法华工调查情形书中，这些都没有提及，而近年来国外出版的书籍材料里，这类史实已被西方研究者屡屡披露。负责调查英辖华工情况的潘连茹，是中国驻伦敦公使馆派出的官方联络官，专赴英国远征军中管辖的华工营团。[①]潘连茹是否中途退出调查？如是，为什么华工事务局与驻英公使馆不另派调查员继续进行下去？这无疑是调查计划决策者们严重的失职。

客观上说，中国劳工团的华工在英人的管辖下，中国外派的侨工委员不易进入英辖华工的体系去作调查，中英政府之间缺少事前的互信沟通，英方缺乏诚意配合，中方调查员的工作面临种种难以逾越的障碍。这也许是他们掌握不到许多详情，而致情形书中关于英辖华工情况披露得少且模糊的原因之一。

第四个问题，调查纲目不清晰。如情形书第一次披露的“（四），华工在法总集所”这一条里，仅提到“华工到法先至北部索谋口之脑耶（即索姆河口的努瓦耶勒，作者注）……”。实际上，一战华工是法、英各自招募来西欧的，法方在马赛设了“华工总驻所”，英方在努瓦耶勒设了“华工总集所”。这是两个华工大本营，而且马赛的在先，努瓦耶勒总集所接纳华工是在马赛开始之后半年多。但情形书仅在一张调查表格里出现“马赛总驻所”几个字。[②]情

---

① 参见徐国琦：《一战中的华工》，上海人民出版社2014年版，第95页。

② 《国务院侨工事务局调查在法华工情形书》第一次披露，中华民国七年十一月，第188页；第三次披露，民国七年十二月十日，第210页表格“工厂之调查”。

形书没有把法募与英募两大类分清，经常相杂而述，未能给读者展示一个明晰的轮廓，这是一个很大的遗憾。

第五，情形书里有的纲目仅一句话带过，1918年11月第一次披露的内容有23条，如关于在华工营里起到相当大作用的翻译阶层，情形书单列为第（二十），可是这条仅有一句话："翻译分三等，待遇较工人稍优，惩罚医药亦有区别。"[①]翻译分法招与英招，待遇如何不同，惩罚又是什么方式，医药治疗有怎样的区别，后人很难知道。华工营六七百名翻译是华工群体的一个重要组成部分，因为情形书的简单化处理而致使后人对这一部分的研究缺失了最直接的史料。

第三节　亡羊补牢的启示

在法华工情形书得以问世，无疑是北洋政府国务院侨工事务局的一大工作成果。20世纪第一个十年刚过，中国改朝换代，侨工管理严重滞后，但一旦醒悟，如同牧羊人发现羊已缺失，赶紧堵洞保护圈内的羊群今后免遭不测，从实际情况来评价的话，一战后期与战后的中国侨务管理工作显示出了一定的力度。

在法华工情形书第一次向社会披露已在一战停火以后。调查过程分两个阶段进行，第一阶段至1918年7月31日，调查启动的日期不详，可能在1918年4月、5月间，敌对双方的大炮仍在轰鸣。第二阶段的调查从同年8月1日直到11月20日，亦即直到停火后9天才结束。第五次披露在1919年4月，它又分为两次，4月间先公布一回，后来以"续前"形式再补充公布一次，显示出

① 《国务院侨工事务局调查在法华工情形书》，第192页。

“边调查整理边公布”的工作特点。整个调查行动持续了一年左右，通过既具广度又有深度的实地调研，对在法华工的来龙去脉与现状做出了一个总结。在战场局势渐趋明朗之际，侨工调查员已考虑到停火后的华工问题，并向侨工事务局提出四点预测性建议。

第一，法国北部诸城为墟，路残桥毁，修理工程浩大，欧战使法国人伤亡惨重，法国一定还需要劳力，中国可否与法方商议，华工合同到期后再作续签，把华工转入重建工程。他们认为法方有可能采纳。

第二，法方与华工原签的合同中载明华工也可用于法国非洲属地摩洛哥、阿尔及利亚、突尼斯等地。法国在战争爆发后大量征调属地的劳力，使那里的国民生产受损萎缩，战后法国肯定要加以恢复，因此有可能在停战后将一些华工移往属地使用。那些地方中国从未派驻过领事，他们担心法政府万一按合同调华工前往北非，中国一定要多派人前往照料，否则难保华工不遭虐待引发对抗事端。

第三，华工是战争部招募来的，战争结束，宜调整华工隶属关系，脱离军方，归于法国劳工部范围，华工受辖于劳工部，就变成了民事性质，这样才合侨工本旨。

第四，法国有大量的私营企业工厂，战后恢复旧业，必定需要劳力，中国侨务管理部门宜与法国私营企业界相商，让脱离法政府条约限制的华工应聘就业，使华工进入民间自由移民的范畴。欧洲国家的一些工人，战前进入法国受雇于私人企业是很普通的现象。①

以上几点考虑与预测，确是侨务官员为谋求改善国计民生的未雨绸缪。民国初立，人浮于事，人民生计日艰，若能使一般民众得以出洋工作，于国于民均不无小补矣。他们看到了时势造成的机遇，而作迎机利导之策。作者认为，当年的驻法侨务官员是相当务实的。他们能提出上述建言，显示了他们兼

① 《国务院侨工事务局调查在法华工情形书》第五次披露（续前），第280页。

明中国与法国两种国情，至少表现出一颗真诚的为国为民的敬业之心。

对外的调查工作，需要调查人员具备完成任务的能力，这能力至少应包含以下若干素质。

良好的外语水平：只有外语表达清楚，理解准确，才能与外国人谈清事情。

明晰的调查思路：在向人调查情况时，如果思路不清，就无法深入，只能听到不完整的东西。

辨别真伪的能力：调查需具备综合分析能力，听到某些东西就以为调查到了真相，必然使调查结果的质量打折扣。

擅长记录：听人叙事，抓住要点记录在本子上（昔日没有录音机），事后再回忆才不致漏掉重要的东西，特别是数据与人名地名，定要准确。“好记性不如赖笔头”，就是这个道理。

善于沟通：约人调查，时间有限，必须抓紧分秒，引导对方回忆出真实情况；尊重对方，使对方乐意与你交谈并回答你的问题，这是获得事实真相与细节的技巧。

勤勉的案头梳理：一项课题的调查需要进行多次，每次获得的内容，回到办公室应尽快梳理变成条理性强、有纲有目的初稿，以利日后再补充或更正，加入分析做总结。如停留于原始状态，将来在总结写报告时就会感到材料堆砌，混乱不清，做出来的总结则难以达到条理清晰、富有说服力的效果。

诚如作者在上一节里提到的，在法国的英辖华工营的调查流于空泛，这恐怕应归咎于侨工事务局和驻英使馆在选人派人方面暴露出的问题。

与外方打交道，须善于沟通，情形书在这方面提供了很好的启示。

20世纪初，法国的农庄役使马匹很普遍，运输使用马车，城乡民众的交通绝大部分依然由马车承担，巴黎的马路上到处都可看到马车，这些都是事实。华工在法国工厂里工作，厂方给华工食堂提供马肉，引起华工不满。法国百姓吃马肉是常事，法国人认为给华工提供马肉也无妨，且价格比牛肉便宜。

再说欧战发生，军马无数，马匹受伤是常事，既然不能再役使，就干脆宰了供人食用。因此马肉比牛肉的货源充足，这些可能都是理由。马肉之于法国人犹如驴肉之于中国人，虽非常规性肉品，但能接受。可是，马肉于中国人可不一样了，中国人不吃马肉，食马肉者会被旁人厌恶，过去即使在中国的下等社会里人们也不吃马肉。

华工拒吃马肉的事并非仅发生于一二处。1917年9月中国驻法侨工委员李骏，在殖民地劳工署华工事务北部总稽查官德丰泰纳少校（le commandant Defontaine）陪同下，前往法国西北部视察，敦刻尔克钢铁厂的华工纷纷向他们投诉马肉之事，华工的怨气极大，马肉风波如不解决看来难免生变。李骏回巴黎后，马上修书向殖民地劳工署署长博斯盖蒂交涉。[①]李在信中陈述，雇主让华工食用马肉引起华工强烈的反感，表明我们中国人向来不把马肉当食品；并表示肉品问题关系重大，酿成众怨，于工作大不利，积火不灭定会爆燃。李还举出一个强有力的论据："据骏所知，即贵国军队中亦未取用马肉也。"10月16日李骏接到博斯盖蒂回函，称"马肉既使华工生厌恶之心，故本人已发命令于雇佣华工之工厂主，以后不得用马肉代替通常屠店中各种肉品。"[②]李骏能举出法军不吃马肉的例子，说明他平时很注意各方面信息，需要交涉时就可以此为武器，据理制胜。

华工对衣履不满的现象，带有普遍性。衣履没有按时下发，寒季将临，华工仍着薄衣等，各种情况与原因颇为复杂。战争期间布料缺乏当为事实，但法国军衣局或有关机构办事拖沓草率，相互推诿，致使华工承担着繁重的工作，却未能按合同获得及时的衣履供应。

---

① 殖民地劳工署（SOSTC）是统管全法国殖民地劳工的机构的对外叫法，隶属于战争部，原殖民地部资深官员博斯盖蒂（Boschetti）出任署长。法招华工的一切事务均归该署管理。该机构在战争部内部则为八司五科。博斯盖蒂兼任五科科长，华工事务北部总稽查官德丰泰纳少校等为其属下。（可参阅第四章第一节）

② 《国务院侨工事务局调查在法华工情形书》，第285—286页。威海市档案馆藏。

华工营团的衣裤问题出现过几次风波。10月，多数工厂还未发棉暖衣。尤以翁日（Vonges）国立火药厂为最晚，华工一直翘首企盼。已领过更换衣裤的工团，发现很多不合身材没法穿，更抱怨有些穿旧了的衣服，虽经洗补，仍能看到破损。还有的是旧军装，衣上的污斑像血迹，有人疑其取自阵亡兵士。照理领替换衣履，应该高兴。可现在拿到这类衣裤，华工真的心生厌畏。

驻在鲁昂地区的数千华工，领衣履时只发短裤，工团总管说军衣局没拨长裤，他曾去函交涉，对方搪塞推诿，未有实际行动。华工营团里怨气暗涌，回到住宿的板棚，大家牢骚满腹，很多人宁愿仍穿破烂的长裤也不穿发下的短裤。

仅衣履问题，从1917年9月底李骏给署长博斯盖蒂写信算起，至次年5月2日收到后者的最后一封复函，两人各发信3次。李骏在信中据实反映情况，但不妄下结论，像华工怀疑发下的军衣取自阵亡兵士，他没有附和只是转述，表示“若渠等所言不实，即希明白解释”。但明确指出，发给中国人的旧军装有污斑，或有破损，或上衣缝有军章等，使法军方无法否认。南非劳工也穿短裤但都有缠腿绑带，而只发华工短裤，是何道理？他对此提出质询，虽口气委婉，但有理有据，他在信中表示：“鲁昂”华工领短裤代长裤，并无腿缠带，这不符合中国习惯，然而骏在巴黎亲见南非洲工人着短裤时，均有缠腿带。若非他们自备，自应请同样发给与领短裤之华工，天气严寒时，缠腿带良为必需之物也。这样的交涉，是沟通，也是维权。

实际上，法方在战时发给军队官兵新装时收回旧装，洗补后再拨给殖民地劳工营，也是常事。有些受伤兵士的军衣上沾有血迹，军衣局本该剔出丢弃污迹洗不掉的军衣。博斯盖蒂告知李骏：“各工团总管处，本署已一律重新布告，关于短裤代长裤事，当遵来示，每次分发短裤时，一同发给缠腿带，若发给的衣服有带军章的，本署命令一律取消。对于疑为死兵之衣，急宜解释向华工说明，法国埋葬死兵，即在阵亡地，故所发浣补衣服，绝无属于死亡军卒者。”[①]

① 《国务院侨工事务局调查在法华工情形书》，第288—289页。威海市档案馆藏。

中法两个机构之间围绕衣履问题的6次信函往来，对多种情况相互进行沟通，解决了一些问题，也平息了某些可能引发仇恨的猜忌，因而化解了危机。此例显示，在特殊的时空环境下，沟通手段的运用是多么重要，善于沟通之人员是多么难得。

下篇　回响

第十章　战后华工命运

第一节　第一次世界大战结束

历时四年五个月的第一次世界大战终于在1918年11月11日结束。停火是参战国人民盼望已久的事，欧洲许多国家后来通过立法把11月11日定为节日，放假一天，让人们不要忘记一战停火的不易。战争结束，几乎全球协约国的成员国都举行庆祝活动。

敌人投降，军队不打仗了，在法、比为协约国提供劳役的华工同样为胜利兴奋，有些华工营还举办庆祝活动。战火不再，因战事而来的十几万华工却不能放下手中的活儿，他们绝大部分没能马上返回祖国，因为他们的合同未满。

也有合同期满离开法国返回祖国的，不过那是极少数。有100多名华工在停火前两三周离法回国，他们在海途中不再担心敌人的潜水艇袭击。协约国战胜了，上海总商会和各县商会知照本埠商家于11月22、23两日升旗张灯，庆贺一战胜利。上海的海陆军警界在一战结束后已经两次举办庆祝宴会，尚不足以广贺尽兴，于是1918年12月3日又在虹口礼查饭店举行盛宴，邀请驻沪各国领事莅会。而就在同一天即12月3日，那100多名期满回国的华工，乘海轮经香港，转搭太古公司“新宁号”轮，于是日抵达浦东华通码头。轮船泊定后华工们各带行李箱笼，“当即雇用舢板向沪西一带而去”。[1]这批华工从工作时

---

①《庆祝战胜之谢函》，《海陆军警界之祝胜》，《申报》中华民国七年十二月一日；《华工满期回国》，中华民国七年十二月五日。上海图书馆藏。

法兰西满目疮痍。这个市府的残壁断梁上挂着德国人故意留下的一块牌子，上写："别生气，仅供欣赏。"战后，一些华工营队即被派去清理不堪目睹的市镇废墟与昔日战场。来源：Album de la Guerre 1914－1918. Paris, L'Illustration, 1924

间上推算，应是法募华工。

交战期间，十几万华工为协约国作出了巨大的贡献。停战了，法、英没有马上将他们全部遣送回国，而是继续留着，理由为所订合同未到期。但根本原因是法国经历这场战争，国民经济乃至人文全都遭受了巨大的创伤，法兰西满目疮痍，昔日的农田如今留下了绵延数百公里纵横交错的壕沟与铁丝网，大地上遗留着无数的炮弹残片、未爆炮弹与不计其数的地雷，许多士兵尸体依然散落在野外，仅草草盖上一层泥土甚至露于战场，他们来自许多国家的军队。村庄变成废墟，人民流离失所，道路交通被摧毁……所有的重建工程都需要劳力，华工仍是一支强大的劳力大军，合同尚未期满，正好顺理成章地被留下，转而投入战后重建。反过来说，如若没有客观的巨大需要，法、英一定会将华工在停战后尽快遣送回国的。无论是法方还是英方，在他们的招工合同里都把中止合同的主动权留给了自己。英威海卫招工局签的合同载明，华工在目的地工作一年之后，招工局得以随时取消合同，只是须先提前六个月通知。[①]法国

① 参阅本书附录四，英威海卫招工局与仁记洋行签订的招工合同第六条。

的陶履德－惠民合同第十八条载明，惠民公司承认雇主得于三年后，可随时将合同取消。[①]法方招募机匠与工头的合同章程中也规定，到法一年之后，陶履德或其代表能预行告辞工头及工人，唯必须在三个月前先行咨照。[②]

重建法国，需要投入的人力财力物力之巨，是难以想象的。法国动员了800万人参战，即占全国人口的1/5，占全国就业人口的1/3。人口损失非常可怕，男性就业人口中1/10死于战争，其中18岁至27岁的男性人口丧失了25%。法国农民在战争中死亡50%，应征入伍的自由职业者死亡的有33%，小学男教师应征参战后一半死在战场上。法国人死亡总约150万，受伤者超过200万人，与此密切相关的后果是一战期间的婴儿出生数呈现严重亏缺。1911年时法国人口为3960万，到战后1919年，尽管把从德国手里要回来的阿尔萨斯－摩泽尔地区的人口也算上，人口跌至3870万。战争产生了68万名寡妇，使男女性别严重失衡。以上为人口损失情况，法国缺乏劳力的状况并没有缓解。物质损失简直无法计算。仅举法国兰斯（Reims）市为例，1919年清理房屋时，只有20幢房屋还立于地面。德国人从法国北方撤退时有计划地将煤矿的矿井一一灌水淹没，德国人的潜艇战将协约国一方的无数商船击沉，估算在海底的货物总量达到1200万吨。以庇加底（la Picardie）地区为例，12万公顷面积的战场上堆积着几千具尸体和数百万个未爆炸的炮弹。在凡尔登和克拉奥讷（Craonne），一些村庄被全部夷为平地，永远消失了。战争结束时，当局作出决定对这些村庄不再重建。

第一次世界大战总共造成约900万人死亡，其中3/4死于欧洲。作为战败方的德国，一战使它的就业男性人口丧失了9.8%，英国则失去了5%。德国被迫支付1400亿至1640亿金马克作为战争赔偿，其中60%需要借贷才行，国内因此引发通货膨胀。

---

① 本书附录二，陶履德－惠民合同章程“同第十八条”。

② 本书附录三，“2，工头及机匠之用工章程”第二节。

法国的公债也高得惊人，1914年为330亿法郎，停战后公债高达1500亿法郎。[①]打仗时国家欠下人民如此高的债务，面对如此庞大的财政重负，法国的财政部部长克劳兹为了宽慰民众，只好向社会公众宣布："德国佬会支付的！"英国财政大臣在伦敦发表的演说与克劳兹如出一辙，我们打赢了，德国就得支付赔偿费让我们的经济生活得以恢复。德国人能接受吗？这就给巴黎和会上的赔偿费谈判埋下了伏笔。

当战胜方坐下来清算战败方时，是否还记得我们的华工们呢？忘记倒不至于，因为两国的财政机构仍在为华工的存在每月拨出相关费用或支付工资。不过，不打仗了，英法军方对华工的需要大幅下降，对后者的关注度必然大大缩小。

第二节　大批华工回国

英方为了减少开支大量地缩短华工的合同期，停火之后，英方立即着手遣返部分华工。至1919年3月底，英方已经将8439名华工遣送回国；同年6月，数百名在英伦本土工作的华工，继与黑人劳工不断发生肢体冲突事件后，接到命令，与所有战争时期受雇于英国领土上的外国劳工一样，立即遣送回国。与英方相比，法方没有在停火后马上遣返华工，但也没有拖延多久。1919年的头两三个月里，被送回中国的7000余人，应该都在提前解除合同之列。[②]

然而法国战后仍极需劳力，1919年4月法国又向中国政府提出，要求招募

① Bernard Phan, *Chronologie de la Premiere Guerre mondiale*. France: Editions Points, 2010.

② Summerskill M, *China on the western Front*, Londres 1982, p.197. *Dépêche du consul à Liverpool*, 19/06/1919; AE, E42, Folios 157-158，转引自*Les travailleurs chinois en France dans la Première Guerre mondiale*, Paris: CNRS Editions, 2012, pp.488-489.

25万华工赴法工作，签两年合同。中国国务院侨工事务局特令上海侨工局就沪地募集，后者核准了四家承揽公司分别招人。[①]既然如此，对于尚在法国的华工，法当局一定会尽量多加利用，法国由此放慢了遣返华工的节奏。法兰西大地发生过战事的地区满目疮痍，进行重建恢复工程已成为战后政府的头等大事。在福熙元帅的鼓动下，1919年8月8日英法联军最高委员会做出决定，英国远征军尽可能在1919年内保留其所辖的中国劳工团，将他们派往法国北部帮助法方清理战场。[②]

在上述背景下，华工遣返变得零敲碎打，必须综合考虑合同期、工作任务、轮船运输档期和多少舱位等诸因素，还需根据法、比两国战后重建的进程，甚至当西方社会对华工做出强烈反应时，英、法两方都会突然做出遣返决定。

至1919年10月中旬，法辖华工尚有28000人在法国。在1919年底前，10000名在役地的华工被遣返离法回国，其中大部分属于当局认为的“不守纪律分子”。他们往往因为一个微不足道的过失即被纳入遣送名单，被迅速简捷地送往马赛华工总驻所，挤在卫生条件很差的仓棚里等候船期，而本来里面许多人还打算在法国继续干下去，希望能找到工资比现在高的雇主。[③]

作者在中国国内收集到的资料显示，法辖华工自1918年6月17日首批期满62人乘法国邮轮归国抵达上海港，至1922年4月18日最后一批145名华工乘轮到上海，时间跨度长达4年，前后共26批，每批人数不等，多者

---

① 《赴法华工又将招募》，《申报》中华民国八年四月二十八日第（十）版，上海图书馆藏。消息一出，一些招工代理商纷纷向上海侨工局求揽。该局核准四家：行悦公司招募十万名，殖民公司八万，信裕、信济两公司合招七万名。四家公司已在四月底各设招工事务所开招。结果如何，非属本书范围故不作探究。

② SHD, 5 N 262;7 N 2288; 7 N 2289.（法国防部史料处档案）

③ SHD, 7 N 1297, 7 N 161.（法国防部史料处档案，《1919年11月12日法英军联络参谋部致Wimereux与Lille两地法英联络机构长官的信》《法国殖民地劳工署于1919年8月22日和10月29日先后发给所有地区指挥官的嘱咐性通函》，要求“尽快找出品行持续不良的华工，以致可中断其合同”，“不正当缺席的华工鉴于其合同中断应受到行政决定遣返的处罚”。）

一千四五百人，少者数百人，总计13800余人。[①]当然，这不可能是法方在这一时间段里遣返的总人数。

每批抵岸的华工中很多还需乘火车或轮船去南京、浦口，有的直接乘火车赴济南、青岛、天津，如果出发时从南京浦口登船启航的，回来时又能同批大量地搭到一条邮轮，则此船抵沪先泊于吴淞口外，由华工事务所派译员会同中法实业银行的职员前往邮轮上，将华工所携法郎兑换成现洋后，邮轮再直驶南京。如轮船抵沪为华工终点站，则在上海先将法郎兑换，再各自转车或换轮船返原籍。上海本埠的华工抵沪就可回家与亲人团聚，但几乎每次都有外地华工滞留上海，他们或为单身无家者，或想在沪找工作。1921年5月3日抵沪的一批580名华工，回浦口337人，回青岛104名，回天津44人，余下的95人并非上海本埠人，却都留在十里洋场自找活路了。

每批华工抵沪，都有花名册跟随，船方必预先知会上海法租界巡捕房，总巡官必派巡捕数人去轮船停泊码头照料接引。在这几年中，后来成为上海滩赫赫有名的青帮头子的黄金荣，当时在法巡捕房当小头目，资料显示，探目黄金荣经常被总巡派出，带一批通班包探至黄浦滩等码头，将华工导引至大自鸣钟捕房，给予饮食，由工头逐一点验，再发一个银行手折，然后纷纷前往中法实业银行领结工资，为防挤轧出乱，有时加派印度或越南巡捕在外弹压。领毕工资就发给回家的火车票，再于当晚由包探送至北火车站上车回原籍，少数需转乘小轮者则另送。因此上岸多少人，买多少张车船票，华工事务所一清二楚，对那些自留上海的人也就听其自便。

马赛是法辖华工启程回国的离岸港。1921年1月4日马赛副专员呈给省政府专员署的一份报告，内容如下："900名中国劳工将于1月5日16时乘法国邮船公司的"波托斯"号（Porthos）蒸汽轮离开马赛返回中国。此轮泊于马赛港

① 《申报》登载法募一战华工回国消息，1918年三次，1919年六次，1920年五次，1921年十次，1922年两次。

Niole（E）码头，华工车队将抵达该码头的3号库棚集合，中国驻马赛领事先生届时将到码头送行。中国劳工已向当地报界投寄了一封信，现附上此信副本。”[①]从信上看，这批华工对法国怀着理解、友好与感激的心情，他们于1月5日离开马赛走上归国之途。然而在刊登过大量华工归国消息的《申报》上，却未见这900名华工回国的消息。说明我们收集到的数据还远远不足以反映出法方遣返华工的行动全貌。另有可能是，法方遣送华工回国，外界并不获悉，尤其彼时新闻界的资讯渠道不太顺畅。事实上，法国档案里保存的有关一战华工遣返的具体资料亦很少。

法募华工回国的海上旅程由马赛开始，经地中海出苏伊士运河，仍取传统的航线经印度洋、南洋至香港、上海。英辖华工回国曾有少数几次也走上述线路，但大部分采取由法国西北海岸的港口经英国至加拿大，仍如来时上火车横穿加国，至温哥华登上海轮，经太平洋北部，再经日本而抵青岛。

法募华工回到上海，没有什么欢迎仪式，首先见到的是法租界的巡捕来“照料”他们上岸。一俟送上火车，合同就视为彻底结束。

这是一批英辖华工在归国海途中，虽拥挤不堪，但他们想到不久可见亲人，尽显轻松愉快。来源：Kautz Family YMCA Archives, Université of Minnesota Library, USA

曾有几次，英辖华工回国抵岸时当局为他们举行了欢迎仪式。1921年，原在比利时西部地区工作的一批华工，接到通知启程回国，由英方租船遣送他们回国，

① Rapport. Cote: 4M2354. Archives départementales des Bouches-du-Rhone.（法国河口罗讷省档案馆）

经过一个多月的海上航程，最终抵达青岛上岸。下船时华工们很高兴地看到码头上聚集了一批欢迎的人群，北京政府动员青岛的机关团体和学校学生去码头欢迎华工同胞回国，并向华工献花致敬。这批华工离船后坐胶济铁路到济南，享受了三天的免费吃喝住招待，最后不知是英国人还是当地官方给每人发了回家车费，让他们各自返回故里。

法国西北部奥德瑞克华工营和加来华工营的一批华工，接到命令后先去努瓦耶勒总集所与其他地方来的华工汇合，然后乘车前往勒阿弗尔港口，在此登船启航回国，这批华工大约有3000多人，搭的是英国的商船，出地中海后，进印度洋，过马六甲海峡后往北，最后在青岛上岸。码头上已搭好大棚子，华工依序下船后，直接去大棚子。但见里面有不少中国的工作人员和一些英国人在忙碌，他们用工具给华工拆掉手腕上带了几年的紧身箍似的工号铜皮圈，然后又发给10元大洋作回家盘缠。这批华工里有不少家在直隶省与天津卫一带，他们登上一列包车，由胶济铁路抵达济南站。华工们下了火车，只见月台外侧搭有一个大彩牌门，上面挂着“欢迎归国华人同胞”的金字横幅，却未见一个人来迎接，只有空落落的一座大彩牌门而已。华工们没想到竟是这样的“欢迎”，不由得心灰意冷，有人想起政府官员曾说过的“你们出国给祖国增光，使中国能够参加巴黎和会”之类的话，更觉得自己一介小民，原只是被人拿来应景。

不过，也有使华工扬眉吐气的个别例子，由André Lebon号轮船运回的900余名法募华工，1919年3月19日，在上海组织的庆祝一战胜利的盛大典礼上，以军人般的队伍行进在法租界中心地段的霞飞路上，获得了万民瞩目。①

山东潍县的考家村当年共有40人报名应募去了西欧当华工。除了考宗柴与另一人（姓名已不详）因工作辛劳和水土不服病死在法国，其余张延

① 据1919年3月19日的《北华捷报》（le North China Herald）报道。霞飞路的名字取自法国霞飞将军（Joffre），新中国成立后改成淮海路。

瑞、王枚（曾用名王朴）、丁连升等38人，都在战后取道大西洋，经美国，渡太平洋达日本、朝鲜抵青岛从而回到家乡。他们初回时还佩戴着欧战协约国颁发的胜利纪念章。回家后村民好奇地问长问短，华工们自然也会说起自己的经历，在法国遭受的磨难和危险令他们永生难忘。华工们回到家后，自己出钱立石碑一块，上面刻了参战华工的姓名，以留传后世子孙。（新中国成立后石碑尚保存在村里，近几年因疏于保护，该碑下落不明）。华工们还自己出钱请戏班，在村里唱了三天大戏，现在还有人偶尔提起这件事，并说：那时就叫唱“欧洲戏”。[①]

上海机匠在法工作期间，有的干不了工厂的技术活，被改换作普通工使用，工资也减少，这部分人境遇不佳，合同期满愿意立即回国。工作适应的工匠收入不错，当思延长合同，或者合同期满后能脱离战争部之管理，自觅工作，获得更高的工资，这是当时上海机匠中大多数人的想法。第一批由上海兴业银行代招的机匠合同至1918年10月期满，驻法侨工委员李骏探询法当局的意见，法政府照会愿意继续使用这批华工机匠。他们当中分别办理，愿留者合为一部，与政府续订六个月为限的合同，不愿留的按前合同所订回国办法送回上海。留者要求增加工资，并调换工厂，政府表示同意。续签合同后，增加工资没有得到兑现，政府虽允诺，但增加工资属于厂主的权限，在同一企业里，中法工人工资已经大略相同，要给中国工人加工资，那法国工人也要加，厂主决不会亏待自己本国人，而且加工资的事必须经过企业的会议研究通过。中国机匠要求增加工资遂被搁置不议。调换工厂的情况确实发生，11月11日停火后，一些被征去参战的法国兵工厂工人有幸不伤不残，很快回到原单位，中国机匠中有离去回国的，人员与岗位发生变化，自然，不同工种与工厂之间的工人调整相当频繁。此项机匠完全因国防需要招募而来，调来调去仍离不开军事

① 源自人民网潍坊2009年2月1日电，据潍坊新闻网报道。

图为法募上海机匠的一次合影。机匠技工在法期间目睹西方的工业设施，参与了技术性生产流程，他们回国后将所学技能与感受心得带进了日后的职业生涯。引自《大型资料图文集：一战华工在欧洲》，山东省人民政府侨务办公室编印，2013年，第84页。

范围，从事的工作还是跳不出子弹、火药等军火军工。停火了并不等于军工生产可以停下来。换厂加薪两项均无望获得预期之求，续签合同的大多数机匠遂主动提出废约，要求尽早回国，法方因为自己没有兑现诺言，也只得同意他们的废约要求，尽快安排遣送他们回国的船只。这些机匠也就加入了大批华工回国的行列。

有不少华工在接到遣返命令时，生出不想回国之念。他们觉得现在和平了不打仗了，留在法国没过去那么危险，战后法国工矿缺劳力，打工挣钱的机会有的是。因此在集中至登船启程的短时间内，有些人千方百计瞅空子逃跑。英、法方看管得很严，有人逃走很快就被抓回来，也有的得以侥幸逃脱。逃了被逮回、再逃再逮回的例子并非个别。爱情的力量可能更强大，拉罗谢尔华工营一名刘姓华工，因为不甘就此与心爱的法国姑娘生生分开，竟在马赛启程前频频作此举动，终于第三次潜逃成功。

华工回国除了带有普通的衣物外，各自带些喜爱的物品也是人之常情，一些华工平时乐于购买西装、外套和礼帽，更把行囊塞得满满当当，也有的人带回昂贵的獭皮帽，有的带回金表，还有个别人带些罕见玩意儿回去，如有人把平时养的白猴也带回中国。

印度与中东波斯拿等地均为英属殖民地，从上海招去的工匠在这些地区做工者为数相当多。回国时当地关口对华工行李做出限制，并将此限章通知上海的招募华工处，希望俾众周知。布告内容如下：

（1）尔等工匠之行李并伙食箱甚大，为此通知尔等工匠，现今每人限一个箱子，箱头不得超过长二十四寸阔十五寸高十寸，并一个捆睡铺盖。

（2）各项工匠之家生使作由皇家所发，若准尔自己携带，上等家生亦限一个箱头，不得超过长三十六寸阔十八寸高十八寸，重限九十斤。

（3）至于伙食由皇家所发，若要华人伙食另有出卖，如有查出携带伙食定必充公。

（4）严禁鸦片洋烟。①

"家生使作"就是工匠的工具，皇家即为英国，回国途中的伙食按合同由英方供应，若想吃中国式的伙食，就需自己掏腰包在船上买，不准自带。至于为什么禁带洋烟，也许夹带洋烟涉及海关逃税问题。

一战华工有计划遣返的最后一批抵岸应是1922年4月18日。大批一战华工回到祖国，本是一件荣耀的事，但当局并未重视。成立于1921年底至1922年初的"旅法华工会"为旅法华工的唯一机关，其成员之绝大部分为一战华工。随着一战华工离法回国，旅法华工会也移师上海，改组后更名"驻沪参战华工会"，当时拥有1.8万名会员；评议会长为吴世英，常务委员有常庭兰、张星五等六人。该会不仅发表宣言，列陈国事，痛斥武人官僚祸国殃民，并向

① 《限制华工行李之章程》，《申报》中华民国七年十二月十一日第（十）版，上海图书馆藏。

政府提出积极的倡议和一些要求，如办华工职业学校等项，北京政府内阁还通过了一个议案，但局势不济，那时中国处于南北分裂之际，即便想做也不一定能成。关于一战华工回国的信息，1923年开始报纸上就鲜有出现了。

第三节　葬身异国他乡

英、法所招的华工中的一部分，因种种遭遇而永远长眠在异国他乡。

他们的死因值得我们去挖掘理清，其死亡人数更需要后人花力气获得尽可能接近事实的数据，因为，这项工作至少具有以下几方面的意义。

第一，死去的华工绝大部分背后有其家属，直系也好旁系也好。人没回去，是记录在册的死亡，还是无法查询的失踪？倘是前者，究竟死在海上还是陆地上，有否墓葬，葬在何处，总得给家人一个交代，这是尊重死者人格的最起码的要求。

第二，作为中华民族的人数庞大的一个群体，在异国工作了几年，它的信息首先应该被自己的民族记录下来，各种信息里的“死亡人数”对于分析这个群体活动的过程、方式、作用与意义、借鉴与教训都具有重要的价值，本民族不可漠然置之。

第三，所有在欧战中失去生命的华工，都是因为帮助协约国解决劳工短缺而来到欧战之地，这是一个大前提。死亡的原因多种多样，有未到达目的地轮船被敌潜艇击沉而葬身大海，有被敌机炸死，有直接参战捐躯于战场，有在前线劳作时丧命于敌方炮火，有中了敌人毒气弹不治身亡，有被凶恶的“西班牙流感”夺去生命，也有在异国染上其他恶病去命，还有的被异族人杀害或被华工歹徒杀害，有受到英方管辖军官虐待拷打致死，还有被法、英、美方及协约国其他军队的兵士嘲弄枪杀的，也有华工自己犯了谋财害命的凶案被

努瓦耶勒华工公墓，西欧最大的一战华工墓园，842位华工长眠于此。（ZHJ摄）

英、法军事法庭审判处决的，等等，形形色色，五花八门。法、英、比的档案里保存着这些散乱的资料，外国历史学家、学者、博物馆正在搜集这类资料，时不时地将它们爆料于外文网站、刊物、书籍。作为华工群体的祖籍国的读者、报人、专家、学者，决不可无动于衷，而应尽各自之所能，关注此事，或参与挖掘史料，或静心研究其来龙去脉，或述评其正负曲直。

作者正是基于这一认识，辟此专文。本节无法涉及失去生命的全部一战华工，某些材料称失踪的华工达一两万人，尸骨无存，不得其详。有些情况下的突发事件丧命者没有墓葬，若有名单留下已属不易，很多则并无记录。因此本节涉及葬身异国他乡的华工数据不可能是完整的，但希望能管窥数斑，挖掘一些史实，为未来较完整数据的最终获得添砖加瓦。

一战结束后，英联邦战争墓地委员会在一战发生过的各地为英联邦阵亡将士修墓立碑。[①]英军招募的华工死在其辖地的也得以安葬，在法国、比利时共有70处可寻，其中法国56处，比利时14处。除两个均在法国境内的清一色中国人的公墓——索姆省的努瓦耶勒华工墓园（cimetière chinois de Nolette）和加来海峡省的吕曼盖姆华工墓园（cimetière chinois de Ruminghem），其余都混葬在英联邦军人墓园内。如果中国人死者多，就在军人公墓里面辟出一块华

① 英联邦战争墓地委员会，英文名缩写CWGC，1917年成立。主要使命为安葬英联邦共同体所有成员国的军人。（详情可参阅本书第十二章第一节“英方修建华工墓”）

园门门楣“千古”，左柱：我欲多植松楸生长远为东土萌，右柱：是亦同赓袍泽勋劳宜媲国殇名。此楹联为中国当时的驻英公使施肇基所题。（J-N. LAVIER摄）

工专葬地，如加来海峡省桑加特镇的巴拉克军人墓园（Les Baraques de Sangatte）里，靠顶端的一块专葬华工，共有206人；又如丁古尔军人墓园（Cimetière militaire de Tincourt）葬有2139名英联邦所属士兵，其中58名华工葬于专辟的长条形地块。然而，大部分葬于英联邦军人墓园里的华工数不多，譬如，马赛东郊的马扎尔格战争公墓（Mazargues War Cemetery）总计1765个墓碑，其中有8个是华工。距诺曼底海港小城特雷堡（Tréport）30多公里的阿尔克-拉巴塔耶（Arques-la-Bataille）英国军人墓园里，葬有7名华工。把华工棺木混在其他国籍死者的墓间作零散安葬，使得若要寻见他们的墓碑很不容易。

假使我们再分细点儿，葬有100名以上华工的军人公墓有两处，占总处数的3%；葬有10名以上100名以下华工的军人公墓为13处，占总处数的19%。10人以下的共有53处，占华工墓地总处数的78%，混葬在这68处的华工计有976人，加上努瓦耶勒华工墓842人和吕曼盖姆华工墓75人，总计为1893名华工。若将法国与比利时分一下，葬在法国的华工人数为1820名，葬在比利时的为85人。

以地点来看，一战华工公墓在法国的分布地主要是加来海峡省（Pas-de-Calais）、诺尔省（Nord）、索姆省（Somme）、塞纳滨海省（Seine-Maritime）、埃省（Aisne）、瓦兹省（Oise）、孚日省（Vosges）、罗讷河口省（Bouches-du-

Rhône）；比利时是在西弗兰德省（Flandre occidentale）。

英联邦战争墓地委员会统计的华工墓葬在法、比两国的人数为1952名，格雷戈瑞·杰姆斯博士（Dr Gregory James）参照后又去核实，然后编辑公布的一战英募华工死亡名录计2111人，有名有姓，大部分注出了籍贯及死亡日期。[①]两者的差数159人应该是在名册上但没有墓葬。而墓葬的人数，他的记载与实际情况在个别的军人墓园里也有出入。马赛东郊的马扎尔格战争公墓里，他的记载是6名华工，作者实地考察，发现有8个。加来海峡省桑加特镇的巴拉克军人墓园里，原记载是203名华工，我们又发现了3名水手或者是轮船上的厨师，因此应为206人。是否本节中作者使用的数据完全没有遗漏，尚不敢自以为定论。

英辖华工在法境内墓葬通览

表26　　单一型（全部是华工的墓园）

公墓法文名称	所属省份	公墓中文名称	安葬人数（人）
Cimetière Chinois de Nolette	Somme	努瓦耶勒华工公墓	842
Cimetière Chinois de Ruminghem	Pas-de-Calais	吕曼盖姆货华工公墓	75

表27　　混合型A（英军人公墓里的20名以上华工墓葬）

公墓外文名称	所属省份	华工墓地中译名	安葬人数（人）
Ayette Indian & Chinese Cemetery	Pas-de-Calais	阿耶特印中劳工公墓	28
Les Baraques Militery Cemetery de Sangatte	Pas-de-Calais	巴拉克华工墓地	206
Longuenesse Souvenir Cemetery	Pas-de-Calais	隆格纳斯华工墓地	86
St-Etienne-au-Mont communal Cemetery	Pas-de-Calais		163

① Dr Gregory James（格雷戈里·杰姆斯博士）先取原始数据于英联邦战争墓地委员会的墓葬记录，再核对华工墓碑编辑而成。

（续表）

公墓外文名称	所属省份	华工墓地中译名	安葬人数（人）
Sains-en-Gohelle-Cimetière du Centre	Pas-de-Calais	圣斯-昂戈埃勒市镇公墓第十扩展区华工墓地	49
Cimetière britannique de Tincourt	Somme	丁古尔军人墓园华工墓地	58
Ste-Marie le Havre Cemetery	Seine-Maritime		65
Cimetière communal de St-Sever	Seine-Maritime		44
Cimetière communal annexe de Blargies	Oise		22
Cimetière communal de Bailleul	Nord		31

表28　　混合型B（英军人公墓里5—19名华工墓葬）

公墓外文名称	所属省份	华工墓地中译名	安葬人数（人）
Chocques	Pas-de-Calais		16
Haute-Avesnes	Pas-de-Calais		13
Beaulencourt（Ligny-Thilloy）	Pas-de-Calais		14
Caudry Cemetery	Nord		19
Arques-la-Bataille cemetery	Seine-Maritime		7
Mazarques War Cemetery	Bouches-du-Rhône	马扎尔格战争公墓	8

表29　　混合型C：英军人公墓里的华工墓葬（1—4人）

安葬人数（人）	军人公墓数	所属省份	小计（人）
1	分布在17座英军人公墓内	Pas-de-Calais, Nord, Somme,	17
2	分布在11座英军人公墓内	Pas-de-Calais, Nord, Somme,	22
3	分布在7座英军人公墓内	Pas-de-Calais, Nord, Somme, Aisne,	21
4	分布在2座英军人公墓内	Somme, Aisne,	8

表30 英辖华工在比利时境内墓葬一览表

英军人公墓名称	华工安葬人数（人）
nouveau cimetière de Poperinghe	1
ancien cimetière de Poperinghe	1
Cimetière de Brandhoek（Vlamertinghe）	1
Klein-Vierstrmat	1
Croonaert-Chapel（Wytschaete）	1
Kezemberu（Hoorseele）	1
Dozinghem（Westoleren）	3
Westoutre	3
Haringhe（Bandaghem）	4
Gnalia（Poperinghe）	4
Irish-Fram（St-Jean-les-Ypres）	6
Reninghelst	7
Hendinghem	8
Lijssenthoek（Poperinghe）	35①
总数	85②

法国规定，外国劳工死在哪个工作地点，就葬于所在地点的公墓，死后殡葬之礼，应照驻在地风俗。③一战法辖华工的工作地点超过了100个，分散在法国的各地，本书后面专辟一个附录，列出法辖华工的工作地点，读者如能翻阅一番，便可理解法国政府这个规定也是根据实际情况而制定的。因此，法

① “35”是作者于2018年1月去比利时调查核实到的数据。

② 比利时全境内安葬在军人公墓的一线华工共有85名。此数据系由英联邦战争墓地委员会伊珀尔信息处（Ypres CWGC Information）提供。

③ 陶履德－惠民合同第十三条：工人身故后，其埋葬应照地方普通习惯办理，此项埋葬费由雇主担负。又雇主须将工人身故之时日及埋葬之地方，报知陶履德君或其受权人，并由陶履德君或其受权人转报中国领事。

辖华工中死在法国土地上的，并没有像英辖华工那样，作集中安葬：死亡人数也远远低于英辖华工，这是由于前者绝大多数分散在大后方，仅有少数进入到靠近前线的地区，相对而言遭受敌方炮火袭击致死的事件要比后者少得多。不过，有的情况比较特殊，在加来海峡省的阿耶特印中劳工墓园里，作者实地考察，发现葬有28名英辖劳工和6名法辖华工（见本节表2第一行），其中一块刻有两人姓名。五块碑上的信息和格式，与28块英辖华工的墓碑大不一样，因此可以断定，这6位法辖华工的墓碑是后凿的，重葬时移入了印中劳工墓。我们统计时就需要分清，不能笼统地计为英辖华工墓34人。

法辖华工死亡数，据中国侨工事务局的统计为413人。[①]但这个数字的收集汇总以1918年10月16日为限。以后是否发生过华工死亡？结论是肯定的，只是我们尚无法搞清。

法辖华工死亡的，也有的不葬在市镇公墓。作者在巴黎南郊巴涅公墓（le cimetière de Bagneux de Paris）发现了至少5名华工的墓葬。[②]一战结束后，法国当局着手处理阵亡或战时死亡人员的遗留事宜，其中一项就是重新安葬以示对死者的纪念。预先选定重葬墓地，然后在第一次掩埋地起出死者的遗骸，重新入殓，再运到新墓园作正式安葬。巴涅公墓面积辽阔，划分成115个墓区，其中拨出4个墓区安葬军人，5名华工的墓就落在其中一个军人墓区内。还有八九名疑为东南亚华人（那时称安南），囿于墓碑所刻之寥寥，不敢妄定。那5名是华工则可以肯定。90多年来，这一事实无人知晓，亦从无披露。作者于2011年首先发现，并判定这些华工是在直接为法军服务（运送军用物资、修建兵房、修筑军用公路，搬运军火等等）的地区死亡的，所以被葬在军人墓区

---

① 《国务院侨工事务局调查在法华工情形书》，第268—269页，1918年10月16日的统计表（原文为法文："Mouvement des travailleurs chinois"）。

② 巴涅公墓（le cimetière de Bagneux de Paris）位于巴黎南郊巴涅市（Bagneux）地界，巴涅市行政上属于92省即上塞纳省，巴涅公墓却为巴黎市政府管辖。该公墓占地辽阔，绿树成荫，松鼠欢窜，游客漫步其中不无情趣，亦可驾车入内游览。

内。至于他们如何失去生命，作者在墓园管理处的内部登记册上未查到记载，战争时期的死亡名册没有多少说明，待到墓园重葬时的登记册也就成了简无可简的片言只字。

我们必须明白，现在可以参照的华工葬身异国他乡的数据，绝不是一战华工史从发端到尾声整个过程的统计数，彼时无论中、法、英、比哪个政府，没有任何一个机构会去做这件事，实际情况也不可能统计到较准确的、完整的数据。中方华工事务局派员统计的华工死亡数字，地区范围与时间段都不完整。就以丧命于大海大洋为例，我们统计到的死于敌方潜艇或炮舰攻击的762名中国人，是在1916年9月开始至1918年5月的时间段内。其中219名是在协约国商货轮船上当水手或伙夫；[①]543人是法国在香港招募的华工，因所乘阿托斯号邮轮在地中海遭敌潜艇击沉而遇难。此时间段之后至大战停火还有近半年时间，期间有否海上死亡的人数，目前尚未掌握。再有，英国运送华工的轮船遭袭沉没的不止一次，英方未有披露，船上华工丧命人数究竟多少亦不得其详。据有关史料披露，仅1917年一年中，被德潜艇击沉击伤的英国舰船多达1000艘。

英国不仅在法国、比利时使用华工，还有少数华工被运至英国本土工作。英国人最早在沪招的60多名工匠，合同仅定为半年，其中三名浦东籍工匠病殁于英伦，葬于英国何处不清楚，其余合同期满按时回国。有的在国外患病难治好，被送回国，抵岸便病故，这也可计入因赴欧战而亡之列。1918年11月到1919年7月间，英国人将病重华工遣送回国，先后有34人在青岛抵岸，死于青岛军医院。[②]

在而今伊拉克的巴士拉西北数公里处，英联邦战争墓地委员会修建的一

① 《国务院侨工事务局调查在法华工情形书》第二次披露，中华民国七年十二月一日，第192—193页。威海市档案馆藏。

② 参阅叶星球、江敬世：《法国一战老华工纪实》，巴黎太平洋通出版社2010年版，第216页。

座军人公墓里，有227名华工安葬于此。[①]英国除将华工运往西欧外，还有直接从中国离岸港运往中东美索不达米亚地区和东非等地。英帝国在全球各地拥有广袤的殖民地，欧战爆发后，一切服从战争需要，殖民地的工厂也需要补充劳动力。当年，英国人曾不止一次地在长江中下游和上海招机匠和普通力工送往小亚细亚，役使于英国皇家海军与陆上部队在该地区的内陆水运。死于战争期间的华工，原先葬在Al-Yanuma和Tanooma两处，后统一移往巴士拉附近的英联邦军人公墓。东非坦桑尼亚首都达累斯萨拉姆也有英联邦战争墓地委员会修建的战争公墓，公墓的纪念墙上刻着6名华工的名字。[②]他们死于英军与德军争夺东非的战争中，当时英国曾将一批华工运往东非，为英国非洲远征军提供劳务。

华工死于国外的情况轇轕难理，事实上未有哪家权威机构进行过全面考证与清理。若以国家或地域来看，英募华工死亡分布地为法国、比利时、英格兰、加拿大、中东伊拉克、非洲坦桑尼亚，以及地中海、北海、大西洋、太平洋水域。法募华工死亡分布地域为法国本土、地中海及马耳他岛。

第四节　娶法女定居法国

华工在法数年，有极少数人得以与法兰西女子喜结连理，这是一战华工史中引起人们兴趣的一段佳话，在硝烟弥漫的战争过后，这样的事儿毕竟给人留下了美丽的遐想。然而，在法一战华工究竟有多少人最后与法国妇女结了

① 参阅叶星球、江敬世：《法国一战老华工纪实》，巴黎太平洋通出版社2010年版，第216页。

② 参阅叶星球、江敬世：《法国一战老华工纪实》，巴黎太平洋通出版社2010年版，第216页。

婚，确切的数字无从得知。各种说法因此得以长期流传，主要有如下几种：

被外国的史学家或文章作者引用的一个数据：有70名华工与法国妇女结婚成立家庭，他们是战后获得雇佣合同留在法国工作的1850人中的一部分。①

中国人或华文系统作者的说法则不同：第一种，有1000多名华工与法女结婚。第二种，有300多名华工与法国妇女结了婚。还有的书或文章称，战后大约有3000名华工选择留在法国，其中有许多人同法国妇女结婚。这"许多人"当然是个不确定概念，可对1000多与300多两个数据已持怀疑了。那么上述中外的多种说法里哪一种更可信呢？这需要我们从多方面来剖析这个问题。

娶法女的可能性首先拜特殊时代所赐。说到昔日的婚姻，过去的法国，由一家之长的父亲决定。欧战使法国兵燹丛生，男丁大批征召入伍，死于炮火的法国军人人数雪球般越滚越大，无数法国家庭成了没有男主人的家。父亲做主的规矩无形中大大减少，女孩子自然个性焕发，犹如飞出笼子的小鸟，获得了寻找爱情的自主权。那时法国女子找本族丈夫很困难，社会环境存在着跟异族人通婚的客观可能。而华工相比于法国男子，较勤劳节俭，富有同情心，不仅容易得到法国姑娘的青睐，还能获得女方母亲的好感。法国男人爱酗酒，打老婆也很常见，女方本人及其母亲看到

法辖华工中有些分配在工厂，与法国女工同车间工作。来源：惠民公司报告《华工赴法》

① Brissaud Desmaillet, Rapport du 26 juin 1925. AE, E 491, Paris.（法国战争部上尉布里索·戴马耶呈战争部之报告《关于在法国的中国人》，文中引用的数据，系一战期间曾供职于法国殖民地劳工署的法军中尉Lucien Weil在战后所提供。）

中国人性情温和，又不酗酒，觉得嫁给中国人，能过上安稳的日子。这些都是客观的有利因素。

法募华工里一部分是有技术的工人，抵法后分配至各地工厂，他们有可能与一些法国女工同车间工作；也有一些普通工的华工营队，与周围的民众尚有些接触。人是极富感情的高等生物，又正处在“男大当婚女大当嫁”的年龄段。可以说，能与法国女子结婚成家的华工是有运气的，自有其吸引异性之处，必定是情商不低的小伙子。双方初为好奇心而产生兴趣，进而渴望交往而相互生出好感，好感生爱，爱意一浓便求日日相伴，日久相熟产生爱情于是就想解决婚姻问题。华工的法国妻子都属于劳动阶层，华工不可能与富家女有接触，富家女也决不会嫁给华工。

英国招募的华工受到严格的管理，华工缺少自由行动的机会，他们中有否与法国女子结婚，客观上的机会微乎其微，但不等于英辖华工中就没有人在法国留下后代。作者在实地调查时获知两例，一在加来海峡省奥德瑞克镇近郊，另一在索姆省亚眠市附近，这两名欧亚混血儿在当地出生成长，均已终老。法妇生出孩子前，留种者已经遣返回中国，即使回国有的华工向乡人邻里吹牛“说不定我在法国还留了种呢”，其本人不过估摸此事，无法得悉确凿证据。

法国女人随便与他人怀孕生子，在邻里中也被瞧不起；未婚生的孩子无权如现在那样享受与婚生儿同等权利的户籍登记；私生子从懂事起就感到比其他孩子矮一头，长大后的人生难开朗。华工与法女的非婚生育导致的伦理与社会效应，无论播种者回国，还是留居法国，都相差无几。机器城有一批留下来当煤矿工人的华工，其中少数人未能结婚但却与法国女人同居生活，其中也有生了子女的。作者去调查时，得不到任何有关这类混血儿的信息，人们不知道，或根本不关心。这正说明这类混血儿受歧视的境遇。在与华工结婚的法国妇女中，有的往往未婚先孕，恐怕心惧于那样的结局，就急于筹备婚事，较快地与中国人结了婚。

对于华工娶法国女子为妻，阻力之大，当代人几乎难以想象。

第一，留在法国的华工，首先要解决自身的生存问题，才能考虑到有否本事养家糊口。法辖华工留下后能否获得雇主的佣工合同，是根据法国的经济形势的变化而变化的，一度法国工厂很需要人，那就容易些，而后经济不景气，便相当困难，即使找到，都是又累又脏或对身体有害的岗位。战后有的文章谈及华工娶法女定居法国之事，曰：华工是文盲，加以疾病死亡次第发生，处境乃日益困危。难以作书信，便与家乡隔膜，或疑家已无生者，遂渐与法女通婚。儿女成行，以一人之工资供数口之生活，不能不用所积蓄之资，日久渐告罄。[①]单身华工一人赚钱一人花，活得轻松些，看到婚者如此景况，宁愿一人过日子，且莫论有否被法女看上。

第二，法国政府不支持。1919年起，法国当局接到一些妇女要求与华工结婚的申请，情况反映到内政部，内政部无权禁止法国女公民与中国人结婚，但它于1919年6月向各地市政府发出通函，转发殖民地劳工署有关华工与法女通婚的信息。要求各地市府提醒治下的法国女公民，不要轻率地同意嫁给中国人，告诫她们若与华工结婚定会面临个人风险。[②]

第三，中国政府不鼓励华工的异国婚姻。法国法律规定实行一夫一妻制，禁止重婚，法国女子嫁与外国人，需要外国人出具未婚的证明材料。而华工一开始向法国当局自呈证明的做法，有假冒之便。不久便改成：须先由在法华工自请其父母或族长出具无妻室证明书，呈报其本籍的地方长官认核后方可转送中国驻外公使馆或领事署，后者再以使领馆名义给申请人出具无妻室证书。该过程冗长，操作不易。而且，即使华工有了合法手续，娶了法女为妻携回国内，也无法阻止此人万一回国后再讨一个中国老婆，法国人要中国政府担保杜

① 《留法参战华工略述》，《华侨半月刊》第13期，1932年12月版，第17页，档号229－1－2247，威海市档案馆藏。

② Circuliare du SOSTC du 22 juin 1919. SHD, 7 N 161.（《殖民地劳工署通函》，法国防史料处档案）

绝此类情况，中国政府无法做到，因为中国当时纳妾并不违法。由此，中国官方感到华工的异国婚姻带来不少麻烦，故而实际上并不鼓励此事。对于今后外国人在华招工也添加了新规，必须调查清楚该工人有无妻室或是否订婚聘定，并登记在册，将材料分送中国外交部、内务部、国务院侨工事务局及工人所在国的中国使馆或领事署，然后方准出洋。[①]

第四，法国社会对中国人的种族歧视依然不弱。某些报纸也在这事儿上逆向使劲，一些文章作者认为法女单纯，易为爱情所驱动，渲染中国国内的落后与贫困，先验般地描绘法女一旦嫁给中国苦力后随夫远行东方，将会遇到的种种窘迫，以图阻吓法国女子。战后军队大批士兵复员，回到家园的法国男丁看到中国劳工竟要娶走本族女人，出于本性的妒忌，不满与怨愤油然而生，他们自然成为社会性阻力的一部分。

事实上华工与法女通婚非常之难，留下不走的华工绝大部分人无法组成合法家庭，至死都是孤身一人。曾有三百余名华工在法国中部一个著名的煤矿机器城（La Machine）当矿工，欧战结束后，留在机器城的华工还有二十几名，仅有三人结了婚。这个比例不算低，因为矿工的收入相对较高。而且，能与法女结婚者基本上都属于法募华工的范围。

异国婚姻家庭的华工直至生命终结是否曾独自返回过中国，或者携带法国妻子或子女回过中国，至今没有见过这方面的材料。作者认为，鉴于当时的跨洲交通不易，旅费昂贵，娶了法国妻子的华工经济拮据，无一带新娘回过中国，全部留在法国生活，且加入了法国籍，姓氏用西文写法，取了法文的名字，法律上成为华裔法国公民。

另一个特点是，他们的母语——中文未能传给后代，子女都随母亲的生活习惯，在法国的文化氛围里长大。子孙后代仅在百年后的今天，才开始有个

① 《预防侨工重婚之力法》，《时报》中华民国八年四月二日第（五）版；《华工与法女结婚问题》，《时报》中华民国八年四月十二日第（五）版。上海图书馆藏。

别后裔学习中文。

综上所述，一战华工中最终留下来并与法国女子结婚的数字，应该就是殖民地劳工署法军中尉吕西安·韦（Lucien Weil）统计的70名，即使有遗漏，也出入不大。所谓300名或1000多名华工与法国妇人结婚的说法，缺乏各方面的事实依据，今人与后人都不应该再沿用下去。设想如果真有那么多人，无疑他们会留下许多子女，这批欧亚混血儿又生育繁衍，代代相传，他们的生存信息在法国社会里必然有所反映，绝不至于如现在这般微弱稀少。

不过，留在史料中的一些华工异国婚姻，不失为中法百姓交流的佳话。我们不妨在此略举几例：罗阿讷（Roanne）一家工厂雇用了千余名华工，其中有三人，后来都娶了法国女子为妻，他们是吕虎臣、史宝贞、杨福顺。吕与妻子同厂做工，生有一子。史妻在该厂附近经营一家小店。吕、史两家手头比较宽裕。杨素不勤俭，没有积蓄，但情商颇高，能把法国姑娘的心拢住，她表示即便杨穷，也要跟他去中国，将来总有好日子过。一厂竟有三人与法女婚恋，这样的例子可能很少。吕虎臣高寿，享年94岁。

朱桂生，1919年在双塞夫勒省（Deux-Sèvres）的图阿尔镇（Thouars）工作时与一名法国姑娘相爱，1921年进入拉罗谢尔市（La Rochelle）的一家鸟粪磷肥厂当吊车工，并改名Jean Tchou Wouei Cheng。次年与这位姑娘结婚。20年代末获得法国籍。他定居拉罗谢尔直到退休，被拉罗谢尔市视为“融入法国社会的典范”。2002年以106岁高寿仙逝，成为最后离世的一名华工。①

刘得胜，在拉罗谢尔华工营工作时，爱上了当地一名法国姑娘，当大批华工回国被集中在马赛时，他实在舍不下心中的恋人，两次逃离马赛华工总驻所又被抓回，第三次终于成功逃脱，为躲避追捕不搭火车竟步行七八百公里回到拉罗谢尔。有情人终成眷属，从此刘得胜定居在拉罗谢尔，夫妇俩共生育了

---

① 朱桂生，江苏籍，生于1896年。应法方招募当华工，1919年结识了法国女子巴蒂斯蒂娜（Baptistine Resh）后决定留在法国。1922年与巴蒂斯蒂娜在拉罗谢尔的拉勒区（Laleu）结婚。资料出处同下注。

十五胎欧亚混血儿，子孙满堂。[①]

张长松，与他的法国妻子定居在机器城当煤矿工人，成为当地华工闻人。他们娶法女定居法国的故事都相当动人。

第五节　留法打工成华侨

至1922年春季，法、英两方将各自雇佣的华工遣送回中国的事情基本办完了。法国战争部决定，所有华工包括非法脱离工作地点者，至1922年2月15日均可享受免费遣返中国的待遇，逾期即失去免费资格。[②]有很少一部分华工却没有随大流回祖国，其中分为两类，一类与法国女子结婚而不得不留下来，另一类属经济原因，设法留在西欧想多挣些钱。这后一类里大部分留在法国，也有少数人去了其他国家。

一战后，需对各项工作进行总结，法国殖民地劳工署的法军中尉吕西安·韦（Lucien Weil）在关于华工的一份报告中称，战后获得雇佣合同并留在法国的华工有1850人。他的报告应只涉及法国管辖的华工。而英辖华工中能留下的实际上凤毛麟角。

一战结束后的20年代，尤其1923年、1924年间，“一战华工”这个历史群体的去向、归属、居留情况大致比较稳定了，我们可以把这段时间作为一个分析节点。在一篇发表于1935年间题为《旅法中国工人状况》的文章中，提

---

① Hu Xinyu/Martine Raibaud, *le camp chinois de la Rochelle–Pallice* (1919–1921), dans *Les travailleurs chinois en France dans la Première Guerre mondiale*, CNRS Editions Paris, 2012. p.177.

② Marianne Bastid–Bruguière, *Conclusion/Le retour en Chine des travailleurs chinois de la Grande Guerre: quel heritage*? dans *Les travailleurs chinois en France dans la Première Guerre mondiale*, CRNS Paris, 2012. p.495.

到了一个不成文的界说："在法国的中国工人，大概可以分成两大类，第一类是属于欧战时期及欧战不久以后时期来法的，统名之曰华工，或曰参战华工。后来的中国工人，虽同是在此做工，都不称华工。"据此文报道，一战华工至1935年左右，尚在法国的只有500人左右了。[①]至民国三十五年即1946年，据外交部报告，我国参加欧战华工尚滞留法境者约400人。[②]这两个数字可以相互印证，表明参战华工在战后一二十年中很多谋生无计，失业多年，处境艰难，陆续受救济回国，在法人数减少的趋势无法逆转。

作者愿意在此强调，"华工"这个指称是一战期间英、法方使用而被中国人翻译成中文的名称，"参战华工"则是巴黎和会上中国代表团为争国权开始使用的一个名称，接着，中国国内及西欧流行"参战华工"的叫法。一战中被英、法在华招募的中国人属于华工范畴，这是清楚无疑的，而上文句中"……及欧战不久以后时期来法的"这一时间概念，比较模糊，因此后人在提出一些统计性数据时，往往产生问题，与史实不相符合。作者认为，这部分也被计入参战华工的人，应是停火前后被英国招募到法国并参与了战后重建任务的中国工人。而没有参与上述工作的赴欧或原先已在西欧做工的中国人，与一战无关，就该属于国务院侨工事务局行文称谓的"中国侨工"。强调与尊重这个界说，有利于我们写文述史时的严谨，可以使提出的数据尽可能与历史事实相协调、相一致。

这个时期，与法、英方签订的合同都已期满失效，英、法两方遣送华工回国也都完事。死去的能找到原葬地的英辖华工，在英国为英联邦军队阵亡或病故军人修建墓园时，也随之重新安葬入土；法辖华工被葬入军人墓园者极

---

① 长星：《旅法中国工人状况》，《新生周刊》1935年5月第2卷第18期，档号229－1－2262，威海市档案馆藏。

② 陈三井：《华工与欧战》，岳麓书社2013年版，第149页。20世纪20至40年代，救济并遣返留法参战华工，曾是中国驻法使领馆、国民党驻法总支部及侨界设法解决之事，其间困难重重，矛盾尖锐。因此段历史已超出本书设定范围，故不多涉及。

少。失踪的华工数目庞大，无从寻觅，只好作罢。

留下来的华工，经过几年的岁月过滤，可以分为三类，第一类在法国成了家，娶了法国妇女为妻，开始生儿育女，心思放在如何在法国挣钱养家，不再作归计。第二类不作久留法国之打算，只想在法国多赚些钱，暂时还有工作合同，或与雇主说定有活干，有份收入，什么时候回国，心里没个定数。第三类失业没有工作，由华工变成了失业灾侨，饥寒交迫，欲归国而无门。[①]

超过1922年2月15日的遣返限期而不走的法辖华工，法国当局不再承担他们的回国旅费。中国驻法公使馆于是坚持要求成为“自由劳工”的华工，每人向使馆预交1000法郎作为将来归国的担保金。而法方还要求这类身份的华工必须向法当局交付数百法郎的违约金。有上千名华工为了要做一个自由外劳，忍痛接受条件，将辛苦积攒下的血汗钱如数交掉。所谓自由外劳，法律层面上不再受法国军方的约束，找工就业归法国劳工部管辖了，可以在法国自由流动，直接与企业签合同。还有相当多的华工，拒绝交纳这两笔钱；或者有钱舍不得割肉，选择流徙各省城镇间，以做黑工为生。据民国二十一年（1932年）十一月刊登在《华侨半月刊》上的一篇文章，至30年代初，这类“秘密华工各省市镇间均有之，总数恐有2000人。”[②]鉴于留法参战华工的处境日益困苦，1932年时曾有一批国民党人呼吁中国当局设法将他们运回祖国。而1935年的《南大与华侨》杂志上刊登的一篇文章称“不愿归国者则听其留法，自觅工作约1万人”。[③]后数是前数的五倍，可见涉及华工的人数，不管是总数还是分类数，离开一战结束不过10来年的30年代，就莫衷一是了。我们似可得出结论：殖民地劳工署报告中提到1850名华工，系战后合法留下并新签了

① 长星：《旅法中国工人状况》，《新生周刊》1935年5月第2卷第18期，档号229-1-2262，威海市档案馆藏。

② 佚名：《留法参战华工略述》，《华侨半月刊》第13期，1932年12月，作者系一名国民党员。威海市档案馆藏。

③ 佚名：《旅法参战华工惨况》，《南大与华侨》1935年12月号，第14卷第1—2期“欧洲之部”。威海市档案馆藏。

受雇合同的华工；至30年代中期，仅存500余人在法国了。战后不合法地留下不走又无合法身份的华工也许有一两千人，他们流动于各省城镇间以打黑工为生。其中有的后来境遇有转机，有的依然困苦无望。法、英当局则不可能让不愿归国者“听其留法”，“自觅工作者约1万人”实际上是不可能的。

1919年停战后，法国曾向中国政府提出，需要招募25万中国工人赴法工作，国务院侨工事务局准法政府请求，以两年为期，特令上海侨工局就沪地募集。[①]因此，法国需要劳力的信息在上海等地是广为人知的。

1922年底开始，国内有很多温州、青田、福建人构成了第一次世界大战后赴法的第一批侨工潮。起因是日本当局在华盛顿会议后被迫将青岛归还中国，为实施报复，于1922年年内将在日本谋生的七八百名温州、青田籍纸伞商驱逐回国。另有一些中国人陆续乘轮去日本找工，抵日本港口后，不许登岸，原轮押还者又有四五百人。随着形势对华人愈来愈不利，在日本就业的许多福建人和被日本人称之为“吴服商”的江南人也都纷纷离日回国。这些无法再图赴东洋的中国人，既不能久闲在家，遂起西行赴法之念。于是成群结队地纷纷向上海法轮公司订购船票，候期启程赴法国。[②]按国务院侨工事务局的定义，这些人应该被称为侨工，不能混淆于“一战华工”之概念。

还有另一类中国人95%是浙江青田及温州一带的人，他们早在20世纪初期就拉帮搭伙地去欧洲做小生意，来到法国并不是当工人，而是小商小贩。他们以贩卖青田石雕、猴子、项珠、瓷器、纸花类小物件为生，资本小而获利丰，沿街兜售，身背货褡赚辛苦钱。法国经济兴旺时，法人见到这些可爱的小物件，很乐意掏钱买一点。因此，青田温州小贩圈子里一两年内积下一笔丰厚资金的并不少见。回到家乡时，他们的成功自然引起乡邻垂涎，于是步他们后尘的人越来越多，致使欧美各地，早年都有青田温州籍同胞的足迹。

---

① 《赴法华工又将招募》，《申报》中华民国八年四月二十八日第（十）版，上海市图书馆藏。

② 《欧战后华工赴法之开始》，《申报》中华民国十一年十二月六日第（十三）版，上海市图书馆藏。

只是20年代初期开始，法国经济不景气，这些专卖小玩意儿的浙籍小商贩举步维艰，赚钱无望，只得放弃街头营生，陆续设法进入工厂，如巴黎郊区的科尔梅耶（Cormeilles）中国人有300之多，阿让特伊（Argenteuil）人造丝厂，也有五六十名中国人。原来是农民或手艺人的浙籍乡人就这样变成了产业工人，有些人与一战华工在同一工厂里工作。当时中国人不易获得工人居留证，能找到一份工打，决不愿轻易放弃，哪怕干的活在厂里最苦最累。华工中有些系行伍弟兄，那时还能听到他们之间称道“我们的张大帅”，原来他们有人是辫子大帅张勋的部下，有的在张作霖麾下当过奉军。过去有些文章把上述一类的浙籍工友，与真正的参战华工混淆在一起，造成数字与概念上的误导，原因大概出于此。[①]

山东潍县的徐明亭没随大流回国，一度留在巴黎开茶馆，并做过面食生意。据徐明亭本人回忆，当时在法国勤工俭学的周恩来等共产主义小组的同志，曾经多次到徐明亭的小馆，并以小馆作为聚会场所。徐明亭在20世纪40年代回到家乡。“文革”前，曾到北京上访，要求面见周总理。周总理看过徐明亭的照片，因徐年事已高，难以确认。但是总理安排国务院信访办派人陪他游览了北京的名胜后送他回家，信访办还曾写信请潍县人民政府进一步查明此事，并给予生活上的安排。潍县县政府通过调查取证后，安排徐明亭到县烈士陵园当守卫，后又到寒亭人民医院看管自行车，一干十多年，当时收入足够维持一般生活水平。徐明亭1979年春病故，终年80岁。病故后，其老伴由村里赡养到老。[②]

徐明亭属于法辖华工。法国人曾在山东潍坊设招工局，他是寒亭村人，约

① 长星：《旅法中国工人状况》，《新生周刊》1935年5月第2卷第18期，档号229-1-2262，威海市档案馆藏。

② 引自陈幕虹、陈瑞曾：《潍县劳工档案》，源自人民网。

同村的王炳林、齐铭田一起去潍坊招工局报名赴法。与英辖华工不同，法辖华工的自由度较大，故留下自找工作的盘算较多，徐明亭就是如愿以偿的一例。

留下不走的人中，有一小部分系开小差脱队。华工潜逃行动发生在三年合同将满之前，或即将被遣返之际。无论在马赛华工总驻所、努瓦耶勒华工总集所，还是各地的华工营，都有兵士站岗守门，各华工营队均有军人带队管理，华工伺机潜逃并非易事。上面那篇文章称“不愿归国者则听其留法”，作者认为“听其留法”之说不成立，法、英两方都不允许华工随便脱队，一旦发觉有人潜逃，马上采取措施，决不会放任自流，若大批人试图摆脱英、法一环扣一环的遣送回程安排，是绝无可能的。该文章写于一战停火17年后，其数据包含不少个人的臆断。

1920年4月21日马赛殖民地劳工待发所指挥官德奥夫（Dehove）上校发给马赛警察总局局长的一封公函称，马赛劳工储备所收到报告，三名华工潜逃，时间均在1920年4月，逃匿地点一名在工作田野，一名在移驻勒克厄佐（Creusot）途中，另一名在苏瓦松（Soisson）市。德奥夫上校要求警方派员寻找，抓到后送回马赛华工总驻所。[①]对待北非劳工或亚洲劳工都一样，一旦潜逃不归，在行政管理上被视为自动中止合同，军方同时要求警方介入，派员寻捕并押回原驻地。假设大批的黄皮肤中国人逃出军方视线混同于普通高鼻梁的白种民众之间，不管是在城镇还是在乡间，都是非常醒目的，法国当局决不可能坐视不管。总之，大批华工逃离是不可能发生的事。诚然，警方抓不抓得到又是另一回事。

华工从工作所在地或马赛潜逃，基本上都发生在1920年间。马赛华工总驻所的指挥官获报后，马上对每名潜逃者建立一页案卷，将其主要信息

① Bulletin de recherche d’un travailleur chinois à rupture de contrat. Cote-4M939. Archives départementales des Bouches-du-Rhones.（法国罗讷河口省档案馆，据马赛华工总驻所“中国人注册办公室”主任建立的档页“中止合同的华工搜寻单”。）

写上，如姓名籍贯出生地，何时离开中国何港口，何时抵达马赛，被派往哪些驻地工作，何时潜逃，并附上照片，然后把案页转交警察局，请求后者寻找并遣回华工总驻所。至1922年2月，马赛殖民地劳工储备所只剩一个空架子，其中的华工总驻所早已人去楼空，这时曾在一名潜逃华工返回马赛来找华工总驻所，恐是在外谋生极艰难，想回来再让法国人遣送回国，马赛殖民地劳工储备所的留守军人告诉他，华工总驻所已撤销。可以想见，机构都不存在，无法计数的各种档案还有谁去专门保管呢。时至今日，所剩无几，能查到的还得拜存档于警察局之赐。

作者发现潜逃工人Wan Kin Ming（万金明，音译）的“华工搜寻单”档页，工号23212，江苏人，25岁，普通工人。1917年10月18日在浦口登上“拉罗尔”号轮赴法，1918年2月19日抵马赛港。在马赛总驻所滞留至5月5日派往普辛（Pouzin）工作，后又调往其他三处，1920年5月9日调往第四处小罗尼（Rony le Petit）。此人在小罗尼伺机潜逃。后被抓获关禁闭。法方决定遣送他回国，命一名士兵押送他回马赛华工总驻所等候船期。在巴黎的里昂火车站候车时，万再次趁乱逃脱。士兵找不到他只得回马赛复命。[①]这个姓万的江苏籍华工铁了心要留下来，看来他达到了目的。后来的情况怎样，无从知悉。

读者读到这里一定能明白，当时华工要留下来不容易，潜逃之计必冒大风险。作者在马赛的罗讷河口省档案馆查到了一百三十四十名潜逃华工的案页。根据史料估判，法辖华工中大约有千分之三至四的人潜逃，有的成功，有的失败，因资料缺乏，成败比例难以判定。

比利时南部沙勒罗瓦（Charleroi）过去有露天煤矿，战争期间，煤矿关闭，

---

① Bulletin de recherche d’un travailleur chinois à rupture de contrat. Cote–4M939. Archives départementales des Bouches–du–Rhones.（法国罗讷河口省档案馆）

一战结束后，比利时恢复煤矿生产，招募矿工，当时有一名朱姓青田山口人和28个同乡进了沙勒罗瓦煤矿当矿工，朱是一战华工。[①]

有的资料称，“英辖华工中有上千人留了下来没有被遣返，他们没留在法国，转辗流散于其他欧洲国家。”[②]作者对这“上千人”之说，恕不敢苟同。英辖华工的准军事式管理比法国人严格得多，英军方决不允许华工离开营盘去外面自由寻找工作，亦不可能在遣返中国劳力时将人放走，英国人非常顾忌不利于自己的连锁反应。不过个别人得以脱离英军之手也不是完全没有可能，如当了煤矿工的朱姓青田人。他的那些同乡，无疑不属一战华工，而是如前所述，或弃商从工，或为1922年后赴法谋生的浙江、福建侨工潮之成员。

透过以上解析，似可认定，法国殖民地劳工署提供的统计数据，即战后获得雇佣合同留法的华工1850人，与另有一两千名在外流动以打黑工为生者，这两部分都是原法辖华工，加上极少数得以留下的英辖华工（具体多少，目前尚未见可信资料），“留欧打工成华侨”的人数在大战结束后不会超过3000人。由此，似可纠正一种广为流传的说法：“大战后，3000多名一战华工在巴黎里昂火车站附近形成了第一个华人社团。”首先，句中称社团不准确，[③]应为“第一个有规模的在法华人社区”较合事实；其次，“3000多名一战华工”混淆了界定，他们大多开各种小店铺，做小生意，其成员中仅一小部分或为留下在此谋生的一战华工，大部分人的身份应由侨工而至华商。

---

① 叶星球、江敬世：《法国一战老华工纪实》，巴黎太平洋通出版社2010年版，第99页。

② *Les travailleurs chinois en France dans la Première Guerre mondiale*, Paris: CRNS, 2012, p.495.

③ 一战结束前后，在巴黎出现的华人社团（含勤工俭学生）有1918年6月30日成立的巴黎通讯社，成立于1919年8年31日影响颇大的华侨协社等，但形成华人聚居社区确是在巴黎的里昂火车站一带。

第六节　机器城华工闻人张长松

图为1933—1934年间华工张长松的全家福照片。张长松的异国婚姻曲折而生动，他与妻子路易丝共生育了12个孩子。1944年，张长松怀着大无畏的精神，离家前往山区参加抗击德国纳粹法西斯的抵抗运动。来源：Collection privée de Christian TCHANG

一战华工张长松，在法国中部涅夫勒省（Nièvre）的机器城（La Machine）堪称一位闻人。繁体字“張”，按西人的中文注音法写成TCHANG。从前，famille TCHANG（張家）在当地居民中几乎无人不晓。机器城地处偏僻，曾是法国一个著名的煤矿所在地。百多年前当地居民3000多人，外籍矿工与家属差不多也两三千人，有阿尔及利亚、摩洛哥、波兰、比利时、西班牙、意大利和中国人等，中国人矿工最多时达300名。[①]

张长松祖籍江苏清和县，1897年5月8日出生于清江西门外。三岁时父亲去世，几年后母亲携他再嫁，继父待他不好。1917年7月间，一天他上街看到法国人招工去欧

① La Machine（机器城），法国中部涅夫勒省（le département de Nièvre）的一个市镇，历史上曾为法国重要的煤矿基地之一，至20世纪70年代煤矿开采最终停止。欧战结束后有数百名一战华工来机器城做矿工，其中有二三十人定居于此。

洲打工的布告，待遇很诱人，于是招呼上七个伙伴，毫不犹豫地前去报了名，通过惠民浦口分公司跟法国招工团订下了为期五年的合同。按通知7月30日在浦口登上了法国海轮“多里兹船长”号，同船的总共有1200个报名录取者。

后来，张长松常跟子女们说，他们乘船经过了52天的漫长海路来到法国马赛，途中晕海的痛苦记忆使他终生难忘。

为了收集核对张长松的史料，2016年6月中旬，作者打电话给机器城市府，一位女士告知，张长松还有一个儿子在机器城生活，叫罗歇·张（Roger TCHANG），是唯一留在机器城的华工后代，今年90岁了。看来，张家在机器城有点儿知名度，还真不假。

作者赶紧约了三位对一战华工课题很感兴趣的法国朋友，当月下旬专程从巴黎前往机器城，我们采访了罗歇并查阅了机器城煤矿博物馆的历史档案。[①]罗歇是张长松的第二个儿子，排行第四，前面一哥两姐。他身板结实，性格开朗，说话声音洪亮。只是右膝关节僵硬，坐进汽车时右腿移进去有些吃力，走起路来仍显精神。他对中国的了解不多，讲起他的中国父亲来滔滔不绝。

张长松的异国婚姻曲折而生动，他是一战华工中少有的幸运儿。他与法国妻子生育了12个孩子（实际上妻子怀过13胎，一胎产下未成活），除其中2个早夭于幼年和少年，10个子女（六男四女）均长大成人。老二伊沃娜（Yvonne）2016年95岁，现居加拿大温哥华。按照法国习惯，子女随父姓，于是每人的身份证上姓氏都写成法语的中文拉丁拼写法Tchang，只是众多子女没

① 他们是让-诺艾勒·拉维埃夫妇（M. Jean-Noel Lavier et Dr Marie-Elizabeth Dermez）和吕显·托马（M. Lucien Thomas）先生。两位先生跟着作者本人学中文多年，对中国文化深感兴趣，自作者在课堂上介绍一战华工的时候开始，他们就乐于参加搜集一战华工资料；拉维埃夫人是一位医生，后来也参加进来，并随作者一同外出探查过多个一战华工墓地。

有一个会说中文。

多里兹船长号载着这1200名华工过红海，出苏伊士运河后，500人留在埃及的塞得港（Port-Saïd），700人继续旅程前往马赛，张长松是其中之一。在马赛华工总集所作常规停留后，其中150人被分配去伊夫林省的孔夫朗-圣奥诺里讷（Conflans-Sainte-Honorine），张又是其中之一，主要任务从驳船上卸石子。那是法国内河航运的一个重要港城，位于巴黎西北郊。

一战结束后不久，约1919年上半年内，张长松与其他一些华工被派到法国东部兰斯（Reims）与凡尔登（Verdun）之间一个叫索姆·瑞普（Somme Suippe，法国的一个小镇，属马恩省la Marne）的地方清扫战场，一直干到1920年年内。罗歇回忆说，他们兄弟姐妹渐渐懂事后，问起爸爸做过什么事，他跟我们说，清拆铁丝网、检寻未爆炸的炮弹、跟在工兵后排除地雷、收集电缆线、填平壕沟等；搬尸埋尸这档事，他从不跟我们提起。

打扫战场的任务结束后，合同到期者被遣送回国，合同未满期者被分配去了不同的工厂，张长松被分配到离涅夫勒省会纳韦尔（Nevers）不远的加尔希齐镇（Garchizy）的一家工兵装备机械厂。不久，他在此结识了一个姓马尔热（Marger）的法国家庭。马尔热是赶马车拉货、不顾家业的一个酒鬼，家道不兴，人倒是热情，还邀张长松几个华工到家里做客（注：据罗歇所述）。马尔热夫妇有个女儿叫路易丝（Louise），正当青春少女，在工兵装备机械厂当清洁工。张长松身高一米六二，浓眉大眼小方脸，双目炯炯有神，长得挺帅。那个时代的法国男子，个儿不高，一米六出头算不错了。路易丝单纯热情，在发生一件事前是否注意到了张长松，无人知道，但那件事八成是她对这个中国小伙子心动的机缘。

某日，华工们领到半月一发的工钱，与张长松同在加尔希齐工兵机械厂的一名华工，发现自己的工钱里少了加班费，就拿给张长松看，张长松懂点法语，看后二话没说，拉上他朝会计室疾步而去。

> 会计一查，不否认错误，但工资账单半月做一次，他不想马上纠正，就以居高临下的口气说："月底发工资时补给你就是！"那时代，法国白领高高在上，根本不把外国工人尤其是中国人放在眼里。长松一听，说，不！要马上补。会计就是不肯，双方争吵起来。这法国人个头矮小，一副胡子长得茂密又漂亮，还修得向两侧翘起来。张长松一怒之下蹦到他的办公桌后面，伸手揪住他衣领，将他拎出座椅，另一只手捏住他的胡子，用食指缠了一圈，定要拉他去找厂长评理，会计拗不过边走边嚎。跨进厂长办公室，厂长一抬头见到这副架势，大惊："Qu'est-ce que c'est que ça?（这是干什么？）"双方陈述各自的理由，厂长不愿事情闹大，叫会计马上补发。当时，路易丝正在厂长办公室里打扫卫生整理东西，看到了这一幕，便留下了深刻的印象。那年，路易丝十六岁。[1]

张长松大胆仗义，肯为朋友出头。机缘巧合，法国姑娘从此心中暗暗注意上了这个中国帅小伙。张人聪明，情商也不低，又会说点法语，一来二去，征服了姑娘的芳心，姑娘亦被帅哥迷倒。1920年底1921年初，两人结婚了，很快生下第一个孩子，是男孩，起名保尔（Paul）。

1922年间，在加尔希齐镇的其他华工陆续都走了，张长松听闻本省的机器城有煤矿招工，工资比较高，煤矿还为矿工免费提供住房，他也心动了。1923年年初，他带着妻儿离开加尔希齐，来到机器城与施奈德公司签了合同，成为一名煤矿工。

罗歇说，爸爸来机器城时，有很多中国人已在这里当矿工，他们不会说法语，而爸爸会说一些，华工中有事譬如与别国矿工发生争斗，酗酒等等，宪兵队就来找爸爸去当翻译。他成了机器城煤矿一位小有名气的中国人，人家都称

---

① 根据张长松的第五个儿子热拉尔·张（Gérard Tchan）的叙述。我们于2016年9月16日前往巴黎近郊的马拉科夫市（Malakoff）采访了他及其夫人。热拉尔1940年出生，也做过矿工。他还保留着张长松应邀去马尔热家里作客时的合影照。

他TCHANG，其他矿工中也有姓张的，但当地人嘴里叫出的张，就是指张长松。

我们采访罗歇时，他重复多次，说他父母一共结了三次婚，结来结去还是他们两人！可见这件事对他们家庭是特别难忘的故事，提起来都觉得滑稽。事情还需从头道起。

两人结婚一两年后才获知，法国仍在执行1801年的一条拿破仑法令：法国女子一旦嫁给外国人，即失去法国籍，去随丈夫的国籍。面对法国当局，她的法国籍没了，但有否中国籍也没任何纸张证明，这令路易丝心神不安。后来听闻可以向中国驻法国领事馆申请一份结婚证明，也许是1926年上半年，他们就去巴黎申办。领事部受理后，并没有很快回复，八成还需发函向国内调查张长松是否有妻室。不久他们又获得一个消息：1801年的那条阻拦法国女子嫁给外国人的拿破仑法令，不知1926年什么时候已被法国议会废除了。路易丝坚决要求再履行一次结婚手续，以便恢复法国籍。

作为虔诚的天主教徒，路易丝坚持一定要在教堂举行结婚仪式。张长松皈依天主教，必须先经过一道程序由神父了解信仰。神父问：你说有多少个上帝？张回答：有法国人的上帝，阿拉伯人的上帝，还有中国人的上帝。神父转而对路易丝说：你丈夫对天主教信仰抱怀疑态度啊！于是教会拒绝为他们的结合举行宗教仪式。教堂不肯办，他们只好去履行一个行政的世俗婚礼。

1926年7月29日，张长松与路易丝在机器城市府登记结婚，并改名André（安德烈），申请加入法国籍，路易丝重获法国籍，他们头三个没身份的孩子保尔、伊沃娜、苏珊同时获得法国国籍合法化的证书。

直到1926年10月中旬后，他们才收到中华民国驻法领事部发来的“结婚证书”。证书的签发人是中华民国驻巴黎总领事赵诒玮，签发日期中华民国十五（1926）年10月4日。[①]

① 据罗歇口述，并参照Christian Tchang（克里斯蒂安，张长松最小的儿子）撰写自印的家族故事书*Papa était chinois, maman berrichonne*（《爸爸是中国人，妈妈贝里松人》），经核查梳理而成。

这简直是留法一战华工中的婚姻手续传奇！

罗歇跟我们说，母亲每星期日必去教堂做弥撒，父亲从来不去，星期天就去矿工酒吧跟朋友们打塔罗纸牌。

家庭生活并非总是晴朗天，有时也阴云笼罩。罗歇说，到机器城住了几年，我们兄弟姐妹已有好几个，有时父母不知为什么吵起来，我们只觉得家里的气氛骤然变得非常可怕，大人斗嘴发脾气，我们小孩都哭起来。有好几次，父亲上班去了，母亲一个人在家偷偷哭泣。我问为什么呢？她觉得自己16岁就跟一个中国人结了婚，太年轻啦不懂世事，好像总得承受社会上和街坊邻居的一种说不清的压力；成家后整天忙于家务，还要一个人种菜，丈夫回来不管菜园子，可一家人要吃蔬菜，哪有钱去买啊。罗歇又道，后来爸爸脑子里开始想这件事了，觉得菜园子的事应该男人来做，从此他下班后有时间就去菜园子里刨地浇水，种出了好几种蔬菜。妈要去，他不让她动手。

张长松与其他华工爱在星期日来矿工旅馆打塔罗牌或搓麻将。虽经百年，矿工旅馆的建筑和店牌犹在。张长松的二儿子罗歇带领专访组参观后留影，由左向右：J.-N. Lavierr Dermer，罗歇，L. Thomas，本书作者。

有些华工被派赴矿区从事极为辛苦且有危险的井下采煤。图为曾有300多名华工工作过的法国中部机器城（La Machine）煤矿矿井高架和老式下矿口。来源：Musée da la Mine（La Machine）

在矿上，张长松工作勤勉认真，办事把细，一开始当挖煤工，后来打洞装炸药做爆破工，再后来又升他去当爆破仪操作工，工资按岗位往上加。后来他又被派去做坑道支架工，不管哪种活，都干得挺出色。他在当地有时做做义务翻译，有了点小名气。路易丝感到矿工家属们看她的眼光变了，跟她说话带着羡慕的口气，说你男人“beau et bon”（又帅又好）！女人听到别人这样评论丈夫，有几个心里不陶醉？路易丝从此再也不觉得嫁中国人没嫁好，有时还邀其他中国矿工来家里坐坐。张家住矿工村2号路12号，两口子琴瑟和鸣，一大群孩子好不热闹。罗歇说，父母不再吵架，妈妈不再哭泣，我们四个小孩睡一个房间，大家玩得好开心。妈妈说这是她祈祷上帝保佑的结果。

异族婚姻家庭的日常饮食可不像同民族配偶那么好处理。张长松吃不惯西餐，路易丝不会做中餐，那就各煮各的。上班带餐的三明治之类，张长松也能适应。爸爸经常煮面条吃，有时他会多煮些，叫孩子们一起吃，孩子们都十分高兴，妈妈也来尝几口，说挺好吃的。碰上开心事，爸爸一人包很多饺子，家人很爱吃。罗歇还多次说父亲就是习惯用筷子吃饭，筷子一直用到他去世。[①]的确，人们的生活习惯一旦形成，很难改变。“习惯乃第二天性”这句法

① 以上信息由张长松的二儿子罗歇（Roger Tchang）提供，2016年6月27日至28日作者与三位法国友人前往机器城对他作了详细采访。

文成语搁谁身上都错不了。

矿工的儿子当矿工，这是矿上的传统，罗歇也不例外。公司把他父子俩分在两个矿井。煤矿井瓦斯引起的事故较多，万一出大祸，可避免一个家庭陷于灭顶之灾。罗歇自豪地说，他18岁离开矿井，成为抗击德国纳粹法西斯的抵抗运动战士，他爸爸也参加过抵抗运动，还是机器城老战士协会的一员呢。

第二次世界大战又爆发在欧洲，法国再次成为纳粹德国的侵略目标之一。美军从诺曼底登陆后兵锋一路向东，1944年的时候打到了涅夫勒省，解放省会纳韦尔指日可待。盘踞涅夫勒省数年的德军继续顽强抵抗。法国军队跟随美军向前推进，需要地方游击队的支持与配合。当地有两个系统的游击队，一是法共领导的“自由射手游击队”（F. T. P.），另一个是在伦敦的戴高乐将军领导的“内陆法兰西武装力量”（F. F. I.）。18岁的罗歇去了纳韦尔一带，进入森林参加了F. T. P.，当时并无军装，他们就是穿百姓衣服的游击队战士。游击队需要扩大力量，法共积极宣传招募民众参加F. T. P.。

47岁的张长松在这种形势下也热血沸腾起来，不顾家人的劝阻，从机器城去纳韦尔一带参加了游击队，被编在夏尔·西莫奈连队（compagnie Charles Simonet）。没想到在一次执行任务时所乘的车辆发生车祸，张长松伤及三根肋骨。军医出具证明，让他回机器城疗养三个星期后再归队。[①]

话说在纳韦尔一带的法军中，有一位罗朗·尚珀尼埃少校（le Commandant Roland Champenier），他受命在莫尔旺地区组建一个团，开往法国东部的阿尔萨斯地区展开抵抗运动，这支部队就被称为莫尔旺团（le régiment du Morvan）。罗歇报名参加莫尔旺团去了阿尔萨斯。此团初建时并没有军装，都穿老百姓衣服。

---

① 纳韦尔混合医院中尉主任军医里科（médecin lieutenant RICAUT, médecin chef des salles militaires）1944年9月22日出具医疗证明：“安德烈·张，47岁，自由射手游击队属下夏尔·西莫奈连队战士，胸右侧第5、6、7三根肋骨受伤疼痛，故宜回机器城疗养21天后再归原连队。”证明照片见于Christian Tchang, *Papa était chinois, maman berrichonne*. p.26.

张长松很爱二儿子罗歇，觉得他比大儿子更懂事更机灵。张长松在机器城家里养好伤后，思儿心切，竟然不顾妻子劝阻，按照罗歇寄来的地址独自上路去找儿子。张长松有股子倔劲儿，从机器城到阿尔萨斯有三四百公里，战争年代，要穿过敌占区，风险该有多大！一路上晓行夜宿，千辛万苦。真是皇天不负苦心人，在离贝尔福市（Belfort）50多公里的穆施（Moosch）终于找到了罗歇部队的驻地。穆施是一个山区里的小村镇，海拔300多米。父亲的到来令儿子激动又感动；战士们都大为惊奇，竟然有个中国人来连队！张长松看到战士们个个生龙活虎，他向指挥官报告自己本是游击队一员，要求给他发枪，他要留下来跟大家一起打德国纳粹。

尚珀尼埃少校见他坚决，表示欢迎，但没把他编进本团的作战序列，而分配他去炊事班。这支部队的主要任务是外出侦察，向其他有关部队提供情报；如遇上战机，也适时消灭小股敌人，执行任务时经常身处险境。张长松进炊事班给大家做饭，工作干得挺上劲，心里似乎也踏实了。

罗歇暗忖，父亲参加了抵抗运动，不做工领不到工资，母亲带着一大群孩子，天天要吃要喝，怎么对付啊？父亲又这么倔，劝他回去不听。罗歇终于心生一计，赶紧给母亲写了封信，说现在爸在我们部队做炊事员，家里不能没有他啊，你快去找矿上的医生，求医生开一张医疗证明，说明爸因长期在煤矿工作有职业病，不适宜留在部队，然后将证明寄回给我。路易丝接到二儿子的信，马上明白了他的良苦用心。她急急去找矿医，央求出个证明，矿医听说张家一大群孩子，当家的跑去打德国佬，一大家子没收入怎么过下去啊！于是就给开了一个矿工张长松因职业病不宜参加抵抗运动的证明。罗歇收到母亲的回信，悄悄把医疗证明递交给尚珀尼埃少校。少校第二天就把张长松找去，说你煤矿医生寄来证明，按你的身体情况我不能留你在部队了，你还是回机器城去吧。张心里怀疑妻子搞名堂，倒没有想到操盘手是身边的儿子。

张长松9月抵达这里，转眼已是冬季12月了，莫尔旺团的上级发来了军装，张也领到了一套。跟战士们一样，现在戎装在身就是真正的军人，他真是不情愿离开啊，但团长下了命令不敢不执行，他依依不舍地告别儿子和相处了四个多月的战士们，独自从阿尔萨斯返回机器城。他想到部队不要他，心里很失望，对妻子有怨气，到家后整天沉着脸，一人搬到地窖里去睡觉。

尚珀尼埃少校在涅夫勒省抗击德国纳粹留下了可歌可泣的事迹，到阿尔萨斯穆施地区领导抵抗运动，经常身先士卒，后来有一次带着罗歇等外出执行任务，与敌人遭遇，战斗中不幸牺牲。罗歇悲痛地说，“我是看到少校活着的最后一个人”，语气中怀着深深的敬意。[①]尚珀尼埃少校是法国抵抗运动的一位英雄，不少史料记载着他英勇抗击纳粹和救出被囚禁的抵抗志士的事迹。

张长松当时不顾一切地远涉抵抗运动基地找儿子，最大的动力来自他的父爱，舐犊情深，二儿子罗歇从小听父母话，机灵早熟，刚成年就参加抵抗运动，当父亲的怎么也放不下心；同时他内心也渴望当一名真正的战士，最好是与儿子在一个部队里。儿子所在的莫尔旺团毕竟比游击队正规，消灭敌人的机会更多。这是他养伤后没有归队却去找儿子的两个原因。

二十几年前，张长松作为第一次世界大战时的一名华工，虽没直接拿枪上前线，但感受过战争的残酷。而今人到中年，那股不畏危险的气概犹在，莫尔旺团驻地充满朝气的战斗生活，军营内的激情与无畏，对战友的关切，对敌人的仇恨，这一切都使他深受感染，令他油然产生勇士般的豪情壮志。从他此时的内心世界来看，对法兰西的认同已经筑成了坚实的基础，妻子是法国人，自己也入了法籍，孩子们一个个渐渐长大。当一战华工时是为了挣钱为了以后

① 罗歇虽然高龄，然而对当年自己在莫尔旺团当抵抗战士的经历，跟随尚珀尼埃少校执行任务遇敌，为了一家生计，如何与母亲联手通过体面方式让父亲返回机器城煤矿等的记忆依然比较清晰。作者采访他时为了搞清一些问题，时有追问，在这些事上他的回答基本前后一致。后来作者参查其他材料印证，认为他的陈述可信。

过上好日子，现在他与法国已休戚相关，二战法国遭到德国入侵，他感到要像其他抵抗战士一样，为保卫法国也是为了保卫自己的家园去战斗。他的思想升华了。张长松参加抵抗运动的经历使他成为“共和国老战士协会”的一员，赢得了人们的尊敬。

十几万一战华工中，在欧洲参加过二战的，寥若晨星，张长松可算一个，而且还有一个儿子早于他进入法国抵抗运动，这样的例子绝无仅有，唯其一人也。

2016年6月下旬，作者采访张长松的二儿子罗歇（Roger Tchang），罗歇和其父张长松都参加了二战时期法国的抵抗运动。同年11月6日，罗歇因病去世，享年90岁。

2016年9月上旬，作者与两位合作者采访张长松的五儿子热拉尔（Gérard Tchang），热拉尔整理家族史已有经年。采访后合影：前排，热拉尔与作者；后排热拉尔夫人玛丽与吕显（L. Thomas）。不幸，10月12日，热拉尔突发心肌梗阻离世，享年76岁。（J-N, LAVIER摄）

张长松在机器城当了32年煤矿工，1955年退休，时年58岁。而后子孙成群，颐养天年至1983年去世，享年86岁。家人将他安葬于市公墓内。这是一个简朴庄重但与众不同的墓，直立的墓碑上镶着他安详的老年照片；墓盖石上放着两块小石板，方形的那块写着法文ARAC（共和国老战士协会），长方形的那块刻着一个中文繁体字“張”，表达了他生前遥思祖籍国和先人的情愫。张长松在世时没有回过中国。他的儿子热拉尔曾托人打听过父亲的老家，据说因水灾多次浸漫，当年的老家村庄已消失殆尽。而他在法国机器城，以坚忍顽强之精神浇灌于六七十年间的生命遗存，将继续枝蔓繁盛于这世上，他的后代现在分布在各地，人数已过半百。

罗歇把他弟弟热拉尔的地址告诉了作者。从机器城回来三个月后，我们去拜访热拉尔及其夫人玛丽。热拉尔与罗歇，两人的个头与面相差不多，都带有欧亚混血儿的特征。弟弟比哥哥小14岁，记忆力非常清晰，我们离开机器城时留在心中的疑窦，他给解答了许多。热拉尔夫妇曾应邀出席2008年9月在中国威海举行的一战华工国际研讨会。

万万没有想到，分手不到一个月，10月12日，热拉尔突发心脏病去世，享年76岁。我们闻讯后去教堂参加了他的葬礼。突然发生的不幸使他的亲人承受着巨大的打击。

罗歇不仅参加了法国抵抗运动，二战结束后，酷爱足球运动使他最终成为涅夫勒省的足球队明星人物，曾代表法国去英国等地参加国际比赛。从机器城采访回来，作者印了十几张采访他及夫人的照片寄给他，还通了几次电话。孰料，热拉尔离世一个多月后，罗歇也因病在机器城去世，享年90岁。当时作者已回到上海，事隔数月后才获悉，一时唏嘘不已！张长松这两个儿子先后去世，对我们的一战华工调查是难以弥补的损失。

第十一章　巴黎和会中国再受欺侮

第一节　巴黎和会的目的和手段

1919年1月18日，第一次世界大战战胜方协约国在巴黎的凡尔赛宫召开和平大会，简称为“巴黎和会”。参加和会的一共有27个战胜国，但却被分为“协约”国家和“合伙”国家两大类，前者指打败德奥同盟国起了决定性作用的国家，后者没有多少发言权。协约阵营的沙俄帝国因为国内发生剧变，一战结束前已退出战争，掌权的布尔什维克政府要以革命颠覆世界秩序，引起西方列强的不满，因此未被邀请参加和会。协约国家五强即美、英、法、日、意控制大会的议程。由52个专家委员会起草的文件和准备会议的召开，均须交给由美国总统伍德罗·威尔逊（Thomas Woodrow Welson）、英国首相劳合·乔治（David Lloyd Georges）、法国总理乔治·克列孟梭（ Georges Clémenceau）和意大利总理维托里奥·奥兰都（Vittorio Emanuele Orlando）组成的四国理事会裁决。日本在一战中出力不多，被置于四国理事会之外。而在四国理事会内，美英法“三驾马车”具有操控权。意大利人因此认为意大利只是一个“受轻视的强国”，待到获知和会条款的内容时更令他们失望，感到自己好像是“胜利的残疾者”。四国理事会无论开什么会，任何战败方国家都无权参加。

美国总统威尔逊决定亲自来巴黎主持和平大会。他的决定令世界各国或者惊讶或者对他充满希望。由于威尔逊的“十四点原则”中包含了“公正处理殖民地问题，决定一切主权问题时应兼顾当地居民的利益和殖民政府的正当要求”①，中国人在解决山东问题上对他寄予厚望；在德、俄、奥匈或者奥斯曼各帝国控制下诸小国的民族主义斗士，反响更为强烈，他们要求摆脱控制，渴望独立自主。在某些列强的殖民地，也引起了同样的期盼，如北非的突尼斯和阿尔及利亚，亚洲的印度支那。

“十四点原则”的最后一条“应根据具体公约成立一个常规国际联合组织，旨在使大小各国平等享有政治独立和领土完整的权力”，是威尔逊目标的重中之重，他要趁着众多国家汇聚一堂之机，制定和通过名谓“国联盟约”的一部法律性章程，建立有章可循的一个全球性国际组织，避免今后再发生人类的大战祸。公允而言，这是一项具有积极意义的工作，为今后建立联合国组织奠定了基础。

当然，签订针对战败国的和约更是和会的基本任务。各列强的代表，不遗余力地为本国获得最大利益而激烈地辩论和不断地争吵。分赃不匀是不可避免的，如何获取战利却又能维系列强相互间的某些平衡，使和会的进程充满了纠结与较量。

一战的结束，令欧洲出现新的地缘政治版图，首先是奥匈帝国解体，神圣俄罗斯消亡，德意志帝国变成了共和国。余下的事是某些地区的人民的愿望应该以相应的条约使之合法化。巴黎和会将为这个新世界版图的确立进行漫长的谈判。谈判中的核心人物只有四人，他们是严肃的带有理想主义色彩的美国总统威尔逊，成为法国胜利之父的老共和分子克列孟梭总理，讲究实效的英国首相劳合·乔治，令人难以忍受的意大利总理奥兰都，上述四人以27个合伙战胜国的名义决定相关条约的各项条件。

这四方各怀目的，威尔逊梦想以全世界不同人民之间的一种和平来保证

---

① 威尔逊总统1918年1月8日在美国国会发表演说，提出指导战后和平建设的“十四点原则”，殖民地问题是其中第五点。十四点中威尔逊最注重的应是成立一个常规国际联合组织，如果其他问题与该条相抵牾，为保住国联成立，他会选择丢弃公正立场。威尔逊是带着他的十四点原则的宗旨出席并主持巴黎和会的。

一个新的世界秩序；要想获得这个和平，就要像组建各国为股东的公司一样，成立一个国际组织，以保证各国的权利。英国人要求制定一个条约用以维持欧洲的平衡，避免各种过多的目的出现，它要求将拆毁德国海军予以明文规定。意大利则期待将协约国1915年作出的领土许诺具体化，那时协约国作为对意大利改换门庭的感谢，不顾今后风险地先答应了意大利的一些领土要求，现在看来，当时的许诺有悖于现在威尔逊所推崇的国家民族原则。法国人的要求更为具体更为复杂，首先要求和平条约中明确写上德国有罪，德国因此必须去军事化，法国要谈判领土归并的问题，或者至少莱茵河左岸变为中立区，特别重要的一条，德国必须支付法国要求的巨额赔偿。在法国，人人都相信："德国应该支付战争赔偿！"

由赔偿委员会规定把最后确定赔偿总额和支付方式放宽至1921年5月。1919年4月这一方将条约初稿通知已成了魏玛共和国的德国，限定后者15天内作出答复。魏玛国会不仅不接受"德国有罪"的定义，还拒绝协约国一方提出的各种条款要求，更有甚者，附来了一个反提案，协约国又对其反提案一一予以回绝。

"和平"条约的宗卷复杂性显而易见，以至于和平大会从1月18日一直开到6月28日，前后长达161天，堪谓世所罕见的国际马拉松会议。《协约国及参战各国对德和约》终于在大会的最后一天签了字，史称《凡尔赛和约》。同盟国不止德国一家，为何称对德和约？因为当时国际舆论一致认为，德国是大战的罪魁祸首。

人们没有忘记，1870年普法战争的胜利者是德国人，在凡尔赛宫的镜廊里，普鲁士宰相兼外交大臣俾斯麦下令宣告建立德意志第二帝国。而今物是人非，仍在这个镜廊，德国人以失败者的身份接受签字。对德和约的条款非常苛刻，如规定其海外殖民地全部丧失，本土失去八分之一的国土面积等。惩罚德国的条款还很多，诸如禁止德国以后实行普遍义务兵役制，今后只能拥有10万军队、36艘军舰，其他所有舰只开往指定的英国港口集中。

根据和约规定，德国除留下140架飞机用于商业领域，其他的一切航空器和有关装备必须全部交给协约国。德国被迫承认它是造成这场大战的唯一责任者，只好承诺支付战争赔款。和约没有就战争赔款的总额作出明确决定，但规定德国在1921年5月1日前付清第一期赔款200亿金马克。

第二节 中国的努力遭漠视

中国被列入战胜国的行列，当有权享有战胜国的应得权利。中国向德国宣战，收缴了德国泊在南海的兵舰，封掉了德国在华的银行，关闭了在华的德国企业等，在国内做出了参战行动。更重要的是，十六七万华工在一战西线为协约国出了大力，一战东线与德奥作战的俄国在前期也使用了二十万华工。华工在西欧战区为协约国军队所提供的巨大的、他国无可替代的劳役支撑，乃世所共知。巴黎和约中，“德国的海外殖民地全部丧失”这一条不能不包括德国于1898年向清政府强租的胶州湾，德在山东获得的一切特权理所当然地丧失，百分之百应该归还给中国。否则巴黎和约就是自己打自己的耳光。谁承想，问题却偏偏出在这里！

“日本重兵夺青岛”的史实，现实情况比人们想象的要复杂得多，胶州湾和胶济铁路沿线事实上受控于日本人。日本代表在巴黎和会上宣称“日本占领胶州湾后，迄至今日，事实上已为领属”的话，充分暴露出日本企图以山东半岛为桥头堡进而吞并中国的狼子野心，也预示北洋政府继承前清的以夷制夷方略，将收回青岛胶州湾之希望寄托于协约国的承诺，前景难卜。中国宣布中立时，日本已成为协约国一员。在英、法眼里，日本是伙伴，中国仅为它们的伙计。伙伴与伙计，一字之差，待遇与地位完全不一样。巴黎和会伊始，中国在一战中的努力即遭战胜方列强的漠视。

中国出席巴黎和会的代表团闻出了这股味儿，一边向北京内阁报告，一边商讨对策，决意向和会提出被占山东的主权要求。可大老板们心里早有盘算，谁让你那么积贫积弱，七八十年来，中国不是一直在做赔笑脸、赔巨款、划租界、让关税、开放通商口岸、允准外国人在华治外法权等等的事吗？一块大肥肉，几十年来还不是他去割一块，我去割一块！怎么今天想来向我们索要什么权利？首先，日本极不愿意中国坐到和约谈判桌上，早在欧战刚爆发，日本人获知中国政府的一些精英欲趁此机会谋事，便马上极力反对。其谋虑就是不让中国有所作为，不让中国将来与日本等列强坐在一起讨论问题。

英国是日本的盟友，打青岛夺胶州湾，是英国派兵帮日本人打德国人，日本人的态度英国人不能不考虑。虽然英国为局势所迫去中国招了十多万劳工，运到西欧战地，英国人从十九世纪流传下来的观念依然没改变，他们对中国人歧视有加，认为中国劳工比白种人差，幼稚，肮脏，不服管教，尽管有时英方不得不承认华工的出色成绩，但并不能改变英人蔑视中国人的内心世界。

法国人招募的华工近五万人，法国人的合同观念比英国人强，认为法国按合同办事，其他事不必多谈。两年多前，中国北洋政府对德奥宣战后，即向美国、协约国、中立国各驻华公使发出照会：

> 发美国、协约、中立国各公使照会　六年（注：1917年）八月十四日
>
> 为照会事，本国政府于本年三月十四日与德国断绝外交关系，曾经照会贵公使、贵爵公使、贵署公使，转达贵国政府在案。现因中欧列强施行违背公法危害人道之潜水艇计划，并无变更之希望，本国政府宣告：自中华民国六年八月十四日上午十时起，与德奥两国同时入于战争之状态……合并声明，相应照会贵公使、贵爵公使、贵署公使查照并请转达贵国政府可也，须至照会者。[①]

---

① 《北洋政府档案078》，《北洋政府档案·外交部》，档号11－78，第94—96页，中国第二历史档案馆藏。原文无标点，系作者引用时所加。

各国收到中国政府的上述照会后，并没有拖延时间就给予回复。日本使馆十五日即复照，中国外交部8月17日同一天中收到英、美、法三国使馆的回复照会，与中方发出照会仅三日之隔，十分迅速。现看日本使馆照会全文：

为照会事，接准本月十四日照会，内开贵国政府于本年三月十四日与德断绝外交关系。现因中欧列强施行违背公法危害人道之潜水艇计划并无变更之希望，贵国政府宣告自中华民国六年八月十四日上午十时起，与德奥两国同时入于战争之状态，所有贵国与德奥两国订立之条约，无论关于何种事项者，均一律废止。至一九〇一年九月七日所订之条款及其他同类之国际协议，有涉及中国与德奥两国之关系者，并从废止。再贵国政府对于海牙保和会条约及其他国际协约，一切关于战时文明行动之条款仍遵守不渝，合并声明并请转达本国政府等因，业已阅悉。本公使当将照开各节逐一电达本国政府，同时确信本国政府于此际使两国之友好关系益加敦厚紧密，幸愿以相互之协助斡旋，尽力俾贵国得享有国际上大国所有之地位与尊敬，相应照复查照可也，须至照会者。①

英国复照："……兹将声明：本国政府欣愿趁此机会将友谊及连带责任并协助之处，特向中国政府确实表明，自必尽力替助中国在国际上享得大国当有之地位及其优待也，须至照会者。"②

美国复照："……兹将声明：本国政府欣愿趁此机会将友谊及连带责任并协助之处，特向中国政府确实表明，自必尽力赞助中国在国际上享得大国当有

---

① 《北洋政府档案078》，《北洋政府档案·外交部》，档号11－78，第97—99页，中国第二历史档案馆藏。

② 《北洋政府档案078》，档号11－78。英文原文见《北洋政府档案·外交部》，第119页。中国第二历史档案馆藏。

之地位及其优待，相应照复贵总长查照可也，须至照会者。”[①]

法国复照：“……兹本国政府欣愿趁此机会将友谊及连带责任并协助之处，特向中国政府确实表明，自必尽力替助中国在国际上享得大国当有之地位及其优待也。须至照会者。”[②]

俄国、比利时和意大利的照会亦一无例外，关键性的内容如出一辙，各种外文译成中文后的意思完全一样，就是告诉中国，你现在对德奥宣战了，等我方协约国打赢这场大战，一定会替你争取获得在国际社会的大国地位及其优待权利。根据列强各照会使用的句子与表达方式，完全可以肯定，各列强驻京公使在接到中国外交部的对德奥宣战照会后，马上聚集到一起开会研究局势，统一回复照会的口径。

中国政府收到这批照会，上至总统下至阁员，觉得这回宣战为日后中国在国际上取得大国地位奠定了基础。虽然有人怀疑列强在做表面文章，但拿不出实据，也只能放在心里。

西方列强之强，在大战尚未结束之际，已经开始组成专门机构（美国）或专家小组（英国）研究战后的和会问题。[③]1919年1月13日—17日，英、法、美、日、意五国在巴黎举行和会准备会议，制定了和会的议事规则。准备会议是背着大多数国家进行的。而在和会正式开幕前的日子里，各主要协约国就作出决定：与会国家分成三等：英法美日意五国为“普遍利益的交战国”，有权参加和会的所有会议，每国有五个全权代表名额；二等的是“个别利益的交战国”，只能出席与其本国有关的会议，全权代表名额为三名；末等国，只有五大国认为有必要时才得以书面或口头陈述意见。听闻比利时、中国、塞尔维亚、巴西被归于二等国。但在中国代表团团长陆徵祥未到

① 美国驻华使馆照会原文与中译文见《北洋政府档案·外交部》，第118页，第102—103页。

② 法国驻华使馆照会原文与中译文见《北洋政府档案·外交部》，第120页，第113—114页。

③ 巴黎和会附设共计52个专门委员会，专司条约起草、战争责任、战争赔偿、领土和殖民地问题、国际河港铁道、国际联盟等问题。

巴黎时外交官们却获知仅分给中国两个正式席位。中国代表团多方争取未能增加名额，陆总长在法国外交部弄清，中国每次与会人员可以调换，不限于固定二人。据此，最后接北京大总统训令，中国出席巴黎和会代表名次排列如下：外交总长陆徵祥，驻美公使顾维钧，南方政府代表王正廷，驻英公使施肇基，驻比利时公使魏宸组。①

> 1月18日巴黎和会正式开幕，在巴黎市内的法国外交部举行了第一次全体会议。会议决定由美、英、法、意、日五国各派代表二人，美国威尔逊和蓝辛，英国劳合·乔治和贝尔福，法国克列孟梭和毕盛，意大利奥兰多和桑尼诺，日本西园寺公望和牧野伸显组成“十人会议”，议决一切提案，然后再交由巴黎和会下设的各专门委员会之全体大会批准。而后，和会移往巴黎西南二十五公里的凡尔赛市，在赫赫有名的凡尔赛宫里举行。②

1919年1月27日“十人会议”上午开会讨论殖民地支配问题，威尔逊提议太平洋一带是否当采用委任统治制度，因中日均属太平洋一带，故请中日代表出席发表意见。日代表牧野当即表示反对中国代表出席。到了真让中国有发言机会的时候，日本就把1917年8月15日发给中国的外交照会里的“尽力俾贵国得享有国际上大国所有之地位与尊敬”之类的承诺抛之脑后，连开会都要阻拦。幸得十人会议其他成员觉得牧野的反对恐有日本的小算盘，于是否决了牧野的如意算盘，决定招请中国代表出席下午的会议说明意见。1月28日中国代表向十人会议提出关于山东问题之详细说帖。中日代表展开了一场激烈的辩论。

讨论巴黎和会上各国拥有多少发言资格时，有参战国提出以出兵人数为

---

① 顾维钧：《顾维钧回忆录》第一分册，中华书局2013版，第164—166页。

② 1919年3月26日起，“十人会议”缩减为“四人会议”，即由英、法、美、意四国首脑组成。4月23日意大利首相奥兰都离会，之后，由英、法、美三国首脑以“三人会议”形式掌控巴黎和会的实际进程和各项决议。

确定列席发言权的标准。日本对此提案特别卖力，在其挑唆下，在场各国代表声称，中国虽于1917年对德宣战，但中国未出一兵，宣而不战，应不下请帖，不为设座。故而不能出席和发言。日本早早图谋独霸亚太地区的利益，从欧战爆发开始，就阻拦中国在世界大动荡大分裂大争夺的时期有所作为，它不愿看到中国在战后争得一点国家话语权，其处心积虑贯以始终，中国人若不识其用心，则难脱其掣肘。

关于出兵，实际上中国在法国的要求下已着手组建参战兵力，准备派赴欧洲加入协约国联军的作战序列。而且在日本的鼓动下与其订立参战借款，接收日本的军火和教官，编练参战军。一年不到，日本代表却在和会上挑唆其他国家，以中国未出兵为由妄图剥夺中国列席发言之权利，前后对照，可见其用心之卑劣与险恶。中国参战军未能赴欧，乃系美国贷款顾盼再三、法国无力承担海运所致，是法国外交部最后照会取消中国参战军的来法计划。[①]日本明明知道，却故意利用此事来做文章。

中国代表团听闻，外交总长陆徵祥以书面发言提出抗争："吾于外长任内，准法使康悌照会，批准惠民公司华工出洋，欧战时在战线中之华工二十万人，掘战壕，搬炸弹，制枪子，无论在后方前线，华工均奋勇当先，中国何负于协约？"[②]各国代表中有的不明真相，有的本来就知一二，听罢均无以反驳。所谓中国不出兵不予设座之议也就无人再言，日本人只能悻悻然暂时作罢。

中国代表仗一战华工的巨大贡献之力，在巴黎和会上慷慨激昂以抗漠视，以争公理。至民国十年即1922年举行华盛顿会议，解决巴黎和会悬而未决的问题，陆徵祥、顾维钧两氏，仍以二十万华工为武器，为中国争回国格。[③]

---

① 见《北洋政府档案·督办参战（边防）事务处》，源自《北洋政府楼案162》，档号11-162，中国第二历史档案馆藏。

② 凤冈及门弟子编：《梁士治年谱》，广东人民出版社2014年版，第301—302页。

③ "二十万华工"，原是法国向中国当局提出的招工计划人数，后实际法国只招了近五万名，加上英国所招数，总数并未达到二十万。中国代表团拿最初法国政府提出的招募计划数说事，在当时是必然而为。

第三节　一战华工是五四运动爆发的催化剂

中国参加巴黎和会的代表团抵巴黎后，一方面投入和会交涉的研究准备工作，另一方面与在欧的华人华工广泛接触。陆徵祥团长和另一位正式代表、来自广州政府的王正廷去比利时探视在英国军队管理下的华工营，他们召集华工通报此次来巴黎参加和会的一些信息，并告诉华工："你们出国给祖国增光，使中国能够参加巴黎和会，你们的合同证件要好好保存，以便回国后享受优厚待遇。"[①]而今大战已结束，中国成为战胜国之一。中国政府心里明白，十几万华工在西欧为协约国军队提供劳役，为法国经济运转提供劳力，是出了大力的，此项运作之开始比中国向德奥宣战早了一年多，是实打实地支持了中国政府。今天中国能站到国际舞台上去争话语权，能让中国代表团在巴黎和会上理直气壮地去争国权、争公理、争公道，华工功不可没。

中国代表想不到，列强竟漠视中国的努力，背弃一年多前中国向德奥宣战时，它们信誓旦旦向中国政府做出的公开承诺。但中国代表们清楚，英、法当局无法否认华工的巨大贡献，因为华工在英、法管辖下完成的任务是别国劳动力无法胜任的，华工支撑了它们战争机器的运转，数千名华工死亡及一两万名华工失踪是在他们的眼皮底下发生的，西方列强无一人敢否认十几万中国劳工的作用，无一人敢抹杀千万中国人为他们的欧战付出生命代价的事实。中国代表团团长等亲口向华工说的话，正是印证了中国政府在历史的关键节点，对一战华工作用之重要的高度评价。

1919年5月，巴黎和会正在进行中。中国终于爆发了五四运动。我们重读

---

① 叶星球、江敬世:《法国一战老华工纪实》，巴黎太平洋通出版社2010年版，第99页。

5月4日北京的一份印刷品就可明白，这场运动与巴黎和会密切相关。5月4日当天上午，北大青年学生罗家伦受八校之托，即时起草一份“五四宣言”，并马上派人送往印刷厂，以供当天下午集会之用。这份宣言是那天唯一的印刷品，读来铿锵有力：

> 现在日本在国际和会，要求并吞青岛，管理山东一切权利，就要成功了。他们的外交，大胜利了。我们的外交，大失败了。山东大势一去，就是破坏中国的领土。中国的领土破坏，中国就要亡了。所以我们学界，今天排队到各公使馆去，要求各国出来维持公理。务望全国农工商各界，一律起来，设法开国民大会，外争主权，内除国贼。中国存亡，在此一举。今与全国同胞立下两个信条：（一）中国的土地，可以征服，而不可以断送。（二）中国的人民，可以杀戮，而不可以低头。国亡了，同胞们起来呀！[①]

五四运动系多种重要原因并发产生，本书不作赘述。但其中一条就是正当巴黎和会之际，国人感觉到本民族的命运太受人支配，帝国主义国家相互袒护，令中国人饱受屈辱和痛苦。袁世凯先前签订了丧权辱国的“二十一条”，而今北洋当局者不力争主权回归，反而禁止在巴黎的中国专使在和会上提出山东问题。国人原指望中国以战胜国之一的资格，收回自1898年起被德国强租、五年前落入日本之手的山东胶州湾与胶济线路矿权，然而，从巴黎传回北京的消息令人失望和愤怒。

三月间，北京外交部曾密电陆徵祥，令其转告各专使对于青岛问题，切勿要求日本直接交还，其他相关之中日交涉不必有所提议，尤不可对于日本专使稍有忿争之态度。而后又下令陆为代表团委员长，各种提案发言须先经他同意。北洋政府与日本订有密约，故压制代表团专使不要擅自发言。陆只得向代

---

① 陈明珠：《五四健将——罗家伦传》，浙江人民出版社2006年版，第77页。

表团传达。

专使王正廷随后电告上海报界称，“吾辈在巴黎和会上主张废止二十一款及其他密约不遗余力……但吾国人中有因私利而让步者……此实卖国之徒也。所望全国舆论对于卖国贼群起而攻之，然后我辈在此乃能有讨论取消该条件之余地。”电文披露于各报，群情激愤，如火山爆发。[①]

卖国之徒究竟是谁？一度东猜西猜，最后落实到大名鼎鼎的亲日派之三大金刚曹汝霖、章宗祥、陆宗舆等人。章宗祥为驻日公使，四月中旬在东京请假回国，日本政界要人与他国驻日使馆外交官多去送行，忽遭中国男女留学生数百人上前诘问他订约卖国之罪，一群学生冲上去赠章卖国贼旗帜多幅。最终因有人劝解而未动武，令章饱受惊吓。[②]五月上旬北京学生火烧曹家楼，曹汝霖、章宗祥、陆宗舆三人被罢官。

也许有人会说，没有中国劳工赴欧，五四运动照样会爆发。这话不无道理，因为五四的爆发有很多内在的起因。不过，若无华工，国人只能巴望战胜国列强的所谓“裁决”，何来理直气壮？中华民族通过华工群体为欧战出大力，寄望于有所回报，是对自身权益的正当诉求。华工中百分之七十左右系山东籍，他们远赴西欧帮英、法打欧战，家乡胶州湾被日本人从德国人手里夺走，占领至今不肯归还，对之更有切肤之痛。英、法、美反而袒护日本，忽悠中国，和会的最高三国会议不是公正裁决，而是不讲公义，强压弱者，过河拆桥，令国人怨愤难泄。又闻军阀及二三奸人阴谋卖国，示意退让，山东人闻之，异常愤激，5月20日在省城举行国民大会集众十余万，声讨卖国贼与帝国

① 杨量功、蔡晓舟编：《五四：第一本“五四”运动史料》，北京同文印书局1919年版，第8—11页。上海图书馆藏

② 杨量功、蔡晓舟编：《五四：第一本“五四”运动史料》，北京同文印书局1919年版，第12—13页。上海图书馆藏。

主义强权。[1]

在中国，20世纪一十年代后期，“劳工神圣”和“公理战胜强权”两个新观念令无数中国人感到振奋。它们出现于第一次世界大战期间，又以流行口号传播华夏大地，它们都与一战华工有直接关联。有鉴于此，华工参与欧战这件大事，实实在在地成了五四运动爆发的一帖催化剂。

① 杨量功、蔡晓舟编：《五四：第一本“五四”运动史料》，北京同文印书局1919年版，第12—13页。上海图书馆藏。

第十二章　善后事宜

第一节　英方修建华工墓

英国国会一战后通过一项法令，凡是在英联邦共同体管辖下的地方，曾经为大英帝国效力过的军人或者非军人，无论来自哪个国家，其墓葬都按标准式仪规办理，以便今后进行纪念；这项工作由英联邦战争墓地委员会（CWGC）负责。[①]该机构成立后作出决定，军队在某地作战或驻扎，其阵亡或病故者一律葬于在当地选址建造的军人公墓。一方面是缅怀牺牲之地，另一方面，战争中死亡人数十分庞大，都要运回死者家乡实际上亦无法操作。

英军皇家部队的中尉莫利斯·维克多·唐纳德·巴登贝格王子（Le Prince Maurice victor Donald Battenberg），是英国维多利亚女王的孙儿女中最年幼的一个，1914年10月参加比利时伊珀尔第一次战役，被一枚炮弹片击中，没等到战友来救即阵亡。他贵为英国王子，与战斗中牺牲的普通士兵一样，被安葬在伊珀尔镇的军人公墓里（Ypres Town military Cemetery）。

---

① 英联邦战争墓地委员会，英文缩写CWGC，全称为Commonwealth War Graves Commission，成立于1917年，总部设在英国。成立宗旨是为妥善处理因第一次世界大战失去生命的英联邦共同体的将士墓葬。

人们在英联邦共同体的军人墓园里，常可见到另一些非军人的墓，他们的墓碑上刻着死者的国籍和姓名，宗教徒还饰以宗教信仰图案，他们是为英联邦军队提供战地劳役的外国劳工，来自北非马格里布三国、埃及、斐济、印度、马达加斯加、非洲、印度支那等。中国劳工的墓属于这一类型，外国劳工均获得同样的礼葬。华工墓整修得很好，得益于英国战后墓葬政策。英国人的这一做法值得肯定，他们在为自己的官兵安葬的时候，没有忘记将荣誉也给予曾经为英国流血流汗的外国劳工。

特别需要记上一笔的是，英方虽然没能满足中国人提出将华工遗体运回中国的要求，但遵照中国的风俗习惯，为死亡在他们管辖下的中国人安排了墓地，每位死者以单独的棺木入殓，跟军人一样都有各自的墓穴和墓碑，墓碑统一制作，体现了对死者的尊重。入葬时举行了体面的葬礼。以努瓦耶勒华工墓为例，努瓦耶勒华工总集所最盛时期上万名华工集结于此，建有庞大的华工综合医院，英国人可能也考虑到华工葬礼产生的影响。所以每次举行葬礼时，华工总集所的当值卫生官前往墓地参加下葬仪式，从综合医院康复华工中抽派四人抬棺木，棺木上覆盖着英国国旗。一名总集所的英国军官在他1917年10月29日的日记中留下了这样的文字："今天我见到3名中国人被抬去葬在专为中国劳工辟建的墓地，他们的棺木上覆盖着英国国旗。"[①]墓碑预先由华工石匠在工场里刻制好，运来墓地等下葬时竖立于墓穴一端。中英对照的铭文刻在碑之上方，每个墓采用四个成语之一：流芳百世、虽死犹生、勇往直前、鞠躬尽瘁。死者姓名和原籍用中文书写，碑上还刻有身份编号和用英文写的死亡日期。有少数墓碑上没有中文姓名和籍贯，系当时的资料不全所致。

作者不敢断定，在英联邦战争墓地委员会管辖下的其他军人墓地，华工下葬时都能享受到同样体面的葬礼，因为在数量众多的军人公墓里，仅有数名华工甚至一名华工的墓地。不过，作者相信，华工入殓使用棺木，这一仪规应该得到了

---

① W. A. Dent Diary, entry of October 29, 1917, LC, Leeds, GS 0453.

英方遵守。这个仪规不仅是华工的要求，也经过中英当局之间沟通认可的。华工的安葬，牵动着整个华工营，若办糟此事会导致何等严重后果，英方不会不明白。

由于华工死亡在法国的特别多，英联邦战争墓地委员会根据当时情况修建了两个清一色中国人的公墓：努瓦耶勒华工墓和吕曼盖姆华工墓。还有68处的华工墓是混葬于英联邦军人公墓里，假如人数较多便在军人公墓里辟出一块地儿，人数少的只能混在其他国籍的一排排墓中，要去找到它们相当不易。[①]努瓦耶勒华工墓葬有842名华工，墓园修在索姆省原努瓦耶勒华工总集所的所在地，一个名叫Nolette（诺莱特）寨子的地界上。1921年修此公墓时，华工队在英方军官的指挥下参与开辟墓地的各项任务，包括挖墓穴、打凿碑石、刻墓志铭，在原有坟地挖遗骸，入殓棺木，抬送新墓园、下葬、埋土立碑等。吕曼盖姆华工墓则在北方的加来海峡省内，葬有75名华工，其位置在距奥德瑞克镇七八公里的吕曼盖姆村（Rumingghem）的村子边缘上。

一战中英国军队对华工的管理，留下了不少为人不齿的事例。有人会说，军队管理总是严厉的。但严厉到严酷，便是过头。过头，一定受某种思想支配，严酷者往往突破军队高层制定的条例，加以野蛮发挥，这就是成为不齿行为的原因所在。英国人对不是军人的华工实施军队式管理，也许可以说是当时打仗的需要，不那样，便无法为前线的军队作有效的后方支撑。然而，在那个时代，英国人的脑海里依然受到“黄奴贸易”的影响。欧战爆发时的十多年前，中国人曾被大批骗拐式地雇佣到南非金矿从事苦役，这类例子在盎格鲁-撒克逊人的记忆里并未消退殆尽。他们骨子里把中国华工当作低等的苦力，尽管官方正式文件已进化了，称为中国劳工为Chinese labourer，但行文通讯时依然经常使用着coolie（苦力）这一词语。在华工营里，英国军官都知道中国人是签约工人，但许多军官仍把华工当作随便役使的下人，一旦有谁违犯了英人

① 参照叶星球、江敬世：《法国一战老华工纪实》，附录2《法国和比利时华工墓地分布》，巴黎太平洋通出版社2010年版。

的管理条规，轻则罚扣工钱或挨若干鞭子，重则绑在树干、木桩上拷打，打死也无所谓。总之英国人管治华工获得好评者寥若晨星，大多表现出严酷甚至暴戾。英军上层也并无扭转这种局面的有效作为。

然而，一战结束后英方却能对待华工如对待他们的死亡军人一样给以良好的墓葬，使身亡于战火或疾病的华工在异国他乡享受到一块包含着荣誉和尊严的永久安息地，这又作何解释呢？

英国人的思想，长期以来表现出一种高于其他民族的优越感，尤其在殖民主义时代，他们认为自己更加文明，尽管实际做的一些事往往背离文明本质。英国人觉得把死去的士兵和劳工的墓修得漂亮，维护得整洁，就是他们优越的一种体现。从政策导向心理上看，为英国效力而丧命者无论是不是军人，当局为他们成立专门的墓地修筑与管理机构，一个世纪来从不松懈地修葺维护他们的墓园，定期拨出专款用于纪念活动，这对于每一代活着的人都是一种国家层面上的承诺与彰示，在每一代英国本国人民以及与英国有体制关联的其他国家的民众中，培养出一种意识：万一英国国家遇事，都愿意挺身为之效命。

今日放眼看去，无论在哪里，一战二战的英军公墓确实都修得漂亮。英军公墓里不仅葬着英国军人，还有加拿大、新西兰、澳大利亚、南非、印度等国的士兵墓；作者曾看到不少来自埃及、印度、斐济、南非等英国殖民地的劳工墓碑，还在某些军人墓园里见到一战华工的墓地。那么，从修建到长期不懈地管理，是怎么使这么多的英国军人墓园永葆青春活力的面貌呢？这要归功于英联邦战争墓地委员会（以下简称CWGC）。既然英辖一战华工的墓葬也在该机构的管理范围内，且容作者在此简单介绍该机构之梗概。

CWGC总部设在英国。第二次世界大战后，CWGC的任务扩大了，需要管理两次世界大战期间献出了生命的英联邦共同体成员国军人的所有墓葬，并负责各军人墓园的纪念活动。安葬军人总数达170万名，墓地分布在世界上153个国家内，墓园总数达2.3万个。

CWGC在西欧良好地执行着它的使命，尤其在法国、比利时、德国、荷兰、爱沙尼亚、拉脱维亚、立陶宛、卢森堡、摩纳哥、波兰和瑞士。CWGC在上述国家保养着4000余座墓园和纪念馆（堂），以资纪念在第一、第二次世界大战中献身的80万名战士。CWGC拥有各种专业技术人员，如园艺匠、石匠、铁匠、细木工、雕刻匠、泥水匠等，各类专业匠工都参与CWGC所辖的墓园维修保养工作。实际工作中，由十几人组成一个流动小队，设队长和副队长，根据墓园规模和墓园之间的分布距离，每个小队负责若干个军人墓园的日常维养。为节约开支，CWGC的佣工制度多年前已开始侧重于本地化，当地人的比例约达总员工数的90%，从英国或苏格兰派来的人员只占极少数。总部官员，每年四次从英国赴各处巡视墓园和检查财政拨款使用状况。该机构运转需要庞大的经费支撑，据悉，其财政预算由六国共同分担，英国承担78%，余额则由英联邦的成员加拿大、澳大利亚、新西兰、南非及印度填补，其中印度所出份额最小。

CWGC在世界各地所辖墓园的110万个墓碑的一大部分，居然都是在它设于法国的墓碑工场里生产的。要求必须保证每块墓碑状态良好，碑刻文字必须清晰可读。为了达到这个要求，过去每年生产6000个墓碑用以更换破旧模糊者，现在的需求已增加到每年生产与重刻22000个墓碑。

过去，社会公众无法与闻CWGC拥有的墓葬文档，信息化时代的到来使之成为可能。公众通过它的网站（www.cwgc.org）可查询超过30万份的文档，譬如查阅墓穴登记文件；有的死者家属期望把收集到的个人题词或铭文添加到墓碑上，这样的信息也登上网站；也许还能查询到有些生前担负重要职务的死者的安葬报告。此外，另有一个名为“Discover14-18”的网站可提供按主题搜索的巨大便利，其网址是：www.cwgc.org/discover1418。[①]

① 源自英联邦共同体战争墓地委员会网站www.cwgc.org以及作者在实地向CWGC墓地工作人员的调查。

世界上最大的医院公墓也是CWGC的一件大作。1915至1920年，协约国军队在比利时西佛兰德省伊珀尔市（Ypres）附近的雷森图克寨子（hameau de Lijssenthoek）建立了一座后方医院。随着战争的延续，医院规模越来越大。在此医治无效而死亡的人数也相应庞大起来，于是英当局决定就地修建一座医院公墓。葬入该公墓的有法国人、美国人、德国战俘、英国护士、中国劳工、印度劳工、英联邦共同体的士兵，共计10779人，墓碑跟其他军人公墓一样，都是统一格式。今天，雷森图克医院公墓已成为第一次大战的一面镜子。[①]

第二节　法辖华工未有集中安葬地

在法国、比利时领土上的全系中国人的华工墓园或混葬在英军公墓内的华工墓地，都属于英辖华工的墓葬。近二十多年来，巴黎侨界、学界、中国驻法使领馆逢清明时节前往祭奠的一战华工墓地——努瓦耶勒华工墓园，也是英辖华工的墓地，如上一节所述，它由英联邦战争墓地委员会建造，近百年来由该机构管理维养。

一战中，法国在华招募的华工有近四万人，丧命于法国的法辖华工的公墓在哪里？确实很难见到。法辖华工中也有人在法国死亡，1918年5月法国战争部统计到法华工数为35109人，其中因工作身故华工就有281名。[②]

法国当局没有为死亡华工修建一个公墓。原因是在招募华工的时候，所订合同条款载明，华工在法死亡后，其埋葬应照地方普通习惯办理，就是说须

① 源自www.memoire1418.org网站。

② 《国务院侨工事务局调查在法华工情形书》第三次披露，中华民国七年十二月十日，“（一）华工人数”，第199页。威海市档案馆藏。

按当地风俗殡葬。[①]通常情况下，华工故后，都安葬在当地的公墓内。

一批批华工抵法后，尽管以华工营队的编制实行管理，实际的工作地点却分散在全国各地，华工不幸因各种原因死亡后，葬入驻扎地的民间公墓，成为一个普遍执行的规矩。

战后，华工感到组织起来才可向当局表示意见，办事亦更有力量。1921年起，在法的和回国的华工开始成立一些协会，有的称“旅法华工会”，有的叫“旅欧中华工团”，有的起名字“回国华工同人会”等。这些华工组织向有关方面发出呼吁或者动议，体现了华工的诉求。

> 旅欧中华工团驻沪代表张超等，鉴于已遣回之华工，无正当安置，致一些工人流离失所困苦不堪，1921年元月初赴京向国务院侨工事务局呼吁救援解决办法。1919年9月，上海英法两租界当局拟募捐资，为纪念协约国联军牺牲军人，在黄浦滩修筑石塔一座，并将阵亡官兵的姓名刻刊于上，而上海总商会出于我国为协约之一，亦拟捐银五千两藉表同情。回国华工同人会会长夏奇峰获此信息，即于9月间致函上海总商会商酌，说明欧战时助战华工因伤殒命者有数千人之多，应同为刊名纪念，以示中国人实行牺牲协助欧战之誉，回国华人同人会希望上海总商会捐款时，会商于上海英、法租界工部局，在纪念塔上加刊在法殒命之华工姓名，俾留纪念而保国家荣誉。

到了1925年，巴黎的“旅法华工会”曾向法国政府提出要求，其中一项要求是竖立华工纪念碑，以纪念为法国捐躯的华工战士。但没有获得正面回应。还有一个要求是为殒命于法国的法募华工建立一个公墓。法国当局回复表

① 见本书附录二，陶履德招工团与惠民公司签订的招工合同第十三条；以及附录三，法募机匠与工头之合同及佣工章程第九条。

示，按合同规定，死亡华工应葬在华工驻地所在的市民公墓。法国没有资金辟建华工专门墓园。如果中国政府有此要求，一切经费均由中方承担，法方可予墓园地皮方面的协助。中国正处在军阀混战的时期，法方不管，中方也不管，事情当然就黄了。因此，在法国当局管辖下的华工丧命于法国的，就没有一个集中安葬地。

作者在考察探查过程中，记录了几处法辖华工的墓地。

位于加来海峡省的阿耶特中印劳工墓园（“Ayette Indian & Chinese Cemetery”），由印度劳工和华工两个墓区组成，墓园系英联邦战争墓地委员会所建，华工墓区内共33个墓碑，其中英辖华工28名。另有5块墓碑是为6名法辖华工而立，碑上内容包括四项：“姓名，中国劳工，为法兰西而捐躯，死亡日期”。书写格式统一，姓名按汉字法式西文拼写，有一块为两人而立，因此5块碑纪念6个人。[①]这6名法辖华工是后来法方移葬的。

“巴黎的巴涅公墓”（le cimetière de Bagneux de Paris）里，也有法辖华工的墓葬。该公墓位于首都南郊的巴涅市地界，但隶属巴黎市政府。在其中一个军人墓区内，作者于2010年4月发现了一小批亚洲劳工的墓碑，经考证确认至少5名是一战华工，为法国募辖，并在战后法国政府重葬欧战死亡军人时被移葬入此处的军人墓区内。[②]

散葬在各地民间公墓里的法辖华工墓，到目前为止，尚无一份可信的统计资料，对于历史研究，不能不说是一份遗憾。不过，作者在机器城（la Machine）的市民公墓里，不仅寻找到华工闻人张长松的墓，还拍下了另一名一战华工的墓地照。在张长松年届九十岁的二儿子罗歇·张的陪同下，我们找到了张长松的坟墓。碑上刻着张长松夫妇与他们一个早夭于少年的女儿的名字。与众不同的是，在水平墓盖上，斜立着两方小石板，一方上刻繁体的中文

---

① 详阅本书第十三章第六节“阿耶特印、中劳工墓园”。

② 参阅本书第十三章第二节“巴黎南郊发现一战华工墓”。

姓氏“張”，另一方浅黑色石板，左上角雕着一只和平鸽，牌上用大大的字刻着ARAC四个字母，意为“共和国老战士协会”，下面一行小字SOUVENIR（纪念）。[①]张长松身为一战华工，二十多年后又参加二战的抵抗运动，故享此殊荣。

作者在同一公墓里还发现了另一名中国人的墓，年轻时的照片镶嵌在碑上。碑上只有一个人的名字：TONG FOU LIN 1890—1963。董富林（音译）也是一战华工，单身终老于机器城。

法国公墓内的下葬位置必须租借，有几种不同的租期，费率也不同，且由各市镇自行决定。到期限后墓主后人可以续租。张长松子孙满堂，自有后人为他的墓续办手续。董富林无后代，他的墓以后会消失吗？

作者曾去信询问机器城市市长Daniel Barbier先生。2016年9月26日欣接复函，市长在信中明确表示：“TONG Fou Lin先生的墓地属于永久租用，无须续租。”

作者经过了解才明白，原来，以前法国人死后，家属向市镇墓园购买的墓地均为永久性的。想来，董富林去世后，机器城的其他华工弟兄们帮他买了这个下葬的墓位，因此市长才会如此答复。后来法国人口流动性大了，永久性墓地的法律不再适用，国会在20世纪六七十年代修改了公墓规定，取消永久性墓地，凡葬入市镇公墓，都须租借葬位，10年、30年、50年不等。逾期可续租，倘无人办理续租手续，公墓管理方又需要这块到期墓地，就会起出死者遗骸迁埋于枯骨堆冢，将墓位平整后再作出租。

作者一直担心，法辖故亡华工的墓地将随着岁月的无情流逝，最终会影踪无寻。然而，机器城董富林的墓为永久保存的例子，或许能为有志于探寻法辖华工墓葬的研究者增加希望和信心。

---

① 参阅第十章第六节“机器城华工闻人张长松”。

第三节　法、英政府颁发一战奖章

一战结束后，法、英两国政府给凡是于战时出力人士，不论本国还是外国人，皆有褒奖，华工也得以享受此项荣誉。我们先来说说法国。

1920年6月29日的法国《宪报》(Journal Officiel)上登出一条经参议院和众议院通过(当时法国的下院为众议院la chambre des députés，尚未改称国民议会，作者注)，6月23日由法国总统保尔·德夏奈勒(Paul Deschanel 1856—1922)签署，并战争部部长、海军部部长及殖民地部部长联签的一条法令，法国创设一种纪念章，全称“大战法兰西纪念章”。① 这枚纪念章颁发给所有从1914年8月2日至1918年11月11日，在法国战旗下或法国的军舰上服役的军人或水兵，同样条件下的商船水手、男女护士、医生、药剂师，在同样期限内服务于军队或内政的志愿行政管理人员、民事保安人员、警察和遭到轰炸的城市的消防员。该纪念章也可颁发给军队中隶属于总指挥部的各种机关里工作至少六个月的女司机、女报务员、女秘书。纪念章由奖章与彩绶组成，奖章为青铜质，模数约30毫米，设计图案通过竞标比赛由一个专门委员会择优选择；奖章的彩绶上有一金属饰牌，上刻“Engagé volontaire”(志愿参加者)。法令规定，感兴趣者一是必须提交申请证明自己有资格获得，需经过专门机构认定，二是取得资格后自个儿掏钱购买纪念章。法国历来如此，今天还一样，政府颁发的任何奖章奖牌都要得奖者掏钱购买。法令还载明，虽参战出力但被判刑而未缓期者

① 宪报全称《法兰西共和国宪报》(Journal officiel de la République française)。见1920年6月29日是年《宪报》，总第9111页。“大战法兰西纪念章”的原称为：Médaille commémorative française de la grande guerre。

无权领取大战法兰西纪念章。

法国战争部1921年2月19日致函中国驻法公使馆，知会法国政府决定也向华工颁发大战法国纪念章，并告知颁发纪念章的具体程序。首先回国华工需申报如下内容：姓名、工号、在何华工营队工作及地点、回国年月、现在住址如某省某县某村某街门牌号码，申请书应于1922年1月1日前寄往巴黎法国战争部第八司第五科，过期无效。由五科核定后出具纪念章凭单，交马赛华工总驻所所长过目核对，然后由其呈请法国第十五军区总司令批准。再由法方将生效的纪念章凭单寄给驻天津法国武官长颁发分寄各工人。并强调纪念奖章并非赠品，收到凭单者可自行购买，但曾经违法及有罪被遣送回国的华工不得领取纪念章。

法国政府颁发的“大战法兰西纪念章”，图案设计推崇自由，但领取手续十分繁复。来源：Collection de Dominiek Dendooven

中国国内得此通知后，各相关省咨侨工事务局后亦发通知贴布告，以告晓华工。如江苏省省长1921年9月7日命全省警务处训令省会警察厅、各县警察局、各县知事兼警察所张贴布告，告知现法政府议定颁发华工纪念章一事。

本年九月七日奉省长训令第8585号内开本月九月一日准，“……欧洲巨战以来崇功酬德，各国于战时出力人士皆有褒赏……故我国工人以助战之功，亦有佩带纪念章之权利，惟领取手续有定，深恐归国工人多以地处偏僻未闻其事，或闻有其事而不知从何处领取者，查照法陆军部（应为战争部——作者注）通告，系限定至1922年1月1日前已归国工人，须将姓名、工号及在法做工地点、遣送回国日期、在华详细地址开明。直向法国巴黎陆军部（同上注）呈请，俟该部审定然后再将奖牌表寄中国天津紫竹林法国水师营分寄工人，得有奖牌表然后方可购买奖牌佩带……”[1]

然而细审这份省长训令，对照法国战争部致中国驻法使馆的照会函，中国人办事马虎的毛病又犯了。法国战争部公函明确规定，须将纪念章申请书于1922年1月1日以前寄到巴黎，否则无效。而省长训令称领取的对象限定至1922年1月1日以前已归国工人。前者是信件到达期限，后者为人员归国日期限定，完全是两个概念！试想如果工人在1922年元旦后再寄表，法国人办事一向讲究按规定，法方即使收到也不会再理，申请人不是白忙一阵吗？这两个日期出现在同一份“训令”里的前后页，竟浑然不管地发给各府各县张贴，可见吃官饭的这批人对行政事务不经心到何种地步！

法国政府出台了大战法兰西纪念章的各项规定，于法国国民是可以按部就班地去办理申请的。但远在万里之外的中国欧战华工，两大因素阻碍着他们的行动。首先是手续麻烦，写个申请书倒可找人帮忙，但要花邮资把它寄到巴黎叫使馆转，国际邮资并不便宜。其次，将来收到了纪念章凭单，还要自己掏钱去买纪念章来佩带。要它何用？结局就是鲜有法辖华工去办这件事，也就很少有人能得到这枚大战法兰西纪念章了。

由此可得出结论，法辖华工如果得到法国当局颁发的大战法兰西纪念章，只能在1921年3月之后。有的文章中所写华工在1921年回国前就领到法国政府颁给的勋章或奖章之说，是没有事实依据的。

英国给华工颁发纪念章的情况与法国不一样，有些华工，在离开法国前，就领到了一枚服务勋章。也许英方对这类纪念章的意义缺少宣传和解释，也许颁发时缺少必要的庄严，不知有无仪式，也不知手续如何履行，致使华工内心对服务勋章的纪念价值不甚明了。他们此时只盼早日启程回到遥远的故乡，同

---

① 《江苏全省警务处训令第824号》，《江苏省公报》第2771期，第5—7页。中华民国十年（1921）九月八日，“奉省令准侨工事务局咨明欧战出力人士及在法回国华工颁发奖牌恐未周知咨请转饬一体布告”，中国第二历史档案馆藏。省长训令引文标点系作者所加。

时盘算着辛辛苦苦积下的血汗钱，回家后派什么用场。以至于在法国的港口登船前，很多华工觉得还不如将纪念章换钱，2法郎一枚，就这么卖掉了。谁要就卖给谁，当地一些喜欢收藏徽章的法国人或者其他外国劳工都可能是买主，大概他们更懂得大战纪念章的价值。

青岛的移民所快要关闭前，一些已遣回而尚未离开青岛的翻译和华工向英国人提出，要求举行一个颁发一战服务勋章的仪式。1921年6月10日，英国人在青岛移民所内举行颁奖仪式，闻讯前来领受者颇众，有126名中国劳工团的翻译和一批工人获颁英国的大战服务勋章，象征着他们应得的褒奖和荣誉。中国劳工团的财务官威廉·布尔上尉（Capitaine William Bull）在颁奖仪式上宣布，中国劳工团有资格获得英国大战纪念章的成员共93357名。仅有一小部分人因品行糟糕而丧失资格，对此比例他表示“非常满意”。[①]换言之，英国欧陆远征军军方认为绝大部分华工配得上这份荣誉。青岛的颁奖仪式是唯一的一次，有些人在离开法国时就已领到纪念章，有很多发生临时情况被提前紧急遣返，不可能赶上这档好事。中国劳工团的使命已经结束，尚未领到英国大战纪念章的翻译和工人，英方表示只能通过邮局寄给本人。可以相信，在当时的情势下，93357名有资格者是英方管理机构最终认定的数字。究竟有多少人领到了纪念章？可以判定，实际数字远低于资格认定数。

英国颁发的“大战服务勋章”，正、反两面的图案突出英国王权。来源：Collection de Dominiek Dendooven

① Carol G. S. Tan, *la Montée en puissance de Tsingtao et l'effaceme nt de Weihai Wei*. FO 371/6602. Issu de: *Les travailleurs chinois en France dans la Première Guerre mondiale*, CNRS Editions Paris, 2012. p.106.

除了普遍的服务勋章，有的华工由于表现非凡、英勇卓越获得英政府及其军方的特别嘉奖。有几个例子可在此一提，两名华工（其中一人名王玉山，音译）在1919年6月22日法国北部马尔科恩（Marcoing）英军军火库发生火灾时，不顾个人生命安危，英勇又机智地救火，避免了一场弹药爆炸事故的发生，获得英国皇家人道协会颁发的勋章和奖状。江苏籍华工叶腾峰（音译）在1919年5月23日巴约勒（Bailleul）的一场爆炸事故中表现顽强，获颁一枚军功勋章。某华工团两名华工不惧艰险三次穿越被敌人炮火切断的补给线，为其同伴们运送食物，获颁英国杰出服务勋章。浙江籍华工邬永昌（音译）为挽救一名溺水者受到皇家人道协会的表彰等。

我们华工获得荣誉是当之无愧的，英、法颁发一战纪念章就是褒奖他们的坚忍顽强与英勇无畏。①

第四节　湮没无人问津半个多世纪

一段重大的历史被湮没无闻，六七十年内世人基本没听说。一次世界大战中受英、法招募的中国签约劳工在法、比、英、中东等地为协约国效力的历史，就其总体情况而言，直至百年之后的今天，可谓仍未引起西方和中国史学界的足够重视。

如果我们将两本专门介绍一战华工的法文著作拿来作时间段比较，从2012年法国出版的大部头*Les travailleurs chinois en France dans la Première Guerre mondiale*②（《第一次世界大战中在法国的中国劳工》）往前追溯，在

---

① 徐国琦：《一战中的华工》，上海人民出版社2014年版，第94—95页。

② *Les travailleurs chinois en France dans la Première Guerre mondiale*, sous la direction de Li Ma, Paris: CNRS Editions, 2012. 全书551页，由25位作者的专文汇编成书。他们分别是法、英、比、加、美等国的历史学家、教授和学者。

七十多年前，即1939年在巴黎曾出版过一本论述一战华工的法文著作，出自法学博士吴本中之手，封面上既有法文书名*Les travailleurs chinois et la Grande Guerre*又有中文书名《华工与欧战之关系》。[①]这本书太简单，全书共36页而已。当时有评论说，此书的目的是提醒法国人不要忘记，在你们国家遭到德军入侵陷入灾难时，十几万中国人远渡重洋前来帮助你们，现在中国人民正在遭受日帝国主义军队的铁蹄蹂躏，你们应该知恩图报啊。这是法国人在一战过去20年才读到的第一本关于华工的法文专著。如果我们不计零星的文章的话，第二本涉及同样内容的专著面世，竟相隔了73年。两者的时间跨度如此之长，无论怎么解释，被遗忘的事实都难令人释怀。

再拿两本关于一战华工的中文著作来对照，出版于1937年的《欧战工作回忆录》[②]是随华工一同赴欧的英文翻译顾杏卿的亲历记录。直到2010年，作者才在巴黎见到一本以采访为主要特色的《法国一战老华工纪实》，系近期较早投身该课题研究的巴黎两位华人的努力成果。[③]这两本著作的性质基本相同，属于纪实性、粗略性的介绍。两者问世相隔了73年。上述两本法文著作与这两本中文著作各自的前后跨度竟都长达73年，这真是巧合。暗喻的一个客观事实是，在如此漫长的70多年间，无论是送出十几万精壮劳力的中国，还是接受帮助的法兰西——世界公认为举着民主自由人道旗帜的国家，劳工事件过后，似乎都不再有社会大层面上的提起与回忆，都心安理得地让这段历史遗忘于遥远，湮没于无闻。

也许有人会说，一些杂志上不是有过介绍一战华工的文章吗？说到这点，应该看到，相对于这么一个曾经波涛汹涌地碰撞过东西两半球的社会生活的历史动作，又是在搅动全世界的第一次世界大战中发生的大事，几

① 法学博士吴本中（Wou, Piontchong），*Les travailleurs chinois et la Grande Guerre* Paris: Editions A. Pedone, 1939.此书请法国前殖民部长穆岱（Marius Moutet）先生作序。

② 顾杏卿：《欧战工作回忆录》，商务印书馆1937年版。

③ 叶星球、江敬世：《法国一战老华工纪实》，巴黎太平洋通出版社2010年版。

十篇散见在一些刊物上的文章是远远不能说清问题的。即便在目前，凭吊复生以来的三十多年间，出现了一批较严肃的研究成果，在法国的各种网站上还可见到涉及这段历史的各种文章，但它们都处在“开篇介绍”的阶段。对真实史料的挖掘和原有素材的再研究尚很欠缺，实际上人们仍然很不了解这段历史的具体过程。有些网站或作者，刚发现一战华工的一点东西，便如发现新大陆般的惊喜，马上把他的发现传播给社会上的读者。有时，他的材料人家早公布过，只是被长期遗忘；而原有的谬误仍被照搬。一个法文网站上的文章说：“招到法国来的中国劳工大部分是中国东北人”，便属这种情况。

不过，从另一个侧面来看，关注的人多起来，总是好事，只待高质量的研究成果不断面世，社会大众层面上的了解就会逐渐扩大、深入。

第五节　凭吊复生

一战华工的史实和历史作用长期淹没于遗忘，只是到了二十世纪八十年代，人们才开始关注起来，这一兴趣点的复生，在不同的国家里，如早春的小草渐渐冒出泥土。八十年代，巴黎有华人侨团率先发起祭祀一战华工。1988年，是值得我们旅法华人永志铭记的一年，法国官方终于一连串地做出几个举动，褒奖在法一战华工的历史贡献。

1988年11月，法国连任总统弗朗索瓦·密特朗，根据政府总理和“老战士与战争受害者”国务秘书的报告，审定了法国荣誉勋位管理会总管呈递的9月27日与10月27日管理会的声明决议，参照相关法律条文，发布了一道总统令，授予第一次世界大战期间参与协约国军队抗击德奥敌军的88名老战士“荣誉军团骑士勋章”。这道总统令以“1988年11月5日提名表扬之政令”为标题公布于同日的宪报(Journal Officiel)。[1]宪报上除了86名法国老战士的姓名，还列出两名外国人，即当时仍健在的一战老华工吕虎臣和曾广培，他们的西文姓名后面写着“1914—1918战争的中国志愿者”。[2]

可是法国政府遗漏了另一位健在的老华工，他叫朱桂生(Jean TCHOU Kouei Cheng)，当时居住在法国西南部的拉罗谢尔市(la Rochelle)。1994年11月1日，获授勋的曾广培去世，法国媒体报道此事，一致认为“法国最后一名一战华工离世了”。没想到朱桂生仍在拉罗谢尔颐养天年并且广受当地市府和民众的尊敬。朱被拉罗谢尔市视为“融入法国社会的典范”。2002年3月5日朱桂生以107岁高寿仙逝，成为最后离世的一名华工。[3]

此例说明由于一战华工长期不被社会了解，连政府做出一项决定时都没有获得完整的相关信息。

1988年11月11日，法国政府终于公开了华工档案。

同年11月28日，法国当局特制长80厘米高50厘米纪念铜牌一块，镶嵌于巴黎12区里昂火车站北侧的夏隆街的一面墙上(由于马路拓建改造，此纪念铜牌后迁镶于附近的Rue Chrétien de Troyes的一幢大楼的外墙上)。铜牌上以左边法文和右边中文(繁体字)镌刻铭文如下：

---

① *Décret du* 5 *novembre* 1988 *portant nomination*. Journal Officiel de la République française, 1988.11.5, pp.13943-13944.(《法兰西共和国宪报》)

② 获荣誉军团骑士勋章的一战华工吕虎臣和曾广培，他们的法文姓名列于名单之末：

A titre étranger

M. Lu Hou Tcheng, volontaire chinois de la guerre 1914-1918; 72 ans de service.

M. Tsang Kuong Pio, volontaire chinois de la guerre 1914-1918; 72 ans de service.

③ 参阅本书第十章第四节“娶法女定居法国”。朱桂生生于1896年，2002年去世，法文资料称朱活了106岁，中国人计虚龄，享年107岁。

公元一九一六年至一九一八年，拾肆萬華工曾在法國參與盟軍抗戰工作，有近萬人為此獻出了寶貴的生命，抗戰勝利後，其中叁仟人從此定居法國，並在巴黎市里昂車站附近，形成了第一個華人社團。

一九八八年十一月

中文铭文显然是根据法文铭文翻译过来的。[①]作者愿意在此指出，译文加上了撰写，“盟军抗战工作”，“抗战胜利后”，这两处用词不当。这会让人联想到第二次世界大战与中国的抗日战争，很易混淆。“盟军”是二战的用语，第一次世界大战交战双方为协约国对同盟国，法、俄、英组成协约国，称为les Alliés，又称l’Entente；奥匈帝国、德意志帝国和意大利组成同盟国，称为la Triple-Alliance，简称Triplice。这是译者的责任。另一句“其中叁仟人从此定居法国”恐不符史实。[②]系出于法国当局的原文，故与译者无关。

若对照63年前发生的一桩遗憾，人们则更明白1988年11月之于中华儿女的重要。一战结束后七年即1925年，巴黎的华人团体“旅法华工会”出面，向法国政府提出诸项要求，其中之一要求竖立一块华工纪念碑，以纪念那些为法国捐躯的华工。但是，这一正当合理的要求没有获得法国当局的回应。而法国各个市镇，拜纪念为国献身及战争受难者之风气，纷纷大建大竖一战纪念塔碑。你在法国大小市镇，都不难发现肃穆而立的纪念塔、墙、碑，只要是为了法国的利益，不管是一战、二战、印度支那战争、阿尔及利亚战争，不问战争的性质如何，法国各地当局不忘纪念其子民死难者。但法当局对其他民族的态度，却鲜有记恩。法国人崇尚契约精神，派完了用场，合同履行完毕，拜拜

---

① 铜牌上刻的法文铭文如下：DE 1916 A 1918, CENT QUARANTE MILLE TRAVAILLEURS CHINOIS PARTICIPERENT EN FRANCE A L’EFFORT DE GUERRE DES ALLIES ET PERDIRENT PLUSIEURS MILLIERS DES LEURS. AU LENDEMAIN DE LA VICTOIRE 3000 D’ENTRE EUX S’INSTALLERENT DEFINITIVEMENT DAND CE PAYS ET CREERENT AUTOUR DE LA GARE DE LYON A PARIS LA PREMIERE COMMUNAUTE CHINOISE. NOVEMBRE 1988.

② 参阅本书第十章第五节“留法打工成华侨”。

了。这一点常令作者深思。我们中国对自己的同胞应该怎样?

1998年11月2日，一座纪念为法国捐躯的华工的花岗岩纪念碑，终于在巴黎十三区的博德里古尔公园(jardin de Baudricourt)矗立面世。法国老战士国务秘书马斯雷(Jean-Pierre Masseret)代表法国政府与中国驻法大使馆代办孔泉公使共同主持了纪念碑的揭幕仪式。红幕布揭开，人们看到1.8米高的崖壁式碑石左上方竖式雕刻着:“纪念在第一次世界大战中为法国捐躯的中国劳工和战士2.11.1998”。右下方用法文雕刻着：A LA MEMOIRE DES TRAVAILLEURS ET COMBATTANTS CHINOIS MORTS POUR LA FRANCE PENDANT LA GRANDE GUERRE 1914-1918。①

这是一次里程碑式的纪念，铭文中的“MORTS POUR LA FRANCE”，译为中文是“为法兰西而捐躯”，此为一战中法国掌玺司法部的一个规范性评介用词。②作者曾在某些法国军人的墓碑上，多次发现过它，在加来海峡省的阿耶特印、中劳工墓园也发现有五块华工墓碑上刻有同样的评介辞。

一战结束过去了八十年，为华工在法国竖立纪念碑终成事实。一战华工在法纪念的物化于世是多方位努力的产物。我们应感谢所有为此作出贡献的各界人士。其中有的在社会遗忘半个多世纪后率先埋首于法国档案搜寻一战华工的原始资料，并为呼唤社会关注举办讲座，著书述评；有的慨然解囊，奔走张罗；有的前往努瓦耶勒村找当地负责人调查咨询并开始组织祭瞻诺莱特华工墓园等。譬如八十年代初在巴黎五大做社会学博士论文的马达加斯加华裔青年廖遇常，侨商界翘楚法国陈氏兄弟公司陈克威陈克光，华裔融入法国促进会会长陈培辉、法国中华学校董事长丁伟星等人，他们为法国凭吊复生活动的掀起扮演了敲响开场锣鼓和拉开大幕的角色。当然，我们也不会忘记有功于华工纪

① 老战士国务秘书隶属于国防部部长。孔泉先生后于2008年3月至2013年5月出任中国驻法大使。

② Circulaire 27/10/1917, Archives départementales des Bouches-du-Rhônes, cote: 1M694.(法国罗讷河口省档案馆,《1917年10月27日通报》)

念的法方人士并感谢他们的支持与相助。譬如先后任法国老战士部纪念处处长、国防部办公厅副主任兼老战士国务秘书办公室主任的塞尔日·巴尔赛里尼（Serge Barcellini）先生，他出谋划策推波助澜力请法国国防部部长、法国老战士与纪念国务秘书等一批政要主持或出席在巴黎的华工纪念碑祭奠仪式，大大扩大了华工纪念在法国社会的影响。[①]

2002年3月20日，由巴黎华人社团发起在欧洲最大的一战华工墓地——索姆省“诺莱特中国公墓”举行了第一次大规模的公祭活动（法文正式名称为Cimetière chinois de Nolette，诺莱特是努瓦耶勒村下属的一个寨子，中国人喜欢往大里叫，华人习惯称为努瓦耶勒一战华工公墓—作者注）。时任驻法大使吴建民前往出席致辞，旅法侨界社团有组织地前往参加了这次公祭活动。

之后，每年清明节，总有华人组织前往这个标志性的一战华工安葬地举行祭奠纪念活动。中国驻法大使馆予以高度重视，历届大使与公参共赴公祭，现略举几例。

2005年4月3日，驻法大使赵进军偕夫人出席了在该公墓举办的纪念一战华工的公祭。

2007年清明节，旅法学界前往努瓦耶勒举行悼念一战华工公祭仪式。

2008年4月5日，华裔融入法国促进会在努瓦耶勒一战华工墓园主办“2008年清明节公祭一战华工”的盛大仪式，驻法大使孔泉亲至现场并在祭奠仪式上致辞缅怀长眠法兰西大地的一战华工英魂。法国军方与政府代表出席并致辞赞扬中国劳工在一战中对法兰西作出的巨大帮助。法国外籍军团的一批华裔退伍军人戎装亮相墓园，引人注目。

2013年4月4日农历清明节，中国驻法大使馆代表中国官方首次组织在努瓦

---

① 塞尔日·巴尔赛里尼（Serge Barcellini）2015年4月当选“法兰西记忆”协会全国总主席，他也是法国全军终身名誉总督察官（Contrôleur Général des armées），参阅本书题词页注解。

4月4日，是中国传统的清明节，中国驻法大使馆组织祭奠一战华工。祭奠仪式在法国北部海滨努瓦耶勒市诺莱特华人公墓举行，孔泉大使夫妇及旅法侨界代表和法国政府代表出席了仪式。（《欧洲时报》记者黄冠杰摄）

耶勒一战华工公墓的祭奠活动，时任驻法大使孔泉先生偕夫人王莺莺女士以及使馆李平公参等一批官员与池万升、吴武华为代表的一批旅法侨团负责人及新闻界人士共同祭扫墓园。代表庇卡底大区议会的副省长菲利普·迪约多内和努瓦耶勒村村长勒托卡尔（Michel Letocart）等法方政界人士莅临墓园表示悼念。仪式盛大隆重，花圈迭献，奏中国《思念曲》默哀，列队绕墓致悼，尽表中法官民两界凭吊和缅怀死难华工之情。孔泉大使和各方代表分别致辞，念我华工悲壮，赞其艰辛贡献，悼长眠异国者，吁中法人民永志纪念。

中国驻法国大使孔泉在2013年清明节努瓦耶勒华工墓公祭仪式上致辞。（《欧洲时报》记者黄冠杰摄）

随着凭吊的复生与纪念活动的扩展，中国方面，山东省有关机构与威海市档案局2008年举办一战华工国际研讨会与华工图片展览。2011年8月下旬起，中央电视台《探索·发现》栏目播出六集纪录片《华工军团》。2014年5月，由国务院侨办主办、山东省侨办及档案局承办、巴黎十三区区政府和法国山东同乡会协办的《一战华工在欧洲》图片展，在巴黎十三区区府内举行，参观者络绎不绝。

2016年8月4日，巴黎十区区政府与法国中法服装实业商会在十区区府共同举办了“华工来法100周年纪念活动”。

欧洲时报文化中心组织本报读者们外出旅游时，专门带往努瓦耶勒一战华工墓园参观凭吊，欧洲时报中文学校也包租大巴带领学生前往该墓地，让纪念一战华工之情延续于海外华人的子孙后代。

法国方面的凭吊活动二十多年来也持续不断。

2008年11月4日，法方又一次在巴黎举行了一战华工纪念仪式，法国国务秘书博克尔（Bockel）向坐落在巴黎十三区的一战华工纪念碑敬献了花圈并致辞。

2009年的法国文化遗产日（九月份第三个周末）第一天，努瓦耶勒华工墓园迎来了一个别致的图片展墓地纪念活动：Manifestation au cimetière chinois de Nolette（诺莱特中国公墓纪念日），在华工墓园的四周矮墙上挂了许多放大的关于一战华工在法国工作生活的照片。这个纪念日有300多名法国人前来参观，还有不少人带着儿孙。走进墓园，眼前所见，清一色中国人的墓碑，多达八百几十个，令参观者们震撼不已！图片展由庇卡底大区议会组织，让许多法国民众前来凭吊华工，缅怀中国人对一战胜利的贡献，可谓是浓重的一笔。[①]

比“诺莱特中国公墓纪念日”更早的一次活动，是在法国中部涅夫勒省

① 源自努瓦耶勒村公所提供的材料。

（Nièvre）的一个小市镇“机器城”（La Machine），该镇以举办一个展览《机器城的中国人》为2005年的主题活动。展览自5月29日开幕至10月30日结束，历时五个月。主办者由机器城市政府、AMACOSMI、涅夫勒省议会博物馆处、卢瓦尔河与森林间的市镇共同体、CICOC等共五个机构组成，阵营非常强大。筹备工作进行了一年，策划者们决意要让人们走出遗忘，追忆曾为法国出力、曾在机器城煤矿工作的中国人。从1917年5月首批华工五十多名进入煤矿至1935年为止，共有372名中国人在此工作过，其中310名下矿井当采煤工。他们属于法国在华招募的一战华工的一部分。

展览吸引了超过5100多人的参观者。出席开幕式的有机器城市长兼省议会副议长Daniel Barbier、涅夫勒省省议会议长Marcel Charmant、卢瓦尔河与森林间市镇联合体主席Guy Leblanc，涅夫勒全省博物馆总馆长François Martin等地方政要及大批来宾。东道主市长在致开幕辞中说：“心灵的记忆往往比智力的记忆更忠实，机器城应该回顾昔日美好的这一页，并描述一个世纪以来的中国人历史，从他们的到来直至今日他们的后代……”

法国媒体《中部地区报》（Journal du Centre），先后三次专题报道了这次展览。第一次以Les Chinois de la Mine à l'honneur（《煤矿的中国人享受荣誉》）为题预发展览消息。第二次以Un siècle d'histoire chinois au musée de la Mine（《煤矿博物馆一个世纪的中国历史》）为题报道了开幕式盛况。第三次以Travailleurs chinois à l'honneur au musée de la Mine《（华工为煤矿博物馆带来荣誉》）为题，介绍华工来法的几个阶段，同时披露了应邀专程前往机器城出席开幕式的中方巴黎代表团，驻法使馆李京生一秘代表中国使馆，华裔融入法国促进会会长陈培辉代表巴黎华界，见证法国外省纪念一战华工这一非凡盛举。[①]

展览会除了向观众展示大量的历史图片、矿井实物，还有一部反映中国矿工的短片。“机器城的中国人”这一展览标题原是阿图瓦大学一名学法语的

① 源自机器城煤矿博物馆（le Musée de la Mine de la Machine）提供的史料。

中国女留学生Zihé Wang（王）的研究课题，被机器城煤矿博物馆采纳了。她这种学以致用的学习态度应予提倡。

法国华文媒体《欧洲时报》《欧洲日报》，人民日报驻法国记者站、中新社驻巴黎分社都派出记者，前往现场采访展览盛况，并在各自的媒体上进行了专文报道。①

> 在开幕式期间，机器城华工闻人张长松的四个混血儿儿子与各自的法国妻子成为众人关注的人物，他们是罗歇与玛德莱娜，罗贝尔与莫妮克，热拉尔与玛丽，克里斯蒂昂与妮古拉。张长松与法国妻子路易丝终老于机器城，在他们的十二个孩子中，罗歇夫妇是那时唯一仍在机器城居住的华工后人。张长松最小的儿子克里斯蒂昂把珍藏的父亲生前爱玩的一副麻将牌借给展览会展出。

2014年11月26日，巴黎十三区Baudricourt公园，在1998年11月竖立一战华工纪念碑十六年后，法国官方又一次举行了隆重的祭祀活动，国防部长勒德里昂（Jean-Yves le Drian）主持了纪念仪式，中国驻法使馆公使邓励出席仪式并讲话，法国国务秘书勒甘（Jean-Marie Le Guen），老战士与纪念国务秘书托德西尼（Jean-Marc Todeschini）等出席，著名华商陈氏兄弟与华裔融入法国促进会会长陈培辉等一批为推动纪念一战华工做出不懈努力的华人代表参加了仪式，华工张长松的小儿子热拉尔亦在应邀之列。②

民间也有人对一战华工这个长期不为人知的群体表现出浓厚的兴趣，笔

① 《欧洲时报》记者黄冠杰的文章《法国“机器城”举办“中国人与机器城”展览》刊于该报2005年6月4—6日；《人民日报》驻法国记者张祝基的文章《法国“机器城”铭记华工史》载于人民网http://www.sina.com.cn，2005年6月20日；中新社驻巴黎记者钟诚的文章《追念中国先人，法国机器城里的华人后裔》，载于中国新闻网，2005年6月2日。欧洲日报记者郭乃雄，其文刊于何日不详。

② Fonds Général Actualités. 2014 ECPA 375/ECPAD.（法国国防影像档案中心）

者九十年代后期发现一个由法国北部某协会办的网站，该协会的志愿者们多年来收集一战时期来法的华工资料并展开一系列的活动，其精神可贵可嘉。[①]须知，法国的协会多如牛毛，即使工作关注点是政府需要的，也很少能获得官方的资金支撑。协会人员得自掏腰包耗精力花时间去为选定的目标努力。有感于此，作者愿将该协会至本世纪头十年内完成的工作业绩记录于下。

—向圣斯（SAINS）镇和邻近镇的居民了解并收集证据。

—制作了一部电影，片名为："被遗忘的人们"。

—向法国和英国的有关方面发出了各种咨询调查信函。

—先于1998年11月15日在Souchez的"和平欧洲中心"举办了一次展览，然后于2000年6月17、18日在Mont-Saint-Eloi市的Ecoivres村又举办了一次展览。

—他们获得了1919年在Cuinchy拍摄的中国劳工的一些照片。

—找到了当年华工在Bouvigny-Boyeffles的营地，发现了华工刻在树上的一些痕迹。

—确定了埋葬在圣斯的全部华工的名单，以及他们的原籍省份。（32名华工来自山东省，10名来自直隶，还有7名尚未确定他们的原籍省县。）

—确定了含有中国人坟墓的公墓名单（这是一张官方名单，但还不完整，将继续补充）。

作者浏览了他们的探索成果后非常感慨并被深深打动。法国平民百姓能这么关心八十多年前的中国劳工，从尘封的记忆里搜索，去实地扒开岁月的沧桑寻找他们活动过的印记。今日在法国生活的华人也是中华儿女，无论你是否加入法国籍，看到异族人民在探究这段华工史，是不能对这段历史无动于衷的。

---

① 网站地址：netia62.ac-lille.fr/bull/0623897z/enquete.html。

比利时是协约国联军（包括英联邦军队、法国军队、比利时军队和美国军队）与德军数度激战之战场。比利时的研究人员和汉学家十来年前就开始探寻一战华工的史迹，并获得当局的重视，比利时的凭吊缅怀活动做得风生水起。

2010年4月24日，伊珀尔（IEPER，法语Ypres）市法兰德斯一战战地博物馆举办的《华工与第一次世界大战》隆重开幕，规模盛大的华工专题展览吸引了无数的比利时民众，至8月15日闭幕，总共七、八万比利时人参观了这个展览。[①]广大民众通过展览获悉，百年前一万二千多名中国劳工曾在伊珀尔所在的西佛兰德省，为包括比利时在内的协约国联军提供艰巨劳役，作出了巨大贡献。

2010年9月，在上海世博会的比利时馆，西弗兰德省府举办了“纪念第一次世界大战期间赴欧洲华工的主题发布会”，将比国一隅的一战华工研究推向了世界。

2017年7月初又一个华工专题展览在比利时的波普林格市（Poperinge）拉开序幕，参观者络绎不绝。11月15日的闭幕式，恰与波普林格市郊外“中华劳工纪念园”与两名华工一名比利时士兵的青铜像正式落成揭幕相衔接，青铜像完美地再现了一战华工的吃苦耐劳和顽强不屈的形象。

中国驻比利时大使曲星在当天的揭幕仪式上高度评价了一战华工发挥的历史作用。尤其令人感动的是，波普林格市府决定辟建“中国劳工纪念园”时，把地址选在当年一支华工队驻扎的布思本村（Busseboom）外的旷野上。1917年11月15日深夜，敌机飞来投弹，命中此处的一个华工帐篷，全班13人瞬间被炸死，1名炸伤。[②]纪念地点的精心选择，青铜雕像揭幕日期与华工惨亡

① 伊珀尔，法文名Ypres，位于比利时弗拉芒地区西佛兰德省内，是韦斯图克（Westhoek）专区的首府。一战时伊珀尔周边地带是敌对双方激烈争夺的战场。

② 华工纪念园的地点位于波普林格市西南郊约10公里的一块田野上。地址：Visserijmolenstraat, Poperinge。附近的一个名叫布思本的小村寨曾是中国劳工的一个营地。13名华工遭敌机轰炸受难后，被葬在小河边。后英军将他们迁葬于法比边境的巴约勒（Bailleul，现在法国一侧，属北方省）英联邦军人公墓内。

突发事件在时间上的百年遥相契合，无声地蕴含着比利时官方和民众对一战华工的贡献之认同。

比利时波普林格（Poperinge）市郊的中国劳工园，两名华工和一名比利时士兵的青铜雕像于2017年11月15日揭幕。此处曾是英辖某华工队的驻扎地。（ZHJ 摄）

由于英国本土没有成为一战的主战场，纪念一战华工的行动似乎姗姗来迟，然而，2017年11月11日英国阵亡将士纪念日，伦敦唐宁街和平纪念碑前，旅英华人和英国友人代表共同举行了一战停火99周年纪念仪式。11月12日晚，英国第四频道电视台播出英国制片人賈斯·高斯的英语纪录片《英国被忘却的军队》。影片展示了一战华工的信件、日记等珍贵资料，通过华工后代和历史学家的口述追忆这段被遗忘的历史。英国华人侨界发起了一场名为“确保我们铭记”的全国性运动，要在英国为一战华工建立一座纪念碑，预期将在一战停火100周年纪念日前落成。据闻还有一位华人导演正在以一战华工的故事为素材，创作一部电影剧本。①

法国前总统雅克·希拉克谈到一战华工时向法兰西公众表示：“我们将永远记住这些远道而来、与法兰西共命运的勇士们，他们以自己的灵魂与肉体捍卫了法兰西的领土完整、信念与自由。”②

① 源自参考消息网2017年11月16日报道，《北京青年报》2017年11月14日报道。

② 法国前总统希拉克向公众如是称赞一战华工：“Nous garderons toujours en mémoire les braves venus du loin qui ont partagé le sort avec la France. Ils ont consacré leur âme et leur coprs pour sauvegarder l’intégration territoriale, la conviction et la liberté de la France.”

凭吊复苏的气象后浪推前浪。囿于篇幅与收集不力，无法囊括全部，以上列举仅为作者知悉的一些实例。作者亦愿在此呼吁，华人社会对一战华工的祭奠活动，除了继续在努瓦耶勒华工墓园举行外，可扩展到吕曼盖姆华工公墓、丁古尔军人公墓里的华工墓地等，以唤起当地政府和民众的关注。（可参阅本书第十三章第二至七节）

作者深信，历史迈进二十一世纪，社会、政界与民众将更多更深入地重新发现和认识十几万中国劳工曾为一战时的法西兰和比利时作出的巨大贡献与牺牲，不再任其湮没无闻。长眠于此的华工们墓碑上的“流芳百世”铭文，终将被永久性地赋予真正的意义。

第六节　史学界、文化界的关注

在官方对一战华工的历史功绩给予肯定和褒奖的同时，史学界和文化界也开始以各种形式关注这段在法国鲜为人知的历史。先看史学界，仅以作者所了解的有限资讯，来一窥人们是如何行动的。

史学界经过了一段长久的沉寂，终于听到了脚步声。着力点在出版物方面，给社会留下了宝贵的文字记载。

1986年，台湾的陈三井教授出版了专著《华工与欧战》。该书可查阅到北洋政府关于英、法来华招工以及派赴西欧打理华工事务官员的直接报告，比较清晰地介绍了一战华工这段历史的来龙去脉，对其他研究者很有帮助。直至2013年岳麓书社再版此书，作者才读到，诚感晚矣。

自2008年开始，中国大陆对一战华工的关注出现了一个质的飞跃，过去可以说少有动静，这一次刮风打雷又下了雨，实谓可喜。其中以山东省最为出色。

2008年一战停战90周年之际，山东省在威海举办了一次关于一战华工的国际学术研讨会。由7个国家以及中国海峡两岸及香港的共42位专家学者及华工后裔参加。

一战华工张长松的儿子热拉尔·张（Rérard Tchang）与其夫人应邀参加了威海国际研讨会。2016年9月作者采访了他们。热拉尔对八年前的中国威海之行记忆犹新，谈了印象最深的几点感受，一是展览会上看到了他父亲当华工时的照片很激动；二是他父亲是法国招募的华工，但研讨会只涉及英招华工令他有点失望，既谈英招华工，又没有英国人来参加研讨会，令他感到奇怪；三是与会的中国人对一战华工史题材表现出的强烈兴趣与渴望交流的热诚，令他感动又兴奋。他说有四位法国人与会，研讨会结束后，主办方威海市档案局张建国局长专门设宴款待法国来宾，即热拉尔与夫人、巴约（Bayeux）市市长（代替受到邀请但因病不能前往的努瓦耶勒村村长，作者注），还有一位工业建筑师。

采访他们一个月后，热拉尔不幸突发心脏病离世，令我十分痛惜！

2009年5月，国内出现了一本中英文对照的图文老照片专辑《华工万里赴戎机》（*Over there The Pictorial Chronicle of Chinese Labourer Corps in the Great War*），副标题是《第一次世界大战参战华工纪实》。[①]此书图文并茂，以大量的图片，直观地向读者展示了十几万华工在第一次世界大战残酷的战争背景下置身于西欧战地所经受的危险、艰辛甚至死亡，以及所获得的新视野与启迪。

2009年11月，由张建国先生主编的《中国劳工与第一次世界大战》（*Chinese Labourers and the First World War*）面世。[②]这是一本中、英文双语论文汇编，书内的中文专论作者有大陆一些研究机构和若干大学的史学专家，也有

① 此双语图文照片专辑由张建国、张军勇编著，马向红、郭东波译成英文；山东画报出版社2009年5月出版。

② 这是一本论文集，汇集了中外19位史学家的论文。2009年11月山东大学出版社出版。

台湾、香港两地的专家学者，还有国外的史学家。英国、比利时、美国、法国、加拿大一批外国史学家的英文专论占了很大的篇幅。无论中文外文，各自的阐述角度相当深入，是一本涉及一战华工历史既有广度又有深度的专著。也许，正因为它是双语专著，它的读者面会受到某些限制，大众读者不易进入，它可能主要适用于国内外大学的历史专业师生和研究机构。

2010年，华工翻译顾杏卿的《欧战工作回忆录》由比利时汉学家菲利普·冯浩烈（Philip Vanhaelemeersch）与一战史研究员多米尼克·邓杜文（Dominiek Dendooven）合作推出了荷兰文版*Gu Xingaing: mijn herinneringen als tolk voor de Chinese arbeiders in WOI*，Tielt市的Lannoo出版者为其发行。

之后，两人再度合作，将曾在欧战役地当了两年半劳工的孙幹著的《华工记》译成了荷兰文版，书名定为：*VIVE LABEUR-Wedervaren van een Chinese arbeider in de Eerste Wereldoorlog*，2017年由Hannibal出版社出版。《华工记》给后世人留下了罕见的华工亲身经历的第一手资料。[①]

2013年12月，山东省人民政府侨务办公室印行了一本大型资料图文集《一战华工在欧洲》。此图文集组织了阵容强大的编委会，又属政府行为，比较给力，笔者从中见到了一些以前各种书刊中未见过的照片。政府拥有充沛的人力与财政资源，在这样重大而又遥远的历史题材上还可以有更大的发力。

2014年，香港中文大学徐国琦教授的《一战中的华工》在上海面世。[②]此书堪称一战华工史的一本专著力作，徐国琦教授不仅擅长广泛利用相关国家的档案，而且从当年协约国许多将士的个人日记、信件中采摘素材，站在历史大背景的平台上来述评华工所面临的挑战，探索诸如在国家认同、文化碰撞等层

---

① 华工孙幹回国后留下两本日记，20世纪八九十年代其孙子孙光隆将这两本日记交与天津市文史学者齐德智等人，后者悉心整理10多年，终于编辑成8万多字的《华工记》上下两册，由天津社科院出版社于2014年出版。荷兰文版即根据此中文版译出。

② 此书根据徐国琦英文原著*Strangers on the western front-Chinese workers in the great War*翻译出版，译者潘星、强舸，上海人民出版社2014年版。

面的作用或贡献。此书是一本可以反复阅读的史学著作。

海外华文作者的著作尚不多见。2010年5月，由旅法华人叶星球、江敬世合著的《法国一战老华工纪实》在巴黎出版。[①]此书以叙事、人物、纪念三个篇章的许多小故事把当年的那些华工活生生地呈现在读者面前，引发了人们对一战华工的兴趣。书末的附录亦颇有参考价值。

2012年，法国的书店里出现了一本厚厚的关于一战华工的著作。*Les travailleurs chinois en France dans la Première Guerre mondiale*（《第一次世界大战中在法国的中国劳工》）。[②]这册大部头的法文专著，全书共560页。它在凭吊一战华工的新气象开始出现二十余年之后问世，足见严谨的史学著作需要相当长的孕育时间。此书是在法国奥帕勒海岸大学历史学家兼汉学家马骊女士的主持下，汇集了七个国家和中国港、台两地共27位作者的文章出版而成。身为历史学家、教授、学者、汉学家、法学家、研究员、考古学家、经济学家等，作者们依据各自掌握的史料，在一个个“点”上深挖细析，从不同的角度审视并述评一战中的华工，这也是西方人擅长的一种治学方法，值得借鉴。此书没有大陆史学工作者或者大陆裔旅法研究者的文章，不能不说是一个遗憾。

文化界对这段历史的兴趣则显示出多元化。一些历史博物馆里辟出空间与图文介绍一战华工，如巴黎多雷门外的移民历史博物馆、莫市大战博物馆、佩罗讷历史纪念馆等。但给出的展览画面尚似蜻蜓点水。[③]

---

① 叶、江两位作者的《法国一战老华工纪实》由巴黎太平洋通出版社出版，2010年。

② *Les travailleurs chinois en France dans la Première Guerre mondiale*, sous la direction de Li Ma, Paris, CNRS Editions 201.为该书提供专文的作者法国15名，英国3名，美国2名，中国台湾地区2名，新加坡、中国香港地区、比利时、加拿大、德国各1名。总揽者为马俪女士：Li Ma, maître de conférence, Université du Littoral côte d’Opale.

③ Musée de l’Histoire de l’Immigration（移民历史博物馆），该馆位于巴黎市区东侧多雷门宫内（Palais de la Porte Dorée）。

Musée de Grande Guerre à Meaux（莫市大战博物馆），莫市位于巴黎以东约55公里。

Historial de la grande guerre 14-18（“14—18年大战历史纪念馆”），设在索姆省的佩罗讷市（Péronne），在法国首都以北大约200公里。

1997年，法国导演奥列维·吉东（Olivier Guiton）拍摄了一部纪录片140000 *Chinois pendant la Grande Guerre*（《大战期间的十四万中国人》）。

2011年，中国中央电视台的《探索·发现》栏目播出了一部非同寻常的历史纪录片《华工军团》，以强大的视觉冲击力向大陆公众揭开尘封半个多世纪的一战华工的命运际遇。[①]

2018年，法国知名纪录片导演Régis PREVOT（雷吉斯·普雷沃）完成了纪录片Les Oublié chinois de la Grande Guerre（《大战的被遗忘的中国人》）。作者应邀多次参与了该片的拍摄。在一战停火百年纪念日后，此片连续两次由法国电视三台播出，并先后在里尔市（Lille）、圣康坦市（Saint-Quentin）、阿拉斯市（Arras）和巴黎举行了多场公映，引起较大的反响。

有人开始以一战华工为题材创作小说，一名诺曼底地区的退休教师，写了一本反映华工爱情故事的中篇小说；还有一位多产的法国女作家马蒂娜·拉封（Martine Laffon）在2014年出版了一本小说，题目为“Souviens-toi de moi”（“你要记得我”），写的是一名多子女的法国妇女与一名华工的爱情故事。以文艺形式反映一战华工，迄今还属凤毛麟角。

有些文化单位和协会举行讲座介绍一战华工。作者本人曾在欧洲时报文化中心、巴黎中国文化中心，以及南特市（Nantes）就该主题作过讲座，听众多为法国人，也有少量华人。听众的反映经常是惊讶于这段历史的存在，并由此产生进一步了解的愿望。“法国未来视野媒体公司”（Futuvision Média France）属下的一家电台也曾于2014年10月间采访作者，并在电台的演播室作现场直播，通过声波向它的听众介绍一战华工。[②]

---

① 中央电视台的《探索·发现》栏目，从2011年8月26日至9月2日，在CCTV-9中央电视台纪录频道首播一部六集纪录片《华工军团》。

② 法国未来视野媒体公司生产关于中国的多媒体和无线电台的产品，其目标是增强欧中互相理解和合作，它亦经营欧洲和中国之间的长片进出口业务。采访本书作者的电台名称是L. C. F. Radio du Groupe G. B. Time，电台所在地是巴黎近郊Issy-les-Moulineaux市。

欧洲最大的中文每日报《欧洲时报》不失时机地抓住第一次世界大战一百周年的契机，自2016年3月开始，刊登作者撰写的“一战华工，百年回放”故事连载，历时三年半，共刊出60篇。连载以条脉清晰、可读性强为特点，为广大读者拂去厚重的岁月尘埃，将错综复杂的一战华工史实客观地展现在今人面前。[①]

综上所述，一战华工这一历史命题，通过史学界、出版界、文化传媒界的关注与给力，正在被越来越多的大陆同胞和海外侨胞以及西方民众了解。

---

① 《欧洲时报》编辑部着力推出的“一战华工，百年回放”连载，首期开篇起登于2016年3月26日至4月1日的《欧洲时周刊》；因2016年7月8—10日起《欧洲时报周刊》改版，连载第（13）之后，均刊登于《欧洲时报周末》的B版。连载至2019年8月30日—9月1日，全文刊完，共计60篇。

第十三章　实地探访

第一节　踏访西欧最大的一战华工墓园

5月下旬某日，作者一行十几人从巴黎出发，驱车210公里，于11时半赶到离索姆河口不远的努瓦耶勒村的村公所。[①]按事前约定，两位副村长多米蒂勒夫人（Geneviève Domitile）和勒克莱尔夫人（Florence Leclaire）立即带我们去华工墓园。我们一行是一个课题小组，除作者本人和一两人，组内绝大多数还是第一次来。汽车在公路边停下，大家下车隔着一块田野，远远看到诺大一片墓碑。公墓围以矮墙，面向我们的一堵墙的中段屹立着一座中国传统的方拱形园门。走近一看，略带弧度的门楣装饰庄重肃穆，门楣中间刻有篆体“千古”二字。左柱书：“我欲多植松楸生长远为东土荫”，右柱书：“是亦同赓袍泽勋劳宜媲国殇名”。此楹联为中国当时的驻英公使施肇基所题。

第一次见到此景者，还是感到非常震惊！是日，气温骤降，仿佛天公亦垂怜，进园后大家冒着淅淅沥沥的冷雨纷纷去读墓碑。只见每块碑的上方都刻着一句中英对照的铭文颂辞：或者是“流芳百世”，或者“虽死犹生”，“勇

---

① 法国不管是大中小城市或小镇村庄，其权力机构均称为mairie，一把手都叫maire，两者享有相同的法律权利。城市的maire中文译为市长是对的，村子的maire译为市长就不合适了。努瓦耶勒是个村，我们就以村公所称之，一把手译为村长，副手（adjoint de maire）译为副村长似较合宜。

作者率一战华工专题考察小组在努瓦耶勒华工墓园，由副村长多米蒂勒夫人陪同（前右共持花枕者），代表欧洲时报文化中心祭奠长眠法兰西的一战华工。（Jean-Noel Lavier摄）

往直前”，“鞠躬尽瘁”；墓主姓名和原籍用中文书写，碑上刻有中国劳工团（CLC）身份编号和死亡日期。

我们站在墓园中心的松柏树前，在霏霏细雨里举行祭奠仪式。我们从巴黎携来了挂着“欧洲时报文化中心敬挽”条幅的一个精致的花枕，大家撑伞列队在寒雨中伫立致哀，由作者本人代表欧洲时报文化中心（本人时任该中心副主任）及华工课题小组全体成员，与副村长多米蒂勒夫人共持花枕，轻轻安放在墓园中心的松柏树下，以示对长眠法兰西的一战华工的缅怀之情。

课题小组成员安娜（Anna）、让-诺埃勒（Jean-Noel）、吕显（Lucien）、诺艾拉（Noëla）等冒着淅淅沥沥的寒雨一行行地统计着墓碑的数量，因为不同的资料对该墓园中的安葬总数说法不同，大家希望得到精确的数据。最后在两位副村长的帮助下，确认一共葬有842个华工，其中800名都有遗骸葬于墓穴。42名没有找到遗骸，他们的墓碑分嵌在园门两侧的墙上，其中一部分没有中文字，只有英文。我们发现有好几排是两个墓碑紧靠在一起，经过对死亡日期的辨认，方知这些华工都死于“西班牙流感”。[①]他们的死亡日期大多在1919、1920年，墓碑相靠的往往是死于同一天，或前后相差一两天。可以推断当时负责安葬的人们就是想通过两碑并置的方式留住这段悲惨的记忆。

最初，英军派建筑队在努瓦耶勒村以东1公里处租下5公顷的土地，建造了一个华工营地，后来扩大到30公顷，在此设立了努瓦耶勒英辖华工总集所。总集所的功能一方面是接纳抵达法国的华工，另一方面是本地区一个劳力调用基地，需要完成大量的装卸与搬运任务。不久在距努瓦耶勒村半公里处的诺莱特寨子（hameau de Nolette）的附近建立起一所专为华工治病的综合医院，并在就近地界上，划出一块土地作为临时的华工墓地。死亡华工被葬在这个临时墓地里。多米蒂勒夫人还指给我们看墓园以南大约三四百米的一片小树林，说当年惩罚华工的监狱曾设在那里。这与资料遗存也相符。

一战结束后，英国政府决定由英联邦战争墓地委员会（CWGC）在各地打仗的地方修建军人墓地，移葬战时草埋的军人和直接为英军服务的各殖民地劳工。鉴于努瓦耶勒华工综合医院不治身亡的华工很多，英方决定在努瓦耶勒华工综合医院的所在地专门修建一座华工公墓。凡此类修墓用地，法国政府都会特许永久性地免费给予，但不承担今后的墓园管理。公墓的管理维养也永久性地由英方负责。1921年索姆省府批准给地，努瓦耶勒村公所一直保存着这份省政府批地的公证书。把华工墓址选定在华工综合医院的一角，应该说此举顺理成章，亦保留了一份历史的内涵联系。华工墓园就这样落在努瓦耶勒行政村属下的诺莱特寨子的地界上。1923年CWGC将埋在附近临时墓地里的华工遗骸移葬新公墓。从村公所保存的资料里，我们看到修墓者为英军兵士，墓碑前有长方形的墓穴。英国当局办好用地手续后于1921年开工修墓，1923年挖出

① 西班牙流感，20世纪传染极广令人闻之色变的一场全球性的流行病，总共夺去两三千万人生命。华工在法期间，正值西班牙在法传染的第二波也是最凶的一次。

埋在临时墓地里的华工遗骸，移葬新公墓。墓园内800名华工的遗骸与档案资料对得上号，因此都有遗骸葬于碑后；另外42名未能确认或没有找到遗骸的，只能根据花名册记录，为其立碑并将墓碑分嵌在园门两侧的墙上。我们想确认是每人的遗骸放进一个棺木，还是只是捡到一些能证明属于该死者的尸骨放入穴内。对此，村里的人表示无从知晓。据作者分析，英国人在战争期间临时安葬前线阵亡英军死者时，常常用毛毯裹身直接放入土墓穴，而对华工死者，则遵循中国风俗钉了棺材下葬。战后专建华工墓园，还调了一批华工凿刻墓碑，不会不按中国风俗落葬，因此与档案资料对上号的800名华工应都有棺木重新入殓。

国务院侨工事务局派员与英方交涉，使英方尊重中国人的丧葬习俗，给华工下葬都以棺入殓，由英方派一负责人主持葬礼，棺木抬到墓地时，棺木上覆盖英国国旗。墓碑统一制作，由华工中的石匠刻雕，所以我们还能看到中文字。我跟两位副村长谈起有否棺木与移葬仪式的资料，她们都表示不得其详。

出墓园后，两位副村长给我们介绍了劳工营的地理位置。站在墓园围墙向西放眼望去，远处约一公里外的那个村子就是努瓦耶勒，偏北方向的寨子便是诺莱特。当年的华工营地拆除后仍归于农用，如今绿油油的田野漫向远方，麦苗茵茵如毯。华工除了装卸军火与军用物资、修筑铁路外，还被派去周围的农庄里帮助缺少劳力的农庄干活譬如当年的诺莱特寨子。诺莱特早先有十二三家农庄，都是典型的小农式经营。在那年代饲养业多于粮食种植，现在倒过来了，整个努瓦耶勒村仅有三四家农庄，每家经营的土地达四五百公顷，现代化的大面积耕种使饲养业式微。

我们来到古老的努瓦耶勒小火车站。一战时大批战争物资经英吉利海峡在索姆河口的圣瓦莱里港口（Saint-Valéry）上了岸，一批华工在圣瓦莱里港口轮船卸货，另一批在努瓦耶勒火车卸货，再用扛棒、扁担、独轮车等工具将各类物资运至劳工营，村民们看到一队队华工总有英国军官管着带着。作为历史见证的小火车站，而今开发了旅游小火车，每天有若干班开往圣瓦莱里和对岸的勒考托瓦（Le Crotoy）。

我们又去寻觅当年华工参与修建铁路的现场。1918年初，德军意欲摧毁英法的主要给养线巴黎一滨海布洛涅主干铁路，于是法当局决定在最受威胁的地段加建一条上百公里的副线以备应急。为此动用了2万人力投入工程，其中从努瓦耶勒通往吕镇（Bourg de Rue）的近10公里路段就由驻在努瓦耶勒的华工大本营承担。今天，人们只能看到当年修筑副线的地标。

村长勒托加尔先生（Michel Letocart）在外开会但还是赶回来参加了下午的座谈会。他说村里仅于一二十年前开始研究华工墓的事。2009年，庇卡底大区议会趁一年一度的9月第三个周末的全国文化遗产日之际，在努瓦耶勒华工墓园举办了两天的专题图片展，有数百人前去参观。然而村官们担心，随着时光流逝，年轻一代会对遥远的历史丧失兴趣。这也正是我们内心的紧迫感和期盼！只有让更多的中法民众知道此事才是对一战华工最好的纪念，但愿有更多的有志者来收集、挖掘史料，才能将这段中法关系史上的重要一页真实清晰地留给子孙后代。

第二节　巴黎南郊发现一战华工墓

2010年5月初春光明媚的某日，作者在巴黎的巴涅公墓（le cimetière de Bagneux de Paris）内发现几个一战华工的墓葬。这座公墓位于巴黎南郊的巴涅市。[①]通常出了巴黎环城公路，外面都不算巴黎的行政范围了，但有些地盘仍属巴黎市政府管，巴涅公墓便属此列。

① 巴涅（Bagneux），法国92省的一个市，位于巴黎南近郊。巴涅公墓在13号地铁线终点站Chatillon以东数百米处。

巴涅公墓占地61公顷，几乎是拉雪兹神父公墓的1.5倍。里面道路纵横，树木葱郁。是日，我携孙儿驾车徐行，看到有点特别的地方就停车去瞧瞧，不想竟在几个军人墓区内瞥见一战来法华工的墓碑。这个发现令我一阵惊诧，在我所见的一战华工墓地资料单子中，有加来海峡省、索姆省、罗讷河口省、塞纳滨海省、瓦兹省、孚日省等五六十处，却从未包括巴黎或其郊区。探其究竟之念因此油然而生。此日不便细察，隔了一天，作者独自前往，只想清清静静仔细地探寻一遍。

巴涅公墓分成115个墓区，其中4个墓区专立军人墓碑，我的发现是在军人墓区内。粗略估计，军人墓区内总共葬有约4000人，基本上都是第一、第二次世界大战阵亡的军人。里面的墓志碑绝大部分为十字架形状，有一些呈石碑形的，葬着信奉伊斯兰教的士兵。每个墓碑上方都雕着写有Souvenir français字样的一枚圆形徽章，是受国家委托管理死亡军人墓的“法兰西记忆”协会的会标。经过探查，我确定巴涅公墓的军人墓区内至少葬有5名一战中国劳工，另有七八名尚无法肯定，可能是东南亚华人，他们的名字很像中国人，也不排除是法属殖民地印支国籍的人。这些中国劳工为什么被法国当局葬在军人墓区里？似乎可以推定，他们的人生最后阶段与法国军队有直接的关联，或者在前方搬运死伤士兵，或者掩埋尸体，或者运送弹药，甚至紧张时刻直接置身于硝烟弥漫的战场，死亡后便被归入军队的死亡登记簿。推测是否符合历史事实？作者想从法方的档案里寻找依据。

怀着希望找到管理部门，要求获得有关这几位华工的文字记载。遗憾的是，接待女士给作者看的档案简无可简，档案记载比墓碑上仅多了一句：安葬在几号墓区几号位置。那时代西方人处理中国人的姓名时都以通行的拉丁字母注音系统对译成西文，所以碑上没有中文方块字。我愈发体会到，努瓦耶勒华工墓园里的碑上都有中文姓名，还有省县籍贯，真是极为难得的史料。

巴涅公墓的军人墓都是法国当局战后重新安葬的，里面的华工当属法国人招募和管辖，勒石刻碑时死者资料严重不全，更没有华人参与刻石，因此一个中文方块字都没有。我们知道汉语方块字经常同音不同字，现在即便根据死者的拉丁注音翻译成中文姓名，看来也无法准确地符合实际。①

我将4名华工的墓碑放在一起研究（参见附图），发现三个碑上均有拉丁文拼写的姓名，但墓主的身份定位不同。图1那位的身份是“中国工人”，图2为“中国人”，图3和图4都刻着“中国劳工”。图1的华工生前可能被分配在工厂类的地方做工，因此写了ouvrier chinois即中国工人。图2中的刘德标（音译）死亡时掩埋人员除了能确定他是中国人，别无其他识别资料，于是只写了chinois即中国人。图3那位的姓名与身份都明确，只不过身份都是笼统的travailleur chinois即中国劳工。也许这些中国劳工有时候被派去修公路，有时候运军火，有时候搬后勤物资，什么都干。图4那位也是华工，死亡之日办事人员却无从知道他的姓氏，唯有注上inconnu即无名氏。每个人的死亡日期都写得清清楚楚，我注意到全在1919年内，而第一次世界大战是1918年11月11日结束的，这个时间差又如何解释呢？

停战前有些人已受了重伤，拖到战后也未能治好。很多死于1919年内的士兵恐怕属于此例的不少，这是第一种情况。1915年4月，在大战打得最激烈的西欧战场上，德军首先使用了化学武器。德意志帝国利用工业废料中的氯制造出刺激性毒气弹投放战场。当时的这类武器不立即致命，因而绕开了禁止使用化学武器的海牙国际公约，但实际在事后照样造成大量伤亡。很快，协约国一方英、法也不甘示弱，这样交战双方都使用开了毒气武器。种类计有氯气弹、碳酰氯（光气）弹、芥子气弹、砷化三氢弹等。在当时，科学技术还无法探清毒气弹爆炸后其中的大部分物质的性能，军队虽有防毒面具，但针对性、

① 1958年中国政府颁布汉语拼音方案，规定一切中国大陆上使用的姓氏和地名均按汉语拼音方案拼写，后来逐渐为国际社会采用。现台湾尚使用繁体字。原先西方人书写的中国姓氏和地名采用英国韦氏注音（Système anglais dit Wades-Gilles）体系，或者专为法属印度支那所用的法国EFEO注音体系。我们在各种涉及一战华工的西方史料中接触到的中国人姓名，便是以这两种注音体系书写，如果当时不注出中文方块字，现在很难返译成准确的中文名。

作者本人在巴黎南郊巴涅公墓的法国军人墓区内发现此地至少葬有5名华工。此为其墓碑铭刻。

有效预防尚嫌粗浅。大批士兵和前线辅助人员吸入毒气后，身体严重受损。战争结束了，虽经治疗仍无法挽回他们的生命。我们不能排除军人公墓里大批死于1919年的士兵里有些人可能就是因中毒未能治愈而亡的。而战争中人员调动频繁，华工的名册资料遗失或散乱难寻不足为奇。救援与治疗人员操心的不是病人的姓氏籍贯，而是救其命治其伤，以致不治身亡者的姓名都无人知道。这类事在战时并非罕见。

那么是否与1918年发生于美国后又传到欧洲的“西班牙流感”有关系呢？在法国有40.8万人因此丧命，不过法国最受感染的是在1918至1919年的初冬，这四名华工死于1919年7月或9月，应该与西班牙流感关系不大，所以作者认为他们的死可能与上述前两种主因有关。

现存的死者资料严重缺失。在战时，阵亡的军人被运下战场后，就在离前线不远的所谓后方草草掩埋。伤员则被运送到稍远的战地医院治疗，不治身亡的军人都在医院附近葬入临时墓地，裹条军用毛毯直接放入坑内埋土。战时的军队文书记录无法留下详细内容的不在少数。本来华工的档案记载就没有法国人翔实具体，调动又较频繁，由此遗存的历史资料往往仅有片言只字，有些根本什么也没有。

一战停火后，当局着手处理阵亡或战时死亡人员的重葬，死者被临时掩埋至重新起穴，所历时间长短不一，土质、地势、气候干湿等因素对尸体的腐蚀作用的强弱亦不同，因此残骸只能剩多少算多少，不过这次每个死者的遗骸都单独装入一口棺材，运到新墓地再编号下葬，完葬后将墓园修葺一新，铺上草坪，坚了纪念碑和旗杆，法国国旗从此在军人墓园飘扬。

安葬在巴黎巴涅公墓军人墓区里的一战华工已经通过这种方式铭刻在法兰西民族的记忆中。虽然我们不知他们的故乡在中国的哪一省哪一县，他们是否还有后人或亲戚，但他们是长眠在法兰西地下的中华儿女，值得我们铭记。当作者再次去巴涅公墓管理处拜访那位接待过本人的女士，并将刊有作者发现此处有一战华工墓的报道的《欧洲联合周报》赠给她时，她说，以前从未有人来了解过中国劳工墓的事，她一定将这份中文报收藏于有关档案中。

民众都认为第一次世界大战最残酷，法国军人死亡132.7万人，受伤者达426万之多。战后重葬，九十年光阴流逝，今日作者发现巴黎近郊的法军人墓园内的一战华工墓，欣慰之余甚感侥幸。后又忖度，一战中期，受法方招募的近四万华工，万里迢迢来到法国，为法国和帮助协约国的美军从事极其艰辛或危险的工作，法募华工中也有数百人把生命留在异国他乡，分布在各地的法国军人墓园里还有没有华工的墓葬？如果有，会不会永远无闻于海外华人和大陆国人呢？

第三节　踏访吕曼盖姆一战华工墓园

从巴黎去实地探寻吕曼盖姆（Ruminghem）华工墓园花了一整天。吕曼盖姆是个村庄名，地处法国西北角之一隅，距英吉利海峡的海岸约25公里。①

按预约，作者在村公所拜访了村长屋特-戈尔先生（M. Haute-Coeur），陪我同去的还有小清，一位对一战华工专题开始关注且见我身体欠佳愿驾车载我前往的热心朋友。该村现有人口约1700人，村公所很简朴，却依然透出一级权力机构的气度。村长不是本村人，看上去60多岁，待人和气。交谈中我获知一战华工在此的遗迹仅有华工墓地可见，所幸他带来一本小册子赠给我，那是28年前吕曼盖姆村公所为配合1987年的文化遗产日而编印，介绍该村上溯公元前漫漫至今的悠久历史；可两千多年演变到今日，全村居民数不过1700多人，而且今天的村民85%都是移居来的，这正是法国乡村的一个特点：历史悠远，人口增长缓慢。我瞥了一眼小册子，发现最后一节为"中国人公墓"（当地人就叫它le Cimetière chinois），觉得这个资料弥足珍贵。

吕曼盖姆村从1917到1919年见证了在此为协约国提供劳役的华工。他们由英军军官带管。第11华工营设在村里名叫"外茨桥"（le Pont du Wetz）的地方。外茨桥是一座转动式桥，建于加来运河（le canal de Calais）和名字奇特的拉阿河（la rivière l'Aa）交汇之处，距村中心约2公里。吕曼盖姆原是沼泽地带，海水涨潮时，这个村的海拔度还低于海平面65厘米。它的地界面积为1389公顷，呈长条形，现在穿过它的横向公路长达7公里。加来运河、拉阿河

① 吕曼盖姆村（Village de Ruminghem）属法国西北部的加来海峡省（le Pas-de-Calais），从巴黎驾车前往需花三个多小时。

和上科尔姆运河（le canal de la Haute-Colme）均流经该村，因此其地理位置于河道运输极为有利。华工营在外茨桥一带修建了共长约1100米的码头，大批军火与战时物资由英国运至加来海港，再依赖水路运到这里泊于码头。华工将船上各类物资卸到码头上，再搬至华工营内分门别类码堆，以便英军卡车将它们一批批运往前线。也就是说，吕曼盖姆华工营负责水路至陆地的货物转运。水系改进是这个低洼地区的经常性工程。后来，运河被拓宽，河道整治，而今，外茨桥与当年的漫长码头早已荡然无踪。

德军占领了里尔及周边地区。在1914年秋的“赛跑奔大海”中，英军抢先了一步，敦刻尔克港、加来港以南一大块三角形的战略要冲地带仍在协约国的控制下，奥德瑞克（Audruicq）镇处在加来—阿拉斯（Arras）铁道线的中段，且地势平坦。种种有利因素使奥德瑞克成为英军修建一个重要的军火库基地的首选地，用以供应协约国西线战场北部地区的作战军需。1915年英军在奥德瑞克建起一个庞大的军用物资和军火库，附设了一批装配车间，进出该基地的火车有200多列，英远征军司令部调来4000名英军驻守于此。德军并不甘心，遂对该地区经常实施偷袭轰炸。那时空袭的有效性较差，英军当然会防御反击，不过有时仍被敌人钻到了空子。1916年，奥德瑞克英军军火库基地存有8万吨军火，7月24日，突然遭到德国飞机的袭击，军火库在敌机的狂轰滥炸下接二连三爆炸，大火与连锁爆炸持续了两三天，被炸毁的军火计有1.2万吨，英军损失惨重。

英军一边仍利用奥德瑞克军火基地，一边着手在离镇中心稍远的名叫泽内盖姆（Zéneghem）的地方，沿拉阿河再建造一个军火供应基地。为了避免德军的空袭，这次把基地修建得很疏散。1917年，有400名华工来到奥德瑞克。在老基地，华工每日在各个部门工作，给英军提供了不可或缺的帮助。

华工刚开始突然遭遇夜间空袭，非常害怕，他们设法扒开华工营的围篱，在黑暗中四散逃躲。之后的几天，英军四出寻找，才七零八落地找回他们。日子待得长了，德军经常发动空袭，华工们也就习以为常，不再逃逸。

吕曼盖姆华工墓位于法国西北之隅，葬有75名一战华工，死亡日期在1917至1919的三年内。（ZHJ摄）

后来，英军移驻新基地，泽内盖姆也建了华工营地。1918年内，德军的轰炸最为激烈，但在炸泽内盖姆军火基地时，命中率实在很低，有一次德国飞机发射了上百枚航空鱼雷，仅炸毁一个粮仓，另有一个军火大棚被击中爆炸，其他炸弹全都掉在田野里，池塘的污泥倒被溅出五百多米。德军轰炸奥德瑞克英军火库及居民点时，情形就不一样了，有一次数公里外都听到爆炸声，大火燃烧了36个小时，不少法国人和英国人被炸死，也有一些华工在这次轰炸中遇难。吕曼盖姆华工墓安葬的75名华工，其中39名来自奥德瑞克华工营，余者36名来自敦刻尔克附近的圣保尔（Saint-Pol sur Mer），这批人染上一种流行病很可能是西班牙流感后被送到吕曼盖姆村的英军医疗所治疗，终于不治身亡。

告别村长后，我们循着“Ruminghem Chinese Cemetery”的指示牌找到华工墓。它是英联邦共同体战争墓地委员会在战后修建的，墓园用地由法国当地省政府永久性免费给予。它坐落在绿色的田野里，离村舍不足百米。墓地围以大半人高的围墙成一长方形，门口两侧各有一棵高耸的银杏树，显得格外静穆整齐。这银杏树是二战以后才添栽的，据说是美国在日本扔原子弹，唯有银杏树得以幸存。是否真实一时无从考证，栽种者的心意倒是可以感受，他们希望人们来到公墓，看到这两棵银杏就想到中国，因为他们知道银杏树产自中国。

眼见在如此僻远的法兰西一隅，75块墓碑下躺着75名来自东半球的中国人，作者不由得一块块地细细察看。其中11块墓碑上仅有死者身份编号、无中文姓名亦无省县籍贯，其余全有中文繁体字姓名等基本资料，内有10名华工来自直隶即河北，1名来自河南省，余下的53名全系山东籍。留心统计一下，葬在这里有名有姓的53名山东人来自益都、临淄、长山、历城、潍县、安邱、临朐、寿光、齐河、文登、淄川等32个县，足见当年英国人在齐鲁招工，山东各县乡人报名复盖面之广。从墓碑所刻死亡年份上看，均死于1917年、1918年和1919年三年内。华工死者在这个墓园的入葬是陆续进行的，从1917年8月开始，直至1919年7月为止。

英军从1917年至1920年在奥德瑞克地区一共役使过2000多名华工。按当地人记忆又相传下来的数目，停战前有400至500名华工住在泽内盖姆华工营的大帐篷内，他们的任务是一部分负责铁路线的战时货物装卸转运，另一部分到附近的森林里砍伐木材以供应前线搭建壕沟掩体。大战结束后，战后重建计划立即提上法国当局的议事日程，法国的劳动力依然十分紧缺，华工的劳役也就很快转入战后重建的范畴。法国加来海峡等省在战争中遭受到极大的毁损，重建任务异常巨大和艰难。吕曼盖姆的华工们不再需要搬运战争物资了，但食物供应船依然一艘艘地到达，该地区还驻扎着大批的协约国军队。人活一天就要吃一天，决不可没有食粮。

随着任务的变化，泽内盖姆的英国驻军人数减为两三千人，华工营的人数反而增加到五六百人，现在的任务是清理战场与村镇废墟。根据工作需要，不同华工营的华工还被调来调去。每次调动，华工都等于搬家，衣物用品都需带走，他们或肩背，或用细树干当扁担，甚至用独轮车推，浩浩荡荡。当地居民观看，觉得好奇又好笑，很像他们法国乡下的宗教行进仪式。

华工们被一队队地派出去，在英军军官的带领下，到广阔的田野里拆除铁丝网，填平壕沟，掩埋战场上的死马匹和士兵遗体，搜索地雷，捡寻散于野外的枪支弹药，清理废墟农庄建筑物，等等。他们还常常乘火车前往阿拉斯前线（le front d’Arras）参与打扫某段战场的工作。所谓前线，即从北海滨向南至瑞士边境。清理这个宽达五公里、绵延数百公里的地带，工作量是何等的巨大。华工们为该地区的战后重建作出了重要贡献。然而，负面的现象也随之而生。

在村长赠给我的小册子里，介绍了华工墓园，亦提到某些一直在当地居民中流传的事儿，如“中国人利用星期天到村庄里来，把他们从船上偷的缆绳卖给当地的农民”。按照威海卫劳工局与华工签订的合同条款，华工抵达目的地后每周做工七日，因此星期天也一样要上班。但战争结束后，敌人既降，协约国军队也就松弛下来，对华工的管理不像战时那么严格了，华工得以在周日离营外出逛逛，有些华工就趁此机会搞名堂捞钱。又如“一个华工在吕曼盖姆热恋上了村里一名姑娘，女方无意跟他好，他就利用星期天做弥撒的机会闯进教堂去杀她”。作者分析，法国乡村的教堂是当地民众精神生活的重要场所，百年前天主教对法国社会影响非常之大！星期天做弥撒，村民们都会去。这个昏了头的华工要冲进去杀人，八成是一时冲动失去理智，行凶未遂结果被人制伏，送交英军，受到严惩。今天法国人谈起一战时来欧洲的中国人为“劳工”，当年可绝非如此中性，都称之coolie（苦力），带有明显的轻侮蔑视心态。在性的问题上，当年的法国人虽然传统观念尚浓，但还是比中国人开放得多，绝不至于因对方不同意委身于己就起杀心。这个华工的极端行为在全村激起公愤，使乡村人对中国人的排斥情绪火上浇油。事端过去70年后，村公所编的小册子里仍写着这样的句子：“长期以来，吕曼盖姆村民们总是对来自遥远东方的这个群体心怀惊恐。”话虽没有说得太白，但绵延几十年的情绪明白无误。

后来因为多种原因，华工在法国北方地区的名声不好，当地居民将华工称为“不受欢迎的人”，英国人匆匆将华工遣送回国，做法上很不体面。作者要强调，在了解这段历史后，一方面要实事求是地看待华工在最后阶段的表现，找出之所以出现这类情况的外在因素与深层原因，另一方面我们应明确表示，华工们为该地区的战后重建作出的贡献不容忽视更不能抹杀。

村长先生介绍我们去找奥德瑞克“记忆协会”主席昂比斯先生（Jean Paul Empisse），说他对地方史有研究，而且就住在奥德瑞克镇。当我们驱车赶去，请他在咖啡馆坐坐给我介绍情况时，不想他马上热情地邀我们去他家里。他最近出版了题为“Le Camp britannique à Audruicq”的一本书（“奥德瑞克的英国兵营”），他告诉我，他发现当地人们完全忘记了本地区的历史，四五年前他退了休，决心投身于搜集材料，要把本地区的历史整理出来留给社会。他与英国人、美国人交流关于一战的情况；五六年前还有从他的姑婆的小阁楼里发现了一批玻璃底板的中国劳工的照片，姑婆已于五十多年前去世，华工在此地时她30多岁，会使用照相机给人拍照挣些钱。清理时发现一个陈年老箱里堆放着一批玻璃底板，原来都是当年她给人拍摄的照片，有英国人也有不少华人，这激起了昂比斯先生对华工的兴趣。他在一张老地图上指给我看泽内盖姆华工营的位置；泽内盖姆是一个小地名，只是一片旷野而已，而该镇与吕曼盖姆村相距约8公里。一条铁路从敦刻尔克（Dunkerque）港向南通过此镇。在1915至1920年奥德瑞克英军基地的档案图上可以看到，从火车站通向基地内各个军火分仓的铁路支线密如蛛网。驻扎在该镇的英军达4000名。英招华工抵达法国后，一般都按照营建制调遣使用，华工集中搭建营盘，围以铁丝网或栅栏，派有门卫岗哨站岗。全体华工集中居住，自开伙仓，不准随便自由出入。每营都有英国军官统辖，干活由工头带领。

昂比斯先生还告诉我有一名因杀人而被处决的华工也葬在吕曼盖姆华工墓内，其墓碑上只有身份号码不刻中文姓名。1919年华工们离开奥德瑞克镇，移驻港口城市加来（Calais），致使加来的华工增至2000多名，他们在加来待

一战后期，奥德瑞克镇一位业余女摄影师在自家院子里为英军官兵拍照挣钱，华工闻讯也悄悄前往拍照准备将来带回国内。五六年前，她的侄孙让・保尔在杂物堆里发现了姑婆留下的半箱照片玻璃底板，这是他洗出的若干华工照片。来源：collection privée de Jean Paul Empisse

了一年，似乎可做的事不多。中国人喜欢赌钱，喝酒，还经常发生打架的事；他给我看一份英国档案中找到的特殊名单，共有11人，都是被英国军事法庭处决的华工，其中十人系犯凶杀案，一人逃走被抓回，逃走前作何案不清楚，但可以肯定不是开小差，而是犯了重罪。案犯们被处决时期从1918至1920年。那时在加来的外国人很多，英国人，新西兰人，非洲人，印度人，加拿大人等有17个国籍，只有华工是非战斗人员。

民众经受了四五年的战争，身心均疲惫不堪，大家巴望能过上平静的生活，见外国人在他们土地上晃悠滋事，十分讨厌，强烈要求让外国人尽快离开。外国军队撤走前后，华工亦被遣送回中国。有10名英国军人留在奥德瑞克，与当地女子结婚成家，华工无人留下。镇郊的一个法国女人，先同一名法国人生了一个小孩，后又同一个英国兵生了一个孩子，最后又与一名华工怀了一个，三次均属非婚而为。自然，这个女人在当地口碑不好，人们指责她靠此办法赚钱。华工回国时女人肚子还不明显，周围邻里不知道。后来这个欧亚混血儿出生了，就在当地长大生活，多年前已终老去世。

第四节　丁古尔军人公墓里的华工战士

作者与法国朋友拉维尔夫妇驱车从索姆省的佩罗讷（Péronne）市拐出[①]，向东约10公里就看到一座旷野里的大公墓映在蓝天下。车驶公墓门口，但见一侧的石礅标示碑上用法文刻着如下文字：

---

① 佩罗讷市（Péronne）在一战时处于英军与德军对峙的作战区内，曾有华工团在该地区为英军的防线提供服务。英军与德军在这一地区的战事相当激烈。佩罗讷市现辟有“14—18年大战历史纪念馆”（Historial de la Grande Guerre 14-18）。

丁古尔英国人公墓

本公墓建于1917年，彼时丁古尔为一个医疗站。停战后它接纳了埋在战场上或葬于小公墓的战士遗骸。今天丁古尔英国公墓里安葬着2139名战士，其中1649名英国人，229名澳大利亚人，152名德国人，58名中国人，以及一些南非人和印度人。①

作者阅后颇为动容，这座宽阔的一战军人公墓里葬着不同国籍的人，我们的同胞，我们中华民族的58名孩子就静静地躺在这异乡僻壤，一百年逝去了，国人知道吗？海外华人来凭吊过吗？

循着指示牌我们很快找到了中国战士墓区，进墓园门后向右转，往前走到底，它就位于整个大方形公墓的东南角。那天阳光和煦，洁白的墓碑成两行

在丁古尔英联邦军人墓园内的58名华工战士墓地。（ZHJ摄）

① 石墩标示碑刻着如下法文：Cimetière Britannique de Tincourt Crée en juin 1917, quand Tincourt était un poste médical. Il accueille après l'armistice les tombes des soldats enterrés sur le champ de bataille ou dans des petits cimetières. Aujourd'hui, 2139 soldats y reposent dont 1649 Britanniques, 229 Australiens, 152 Allemands, 58 Chinois, des Sud-africains et des Indiens.

排列，一行22块，另一行36块，共58个，沉睡于此的都是华工，碑上一如惯例地刻着对于华工死者的颂辞（流芳百世等）及其姓名、籍贯、工号与死亡日期，每块墓碑上的中文名字都还清晰可辨。细细看过，也是山东籍居多。为了收集第一手资料，本人和拉维埃先生分头将墓碑一一拍摄下来。

伫立在肃穆的墓地一角凝神，遐想着当年他们曾经鲜活的生命。他们什么时候被送上前线，是中国尚守中立，还是宣布参战后？他们肯定没有军装着身，但就在前线如工兵一般为英军修掩体挖战壕，他们在战火中牺牲了，理所当然地享受战士的待遇，和英国军人、澳大利亚军人等为一战阵亡的军人们同葬在一个墓园，这也算是对他们英灵的最后安慰。想到他们年轻的生命就那样无声无息地留在陌生的土地上，再也不能回家乡与亲人团聚，令人不胜唏嘘！他们的经历，在异乡他国的困苦与期盼，好奇与惶惑，坚韧与愤慨，屈辱与辛酸，他们的家人后代永远一无所知，但是我们，不应该将他们遗忘。

在华工墓区的东南角，我们见到15名印度士兵墓碑。紧邻华工墓区的西侧，有一块德国士兵墓区。总共152名德国人葬在该公墓里，这儿是其中一部分。战后英联邦战争墓地委员会认为，德国士兵参战是受其政府所召，虽是协约国军队在战场上的敌人，但他们死于阵地，是各为其主，死后也应得到一份有尊严的安息地，因此在捡寻战场遗骸时发现德军士兵的尸体，也一并运来军人公墓给以安葬，区别是他们的墓碑比协约国死者的小一些矮一些，以此体现他们是为战败的同盟国卖命的。显然这是一种人道处理方式。

离开丁古尔军人墓园前，作者看到门口处有一本留言簿，翻了一遍，发现有英国、美国、荷兰、澳大利亚、爱尔兰、法国、德国、新西兰、印度等国的参观者的留言，但没有一个中国人。顿时，心中觉得不是味道，随即又生出澎湃之心潮，出于我是中国人的本能，立即拿起笔来，写上一段中文感言，再加上几句法文。然后签上我的名字，写上日期：17/07/2014。我是第一个在这本留言簿上留言的中国人。写毕，一个念头在脑海中默默盘桓：长眠在此的华工，虽然葬地离法国的华人聚居点太远，总不会永远被同是中华儿女遗忘殆尽吧。

第五节 马扎尔格战争公墓里的华工墓

马赛，法国第二大城，两千多年前由弗凯亚人在此创建贸易点，历经千百年的发展，终成地中海北岸最大的海港城市。1916年第二季度法国在天津开始招募华工，7月便有三船华工5000余人先后登轮出洋。经过漫长的海上航行最终抵达马赛，这也是马赛港有史以来第一回看到如此多的东方中国人踏上它的土地。法国当局将法募华工抵法后的总集所设在马赛。作者心存期望，百年流逝，马赛是否还留有一战华工的某些踪迹呢。怀着这样的心愿，几年前，作者独自前往马赛去作一番探寻。

作者没有觅到马赛华工总集所的确切遗址。询问一些职业的历史档案工作人员，他们也茫然不知。然而“东边不亮西边亮”，在英辖华工方面倒见着了一个实证。作者在马赛市东缘的马扎尔格战争公墓（Mazargues War Cemetery 1914—1918，1939—1945）里，找到了几座一战华工的墓碑。该公墓为英联邦战争墓地委员会（CWGC）所修建。[①]人们也许有疑问：马赛是法招华工的抵岸港，华工总集所也设在该市，怎么又冒出英辖华工的墓葬点呢？

一战时期，马赛作为法国的后方，成了英国皇家海军舰队的停泊港之一，也作为英军运送地面部队去前线的中转站，英军理所当然在马赛地区设立了它的补给基地。马扎尔格战争公墓修建在法国市民公墓的旁边，就景观而言，前者显得整齐、美观、肃穆、庄严，后者的墓地建筑则高低错落、古朴密集而略显凌乱，两个墓园一墙之隔，风格迥异。战争公墓大门口的一侧墙上用法文刻

① 英联邦共同体战争墓地委员会（CWGC）决定，军人在什么地方作战或驻扎，阵亡或病故者葬于本地建造的军人公墓。

图左后方可见与平民公墓相隔的一堵围墙，华工墓就在围墙脚下。（ZHJ 摄）

着：战争公墓的土地是法兰西国家免费特许给予，作为协约国军队在1914—1918年的大战中阵亡英雄们的永久墓地，使他们在此获得纪念。

这座战争公墓里总共安葬有1765人，其中第一次世界大战死亡人员1487名，二战死亡者为267人，还有战后从意大利返回途中撞山遇难的11名航空战士。葬于此墓的一战死者，有英国人、印度人、埃及人、中国人、斐济人。墓地一般按国籍分区。笔者在紧邻法国平民公墓的东侧偏南墙下，找到两名华工墓，它们的两侧是若干座印度劳工墓。继续排找，又在东北侧离墙第二排的一长行墓碑中发现六个华工墓碑，同排的其他仍是印度劳工墓。当时我心里纳闷，为什么不把中国人的墓集中在一处安葬呢？难道是英军役使的印度劳工人数太庞大？好像这也不合逻辑。每位华工的墓碑上方照例刻着“流芳百世，鞠躬尽瘁，虽死犹生”中的一个赞辞。现将笔者整理出的8名华工的墓碑信息列表于下：

表31 马扎尔格战争公墓里的华工墓碑信息

墓主姓名	工号	法方使用的姓名	籍贯	死亡日期	墓碑颂辞
郭焕武	60998	KUOYUANWU	山东益都县	1919年3月18日	流芳百世
杨清汉	12072	YANGCHINHAN	山东临淄县	1919年3月19日	虽死犹生
孟广信	28552	MANGKWANGSIN	山东章邱县	1919年3月19日	虽死犹生
马贵	34424	MAKUEI	山东惠民县	1919年3月19日	虽死犹生
祁云秀	4081	CHIYUNHSIU	山东博兴县	1919年3月20日	虽死犹生
张殿柱	3856	CHANGTIENCHU	山东潍县	1919年6月12日	流芳百世
傅三典	52394	FUSANTIEN	山东临朐县	1919年6月12日	流芳百世
无	12179	LANYUKSAN	无	1919年11月9日	鞠躬尽瘁

表中所示，除一位无中文姓名无籍贯，无法肯定他是哪里人氏，其余全是山东籍，分别来自山东省的七个县。他们的死亡日期都在1919年内，五人亡于3月18日至20日的三天内，其中三人殁于19日同一天，看来极可能死于灾疫“西班牙流感”。

那天笔者赶到位于马赛市东缘的马扎尔格战争公墓，正巧有一位墓地工作人员在做维养工作，这是很难得的机会，参观者一般不易遇着。我们的交谈十分愉快，涉及内容也很丰富。Iain Craig先生是一位苏格兰人，40岁左右，从2002年开始受雇于英联邦战争墓地委员会，曾在比利时、法国的努瓦耶勒、诺曼底的巴约（Bayeux）、里昂（Lyon）等英联邦的战争墓园工作过，可谓一位资深的军人公墓维养员。

他告知作者，来马扎尔格军人公墓祭奠的官方人士很罕见，但民间的常有，新西兰、英国人等他都遇到过，有时来一个大巴士。我自然关心有否中国人来探寻过。他说，曾有过一个亚洲人，是越南人，寻找自己祖父的坟墓；但没见中国人来过。当他知道我是中国人时，热情地邀我去他的办公室，从电脑上找出一份最早的英文原始墓葬报告，并打印送给我作为纪念。

作者发觉报告上的打字记录有14名印度人和6名中国人，可只有两名有身份编号。因为打出的姓名不准确，全被划了杠杠，然后重新手写，把身份号也补全了。涂涂改改，要看明白很不容易。[①]可以想见，西方人用拉丁字母方式准确书写中国人的姓名也不容易，在安葬前的登记注册时，墓葬报告打字拼写姓名错误多，当时死者遗体的认定或调运看样子也比较紊乱。作者顿悟，难怪在墓园里两名华工和六名华工的墓地不排在一起，分得远且夹在印度人中间，一定是后来发觉漏了两名华工。第一次的原始报告上只有6名，也导致后来的统计材料记录马扎尔格军人公墓里仅有6名华工。作者坚持求证，终于寻觅到华工墓碑数量与他们的档案记载一致，心里异常高兴。Iain Craig先生表示再陪我去墓地细看一下，我们重新过了一遍8个华工的墓葬位置。告别前，我给这位热心的苏格兰维养员拍照留念。

作者回到巴黎，苏格兰人已经从邮箱里发来另一份墓葬文件。他又在档案里寻找到有关的原始记录。这次传来的一页比较清楚，上面所载的8位中国劳工的信息与我拍摄墓碑所得的完全吻合；那一页里还有一批埃及劳工的名单，一些未能辨明身份的印度劳工，以及一批英国海军商船上的殖民地土著水手。[②]我知道他一个人管理马扎尔格战争墓园，几乎是一名全能维养员，工作忙碌，隔周还要去科西嘉岛的巴斯蒂亚军人公墓做维养。言谈举止中感觉出他极富敬业精神。作者收到他的邮件后赶紧回复，真诚地感谢他的认真，并不忘带上一句："如果今后在你管理的战争公墓里发现有中国人墓葬的信息，一定要告诉我。"

---

① *Comprehensive report–graves registration report form*. Extension, Plot 6. Row "C" (Indian & Chinese), CWGC, Mazargues War Cemetery, Marseille.

② CWGC, INDEX N° fr. 1571, MAZARGUES CEM. EXT.

第六节　阿耶特印中劳工公墓

加来海峡省（Pas-de-Calais）坐落在法国北部突向英吉利海峡的一块斜条形地带上，藏在该省深处的一个村庄阿耶特（Ayette），如果没有卫星导航器不容易找到，它的经纬度是2°728’E，50°1710’N。我们要去找在该村地界上的一个印中劳工墓园。

法国的基层行政单位称为“市镇”，阿耶特属于这一级别，实际就是一个有村公所的村子，周围比它小的自然村叫“寨子”，归村公所领导。阿耶特地界上有些小山岗，海拔105米，面积5平方千米。当公路边写着“Ayette Indian & Chinese Cemetery”的一块标志牌赫然入目时，我们知道终于找到了目的地。[①]汽车往左拐进，只见一条浓荫密匝的沙石路幽幽地伸向前方，路很窄，仅够一辆小汽车通过。笔者下意识地感到，中印劳工墓规模不大。没多远就见路左边一块高地，几级台阶，迎面的台阶上方石碑上刻着公墓名。

一战华工墓绝大部分混葬在英联邦军人墓园内，这些墓园是动辄一两千人的墓碑。作者探查华工墓先求弄清目标大致在哪个方位。阿耶特印、中劳工墓园分成两块，左边为中国劳工，34人；右边是印度劳工墓区，葬有53人。这里的墓距宽，信息完整的华工墓碑下应该有棺木。一战时期的墓碑，经常有信息不全的。有几块印度劳工碑上仅写“大战劳工”几个英文字而已。相比之下，信息不全的四块华工墓碑上至少还刻着最重要的死者工号和死亡日期。

1918年3月德军发动春季大攻势，阿耶特村乃战场之一，双方在此激战，4

① 墓地指示牌，系英联邦战争墓地委员会所立。

月3日协约国军队第32师从德国人手里夺回阿耶特村，并守住直到一战结束。

1917和1918两年中，中国劳工营（CLC）和印度劳工营（ILC）在西线战场200多公里长的地段，接替英军士兵的后勤军需工作，从事军火运输、设施维修、物资回收、紧急建造等繁重任务。原来干此类工作的士兵被召回部队去打仗。至1917年8月底，在法的印度劳工已有20000多名，而英国招募的中国劳工至1917年年底已有54000多名在法国北部战场后方工作。

英国军方派欧裔军官去节制和管辖中印劳工营，这些人虽然编入了军籍，但其中一大部分入伍前是国家公职人员或是在中国的传教士，他们通中文或者会讲印度语，但并无多少军事方面的经验。致使他们所带的劳工营在遇到敌人炮火威胁时往往未能最有效地规避危险，增加了伤亡。尽管劳工营一般都被安排在敌人炮火射程之外的地带工作，但当敌人的飞机前来轰炸，远程大炮的炮弹飞来引起火灾时，常会造成劳工伤亡。

阿耶特印中劳工墓园由英军战斗部队修建于1917年9月。1918年4月阿耶特村激战中，担任后勤支援的劳工营也和作战部队一样遭受伤亡，几十名中印劳工死者就被安葬在此处，有的找不到尸体，只能立碑以资纪念。到了同年11月，又运来一批劳工遗体在此下葬。停战后，部分华工营被派去清理战场，他们参与了艰难的“起尸一重葬”过程。数万英联邦军人死于战场后，当时仅被草草掩埋，而今要将残骸挖出来，再重新安葬到修建整齐的公墓里。这种操作有违中国人的习俗，给华工造成强烈的心理伤害，但在强制命令下华工只能服从。祸不单行，1919年又在法国出现了西班牙流感，肆虐南北东西，法国百姓大批死亡。阿耶特中印墓园中死于1919年的27名华工，从死亡日期推断，他们当中不少就是被西班牙流感夺去了生命。

法国人的网上材料介绍阿耶特印中劳工墓园时，都说印中墓葬共有80人。现在算起来应有87名。最不同的一点是，华工墓区内共33个墓碑，其中有5块墓碑与其他碑完全不同，平滑的碑面上无刻字，只钉着一块写有法文的金属牌，内容包括四项：“姓名，中国劳工，为法兰西而捐躯，死亡日期”。书写格式统一，姓名按西式拉丁字母拼写，可参见照片。[1]有一块为两人而立，因此5块碑纪念6个人。

两名华工共一块墓碑，极为罕见。墓主是法辖华工，却葬在英联邦战争墓地委员会（CWJC）管理的阿耶特印中劳工墓园内。（ZHJ摄）

英联邦战争墓地委员会在华工墓碑上的赞辞取“流芳百世，勇往直前，鞠躬尽瘁，虽死犹生”四辞之一，不可能在华工墓碑上写“为法兰西而捐躯”（Mort pour la France），这是明白无误的。“为法兰西而捐躯”只能是法方当局立的碑，我已多次发现，这个碑铭文并不是随便那个死者的墓碑上都有，它是一个定性辞，包含着赞誉，体现了国家对墓主的肯定，因为他是为法国而死的，对比葬于同一墓园的其他人多了一份尊重。那么，阿耶特英辖华工的葬地里为何混有法方立的5块华工墓碑，看上去碑比其他的要新一些，说明是后立的，这个问题很值得探究，但一时尚未找到答案。

“为法兰西而捐躯”作为一个评介辞，不可滥用。1917年10月27日法国内政部部长就使用此辞向各省省长发出通函。内政部部长重申掌玺司法部部长1915年7月8日通函的规定：获此评介者应属于两种情况，或被敌人杀死的军人或平民；或其死亡情景确定与战争状态有关联；“为法兰西而捐躯”写在死亡证书上，只有户籍主管官员（注：一般指市长副市长或乡村地区的村长、副村长）有权执行；市长们在死亡证上签署这一评介辞前务必征询军事当局关于此人死亡的情景是否符合上述两种情况之一。

① 法募华工与英募华工葬在同一个公墓，似为一个特例。

内政部部长之所以重申司法部部长的通函，起因于发现一段时间以来，死亡证上使用这一评介辞过于随便，可能已引出其他民事与战争受害赔偿方面的问题。他强调，一旦一名军人的死亡证书上写上了这一评介辞，就永远没有理由再要求法庭审理作出修正判决。司法部部长的通函上也载明，如果军方被要求提供了意见，市长可以不通过法庭裁决就在死亡证上写上这一评介辞。1915年的这一通函收编于省政府行政证书及契约汇集本，内政部部长要求省长们提醒本省的市长们去查阅汇集本，重温文件精神，认真遵照通函规定执行。①

墓碑上的评介辞来自死亡证书，外国劳工享受这一评介辞无疑是法国当局给予的荣誉，弥足珍贵。阿耶特印中劳工墓园里的6位法辖华工，法国当局是否保存着他们的死亡证书，若有，保存在哪儿？或者压根儿就没有，只是战争结束后根据名单与情况而立。这些都不清楚。不过，有一点可肯定，评介辞绝不可能随便写上，一定是6位华工的死亡情景与评介辞的规定相符合，才获此不同于其他华工的墓志铭纪念。而今海外华人看到他们的墓茔，心中多了一份身为中华儿女的感怀，就笔者而言，这份感怀里交织着苦涩、慰藉与骄傲。

第七节　其他一战华工墓地考

山麓－圣艾蒂安华工墓地（Communal Saint-Etienne-au-Mont Cemetery）

此为华工墓地所在的圣艾蒂安军人墓园的原名。军人墓园位于法国西北部加来海峡省（Pas-de-Calais）滨海－布洛涅市（Boulogne-sur-Mer）附近的

① Le ministre de l'Intérieur à messieurs les Préfets. Circulaire 27/10/1917, Archives départementales des Bouches-du-Rhônes, cote: 1M694.（法国罗讷河口省档案馆，《内政部长给各省省长的通函》）

已届耄耋之年的拉维耶先生（J.-N. Lavier）及其夫人戴曼尔大夫（Dr Marie-Elisabeth Dermer）正在辛苦工作。我们将华工墓碑一一拍照，以供进一步分析研究。（ZHJ摄）

我们身后即是巴拉克军人公墓内葬有203名中国人的华工墓地。（M.-E. Dermer摄）

山麓-圣艾蒂安镇（Saint-Etienne-au-Mont），为英联邦战争墓地委员会所修建。华工墓区是其中的一部分，共计163个墓碑，经实地考察，其中115名为山东籍，26名为直隶籍，5名来自其他省，17人的墓碑上没有姓名，但都有工号。

巴拉克华工墓地（1917 Les Baraques п 1921 Military Cemetery）

此为华工墓地所在的巴拉克军人墓园的原名，左右两侧的墙上刻有两句英文，可资辨认入口。该军人墓园位于加来海峡省，寻找颇需注意路标。[①]1915年4月，协约国英军为了减轻滨海-布洛涅的军火和战争物资的转运压力，也为了相比于勒阿弗尔（le Havre）和鲁昂（Rouen），使军火储库离前线近些，选择在加来建立一个后勤军需基地，协约国第30、35医院和第38总医院，英国第9红十字医院，加拿大第9军医院等都设在加来，床位有2500多张。头三年里，医院死者都埋在加来的南郊公墓。1917年9月英方开始在巴拉克另辟新墓园，该墓园一直使用到1921年，之后保留至今。巴拉克军人墓园里大约有两三千人的墓葬，英国军人和加拿大军人占了大部分，还有埃及劳工团的墓。靠着墓园一侧有几十座德国兵的墓，英国人将敌人也收葬，说明他们对战争敌对方的普通士兵的认识观。在巴拉克军人墓园里葬有203名中国人，华工墓区在整个军人墓园的底部，共有六排，墓的行距与间距都比较宽。葬在此处的华工中有许多是遭敌机轰炸丧命的，也有很多死于战后，属于患病身亡。根据一份法文资料，中国劳工团的四名华工因犯谋杀罪被处决，埋在巴拉克墓地的9号区内；英国林肯郡团的一名陆军二等兵因犯谋杀罪也被处决，葬于此处。

隆格奈斯华工墓地（Longuenesse Souvenir Cemetery）

是加来海峡省隆格奈斯镇的一座一战军人墓园。笔者实地考察，在这个

① 巴拉克华工墓地，在加来市西侧刚离开940号省级公路前往桑加特（Sangatte）的公路边，英联邦战争墓地委员会竖在十字路口的指示路标给参观者指出去这个军人墓园的方向。

葬园里葬有数千军人，墓园之一角，设立了一个华工墓区，共有86名华工。另外混在华工墓一起的还有8个印支劳工的墓碑。

圣斯－昂戈埃勒华工墓地（Sains en Gohelle Cimetière du Centre）

该公墓在加来海峡省内，法文是当地市政府重新做的公墓墙上的正式名称。该军人墓园门口的砖墙上镶粘一方磨光水泥，上刻：Fosse N°10 communal Cemetery Extension。那是当年安葬一战军人时起的墓园名，意思是市镇公墓第十扩展墓区。那时市镇公墓远不敷用，就一个个地扩展。华工墓区建在圣斯－昂戈埃勒市镇公墓第十扩展区内。圣斯－昂戈埃镇政府的邮编为62114。走进这个军人墓园，见它呈长条形，在底部辟出一块墓地，专门安葬华工，华工墓地排列着四行墓碑，每行的第一块碑侧面依次刻有A. B. C. D，以便寻找，总共有49名华工长眠于此。

雷森图克军人公墓内的华工墓地（比利时，Lijssenthoek Military Cemetery）[①]

要寻找华工墓地，必须进入庞大的雷森图克军人公墓。我们先来了解一下一战中的“前方医院”很有必要。1915年春季，协约国军队决定将前方医院搬出城市，设到离前线20—25公里、进出便利、附近有铁路线的旷野上。英国人首先选中了比利时波普林格市（Poperinge）附近的雷森图克小寨子。英、法、加都在此设立了自己的前方医院或伤员医疗后送站（C. C. S.）。从前线撤下的病号与伤员源源不断地运来，至1920年医院最终关闭，共有30万人在此接受过治疗，平均百分之三未能活着出去，都被安葬在雷森图克军人公墓。除了法、英、加、美的军籍亡者外，还有小部分外国劳工及少量德国士兵。战后有些墓被家属迁走，现总共葬有10784人。

进公墓园门后笔直往前直到底再向右几十米就可找到华工墓区。我实地

---

① 雷森图克是一个小寨子（hameau de Lijssenthoek），位于波普林格市的西南方向约12公里处。自1915年春季末开始，法军、英军和加拿大部队在此旷野上先后建立多座“前方医院”，以接受各自从前线撤下来的病号和伤员，后被命名为Remy Siding前方医院群。雷森图克军人公墓是世界上最大的一战医院公墓，大战刚停火时，葬于该公墓的一战受害者总数曾达11250人。

清点后，发现葬在该墓区内的华工是34名，马上心生疑问。我在伊珀尔市的Information de CWGC（英联邦战争墓地委员会问讯处）得到雷森图克军人公墓内葬有35名中国劳工的回答，在波普林格（Poperinge）市东郊的中国劳工纪念园的指示牌上又看到“三十五位中国劳工埋葬其中”的词句。怎么缺了一人，反而有一块印度劳工墓碑紧靠着第一排右侧华工吕玉兰的碑的外侧。若是粗粗点过去倒正合35个的数。

在中国人墓区内的34名华工均死于1919年，可见许多华工在1918年11月11日一战停火后仍留在比利时的西佛兰德省从事清扫战场与废墟的工作。34名死者里山东籍有23人约占68%，其余为7名直隶籍和4名不明省籍者。他们大部分死于西班牙流感和肺炎，仅4月份就死亡18人，亦可印证1919年4月正是西班牙流感在西欧极其猖獗的时期。

解不开疑团心不甘。我向伊珀尔的专家多米尼克·邓杜文（Dominiek Dendooven）请教，他告诉我确有35名华工葬在该军人医院公墓内，只是一人不知葬在哪个墓区。我查阅英联邦战争墓地委员会的公墓登记册，找到了名Chang Hua Ch’en、工号24658的一名华工，死于1918年2月8日。当时战争还在进行中，尚未辟出中国人墓区，那时几乎天天都有死者运来安葬，就把这名华工葬在雷森图克军人公墓内某处。次年辟出中国人墓区时，不可能再将他移葬过来，便搬一个印度劳工的墓来凑数，以与墓园登记册上的数字相符。这是英国人的办事逻辑，35与34之差的疑团，至此可释矣。只是在上万个墓碑中要找到那位华工的墓碑绝非易事，因此不知他的中文姓名写法，也不知他的省籍县籍。

作者在某法文书里发现一名西方作者的文章称，雷森图克军人公墓里还葬着一些“中国苦役犯”（des forçats chinois），作者正是为了弄清楚这事才去实地调查，现在可以下结论，其“苦役犯”之称谓实为谬误。

以上五例加上前面六处，系作者实地考察探寻之华工墓园。迄今尚未亲自踏探的华工墓地还有很多，实因分散在法国各地，凭单人之力，难以一一实地查核。仅以英军人公墓里20名以上华工墓葬为一类的话，还有塞纳滨海省内两处，瓦兹省一处，诺尔省一处；更不必说混葬于英军人公墓内的华工人数少于20名的许许多多墓冢。[①]尽管一时恐难以顾及，但这些长眠于斯，甚至孤坟单茔的华工，相信总有一天，会有后人在文字上提及他们。

第八节　一战华工山东人最多

人们在一战华工墓园里浏览的时候，一般都会注意到，墓碑上死者的籍贯经常出现“山东”两个字。作者在探察华工墓地时，更加明白无误地发现，葬在墓园里的山东籍华工，与直隶、河南等其他省籍华工相比，所占比例非常之大。

索姆省的努瓦耶勒华工墓（le cimetière chinois de Nolette）和加来海峡省的吕曼盖姆华工墓（Ruminghem chinese Cemetery），都清一色安葬着中国人，前者葬有842人，其中75%以上为山东籍，后者葬着75名华工，可以确定属山东籍的约占总数的71%。其他混葬于英军人公墓的华工墓地也都是山东籍占大多数。例如隆格奈斯英军公墓（Longuenesse souvenir Cemetery）内的86名华工，山东籍占67%；圣艾蒂安-山麓军人公墓（Communal Saint-Etienne-au-Mont Cemetery）里的163名华工，山东籍占70%多等。

有史料统计，1917年8月初至1918年4月底，法国北部沿海敦刻尔克、加来一带遭敌机频繁轰炸，总计94名华工被炸死。其中山东籍64人，占总数的68%。[②]

---

① 参阅本书第十章第三节“葬身异国他乡”。

② 《国务院侨工事务局调查在法华工情形书》第四次披露，中华民国八年一月，第217—220页。

根据刻在墓碑上的死者籍贯统计，葬身法、比的山东籍华工来自山东省的几十个县。益都、寿光、潍县、安邱，临淄、临朐、长山、长清，昌邑、临邑、齐河、齐东、历城、诸城、昌乐、泰安，文登、淄川、静海、平原，利津、高唐、惠民、即墨等是华工墓碑上出现频率很高的县名。

实地考察华工墓地获得的结论是：华工死者山东籍最多。以概率推算，应募者自然也是山东人最多，山东人占了一战华工的70%以上。何以至此?

首先英国人要为赴欧陆远征军招中国北方人充当劳力，而山东人可谓有代表性的北方人。英驻华公使朱尔典、威海卫专员骆克哈特均赞同香港总督弗朗西斯·梅的意见："应招北方人，南方人怕冷，北方人能适应寒冷的气候，以麦面为主食，这些与法国的高纬度气候和吃面包的餐食习惯相近；北方人比南方人更听话守纪律，而且不像南方人容易得疟疾。"他们的将招工基地设在山东威海卫的提议获伦敦采纳。[①]山东人近水楼台，蜂拥而至势所必然。

山东半岛上的大批英国传教士应英政府要求，利用传教之便竭力鼓动，声称"华工是到欧洲、非洲垦地开荒和修铁路，去了月工资现大洋10元，另外教会还要补贴10元给家属"。英国教会曾表彰他们的传教士工作出色："在山东已经招募了大约7万名中国人，在这项特殊任务中我们传教士提供的服务不仅深受英国政府的赏识，也特别受到苦力及其家庭的感激。"

当年潍县遭大旱，庄稼枯萎，许多农民颗粒无收。听说有出洋打工赚钱的机会，各乡农民成群结队去报名。寒亭、郭家官庄、虞河、陈家庄和考家等村，村民们奔走相告，考家庄子不大，一次即招了40名。就连偏远的郭家官庄一带的十几座村子，村村都有青壮年去应招。

威海卫不通火车，青岛有铁路相连，两年前青岛已被日本占领，英方提出在青岛设立第二个华工待发所，获日方应允。1917年3、4月间青岛华工待发所开张后，出现了大批华工在威、青两个港口登船启程赴西欧的热闹场面。

---

① 参阅本书第二章第二节"山东——英国在华工招工之主场"。

上船时，英方又发给每人20洋元作旅途津贴。华工所有衣服、食物、必需杂件概由雇主提供。当年，此待遇对中国百姓吸引力巨大，这也是大批山东百姓踊跃应募的主要动因。

法国人招华工，继天津之后曾在上海、香港、浦口等地招募，但偏爱招北方人之心还时不时地流露出来。法国战争部殖民地军队司司长皮埃尔·法曼将军在招工指示中表示："……中国北方人适应性强，有耐久力，冬季生活在很严酷的气候里，完全能适应我们法国的一些地区。只要使他们住、吃都合适，他们就能身体强壮，就有可能给你一个出色的工作效果。"①

明明山东是英国人的招工主场，法国人不甘心，后来还是挤到山东去招人。北洋政府对德宣战的同月即1917年8月，陶履德招工团便在潍县坊子设立"侨工事务局"公开招募华工，开出的报酬除到了法国按每日工作10小时拿工资外，国内家属每月也可领现大洋10元。同时惠民公司在青岛设立分公司，与英国人竞相在山东招工，至同年12月法募华工在青岛出发了3批共4413人。

山东成为一战华工的主要来源地，亦拜其历史传统之赐。在国内，"山东人闯关东"早已耳熟能详；闯俄罗斯的山东人亦从19世纪70年代开始逐渐成为在俄华人里的"大户"。俄方数据显示，1906至1910年由芝罘口岸（后改称烟台）赴俄的山东籍华工达197879人。因而在沙皇政府官方文件或俄文史籍里，不难见到"山东短工"的名称，甚至有"山东棒子""山东蛮子"等蔑称。山东人出国闯荡的风气代代相沿，社会上的谋生传统耳闻目睹，每当机遇来临便会引导人们的行为取向。

法、英招募的华工前往欧战西线为协约国提供劳力帮助，总人数究竟有多少？是现在很多文章采用的14万？还是过去史料中所称的20万或者

---

① Le général P. Famin, Directeur des Troupes Coloniales, L'instruction relative à l'emploi de la main d'oeuvre chinoise. Chapitre Discipline, 1916. Les Archives départementales de la Charente-Maritime.（夏朗德滨海省档案馆藏）法曼将军发出的招募与使用华工的各项指示极受法军方与地方商会的重视。

十五六万？这个数字的去模糊化有待于中外史学家们继续探查考证。作者也将专文探讨。但是，就华工来源的地域构成，似可粗略匡算出：三分之一华工来自长江流域及以南包括粤地，三分之二强来自北方，而北方又以山东人占其绝大部分。作者实地考察过的法国境内一战华工墓园可当此实证。

第九节　追忆机器城的华工们

本节要追忆的，是一战后期及战后一批中国人在法国一个偏僻的矿区里的生存轨迹。这个地方叫“机器城”(La Machine)，前文已提到过，一座人口三四千的小镇，位于法国中部的涅夫勒省内。就是在今天，仍有不少法国人依然不知其名。

作为该地的煤矿，它曾在法国矿业史上颇有名气，其开采时间长达三百年。1869年至1946年的七十多年，达到了它的鼎盛期。煤矿于1974年关闭。从此小镇失去了昔日的喧嚣，循着法兰西大地上无数小村镇的宿命，回归宁静，重返漫逸。

> 战争的大背景并不有利于移民或外国工人与法国民众之间的相互理解和包容，涅夫勒省户籍机构的一项统计显示，异族通婚极为罕见，记录在册的只有比利时人与法国人通婚的若干例，1914年1对，1915年1对，1916年5对，1917年2对。

后来，法国出现了少数本族妇女与华工相好乃至提出结婚的动向。当局碍于宪法，虽不能公开阻止，但暗中使逆劲，通过社会舆论提醒法国妇女不要头脑发热，中国人的家乡贫穷，跟中国人结婚将来会吃苦等，法国人视中国人为干苦力活的，对他们视而不见也不屑一顾。客观上语言不通也是大部分中国人与法国人之间难于逾越的鸿沟。

在这样的大气候下，机器城的华工中仅有四人与法国妇女结了婚，张长松是第一个。在法国结婚是必须去市府登记的，张取了法文名安德烈。张家枝叶繁茂，他与法国妻子路易丝生了12个孩子，10个都长大成人，张家在机器城人所皆知。

作者赴机器城之前，联系到张长松的二儿子罗歇·张先生（Roger Tchang），他是仍居住在当地的唯一的一个华工后代。见面时，这位九旬老人依然身板硬朗，说话声音洪亮。

作者和三位法国朋友，在机器城煤矿博物馆里根据多方面的企业记录和档案资料获得了可靠的数据。从1917年5月15日首批50多名华工进入煤矿至1930年为止，共有310名中国人在此工作过。其中自1917年至1922年，平均保持在200名华工左右。后来走的人多，留的人少。他们属于法国在华招募的一战华工。有些人来机器城前，已经在勒克厄佐（Creusot）施奈德公司的冶金厂工作。华工来多少人并无定数，到了机器城都签了煤矿工合同，从业的时间长短不一，因为工作非常辛苦，不少人干一段时间就离开了，老的走，新的又来，最后真正留在机器城不走的仅有20多名华工。

> 除了法国矿工，机器城煤矿雇用了许多外籍或外裔工人，从下面这些数字可以看出：1184名波兰人，231名南斯拉夫人，43名捷克人，60名意大利人，22名德国人，26名西班牙人，21名中国人，15名北非人，5名比利时人。[①]

中国人就在这样一个国际矿工聚集点内工作与生活。欧洲劳工的居住形

---

① *Les étrangers en Bourgogne*. Immigration de 1800 à 1975−Wiki58−GenNièvrem.（1936年统计数）

式多种多样，分散在镇内或近郊，就当年的水准而言，住宿条件一般都说得过去。而华工则有所不同，抵达机器城的首批华工50多人，被安排在三个集体宿舍里住宿，这三处原本是施奈德公司创办的机器城女子学校的校舍，在华工入住前进行了整修刷新，因此条件也不差。

与一般由军官带队管理的华工营不同，来到机器城的华工没有军人参与管理，首批华工由一名从中国回来的法国传教士穆利斯（M. Moulis）带领，他既是华工队的队长，又是华工队的翻译。史料记载穆利斯先生非常能干，为了让华工下矿井，这位传教士翻译可谓大费心思。除了上下班，华工的行动并不受多少管束，女子学校的校门就是宿舍区的大门，华工可以自由出入，去矿工酒店打牌聊天是他们的消遣。首批华工是法军方应煤矿东主施奈德公司的要求派去的，作为充当煤矿工的尝试，以后就有好几批华工陆续来到机器城煤矿。但不管早到晚来，无法适应下矿井的不是一个两个，这些人就被遣返去勒克厄佐（Creusot）火炮厂了。

之后，华工不能再住机器城女子学校的宿舍，有的住在矿上提供的矿工宿舍里，在矿办食堂就餐，食宿全由老板管了；有的自己租房居住，也不在矿工食堂用餐，这一类矿工可领到住房补贴和伙食补贴。

> 当年，法国或外籍新劳工蜂拥而至涅夫勒省各地的工业城镇，使近郊乡村变成了人口过剩的地方。外来之人，有个地方栖身是大事，然后才能找工作挣钱求生存。一些当地的工人家庭想方设法做二房东，把自己租的房子腾出一部分以昂贵的租金转租出去。机器城的情况更是如此。欧洲籍矿工多带家属出外找工，机器城矿工中最多的是波兰人，他们全带着妻子。煤矿上有个风气，凡有男人的女人，不出去工作，在家料理家务，照顾男人的衣食。

在机器城有几名华工租法国妇女的房子交房租，双方有意就变成同居关系，倒也像个家庭，男人上班挣钱，女人在家洗衣做饭。男人下井要带一顿餐食，女人给他做好三明治，一根棍子面包里夹几片火腿、一个煎鸡蛋，再放两块干奶酪，铺些生菜，就是中午的快餐。谈到这件事，罗歇说：“我爸的三明治里总是有两个煎鸡蛋呢。我们家孩子多，妈妈路易丝整天忙家务事，她对我爸挺上心的，衣服给拾掇得整整齐齐。父亲休息天总是穿戴得体体面面，去镇上的矿工酒吧和几个老搭档华工玩纸牌”。[①]

战争使许多女人成为寡妇，年纪轻轻守寡，没有经济来源，大批外国劳工的到来，确实也为她们提供了某种出路，她们招人入住，收取房租。华工中除了结婚成家的四人，其余要么是单身汉，要么有女人同居。若找到的女房东最后成了女伴，倒不失为一个上佳选择，华工避免被盘剥，女方有依靠，两人属双赢。同居华工在不同的时期累计有十来人，不得其详。但从张长松的两个儿子罗歇和热拉尔所谈来看，不会多只会少，而且同居者即使有后代也极少，人们似乎并不注意这件事。

罗歇带我们去公墓探望他父母的墓。[②]在同一座公墓内我们还发现了另一位华工的墓，墓碑上写着TCHANG MARIE 1895—1959, LINE TAI KAO 1893—1963。华工姓林，同穴而葬的应是他的法国妻子玛丽，为何她姓张，无从考据。还有一个，人称小李，罗歇也说不出他的名字，人们只知他在做矿工之余，会上街卖冰棍给小孩们；机器城共有三个市镇公墓，他的坟墓与张长松的坟墓不在同一个公墓里。另有一位名叫吴喜春（音译）的华工与当地一名女子结了婚，育有一个儿子，吴喜春朝思暮想远在中国的父母与家乡，提出带儿子回中国，妻子坚决不同意，为此家庭经常乌云笼罩，吴的神经比较脆弱，忍受不了欲归故里却不能的煎熬，屡受刺激后导致精神失常，最后被送进了疯人院，1944年客死异乡。据说有十几位中国人矿工的遗骨留在机器城的公墓里，他们应该都是一战华工。

---

① 根据华工后代M. Roger Tchang（罗歇·张）的回忆。罗歇排行第四，不会说中文，是年90岁。

② 参阅第十章第六节“机器城华工闻人张长松”。

在公墓园里转悠时我们还发现了一个单身华工的墓，碑上写着TONG FOU LIN 1890—1963，还镶嵌着死者年轻时的照片，墓修得不错。在法国，没有后代的人死后安葬可以由邻居、朋友、同事等操办，丧葬费则由殡葬机构随后与死者的银行联系，从其账上支付，如果账上存款不够，由市政府通过本市的社会行动中心帮助解决。董富林（音译）单身终老于机器城，那时张长松还在世，应是张和其他活着的华工伙伴为董操办了丧事。他的墓地租用是永久性的。[①]董墓为我们寻找法募华工的墓葬提供了一个有参考意义的实例。

罗歇领着我们又找到了张长松另一个儿子的墓，该墓安葬着比他小一岁的弟弟罗贝尔（Robert，1927—2012）及其妻子莫妮克（Monique，1933—2009）。张长松自己娶了法国女人，混血儿子都娶法国人为妻，所以张长松的孙辈只有四分之一的中国血统了，长相都是外国人模样，但都姓Tchang（张的法文写法）。

矿工的儿子当矿工，罗贝尔也不例外。他热衷于收集矿物标本，是机器城煤矿博物馆创建者之一，馆里的许多陈列品特别是各色矿石源自其收藏品，在建馆时他从家里运来无偿捐给了博物馆。

矿工的工作条件十分艰苦。在机器城的中国人都是当下井矿工，他们跟其他国籍的矿工一样，按三班倒下井作业，上午、下午、晚上各一班，每个班次工作6小时45分钟。一个矿井里每一班下井的人数约在一二百人。一个升降机一次也就带个十四五人。下井前矿工在更衣室里换上工作服，戴上安全帽，拿好矿灯，系好金属皮做的护小腿弧套，它可以防止挖掘时石块掉下来砸伤腿。带上食品袋，把自己的工号牌挂在点名架上，下班回到地面时再取回工号，这样监督员可知道是否全体下井工人都已回到地面。

矿井深至几百米，井下坑道通风不良，闷热异常，一个人平均需要喝七八升的水，专用水箱由地面往井下送。矿工下井自带快餐，早先用一个布袋

---

① 参阅第十二章第二节“法辖华工未有集中安葬地”。

装三明治等食物，到了井下将食品袋挂在坑木上，等到吃饭时，发现已被老鼠咬破袋子钻进去啃过。后来矿公司终于给每人配备了一个洋铁皮大食筒子，矿工下井前把食物放进去带下井，老鼠只能围筒转圈儿。坑道里鼠类极多，通常它们都在坑木架子上活动，一旦大量的老鼠跳下来，在坑道地面上成群结队地往某个方向逃窜，那就意味着矿井里要出大事了：瓦斯过量，或矿壁将塌方，即将爆炸等，总之危及生命之险就在即刻，这时有经验的矿工就会呼叫同伴们赶紧跟着老鼠出逃，否则极有可能瞬间陷入灭顶之灾。动物对灾难症候的敏感度远远超过人类，因此矿工对矿下老鼠往往视为善物。

下矿井的有欧洲各地的白种人，北非阿拉伯人，亚洲中国人等，但矿工们戏称："大家都是黑人！"因为干活时人人变得一身乌黑，唯见安全帽上的灯光和一双在黑暗与尘埃中有点亮度的眼睛。八十几岁的老矿工帕斯盖回忆那种时光说得更直白："到了下面还有什么国籍之分！热得要命，大家都只穿条裤衩或者干脆一丝不挂地干活！"

劳工社会是一个工作气氛不易和谐的人群聚落，种族主义客观存在，随处可以感知。法国工人之间存在着相互不信任，对外族工人常带着狐疑之心，包括工会干部也怀有这类情绪。不同群体、不同种族的劳工之间经常发生摩擦，甚至演变为激烈的暴力群殴或清算，往往造成严重的后果。如1917年12月，涅夫勒省一处工厂150名阿尔及利亚工人和40名希腊工人发生暴力冲突。最严重的冲突发生在华工与葡萄牙人之间，紧张气氛蔓延到机器城和安菲（Imphy）。只要发生与外族的对峙，华工总是非常团结，他们平时成立了很多兄弟会，依照中国社会里的传统做法，沾亲带故，同乡近邻，结拜兄弟都容易成为兄弟会的成员。一旦有事，舍命相助。

煤矿博物馆里有一本保存至今的德西兹煤矿公司华工的收入明细账本，非常珍贵，使我们能详细了解到当年华工的收入情况。矿场在机器城，煤矿公司的机构设在六七公里之外的德西兹市。矿工每半个月领一次工资。

根据1920年8月下半个月的这本账册可知，机器城当时共有华工118人，其中7名炊事员，其他全是矿工。华工的日薪为6.85F（法郎），半个月内的工作天数绝大部分为13天，每周可休息一天；也有个别工作到14天的，小部分人10至12天，工作不足10天者很少。除了每日工资，华工还能获得工作奖，这半个月中共有66人获得此项奖金，约占华工总数的56%，说明半数以上中国人的工作是很勤奋的。工作奖由每日的0.15F、0.25F、0.30F逐级递升直至最高一档2.50F，共分成11个等级，在这半个月中获工作奖总额最多的几位华工每人达32.50F。公司免费提供住房，如果自找住房，公司给予0.25F/天的住房津贴，不上班的日子就没有住房津贴。以上就是华工可获得的收入。不过，也有被扣钱的情况，如果华工不注意而损坏了矿上生产工具，通常扣0.4F；如果是在矿上食堂用餐的，如出全勤半个月扣2.5F；倘使被管理方认为犯了错误应予罚款，视程度轻重分别罚2F、4F、6F、10F。有一位工号为40051的华工，半个月工作了10天，没有获得工作奖，自找住房因而领到住房津贴；却因过错遭罚款，被扣掉了10F，那半个月他实际收入仅有55.40F。与其形成鲜明对照的例子，工号为15791和29004的两名华工，均工作13天，拿到最高一档的工作奖，都获住房津贴，均无预扣项目，这半个月净收入前者为126.60F，后者为127.45F。在勤奋努力的前提下，华工的收入会有差异但不至于太大，半个月的净收入在90至115法郎的幅度内的约有70%的人，但如果工作马虎，又被罚款，那可能还挣不到别人的一半。①

如此看来，机器城的华工收入情况应该说不错的，如以月收入论，大部分人的月净进账可达180至230法郎，净日收入水平达到了6.9至8.8法郎。在机器城工作的华工陆续离去，最后只剩下二十几名，据笔者认为，可能并不是

① Feuille de caisse/2è quinzaine d'août 1920, main d'oeuvre chinoise, Schnerder & Cie, Cote: 26J 8853. Archives du musée de la Mine de la Machine.（机器城煤矿博物馆档案，“施奈德机器城华工1920年8月下半个月工资账本”）

他们对报酬有多大的意见，主要原因是矿工的工作太辛苦，天天在井下，工作条件艰难而且危险性大。当初许多人从勒克厄佐等地来到机器城，是因为听说这里的工资高，经历过后，才知道，个人的付出是巨大的。如果他们发现别地有诱惑力的工作，就会心动并最终相约离去。

第十四章　辨析与勘误

第一节　一战西线华工总人数辨

评估一战劳工的规模、贡献与遭遇，大致搞清回国人数、留欧人数、死亡人数，是研究一战华工史的基本需要，而这些均建筑在受招总人数的基础上，唯有对总人数了然于胸，方能于展开各专题研究时，得出比较符合历史事实的结论，经得起后人的学术检验。

本书只涉及“一战西线华工”，是指由英、法两国在华招募后被送往西线战场的中国劳工。西线的主战场在法国、比利时，除此以外，在东非、近东一带还开辟了其他的战区。被输送到以上各地区的中国劳工都应被包括在英、法在华招募为其服务的一战华工总数内。

赴西欧的一战华工总人数究竟多少，战后被送回祖国的华工又有多少，没有能回国的中国劳工情况如何，这是几个至今没能准确回答的问题。来到西欧后，一场大战中数不清的变数早已把华工赴欧的原计划搅得七零八落，而中国劳工本身的命运多舛也不可能使所有华工仍保持在原来的编制形态里，许许多多人调动整编，有些死于战火，或殃于疾病，或因其他原因丧命在异国他乡，有的后来离开了华工队伍，有的潜逃不归，等等不一而足。由此各种各样的数据和说法就流传下来，令人感觉莫衷一是。

一战西线华工，英、法究竟招了多少人，这个总数，一直存在着多种说法。导致百年来的相关文章或述著众说纷纭，令读者糊里糊涂。现将这种种说法简列于下，以作析辨。

中国侨工事务局于第一次世界大战刚停火19天后即公布，一战西线华工不下15万人，这个数字包括了法、英两国招募的华工。[①]

法国殖民地劳工署中尉吕西安·韦（Lucien Weil）在战后提供的数字被西方人广泛引用：法国政府在华招募的华工为36941名。这是法募华工的数字。

1920年10月13日中国侨工事务局发给中国驻英公使馆的信函称，英国人招募了10万华工送往欧洲。大约7.2万在战后回到了中国。对于缺失的2.7万多华工志愿者，中国政府不知他们的命运。

1921年1月20日英国陆军部（War Office）回复中国驻英公使馆的照会称，英国招来欧洲的华工总数为93474人。它遣送回中国91452名华工，1949人死亡于欧洲，回国途中死亡73人。[②]这是英国当局自己说的招募华工的总人数，但需注意，所称乃是“招来欧洲的”的数字。那招后送往欧洲之外的数字呢，它没提。一战后见诸英国报刊文章的、由英国招募的中国劳工团总人数为9.6万人。

国内的报刊也提到一战华工的人数。1918年8月10日的《申报》在“本埠新闻栏”谈到京沪两地拟招百余名基督教徒青年干事派赴法国支援法国青年会服务华工团并开展华工教育，称“法境刻有华工十五万人”。[③]

一战过去十几年后，国内报刊上提到一战华工的人数时，有文章称：“华

① 见《国务院侨工事务局调查在法华工情形书》第二次披露，中华民国七年十二月一日，第192页。文中提道：“欧战以来华工出洋充当各国轮船水手以及陆续赴法尽力与备战之工作者统计不下十五万人。”

② Wou, Pioutchong: *Les travailleurs chinois et la Grande Guerre*. Paris Editions A. PEDONE.1939.（密特朗国家图书馆藏，微缩胶卷，第16页）

③ 《法境华工青年会之罗致》，《申报》中华民国七年八月十日第（十）版，上海图书馆藏。

工人数此时不易追查了，总在十五万至二十万之间……”①

曾在法国从事华工教育的傅葆琛1931年在《华工教育的追忆》一文中提到，“我国农工两界同胞，应募前往者，先后共有十六万余人”。又说，“英法两国所招之华工，人数不同，英国先后共招募华工十二万人左右……法国先后招募的华工四万人上下”。②法学博士吴本中1939年在其著的*Les travailleurs chinois et la Grande Guerre*一书中称“15万志愿者应被紧急送往战地”。③

也有文章称，当时中国投入一战的劳工按军事整编，每500人一个营，共260个营，约计13万人。当然，这是一种整体性的估算，缺少经得起推敲的可资印证的细节，至少没有搞清英募华工和法募华工的编制是大不相同的。

近一二十年出版的著作里，对于华工总数，多系根据掌握的资料按照自己的分析方法得出数据，有的称英国招了10万，法国4万多，因此合起来大约14万；还有的称20万等。目前，中外著作中提到14万的居多，与上述列举的一战后期或一战后较近期内的数据相比，反而莫名其妙地减少了一两万，令人奇怪！而且越来越多的文章作者信手拈来的数字就是14万，实系从众心理所致。对14万这一数字本人提出严重怀疑。我们没有任何理由不参照六七十年前已由官方公布或见诸报刊的数字。在一战远去百年的今天，我们国人和海外华侨华人纪念华工为一战作出巨大贡献的时候，我们应该纠正被缩减了的一战华工总人数。

1921年1月20日，英国陆军部照会中国驻伦敦公使，称招来欧洲华工总

① 《旅法中国工人状况》，《新生周刊》1935年5月第2卷第18期，第369页，档号229-1-2262，威海市档案馆藏。

② 傅宝琛：《华工教育的追忆》，此文写于民国二十年（1931）三月执教于无锡教育学院期间。文章被收在《晏阳初全集》（第一册1919—1936），天津教育出版社2013年版。上海图书馆藏。

③ Wou, Pioutchong, *Les travailleurs chinois et la Grande Guerre*. Paris Editions A. PEDONE.1939.（密特朗国家图书馆藏，微缩胶卷，第14页）

数93474名；同年6月10日，英辖CLC（中国劳工团）的财务官威廉·布尔上尉（capitaine William Bull）在青岛举行的一次颁奖仪式上宣布，中国劳工团有资格获得英国大战纪念章的成员共93357名，其中包含了亡故在西欧的绝大部分华工。这两个数字的差数是因品行不良而丧失领取一战服务勋章资格的117人。

由此看出，英国颁发服务勋章只限于它招募来西欧的华工，而对于它送往小亚细亚的美索不达米亚、东非、印度等地许多批的工人、汽车驾驶员、工匠，并没有颁发一战奖章。这些华工都在上海与汉口地区招募，由上海经香港转赴以上目的地。所签合同有半年、一年、二年不等。

1918年至1920年间，上海《申报》数十次刊登英方招募的一批批每次数百华工，放洋前往印度、中东的巴斯勒、白式拉、东非等处，也刊登合同届满者遣返回国的新闻。1919年7月2日，又有300多名华工乘英公司轮船遣返抵沪，这些人从中东归国，翌日《申报》刊出报道，内称“现留白式拉等处尚有万人”。[①]说明至少还有1万名左右的华工在中东英国人殖民地工作。据作者就《申报》按日搜集到的统计数，英方在第二招工区内，除了报界未能刊登消息故未留下线索外，共招募了至少43批华工从上海港送出，起码有12241人，被送往英国的殖民地工厂。显然，英国当局招募的华工总数，除了去西欧的以外，还应算上它招了送往它在亚、非殖民地工厂或为驻在美索不达米亚以及东非的英军提供劳役的一万余名华工。[②]

如有人认为仅凭以上的信息作论据尚嫌不够明晰与有力，作者在法国实地考察一战华工墓地时发现了新的实证：一些墓碑上刻着的工号数字超过了10万，甚至记录到一些大于130000的工号，例子如下。

---

① 《华工期满回国》，《申报》中华民国八年七月三日第（十一）版，上海图书馆藏。

② 参阅第二章第五节“英国在华的第二招工区”。

表32　　工号数大于13万的葬于法国的部分英辖华工名单

姓名	工号	籍贯	死亡日期	墓地名称
隋森举	132081	山东寿光县	1919年9月8日	努瓦耶勒华工墓园
扈元岭	132397	山东高唐县	1918年11月22日	阿耶特印、中劳工墓园
赵芬	132897	山东寿光县	1920年1月24日	努瓦耶勒华工墓园
韩长庆	132917	山东寿光县	1919年7月	努瓦耶勒华工墓园
刘美景	133264	山东益都县	1918年9月30日	隆格奈斯华工墓地
丁同义	133283	山东昌乐县	1919年9月19日	努瓦耶勒华工墓园
张殿甲	133327	山东禹城县	1919年11月22日	努瓦耶勒华工墓园
陈其荣	133414	山东曲阜县	1919年1月23日	努瓦耶勒华工墓园
刘心田	133477	山东安邱县	1918年11月4日	阿耶特印、中劳工墓园
季乃武	133671	山东潍县	1919年2月11日	努瓦耶勒华工墓园
张连方	133724	山东临淄县	1920年2月2日	努瓦耶勒华工墓园
张应林	133755	山东临邑县	1919年4月22日	努瓦耶勒华工墓园
朱梦祥	133825	山东潍县	1918年11月17日	圣艾蒂安-山麓华工墓地
宫存贵	133923	山东安邱县	1919年8月19日	努瓦耶勒华工墓园
朗丰和	134132	山东潍县	1919年7月	圣艾蒂安-山麓华工墓地

每名华工都有一个身份编号即工号。葬于法国英军公墓内的华工中，可以找到工号超过13万的中国劳工，如图所示，山东寿光县人赵芬的工号为132897。（ZHJ摄）

工号就是身份编号，招募时应是顺着先后次序给的，先来者号小，后来者号大。如果不按顺序发号，英方就不可能掌握已招的确切数字。英军向英国财政部造表册要预算来给华工发薪水，没有华工的工号是无法想象的。因此有一个编号就有一名华工。既然葬于法国的华工中有些人的工号已经大于13万的数字，那么按照英官方所称，招来欧洲93474名华工，遣送回中国91452名，在活着回到祖国的华工中，身份工号数字大于10万、11万、12万、13万的应该大有人在。

英官方称招来欧洲93474名，工号数字在10万以上至14万以下的作何解释呢？作者认为，英官方向中国当局及华工与翻译宣称的数字，只是它招的华工中送往欧洲的部分，而且是缩小了的数字。它所宣称的遣送回中国的有91452名华工，1949人死亡于欧洲。而作者根据史料及实地考察统计到的葬在法国和比利时的华工为1887名，死于海上的英辖华工水手219人。①仅这两个数据加起来与英方公布的死亡数相比已超出157人，还有那些遭炮火轰击、飞机轰炸尸体粉碎无存者，以及英方未公布的华工所乘轮船遭敌潜艇击沉而丧命者等。这个无法核实但确实已经丧命于欧洲的、可能有数千甚至上万的华工人数，英当局首先出于减少赔偿负担的考虑，必然尽可能予以淡化、缩小或干脆不提。事实上，英国人在中国招募劳工时，中国政府没有监督的手段，也无法掌握英国招募的具体人数，英国人也决不会主动通报给中国当局。英当局宣布它招募、死亡及遣返人数时，中国当局同样无法核实，因此也无从质疑。由此我们认为，英国送到西欧法、比、英国的华工人数，在英国陆军部提供的数据（93474名）以上，必须加上它不应该不提的那部分，即在战区（陆地和海上）失踪而无从确知姓名的华工，人数可能在一两万之间。如此一来，英国招募送到西欧的中国劳工团（CLC）华工总数应在11万至12万之间。加上法国招来的近4万华工，总共有15万至16万名华工为英、法的西欧战场效力。这就与

① 参阅本书第六章第六节“死亡与赔偿”与第十章第三节“葬身异国他乡”。

1918年至30年代国内报道与吴本中博士和傅葆琛先生提到的数据基本吻合。

英国在上海与汉口地区招的工匠与普通工人送往印度、中东、东非地区，应该每人也有一个身份工号，并且纳入整个编号系统，以便管理与领工资及物品。但作者推测，由于送去的目的地主要是殖民地工厂和船坞等非直接战区，每批人数不一，英国人无法按准军事编制统辖华工，恐怕不至于像威海卫、青岛招工局那样，令华工必须佩带刻有工号的铜皮手镯。这些人遣返回国时，英当局亦没有向他们颁发一战服务勋章。在英方眼里，是招募去殖民地工厂应急而已，有别于直接送到西线战区的中国劳工团（CLC）。但是，我们中国人认为，这部分劳工也是英国为了一战而在中国招募的，理应计算在英招华工的总数内。

因此，英国在中国招募的华工总数至少有13万人，且送往亚非欧三洲的多个目的地。

法国在中国招的华工总数是多少？已知的情况比较明晰。1919年4月中国侨工事务局公布：截至1918年10月16日为止，与法国签订合同并到了法国的华工总人数为36925名（与不久后法殖民地劳工署工作人员吕西安·韦中尉的报告中公布的36941人相差无几）。这个数字应由几部分构成：陶履德招工团通过惠民公司在天津、香港、浦口、青岛四地招的31631人，陶履德通过上海三家洋行代理人在上海送出的工匠及外地转沪放洋的劳工共4810人（仍属不完全统计数），法国盖兰-德雷瓦尔公司在广东和香港招募的105名技术工人，而以上三部分加起来的数字为36546人，比侨工事务局1919年4月宣布的数字少379人。说明我们掌握的数据还不足以说清全部人数来源。很可能，与战争部或劳工部能搭上关系的其他法国人，如在上海的窦雄（D'Auxion）律师，在广州沙面的志利洋行等在华招人，多少也能送走一些。

鉴于以上种种情况，我们似可得出一个比较接近事实的推论：法国在中国招募的华工在3.9万人的范围内，送往目的地单一即法国。为表述方便起见，称法招华工不足四万名不算离谱。

综上所述所析，作者认为，一战西线华工的总人数至少应是17.2万（其中包括被送到西欧的法辖近4万，西欧英辖11万至12万，以及被送往亚、非地区的英辖一两万）。如果我们认定“英、法为一战西线之需在中国总共招募华工17万多人”，“送往西欧战地的华工近16万人”，应该经得起现有史料与将来可能被发现的史料或实证的检验。

第二节　法国并无“陆军部”

作者发现，百年来的中文书刊在涉及一战时期法国的政府机构或军队编制时，有些名称的法译中欠准确甚至完全错误，最为突出的一个谬误是“法国陆军部”的叫法，各类文章著作不断地使用它，直至今日依然如此。

提到法国在第一次世界大战中来中国招募劳工，读者就会在各类相关文章、书籍、图册甚至视频影视中见到如下说辞：法国陆军部来华招工，将数万华工运往法国，分派任务并予以管理。一批有代表性的著作也一无例外地使用着“法国陆军部”的叫法。[①]当然，这不能归咎于历代的作者们，实在是百年来以讹传讹，谁都不怀疑它的谬误！

作者阅读法文的专著，从未见过相对应的名称“le Ministère de l’Armée de Terre”（陆军部），由此生出疑窦，遂去法国国防部史料处查询核实后确认，

---

① 《国务院侨工事务局调查在法华工情形书》，1918年11月—1919年4月；惠民公司报告《华工赴法》，中华民国七年（1918）三月；顾杏卿：《欧战工作回忆录》，商务印书馆1937年版；张建国主编：《中国劳工与第一次世界大战》，山东大学出版社2009年版；张建国、张军勇编著：《万里赴戎机：第一次世界大战参战华工纪实》，山东画报出版社2009年版；山东省人民政府侨务办公室编：《大型资料图文集：一战华工在欧洲》，2013年印；徐国琦：《一战中的华工》，上海人民出版社2014年版。这些著作都使用了“法国陆军部”这个指称，原因就如本文所析。

法国从未设过陆军部，因而“法国陆军部”的称谓是错误的。它却流传至今竟百年，可憾可叹！

法国内阁的各部名单里，查不到陆军部的建制。中文著作里却屡屡出现“陆军部”的字样？应不应该把这个问题搞清楚？这涉及学术的严肃性。作者认为文字存世，在使用到外国重要的机构名称时，应力求准确，相符于涉及的历史时期，这是对当代读者与后世负责。再从学术交流的角度来看，尊重历史的原貌是每个史学研究者应遵循的原则，在使用到外国机构的名称时不可马虎从事，应该讲究翻译的准确性。而今已进入信息化时代，各种文献资料的传播查询越来越便捷，不同语言之间的对译交流也越来越频繁，世界上的汉学家比过去大大增多。如果在提到外国的事物时，仍使用不符合历史实际的中译名，实为水准欠缺之体现。倘若在国际学术交流会上，论及第一次世界大战时法国来华招工，及华工抵达法国后的使用与管理，或有国外汉学家就此事与中方或华语与会者交流、探讨时，后者仍使用“法国陆军部”如何如何，岂不贻笑大方。显然，再不更正，将会遭受质疑，陷于被动。有鉴于此，作者认为，既与史实不符，就有必要予以辨析更正，以求摈除流误，让中文表述与史实相符。

法国内阁由许多部组成，如外交部、内政部、财政部、劳工部、战争部、海军部等。一战开始时，法国政府的部级机构中涉及军事的依然只有战争部（le Ministère de la Guerre）和海军部（le Ministère de la Marine）。两个部的历史都十分悠久，战争部诞生于17世纪法王路易十四时期；法国海军作为一支常设海上武装力量，逐渐形成于17世纪至18世纪初。巴黎协和广场北侧有两座雄伟典雅的宫殿，其对称性令人难忘，它们与协和广场同龄，建于1760至1775年期间。东边的那幢大楼即为法国海军部所在地，从1798年至今，海军部没离开过那里。

法国的行政架构相当复杂。战争部在一战初期，仍沿用1870年以来的设置，部长之下设四名国务副秘书和总参谋长，各自分管着一摊子。四名国务副秘书分管炮兵与弹药、给养与后勤、军队医疗、军事航空；总参谋长则专管打仗的事儿，其总参谋部下分为后方与前线两大块，各自下设很多局、科。这个设置显示百年前法国军队的编制远不能与现代军队作类比。1917年战争部内部机构调整，仍有四位国务副秘书协助战争部部长，稽查、内政、步兵、骑兵、炮兵、工兵、后勤军需、殖民地军队等八个司隶属于总行政国务秘书和总参谋长的双重领导；诉讼与军法司、抚恤金处归另一位国务副秘书分管。①

不过无论怎样调整，始终没有成立专门的陆军一统行政管理机构。步兵、骑兵、炮兵、工兵虽都是陆地上的兵种，但行政上仍只是战争部属下几个互不统领的司级单位。军队序列里也没有专门的陆军，事实上法国军界那时没有形成所谓“陆军”的概念，所以不可能设立一个陆军部。所有法国海外殖民地劳工与中国劳工的招募以及抵法后的管理，始终由战争部殖民地军队司主管，该司在战争部内又称为八司，法募华工则由八司第五科具体负责。②1916年元旦后，为管理殖民地劳工和中国劳工，法国成立殖民地劳工总署（SOSTC），仍归战争部的殖民地军队司领导。这种建制下怎么可以将战争部叫成陆军部呢？

军队必须有海陆空，这是现代人的思维概念。拿空军来说，人类进入了公元20世纪，地球上任何国家研制出的飞机都还像初生婴儿，欧战之初法国仅有几架飞机。陆军兵种资格老些，但也是一步步发展起来的。那时并无设陆军部的现实需要，可是到了1917年，军械与战争物资的需要凸现，于是法国政府决定从战争部里分出一部分，在此基础上再增扩规模，成立了军械部（le Ministère de l’Armement），专管军械与战争物资的生产制造。招募来的大批华工正好被分配去军械部的下属工厂里工作，如子弹厂、火药厂、炮工厂、军事建筑所、飞机制造厂等。

还有的著作，显然是拿现时的名称去套百年前的东西。如某书称“1915

---

① *Inventaire sommaire des Archives de la guerre*. SHD–Série N1872–1919, le Ministère de la Guerre et l’E.M.A. en 1915.（法国防史料处档案）

② *Organisation–Administration*. SHD–Cote: GR19N1397, carton 86–7 “Chinois”.（法国防史料处档案）

年11月法国国防部决定实施招募华工的计划”。[①]法国在1915年根本不可能设国防部，直到1948年，法国才把战争部、海军部和1930年成立的空军部合并在一起称为国防部。

至于英国，有一个The War Office，词典上译为英国陆军部。法国人称其为“战争局”，历史挺悠久，1964年被撤销了。它原本替一个非常设性的英国皇家战争理事会办理日常事务，渐渐扮演政府内一个部级机构的角色。不过它权力有限，一战期间真正管理领导英国军队的是军队委员会（the Army Council），其首脑称为皇家总参谋长（Chief of the Imperial General Staff）。至1916年10月，英国军旗下拥有150万兵力，派往法国48个师。在埃及等地为对付奥斯曼帝国，英国部署了15万兵力。英国需要大量劳动力为它的军队服务，华工的招募便是在这个背景下发生。

为什么“法国陆军部”这一叫法会误流百年呢？作者以为，原因恐怕始于两个方面。

第一，中国人遇到外国的机构，爱拿中国的名称去套。中华民国1912年4月成立了陆军部，统管全国陆军行政事务。再说，英国不是有个the War Office被译成中文也叫陆军部吗？国人想象法国也应有个陆军部，好像颇合情理，故无人质疑。当时中国驻法使馆没有提出更正，使馆里懂法语的外交官们理应对驻在国的有关机构的中译名进行核准，然后报告给国内外交部，可是他们没有做好这件事。官方外派代表如此，当时在华工营服务的中国翻译更搞不清。

第二方面，更为主要。1918年第一次世界大战停战后，中国国务院侨工事务局派人调查在法华工的各种情况，并向国务院正式递交了《国务院侨工

① 山东省人民政府侨务办公室编：《大型资料图文集：一战华工在欧洲》，2013年印，第4页。

事务局调查在法华工情形书》，报告起草人在这份洋洋数万言的调查报告中多次使用了“法陆军部”的称谓。侨工事务局核校者与批准付印者均没有提出异议，这份官方报告问世流传，谬误的译法就此坐实。一战渐渐远去，后来又发生了第二次世界大战，后世的研究者们再来翻看一战时中国的涉及情况，不论是写到华工还是参战未成或者涉及法国军方当局时，很自然地使用“法国陆军部”的名称。相沿成习，以误传误，一直流传到如今。这种状况不能不令人遗憾。

总而言之，一战中是法国战争部（le Ministère de la Guerre）派招工团到中国招募劳动力，法募华工抵达法国后分赴各地工作，直至遣送回国，自始至终都在战争部的管辖之下。作者希望，从今往后，大家忘掉“法国陆军部”，撰文著书时再也不要使用“法国陆军部”的称谓，因为它并不存在。

第三节　华工合同期限辨

一战华工受法、英招募后被送到欧战西线役地，是作为签约合同的劳工。本书附录的四个合同书是招募者与中介的框架性协约。[①]签了这个“中介合同”，代理招工的机构才能去鼓动工人报名，回答报名者的询问，如大雇主（法方或英方）出什么条件，有什么担保，做出哪些承诺；受雇佣者可有怎样的收入待遇，必须承担什么责任，需尽哪些义务等。报名者经过体格检查，被录用了，再由中介帮着英、法大雇主与个人签一个雇佣合同，不过这次一方为劳工本人，另一方是法方招工团或者英方招工团了。

合同的期限长短根据法国或英国国内发给各自招工团的指令确定。同一

① 参阅附录二、三、四、六，这些合同都是作为大雇主的法、英方与中介代理方的协约。

批放洋的，合同期相同。在同一招工地点签的合同，大家的期限长短原则上相同，如法方在天津、香港、上海、青岛，英方在威海卫和青岛。但也有的不一样，如法方在浦口、英方在上海输出离岸的华工。

1917年3月至11月自浦口启程的法募华工共18950名，既有签订五年合同的，也有签订三年合同的。后来成为机器城华工闻人的张长松，江苏人，工号为16719，1917年7月30日从浦口登轮启航赴法，他的合同就是五年。直到1922年夏天，他在纳韦尔省加尔希齐镇（Garchizy）一家军工厂工作时才合同期满，可以脱离属于军方的法国殖民地劳工署的管辖，自找工作。那些启程前签了三年合同的，合同期满是在1920年。《申报》民国九年（1920）八月二十六日载称：据驻沪法总领事电告江苏特派交涉公署，有翻译5人与华工985人（内有精神病患者1名）将于9月7日乘船运回浦口遣散。①这批华工和翻译应是三年前在浦口登轮赴法，合同期满后由法返回原出发港。签五年还是签三年完全根据法国国内的要求。同样是非技术工人，有的签五年，有的签三年，上述两个例子可以分别佐证。

虽然，一九一六年五月间“陶履德-惠民”招工协议签字时，合同上写明法方雇佣华工签五年合同（见附录二，合同第三条），但一开始实施，就被法方打破了这一条款。在天津开始实际招工后，陶履德向战争部呈报进度，后者下达了合同改三年的指令，最后陶招工团就与工人签了三年合同。惠民公司对此无能为力。

有一例子可作印证。1920年刚过元旦，一位名叫何事耕的翻译由天津乘火车抵上海，他是浙东人，前不久刚与华工千余人同船返国抵天津。这批华工就是在天津招募的，他们的合同为三年，1919年10、11月间合同期

① 《留法华工回国预纪》，《申报》中华民国九年八月二十六日，装订本［165］第1002页，上海图书馆藏。

满，乘船遣送回国。何君抵沪当日即由其同乡周志禹、杨凛知等数人设宴欢迎。翌日上海英华学校请其演说，何君详述在法华工之情形、华工之生活，痛恨国内历年内政以至外交失败，听者莫不动容。①

签了合同能否做到合同期满？绝大部分华工都做到了。按“陶履德-惠民”招工协议，唯有陶履德或者他委托的人有权在华工做足两年后即从第三年开始，终止其合同。然而事实上，有些人做了没有多少时间就被遣返。

1917年9月20日晚上，一艘法国公司的邮船抵达上海港，由法国运回110名华工，登岸时法租界巡捕房派探员数人赴黄浦滩公司码头“妥为照料”。这批华工中有65名本地人即自行回家，45名系北方人，由捕头饬探导带往旅馆暂住供给饮食。23日派探目沈德福、包探姚金福将45人护送上开赴天津的盛京商轮，启行回原籍。②

这批北方籍华工的合同期仅履行了一年就被遣返，65名本地人恐怕仅在法国待了几个月，他们的情况应属于提前遣返，也许有的出于身体原因，有的脑子特别不灵无法适应大生产要求，有的犯事屡违条律被法方认为不堪任用，予以辞退遣回。

上海机匠的合同期一般均签为两年。起算日期自上海登船之日为始，去的海途时间算在合同期内；由法国回华，从马赛登轮开始的旅程时间则不在二年合同期内。工匠与工头到法一年之后，陶履德或其代表有权辞退工头及工人，唯必须在三个月前先行咨照。若二年期满工人有仍愿在法工作者，则得仍

---

① 《译员由法返国》，《申报》中华民国九年一月三日第（十一）版，上海图书馆藏。

② 《华工由法遣回》，《申报》中华民国六年九月二十二日第（十）版；《华工由法遣回续志》，《申报》中华民国六年九月二十四日第（十）版。上海图书馆藏。

享有免费归国之权利。[①]

英国人在威海卫与青岛招募的劳工，合同期限为三年。一年之后工局得以随时取消合同，唯须提前六个月知照本人，否则应另补给被辞退工人六个月工价。[②]

英国在上海及长江中下游地区招募工匠和普通劳工，这些人的合同期长短不一，有的半年，有的一年，也有两年的。英国政府直接下令给英驻沪领事署，要求迅速招募劳工与工匠。后者接到的劳力订单十分多样化，领事署无暇经办，便先后委托两家英商洋行代为招募，有的输送至威海卫编入中国劳工团，大部分的目的地则散布于亚非各地，如英属南洋诸岛、美索不达米亚（注：现今伊拉克境内）、印度、小亚细亚（注：似为受英控制的伊朗南部地区和伊拉克）、东非或其他英国的属地；还有若干批被送往英国本土。[③]这些华工都直接由上海港离岸，大部分经停香港后被送往目的地。招募人数按批量之需而定，与工人签订合同就按工期之需定长短。

合同签了，人也送到目的地，但合同期未满就被送回，这类事在英募华工中也同样发生。英国某公司1917年5、6月间在湘鄂鲁等地招募了600余人送往英属各地工作，1917年8月29日，太古公司盛京轮由外洋抵沪，装来这批华工中被遣返的百余人。回来者有的是病人，在赴目的地的海途中患病，医生验明后不准登岸，不得不羁弭于轮上；有的在工厂难以胜任工作，经重复试验工艺实在不佳，只好退回，抵沪后便各回原籍。[④]

1918年的春节将临，农历年底前，又有英国公司轮船抵沪，装回194名被

---

① 参阅本书附录三，“法国机匠与工头之合同及佣工章程”。参阅Télégrmme N°19 du 19 août 1916. Direction politique et commercial. Série E-110-2. Centre des Archives diplomatiques de la Courneuve（法国外交档案中心藏，《法驻沪领事关于招募600名上海技术工人的请示报告》）

② 参阅本书附录四“英威海卫招工局与仁记洋行签订的招工合同”第六条。

③ 参阅第二章第五节“英国在华的第二招工区”。并见《第四批赴英华工出发》，《申报》中华民国六年五月二十八日第（十）版；《第五批赴英华工定期出发》，《申报》中华民国六年六月十日第（十）版。上海图书馆藏。

④ 《赴英华工之退回》，《申报》中华民国六年八月三十日第（十）版，上海图书馆藏。

淘汰的华工，都因手艺平平不适应生产要求而被遣回，他们的合同当然未满。这批人到海外转了一趟，提前结束雇佣期，心中难免沮丧，不过春节将临，可以回家与亲人一起过大年，倒也算心头一大慰藉。①

第四节　地名译法的辨析与规范化

在中文或海外华语系统关于一战华工的各种出版物里，外国地名的译法比较混乱，这一现象由来已久，给读者造成理解上的模糊，给当世或后世的研究者们在厘清史实时带来不便。过去，信息传播慢，覆盖面也不广。进入信息时代后，传播之快之广超出人们的想象。一个错误的、不准确的信息在网上、手机上到处扩散后，再想去纠正它几乎是不可能的，这是当代人面临的一大难题。对于一段历史，如果我们已经发现文字上的谬误、模糊与前后不符，负责的态度应是尽早弄清并纠正它，逐渐让它回归准确、真实，以达去芜存精，去伪存真的目的。出于这一考量，作者在本书中特辟一章“辨析与勘误”，尝试对一批显而易见而又在涉及一战华工的专题里经常出现的译法或写法或提法进行辨析与勘误，希冀今后的专著、纪念文章能逐渐规避不准确或不正确的译法或提法。本节仅取一两个典型例子，予以辨析，以求匡正规范。如在行文中提到作者所指的不准确或谬误的出处，完全就事论事，毫无对原作者的不敬，本立场愿在此先作郑重声明。倘本人书中有不准确或谬误的历史信息、译法和提法等，同样诚恳地欢迎各位专家学者与广大读者指正赐教。

Noyelles，努瓦耶勒

英募华工在法国的总集所设在法国庇卡底大区索姆省（Somme）内，距海

① 《赴英华工之淘汰》，《申报》中华民国七年二月十六日第（十）版，上海图书馆藏。

岸不远，离索姆河口仅数公里，全名叫滨海努瓦耶勒（Noyelles-sur-Mer）的地方，简称Noyelles。读以往的文章书籍，它被写成好几种名称，例如“老爱儿”“脑耶”“绕婴”“诺埃尔勒”“诺耶勒斯”“骆耶耳”“老艾儿”等。[①]

“老爱儿”是上海商务印书馆于中华民国二十六年（1937）二月初版的《欧战工作回忆录》一书里“七　抵法老爱儿”的章节标题。本人辨析，作者顾氏和华工初到法国就被送到Noyelles，然后才分配去比利时战区。他是英语翻译，听英国人或当地法国居民发Noyelles的音，只能根据他的认知按英文发音译成中文，由此把Noyelles译成了“老爱儿”，且N与L不分。

《法国一战老华工纪实》出现“老爱儿”“绕婴”“骆耶耳”“老艾儿”等多种叫法，说明作者认为这是几个不同的地方。

《国务院侨工事务局调查在法华工情形书》里有这样的句子：华工到法先到法之北部索谋口之脑耶验病检照约一星期之久始派往各厂工作。所指的“脑耶”就是努瓦耶勒，索谋口即为索姆河河口。

《中国劳工与第一次世界大战》中使用“诺埃尔勒”这个名称，与法文发音比较接近了，但还是没有采用商务印书馆出版的、中国地名委员会编的《外国地名译名手册》里的译法“努瓦耶勒”。

《一战中的华工》，原为英文著作，上海人民出版社翻译成中文出版时译者将Noyelles译成“诺耶勒斯”（见第58页等），恐怕也是翻译这个法文地名时，没查2006年已出版的《外国地名译名手册》，只是根据英文的读法，把字末的S发音了。一个法国的地名，自然应该根据法国人的发音去译，才能准确、合理。法国人叫这个地名时，字末的S不发音。

---

① “老爱儿”，见《欧战工作回忆录》，著者顾杏卿；“脑耶”，见《国务院侨工事务局调查在法华工情形书》；“绕婴”等多种叫法见《法国一战老华工纪实》，著者叶星球、江敬世；“诺埃尔勒”，见《中国劳工与第一次世界大战》，张建国主编；“诺耶勒斯”，见《一战中的华工》中译本，英文原著者徐国琦。

作者在历年来发表的文章里均采用了《外国地名译名手册》里的译法。作者发现，这一译法正被越来越多的文章或著书者使用，这是好事。

规范译法有利于沟通交流。要做到规范，首先应根据国家正式出版的译名手册，如果地方太小在这类译名辞典或手册里查找不到，则宜尽量参照其所在国人民对此地名人名的发音，按约定俗成的翻译规则译成中文。同一个地名多种译法不仅不利于史料的流传，也会妨碍读者的正确理解，损害史料的清晰度。这是作者之所以对努瓦耶勒这个地名进行辨析的初衷，虽然它只是法国一个村庄的名字，但却是一战华工史上的一个重要节点。但愿通过著作者们的注意，摆脱这一地名的叫法乱象，最终统一于规范。

Saint-Fons，圣峰

屡见中文书籍或展览图片的有一说明：华工驻地“萨尼特-凡斯火药厂”。[①]火药厂所在地为Saint-Fons，是法国一个市镇，位于里昂以西数公里，属罗讷省。《外国地名译名手册》里没有现成的译法。在一战结束后公布的《国务院侨工事务局调查在法华工情形书》中提到，华工曾在“山峰火药厂”工作，便是指Saint-Fons新火药厂，华工曾参与了建厂。“山峰”的叫法尚算接近，只是不懂得应把Saint译成“圣”。Saint，乃圣也，西文中有许多宗教的圣人，他们原是修士修女，因修行超凡而在死后被人尊称为Saint，如圣皮埃尔，圣路易等等。地名前加一个saint，最初可能跟宗教圣人或圣事有关，所以，凡是saint作为一个名字的前缀，应译成“圣”。创造“萨尼特-凡斯”的译者，既不了解历史上已使用过的译名，又似乎按英语读法去音译，出来的东西难免离谱。

法国人读Saint-Fons，有的人不认识这地方，就把s念出音。为了准确起见，作者专门打电话到它的市政府询问。依据当地市府人的法语发音，S不发

---

① 张建国、张军勇编著：《万里赴戎机：第一次世界大战参战华工纪实》，山东画报出版社2009年版，第82、87、94、95、96页。

音，因此，按音译方法译成中文宜为“圣峰”。

这类混乱是怎么形成的呢？一战华工这段历史发生在一个世纪前，外国地名转译成中文，主要靠当时随华工团工作的翻译。中国人翻译有的来自在华法国人办的教会学校，更多的是京津沪等大城市里的高校学生。那个年代翻译还没形成专业学科，年轻学生当译员，在将法语地名译成中文时，就比较随意。华工营队驻扎的地方，除了小部分在城市，大部分都在乡村小镇，那些乡村小镇的地名不要说那年代的中国人闻所未闻，就是一战过去半个多世纪后，中国陆续出版的各种辞书的地名表里，也有很多找不到现成的译法。[①]这是不可避免的。问题是，现在科技发展使研究工作有了很好的条件，翻译这门专业早已有了章法，查询资料大为方便，只要我们认真对待，是可以避免继续陷于昔日的混乱与模糊，给读者一个清晰的交代。

第五节　若干提法之商榷

关于一战华工的历史，曾被淡忘了六七十年，一些史实不容易搞清。近二十多年来研究者渐渐多起来，相信随着研究的深入，探查者的增多，各式各样零碎的、沉睡的、尘封的记录定可更多地披露于世，从而有助于人们对一战华工史产生更客观、更准确的认识。

作者在研究这一课题的过程中，参阅过大量的中、外文材料，发现有些提法可能不太恰当，故怀着一颗客观地解读与传递历史的心愿，在本书中辟出一节，举一、二例子作剖析，诚望得到其他研究者和广大读者的理

① 上海译文出版社1978年出版的《法汉词典》，没有西方小地名的中译名。商务印书馆出版的《外国地名译名手册》1993年第1版，已开始列入一部分专区、镇的中译名，但太小太偏的地名仍无现成译法可循。

解与认同。

关于“华工集中营”的提法，在中文、法文的书籍或文章里都有这样的字眼。[①]乍读到，真的很震惊。在人们的认知概念中，“集中营”三个字已紧紧地与第二次世界大战中德国纳粹灭绝人性的集中营连在一起了。

“集中营”三个字确实令人恐怖，纳粹集中营是人类历史上最黑暗的一页。比二战早发生二十多年的第一次世界大战中竟有“华工集中营”，这不能不令人惊悚，亦不能不促使人去了解华工在里面遭受怎样的迫害。

然而，仔细研究过华工在法、比的工作状况与生活境遇后，作者感到，“华工集中营”的提法不妥当，故而不宜使用。理由可从以下诸方面来分析：

第一，从身份来界定，华工是签约合同工，是受雇佣的工人。虽然被西方人称为苦力，但绝非苦役犯。

第二，从经济角度来衡量，华工按日劳作，半个月领一次工资，属于有偿劳动，华工家属每月在国内可领到一半的薪金。工资标准是否合理，是否与当时的所在国劳工阶层的报酬相称，则属于合同条款的谈判问题。

第三，从管理性质和使用目的来分析，华工是自愿报名受雇前往西欧，尽管雇主方存在着招人时不说清目的地真实情况的欺骗或忽悠行为，但华工并没有在皮鞭与弹压下登轮启程。到目的地后按营队驻扎，由军官和工头带领前往工地、船坞码头、车站仓库等工作，以提供劳力服务为手段，帮助协约国英、法等国维持战时经济机器的运转，出力支撑英、法联军与以德国为首的同盟国军队作战所必需的后勤保障。

第四，从行动自由度来说，华工集中在营地内生活，按班组住宿，自己办伙食；工余时间可以拉拉京胡，唱唱家乡小戏；华工嗜赌者多，晚间玩牌聚赌消磨时光；每月两次给万里之隔的亲人写家书，也能收到家信，尽管书信

① 仅举一例。马俪：《法国北部的一战华工》，此论文收于张建国主编的《中国劳工与第一次世界大战》，山东大学出版社2009年版，第64、67等页。

来往要受检查，必须符合军方的通信规定，但家属可以知道华工安在与否，能收到儿子、丈夫汇往家里的钱款；英辖华工管理得严，华工一般不准随意出营房驻地；法辖华工被分配在一百多个地点，虽也是集体住宿，但自由度要大得多。他们上下班不需要排着队走路，在车间经常与法国工人一起工作，下班逛街，购买中意的西方小商品，有的也出入电影院，进咖啡吧。情商高的小伙子还与法国女子谈谈恋爱。这些都说明华工干活下班后，在有限的活动空间里享有一定的自由度，尽管与正常民众相比非常有限。

第五，法、英招来的华工，如被认为不符合使用要求，则提前遣送回国。合同期满后，法、英将华工悉数送回中国，留下来的均出于华工的个人意志。

第六，死在欧战役地的华工，如果尸体在，英方在停战后由英联邦战争墓地委员会葬入就近的英军公墓；法方按合同所载于死亡后葬于所在地的市镇公墓。失踪者或丧生大海者则无从处理。

毫无疑问，这与人们印象中的集中营是完全不同的情况。虽然华工营的管理军官——尤其在英辖华工营内——对中国劳工有虐待与过于严酷的行为，华工有时未能按时领到更换衣履，有时未能饱腹，有时还遭遇到非人待遇，然而，这些现象确实并非贯以始终。且当时处在欧战的大背景下，包括他们本国人民和军队也都会遇到很多物资供应上的困难或者不公甚至严厉的待遇。作者认定，殖民主义思想依然盘踞在西方管理者的脑中，对中国人的歧视始终存在，这正需要我们予以谴责。挖掘实例，彰显公正，乃是我们后人应承担的历史义务。但全面衡量，毕竟不能将之等同于集中营。

1919年，法国人Auguste Dupouy在杂志上发表一篇文章，题为“Un camp chinois”，对华工作了严重负面的描述，充满了反对中国劳工的情绪。当时在法国北方，已出现了视华工为“不受欢迎的人”的一股潮流。问题归问题，如果是污蔑和恶意煽动，我们可以驳斥批判，但没有必要把其文章题目做超出其法文原意的翻译，原意是“一个中国人的营地”，现在译成了“一个中国人集中营”。[①]Camp是兵营、营地、营房的意思。而集中营在法文中应是camp de concentration。

综上所析，我们不应使用“华工集中营”这样的字眼。华工驻扎的营地，我们可以称作华工营，或者华工营盘，或者华工营地。

关于“华工军团”的称谓乃至存在，作者认为不符合历史的实情。

有一篇刊于人民网上的文章，标题中有“一战华工军团”的字样，文章内容称，中国劳工在英法联军控制的法国西线战场，经过短时间军事训练、工兵业务训练和码头装卸搬运训练等等，整编为“华工军团”列入英法联军的军事序列。他们严守军纪，服从军令，前方打到哪里，华工军团须跟到哪里，要保证完成修路、运粮、伐木、挖战壕、修工事、装卸武器弹药、打扫战场等任务……文中多次使用“华工军团”的称谓。[②]

无独有偶，2011年8月26日开始，中央电视台的《探索·发现》栏目播出一部六集纪录片《华工军团》，向大陆公众和全球华语电视观众揭开尘封半个多世纪的一战华工的这段历史。它的内容介绍大致如下：在第一次世界大战期间，由中国人组建的“华工军团”远涉重洋加入协约国一方。然而身着统一制服，接受着半军事化管理的华工军团，是袁世凯为了国家地位的上升而组建的。在战争结束后，中国与法国达成招募华工协议。[③]这个内容简介有明显失实之处，如“是袁世凯为了……战争结束后……达成招募华工协议”，事实根本不是这么回事。

既为纪录片，不是故事片，使用“华工军团”这一称谓，作者认为不妥。而后翌年，安徽教育出版社以同一名字出版了书，似乎更为扩散这一称谓起了推波助澜的作用。作者不揣冒昧在此提出商榷，实出于“不塞不流，不止不行”之苦心矣。

---

① 参见张建国主编：《中国劳工与第一次世界大战》，山东大学出版社2009年版，第67页。Auguste Dupouy, Un camp chinois发表在1919年11月1日出版的La Revue de Paris（巴黎杂志）上。文章原标题译成中文应为“一个中国人的营地”。

② 见《一战华工军团中的潍县人》，人民网潍坊2009年2月1日电。

③ 引自百度网介绍《华工军团》纪录片的“内容简介”。共有六集的《华工军团》由CCTV-9中央电视台纪录频道向公众推出，首播日期2011年8月26日—9月2日。

假如有人认为过去已有的称谓不足以一抒胸臆，那么创造的新名字至少应该尊重历史。如果纯粹是自由的文学创作，倒也无可厚非，但以上所说无疑属于严肃的历史评述，这就经不起推敲。“华工军团”这一叫法，太具宣传色彩。作者认为，如果作为历史纪事，不管纸质媒体还是影视平台，不宜使用“华工军团”的称谓。理由是它不符合实际情况，容易误导读者与后人，且容我们从两方面来分析这个问题。

第一，关于编制。军团者，必须有庞大的编制和明确的上下隶属关系。本书已提到，法国人招了华工送到马赛总驻所后，按殖民地劳工署的任务订单派往工作地点。人数有多有少，有的是一个营，就称为华工营，有的是一二百人，便称作华工队，有的可能仅需几十人，那就是一个华工小队或一个组。因此法国管理机构有时称“Groupempent chinois”（中国团队），有时直接称“Travailleurs chinois”（中国劳工）。

英国人招募到的华工统称为“CLC”（中国劳工团）；原则上先编队，编到营为止。送到努瓦耶勒华工总集所后，重新配置，仍以营为单位，有时称为大队，营以下各级确是准军事组织形式，但并没有设一个团长管几个营的机制，更没有军、师级的管理华工的英国军官。华工营队的正职管理者都是英方军官，中国人充当大小工头协助他们而已。

无论是法辖还是英辖，华工营队之间互不统领，仅听命于直属指挥官，法、英军方根本无意让华工形成“军团”，他们将华工整编成营、连、排、班准军事组织形式的目的，是要掌握一个个具备机动性和有工作效率的劳动力单位，去完成上峰下达的任务。

法、英在华招工这件事，完全是各敲各的锣，各吹各的号，不存在联合招募。两国各选各的招工地点，各签各的招工合同，各租各的轮船运送，各走各的海洋运输线路；到了西欧亦无共同管理，由各自的财政部下拨经费预算；因此并没有统一的建制，也就不可能产生“军团”的形式，更遑论“整编为‘华工军团’列入英法联军的军事序列”。

有的文章乐于凭想象写一些东西，喜好渲染，似乎借此可抓观众或读者的眼球，常有以今日逻辑去套久远历史之嫌。就拿华工队伍的组织和训练来说，当时法、英招华工，都系应急之举。华工招录后编队，一是便于造花名册发津贴及工资，二是需向财政部备案，三是为了途中及今后的管理。说到训练，只是在威海、青岛待发所短暂的候船期间，由英军官领着出操练习排队走路。一到西欧战地，遇上敌机轰炸，华工们全无军事知识，敌机逼近，有的竟站着看稀奇，结果不幸送命。法募华工并无训练，招到一批体检合格赶紧放洋送走，招工匠需试工艺，去了能干活是当局者的首要考虑；有的匆匆送走，因工艺不行，不久又送回中国。种种情况，实在谈不上如同有文章写到的“经过短时间军事训练、工兵业务训练和码头装卸搬运训练等等”或者“华工军团严格按照军事化标准组建，成为不拿武器的部队”。[①]

中国北洋政府暗中支持法、英招工，但在华工的编制与管理方面插不上手，只是到了1918年间才派出侨工事务官员，赴实地了解华工工作与生活情况，他们只能与法、英当局沟通，提出要求，无权指挥华工营队。

第二，关于装备。华工是一个民事签约的劳力群体，虽然英、法雇佣方负责发给衣履服装，但不是军装，所有装备都是劳工用物。华工没有武器，只有劳动工具。在具体执行任务中，确曾有华工营队经受了前线甚至作战阵地的危险与残酷，有的为此奉献出宝贵的生命。但我们不能因此就将一个劳力群体改变为一个明显给人以军事色彩印象的“华工军团”。

有人将一战华工称为华工军团，本意也许是想强调，华工在准军事化的组织下，在西欧战地作出的巨大贡献。然而，脱离历史事实的渲染，不根据事物真相而随意改变历史定位，一时也许会看到期待之效应。可是，随着时间的推移，人们于史实的知情度获得提升后，必然会对过分渲染的做法不以为然。结果，反而影响其原作或原文的可信度，岂非得不偿失！

---

① 中央电视台《探索·发现》栏目编:《华工军团》，安徽教育出版社2012年版，第52页。

附录一　大事记年份表

（仅限与一战华工赴欧史有直接、间接关联之年份）

1914

1914.06.28	奥匈帝国皇储弗兰兹·斐迪南大公在萨拉热窝（塞尔维亚）遭刺杀。
1914.07.28	奥匈帝国首先向塞尔维亚宣战（欧战的第一份宣战书）。
1914.07.30	俄国支持塞尔维亚而宣布全国总动员。
1914.07.31	德国向俄国发出最后通牒。
1914.08.01	德国向俄国宣战。
1914.08.02	德国向中立国比利时发出最后通牒。
1914.08.03	德国按照施里芬计划出兵入侵比利时、法国、卢森堡（第一个动武）。
1914.08.04	英国要求德军撤出中立国比利时，遭柏林拒绝；英国向德国宣战。
1914.08.06	袁世凯发布大总统令，公布《中华民国中立之正式宣布》。中国采取中立国立场。
1914.08.12	各国宣布承认中国为欧战之中立国。
1914.08.16	英国远征军在法国登陆。
1914.08.23	日本向德国宣战。
1914.08.26—31	俄国北方军团攻入东普鲁士，但在坦嫩贝格（Tannenberg）

败于德军。

1914.09.02　日军在山东半岛北缘的龙口湾登陆，按预定计划发动从德国人手里夺取胶州湾的日德青岛战役。

1914.09.03　俄罗斯军队在加利西亚（Galicia，中欧）反击德军。

1914.09.05—10　德军在马恩河（法国）战役中惨败。

1914.10.29　土耳其参加以德国为首的同盟国，进入战争。

1914.11.02　英、法向土耳其宣战。

1914.11.05　俄国向土耳其宣战。

1914.10—11　第一次伊珀尔（Ypres，比利时）战役，德军占领英吉利海峡诸港口城市的企图未能得逞。

1914.11.05　英军在巴索拉（Bassora，美索不达米亚）登陆。

1914.11.06　英国和法国宣布对德国实行封锁。

1914.11.07　日军攻占青岛，全面占领胶州湾。

1915

1915.01.18　日本驻华公使日置益奉天皇之命向大总统袁世凯提出“二十一条”。

1915.01.26　土耳其军队在苏伊士运河被击退，运河之航运通道重回英军之手。

1915.02.04　德国内阁作出正式决定：实施潜艇战。实际上德潜艇攻击英法战舰早已开始。

1915.02.19　英军在达达尼尔海峡（Dardanelles，土耳其）的海上攻击开始。

1915.04.22　德军在比利时伊珀尔进攻协约国军队时首次使用毒气弹。

1915.05.23　意大利正式脱离同盟国，加入协约国阵营进入战争。

1915.05.25	袁世凯接受日本提出的“二十一条”，指令外交总长陆徵祥在卖国条约上签字。
1915.10.07	奥军占领贝尔格莱德。
1915.10.14	保加利亚站到德奥一边，对协约国宣战。
1915.12.12	袁世凯称帝。
1915.12.25	蔡锷等反袁人士在云南通电全国，宣布云南独立，组织护国军讨袁。
1915.12.09	孙中山发表第一次“讨袁宣言”。
1915.12.19	英国陆军元帅道格拉斯·海格（Douglas Haig）取代法国人被任命为协约国军队西线总司令。

1916

1916.01.17	法国派出的陶履德招工团抵达北平。
1916.02.21	凡尔登战役开始，德军攻击凡尔登法军要塞。
1916.02.23	迫于各界的反对声浪和各省讨袁怒潮，袁世凯宣布延期实行帝制。
1916.03.09	德国对葡萄牙宣战。
1916.03.22	袁世凯被迫撤销帝制，仍自称大总统。
1916.05.14	法国招工团与中国惠民公司（以私方名义但实际均由本国政府作担保）在招募中国劳工赴法合同上签字。
1916.06.06	袁世凯去世。
1916.06.07	副总统黎元洪继任大总统。因反袁宣布独立的各省自即日起陆续取消独立。
1916.06.18	德国在非洲的最后一支武装部队在喀麦隆向协约国投降。
1916.06.24	德军在凡尔登前进受阻。

1916.07.01	法英在索姆河发动攻击，拉开索姆河战役序幕，英军与德军激战当天即有1.2万名英军死于战场。
1916.07.06	黎元洪下总统令，各省督理军务长官改称督军，民政长官改称省长。
1916.07.12	由法国招募的中国首批一战华工1698人自天津塘沽（又称大沽口）登船赴法。
1916.8	英国正式照会法国，英国通过了为欧战招募使用华工的议案。
1916.08.27	罗马尼亚加入协约国阵营，对奥匈宣战而进入战争。
1916.08.29	兴登堡和鲁登道夫执掌德国军队指挥权。
1916.09.15	索姆河战役中英军首次将坦克投入战斗。
1916.10.24	法军在凡尔登发起反击。
1916.10月底	英国派出的赴华招工代表布恩尼抵达北平，旋即转赴山东威海卫，委托英商仁记洋行成立威海卫招工局。
1916.11.18	索姆河战役结束。
1916.12.06	罗马尼亚首都布加勒斯特被奥德军队占领。
1916.12.18	凡尔登战役结束，法军收复失地，德军亡24万人，法军亡27.5万人。
1916.12.25	英国重新规定征兵年龄；德国自17岁至60岁的所有男子都在征兵之列。
1916.12.26	黎元洪任命蔡元培为北京大学校长。

1917

1917.02.01	德皇威廉二世下令正式宣布德国自即日起开始无限制潜艇战。

1917.1	英募第一批华工约2500人由威海卫启程，经香港、印度洋赴欧洲。
1917.02.03	美国与德绝交，并邀中国一致行动。
1917.02.17	法国邮轮“阿托斯”号在地中海遭敌方潜艇袭击沉没，763人葬身大海，其中华工543名。
1917.02.19	日本与英、法、俄协议，后三方承认日本在山东的权利，日本允诺不反对中国参战。
1917.02.26	英国在上海招募的第一批工匠200人放洋赴英或英属地。
1917.3	英国取得日本同意，在青岛沧口设立了大英招工局和华工待发所。由此，威海卫和青岛两地招工的格局形成。
1917.03.14	中国北洋政府宣布对德国正式断绝外交关系（其时总统为黎元洪，总理为段祺瑞）。
1917.03.15	俄国沙皇尼古拉二世退位，代表资产阶级的临时政府成立，与工人与士兵代表苏维埃并存。
1917.04.02	美国总统威尔逊向国会提出，鉴于美国商船遭德潜艇袭击，两国之间已存在战争状态，要求国会批准美国出兵参加欧战。
1917.04.04	法国在上海招募的第一批工匠100人放洋赴法。
1917.04.06	德国诱使墨西哥参战密电被截获，此为导火索，美国对德国宣战，但不结盟。
1917.06.28	被美国政府派赴欧洲作战的美军第一个师在法国大西洋海港圣－纳泽尔（Saint-Nazaire）登陆。之后每个月，美军都以数万兵力抵达欧洲战场。美军帮助协约国军队作战，使战场形势发生明显变化。
1917.08.14	中国北洋政府正式向德、奥宣战，参加协约国一方

（其时总统为冯国璋，总理段祺瑞）。

1917.11　英募第一批华工抵达美索不达米亚。

1917.11.06　布尔什维克在俄罗斯夺取政权，成立苏维埃，俄国十月革命获成功。

1917.11.08　苏维埃政权宣布退出欧战。

1917.12.18　冯国璋代总统任命段祺瑞为参战督办。段编练参战军第3师第10混成旅，聘日本人为军事顾问。

1917.12.15　俄国与德国和奥匈签署停战协定。

1918

1918.01.08　美国总统威尔逊发表“和平条件”14条。

1918.2　法国正式停止在华招工。

1918.2　法国提供给美国远征军的华工营团开始进入在法的美军各基地，直至1919年5月，受雇于美军的华工才全部回归法国管辖。这段时间内共有1.15万名华工为美军工作。

1918.03.01　北洋政府督办参战事务处成立，段祺瑞任督办。

1918.4　英国正式宣布停止在华招工，但继续有多批华工由中国启程赴欧和中亚。

1918.4、5　德军在比利时弗朗德地区和巴黎盆地东北地区的山脊公路线发起进攻。

1918.05.16　“中日陆军共同防敌军事协定”在北京签字。共12款内容，其中一款规定中国参战军队皆由日本教官训练，另一款同意日军在东北驻军。

1918.07.05　德军在法国香槟地区（Champagne）的进攻失利。

1918.07.18	法美两军联合发动反攻，第二次马恩河战役打响。
1918.07.28	英国人设的威海卫苦力待发所关闭。
1918.09.26	协约国军队在西线战场发动总反攻。
1918.09.29	保加利亚在停战协议上签字。
1918.10.03	德国内阁改组，马克斯亲王出任新内阁的首脑，新内阁提出与协约国举行停战谈判。
1918.10.04	德国向美国威尔逊总统提出停火要求。
1918.10.30	土耳其在希腊停火休战。
1918.11.03	奥匈帝国与意大利签订停战协议。
1918.11.04	协约国提出35条休战条款，要求德国回复。
1918.11.09	德皇威廉二世逊位，德意志共和国宣布成立。
1918.11.11	协约国与同盟国两大敌对集团在法国贡比涅森林的一列火车箱内签订停战协定，第一次世界大战宣布停火。
1918.11.12	维也纳宣布成立共和国，奥匈帝国的皇帝查尔斯逃逸葡萄牙。
1918.11.14—16	北平各学校放假三日，庆祝协约国胜利。
1918.12.01	一个南斯拉夫国家单方面宣布成立，称为塞尔维亚、克罗地亚和斯洛文尼亚王国。美国总统威尔逊同情支持，意大利因领土问题对此不满。
1918.12.13	美国总统威尔逊抵达法国准备参加巴黎和平会议。
1918.12.22	一战业已停火，但段祺瑞决定编练4个师，自任总司令，任命徐树铮为总参谋长。

1919至今

1919—1922	合同期满的华工陆续遣返回国。

1919.01.18	巴黎和会在法国凡尔赛宫开幕。
1919.01.21	中国北洋政府派出参加巴黎和会的正式代表团，委任外交总长陆徵祥、驻美全权公使顾维钧、广州政府代表王正廷、驻英公使施肇基、驻比利时公使魏宸组为参加巴黎和会的全权代表。
1919.04.11	全国和平联合会在上海举行大会讨论山东问题，力争收回青岛。
1919.04.20	山东各界10万余人在济南召开请愿大会，要求巴黎和会解决山东问题。
1919.04.29—30	巴黎和会英、美、法三国会议，议定“巴黎和约”关于中国山东问题之条款。正式暴露了西方列强牺牲中国利益的帝国主义立场。
1919.05.01	英国代表以巴黎和会所定解决山东问题办法通知中国代表团。
1919.05.04	北京3000多名学生在天安门前集会，游行示威，火烧赵家楼，五四运动爆发。北洋政府出动军警镇压。
1919.06.28	巴黎和会停战协议正式签字，中国代表团拒绝在《巴黎和约》上签字。
1921.05.01	900名华工从马赛启程返中国。
1922.04.18	145名华工回国抵沪，这是遣送回国的最后一批法辖华工。
1988.11.11	法国政府公开一战华工档案。
1988.11.28	法国政府在巴黎的里昂火车站北侧夏隆路的一堵墙上镶嵌铜牌一块（80厘米×50厘米），上写“纪念参加一战为法国效力的十四万华工”。
1998.11.02	经法国政府批准，在巴黎十三区Beaudricourt公园内竖一块1.8米高的崖壁式花岗岩碑石，以纪念在第一次世

界大战中为法国捐躯的中国劳工和战士，并举行了隆重的揭幕仪式。

2002.03.20　由巴黎华人社团发起在欧洲最大的一战华工墓地——索姆省“诺莱特中国公墓”举行了第一次大规模的公祭活动。

2013.04.04　中国驻法大使馆代表中国官方首次在努瓦耶勒一战华工墓园隆重举行公祭。

2014.11.26　法国官方又一次在巴黎的一战华工纪念碑前，举行隆重的祭祀活动，国防部部长勒德里昂（Jean-Yves le Drian）主持了纪念仪式。

2017.11.15　一战华工青铜纪念雕像在比利时波普林格市（Poperinge）郊外的中国劳工园揭幕。

附录二　法国陶履德招工团与惠民公司签订的招工合同[①]

两造签字者

（甲）此方面为农学技师佐治陶履德君，住巴黎瓦塞耶路第一百零四号门牌。

（乙）彼方面为惠民公司（下称公司），由其经理人梁汝成君代表。该公司设在天津。

兹于下列条件之先，预为表明如下：

（一）兹合同系为工厂商人，运送工会，矿工厂及农耕等等，招募手工工人，及农工，由法国人佐治陶履德君议定招集此项中国工人若干数目，运至法国或摩洛哥及亚劳智理地方，[②]此合同名为（工人）合同。

（二）此项招得之工人，抵法国或摩洛哥及亚劳智理后，即按其专长，分配在各工厂、小工场、矿工厂及农工等等，作为该工厂工人，唯上列各厂主，必须预先承认，遵照下开招工合同所定各项条件，及担负等办理。

（三）公司言明为陶履德君招募若干数目之工人，并于每工人登船后，公

---

① 作者曾见到不同版本的合同，认为随意改动合同的文字不利于后人的研究，经对比后确认此为原始版。源自《三水梁燕孙先生年谱》，凤冈及门弟子编。第一版1939年，上海商务印书馆。现据广东人民出版社2014年8月版《梁士诒年谱》第303—318页照录于上。今人读它，定会觉得其文字与表达方式及标点等，都与现在的中文不同，然而，这正可让今人体会到汉语的演变。为保留合同签订时期的时代特点，本书收录时不作文字和标点的变动，全部照录，仅对读者不易明白之处以带圈数字标出，并在合同全文后作相关注释。

② 亚劳智理为当时人将Algérie翻译成中文的写法，即阿尔及利亚。

司得收一定之酬劳金。

兹经陶履德君之应许，两造议定各条如下：

第一条 佐治陶履德君，言明担任此次招得之工人，一经公司交付与彼之后，决不干预现下各交战国之何项战事职务，仅系为在法国或摩洛哥及亚劳智理各工厂及农务之使用。

此项工人，不干预战事一节，当由法国驻北京公使担保其严加遵守。

公司一方面，应向陶履德君担保所招得之工人，当按照合同下开第三条，至第二十三条，及第二十六条办理，将来与所招工人每名订立合同之时，以上所列各条款，亦当载在合同之内。

第二条 公司应于此合同签字后，即刻担任设法招集二千五百名工人，以便从速运至法国，但工人之集合，与交付之时期，届时当由公司与陶履德君先期协定之。

此项招得之工人，应彼此议定在中国之一通商口岸交付于陶履德君。

此项首次招募之工人，招得后，公司应随陶履德君或其受权人之请求，继续进行办理，至达到五万人为止。

第三条 此项工人佣工之期，定为五年，由登运船之日起算，此时日应载明下开工人执照之内，但将来照常佣工期满时，由法回华，沿途所经之时日，不算在五年时期之内。

倘若首五年之期满，工人愿在法国或摩洛哥及亚劳智理及延长其居留，则彼仍未失去免费送回中国之权利，此项权利，由驻京法国公使代表法国政府担保之。

第四条 其作工工资，每工人每日得领法币一佛郎，[1]由雇主直接交付于工人之手，每星期或十五天一付，按照其雇主处之定章，与同该项工作之法国

① 佛郎即法郎。当时给付工资是以法国货币为本位，华工的国内家属领钱时按汇率折成当时中国的货币银圆又称洋元。一战后期，法郎贬值，兑成洋元，华工家属就亏。

工人，一律办理。除以上所给每日工资外，雇主应每月给付每工人工资法币三拾佛郎，此项月给工资，应交由公司所指定之一银行，以便由公司在中国存储，归工人，或其家属，或其指定之人收用。

此项付款与汇款之证明，应与合宜之时，交由雇主转付工人。

要之，此项送交款项所需之费用，应由雇主担任，然经每次照例办理后，其责任便算解脱。

本条上段所定一佛郎之数，仅系指做农工土工苦力矿工等而言，即所谓之仅能做粗工者是也。倘工人有娴熟专门手艺者，可由公司予以证明，则其应得之工资如下：

泥水工，法币一佛郎二十五生丁。

木工，法币一佛郎五十生丁。

铁工，法币一佛郎五十生丁。

其本条第二节所规定之月给工资，则泥水工定为每月法币三十五佛郎，木工及铁工每月定为法币四十佛郎。

如一年以后，此项专门工人手艺更加娴熟，可与雇主商议增加工资。届时陶履德君或其受权人，将其定加之数目，通知公司。但公司所认定之专门工人，经试用一个月后，不能合格，则陶履德君或其受权人，可以将其改为普通工人，并给予普通工人之工资。此项改动，当由陶履德君或其受权人通知公司委员。

本条所规定之每日工资，仅系工人作工日及旅行时沿途所给之价，其休息及节令日，则每工人每日仅得领五十生丁之赏金。

第五条　每工人应在中国上船之口岸，运至法国或摩洛哥及亚劳智理，招用工人之城市，免收一切船费。合同期满时，工人仍免费送回原上船之口岸。

所有本合同所规定应给工人之工资食用，当由起程赴法国之日起付，唯将来工人回华时，沿途仅系给予食用。

所有中国工人，在法国已有或将来应完纳之赋税身税等等，均归雇主担负。

第六条 每工人于起程时应领受新衣服全份，其数为蓝布衫二件，裤二条，鞋一双，帽一顶。中国袜二双，棉衲一件，棉裤一条，此外尚有旅行用被一张，及煮食应用碗碟器具。在合同期内，每六个月，工人得领衣服之数如下，此项首期衣服之发给，即在工人上船后六个月，蓝布衫裤各二件，鞋一双，帽一顶，袜二双，至棉衣棉裤，则每年发给一次，以西历九月底为期，即系于一千九百十六年曾在法国过冬者，当于一千九百十七年九月底发给之。

第七条 照上开第四条所规定工资外，工人从上船之日起，至合同限满之日止，其住所用粮食，俱由雇主供给，无须工人出资。

每工人每日应领之粮食如下，

麦面菽米及稻米各种，其量以供足每工人之饱食。

肉，或鲜鱼，或咸鱼，二百三十格林母。①

菜蔬，二百三十格林母。

茶叶，十五格林母。

猪油或菜油，十五格林母。

盐，十五格林母。

此外，每工人尚领受需要之燃料，以为御寒及烹调之用。

其住所为公共合住之法，在工人做工之处，愈近愈妙。

雇主应给予工人需要之家具、碗碟等等，以备饮食之用；其卧具为床板或一床及一席一被。

第八条 议定每工人给予安家费法币五十佛郎，此项安家费于工人上船时，托由公司指定之银行交给该家属收领；此外工人家属于工人上船时，得领工人第一月之每月工资，其数系作旅行四十日计算，其余工人在旅行时期内所得之每日工资（按照法币一佛郎，一佛郎二十五生丁，一佛郎五十生丁各类），作四十日计算，于轮船开行后八日，由陶履德君或其受权人托由公司所

---

① 格林母，系gramme的音译，重量单位“克”。

指定之银行，交付与公司。

第九条　工人每日做工，以十点钟为最多之数。

工人应守船厂或工厂一切章程，并应勤敏忠心做工，俾雇主无从挑剔；但雇主一方面对于中国工人，应为善良之待遇。

工人应享之休息日，与工厂或船厂之法国工人一律外，其中国国庆日亦得休假一天。除以上所例定外，工人应每日实行前往做工，如经雇主之要求，及工人之情愿，可于休息日或上节所开之节令日，仍照常做工，其工资除照平常每日工资外，并每日加给工资法币一佛郎，其做工钟点仍系每日十点钟。

如经雇主之要求，及工人之同意，可将每日做工钟点增加，除上开每日十点钟外，每加一钟点加给法币二十五生丁。

如遇有工厂为法国法律限制，不许每日做工至十点钟者，中国工人在该处做工，当照法定钟点办理，厂主不能因此将其工资扣减。

如遇有罢工及其他原因，致令工人不能做工者，则雇主仍应照给工人工资。

第十条　工人患病时，应给予需要之医治，毋庸工人出资，其患病或因病不能作工期间，仍照上开所规定给予食用，并无每日工资，仅得领每日五十生丁之赏金。

如患病过于六星期，则雇主无须给予工资，及每日赏金，但有存养该工人之义务。

如工人系染犯花柳等症，则雇主于其患病不能作工时期内，毋庸给予赏金及工资，仅须予以食用及住所。

如工人患病过于六星期，倘其病症经医生视为须回中国者，则雇主应将此情告知陶履德君，或其受权人，并由其通知驻法中国领事，该领事可于接此通知之八日内，有权另选派一医生验明工人病症。如两医生之意见相同，则工人当运回其原出发之中国通商口岸，而合同所载权利义务，作为无效，彼此不任赔偿。倘两医生意见不同，则将此问题送至工人所在地之法庭裁决之。

此项工人回国之船费及食用，皆由雇主担负。

第十一条 如在合同之时期内，工人身故，则其家属应得之赔偿金如下：

（甲）如在合同签字六个月内，工人非因受伤身故者，其赔偿金为法币一百三十五佛郎。

（乙）如在合同签字六个月后，至合同期满时，而身故者，其赔偿金为法币二百七十佛郎，如工人系回国沿途死于非命者，其赔偿金亦同。

如起程时沿途因海战事遇险，死于非命，则工人家属得有本条甲项之赔偿金，其数为法币一百三十五佛郎，但系在合同照常期满回国时，沿途不因非命身故者，则无赔偿金。

第十二条 一千八百九十八年四月九日法国颁行之做工致伤法律，对于中国工人适用之，即系如工人因做工而致伤或毙命，雇主应付予医药之费，以至痊愈，并给予每日赏金，如需给予终身养老等费，亦当按律办理。

但法国现行法律，对于外国工人，在法国因伤身故者，苟其家属不居住在法国境内，不得给予赔偿金。现双方因此特行协定，如工人系因伤身故者，仍按照本合同第一条办理，即系如在合同签字六个月内，因伤身故，其赔偿金为法币一百三十五佛郎，如系在合同签字六个月后，至合同期满者，则其赔偿金为法币二百七十佛郎。

第十三条 工人身故后，其埋葬应照地方普通习惯办理，此项埋葬费由雇主担负。

又雇主须将工人身故之时日及埋葬之地方，报知陶履德君或其受权人，并由陶履德君或其受权人转报中国领事。

第十四条 如中国官府视为需要，可派一外交官或领事官，前往法国驻扎，以便视察在法国或摩洛哥及亚劳智理做工工人之住所，粮食与其做工情形等等。但中国委员须与陶履德君或其受权人接洽，而陶履德君或其受权人亦应尽情告知一切。

第十五条 工人在居住法国时期内，当享有法国法律对于一切国民所保证之自由权，并最要之信教自由权。在工人一方面亦应遵守法国法律。

雇主应注视中国工人，使不致受其他工人种种设法之恶待。

第十六条　陶履德君或其受权人，组织一事务所于巴黎，为办理留在法国或摩洛哥及亚劳智理之中国工人各项事务之总机关。

此项事务所将设在巴黎瓦赛耶路第一百零四号。

陶履德君亦可随时另迁别处。事务所内最要为备存在法国或摩洛哥及亚劳智理之中国工人表册，记载在合同期内，工人之原状，及其变迁之情形，此项情形随时由陶履德君或其受权人转报中国领事。

事务所担任转递工人来往书信。其法在中国内所有工人家属寄给工人之书信，由公司代收，打包寄由陶履德君或其受权人转交收信人；易之，则陶履德君或其受权人将中国工人寄其家属之书信打包寄由公司转递收信人。

第十七条　在此佣雇合同时期内，工人不能直接经营商业，如工人向来安置在每处做工者，禁止其迁徙，以另图别主。

如因有别故，雇主不能继续雇佣此项工人，应由雇主通知陶履德君或其受权人，俾可按照合同所定各节，为该项工人另图别处做工之地。

如工人除因疾病外，有因私事或故意，以致欠缺做工之时日者，则于合同期满后，应再补足其所自愿欠缺之作工时日。

此项规则不适用于本合同所规定之节令日及休息日。

第十八条　工人在工厂或船厂内做工有偷懒不遵命令，不受约束，行为不正，及不守章程各情，当由陶履德君或其受权人及雇主商定，并报告中国领事后，即行开除。

此项工人开除后，即由最近开行船只遣送回中国，如遣回之工人系在合同期第一年内，则公司除可径向工人追缴外，应担负一部分之路费，其数为法币三百佛郎。

同第十八条

公司承认雇主得于三年后，可随时将合同取消。

第十九条　凡招往各工厂、船厂或制造场等做工之工人，当设法使其最少团集二十五人在一处，以便其可以共同生活。

每一团体内安置一翻译员，其分配翻译之数，能愈宽愈妙。

第二十条 公司一方面应于招工时，将同一手艺之工人，集合每二十五人为一班，派一工头管领，工头所领之工资及粮食衣服与工人所领者相等，但彼每带领一工人，每作工日得多领二生丁半之酬金。

第二十一条 工人于雇入时，每人应有一形状单，注明姓名，年岁，籍贯，此外记有号码及工人照相，并有存根备查，工人抵法国之时，应遵行验身及注册之各项规则。

第二十二条 陶履德君届时应将本合同内开工人所有权利义务之规定，即印备中法文字多份，交与公司，以便每工人应知本合同内所载彼应遵之义务及应得之权利。

此外工人自行承认，如彼于合同未满期内，无故废弃合同，则彼对于陶履德君或其受权人付欠起程之船费，其数为法币六百佛郎。

公司于此欠款代负连带之担保，其保金为每工人法币三百佛郎。

此项保金及本合同第十八条所载公司担负之路费，应在本合同第二十四条公司所得之法币一百法郎，招工费项下扣存法币二十法郎，由陶履德君与公司择定妥存于一银行生息；但公司之财务责任不得过于上开法币二十佛郎所集成之总数。

公司应于招工时，饬令每工人签押合同三份，一交公司收执，一交本工人收执，一交陶履德君或其受权人收执。

第二十三条 与工人所议定之合同，陶履德君或其受权人有任便将全数或一部分择让于可靠之工厂或厂主之权，此项让渡后，其让受人有代受一切权利之权，并对合同所载之义务，亦当担任，陶履德君或其受权人仍应担保让受人实行合同。

第二十四条 公司仍照本合同所规定各条件，妥为代招工人一名，登船赴法国后，公司应于每工人得法币壹百佛郎之酬金。

此项酬劳金由陶履德君交付，其法如下：

（甲）每工人交付法币八十佛郎，此款于工人上船八天内直接交付于公司。

（乙）其每工人之法币二十佛郎，当由陶履德君与公司商定妥存于一银行，专为本合同第十八条及第二十二条所载公司保金之用，此项存金俟合同期满后，倘遇有本合同第十八条及第二十二条所载之事实，即将该款扣除，其余数当交回公司。

凡招得之工人，应先由陶履德君或其受权人派医生验明，以身体强健，方能接收上船，此项工人年岁当在二十岁以上三十五岁以下。

第二十五条

翻译　兹因原则上每一百二十五名工人，需用翻译一员，公司当尽力照数逐渐储备，此项翻译人员交于陶履德君或其受权人，以便充当翻译之用，但雇主亦有权用由彼自行雇用之翻译。

此项翻译之佣雇当照下开各节规定之资格：此项翻译员须身家清白，通晓中文，并曾习法文，足以充当下开各项之职务为限，陶履德君或其受权人于实任此项翻译之前，有权考验或派人考验其是否有尽其职务之能力。

雇佣时期为二年，其来往旅行时日不算在内，首次雇佣时期届满，如雇主与翻译同意，可逐年续订合同。

雇主有权随时将彼所用之翻译辞退，只需先行知照将合同终止而已。

旅行费　此项翻译由中国上船口岸送至任用地点，坐三等位，免交船费，合同期满，仍免费送回原出发之中国口岸。

薪水　翻译薪水每员合同定为法币一百五十佛郎，于每月月底支给。

此项薪水由上船起程之日起算，以至合同期满日，关于工人退养律所规定之雇员特别税，皆由雇主给付。

如佣雇期满，续订合同，上开翻译之薪水，可由翻译与雇主协商增加之。

此项翻译不给与食用及衣服，即燃料住所一层，除由雇主自行招致外，亦不给与。

其由陶履德君或其受权人在巴黎任用之翻译，除原定薪水外，另每日加给法币壹佛郎，于月终连薪水一并给发。

此项翻译当选择其中之精通中法文字及能作法国文字者，方为合宜。

办事时间　此项翻译于所在之工厂船厂规定做工之时间，悉听雇主之使用，但每日以十点钟为最多之数，所有本合同第九条关于中国工人所应享受之休息日及节令日，翻译悉享受之。

翻译之职任系专向工头传递雇主之命令，或关于工事受雇主之委任办理，总之其要义系即对于工人及雇主或其他者之间，易于接洽。

此项翻译亦应与雇主接洽后，将工人所要求，及如何实行合同所规定之情形，转告于陶履德君或其受权人。此项翻译亦应帮助工人寄发书信，如有用法文通告之件，亦应向工人解说之。

疾病　如翻译患病时，应由雇主担任予以医治，毋庸自己出费。

患病时期内仍给予薪水，如逾六星期即停给薪水，至于复职时为止。

身故　在合同时期内，如翻译身故，适用本合同第十一条及第十三条之规定。

因工受伤　一千八百九十八年法国颁行之因工受伤律，对于中国翻译得适用之，此外如因伤身故，得援照本合同第十二条所规定办理。

普通规则　翻译当照工人一样，绝不干预现下战事。翻译在居留法国时期内，当享有法国法律对于一切国民所保证之自由权，并得援照本合同第十五条所规定办理。翻译起程时不给予其家属何种之补助金。本合同第十六条、第十七条、第二十一条、第二十三条、第二十六条、第二十七条之规定对于翻译得适用之。本条所规定各条件，将来于佣雇时，当由陶履备君或其受权人与翻译将合同订定。

第二十六条　倘工人与雇主有争执时，为公司委员所不能调停平和解决者，应在就地之法国法庭评判之。

第二十七条　如本合同之施行及解释有争执时，陶履德君或其受权人及公司各择公断员一人，倘此二公断员意见不一，未能判决，则由该二公断员择一第三公断员以排解之。

倘两造不采择此法办理，当声明公诉诸巴黎塞纳府之裁判所。

第二十八条　如将来陶履德君应回法国办理实行此合同之事，则将全权付与历次参列商订此合同会议之建筑技师那树卜君，或由陶履德君或其受权人派定之代表，此项委托人，即办理陶履德君不在中国时之一切事权。

此合同于一千九百十六年____月____日订于北京，备有中法文三份。①

① 此合同的主稿人为梁士诒指定的李兼善和王世祺。在与法国陶履德招工团签字前一周，由具禀人惠民公司商人梁汝成、李兼善、王世祺于中华民国五年五月初六日呈北京政府外交部中法文合同各一份，存案并候外交部总长批准。

附录三　法募机匠与工头之合同及佣工章程

1　工头及机匠之佣工章程[①]

第一节　所招中国机匠决不用于任何战争之事，仅系为在法国各种实业之使用。机匠应精于机业者，雇定前先在上海由法国领事派工程司试验其机业之程度。

第二节　任用工人以在上海上船之日为始，二年为期，各以凭单上注明上船之日为准，合同期满由法国回华之日则不在二年期限中。若二年期满工人有仍愿在法工作者，则得仍享有免费归国之权利。但到法一年之后，吕的而君[②]或伊代表能预行告辞工头及工人，唯必须在三个月前先行咨照。

第三节　中国工匠与法国工匠作同等之工，价值当与法工匠支同等之值。工头及机匠每日所得工资及宿食医药等费开列：（甲）工匠在巴黎府每日宿食医药所用费值法郎四个，在外府即三个法郎。（乙）工头工值每日得领现银至

① 《订立华人赴法之佣工章程》，《申报》中华民国六年四月十二日第（十）版，上海图书馆藏。该章程即为机匠与工头之用工合同。法国战争部派出的代表陶履德于是年初春抵上海后，先告明法国驻沪总领事，然后与道信洋行的华人经理梁耀卿接洽，委托后者经办在沪招募华工赴法事宜。招募原则仍遵照“陶履德－惠民合同”所载，但因需招机匠和工头，陶氏与梁在民国六年（即1917年）四月十一日专门拟定了招募工头与工匠赴法充作机器手艺之佣工章程共十七条，并经法国驻沪领事馆立案查核。为尊重史实，作者全文照录于上。本章程中的“工人”，原则上指机匠。故有别于普通工人，待遇也比普通工人高些。

② “吕的而”是Truptil的最初音译，为法国派赴中国招工代表Georges Truptil中校的中文称谓，后通译为陶履德。

少八法郎二十五生丁，工匠当领五法郎五十生丁。此系对于工匠试验合格者而定。若程度不适者，一月内准该工之技术高下核算所有宿食医药费。亦如是，在巴黎府食用每日法郎三个半，在外府食用每日法郎二个半，住宿费二十五生丁，医药费保险费二十五生丁，支付工金悉照派往之厂规，每星期日或半月一付。所有章程第十四节应扣之数，于工金内照扣。

疾病日休息日停工日仅有膳宿之权。如经工人请求，雇主应为工人设便利方法寄款于其在中国家属，此外雇主又应为工人设利便方法，妥存其自己所欲储蓄或使用之款项于中国或法国。此项工人之存款或汇款于中国办法，应得陶吕得君或其受权人及公司或其委员之同意。上项存款或汇款应由雇主将其实数收据付工人为凭。

第四节　自华至法工作之处，所有工人川资皆由雇主出给，合同期满回华川资亦由雇主担承。本合同内所定工人之饭食当由起程赴法之日起给，并每日给予酬金一法郎。此项酬金于工人落船时先行垫付法币四十法郎，由其在途中自由使用。另有安家费五十法郎，此项安家费于工人上船时交给。唯将来由法回华时沿途仅给予饭食。

第五节　工头及工人自到法之日起至合同满期之日为止，除照第三节应得工资外，亦能得不必出资之饭食及住所，每日每人能有饭食如下：米七百格拉姆，[①]肉或咸鱼或鲜鱼二百格拉姆或鱼干一百格拉姆，鲜菜二百三十格拉姆或菜干六十格拉姆，茶叶十五格拉姆，猪油十五格拉姆，盐十五格拉姆，另能领柴火以及供火之用。住所必须公共，设法安置在工厂近旁，每人给以食饭之家具，每人给以一床铺或卧具并席一绒毡一。

第六节　每日工作以十小时为限，工人工头在机厂或船坞内工作应守规则，诸事以勤速注意为是，勿使雇主啧有烦言。雇主一方面应以温良待中国人同事。法工人停工之日华工人亦得停工。中华民国国庆日，华工人亦可停工。

① 格拉姆，即重量单位“克”，系gramme的音译。

除此之外工作之时应专心致志勤勉有加。凡遇上列停工日，每日工作十小时外，倘有肯加工者，则每小时应得一天之工值十分之一。①

第七节 工人患病时医院药费由雇主担任。工人病时或养病不能工作时能领前条所得之饭食，唯无工资。凡工人病时过六星期或医生验其病状必须回华，则由雇主告知吕的而君或伊代表，由吕的而君转告中国驻法领事，于接通告后八日内能另请医生验其病状，若此方医生之意与彼方相同则送回中国。上船之后合同作废，两方均无赔偿损失之事。倘医生之意两歧，则请工人驻在地公堂公断而定行止。工人回国之川资食物由雇主担任。

第八节 法国一八九八年四月九号政府公布关于工人工作时受伤之条例，华工视同一律，唯照法国工人受伤条例内倘有外国工人在法工作因伤致命，而伊家并不在法者不能得抚恤金。现双方议定，如有中国工人因工作受伤或在途遇险而死者，伊家人亦能得一次抚恤金计五百法郎。

第九节 工人死后殡葬之礼，应照驻在地风俗。因工死者一切费用由雇主担任；病死归工人出资；工人死后当由吕的而君或伊代表转咨驻法中国领事。

第十节 工人在法时应受法国法律之保护及其自由，另以宗教得以自由。工人亦当遵守法国法律，雇主当设法使华工不受同事法工之欺凌。

第十一节 在法工人之履历及一切情形当汇记于巴黎由吕的而君或伊代表组织之公司内，该公司将设在巴黎凡而洗叶路一百零四号，后能随时移设他处。②

第十二节 合同未满前华工不能直接经营别种生意，亦不能自由工作于未分派工厂或另一雇主处。倘雇主始则用之，继而因故不能任用，当咨照吕的而君或伊代表为华工另觅工作，一切章程仍照前议。凡工人非为疾病只为个人利便自由停工，则缺少工作之日应于合同期满后所缺日数补足，合同内注明停

① 工头若加班3小时，每小时0.825法郎，加上当日工资可得10.73法郎；工匠加班3小时，则全日可得$0.55\times3+5.50=7.15$（法郎）。

② 凡尔洗叶路一百另四号，似应为104, Avenue de Versailles，路名宜译为凡尔赛大街。

工之日不在此例。

第十三节　工头应使其属下工人常有次序，常守规矩。赴法时途中应照管工人不准有强凶打架等事。凡遇各处码头停船时应用监察，不使工人走逃。到法后在工厂中，工头应使工人照其才力工作，并遵守厂中各种规则及命令。在机器厂或船坞内工作时，倘有过于懒惰表样不佳、不听命、犯厂规或不诚实，雇主与吕的而君或伊代表商定告明道信公司后即行告辞，此等工人告辞后遇有公司船即应回华，川资自备。倘告辞在合同第一年未满以前，将平时所扣工资充作回华川资，其数不敷当由兴业公司代垫，以三百法郎为最多数，后由兴业公司自由向工人索还。

第十四节　为便于遵守合同各项章程，另外关于第十三节所定各款，在合同期内每月得将工人工头工资扣除一百分之十，路上工资则不在此例。所扣之款存于吕的而君指定之银行内，该款及其银行利息俟合同满期仍付工人。倘有上例罚款，吕的而君或伊代表得于所扣工资内取偿。

第十五节　工人于雇入时应立凭信单三纸，上载明姓名、号数、小照及一切履历，到法后倘须补给他项凭信，亦当照办。除照第一节试验机业合格外，所招工人必经吕的而君或伊代表请定医生验其身体强健并无疾病者，方可承应签字上船，工人年岁以十八岁至四十五岁为限。

第十六节　吕的而君或伊代表能以招工合同之权利效力全分或一分，让于其他财力充足之公司或实业家，既让之后，接收之人能代吕的而君继续其权利与责任，而吕的而君或伊代表仍保接收之人遵守合同。

第十七节　工人与雇主倘有交涉不能和平了结，应请驻在地法公堂审判。[①]

① 彼时期中文尚处在无标点符号向开始用标点符号的过渡阶段，本佣工章程每段都是从头至尾字字相连；为方便今日的读者阅读理解，作者进行了断句并添加标点符号，必要处作了“注”。为呈现时代文风，句子与用词一概未作修改。

2　机匠之佣工合同式样[①]

立合同人：姓名____　年岁____，住____省____县____　村行业____

声明依吕的而君之佣工章程自愿充当机匠，应自上船之日足以二年为期，由法回华之日则不在二年期限中。但到法一年之后，吕的而君或伊代表有权将本工人[②]之佣工期限预行终止，唯必须于三个月前先行咨照。

本合同共计三份，于一千九百十______年____月____日订于中国上海，本工人签押，左拇指印：　　　　　右拇指印：

（附注）该工人声明因未知签押，故当下列各署名证人前仅盖拇指印，各证人证明该工人愿遵守本合同内之各条款。

各证人签押：

---

① 《招募华工赴法之合同式样》，《申报》中华民国六年四月九日第（十）版，上海图书馆藏。此为道信洋行代理人梁耀卿受陶履德招工团委托，与应募机匠签订的合同式样。

② 此合同中使用的“工人”一词，是指机匠，即技术工人。法国人视非专业性工人为力工，法国官方的内部文件里常称之为“苦力”，机匠的待遇高于苦力。

附录四　英威海卫招工局与仁记洋行签订的招工合同①

第一条　今订定先招华工一万名，自签定本合同之日起两星期内应招足工人一千名，准备由威海卫出发，再两星期内招足工人一千名，此后每一个月招足四千名。

第二条　开招地点先以登州旧属十县为限，倘招不足数或于一万名外再须添招，再当推广及胶东全属，唯总以无碍地方情形为准。

第三条　所招华工年龄以二十岁至四十岁为度，须经英国医生在威海卫检验合格。

第四条　上项华工系送往□□□等处做工，其做工之处总在危险地位以外，即最少须在炮火线十英里之后。

第五条　上项华工专从事于铁路、马路、工厂、矿务、船坞、农业、森林等项工作，订明不得从事战役。

第六条　做工期限自到工之日起，以三年为满，一年之后工局得以随时取消合同，唯须先期六个月知照，否则另给六个月工价。本合同期满之后，如欲展限若干时，须得双方同意，再此项华工非经中国驻外代表许可，则无论如

---

① 英政府派出的招工代表布恩尼（Thomas Johnstone Bourne）在威海卫成立了招工局，把招工任务交给威海卫的英商仁记洋行（Forbes & Foreign Company），由洋行的华人经理邵德福负责筹措具体事务。仁记洋行为此与布恩尼的招工局签订了这个合同。合同文本内容取自陈三井著的《华工与欧战》附录（二）英人招工合同（仁记公司），第185—188页。该书1986年由台北“中央研究院”近代史研究所出版。2013年岳麓书社再版。作者对合同文本的个别用词作了修正，使之符合当时的历史事实。

何不得转授别家工局工作。

第七条 （甲）工人自威海卫启程赴工起，自工地返威登岸止，一切往返舟车路费均由工局担认。

（乙）自工人在威海卫签立愿书之日起至由工地回到威海卫之日止，一切饭食，冬夏衣服，住房柴炭灯火以及医药等项均由工局备办，不取分文，其做工时所用器具等件，均由工局自备，如有损坏，工人不担认修补赔偿。工人所得伙食细目如下：米面若干，咸鱼鲜鱼或肉若干，咸、鲜菜若干，油盐、茶糖各若干。工人所得衣服行装被褥均在威海卫发给，如有破弊，随时添补。细止如下：皮沿帽一顶，有袋阔腰带一条，冬季棉衣裤一套，布腰巾一条，雨衣一件，夏季衣服两套，油布盒一个（负于背后者），皮底鞋一双，铅水瓶一个，袜两双，棉褥一条，包脚布两副，厚毯一条，木梳两把，肥皂一块，洋铁脸盆、筷子饭碗水杯各一，牙刷刷子手巾各一。

第八条 （甲）工人工价一半在做工地点按星期支领，一半留给家属在威海卫支领。在工地支领者以每日每名工价10便士计算，由家属支领者每名每月英元10元（此处应为银圆），工头工价在工地支领者以每日每名工价1先令3便士计算（先令与便士均为英国采用英镑前旧货币单位，20先令合后来的1英镑，作者注），由家属支领者每名每月英洋15元。[①]（此处的英元或英洋，疑为原文有误，实应为中国的银圆或银洋，作者注）凡工价以华工到工地之日起，不论有无工作，停止工价当以华工返威登岸之日为止。

（乙）华工在做工地点应领之一半工价，由工局直接发给各华工，其在华之留支半工价由包工头按期向工局代为支领转给各家属，如有错误，由包工头

---

① 合同中的“英元”与“英洋”疑有误。英国货币为便士、先令、英镑，不称“元”。如将英镑称作“英元”，那十英元的价值远大于十银圆。事实上，虽然合同中给华工的工价以便士、先令计算；英方给华工国内家属则以银圆或称洋元计算。试想，家属生活在中国国内，拿英国货币怎么使用？英方肯定不会那么做。到法国后，英辖华工的工资也发法郎，盖因法国领土上发英国货币不便也。

负责。

（丙）工人因病不能工作，其按日之工价即行停给，唯其家属仍得照常领取留支；但工人患病如延至六星期以外，则其家属按月所领之留支，亦须按其六星期以外之病期减半发给，至病愈能做工或实行送回威海卫登岸之日止。

（丁）工人因工受伤，其按日之工价减半发给，其家属仍得照常领取按月之留支至伤愈能做工，或实行送回威海卫登岸之日止。

（戊）工人若有犯规、误工，误工之时不给工价，倘误工在四星期以外，则其家属应领之留支亦当停止，迨其复行做工，始再照常发给。

第九条　凡犯规暨不胜工作之工人，工局得随时遣送回威，一切路费由工局担认。

第十条　在签订愿书之日，工人工头每名各得安家费13元，不在将来工价内扣除。

第十一条　（甲）工人因工毙命暨因工受伤至成残废无用者，每名应得抚恤金英洋一百元正。

（乙）工人因公受伤，略成残疾暨因病身故者，每名应得抚恤金不得过英洋五十元。[①]

（丙）在行路时间暨做工之处，凡毙命华工均由工局担任出资妥善葬埋。

第十二条　做工时刻，计一昼夜间以十点钟为限，每星期做工七日，如额外工作，每一点钟加给2便士；工人有不愿做者，工局不得强迫。遇中国节期，每期放假一天，仍给工资（中国节期每年六天，期日如下）。如遇天时及别项情形不能工作，如所定时刻而非工人之过者，工价仍得全数发给，不得扣减。

第十三条　（甲）凡毙命华工及残废无用以及略成残疾者，工局及包工人应随时开具缘由并应得恤金数目，连同医生检验单并该工人护照以及各该家属

① 此条中的“英洋一百元”“英洋五十元”，究竟是中国洋元还是英镑，作者存疑，理由同上一个注释。

领收恤金收据一并呈送烟台道署备案。

（乙）凡久病不愈以及染患疯癫各工人，应由工局实行送回威海卫并由工局及包工人开具缘由用度应找工资数目，连同医生检验单并该工人护照以及各该家属领收恤金收据一并呈送烟台道署备案。

第十四条 凡遣回各华工均须由工局实行送回威海卫，倘华工于期满或被开除后不愿回国者，工局及包工人应将该工人护照及应得回国路费送交就近中国使领署收存，中国官署于收到此项路费后，即在各该工人护照上批明收到路费若干字样，交过该工人收执。俾该工人欲回国时可以持赴该中国官署请愿，倘做工地点与中国官署辽远，包工人可暂代为收存上项路费于护照上批明。

第十五条 上项华工每名应缴中国政府护照费二元，印花费二元，稽查保工事宜费三元，均由工局负担，不在工价内扣除。其英国政府一方面应有费用亦归工局自理。

第十六条 驻烟英领事应以正式公文担保此项华工所往工作地点不在战争危险地位之内，所做之工不关战役。

第十七条 所有本合同规定一切，工局应任从中国驻外使领各馆随时派员赴工作地点稽查是否遵守。

第十八条 工局应自行出资雇佣通晓华言之妥善通事（即翻译，作者注）料理工人一切事务，免生误会，如有华工工头短处彼此龃龉，工局与包工人（即包工头，作者注）为秉公排解；如工人有违犯地方法律情事，工局与包工人当随时知照就近驻外之中国官署接洽办理。

第十九条 包工人应预备中国药品，以备华工遇有微恙时随时分给服用，此项药品须在威海卫检验后方可出口。

第二十条 包工人代工局包办招募上项工人并料理工人事务，工局允付给包工人仲用费若干元，此外不得向工人工头及工局需索别样费用。

第二十一条 前项华工应受英国法律保护，与英国工人一律待遇，工局不得另订特别章程致有碍华工利益。

第二十二条 为邮寄工人家书财款及接收家乡来信便利起见，工局担承代为办理。

第二十三条 本合同用华文英文各二份，双方收执，如有解释不协之处，以英文为准。

附录五　英威海卫招工局与华工签订的合同格式·薪金表

作为一名受雇于威海卫劳工局的劳工，本人于____年____月____日签署以下合同条款，并特此声明，我愿意接受以下已经由威海卫劳工局解释清楚的各项条件：[①]

工作性质

专从事于铁路、马路、工厂、矿务、船坞、农业、森林等项工作。订明不得从事战役。

工价计算

每日劳工本人支领	每月家属支领
普通劳工：1法郎	10洋元
工头（共60人）：1.5法郎	15洋元

奖金（从登船之日起算）

20洋元（额外支付）

伤亡补助

死亡或完全伤残：150洋元

部分伤残：75洋元

① 该合同格式借鉴自徐国琦：《一战中的华工》，上海人民出版社2014年版，第255—256页。

附加

来回中国的舟车路费一应全免。

一切食饭，冬夏衣服，住房、柴碳、灯火以及医药等项，不取分文。

雇佣期限

作工期限自到工之日起，以三年为满。一年以后工局得以随时取消合同，唯须先期六个月知照；如遇有犯规或怠工工人，亦可随时取消合同。解雇之工人由工局免费送回威海卫或北吴淞港。

减扣项目

工人因病不能工作，其按日之工价即行停给，但饮食需照给不误。唯其家属仍得照常领取留支；但工人患病如延至六星期以外，则其家属按月领取之留支亦即停发。工人若有犯规、误工，误工之时不给工价；倘误工在四星期以上，则其家属应领之留支亦当停止。

工作时数

工作时刻，计一昼夜以十点钟为限；在此正常基准之上，凡需延长或缩减时刻，皆听工局指令。每星期做工七日，但会据中国的节期给工人放假，具体安排由工局决定。

附表1　　大英威海卫政府招工局薪金表

等级	职务/职权	在欧洲的日工资（法郎）	国内家属按月领取（银圆）	备注
普通工人	做工	1	10	指无技术的劳力工，20—40岁强壮者
小工头	班长/管理工人14名	1.25	10	15人/班，班内自选小工头
副工头	排长/管理工人56名	1.50	15	管4个班，共60人。须已有管理工人或工程经验，或充当过巡警
正工头	连长/管理副工头4名	2	20	有以上经验，加有学问者
副翻译兼充正工头	管理副工头4名	2.5	30	会寻常英语，在工厂能翻译且能管理工人者

（续表）

等级	职务/职权	在欧洲的日工资（法郎）	国内家属按月领取（银圆）	备注
翻译	管理工人240名，协助工程师	5	60	需具备优美中英语言文字能力，兼具公事之翻译文件者
船上木匠，石匠，瓦匠，铁匠，捶手，机器工人		1.50	13	
熟练冶工，锚固匠，汽船司机夫，轮船司机夫		2	20	
熟练装卸机械匠		2	30	

附录六　英方在沪招募工匠之章程①

一、工人月薪由申起程之日始，以回国之日止。如遇中途患病，概不扣资。

二、工人饭食，既到外洋，则归本人自备。其厨司由沪带去俾得自由选食。至于住址，则由公司预备，无须租赁。

三、所有工资，以一半由本人在外洋自领，一半由家族按月凭折向本埠泰昌洋行照领。②

四、所有工人在外洋工作，每日做九点钟为度。如果逾限，按旬钟计算，另给工资。

五、每逢星期及休息日，如果工作，另给工资全日。

六、凡工人患病，均照香港船厂章程，归本厂医官医治。

七、倘或工人患病而不能工作，持有医生验单准其回国者，船费概由厂中给付。

八、凡工人出洋，其船中之饭食，概由船上供给。

九、此项工人出洋地点，则往英属南洋岛，期以六个月为度。期满如愿

---

① 英方在沪招募工匠始于1917年初春，本章程刊于《申报》中华民国六年五月二十八日第（十）版。上海图书馆藏。

② 《申报》同一日刊登，章程暂定：冷作工人月薪55元（银圆），钳匠月薪60元，小工头月薪75元。到目的地工厂工作后，工艺精熟勤劳耐苦者，尚可加薪。体检合格启程前，英方先发一个月工资。

继续，仍可蝉联。

十、各项工匠如有合格者，速来报名。自问谙熟工作堪能实行做事者，在香港船厂考察情形，如不合格退回本国。所有预领薪水如数交还，否则着保赔偿。

附录七　法辖华工工作地点汇集[①]

Aisne　埃纳省，有华工营队驻派该省多处做工。[②]

Alençon　阿朗松，二三百名华工受雇于阿朗松工程局，华工被派到阿朗松军事建筑中心（Centre de Construction du Génie），在建筑工地工作。

Ambronay　昂布罗内，法国东部安省（Ain）的一个镇。一支华工队分配在工兵建材堆栈中心（Centre de Stockage de Bois du Génie）。另一支分配在堆栈站（Station-Magasin）。

Angoulême　昂古莱姆，法国西南部古城，夏朗德省省府。华工队派在昂古莱姆军需局工作。

Badonviller　巴东维莱，法国东北部默尔特-摩泽尔省内的一个市镇。

Bassens　巴森，法国西南部纪龙德省（Gironde）的一个镇，现有人口四千多。华工队在巴森国立火药厂（Poudrerie nationale de Bassens）工作。

Beaumont-Monteux　博蒙蒙特，德龙省（Drôme）内一市镇。华工队在马赛工程公司（Société des grands travaux de Marseille）工作。

Belfort　贝尔福，法国东北部城市，在弗朗什-孔泰大区内。自古以来为

---

① 法辖华工被法战争部殖民地劳工署分配在约一百一十处工作，地理上可说四面八方。本附录收集了各类史料中的法辖华工工作地点及其工厂名称，但有待进一步添补以臻完整。

② 在收集与破解华工工作地点过程中，有的仅获地名，无华工较具体的信息，就只注出该地点所在的行政辖区。如能略知华工队信息之一、二，作者尽可能将其附上，为后人研究提供一点线索。凡附录中列出地点，均为华工队-不论人数多少-工作过的地方。收集到一些仅有中文名但无法确定其法文的地名（如：不朗必庸，马心维，拉腥，徐而东，等），则未收入此附录。

兵家必争之地。

Bergerac 贝尔热拉克，该市位于法国西南部佩里戈尔地区的多尔多涅省（Dordogne），是一个富庶美丽之地。华工队在此的国立火药厂工作，驻扎多久不详。

Berles-au-Bois 贝尔勒-欧布瓦，法国西北部加来海峡省的一个镇，距阿拉斯（Arras）西南约15公里。战后重建时，华工第5大队驻扎于此。

Blâmont 布拉蒙，该小镇位于法国东北部洛林地区的默尔特-摩泽尔省（Meurthe-Moselle，省编号54内，距法德边境线仅4公里，1914年8月一战刚爆发就很快被德军侵占，德国在此犯下野蛮行径，周围的村庄遭到蹂躏破坏。后来布拉蒙被协约国军队夺回，这一带成为前线，华工被派到这里从事战地劳役。

Blangy-sur-Bresle 布雷勒河畔布朗基，法国诺曼底地区的一个镇，属塞纳滨海省。有火车通过，大量战争物资需通过此铁路线运往前线。因线路太窄运输量受限制，法国决定将近九十公里的铁路线拓宽，大批华工曾被调去参与此项工程，并驻扎在此镇。

Bordeaux 波尔多，法国西南重镇，华工在此工作的人数众多。有的派在波尔多河运公司，有的派往第十八军区粮台（Intendance de la 18è Région），有的在纪龙德熔铸公司与造船厂（Société des Forges et Chantiers de la Gironde）。

Borville 博尔维尔，法国东北部默尔特-摩泽尔省的一个小村庄。有华工营在此驻扎。

Boulogne-sur-Mer 滨海布洛涅，在法国西北部的英吉利海峡之滨，为重要海港，一战期间，大批英辖华工和其他殖民地的劳工在此装卸货物。有一支法辖华工被派来该港城，为美军的一个飞空队做工。

Bourges 布尔日，位于中央大区内，歇尔省（Cher）的首府。华工队派在日用品堆栈库（Entrepôt de Réserves générales）工作。

Brest　布雷斯特，法国布列塔尼半岛最西端的海港城市，也是一座军港。一战时华工在布雷斯特海军造船厂和海军转运局（Service du Transit maritime Militaire）工作。

Caen　冈城（又译卡昂），坐落在法国下诺曼底地区，是卡尔瓦多斯省（Calvados）的省会。由冈城以北十多公里的海港可就近驶往英国朴次茅斯。一战时华工在冈城转运大量战争物资。另有一支华工队分配在诺曼冶金公司（Société normande de Métallurgie）。

Châlon-sur-Saône　索纳河畔沙隆市，1917至1918年间，有近二百名华工在沙隆火炮厂工作。

Châtellerault　沙泰勒罗市，在法国西南部的维埃纳省（Vienne）内。1916年8月至1919年3月，有华工多批在沙泰勒罗兵器制造厂（Manufactures d'Armes）工作。人数经常在二三百之间。

Cherbourg　瑟堡，位于法国布列塔尼半岛的北侧，港口小城，一支华工队在海军造船厂（Arsenal Maritime），另一支在圣堂工场（Ateliers au Temple），还有一支用于装卸货物，不固定，在瑟堡、拉罗谢尔之间调来调去。

Clermont　克莱蒙，法国南部城市，华工在克莱蒙飞机制造厂工作。

Conflans Saint-Honorine　孔夫朗一圣奥诺里讷，现属巴黎大区伊夫林省，位于巴黎西北，塞纳河与它的支流瓦兹河在此交汇，为法国著名的内河航运港城。1917年9月下旬150名华工被派往孔夫朗-圣奥诺里讷的河口开发处（Exploitation du port fluvial），主要任务为装卸石子和其他水运物资。

Corbehem　科尔贝姆，法国加来海峡省的一个小镇，战后重建时华工第1连驻扎于此。

Creusot(le)　勒克厄佐，为勃艮第地区的工业重镇，位于索恩-卢瓦尔省（Saône-et-Loire）内，一战后期有一两千华工在勒克厄佐的军工企业工作。1917至1918年间，在勒克厄佐火炮厂工作的华工就有数百名。一战结束时，在该市的施奈德冶金厂里工作的华工达数千人。

Cusset 屈塞，阿利埃省（Allier）的一个市镇，华工在屈塞钢铁工厂工作。

Decize 德西兹，在涅夫勒省内，是周围几个煤矿的管理公司驻地。

Dunkerque 敦刻尔克，法辖华工在钢铁厂工作，该厂距前线最近，敌人袭击频繁，华工所冒的死亡威胁极大，曾因此发生罢工，军警与华工发生恶性冲突。

Etampes 埃唐普，是巴黎大区埃松省的一个古城，位于巴黎南偏西约48公里处。经常有华工队在此工作，调动频繁。

Firminy 菲尔米尼，卢瓦尔省（Loire）的一个市镇。

Frouard 弗鲁阿尔，默尔特-摩泽尔省的一个市镇，位于南锡（Nancy）以北约十公里处。中世纪以磨坊闻名，二十世纪开始成为一个钢铁工业中心。有华工队派往工作。

Garchizy 加尔希齐，位于涅夫勒省省会纳韦尔附近，是法国的一个市镇。一战停火后，有一批华在完成东部战场的打扫任务后，被分配至加尔希齐镇一家工兵设备机械厂工作，大约到1922年后均先后离开。

Grand-Couronne 大库罗讷，在勒阿弗尔附近，华工在大库罗讷钢铁厂工作。

Granville 格朗维勒，法国西北部芒什省（Manche）的一个市镇。一支华工队在该地船厂工作。

Havre（le） 勒阿弗尔，诺曼底地区的大西洋海港城市，施奈德公司在该市设办企业，雇用了很多华工。华工分别在勒阿弗尔子弹厂、勒阿弗尔炮工厂、勒阿弗尔河工局、勒阿弗尔造船厂工作。如Atelier Augustin Normand, Service du Port maritime等。

Hymont 伊蒙，东部孚日省（Vosges）一市镇。

Imphy 安菲，涅夫勒省内的一个工业小镇，1917至1918年间，一两百华工在安菲铁工厂。停战后，仍有大批华工在三城公司（Sté Commentry-Fourchambault et Decazeville）工作。

La Tâche　拉塔克，夏朗德省（Charente）的一个村庄。

Laronxe　拉隆克斯，法东北部默尔特-摩泽尔省内一村镇，一战时有华工队驻扎于此。

Lens　朗斯，法国西北部加来海峡省的一个专区级市，该城一半为煤矿镇区。一战时，朗斯曾被德军占领，成为德军重要的军需供应基地。德军败逃前淹没或摧毁了朗斯所有的矿井。散布在朗斯地界的无数未爆炸弹使战后清理战场变得非常危险。1918年年底，严冬来临，清理战场和重建城市的当地居民、华工队、战俘遇到缺粮少吃的问题，又恰逢西班牙流感侵虐朗斯地区，大批人被夺去生命，其中也有不少华工丧命于此。

Livet-et-Gavet　利韦-加韦，在法国东南部的伊泽省内（Isère，省编号38），二十世纪该镇成为一个真正的工业城，冶金和钢铁工业发达，一战时多家工厂生产炮弹供应前线，华工曾被派往这里的炮弹厂（Etablissement Keller et Leleux）。

Lorient　洛里昂，在法国布列塔尼半岛的南侧，属莫尔比昂省（Morbihan），面临大西洋的海港城市，为法国重要的造船基地。一战时，洛里昂是法国战争物资重要抵达港口之一，华工队在海军军械库（Arsenal maritime）从事搬运装卸。

Lyon　里昂，法国第二大城市，一战时华工营队被派在里昂炮厂、里昂化学品厂工作。

Machine（la）　马奇纳，通译机器城，在法国中部涅夫勒省（Nièvre），为法国历史上的著名煤矿城。当时由德西兹煤矿公司（la Houillère de Decize）经营开采。一战后期1917年5月开始首批华工被派来此处工作，大战结束前后仍有华工在此当矿工，最多时达三百多名。最后二十几名华工留在机器城当矿工至退休，终老于此。

Mans（le）　勒芒，法国西部的历史古城，是萨尔特省（Sarthe）的省会。二十世纪起被辟为重要的内河航运港，又以汽车生产著称。一战期间，有两支华工队在勒芒工作，一支被派去勒芒军区粮台承担为前线转运军粮，另一支分配到勒芒军衣局工作。

Marseille 法国地中海之濒的大港。法国招募的华工抵达法国均在此上岸。先入“马赛华工总驻所”作消毒、体检、编队等短暂集训，然后派往各地工作。

Montceau-les-Mines 蒙梭煤矿，在法国中部涅夫勒省，华工被派到蒙梭煤矿作矿工。

Moreuil 莫勒伊，索姆省（Somme）一市镇。一战中，英军曾与德军在此打过一场战役。

Morville 莫维尔，在法国西部下诺曼底地区的芒什省（Manche），有华工队在此工作。

Moncel-lès-Lunéville 蒙塞勒-莱-吕内维尔，该镇在默尔特-摩泽尔省内。一支华工队被派驻此镇。

Nanterre 南泰尔，上塞纳省（Haut-de-Seine，92省）的省会，位于巴黎以西十来公里。华工一支被分配到南泰尔瓦斯厂（Unions des gaz de Rueil），另一支派在塞纳河造纸局（Papeterie de la Seine）工作。

Nantes 南特，法国西北部大西洋沿岸的重要城市，位于塞纳河入海口。华工队在港口服务局工作（Service du Port maritime）。

Nancy 南锡，法国东北部城市，为默尔特-摩泽尔省的省府。

Neufchâteau 讷沙托，东部孚日省一市镇。

Oissel 瓦塞勒，位于法国西部上诺曼底地区，属塞纳-滨海省（Seine-Maritime），1916年5月法国战争部决定在此建造一个火药厂和一个炮弹铸造厂。自1916年11月，就有华工队被派来瓦塞勒国立火药厂工作，印支人也曾被派来瓦赛勒工作。

Orléans 奥尔良，法国历史名城。一支华工队受雇于奥尔良军衣局（Entrepôt d’effets），另一支在第五军军粮台（Intendance de la 5è Région）。

Ollioules 奥里乌勒，一个中世纪古城，在土伦以西，属瓦尔省（Var），华工队与阿拉伯劳工驻于此，双方屡起冲突。

Paris 巴黎，一战1916年夏，首批华工从天津出发，抵达马赛后，就直接被送来首都。巴黎及周围的工厂急需劳力，有两支被分配到巴黎煤气厂的两个地点工作。

Pierre-la-Treiche 皮耶尔-拉特雷什，在默尔特-摩泽尔省内，驻此华工队全由经过惩戒连出来的"不守纪律分子"组成。曾于1918年6月发生反叛骚乱。

Péage-de-Roussillon（le） 佩阿日-德鲁西永，法国东南部伊泽尔省（Isère）的一个镇，一战时该镇有一千五六百居民，区域性铁路在此通过。有华工队驻于此镇，分配在罗讷化学公司的工厂（Société chimique des Usines du Rhône），还参与修筑铁路。

Pompey 蓬佩，默尔特-摩泽尔省内一个市镇。

Pouzin（le） 勒布赞，属法国东南部阿尔代什省（Ardèche），罗讷河畔一座古老的山城，历史悠久，具有战略位置。20世纪前半叶，该市拥有重要的工业制造业，一战时有华工队被派到此处。

Ransart 昂萨尔，法国加来海峡省的一个村庄，战后重建时，华工第11连被派驻该村。

Rochelle（la） 拉罗谢尔，濒临大西洋的优良海港城，属夏朗德-滨海省（Charente-Maritime）。驻在拉罗谢尔的华工营先后向30多家企业提供华工劳力，其中有4家卸货公司，5家化工厂，如德洛内-美丽城造船厂（Etablissement Delaunay-Belleville）、磷酸盐-鸟粪层公司等。

Rouen 鲁昂，法国西北部位于塞纳河下游的重镇，塞纳滨海省省会，是法国著名的内河航运大港。一战时英军在此建立基地。英辖华工营在此为英军提供服务，法辖华工分配在鲁昂河道转运公司所属的单位（Service du Port Maritime）。

Rue 吕镇，在索姆省（Somme）内，华工受北部铁路公司（Compagnie des Chemins de Fer du Nord）雇佣，参加修建“百日线”，曾在吕镇扎营。

Saint-Chamas 圣沙马，是罗讷河口省的一个内河港，近地中海，交通便捷，一个华工队被派往圣沙马火药厂工作。

Saint-Denis 圣-德尼，巴黎北郊的一个市，人口稠密，属塞纳-圣德尼省。华工被派在圣-德尼子弹厂与熔铸工厂（Société des Forges et Chantiers de la Fournaise）。

Saint-Etienne 圣艾蒂安，位于法国中东部，卢瓦尔省的省府所在地。一支华工被分配在该市的一家发动机厂工作（Société des Moteurs la Chaléassière），这批华工的合同均为3年。另一支华工在圣艾蒂安子弹厂工作。

Saint-Fons 圣峰，位于里昂以西数公里，过去属罗讷省，现行政上属里昂市的一个郊区镇。圣峰是法国二十世纪初重要的化工生产基地，一战前就有一个火药厂。1917年至1918年间，圣峰老火药厂和圣峰新火药厂各有一支华工队。还有一支华工队派到圣峰的圣戈班（St-Gobain）化工厂。

Saint-Louis-du-Rhone 罗讷-圣路易，法国南部邻近地中海的一个内河港市，华工在罗讷-圣路易港工作。

Saint-Malo 圣马洛，法国布列塔尼半岛北侧一座名胜城市，历史上曾以“海盗城”著称。华工被派在圣马洛造船厂工作（Société des Chantiers et Ateliers）。

Saint-Martin-sur-Cojeul 科热勒河畔圣马丹，法国加莱海峡省的一个镇。有一个华工编队驻于此。

Salins-les-Bains 萨兰莱班，汝拉省（Jura）的一个市镇。一支华工队派在工兵营造中心（Centre Construction du Génie）。

Seyne-sur-Mer（la） 滨海拉塞讷，法国南部地中海港口，属瓦尔省（Var），为瓦尔省第二大市：拉塞讷曾有过辉煌的船舶建造历史，是法国十八世纪开始的造船基地之一。在该市十九世纪末二十世纪初的鼎盛时期，拉塞讷曾建造出当时世界上最大的越洋邮船和货船。一战爆发大批造船工人被征召上前线，华工抵法后，马上被派到此处的地中海熔铸公司（Société des Forges et Chantiers de la Méditerranée）。

Soisson 苏瓦松，属法国北部埃纳省（Aisne），苏瓦松是法国最古老的城镇之一。

Somme Suippe 索姆·瑞普，位于东部兰斯与凡尔登之间的一个市镇，地处东部战役区内。一战停火后，在伊夫林省孔夫朗一圣奥诺里讷市工作的一批华工一百几十人被调往索姆·瑞普打扫清理战场，逗留时间大约一年。一战期间，协约国军队在索姆·瑞普设有一个德军俘虏营。

Suze-la-Rousse 叙兹-拉鲁斯，法国中南部德龙省（Drôme）的一个小镇，位于奥朗日以北23公里（Orange，现E15高速公路经过此市）。曾有华工队驻扎。

Toulon 土伦，南部地中海海岸城市，法国重要港口和海军基地，属瓦尔省。土伦造船厂有华工队。

Tours 图尔，位于巴黎西南约140公里处。近两百名华工在图尔军事建筑所工作。也有一支华工队在图尔美军飞航队提供劳役。

Unieux 于尼厄，卢瓦尔省内一座小镇，一战期间建有火药厂，华工在火药厂工作。

Vonges 翁日，在法国东部勃艮第地区内，科多尔省（la Côte-d'Or）的一个村庄，居民仅几百人。法国军方在此建有一个大火药厂，据1917年10月的统计，在翁日火药厂工作的华工达930人，该为两个华工营的建制。

Xirocourt 克西罗库尔，默尔特-摩泽尔省的一个市镇。

附录八　英募华工在法、比的工作地点汇集①

Abancourt　阿邦库尔，法国北部诺尔省（Nord）的一个市镇，邮编59268。

Abbeville　阿布维尔，位于法国西北部的索姆省（Somme）内。当时英国远征军第五军司令部设在阿布维尔。此地派驻有一个华工营。

Ambleteuse　昂布勒特斯，法北部加来海峡省（Pas-de-Calais）的一个市镇。华工第十九队驻于此镇地界，该地处在维姆勒河的河口一带，驻地较潮湿，没有洗衣店，没有卫生设施，或者非常简陋。华工意见很大，经交涉后华工营分散移迁到其他几个地方驻扎。

Angy　安吉，勃艮第地区的一个市镇，属荣纳省（Yonne）。华工参与拓宽安吉至诺曼底地区欧马勒（Aumale）的铁路。

Arques　阿尔克，法国北部加来海峡省的一个市镇。

Attaques（les）　莱阿塔克，加来海峡省的一个小村。

Aubigny　欧比尼，旺代省（Vendée）的一个市镇，邮编85430。一战时有华工营驻于此。

Audruicq　奥德瑞克镇，属加来海峡省，处于加来（Calais）—阿拉斯（Arras）铁道线的中段，又有水系交通之便利。1915年英军在奥德瑞克建起一

① 本附录收集到英募华工在法国、比利时的工作地点共五十多处，尚不完整。今后若有新的发现，则可以此为基础作充实。附录中有些地点略有华工信息，有些则毫无点滴。作者尽可能注出每一处的行政地理归属，以利后人之研究。

个庞大的军用物资和军火库，用以供应协约国在欧战西线北部地区的作战军需。1917年有华工营开始驻扎于此，华工在奥德瑞克服务超过三年，从事各种运输任务，还有一批华工在英国技师带领下参与装配与修理火车。

Aumale　欧马勒，诺曼底地区塞纳滨海省（Seine-Maritime）的一个市镇，华工营曾驻扎在此，并参与拓宽欧马勒通往东部勃艮第地区安吉镇的铁路。

Berguette　贝尔盖特，加来海峡省的一个小村庄，归专区级城市贝蒂讷（Bethune）所辖。

Bermicourt　贝尔米古，加来海峡省的一个镇，一战时，英军在此设立坦克修理站，有华工在此工作。

Boeschepes　布察帕，比利时一小镇。华工第52队驻于布察帕附近，某深夜，炮弹突至，直落52队之一帐篷内，睡梦中的14名华工全部被炸死。

Borre　博勒，邮编59190，法国北部诺尔省的一座小村。位于北纬50°36′0″，东经2°28′0″。

Boulogne-sur-Mer　滨海布洛涅，为法国濒临英吉利海峡的一个重要港口城市，一战期间，英军的大批战争物资由布洛涅港口卸运。此处有一个军火厂，布洛涅华工营的五百名华工，承担修理各种枪弹、装载炸弹、转运火药等任务。同厂工作的还有英国工人、埃及人和非洲工人，大家混处得还算可以。华工营在此驻扎超过三年。

Bourbourg　布尔堡，法国北部诺尔省的一个市镇。

Bouvigny-Boyeffles　布维尼-布瓦耶夫勒，法国加来海峡省的一个市镇，当年有一个华工营驻扎于此。今天尚可见华工刻在树上的痕迹残留。

Busseboom　布思本，比利时波普林格市郊外的一个村庄，曾有华工队驻扎，已辟为中华劳工园，竖有华工青铜雕像。

Caëstre　凯斯特，法国北部诺尔省的一个市镇，古代曾为古罗马军队驻扎地。1917年年中起，有华工营在此驻扎。

Calais　加来，法国西北部英吉利海峡之滨的港城，与英国遥相对望，是一战时协约国军队后勤保障的重要补给港。此处驻有多个华工营，共4500多人，主要任务为供英军之军需，从事码头上下装卸及粮饷转运等。华工营在此驻扎超过三年。

Camiers 卡米耶，加来海峡省的一个市镇。

Crécy-la-Chapelle 克雷西-拉沙佩勒，法国中北部塞纳滨海省的一座小城。

Dannes 达讷，法国北部加来海峡省的一座村镇。驻于达讷的华工团有一千多人，任务为转运子弹军火。他们的驻地干燥，食物清洁，浴室、理发室、医务室均称完备。是英辖华工营中条件比较好管理也不错的一例。

Dieppe 迪耶普，法国塞纳滨海省的一个海滨小城，华工营在此驻扎超过三年。

Dunkerque 敦刻尔克，法国北部海滨重镇，属诺尔省，是法国通往英国的重要港口。数千华工在此驻扎超过三年，他们从事码头装卸、转运军需、打扫战场、排雷等工作。

Erin 埃安，是法国北部加来海峡省的一个小村庄，驻有一个华工营。英军在此建立坦克修理厂，有些华工本来就有匠艺，学习机械知识快，被抽调到坦克厂直接帮助英国人修理坦克。

Etables 滨海埃塔布勒（全称Etables-sur-Mer），是法国西北部阿尔摩滨海省的一个市镇（Côtes-d'Armor）。有英军驻守，英辖华工营在此从事搬运等工作。华工们曾在1918年春季之末某日在一个山坡上举办文娱演出，许多英军士兵和法国当地民众前来观看，引起了他们对东方文化的好奇。

Flixecourt 弗利克斯库尔，法国索姆省一个市镇。

Ham 哈姆，法国索姆省一个小城。

Havre（le） 勒阿弗尔，法国西部重要海港，属塞纳滨海省。是英募华工抵西欧后的主要抵岸港和遣返离岸港。英方和法方各有所辖华工营团在勒阿弗尔地区工作。

Hersin-Coupigny 赫尔辛-库比尼，法国西北部的加来海峡省的一个市镇，邮编62530。该镇地处昔日煤矿盆地的中央，从十九世纪下半叶起至二十世纪中期，由于煤工业而获得巨大发展。一战中有华工营在此提供劳力服务。

Houdain 乌丹，加来海峡省的一座小城。

Lijssenthoek 雷森图克，比利时一小镇。

Péronne 佩罗讷，法国索姆省的一个专区级城市，有华工营驻于此。葬有58名华工战士的丁古尔军人墓园就在佩罗讷市以东约十公里处。

Samer 萨梅尔，法国西北部加来海峡省的一个古镇。一战时，驻于此镇的萨梅尔华工大队与本队的英军管理层似乎建立了较好的关系，有个华工排曾按中国习俗送给他们的英国“三道”（华工对连长的称呼）一顶自制的大万民伞。

Nesle-la-Vallée 内勒-拉瓦莱，大巴黎地区瓦兹河谷省（Val d'Oise）的一个市镇。

Neufchâtel-Hardelot 讷沙泰勒-阿尔德洛，法国北部加来海峡省一个市镇。

Noeux-Les-Mines 讷莱米讷，加来海峡省的一个市镇，邮编62290。一战时驻有华工营。

Noyelles-sur-Mer 努瓦耶勒，位于法国索姆省内，英辖华工总集所设于此处，英募华工抵法后必先集中于此，经过一定手续后，再被派赴工作目的地。努瓦耶勒华工总集所常年保持着庞大的人数，最多时曾达1.2万人。现存西欧最大的一战华工墓园建于当年华工总集所的华工医院故址内。

Poperinge 波普林格，比利时一小镇，英军在比利时的一个重要驻地，有多支华工营团驻在这一带为英军提供劳役。

Proven 普罗文，比利时弗朗德勒地区西部的一个乡间村庄，曾驻有华工队。

Reninghelst 比利时一小镇，1918年3月间有一华工队驻于此。

Rouen 鲁昂，法国西部历史名城，属塞纳滨海省，诺曼底地区的首府。一战时西线战场协约国联军的军需军火转运港之一。有英辖华工营与法辖华工营驻扎于此。

Ruminghem 吕曼盖姆，法国西北部加来海峡省的一座村庄。加来运河、上科尔姆运河和拉河三条水系流经该村。驻有英辖第11华工营，华工在村外修建了长约1100米的码头，有四五百名华工在此从事水路至陆地的货物装卸与转运。

Sainneville 塞纳维勒，全称Sainneville-sur-Seine，邮编76430。诺曼底塞纳海滨省的一个市镇。

Saint-Omer 圣奥梅尔，加来海峡省的一个市镇，驻于此的华工营承担排雷、卸运军需、打扫战场等任务。

Saint-Valéry （索姆河畔）圣瓦莱里，索姆省的一个市镇，处于索姆河口南岸。努瓦耶勒华工总集所经常调华工队前往卸该市码头卸货。

Seninghem 塞南盖姆，加来海峡省的一个小镇。

Teneur 特纳尔，加来海峡省小村庄，英军在特纳尔建立了坦克修理厂，当时坦克属新问世的战车，很容易出故障，被选派去坦克厂的华工较快地学习到修理技术，甚至能驾驶坦克，给西方人留下深刻印象。

Ternoise（la） 泰尔诺阿兹河，位于加来海峡省内。一战时英国人在这条小河畔设立坦克修理站，可能也有华工在此工作。

Tournehem-sur-la-Hem （埃姆河畔）图尔讷姆，法北部加来海峡省的一个市镇。

Unieux 于尼厄，法国卢瓦尔省（Loire）一个市镇。

Verderonne 韦尔德龙，法国中北部瓦兹省（Oise）的一个市镇。

Voonnezek 沃尔梅兹勒，比利时一小镇，有一支华工队驻于此，后因故被调走。

Weyekshops 韦耶肖普斯，英军在此建有一个坦克厂。

Wimereux　维姆勒，距加来港约30公里，距对面的英国海岸仅40公里，属加来海峡省。

Zéneghem　泽内盖姆，属加来海峡省。奥德瑞克（Audruicq）的英军大军火库遭德军轰炸后，英军方将基地迁往郊外数公里外的泽内盖姆旷野。华工1917年抵达奥德瑞克，华工营的任务就是在泽内盖姆装卸通过铁路线运来的军火、食粮等军需物资。停战后，马上转入清理战场，人数增加到五六百人。直到1919年离开并移驻加来。

附录九　潜艇战遭袭丧命溺毙华工统计表

被害人姓名	类别	死亡人数	所乘船名	被害日期	遭袭地点
严得贵	水手	1	洛得特里	1916年9月17日	地中海
王文山等	水手	19	肯察	1916年12月7日	英吉利海峡
董得胜等	水手	6	维斯特敏尼斯脱 Winstminster	1916年12月14日	地中海
高有财等	水手	2	奥察克拉	1917年1月12日	犹圣特附近
胡凤鸣	水手	1	纳雪里	1917年2月11日	爱里斯海
刘荣富	水手	1	斯郭亚	1917年2月13日	特里埠斯附近
王兴发等	普通工、司机	543	阿托斯号邮轮 Athos	1917年2月17日	地中海
霍库等	水手	12	波苏斯	1917年2月21日	哥伦布
韩运财等	水手	12	加里得哥鲁夫	1917年3月6日	爱尔兰附近
唐阿东等	水手	2	毛脱步阿利	1917年3月18日	不详
温仔才等	水手	4	奥哥斯克斯乐	1917年3月23日	不详
李得胜等	水手	7	赫斯夏	1917年3月31日	不详
程万兴等	水手	3	加里奥善	1917年4月	西西里岛附近
周荣山等	水手	3	加里窝泼	1917年4月5日	地中海
徐世永等	水手	8	玛利皇后 MarieEmpress	1917年4月16日	爱尔兰海岸
李有太等	水手	7	英国轮	1917年6月15日	不详
张福林等	水手	27	英国轮	1917年8月	不详

（续表）

被害人姓名	类别	死亡人数	所乘船名	被害日期	遭袭地点
窦树立等	水手	20		1917年10月	不详
廖庆山等	副司机	2	丹麦商轮诺维银号	1917年10月22日	北海
王勤等	水手	30		1917年11月	不详
李和三等	水手	4		1917年12月	不详
潘达仁等	水手	6		1918年1月	不详
赵阿四	水手	1		1918年2月	不详
陈阿铭等	水手	29		1918年3月	不详
杜阿毛等	水手	12		1918年5月	不详
总计		762			

说明：

1.资料源自《国务院侨工事务局调查在法华工情形书》第二次披露，1918年12月1日。

2.丧命华工所在船名未见外文原名，只能照史料的中译名照录。

3.上述统计数字仅至1918年5月为止；6月到11月11日一战停火日前有否遭袭溺毙华工，尚无资料来源。

附录十　参考文献、书刊与档案

外文类[①]

Album de la Guerre 1914-1918, Paris: L'Illustration, 1924.

Archives départementales des Yvelines（伊夫林省档案馆）

Archives du Service historique de la Défense（SHD）au Château de Vincennes, France（法国国防史料处档案）

Archives et Bibliothèque départementales des Bouches-du-Rhone（法国罗讷-河口省档案与图书）

Bernard Phan, *Chronologie de la Première Guerre mondiale*, Points Histoire, 2009.

Capitaine de Lapomarède, Le siège de Qingtao, 04/1915, SHD（法驻北京公使馆武官呈战争部关于“日本围攻青岛”的长篇机密级报告）。

Centre des Archives diplomatiques de la Courneuve（古尔纳弗外交档案中心）

Centre d'Archives photos & vidéo du Ministère de la Défense（国防部影像档案中心）

Christian TCHANG, *Papa était chinois, maman berrichonne*，自印（华工后

---

① 外文参考类（文献、书刊与档案）每项的排列顺序按规范为作者、书刊（文献或档案名）、出版社、出版年份。如缺项则因原始资料所然。各项的排列顺序取首字母，按拉丁字母表A-Z。

代家庭回忆录）。

Commune de Noyelles-sur-Mer, *Cimetière Chinois de Nolette*, brochure de la mairie, 2013.

Dirigé par Evelyne Morin-Rotureau, 1914-1918: *combats de femmes*, Editions Autrement, 2004.

L'Echo de Chine, [①]Journal des Intérêts français en Extrême-Orient. 1914-1918.（法文报，上海徐家汇藏书楼）

Françoise Thébaud, *Les femmes au temps de la guerre de* 14, Editions Payot & Rivages, 2013.

Inventaire sommaire des Archives de la Guerre Série N 1872-1919, Imprimerie la Renaissance-Troyes, 1975.

Jean Paul Empisse, *Le Camp britannique d'Audruicq*, Editions Cityenneté en actes, 2014.

Jean-Pierre Verney, *La Guerre* 14-18, Edition Jean-Paul Gisserot, 2013.

John Keegan, *La première Guerre Mondiale*, Perrin et agnès viénot éditions, 1998/pour la traduction française, 2003.

Maison des Archives de Charente-Maritime,（法国夏朗德滨海省档案馆）

Musée de Grande Guerre de Meaux（莫城大战博物馆）

Musée de la Mine de la Machine（机器城煤矿博物馆）

Pierre Miquel, *la Grande Guerre illustrée*, Editions Taillandier, 1998.

Pierre Miquel, 1914-1918 *Hommage aux poilus et à la France en guerre*, Editions Michel Lafon, 2004.

Pierre Miquel, *Les Oubliés de la Somme*, Editions Taillandier, 2001.

Prof. B. Nogaro de l'Université de Paris et lieutenant-colonel Lucien Weil, *La*

① 此处L'系法文的冠词，在顺序排列时不计冠词，仍以其后的字母为序。

Main d'œuvre étrangère & coloniale pendant la Guerre, Presses universitaires de France, 1926.

Sous la direction de Li Ma, *Les travailleurs chinois en France dans la Première Guerre mondiale*, CNRS Editions, 2012.

Simone Veil, *Une vie*, Editions Stock, 2007.

Weihaiwei Government Gazette,（英国威海卫行政公署公报），1917年，威海市档案馆藏。

Wou Piontchong, *Les travailleurs chinois et la Grande Guerre*, Paris Editions A. Pédone, 1939.

中文类

蔡元培：《华工学校讲义》，都尔（法国）中华印书局1919年版。

陈三井：《华工与欧战》，岳麓书社2013年版。

董丛林：《华工史话》，社会科学文献出版社2011年版。

杜继东：《中德关系史话》，社会科学文献出版社2011年版。

段雪莲编著：《索姆河战役》，西苑出版社2013年版。

凤冈及门弟子编：《梁士诒年谱》，广东人民出版社2014年版。

葛夫平：《中法关系史话》，社会科学文献出版社2011年版。

顾杏卿：《欧战工作回忆录》，商务印书馆中华民国二十六年（1937）版。

惠民公司报告《华工赴法》，出版者不详，中华民国七年（1918）3月。

李永采：《世界海战史》，华夏出版社1996年版。

李元龙、梁雪美主编：《军事条约：管控兵争的条协和约定》，蓝天出版社2011年版。

刘增平：《一战影响了中国》，青岛出版社2014年版。

侨工事务局编印：《国务院侨工事务局调查在法华工情形书》，1918年11月。

青岛市档案馆、青岛日报社编:《百年青岛》，青岛出版社2001年版。

青岛市档案馆编:《见证青岛》，青岛出版社2010年版。

山东省人民政府侨务办公室编印:《大型资料图文集：一战华工在欧洲》，2013年。

宋恩荣总主编:《晏阳初全集》，天津教育出版社2013年版。

孙庆:《中英关系史话》，社会科学文献出版社2011年版。

唐复全等编著:《激战地中海》，海潮出版社2004年版。

王黎:《欧洲外交史（1494—1925）》，天津人民出版社2011年版。

徐国琦:《一战中的华工》，潘星、强舸译，尤卫群校，上海人民出版社2014年版。

周浦镇志编纂委员会编:《周浦镇志》，北京方志出版社2005年版。

《文史资料精选》第3辑，中国文史出版社1991年版。

叶星球、江敬世:《法国一战老华工纪实》，巴黎太平洋通出版社2010年版。

中国第二历史档案馆编:《北洋政府档案162》《北洋政府档案078》，中国档案出版社2010年版。

中央电视台“探索·发现”栏目编:《华工军团》，安徽教育出版社2012年版。

《兵典丛书》编写组编著:《潜艇：深海沉浮的夺命幽灵》，哈尔滨出版社2011年版。

《兵典丛书》编写组编著:《坦克战：陆战之王的直接对话》，哈尔滨出版社2011年版。

张建国主编,《中国劳工与第一次世界大战》，山东大学出版社2009年版。

张建国、张军勇编著:《万里赴戎机：第一次世界大战参战华工纪实》，山东画报出版社2009年版。

傅增湘:《侨工须知》，北洋政府教育部，1918年，上海图书馆藏。

《海外月刊》第35期，1935年8月，威海市档案馆藏。

《华侨半月刊》第13期，1932年12月，威海市档案馆藏。

《南大与华侨》第14卷第1—2期，1935年12月，威海市档案馆藏。

《青年进步》第32期，1920年4月，威海市档案馆藏。

《大公报》，1917年7月、8月、9月，上海图书馆藏。

《东方杂志》第15卷第6期、第8期，1918年，威海市档案馆藏。

《申报》，1914年8月—1923年5月，上海图书馆藏。

《新青年》第7卷第6期，1920年5月，威海市档案馆藏。

《新生周刊》第2卷第18期，1935年5月，威海市档案馆藏。

《新中国》第1卷第1期，1919年，威海市档案馆藏。

英国威海卫行政公署：《1918和1920年度报告》，威海市档案馆藏。

袁荣叟编纂：《胶州志》上册，青岛市档案馆藏。

附录十一　外国人名、机构名索引①

Alexandre Millerand　亚历山大·米勒朗，法国一战爆发时的战争部部长，他最先提出招募中国劳工为法国服务。

Alfred von Schlieffen　施里芬（1833—1913），德国元帅，1891—1905年担任德军总参谋长。制定了东西两线秘密战争计划，史称“施里芬计划”，一战爆发后，德军首先按照施里芬计划执行，但未获预想效果。

Aristide Briand　阿里斯蒂德·布里昂（1862—1932），法兰西第三共和国最杰出人物之一。无与伦比的雄辩家。曾10次出任内阁理事会主席（即总理一职），15次担任外交部部长及7次其他部的部长。法国大批招募华工正开始于他领导内阁的期间。

Bienvenu-Martin　比扬弗尼-马丁，1914年大战爆发时法国代理外交部部长，是他将德国有异动的新情况电告出访中的总统。

Boschetti　博斯盖蒂（意大利姓氏），擅长殖民地事务管理的军方资深官员。战争部成立“法国殖民地劳工署”，即从其殖民地部调任该署署长，兼任战争部第八司五科科长，直接主管法辖华工的事务。

Chinese Labour Corps（CLC）　中国劳工团，乃英国当局为在华招募的华工起的一个总的名称，后指送往西欧的全体英募劳工。

Conrad von Hötzendorf　康拉德·冯·赫岑多夫，奥匈军队总参谋长。

---

① 本附录人名为有关章节所涉及，列入索引，略有说明，仅点到为止。

1914年7月29日他下令入夜开始轰炸贝尔格莱德。此举引发俄国抗议而发布全国总动员。

Dautry Raoul 多特利·拉乌勒，法国北方铁路公司的工程师，“百日线”的工程总指挥。英辖华工参加了这条战略复线的修建。

David Lloyd Georges 大卫·劳合·乔治（1863—1945），1916至1922年间任英国战时政府首脑。

Defontaine 德丰泰纳，法军少校，任法国北部地区华工总稽查官。

Dinkelmenn 廷凯尔曼，德国少校，袁世凯总统的德国军事顾问。

Douglas Haig 道格拉斯·海格（1861—1928），英国元帅，1915年12月接任英国赴欧陆远征军总司令至1919年。

Erich von Ludendorff 埃里希·冯·鲁登道夫（1865—1937），德国将军，一战时任德军参谋长。

Ernest J. Chambers 欧内斯特·钱伯斯，加拿大中校。在英募华工秘密穿越加拿大（总数达八万）之初即被加当局任命为首席新闻稽查官。

Ferdinand Foch 斐迪南·福熙（1851—1929），法国著名将领。一战中由将军晋升为元帅，并在最后阶段出任协约国联军西部战场最高统帅。

Forbes & Foreign company 英商仁记洋行，为英国威海卫招工局招募华工事务之代理商。

Frantz Ferdinand 弗兰兹·斐迪南（1863—1914），奥地利大公，奥匈帝国皇储。1914年6月28日在萨拉热窝被塞尔维亚民族主义分子刺杀，此事件成为第一次世界大战爆发的导火索。

Fulgence Masson 菲尔让斯·马松，1918年11月至1920年2月任比利时战争部部长，曾多次处理在比利时的华工问题。

Georges Clémenceau 乔治·克列孟梭（1841—1929），法兰西第三共和国前期的主要政治家之一。1917年11月第二次出任政府首脑，因其战时的政策和行动而被法国民众称为“胜利之父”。

Georges Truptil　乔治·特律普蒂尔，法军中校，被法国战争部委任为赴华招工团团长，以农学技师名义率团在华招工。中国人将其名字译成陶履德，此名后来一直留在了中文书刊文章。

Guillaume II　威廉二世（1859—1941），末代德意志皇帝也是最后一个普鲁士国王（1888—1918在位）。执政的目标为扩张与殖民主义，是欧战的积极策动者。许多人指责他应为四年多的欧战冲突承担最大责任。

Helmuth von Moltke the Younger　冯·小毛奇（1848—1916），德国元帅赫尔穆特·冯·毛奇的侄子，一战爆发后任德军总参谋长。

James Stewart Lockhart　詹姆斯·骆克哈特，英国威海卫专员，积极协助英威海卫招工局的招募工作。

Joseph Joffre　约瑟夫·霞飞（1852—1931），法国将军，1916年晋升为元帅。

John French　约翰·弗伦奇（1852—1925），英陆军元帅，一战初期任英国赴欧陆远征军总司令。

John Jordan　约翰·朱尔典，英国驻北京公使。

Kamio　神尾光臣，日军中将，第18师团司令，日军攻打青岛战役的总指挥官。

Lapomarède（de）　德·拉波马雷德，法军上尉，法国驻北京公使馆武官。

Lepage　勒巴热，法军少校，任法国南方地区华工总稽查官。

Meyer-Weldeck　梅尔-瓦德克，德占领胶州（青岛）时期的总督，德国海军上校，日军攻占青岛时被俘并被押往日本。

Ministère de la Guerre de la France　法国战争部，一战中法国招募华工系由战争部负责经办。

Nicolaï Aleksandrovitch Romanov　尼古拉·亚历山德罗维奇·罗曼诺夫（1868—1918），又称尼古拉二世，俄罗斯帝国最后一位皇帝（1894—1917年在位）。带领俄国作为协约国成员参加第一次世界大战，使俄军成为东线战场与德奥同盟国对决的主力。1918年7月7日全家遭布尔什维克秘密警察集体处决。

Paul Deschanel 保尔·德夏奈勒（1856—1922），自1920年2月18日至同年9月21日任法国总统。彼时华工遣送回国尚未完成。

Paul Painlevé 保尔·潘勒韦（1863—1933），大数学家，后从政。1917年3月起任战争部部长，在其任内有大批华工抵法。

Paul von Hindenburg 兴登堡（1847—1934），德国元帅。1914年7月至10月取得东线对俄作战胜利后，又在西线对法国索姆省的法英联军发动攻势。战后成为国务活动家。

Pierre Famin 皮埃尔·法曼（1855—1922），法国将军。1914年被任命为法国殖民地远征军司令兼战争部殖民地军队司司长。中国劳工的应募发生在他任内。

Putnik 皮特尼克，贝尔格莱德督军，塞尔维亚军队总参谋长，他知道贝尔格莱德守不住，在奥地利中断外交关系后即下令驻守贝市的部队撤出该城。

Raymond Poincaré 雷蒙·普安卡雷（1860—1934），1913年2月18日至1920年2月18日任法国总统，为第一次世界大战的中心人物之一。

René Viviani 勒内·维维阿尼，1914年间任法国部长理事会主席即内阁首脑。

Smith-Dorrien 英国将军，一战初期任英国欧陆远征军第二方面军司令。

Service de la Main-d'Oeuvre Etrangère（SMOE） 法国外国劳力署，职责为管理西班牙和意大利等欧洲劳工。

Service d'Organisation et de Surveillance des travailleurs coloniaux en France） 殖民地劳工组织与监督署，1916年元旦成立，行政上直属于法国战争部，是法国政府管理殖民地劳工及中国劳工的执行机构。后来法国人在行文中省略了“监督”与“法国”两个词，简缩为SOTC，本书因循简称为殖民地劳工署。

Sophie Chotek 索菲·肖特克，又称霍亨贝格公爵夫人（duchesse de

Hohenberg），奥匈帝国皇储妃，1914年6月28日与其夫奥匈帝国皇储费迪南大公同时被刺身亡。

The War Office　英国陆军部，但并不具有独立处理陆军作战事务的权力。法国人称其为“战争局”。

Thomas Johnstone Bourne　托马·约翰斯顿·布恩尼，英政府派赴中国招募劳工的官方代表。

Vittorio Emanuele OrLando　维托里奥·埃曼努尔·奥兰都（1860—1952），1917—1919年任意大利总理，曾率意代表团出席巴黎和会，为大会五强之一，后退出和会。

Wilhelm von Schöen　维赫尔姆·冯·舍恩，德国伯爵，德国驻法国大使，1914年8月3日向法国部长理事会主席勒内·维维阿尼递交德意志帝国向法国宣战书。

Woodrow Welson　伍德罗·威尔逊（1856—1924），自1913至1921年任美国总统。他提出创立国际合作机构国联。出席巴黎和会，为大会五强之首。

Winston Churchill　温斯顿·丘吉尔（1874—1965），一战时担任英国海军大臣。在国会辩论力主为英国赴欧远征军招募中国劳工。1940—1945任英国首相，领导英国对抗纳粹德国。

Yamanashi　山梨半造，日军少将，攻打青岛的日军参谋长，协助神尾光臣中将指挥战役。

后　记

我在国内工作时，跟人们一样，对一战华工并不了解。20世纪90年代中期，我在法国居住了六七年后，看到一些材料，开始关注这件事。2012年后，陆续在《欧洲时报》发表一些调查文章，而真正全身心地扑进去撰写专著，需等到退休后方为可能。五易春秋寒暑，终于赶在2018年年头基本完稿。

不理解我者有点儿不明白，没有哪个机构给任务、拨科研经费，为何退休后还要如此辛苦？我作为独立研究者，查寻中法档案，赴华工墓地探察，甘苦自知，无怨无悔。

述著工作推进的过程，是不断发现新线索与原始资料的过程，也是不断调整本书目录框架的过程，以至于到全书竣工时，已第十六次调整与充实目录。

研究一段史料一个问题时，我相信凡事都不会孤立地存在。于是采取按时间排列之法，将涉及的某几件事情，某几个行动，参照原始资料，列出时间表，看是否有内在的逻辑发展关系，同时比对前人的研究结论，或走进当时的历史情景下推敲事物的演变、分析其发展趋向，这样往往会发现问题，明白现存史料模糊或前后矛盾的症结所在。由此求得一个比较符合史实的结论和看法。

对一战华工史的定位，是件不容易的事。鸦片战争后，大清国沦为殖民主义经济急需的劳动力来源地，数以百万计的中国底层人民流往海外，“黄奴贸易”的种种恶行在中国沿海地区蔓延，大部分名义上的契约劳工，实质乃受哄骗遭强掳，沦为失去人身自由的“猪仔”。在东南亚、拉美、北美、南非等当苦力的华工，他们的历史，是一部极为悲惨的苦力贸易史。“一战劳工”之运作发生于中国进入共和制后，又当西方列强间发生国家存亡的武装大冲突之际，殖民主义苦力贸易的印记尚未完全消退，资本主义的劳资雇佣关系初具端倪，因此需要我们审视它在特殊时期的多重性与特殊性，我把这一认识融贯在本书的写作之中。

在平时接触中感知，今日的人们，尤其是知识界中老年人，对此题材颇愿关注。有巴黎中国文化中心、法国的协会请我去作一战华工的讲座，还有电台就此题材采访我，《欧洲时报》辟出版面自2016年3月起，刊登我的《一战华工，百年回放》故事连载，历时三年半，共计60篇。种种因缘都增加了我完成此书的信心。虽在苦累中踽踽前行，但每每柳暗花明有所发现时，那份喜悦与兴奋足以弥补一切。

采访对象中，我曾先后结识了机器城华工闻人张长松的两个儿子，当时一位90高龄，另一位76岁。两人从不同角度提供了他们父亲的不少细节，史料相当珍贵。90岁老人接受采访五个月后因病而故。弟弟看上去身体很好，孰料在我采访后不到一个月，竟突发心肌梗阻离世。这两件事令我非常感慨。我在当年的某一两个华工驻扎地接触过几位法国人，他（她）们八九岁时曾听祖父母说起见过一战华工，有的还能道出点滴鲜活的片段。如今他们的年龄都七八十岁了。

我辈年纪亦已不小，时不待我，尽己之能，挖掘些史料，自认为是有益于民族及后代之事。这是研究这个课题的紧迫性。诚望现在的中青年学者，在这方面有所作为。

张汉钧

写于全书完稿后

鸣　谢

我在撰写这本专著的过程中，有幸得到多方面的支持与帮助，在此略作列举，以表隆谢之意。

山东人民出版社将本书列为重点项目出版，体现了该社对一战华工史及其研究现状的重视。在不计其数的沟通中，深感胡长青社长办事讲实效，稳健而谦逊。我真诚感谢胡社长的支持，真切感怀责编们的辛劳以及该社所有参与此项目人员的通力合作。

我特别要感谢中国驻法国前大使孔泉先生。他任驻法公使和大使的时期，正与法国纪念一战华工的凭吊复苏初盛期契合，他亲自参与并推动了一系列纪念活动。他回国后尽管身负重任而百忙，仍慨然应允为本书写序。可惜最后限于规定而成未竟之憾。他那份真诚的支持和鼓励令我始终铭记在心。

我也很感谢法兰西记忆协会总主席、法国全军总督察官塞尔日·巴尔赛里尼（Serge BARCELLINI）先生。他是法国社会推动一战华工纪念最为主动且有效的政界要人，他高度评介本书的作用，欣然接受作者的请求为本书撰写了序言。有其作序为本书增辉添彩。

感谢我的妻子章燕平女士，她原是南昌大学法语副教授，来法后长期担任巴黎中国文化中心和《欧洲时报》中文学校的中文教师。她目睹我为撰写一战华工专著旷日持久的投入，为查阅档案或实地探访费力耗资，不仅从无怨言，而且乐意充当“第一读者”，仔细阅读并提出修正意见。多年来悉心照顾我的饮食起居，使我免于因生活之累而中断著书进程，相伴相濡中蕴含着她无声的理解和有力的支持。

上海市特级教师华士珍先生是我读高三时的班主任老师。他热情支持我的研究，曾帮助我在上海图书馆查阅了大量的报刊史料，多次阅读我的某些文稿并提供宝贵意见供我参考。师生情谊莫过于此。

北京大学杨辛教授是中国当代美学家、书法家、中国美学学会顾问，高龄97岁之年，欣然为本人的专著惠赐书名墨宝。杨老健硕，不辞辛劳书写了多条“不再遗忘　一战西线华工　戊戌夏月北京大学杨辛谨题时年九十有七于北京”的横幅，以供出版社选用。杨老之挥毫书名，为拙著大为增辉。作者在此向杨辛教授鞠躬深谢，遥祈杨老健康长寿。

让-诺埃勒（Mr Jean-Noel LAVIER）、吕显（Mr Lucien THOMAS）两位法国友人跟随我的研究步履，与我同去实地探查华工墓园，拍摄墓碑资料，整理数字文件，查阅历史档案，一起远赴外省采访华工后代或地方史专家。前者已为耄耋之年，后者亦七十好几，毫无名利之求，乐此不疲，这种人生态度令我感动。戴曼尔大夫（Dr Marie-Elisabeth DERMER）后来也乐于加入我们的小组，一同外出工作，精神可嘉。借此特向三位朋友兼合作者深表谢意。

真诚感谢旅法华人马小清女士，在我2014年秋患腰腿重疾致行动受阻期间，她驾车载我去巴黎中国文化中心做讲座，去法国某电台使我如约接受采访，载我赴数百公里外的北方探查一战华工墓园及采访当地村长和地方史家等，使我不致中断早就约定的研究与交流活动。不嫌其烦，热心肠可掬。

在此愿一并致谢另一批法国朋友。有的把罕见的百年前的庞大图册借给我，一借多年；有的将我介绍一战华工的法文文章安排上法国大网站刊登；有的提供远年的线索；有的为我供给法国网站或重要协会的专文作文辞润色；有的赠送自编的家族回忆录……各种友情表达都弥足珍贵。将来我翻开此书，一定不会忘却这一串名字：Jean-Marc BERNARD（雕塑家）、Alain CAPOROSSI（法中友好协会全国联合会秘书长）、Noëla Korwin ZMIJOVSKI（中学退休教师，女）、Marie-France de MIRBECK（冯骥才作品法文版译者，女），Christian TCHANG（华工后代）等。

我还要向罗歇·张（Roger TCHANG）和热拉尔·张（Gérard TCHANG）的家属表示我的感谢和哀思，他们是在法国生根的一战华工的后代，我在本书"后记"中已有所提及。

作为曾在《欧洲时报》社工作二十几年的老员工，我真诚感谢欧洲时报传媒集团总裁张晓贝先生和报社总编梁扬先生，他们重视向海外华语读者推介一战华工的史迹，抓住一战百年纪念之契机，为我的连载在《欧洲时报》周末版长期辟出专门版面。我也愿向责任编辑一然（王岩）诚挚道谢："一战华工，百年回放"故事连载历经三年半实在需要责编一丝不苟的对待。而报刊上连载，案头撰专著之模式，因视角不同，取舍有异，于我著述既有思辨佐证之效，又有鞭策促进之功。

我亦想借此良机，对所有在我撰写此书过程中，关心与鼓励我的国内外朋友们表示诚挚的感谢。如浙江文艺出版社前编辑室主任刘微亮女士热心帮助我联系出版社；在请孔泉大使为本书写序事宜中，在京老友张敬群女士和胡祖祯女士尽心尽力；巴黎皮埃尔和玛丽·居里大学医学院医学博士、眼科专家张剑先生，不怕麻烦，主动为我联系杨辛教授惠赐书法书名；我的大学法语启蒙老师、加拿大华裔文化学者、社会学博士张裕禾先生，在我决定撰写此书及随后的进程中，多次激励并助释疑等，恕我无法一一列举。

最后，我要向曾为我服务过的中外档案馆、图书馆的工作人员，表示由衷的谢意。它们是法国国防史料处（SHD）、法国外交档案中心

（Centre des Archives diplomatiques à Courneuve）、密特朗国家图书馆（BNF），国防部影像档案中心（ECPAD）、罗讷河口省档案馆（Archives départementales des Bouches-du-Rhône）、夏朗德-滨海省档案馆（Archives départementales de Charente-Maritimes）、伊夫林省档案馆（Archives départementales des Yvelines）、机器城煤矿博物馆（Musée de la Mine de la Machine）等，上海图书馆、上海徐家汇藏书楼（外文）、上海市档案馆、威海市档案馆、青岛市档案馆、南京中国第二历史档案馆等。面对浩瀚的陈年史料和每家不同的繁复的检索程序，没有那些我不知其名的工作人员的指引，我的查阅搜寻简直无从下手，或定会事倍功半。

张汉钧

法国埃夫里市2018年7月3日

2019年11月13日重核